HARTMANN VON AUE

WEGE DER FORSCHUNG

BAND CCLIX

1973

WISSENSCHAFTLICHE BUCHGESELLSCHAFT

DARMSTADT

HARTMANN VON AUE

Herausgegeben von

HUGO KUHN und CHRISTOPH CORMEAU

1973

WISSENSCHAFTLICHE BUCHGESELLSCHAFT

DARMSTADT

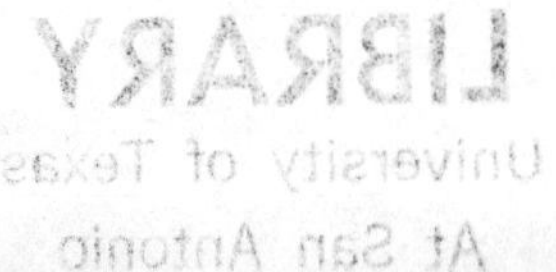

wb Bestellnummer: 5745
Schrift: Linotype Garamond, 9/11

Satz: Maschinensetzerei Janß, Pfungstadt
Druck und Einband: Wissenschaftliche Buchgesellschaft, Darmstadt
Printed in Germany

ISBN 3-534-05745-7

INHALT

Zu den einzelnen Werken Hartmanns
(Systematische Ordnung der Beiträge dieses Bandes)

Iwein

EINLEITUNG

Den Ausgangspunkt zu bestimmen, von dem aus die jüngste Wegstrecke der Hartmann-Forschung zu rechnen ist, konnte nicht schwerfallen: H. Sparnaays 'Hartmann von Aue. Studien zu einer Biographie' (L 17) *. Denn die Monographie faßte die frühere Forschung und Sparnaays eigene Ansätze zu einem großangelegten Bild zusammen. Doch nicht nur wegen seines Charakters einer Zwischensumme wirkt Sparnaays Buch heute als Zäsur in der Forschungsgeschichte, das Jahr seiner Fertigstellung (1938) fällt schon annähernd mit dem Beginn eines erneuten Forschungsinteresses an Hartmann zusammen. Hartmanns Werke, zu lange neben Wolfram oder Gottfried als glatt verständlich geltend, erregten neue Fragen, die frühere vorurteilsbestimmte Vernachlässigung wurde bewußt, und lang Bekanntes erschien zunehmend widerständig gegen einfache Umschreibung und Erklärung. Dazu stimulierten neue Arbeiten über Chrétien die Beschäftigung mit dessen deutschem Bearbeiter: Rasch sich ausbreitend setzte eine intensive Forschung ein, die in einer Fülle von Publikationen immer neues Material zur Erklärung des Hartmannschen Werkes anbot, verwarf, selektierte und in den ungefähren Umrissen eines neuen Bildes der staufischen Feudalliteratur kombinierte. Dieses Interesse hält nun schon über zwei Jahrzehnte an, der Abschluß unserer Auswahl ist ein willkürlicher Schnitt in der Erscheinungsfolge der Publikationen, bedingt von keinem Forschungskriterium, sondern von der Fertigstellung der Auswahl (Oktober 1970, wenige Ergänzungen 1971).

Hier nur mit einer knappen Auswahl aus der Vielzahl von Aufsätzen — die selbständigen Publikationen sind vergleichsweise

* Die abgekürzten Hinweise bezeichnen, unter welcher Nummer im Literaturverzeichnis (L), S. 561 ff., Titel und Erscheinungsort der erwähnten Veröffentlichungen verzeichnet sind. Bei hier im Band abgedruckten Beiträgen ist zudem auf ihre Stelle im Inhaltsverzeichnis hingewiesen (B).

wenige — den Weg der Forschung bis zu diesem Zeitpunkt zu dokumentieren, bedingt zwangsläufig einen — im Ergebnis stets anzweifelbaren — Kompromiß: Markante Ansätze und Ergebnisse, die in den Wissensstandard eingegangen sind, sollten aufgenommen, verschiedene Forschungsrichtungen paradigmatisch repräsentiert und die wichtigsten Aufsätze zu jedem Werk geboten werden, ohne das Ungleichgewicht des Forschungsinteresses allzu stark zu korrigieren.

Wie unsere Auswahl annähernd spiegelt, dominierte zunächst — von H. KUHNS (B 3, L 52) Neuansatz für das Verständnis des ›Erec‹ abgesehen — weitaus die Beschäftigung mit den beiden Kleinepen religiöser Thematik, ›Gregorius‹ und ›Armer Heinrich‹. Erst mit zeitlichem Abstand fand der ›Erec‹ vergleichbares Interesse, und sehr spät erst überwand die Forschung ihre offensichtliche Verlegenheit gegenüber dem ›Iwein‹, wobei allerdings eine dichte Folge bedeutsamer Aufsätze die Lücke rasch verkleinerte. Die Lyrik wurde zwar kontinuierlich, jedoch wenig und zudem eklektisch bearbeitet, Hartmanns Minnerede ›Die Klage‹ oder ›Das Büchlein‹ blieb nahezu völlig außerhalb des Gesichtskreises, wenigstens R. WISNIEWSKIS (B 12, L 47) vereinzelte Studie reiht Hartmanns Jugendwerk in diesen Band.

Den Ausgangspunkt soll ein kurzer Aufsatz SPARNAAYS (B 2, L 63) bezeichnen, früher als seine Monographie und seine Dissertation (L 64) entstanden, doch der Rückgriff vermag besser als SPARNAAYS spätere Beiträge zur Forschungsdiskussion seine Argumentationsweise zu belegen. Die Ergebnisse sind zwar einseitig pointiert — SPARNAAY untertreibt aus seinem Interesse heraus den Anteil der tradierten Inzestlegende am Gregoriusstoff —, doch die charakteristischen Momente der Methode, die auch seine Monographie bestimmte, liegen klar vor Augen. SPARNAAY unterstellt den Motiven eine Affinität zu einem Typ, einer Gattung und damit eine Vorbestimmung ihres Aussagespektrums — die Gattung hält er für eine so starke Konstante, daß ihr gegenüber sogar die zeitliche Aufeinanderfolge von Texten relativ ist — und in der von ihm stark geförderten Stoffgeschichte läßt er nur eine Übereinstimmung detaillierter Motivketten, nicht punktuelles Zusammengehen als beweiskräftig für eine Deszendenz gelten.

Wenig befriedigt der Stand der Forschung zur Lyrik. Die zwei selbständigen Arbeiten zu Hartmanns Gedichten (KIENAST, L 42; BLATTMANN, L 43) schränkten selbst ihre Perspektive allzusehr durch die Frage nach einer zyklischen Zusammengehörigkeit ein. Die Aufsätze kreisen ausschließlich um die Kreuzzugslieder, in erster Linie um das 3. Kreuzlied (MF 218, 5) und seine chronologisch-biographischen Implikationen mit der oft hin und her gewendeten Anspielung auf Saladin und, durch H. PAULS Konjektur, auf den Tod des Herrn. Gerade die drei abgedruckten Beispiele auszuwählen, motivierte einmal die Möglichkeit, das hier vorhandene Fortschreiten der Argumentation von einem zum andern zu dokumentieren, zum andern gelingt es dem Ansatz dieser drei Aufsätze, die Beschränkung der Argumentation auf eine bloße Zeilenphilologie aufzubrechen. Von der Bezugnahme auf Minnesangtypik und -terminologie aus (STOLTE, B 4, L 39) bahnte sich folgerichtig die Einsicht in die Struktur des Lieds an, erst als eines 'Rollenlieds' (JUNGBLUTH, B 7, L 41) — die historischen und biographischen Festlegungen bleiben sehr viel fragwürdiger —, dann als eines höchst artistischen Gegeneinanderspielens zweier Liedtypen in der Aufführungssituation (KUHN, B 21, L 44). Die neuverstandene Liedpoetik führte interessanterweise dazu, in der meistumstrittenen Zeile den überlieferten Text und H. PAULS Konjektur als unglaubwürdige Störung der thematischen Dialektik zu werten und durch neue Konjekturversuche zu bessern. Die biographische Querele ist damit in ihrer weit überzogenen Bedeutung heruntergestuft, wenn nicht gar aufgelöst. Trotz dieser Fortschritte ist die Lyrik mit der ›Klage‹ noch immer Hartmanns vernachlässigte und unbekannte Seite.

Daß ›Gregorius‹ und ›Armer Heinrich‹ in den Mittelpunkt der Diskussion rückten, verdanken sie einem Forschungsimpuls, dem Rückgriff auf die mittelalterliche Theologie zur Erklärung des Bezugssystems für Hartmanns Erzählungen. Hier muß unsere Dokumentation eine Lücke in Kauf nehmen, für den Aufsatz von G. SCHIEB (L 65) zum ›Gregorius‹, der einen ersten Anstoß in dieser Richtung gab, wurde uns die Genehmigung zum Wiederabdruck nicht von der Verfasserin, sondern andernorts versagt. Der heftige Streit um die zutreffende theologische Wertung von Gregorius' und

Heinrichs Geschick brachte im Vergleich zur vielfach aufgewandten Energie zu wenig fruchtbare Einsichten hervor, geringe theologische Fachkenntnis verlor sich zu leicht an irrelevante Positionen, und die Frage der Vermittlung zwischen lateinischer Fachtheologie und volkssprachlicher Literatur wurde zu wenig kritisch reflektiert. Die Diskussion um diesen Ansatz dokumentieren die religiös-symbolische Auslegung des ›Armen Heinrich‹ von WILLSON (B 9, L 85) und KINGS (B 15, L 70) polemische Stellungnahme für das Eigenrecht des Textes gegen theologischen Dogmatismus — die allerdings nicht frei ist von theologischen Mißverständnissen. G. SCHIEBS Beitrag konnte kein anderer Aufsatz adäquat ersetzen, so wenig auch er theologischer Kritik standhält. Daß diese Richtung auch Grundlagen von Hartmanns Texten klarlegen konnte, zeigt hier A. BENNHOLDT-THOMSEN (B 11, L 69). Ihre Analyse zum ›Gregorius‹-Prolog legte ein vielfältiges Gewebe theologischer Vorstellungen, nicht Einzelquellen bloß und bewies zugleich Hartmanns Sicherheit und Freiheit im Gebrauch, wo er damit korrespondierte. Es gehört zu den Merkwürdigkeiten des Forschungswegs, daß gerade als sich der Fachdiskussion das Verhängnis des erneuten Inzests zwischen Mutter und Sohn zur kasuistischen Belanglosigkeit oder zum symbolischen Indikator einer anderen, eigentlichen Schuld Gregors aufzulösen drohte, der Altphilologe ZUNTZ (B 6, L 66) — leider von der Germanistik zu wenig rezipiert — aus dem Vergleich mit dem sophokleischen ›Ödipus‹ die Schwere des Verhängnisses und die christlich-mittelalterliche Lösung im Verhalten Gregors in Erinnerung rief. Eine Folge dieses Forschungsansatzes, der nur zu leicht dem biographisch mißdeutbaren Antagonismus zwischen 'geistlichen' und 'weltlichen' Erzählungen neuen Auftrieb geben konnte, war die Aufmerksamkeit für religiöse Untertöne in den Artusepen, die hier der Beitrag von W. P. TAX (B 14, L 55) repräsentiert, sofern nicht gar eine religiös-symbolische Verfremdung versucht wurde.

Der zweite, weit fruchtbarere Impuls ging von der strukturellen Erschließung der Texte aus. H. KUHNS (B 3, L 52) ›Erec‹-Aufsatz eröffnete ein neues Verständnis für die Konzeption des Aventureromans und veränderte damit tiefgreifend das Bild Hartmanns. Die Artusepen, in ihrer Bedeutung für die feudale Selbstinterpretation erkannt, erhielten ihr Gewicht vor den Ritterlegenden zurück. Der methodische Ansatz erwies sich für den ›Iwein‹ fruchtbar (CRAMER, B 19, L 100), aber auch für ›Klage‹ (WISNIEWSKI, B 12, L 47) und ›Gregorius‹ (KING, B 15, L 70). Mit gattungspoetischen Reflexionen versuchte L. SEIFFERT (B 13, L 88) den ›Armen Heinrich‹ von seiner Form her durchschaubar zu machen.

Das veränderte Frageinteresse förderte aber vor allem auch die Versicherung an den Grundlagen. Bekannte Fakten veränderten ihren Charakter im verschobenen Horizont, andere wurden als noch zu wenig bekannt erst offenbar. Die Aneignung der Romane Chrétiens wurde, vom Hader um die Originalität entkleidet, zum hervorragenden, immer wieder anregenden Mittel, aus den Differenzen zwischen Urbild und Abbild einen Zugang zu den Intentionen beider Autoren, zu ihren jeweiligen Positionen zur zeitgenössischen Minnedoktrin und Literatursituation zu gewinnen (HRUBY, B 16, L 56; RUH, B 18, L 98; KELLERMANN, B 23, L 59). Die Bedeutungsdimension des Aventiurestoffs, der den Geschichtsmythos von Artus zur nur ästhetisch gehaltenen Fiktion verwandelte, ist ein Problem, das noch keine erschöpfende Erklärung gefunden hat, die Vielfalt der Aspekte, die hier interferieren, demonstrierte M. WEHRLI (B 22, L 104) meisterhaft an einer Schlüsselszene des ›Iwein‹. Auch für den ›Gregorius‹ lohnte der erneute detaillierte Vergleich mit der französischen Vorlage durch klaren Umriß von Hartmanns Arbeitsweise und Erzählökonomie (SCHOTTMANN, B 17, L 73). Für den ›Armen Heinrich‹ fehlt die Möglichkeit der direkten Rückfrage an die Stofftradition, welche Unsicherheit das hervorruft, kann der Gegensatz zwischen den Beiträgen von EIS (B 8, L 84), der die Erzählmotive von der historischen Realität aus abzuschätzen versucht, und WILLSON (B 9, L 85), der für die gleichen Motive — im Sinn entgegengesetzt — Evidenz der Symbolik annimmt, lehren. Erst jüngst — für diesen Band zu spät — hat K. RUH (L 93) Hypothesen formuliert, die geeignet erscheinen hier einen festeren Grund abzugeben.

Erforschung von Grundlagen der Hartmannschen Werke trug auch in anderen Aspekten Ergebnisse ein, ob zu der Aufbautechnik und den Formvorbildern der Prologe und Epiloge (GROSSE, B 10, L 23) oder zur 'Grammatik' des Bildmotivs von den zwei Wegen

(Siefken, B 20, L 26) oder zur Koordination von sprachlichen Bildern (Ruberg, B 24, L 58). Auch Bennholdt-Thomsens (B 11, L 69) Beitrag ist in diesen Zusammenhang einzureihen.

Eine zweite Lücke unserer Auswahl bleibt hier festzuhalten, von F. Neumann, der einen wichtigen Anteil an der Forschung geleistet hat, konnte weder einer seiner Beiträge zur Chronologie (L 18) und Biographie (L 25), noch einer seiner Aufsätze zum ›Armen Heinrich‹ (L 83, L 87) aufgenommen werden, Verlagsinteressen verhinderten hier die Dokumentation des Forschungswegs.

Ein neues Gesamtbild vom Anspruch der Synthese Sparnaays ist nicht in Sicht, wohl auch noch nicht möglich, der Schlußpunkt unserer Auswahl ist der Forschung gegenüber ein schon wieder zurückliegender Zeitpunkt. H. Kuhns (B 5, L 20) Skizze ist mehr ein vorausschauender Entwurf für die an der Forschung nicht unmittelbar Beteiligten, und P. Wapnewskis kleine Monographie (L 24) dient der einführenden Orientierung über Hartmann. Das Gesamtbild müßte die Neuschöpfung des höfischen Romans nach französischem Vorbild erklären und mit Hartmanns Anteil am Minnesang und seinen sehr persönlichen Ansätzen in der ›Klage‹ und in den Ritterlegenden integrieren in den alle formalen, historischen und gesellschaftlich-anthropologischen Bedingungen umfassenden Koordinaten, die das heutige mediävistische Forschungsinteresse steckt; das erst wäre unser neues Hartmannbild.

Im Oktober 1972 Christoph Cormeau

H. Sparnaay, Zur Sprache und Literatur des Mittelalters. Wolters, Groningen 1961, S. 239—246. Erstmals in: Neophilologus 5, 1920.

DAS RITTERLICHE ELEMENT DER GREGORSAGE

Von HENDRIK SPARNAAY

Die Gregorsage, so wie sie im letzten Dezennium des 12. Jahrhunderts literarische Gestalt annahm, gehört zur Gruppe der Inzestsagen, die es im Altertum und im Mittelalter in großer Anzahl gab. Sie enthielt außerdem starke Anklänge an christliche Legenden und Erinnerungen an das Brauchtum und an die weltliche Dichtung der Zeit.

Das ritterliche Element hat bisher in der Forschung nicht dieselbe Beachtung gefunden wie die andern, und dennoch ist es für die Entstehung und Ausbildung der Sage von großer Wichtigkeit gewesen. Außer in einigen kleineren Zügen, wie der Einberufung der Versammlung der Landesgroßen (195 ff. und 627 ff.), einem in der Artusdichtung sehr gewöhnlichen Motiv (vgl. z. B. Laudine im ›Iwein‹), in dem Rat des Vaters an den Sohn (248 ff.) und in der Sehnsucht des weltfremden Knaben nach dem Rittertum (1496 ff.), zeigt sich das chevalereske Element in der Befreiung der bedrängten Fürstin (1839 ff., schon angekündigt 865 ff.). Gregor landet in einem Reich, wo die Hauptstadt gerade belagert wird. Er verspricht, den Bedrängten zu helfen und erfährt von seinem Wirt, daß der Fürst der Angreifer nur Frieden machen wolle, wenn die Herrin des Landes ihn zum Gemahl nehme. Diese sei eine junge, schöne Fürstin. Gregor erblickt sie in der Kirche, wo sie ihr Gebet verrichtet. Er ist von ihrem Anblick tief ergriffen, und auch sie sah nie einen Mann, der ihr so gut gefiel. Gregor beschließt, sie zu retten und sollte es ihm das Leben kosten. Der Führer der Feinde pflegt jeden Tag vor das Tor zu reiten, um zu sehen, ob einer der belagerten Ritter gegen ihn justieren wolle. Er hat schon viele besiegt, und keiner wagt es mehr, den Kampf mit ihm aufzunehmen. Nachdem er sich mit seinem Wirt beraten hat, reitet Gregor dem Feind entgegen. Der Kampf fängt an. Gregor lockt seinen Gegner nach dem Tore. Da eilen die Leute des letzteren hinzu, die Belagerten öffnen das Tor und eilen ihnen entgegen; ein wütender Kampf entbrennt, während welchem es Gregor gelingt, seinen Gegner gefangen in die Stadt zu führen. Die Tore werden geschlossen, der Feind unternimmt einen Sturmlauf, der jedoch bald abgeschlagen wird.

Diese Geschichte nun ist auch in der Artusliteratur nachzuweisen. Das Motiv der belagerten und befreiten Dame kommt nämlich in zwei aus der Verfallzeit stammenden Romanen mit denselben Einzelheiten in den Details vor, und zwar in dem altfranzösischen ›Richars li Biaus‹ und in dem mittelniederländischen ›Roman van den Riddere metter Mouwen‹.

Ersterer ist ein in einer einzigen Handschrift aus der ersten Hälfte des 14. Jahrhunderts überlieferter Abenteuerroman, welcher 1874 von Wendelin Foerster herausgegeben wurde. Der Dichter (*mestres Requis,* Z. 73) war ein Burgunder, der Kopist aber, wie Foerster nachweist, ein Pikarde, und die Heimat des Gedichtes ist an der französisch-belgischen Grenze (Ardennes) zu suchen. Als Entstehungszeit nimmt Foerster das letzte Viertel des 13. Jahrhunderts an.

In diesem Roman kommen u. a. folgende Episoden vor: Eines Tages fragt Richars seinen Wirt, ob er ein Abenteuer für ihn wisse. Der Wirt erzählt ihm, daß in der Nähe, auf einem Schloß Mirmandie, eine Dame belagert werde. Der Belagerer begehre sie zur Frau, sie aber weigere sich. Richars ist hocherfreut, sein Wirt führt ihn zu seinem Bruder, der ihm mitteilt, daß der Riese 12 Fuß lang sei und gewaltige Kraft besitze. Richars läßt sich waffnen und zieht ins Feld. Die Dame erblickt ihn durch ein Fenster. Richars besiegt den Riesen und will ihn gefangen in die Burg schleppen, allein die vielen Prinzen und Grafen, die aus dem feindlichen Lager herbeieilen und ihn bedrängen, nötigen ihn, den Ritter zu töten. Dann erschlägt er viele der anderen. Die Stadtbewohner kommen ihm auf die Bitte der Dame zu Hilfe. Sie läßt ihm einen weißseidenen Ärmel bringen. Endlich fliehen die Feinde, und Richars reitet in die Stadt, wo er von der Dame empfangen wird. Er will wieder fortziehen, allein die Dame bittet ihn, zu bleiben. Sie fragt ihn, ob er sie zur Frau wolle. Er geht nicht darauf ein. Am folgenden Morgen beginnt der Kampf von neuem. Sobald die Feinde wieder abgezogen sind, verläßt Richars die Dame, die ihm verspricht, keinen zu heiraten, bevor er zurückkomme.

Nachdem er einige andere Abenteuer bestanden hat, erfährt Richars, daß der König von Frise Krieg führe. Er habe eine Tochter von großer Schönheit, um die schon die Kaiser von Deutschland und von Konstantinopel warben. Sie wolle aber nur den Ritter heiraten, der einst heimlich einen Sohn mit ihr zeugte. Richars macht sich sofort auf den Weg und kommt nach Frise. Der König wird von dem *„soudan de Cardisone"*, der seine Tochter begehrt, belagert. Richars verschafft sich neue Kleider und geht zum König. Er ist von der Schönheit der Tochter tief gerührt, und diese erblickt in ihm Ähnlichkeit mit ihrem ersehnten Geliebten. Der Soudan greift an. Die Dame schickt Richars einen Ärmel aus indigoblauer Seide, den er an seine Lanze steckt. Während des Kampfes sieht die Dame durch ein Fenster zu und ermutigt Richars. Endlich zieht der Soudan ab, und Richars geht mit dem König aufs Schloß. Seine Tochter erkennt ihn als ihren Sohn. Am folgenden Morgen erneuert sich der Kampf. Als der Soudan getötet worden ist, zieht Richars aus, seinen Vater zu suchen, nachdem seine Mutter versprochen hat, nicht zu heiraten, bevor er zurück sei.

Es ist deutlich, daß diese beiden Episoden Bearbeitungen ein und desselben Motivs sind, welche vom Dichter recht ungeschickt kurz nacheinander eingeschoben werden. Außerdem hat der Roman dasselbe Motiv noch zweimal in einer weniger entwickelten Form, nämlich noch einmal einen Kampf vor dem Schloß Mirmandie (3790 ff.) und einen ähnlichen um die Burg des Aubris (4006 ff.).

Der ›Roman van den Riddere metter Mouwen‹, welcher nur in der großen mndl. Lancelot-Handschrift vorkommt, ist ebenfalls ein jüngerer Artusroman und wurde von Dr. Bertha M. van der Stempel (Bibliotheek van middelnederlandsche letterkunde, Leiden, o. J.) herausgegeben. Die Quelle des Gedichtes ist nicht bekannt [1].

Die betreffende Episode hat der ›R. m. M.‹ am Schluß. Der Held landet mit seinem Vater und einigen berühmten Rittern der Tafel-

[1] Dr. v. d. Stempel glaubt, als solche eine ältere Redaktion des ›Richars‹ betrachten zu dürfen. Sie hat aber weiter nichts bewiesen, als daß die beiden Romane eng miteinander verwandt sind.

runde im Land seiner Mutter. Diese wird in ihrer Hauptstadt gerade von dem König von Cornwalge, der sie zur Frau begehrt, bedrängt. Sie aber hat geschworen, nur den Vater ihres Sohnes zu heiraten. Der Ritter macht seine Eltern, die sich seit vielen Jahren nicht gesehen haben, wieder miteinander bekannt. Die Hochzeit findet statt. Der Vater reitet darauf vor das Tor und besiegt in einem Zweikampf den Bedränger, welcher nun die Belagerung aufhebt.

Es braucht wohl nicht näher beleuchtet zu werden, daß es sich in diesen Episoden um dasselbe Motiv handelt, und zwar um eine Variante des bekannten Befreiungsmotivs. Der Hauptunterschied liegt in dem Zeitpunkt, zu dem die Heirat stattfindet. Im ›Gregor‹ nach dem Kampf, im ›R. m. M.‹ vor demselben, wogegen in den beiden Varianten des ›Richars‹ einmal die Dame von dem Ritter zurückgestoßen wird, während sie das andere Mal seine Mutter ist. Im ›R. m. M.‹ ist die Ursprünglichkeit durch die Einwirkung anderer Motive (das Suchen nach dem Vater und dessen Vereinigung mit der Mutter) getrübt, und die Abweichung erklärt sich also durch die Komposition des Romanes. Auch der ›Richars‹ hat das Motiv nicht rein bewahrt. Als der Ritter die Schloßdame von Mirmandie erlöst hat, fragt diese ihn, ob er sie zur Frau wolle [2]. Allein R. antwortet (1711—12):

Qu'un castiaus est de poure pris
Qui au premier assaut est pris.

Eine solch tölpelhafte Antwort wäre in der Blütezeit der Ritterdichtung unmöglich gewesen und kann nicht ursprünglich sein. Nicht nur paßt sie durchaus nicht zu dem alten Motiv der Befreiung, sondern aus dem weiteren Verlauf der Erzählung wird auch klar, daß der Dichter den Ritter nur so reden läßt, weil er anderes mit ihm vorhat, nämlich eine Heirat mit der Prinzessin von Mon-

[2] In den späteren Artusromanen nichts Ungewöhnliches, z. B. ›Lancelot‹. Aber auch in den Romanzen Nordfrankreichs, solange die Troubadourdichtung dort nicht eingedrungen war, ging die Initiative von der Frau aus.

torgueil (Schlußepisode)[3]. Als R. die Schöne verschmäht, ist diese zwar erzürnt, allein sie ruft merkwürdigerweise: „*As lis, as lis!*“ und

Sus se lieuuent, fait sont li lit,
Ens se couchent a grant delit,
Cascuns par soi, nient autrement (1718—20).

Am Morgen weckt R. die Dame, denn er wolle fort. Sie war eben eingeschlafen, springt auf und bittet ihn zu bleiben. Deutlich ist, daß eine ältere Fassung des Motivs nach dem Kampf die Liebesnacht kannte und der Dichter in ungeschickter Weise daran geändert hat, um die Geschichte für den Roman zurechtzumachen.

Auch die zweite Fassung des Motivs, welche der ›Richars‹ enthält, hat durch dasselbe Bestreben ihre Ursprünglichkeit eingebüßt. Als der Kampf beendet ist, erkundigt sich die Dame nach den Eltern des Ritters, und es ergibt sich, daß er ihr Sohn ist.

Die drei Romane stimmen also ziemlich genau überein, und wir haben in der Befreiung der Mutter Gregors somit die Variante eines sehr gewöhnlichen Motivs der Matière de Bretagne zu erblicken.

Hiermit ist aber die Bedeutung des ›Richars‹ und des ›R. m. M.‹ für die Kritik des ›Gregorius‹ nicht erschöpft! Wie schon hie und da angedeutet wurde, sind auch R. und der ›R. m. M.‹ Findlinge und werden von Fremden erzogen. Im ›R.‹ wird die Vorgeschichte in den ersten 874 Versen behandelt. In der Abwesenheit des Vaters wird Clarisse von einem unbekannten Ritter verführt. Der Vater befiehlt zwei Dienern, das Kind zu töten, allein diese setzen es in einem einsamen Walde aus. Dem König sagen sie, sie hätten das Kind umgebracht, der Mutter aber, es sei noch am Leben und Gott

[3] Als der Ritter die Jungfrau später zum zweiten Male aus einer ähnlichen Lage befreit, schlägt er ihr vor, seinen ehemaligen Diener und jetzigen Waffengenossen Lyonet zu heiraten, und sie akzeptiert mit den Worten (3955—56):

„Sire“ fait elle „a la bonne eure!
„Mout fole est, qui de son bien pleure.

Auch dieser Zug kann unmöglich alt sein und wird vom Dichter nur eingeführt, weil der Held nicht selbst die Dame zur Frau nahm.

könne es erhalten. Ein Baron findet es auf der Jagd, und er und seine Frau beschließen, es zu erziehen. Sie sahen an dem schönen Tuche, in welches das Kind gewickelt war, daß es von hoher Geburt war, ließen es taufen und nannten es Richars. Weil der Knabe so schön war, hieß er später Richars li Biaus. Als er 20 Jahre alt ist, beschließen sie, ihm ihre Tochter zur Frau zu geben, allein R. sagt, er könne doch seine Schwester nicht heiraten. Darauf eröffnet ihm sein Pflegevater, daß er nicht sein Sohn sei und erzählt, wie er ihn gefunden habe. R. zieht dann aus, seine Eltern zu suchen.

In dem ›R. m. M.‹ wird die Vorgeschichte in wenigen Versen mitgeteilt (1770—81):

Oec was hi clerc ende geleert,
Want hi werd ter doget gekeert,
Daer menne tenen vondelinge vant,
Dat was te Doevre in Ingelant;
Daer ginc hi ter scolen .X. jaer.
Oec was bi heme vonden daer
Beide grau ende oec bont,
Ende in selvere hondert pont.
Sider scaemdi hem sere das,
Dat hi een vindelinc was,
Ende voer en wech, wel .VII. jaer,
Sinen vader soeken daernaer.

Und bei einer andern Gelegenheit sagt der Ritter (2153—57):

Maer doen ic was een kindekijn
Om die mate van .VII. dagen,
Was ic te vondelinge gedragen,
Tote Doevre optie zee;
In caens u berechten nemmee.

Die Mutter teilt dann einiges über den Vater mit (2180—89), von dem sie, seitdem er sie noch vor der Geburt des Kindes verlassen, nie wieder etwas gehört habe.

Die drei Werke, ›Gregor‹, ›Richars‹ und ›Ridder metter Mouwen‹, stimmen in der Vorgeschichte also in folgenden Punkten überein:

1. Der Held ist außerehelich geboren.

2. Der Vater verläßt die Mutter noch vor der Geburt des Kindes.

3. Dieses wird ausgesetzt, im ›R.‹ in einem Wald, im ›R. m. M.‹ und im ›Gr.‹ am Strand.

4. Der Knabe wird gut erzogen, im ›R.‹ von einem Ritter, im ›R. m. M.‹ und im ›Gr.‹ in einem Kloster, wo er manches lernt.

5. Er verläßt seinen Pflegevater, sobald er seine außereheliche Geburt erfährt.

Hiervon ist 1 ein sehr allgemeines Motiv, 5 hat wenig Wert, weil man kaum anderes erwarten könnte. Die Aussetzung aber und namentlich die Erziehung im Kloster sind wichtig. Es tritt noch eine andere Übereinstimmung hinzu: wie im ›Gregor‹ (1945 ff.) erkennt auch im ›Richars‹ die Mutter ihren Sohn an seinem Kleid, das aus dem Tuch hergestellt worden ist, welches sie ihm bei der Aussetzung mitgab.

2331—40: *„Amis!“ la damoisielle dist,*
„Et de ce sydone, que fist?“
„Chiertes“, dist il, „o moi le port
„Et le tissu, si n’ai pas tort,
„Pour ueoir qu’il puet auenir.“
„Le poroi ie donques ueyr?
„Moustre le moy!“ Et chilz li moustre.
Quant elle le voit, si chiet outre
Pasmee, car elle connoist
Le sydone que chilz tenoit.

Im ›R. m. M.‹ kommt dieser Zug nicht vor. Wohl wird da ausdrücklich erwähnt, daß bei dem Kind *beide grau ende oec bont, ende in selvere hondert pont* (1776—77) gefunden wurde.

Bis auf einen wichtigen Punkt also läßt sich auch die Vorgeschichte des ›Gregor‹ ziemlich genau in den Artusepen nachweisen. Dieser eine Punkt ist natürlich der Inzest, aber in bezug auf dieses Motiv finden sich im ›R.‹ wie im ›R. m. M.‹ ein paar Stellen, welche für die Erklärung desselben wichtig sind. In beiden Romanen glaubt die Mutter anfangs, als sie den Sohn erblickt, ihren ehemaligen Geliebten vor sich zu sehen und ist von seinem Anblick tief ergriffen, ›R.‹ 1987—93:

„Dieus!" dist elle, „peres du monde,
„Par cui tous li biens nous habunde,
„Que peut iestre cil cheualier,
„Que la uoi si biel et si fier?
„Le chevalier de cors ressamble,
„Qui iut a moy, si con moi samble,
„Quant seule dormi ou uregier.

Ähnlich ›R. m. M.‹ 2136—41:

Dochti hare wesen di selve man
Die den ridder metter mouwen an haer wan:
Soe gelijc was hi den vader.
Om dat soe waende si algader,
Dat haer amys ware vor waer;
Van vresen viel si in onmacht daer.

Bis soweit besteht Übereinstimmung zwischen den beiden Geschichten [4]. Wo im ›R.‹ (ich meine hier immer die zweite Bearbeitung des Motivs, die Frise-Episode) die erlöste Dame und die Mutter (Clarisse) dieselbe Person sind, ist im Gegensatz dazu im ›R. m. M.‹ die Jungfrau, welche ihm den Ärmel schickt und welche diesen Namen trägt (Clarette), die Geliebte des Helden. Die Mutter tritt hier ziemlich unvermittelt auf. Nach dem Turnier, wo der Ritter die Clarette erworben hat [5], will der König einen Hoftag halten, und unter den Gästen befindet sich auch eine gattenlose Fürstin. Diese erkennt den Helden als ihren Sohn, schenkt ihm ihr Land und ... der Ritter heiratet Clarette. Das Auftreten ist deutlich eine jüngere Interpolation und muß wohl eine Folge der Aufnahme des Findlingsmotivs in die Erzählung sein. Ohne diese Aufnahme stünde auch die Frise-Episode im ›R.‹ der ursprünglichen Fassung näher, denn wenn die Dame nicht die Mutter des Helden gewesen wäre,

[4] Man vergleiche auch ›Gregor‹ (1958—59):
Ouch behagte ir der gast
baz danne ie man getaete.

[5] Die Reihenfolge der Motive ist hier eine andere als im ›R.‹ Der Kampf um die belagerte Dame wird erst am Ende erzählt, wie umgekehrt der ›R.‹ das Turnier als Schlußepisode hat.

würde sie natürlich seine Geliebte geworden sein [6]. Daß eine solche Fassung des Motivs einmal bestanden hat, beweist uns die Mirmandie-Episode, wo, wie wir oben sahen, die Gewinnung der Dame früher sicher zum Motiv gehörte.

Wir haben somit in der Entwicklung folgende Stufen zu unterscheiden:

1. Jungfrau geheiratet *(Mirmandie)*.
2. Aufnahme des Findlingmotivs.

Infolgedessen: Dame = Mutter *(Frise)*.

3. Dame und Mutter zwei Gestalten. Die Dame trägt noch den Namen der Mutter *(R. m. M.)*

Und wenn wir die Entwicklung aus 2. in anderer Richtung weiter verfolgen, so entsteht aus einer Verbindung von 2. mit 1.:

3b. Mutter geheiratet.

Auf dieser Stufe steht die Gregorsage. Das Inzestmotiv, das dieser Dichtung sein charakteristisches Gepräge gab, läßt sich also nicht direkt in den behandelten Artusromanen nachweisen, doch geht aus dem oben Gesagten, wie mir scheint, deutlich hervor, daß der Dichter in der vorhandenen Artusliteratur gar manches vorfand, was ihm die Ausbildung der Sage nach dieser Richtung hin bedeutend erleichtern mußte. Und das chevalereske Element der Legende hängt aufs engste auch mit diesem Zug zusammen.

Das Rittertum bildet also den Grundstock der Erzählung. Man kann sich alles andere wegdenken und behält nur die Geschichte übrig, wie ein Knabe, der als Kind ausgesetzt und von Fremden erzogen wurde, sobald er seine dunkle Geburt erfährt, auszieht, seine Eltern zu suchen. Er besteht das Abenteuer, eine Dame, welche auf ihrem Schloß belagert wird, zu befreien, und es trifft sich, daß diese Dame seine eigene Mutter ist. Der ziemlich dürftige Rest älterer Artussagen also, einige abgedroschene, verblaßte Motive, welche der Dichter in ziemlich ungeschickter Weise miteinander in Verbindung brachte.

Alles andere ist jünger und wurde von einem gelehrten Mönch,

[6] Es dürfte von Interesse sein, daß Mutter und Sohn nach dem Wiedererkennen zu Bett gehen. Liegt hier vielleicht eine schwache Erinnerung an die Liebesnacht vor, wie deutlicher in *Mirmandie*?

der ein populäres Werk schaffen wollte, hinzugefügt. Auf diesen, erst seit späterer Zeit zu der Erzählung gehörenden Motiven beruht die Übereinstimmung mit den zahlreichen, am Anfang dieses Aufsatzes erwähnten Geschichten. Im Gegensatz zu der vorherrschenden Meinung müssen wir also annehmen, daß die Sage von Haus aus dem Artusroman nahestand, aber unter starker Umbildung durch namentlich kirchliche Motive ihre Gestalt völlig änderte und sich dem Typus der Legende näherte.

H. Kuhn, Dichtung und Welt im Mittelalter. Metzler, Stuttgart 1959, ²1969, S. 133—150, 265—270. Erstmals in: Festschrift für Kluckhohn und Schneider. 1948, S. 122—150.

›EREC‹

Von HUGO KUHN

Hartmanns ›Erec‹ steht, trotz aller Arbeit, die man schon auf ihn verwendet [1], im ganzen nicht sehr überzeugend vor uns — wenn man es recht besieht, sogar mehr wie ein Machwerk. Auch aus dem schönen Buch von Ernst Scheunemann, der eine Gesamtanschauung des Romans zum erstenmal wirklich durchgeführt hat, gewinnt der Leser das Gefühl eines höchst subtil nur zusammengefügten Ganzen. So blieb der geschlossenste Eindruck doch der unmittelbar dichterisch-ästhetische, den Hermann Schneider seiner Darstellung zugrunde legte [2]: der ›Erec‹ das liebenswürdige Jugendwerk eines wachsenden Dichters!

Die folgenden Beobachtungen versuchen, aus einer neuen Anschauung der Komposition des Hartmannschen ›Erec‹, wie er vorliegt (freilich mit der nötigen Rücksicht auf Crestien) [3], zu einer neuen Deutung des Gedichts zu gelangen.

[1] Die Literatur zum ›Erec‹ verzeichnen: bis 1928 G. Ehrismann, Geschichte der deutschen Literatur bis zum Ausgang des Mittelalters, 1927, II, II, 1, 161—177, und H. Sparnaay, Hartmann von Aue, 1933, I, 63—125 (Bd. 2 führt das Literaturverzeichnis bis 1938); bis 1937: E. Scheunemann, Artushof und Abenteuer, 1937; bis 1953: F. Neumann, VerfLex. 5 (1955), 322—31.

[2] Heldendichtung, Geistlichendichtung, Ritterdichtung, ²1943, S. 285 ff.

[3] Für das Verhältnis Hartmann-Crestien und die Quellenfrage — für die das ›Mabinogi‹ [Mab.] von Geraint und die ›Erexsaga‹ heranzuziehen sind: s. Sparnaay, S. 63 — kann man überall bei Scheunemanns gründlicher kritischer Nachprüfung ansetzen, insbesondere seiner Kritik an Sparnaay (S. 3 ff.). — Die Komposition von Crestiens ›Erec‹ müßte allerdings auch ganz für sich neu aufgerollt werden. Das überlasse ich den Romanisten (vgl. jetzt Reto R. Bezzola, Le sens de l'aventure et de l'amour. Chrétien de Troyes, 1947) — hier geschieht es nur, soweit nötig, um Hartmanns Anteil in Nach- und Umbildung verstehen zu können.

I

Dem unbefangenen Blick gliedert sich Hartmanns Roman deutlich in zwei Hauptteile: I Geschichte Erecs und Enites bis zur Hochzeit — II die spätere Abenteuerfahrt des Paares, nach Handlung und Zeit völlig von I getrennt, nur durch die Einheit der Hauptpersonen damit verbunden [4].

Wir gehen, zunächst für Teil I, einfach dem Gang der Handlung nach, dabei müssen sich die Gesichtspunkte der Komposition, sind sie richtig, von selbst ergeben [5].

1. Hartmanns Anfang, bekanntlich verloren, ist leicht nach Crestien zu rekonstruieren (bis auf einen Prolog, der wohl mindestens Hartmanns Namen nannte, wie in seinen andern Epen auch): König Artus reitet an einem Ostern mit seinen Rittern aus, den *weißen Hirsch* zu jagen. Wer diesen erlegt, hat das Recht auf einen Kuß der schönsten Dame des Hofes (*1*).

Die Königin folgt den Jägern, begleitet von einer Jungfrau und dem jungen Ritter Erec. (Hier setzt der Hartmanntext ein.) Ihnen begegnet eine andere Trias: ein Ritter und eine Dame, denen ein Zwerg vorausreitet. Die Königin wünscht die Namen der drei zu erfahren, aber ihre Jungfrau und Erec werden auf ihre Frage von dem *Zwerg* mit seiner Geißel geschlagen, was auch der unbewaffnete Erec hinnimmt. Er beurlaubt sich von der Königin und reitet den dreien nach (*2*) [6].

[4] I hat bei Hartmann rund 3000 Verse (bei Crestien rund 2400), II rund 7000 Verse (bei Crestien rund 4600).

[5] Gliederungen gaben bisher: W. Förster in der kleinen Ausgabe von Crestiens ›Erec‹ S. XVII ff., Ehrismann a. a. O. S. 162, Sparnaay a. a. O. S. 67 ff.

[6] Bei Crestien folgt hier — was Hartmann an eine spätere Stelle versetzt hat — der Handlungsschluß von *1*: die Königin kehrt mit Artus, der den Hirsch erlegt hat, heim, der König verschiebt auf ihre Bitte aber den Kuß der Schönsten bis nach Erecs Rückkunft. Der Kußaufschub ist objektiv, vom Folgenden aus, sehr gut motiviert, denn der Kuß gehört dann, wie wir sehen werden, als zweiter abschließender Schönheitspreis Erecs Freundin Enite. Subjektiv ist er aber ganz unmotiviert, denn davon kann ja die Königin noch nicht das mindeste wissen — s. Sparnaay S. 72.

Sie kommen am Abend nach Tulmein. Dort ist — wie Hartmann gegenüber Crestien vorwegnimmt — gerade ein *Sperber* auf silberner Stange als Schönheitspreis für Damen ausgesetzt, den der fremde Ritter mit Gewalt für seine Freundin in Anspruch nimmt, wie schon zweimal vorher (*3*: 160 ff.).

Erec, ohne Geld, findet bei der Suche nach *Herberge* eine Ruine. Sie ist bewohnt: von einem verarmten alten Edelmann, seiner Frau und ihrer trotz armseliger Kleidung wunderschönen Tochter Enite. Erec wird freundlich aufgenommen, Enite besorgt sein Pferd, und Erec verlobt sich am gleichen Abend mit ihr, um durch sie — mit von dem Alten geborgten Waffen — dem fremden Ritter den Schönheitspreis streitig zu machen [7] (*4*: 228 ff.).

So geschieht es am nächsten Morgen: Erec siegt nach hartem Kampf über Iders *(Wendung)*. Er schickt ihn, sich bei der beleidigten Königin zu melden (Handlungsschluß von *2*: 624 ff.).

Hier folgt die Erzählung dem Weg Iders' und wendet sich zum Artushof. Hartmann aber holt jetzt, den Szenenwechsel benutzend, erst noch das Ende der Artusjagd mit dem Aufschub des Kusses nach (Handlungsschluß von *1*). Dann erst erzählt er Iders' Meldung und Bericht (Abschluß von *2*: 1099 ff.).

Wieder zurück nach Tulmein: dort führt Erec Enite, die den Schönheitspreis, den Sperber, auf der Hand trägt (Handlungsschluß von *3*), ihrem Vater wieder zu. Vor dem Aufbruch zur Hochzeit am Artushof erhält Enite ein kostbares Pferd zum Geschenk. Auf dem Weg zieht beim beiderseitigen Anblick die Minne in beider Herz (Handlungsschluß von *4*: 1294 ff.).

Am Artushof kommt dann alles zum glänzenden Abschluß: Enite, durch die Königin gekleidet und geschmückt, ist die Schönste auch hier, von der darum der König nun seinen Kußpreis in Anspruch nimmt (Schluß von *1*), und das Paar hält höchst repräsen-

[7] Allerdings sicher nicht einfach Gewalt gegen Gewalt setzend und nur seine Rache dabei verfolgend — obwohl Hartmanns und auch Crestiens ziemlich unliebenswürdige Darstellung diesem Eindruck nicht entgegnen — sondern aus der Voraussetzung, daß Enite wirklich die Schönere sei: das liegt objektiv im Zusammenhang gegeben und wird zudem bei Crestien auch ausgesprochen (747 ff., 823 ff.).

tativ Hochzeit (Schluß von *4*), bei der auch Erec im Turnier einen neuen Ritterpreis davonträgt (1498 ff.).

2. Nach Umfang und Schauplatz zerfällt damit *Teil I* in zwei Abschnitte (bei Hartmann 1500 : 1500 Verse, bei Crestien 1500 : 950!), von denen aber der erste (IA) den ganzen Handlungsstoff enthält, der zweite (IB), handlungsmäßig stagnierend, nur Repräsentationsszenen als trotzdem gleichgewerteten Abschluß.

Vergegenwärtigen wir uns nun die *Komposition* im einzelnen. Die Handlung geht kurz vom Artushof aus und kehrt, außer einem Intermezzo in der Mitte, erst am Schluß ausführlich dahin zurück (äußerer Rahmen). Was dazwischenliegt, sind vier selbständige Geschichten: *1* Jagd auf den weißen Hirsch (Schönheitspreis am Artushof) — *2* Zwergenbeleidigung (führt Erec aus dem Artuskreis heraus) *3* Sperberpreis (Schönheitspreis Enitens, zugleich Ritterbewährung Erecs, am zweiten Hauptschauplatz Tulmein) — *4* Arme Herberge (Griseldistyp [8]; die Episode wird durch die Hochzeit von Tulmein an den Artushof zurückgeführt).

Diese vier Geschichten sind nun in der Weise ineinandergeschachtelt, daß immer die Exposition der einen in die nächste hineinführt, bis zur innersten, von der aus dann die Auflösung den gleichen Weg zurück nimmt. Das geschieht allerdings nicht streng schematisch, sondern die Erzählung läuft in reicheren Verschlingungen.

Schematisch dargestellt (die Zählung geht von Hartmann aus):

Hartmann:	Crestien:
(— — —)	Prolog
(*1* — — —)	*1* Jagd auf den weißen Hirsch
2 Zwergenbeleidigung	*2* Zwergenbeleidigung
(— — — s. unten)	*1* Ende der Jagd, Kußaufschub: Handlungsschluß von *1* mit Aufschub des Abschlusses
3 Tulmein, Sperberpreis (von Hartmann vorausgenommen)	*4* Tulmein, Arme Herberge Dort im Gespräch:

[8] Siehe Ehrismann S. 167.

4 Arme Herberge, Verlobung, um mit Enite den Sperberpreis zu holen (*3*), um sich an dem Beleidiger zu rächen (*2*)	*3* Bericht vom Sperberpreis, dann Verlobung, um mit Enite den Sperberpreis zu holen (*3*), um sich an dem Beleidiger zu rächen (*2*)
Wendung Kampf mit Iders, Sieg Erecs: 1. Ritterpreis für Erec: Wendung von *3*, verbunden mit der von *4* (nur obejektiv) und *2* (ausdrücklich)	*Wendung* Kampf mit Iders, Sieg Erecs: 1. Ritterpreis für Erec: Wendung von *3*, verbunden mit der von *4* (ausdrücklich) und *2* (nur objektiv)
Szenenwechsel:	Szenenwechsel:
1 Ende der Jagd, Kußaufschub: Handlungsschluß von *1* mit Schlußaufschub	(— — — s. oben)
2 Meldung Iders': Schluß von *2*	*2* Meldung Iders': Schluß von *2*
Szenenwechsel zurück:	Szenenwechsel zurück:
3 Enite hat den Sperber erworben: Abschluß von *3*: 1. Schönheitspreis für Enite	*3* Enite mit dem Sperber: Abschluß von *3*: 1. Schönheitspreis für Enite
4 Siegesfeier: Handlungsschluß von *4* (bis auf die Hochzeit selbst)	*4* Siegesfeier: Handlungsschluß von *4* (bis auf die Hochzeit)
Szenenwechsel: Reise zum Artushof:	Szenenwechsel: Reise zum Artushof:
1 Kuß: Abschluß von *1*: 2. Schönheitspreis für Enite	*1* Kuß: Abschluß von *1*: 2. Schönheitspreis für Enite
4 Hochzeit: Abschluß von *4* in repräsentativer Darstellung, länger als die ganze Handlung bisher. Darin Turnier: 2. Ritterpreis für Erec	*4* Hochzeit: Abschluß von *4* als darstellerischer Gipfel der schon bisher angelegten Repräsentation. Darin Turnier: 2. Ritterpreis für Erec

Hartmann bringt dabei an der Komposition Crestiens zwei wesentliche Änderungen an: er verschiebt erstens die Rückkehr der Jäger aus *1* bis zum Szenenwechsel vor Iders' Meldung am Artushof; und er exponiert zweitens den Sperberpreis (*3*) durch berichtende Vorwegnahme ausdrücklich als dritte Handlung (während man bei Crestien erst in der vierten Handlung im Gespräch davon erfährt) — eine Stelle, die ihm inhaltlich auch bei Crestien zukommt: denn diese Handlung hat Iders auf den Weg gebracht, der Erec dann nach Tulmein nachzog! Ergebnis beider Umstellungen ist eine konsequentere und raschere Folge der vier Expositionen; Crestien liebt es dagegen, solche Linien in ein verwirrendes Spiel zu verstecken (*1* — *2* — *1* — *4* — *3* . . .), mit verdeckten Übergängen[9]. Hartmann setzt die Erzählungselemente geschlossen und hart, mehr blockhaft, gegeneinander.

II

1. Am Schluß des 'Glanzlebens' bei Artus steht die *Heimkehr* des Paares zu Erecs Vater nach *Karnant* (2861 ff.). Sie führt die beiden zwar in das Königtum, und doch ist das ein anderes Dasein als bisher: ein privates, sozusagen 'bürgerliches', der Alltag gegenüber dem im Abenteuer wie in der Hofesfreude hoch erhöhten Leben des ersten Teils. Hier setzt der *zweite Teil* des Romans ein (2923 ff.): es währt nicht lange, und dieses Dasein wird zu 'privat'; im Genuß der ehelichen Liebe „verliegt" sich Erec, was schließlich durch ein Mißverständnis Enite selbst dem Ahnungslosen zu Ohren bringen muß. Sofort bricht er, mit ihr allein, auf: sie darf bei Strafe des Todes kein Wort ungefragt sprechen[10].

Zur Nacht im Wald sieht Enite, die weit vorausreitet, drei *Räuber* nahen. Schwankend zwischen Furcht vor Erecs Befehl und Furcht um sein Leben wählt sie den Ungehorsam, warnt Erec, er tötet die drei, tadelt aber Enite heftig und gibt ihr zur Strafe die erbeuteten Pferde zu führen: *1a*.

Am Ausgang des Waldes wiederholt sich dasselbe genau, nur mit

[9] „Gleitende" Szenenverbindung: Scheunemann S. 52.

[10] Von der Heimkehr an ist Hartmann wieder knapper als Crestien! Heimkehr: Crestien 146 — Hartmann 63 Verse; Karnant: Crestien 332 — Hartmann 183 Verse! s. dazu auch Scheunemann S. 39 f.

fünf Räubern [11]. Enite muß jetzt acht Pferde führen: *1b.* Die beiden Räuberszenen füllen die *erste Nacht* der Reise: *1* [12].

Am nächsten Morgen labt ein wohlerzogener Knappe die Erschöpften. Sie reiten zu einer Burg; in der Wirtschaft, wo sie einkehren, heißt Erec Enite fern von sich sitzen [13]. Der Burggraf (bei Crestien *Galoein* genannt, bei Hartmann ohne Namen) will, beim Anblick Enites von Minne betört, sie zur Frau [14] gewinnen. Sie hält ihn mit List hin und warnt wieder Erec, als das Paar, auch hier getrennt, zu Bett geht [15]. Erec bricht sofort mit ihr auf — die Pferde bleiben dem Wirt zur Bezahlung —, aber auf dem Weg erhält sie erneut einen heftigen Verweis. Inzwischen hat der Graf Enite gesucht und verfolgt; nochmalige Warnung Enites, die ihn kommen sieht, Sieg Erecs, nochmaliger Verweis für Enite (aber keine Strafe mehr!) — wie jedesmal gelobt sie künftigen Gehorsam. So vergeht die *zweite Nacht*: *2* [16].

Beim Weiterreiten wird Erec von dem riesenstarken Zwerg *Guivreiz* herausgefordert, nachdem wieder Enite, ungehorsam *durh triuwe,* gewarnt hat (Lücke des Hartmanntextes). Erec besiegt ihn nach hartem Kampf, doch er selbst erhält auch eine schwere Wunde. Der Unterlegene lädt beide auf sein Schloß, wo sie die *dritte Nacht* verbringen: *3* [17].

Am nächsten Morgen begegnet ihnen Artus' Truchseß Keiî [18]. Schimpflich besiegt erst erkennt er Erec, kann ihn aber auch mit Gaweins Hilfe nur durch List an den *Artushof* bringen (denn Erec

[11] Nicht Crestien (und ›Mab.‹), aber Hartmann (und ›Saga‹) läßt die 3 und die 5 zu *einer* Räuberbande zusammengehören: Sparnaay S. 83, Scheunemann S. 9.

[12] 3106 ff. Bei Crestien 319 Verse — bei Hartmann wieder mehr: 360.

[13] Nur bei Hartmann (mit ›Mab.‹); Sparnaay S. 84.

[14] Bei Crestien: zur Geliebten, 3324.

[15] Bei Crestien warnt sie erst am frühen Morgen, 3445 ff.

[16] 3472 ff. Bei Crestien 576 Verse, bei Hartmann 795.

[17] 4268 ff. Der Burgaufenthalt nur bei Hartmann (und Saga), s. Sparnaay S. 86. Der Abschied fällt wieder in eine Lücke. Crestien 265 Verse, Hartmann trotz zweier Lücken 361.

[18] Seine zwiespältige Charakteristik — er ist bald treu, bald falsch — gibt nur Hartmann: Sparnaay S. 90 ff.

hat für jetzt *des hoves reht*, die Freude, abgeschworen). Dort pflegt die Königin Erecs Wunde, aber er bleibt trotz Bitten nicht länger als die *vierte Nacht*: *4* [19].

Am nächsten Morgen findet er im Wald eine Frau, die den Tod ihres Mannes beweint, doch kann er diesen, den Ritter Cadoc, noch lebend aus den Händen zweier Riesen befreien. Dabei bricht aber seine Wunde wieder auf, und er sinkt Enite für tot zu Füßen. Sie will auch sich vor Jammer töten [20], nur ein zufällig des Wegs kommender Graf, *Oringles*, verhindert es und nimmt beide (Erec als Toten auf der Bahre) mit auf sein Schloß Limors. Von ihrer Schönheit betört, läßt er sich noch in der gleichen Nacht mit der wehrlosen Enite trauen; als sie aber nicht mit ihm essen will, schlägt er sie roh. Ihr Schreien, mit dem sie erneut ihren Tod durch den Wütenden herauszufordern sucht, dringt in Erecs Totenschlaf, er erscheint wie ein Gespenst, erschlägt den Grafen, und das Paar flieht. Nach dieser schwersten Probe hebt Erec die Prüfung auf, die er *âne sache* über Enite verhängt hatte: *ez was durh versuochen getân, ob sie im wære ein rehtez wîp* (6771 ff.): *5* [21].

Nun hat sich Erecs und Enitens Weg ins Lichte gewendet — noch aber ist die Nacht der Versöhnung erst zur Hälfte vorbei. Sie treffen wieder mit *Guivreiz* zusammen, unerkannt stellt Erec sich zum Zweikampf, aber der noch Geschwächte wird vom Sattel gestochen und nur Enitens Aufschrei rettet ihn vom Tod. Nach freudiger Erkennung übernachten alle zusammen im Wald [22]. So vergeht die *fünfte Nacht*. Mit ihr aber endet die Folge: sie bleiben gleich 14 Nächte auf dem wunderbaren Wasserschloß Penefrec, wo Erec durch Guivreiz' Schwestern geheilt wird. Wieder erhält, wie in Teil I, beim Abschied Enite ein Pferd, für dessen Beschreibung (in rund 500 Versen gegen Crestiens 40!) Hartmann seiner Laune und seiner Kunst alle Zügel schießen läßt: *6* [23].

[19] 4629[6] ff. Bei Crestien 347, bei Hartmann 657 Verse.

[20] Hartmann weit ausführlicher als Crestien, 4610 ff.

[21] 5288 ff. Bei Crestien 657 Verse, bei Hartmann 1525!

[22] Bei Hartmann liegt das Paar nun wieder vereint; Crestien berichtet das erst an späterer Stelle: Scheunemann S. 74.

[23] 6814 ff. Bei Crestien 429, bei Hartmann 993 Verse!

Auf dem Weg zu Artus verirren sich die Reisenden und kommen nach Brandigan. Erec sucht, jetzt als Vollkavalier, die dort wartende Aventüre fast mutwillig auf: er besteht Mabonagrin, den Herrn der *Joie de la curt*, in einem Wettkampf über die Schönheit ihrer Damen (gleich dem mit Iders in Teil I). Nach dem Sieg nimmt er die 80 schönen Witwen der früheren Gegner Mabonagrins, die trauernd in Brandigan leben, mit sich: *7* [24].

Durch sie bringt er höchste höfische Freude zum *Artushof*: *8* [25].

Nach kurzem Aufenthalt läßt Hartmann das Paar weiterziehen nach Karnant, wieder zurück ins 'Alltagsleben'. Dort aber führt nun Erec mit Enite ein der Welt und Gott wohlgefälliges Leben *(Rückkehr nach Karnant)* [26].

2. Wie ist hier die *Komposition* zu verstehen? Teil I schachtelte seine vier Geschichten ineinander — Teil II bildet Reihen: lauter jeweils abgeschlossene Handlungen sind am Faden der Reise aneinandergefügt. Und zwar folgen sich sechs davon in fünf Nächten wie im Märchen (nur die zwei letzten Abenteuer nehmen sich mehr Zeit). Es gibt zwar auch ein leitmotivartiges Band: das Redeverbot; aber das reicht nur durch *1—3*.

Welche epische Ordnung beherrscht Teil II? Wir wollen vorerst nicht auf Interpretationen eingehen — meist suchte man eine innere Steigerung zu konstruieren — denn es gibt auch hier klar erkenn-

[24] 7788 ff. Bei Crestien 1043, bei Hartmann 2067 Verse!

[25] 9968 ff. Im Gegensatz zur freudelosen Zwischeneinkehr *4*, aber parallel der Rückkehr zu Artus in Teil I! — Bei Crestien, wo die Witwen fehlen, ist doch Erec selbst Freudebringer: Scheunemann S. 104 f.

[26] 10 002 ff. Crestien hat einen ganz anderen Schluß: Krönung des Paares (Erecs Vater ist inzwischen gestorben) durch Artus in Nantes, keine Rückkehr nach Karnant. Diese Schlußepisode mit *8* zusammen umfaßt bei Crestien 547 Verse, bei Hartmann nur 260: das Verhältnis hat sich also hier wieder umgekehrt. Hartmann kürzt also ganz zu Anfang, im Verbindungsteil zwischen I und II und am Ende, erweitert aber dazwischen, und zwar mit jeweils wachsender Länge (allerdings wachsen auch bei Crestien die Episoden fortschreitend je in I und II). Damit fallen die Schlüsse, die man aus einer angeblich durchweg breiter werdenden Arbeitsweise Hartmanns ziehen wollte, zusammen: er arbeitet auch hier durchaus bewußt!

bare Tatsachen der Komposition, die man aber noch nicht gesehen hat.

Überblickt man die Episoden, so muß die ständige Motivverdoppelung auffallen. Gleich in den zwei Abenteuern der ersten Nacht scheint das ja schon wirklich „plump“ [27] — aber es gibt auch noch andere Verdoppelungen, nur nicht in so direkter Nachbarschaft: zweimal verlockt Enitens Schönheit einen Grafen zu blinder Minne (*2* und *5*); zweimal kämpft Erec mit Guivreiz (*3* und *6*); zweimal auch kehrt das Paar am Artushof ein (*4* und *8*). Also stehen allein überhaupt nur die Abenteuer der ersten Nacht (die aber in sich verdoppelt sind!) und das siebente. Sollte dem Dichter wie dem Nachdichter nichts anderes eingefallen sein? Oder hängen sie so sklavisch an zusammengestoppelten Vorlagen, ohne jeden Sinn für künstlerische Ökonomie? Man glaubt so bis heute.

Versuchen wir statt dessen einmal, ob sich nicht gerade in diesen Wiederholungen ein Gesetz ausfindig machen läßt.

3. Die zweite Nacht findet eine genaue Spiegelung in der fünften: Hier wie dort ein Bedrängen Enitens durch einen *Grafen*; beide Grafen, ursprünglich bieder, werden durch Enitens Schönheit zu unechter Minne verleitet; beide Affären enden mit nächtlicher Flucht.

Zur Wiederholung aber kommt eine hier deutlich beabsichtigte Steigerung hinzu. Beim erstenmal gibt Erec selbst, mit verletzender Gleichgültigkeit, Enite preis; beim zweitenmal ist er weit stärker ausgeschaltet, sind Gefahr und Probe auch für Enite verschärft: er liegt als Toter auf der Bahre. Dort will der Graf Enite erwerben; hier ist sie ihm schon angetraut. Dort liegt die Beleidigung für sie nur im Ansinnen des Grafen; hier ist sie tätlich. Dort ist der Aufbruch zur Flucht noch planmäßig; hier eine wilde Szene. Dort wird der Graf nur verwundet; hier getötet. Dafür erfährt aber auch das Ende eine glücklichste Steigerung: in der zweiten Nacht zieht Enitens doppelte Warnung noch doppelten Verweis nach sich — ein trostloser Fluchtmorgen; die fünfte führt zum süßen „Wunder“ (6814) der Versöhnung [28].

[27] Sparnaay S. 83.

[28] Bei Crestien sofort, bei Hartmann erst nach dem ersten Ritt — wodurch die nächtliche Flucht eine ‘deutsche’ Zwielichtstimmung erhält; Scheunemann S. 73.

Dazu kommt schließlich noch ein Drittes. Wir konnten ja die sechs ersten Abenteuer nur dadurch in fünf Nächten unterbringen — eine Zählung, die aber gerade Hartmann jedesmal ausdrücklich hervorhebt [29] — daß (außer der verständlichen Zusammenrechnung der zwei Räuberabenteuer der ersten Nacht) auch in *5* eine ziemlich ausführliche Episode, die man bisher immer eigens gezählt hat [30], hier als Vorgeschichte zum folgenden Abenteuer geschlagen wurde: die Befreiung des Ritters Cadoc aus der Hand zweier Riesen. Mit welchem Recht? Während sonst in Teil II jede Episode, inhaltlich und zeitlich in sich geschlossen, neu von der Reise aus einsetzt, ist allein die Cadocepisode nicht nur zeitlich, sondern auch inhaltlich unselbständig; denn sie dient dazu, am Tage die Situation für die folgende Nacht herbeizuführen: Erec muß ja für tot daliegen, Enite bereit sein, ihr Leben preiszugeben, damit die Versuchung in Limors einsetzen kann.

Diese Tag-Vorgeschichte in *5* nun korrespondiert mit einer nicht minder berätselten Tag-Vorgeschichte in *2*: der Szene, wo Erec und Enite durch einen Knappen jenes Grafen gelabt werden, der dann in der folgenden Nacht die Hauptrolle spielt.

Hier (in *2*) erscheint nämlich das Paar in ausgesprochener Baisse: müde, von der Nacht und den Kämpfen erschöpft [31] — ihr Gegenüber aber, der Knappe, ist betont höfisch: er bietet von sich aus Quartier und Labung, ist hilfsbereit gegen Ritter und Dame, und er erfüllt auch bei improvisierter Mahlzeit alle Forderungen höfischen Zeremoniells, holt in seinem Hut Waschwasser für die Hände (nur

[29] Neben ständigen Hinweisen unter der Erzählung wird vor allem stets die Grenze zwischen den Abenteuern durch das Anbrechen des Tages bezeichnet: 3474, 4140, 4629[5], 5270, 7113 (worauf die 14 Nächte in Penefrec folgen).

[30] Förster, Ehrismann, Sparnaay, Scheunemann a. a. O.

[31] Erec lehnt gleich darauf des Grafen Einladung ab mit dem Hinweis auf seine und Enitens *unhovebære* Erscheinung (3636). Auch die hübsche Szene Crestiens zu Anfang der Episode — Erec schläft im Wald, indes Enite für ihn wacht (Sparnaay S. 108 ff.) — läßt Hartmann zwar zunächst wohl deshalb weg, weil er Crestiens gleitende Übergänge überhaupt durch ‘harte Fügung’ ersetzt; aber es wird so auch das Mildernde dieses Schlafes noch aus Erecs Erscheinung weggenommen.

bei Hartmann!), breitet ein Tischtuch aus usw. *Von vreuden was im vil gâch* (3601) sagt Hartmann bei seinem Abgang — viel mehr als Leitwort höfischen Wesens denn durch die Handlung motiviert!

In 5 ist nun dieses Verhältnis gerade umgekehrt: Erec kommt gepflegt vom Artushof, er folgt als echter höfischer Ritter dem Aventiure-Schema der unbekannten Stimme, redet die Unglückliche *vil nâch weinende* an (5337), ja behandelt sogar die groben Riesen mit ausgesuchter Höflichkeit — um so unhöfischer aber erscheint hier das Gegenpaar: die Freundin in Verzweiflung aufgelöst, Cadoc gebunden, entkleidet und blutig gepeitscht von den anti-höfischen Riesen!

Beide Vorgeschichten zeigen also einen Gegensatz höfischer und unhöfischer Situation. Aber — sie zeigen ihn für Erec spiegelbildlich verkehrt: erst der fremde Knappe höfisch, Erec und Enite unhöfisch — dann Erec höfisch, das fremde Gegenpaar unhöfisch [32]!

Dieser Kontrast gibt aber auch den beiden Hauptabenteuern jeweils den besonderen Ton: beim ersten liegt er auf Erecs unhöfischer Preisgabe Enitens und der zweimaligen Strafrede — beim zweiten auf Erecs rettendem Eintreten und der Versöhnung.

4. Ebenso korrespondieren das dritte und sechste Abenteuer, die zweimalige *Begegnung mit Guivreiz*, was schon die Gleichheit des

[32] Läßt vielleicht Hartmann, weil in 5 Erec allein ist (Enite blieb am Wege zurück), auch in 2 die Crestiensche Begleitung des Knappen weg: damit auch der höfische Knappe da allein sei, wie dann in 5 sein Spiegelbild, der höfische Erec? (Auch in ›Mab.‹ fehlt die Begleitung: Sparnaay S. 83).

Auch die merkwürdige Unkenntnis Hartmanns über die Bestimmung der Speisen, die der Knappe (in 2) trägt (*des enist mir niht geseit* 3498 — bei Crestien sind sie „für die Schnitter" — s. Sparnaay S. 85) stammt vielleicht aus der gleichen Absicht: der Absicht nämlich, den Gegensatz des höfischen Knappen zu unserem Paare (dem freilich Crestien, weniger schroff wie immer, auch mildernd höfische Züge gibt, z. B. *Erec cortois et larges*, s. Scheunemann S. 69 f.; Hartmann nimmt die Tatsache von Erecs Freigebigkeit zwar auf, aber nicht die Charakteristik) noch mehr als Geheimnis erscheinen zu lassen — ein Geheimnis, das seine Auflösung eben durch den Kontrast der viel späteren Vorgeschichte in 5 finden soll?

Beidemal liegt die Unhöfischkeit übrigens nicht im Charakter ihrer Träger — nur in ihrer Situation.

Personals und der Szenerie unmißverständlich zum Ausdruck bringt. In *3* nun tritt Guivreiz als vollendet höfischer Aventiure-ritter (4340) vor Erec und die Dame — Erec aber gibt sich mit Absicht tölpelhaft[33]: er tut, als kenne er den ritterlichen Komment nicht, fürchte die Herausforderung; er kämpft hinhaltend. In *6* ist das Verhältnis gerade umgekehrt: diesmal ist Guivreiz merkwürdigerweise *zwîvelhaft und unvrô*[34], er kämpft nicht mehr zum Selbstzweck ritterlicher Aventiure, sondern gegen seinen Willen, nur um den Aufenthalt aus dem Wege zu räumen — Erec aber ist um so höfischer: er stellt sich trotz seiner Schwäche, einer gegen viele, dem Kampf mit der Selbstverständlichkeit des Aventiure-ritters aus Selbstzweck. Dazu aber kommt die dialektische Umkehrung: in *3* erscheint Erec als *zage* (4366, 4419 f.) und wird verwundet — aber er siegt; in *6* ist er überkühn und — wird besiegt nach allen Regeln. Nicht aber der Sieger Erec, sondern gerade erst der besiegte ist der vollkommene höfische Ritter: von einer Delikatesse, die ihn auch die Überkühnheit noch bedauernd als Übereilung zurücknehmen läßt (7010 ff.). Und er wird hier ja auch nur besiegt, weil er noch immer an seiner symbolträchtig lange schwärenden Wunde vom ersten Kampf her leidet.

Den gleichen Kontrast zeigt aber auch sein Verhältnis zu Enite, das den Kern beider Episoden ausmacht: beim erstenmal lehnt er ihr Eintreten kurz und unhöfisch ab (*wan dâ verlür ich mêre an* 4431) — beim zweitenmal wird er, ohne Widerspruch, gerade dadurch vom Tod gerettet, daß Enite für ihn eintritt. Erst Hartmann findet aber hier auch einen reizend dialektischen Schluß: in *3* verbringt das Paar die erste Nacht seit seiner Ausfahrt nicht im Freien, sondern ungestört auf Guivreiz' Burg — aber unter Ablehnung jeder höfischen Repräsentation; in *6* verbringt es gerade umgekehrt die letzte Nacht im Freien — aber sie besiegelt mit der Versöhnung seine neue, höfische Lebensform: es folgen die 14 Nächte in Penefrec,

[33] Wieder von Hartmann verstärkt: Scheunemann S. 42 f.

[34] 6857. Die sehr schwerfällige Motivierung — Guivreiz muß durch einen Boten vom angeblichen Tod Erecs erfahren und sucht ihn, freilich aus Treue, mit Sorgen — überdeckt auch hier kaum das Kontrastschema.

folgt der Aufbruch zu Artus[35], der wie in Teil I (1414 ff.) als abschließende Wende gekennzeichnet ist durch das wunderbare Pferdegeschenk an Enite. (Aber auch der Aufbruch von Guivreiz in *3* führte zu Artus in *4*, nur ungewußt und gegen Erecs Willen.)

Ob man im zweiten Guivreiz-Zweikampf wirklich nicht mehr finden kann als die „durch die Tradition geforderte Fortsetzung des Zwergenabenteuers", ein Anhängsel nur, da „die Abenteuerfahrt übrigens zu Ende ist"[36]?

5. Wie der Aufbruch zeigt, soll auf beide Guivreiz-Episoden eine *Einkehr bei Artus* folgen. Die parallele Anordnung wird hier zwar durch das gegenbildlose Abenteuer von *Joie de la curt* (*7*) unterbrochen — von seiner Rolle wird gleich noch zu reden sein. Doch korrespondiert die Zwischeneinkehr am Artushof (*4*) auch inhaltlich aufs deutlichste mit der Schlußeinkehr (*8*).

Wieder gibt diese Beziehung einer bisher unverstandenen Szene überhaupt erst Sinn und Funktion: der Zwischeneinkehr[37]. Erec ist hier, durch List nur an den Hof gebracht, bewußt der höfischen Freude abgewandt (4977) — im Gegensatz zur Schlußeinkehr: da kommt er mit prächtigem Geleit als bewußter Träger höfischer Freude zum Artushof. In *4* heilt die Königin Erecs Wunde und beklagt Enitens freudefernes Dasein — in *8* ist umgekehrt der Artushof selbst in einem Zustand geminderter Freude: für Crestien ist Artus gerade ohne Gesellschaft, dazu überhaupt vereinsamt (mit nur 500 Baronen) und eben zur Ader gelassen[38]; Hartmanns Erec bringt Freude durch ein eigenes Motiv: er führt dem Hof die 80 schönen Witwen von Brandigan zu, wodurch die Kemenaten *baz berâten* stehen und die Freude *gemêret* wird (9947 ff.).

[35] Crestien begründet den Abschied von Penefrec als Aufbruch zu Artus (5280 f.). Das ist er auch bei Hartmann 7798 ff. Aber Hartmann deutet außerdem auch noch auf das folgende Abenteuer (7) vor, wenn er 7240—63 Erec aus ritterlichem Streben nach dem *ungemach* der Aventüre aufbrechen läßt — hier doch eine Störung der Komposition.

[36] Sparnaay S. 95.

[37] Sparnaay (S. 87) zitiert zustimmend G. Paris: « épisode de pur ornament ».

[38] 6416 ff., Scheunemann S. 104.

Was bedeutet also die zweimalige Einkehr am Artushof? Die zweite, die Schlußeinkehr, sicherlich nur den ‘freudigen’ Zielpunkt des Romans und besonders seines zweiten Teils. Aber die Zwischeneinkehr? Eigenen Erzählungsgehalt, Sagen- oder Aventiurestoff enthält sie so wenig wie jene. Auch ihre Handlung besteht in reiner Repräsentation: Empfang des Paares, nur mit umgekehrten Vorzeichen wie dort. Denn die Humoreske mit Keiî erschöpft ja ihren Handlungsgehalt darin, die Einladung an den Hof parodistisch zu entwerten, wie dann Gaweins List nur die Einkehr selbst um jede höfische Bedeutung für Erec bringt.

Es ist klar: die Funktion der Zwischeneinkehr besteht nur im Kontrast zur Schlußeinkehr. Das heißt also: wenn diese die Abenteuer ‘freudig’ abschließt — so jene den ersten Teil der Abenteuer entgegengesetzt, ‘freudefern’! Die Zwischeneinkehr bezieht sich auf die Reihe *1—3*, die Schlußeinkehr insbesondere auf *5—7*.

6. Die *Gliederung von Teil II* stellt sich damit schematisch so dar[39]:

Karnant: Verliegen, Aufbruch, Redeverbot

A	B
1 Doppeltes Räuberabenteuer	*5* Graf Oringles (Enitens Schönheit)
2 Graf Galoein (Enitens Schönheit)	*6* Guivreiz (Erecs Rittertüchtigkeit)
3 Guivreiz (Erecs Rittertüchtigkeit)	*7* Joie de la curt
4 Zwischeneinkehr am Artushof	*8* Schlußeinkehr am Artushof

Krönung in Nantes (Crestien) bzw.
Rückkehr nach Karnant (Hartmann)

Diese Gliederung ist formal so klar wie inhaltlich wohlbegründet. Denn der ‘doppelte Kursus’ entsteht, wie wir sahen, aus der absichtlichen spiegelbildlichen Kontrastierung zweier Daseinsstu-

[39] Die bisherigen Gliederungen setzten alle den Einschnitt erst nach *5* an, weil sie *1—5* als fortlaufende innere Steigerung zu betrachten suchten — dann bleibt aber für *6—8* wirklich kein anderer Sinn als der des „Anhängsels“.

fen[40]: In der A-Reihe wird das Paar in bewußt anti-höfischen Situationen gezeigt — die B-Reihe bewährt eine neuerworbene höfische Lebensform in den gleichen Abenteuern, nun aber mit umgekehrtem Vorzeichen.

Programm der A-Reihe ist: *ungemach*[41] durch *arbeit* für Erec und Enite. Da ist zuerst die *arbeit* der Reise selbst, die Abenteuer, die Verwundung Erecs; dann aber verstärkte *arbeit* durch alles, was Erec darüber hinaus sich und Enite auferlegt: Verzicht auf Begleitung, Verzicht auf höfische Bequemlichkeit und Repräsentation, Verzicht darauf, länger als eine Nacht an jedem Ort zu verweilen; weiter das tiefer Einschneidende: Verzicht Erecs auf Ritterehre bis zum Schein des Tölpelhaften[42], und die (dagegen sogar geringere und kürzere) Belastung Enitens mit dem Roßknechtsdienst; am tiefsten einschneidend aber für beide: Verzicht auf Gemeinschaft miteinander (obwohl die Reise ihnen ihr Aufeinanderangewiesensein immer wieder geradezu aufdrängt), auf die Gemeinschaft von Rede, Tisch und Bett.

Das Programm der B-Reihe heißt: *vreude*[43]. Ihr Anfang scheint dem allerdings entschieden zu widersprechen: Ist nicht hier das Paar überhaupt erst im tiefsten Leid — Erec als Toter auf der Bahre, Enite endgültig von ihm getrennt und zweimal zum Tod entschlossen? Dieses scheinbare Paradoxon aber zwischen formaler

[40] Dieser Grundgedanke Scheunemanns wird also durch die Komposition unbedingt bestätigt.

[41] Ausdrücklich am Anfang und Ende der Reihe: *Erec wente sînen lîp grôzes gemaches durch sîn wîp* (2966) — das ist die Ursache der *wandelunge* in Karnant; die Zwischeneinkehr aber bestätigt als Programm nochmals ausdrücklich: *Ich hân ze disen zîten gemaches mich bewegen gar* (4978 dazu weiter: *ungemach erlîden* 4629[32], *ze gemache* 4629[45]) und den Verzicht auf *vreude* (5056 ff.).

[42] Bis dahin durchweg allerdings erst von Hartmann verstärkt: durch die schlechte Bewaffnung der Räuber (*1*), die seinem Kampf alle Ehre nimmt, durch die Flucht als *arger diep* (4172) in *2*, durch die gespielte Furcht in *3*, durch die schimpfliche Behandlung durch Keiî in *4*; s. Scheunemann zu diesen Stellen.

[43] Siehe dazu Hans Naumann in seinem Vorw. zu Hartmann von Aue, Erec. Iwein, 1933, S. 21; Scheunemann passim.

und inhaltlicher Gliederung muß in Wirklichkeit als schönster Beleg für Crestiens und Hartmanns Kunst gelten. Gerade aus diesem tiefsten Punkt, aus der unmittelbaren Gegenwart des Todes, führen sie das Paar steil hinauf auf die Höhe der Versöhnung, die als Aufhebung des *ungemach* und erste Bedingung der *vreude* programmatisch am Anfang der zweiten Reihe steht:

> *ze liebe wart ir ungemach*
> *allez verkêret*
> *unde ir vreude gemêret* (6685 ff.).

Was aber macht die Versöhnung möglich? Erst die Gegenwart des Todes begründet das Zusammenwirken des Paares als absolut notwendig: nur Enitens Aufschrei weckt Erec aus seinem Tod — nur die Hilfe Erecs rettet Enite vor ihrem Tod! Da ihnen so auf letzte Weise bestätigt ist, was Erec in allen vorangehenden Proben nicht anerkennen wollte: daß sie nur dann leben können, wenn sie auf ihre Minneverbundenheit bauen — erst da gibt Erec ein neues Leben mit Enite zu[44]. Jetzt stellt er durch seine Abbitte für *ungeselleclîchez leben* sowohl die Minnegemeinschaft ausdrücklich wieder her (6797), wie durch seine Abbitte für Enitens *arbeit* ihre höfische Lebensform. In dem überkühnen Kampf mit Guivreiz aber beweist er — nochmals bis in die unmittelbare Nähe des Todes

[44] Den Neuanfang auf Grund der vor dem Tod erwiesenen Minnegemeinschaft des Paares bestätigt Hartmann sofort symbolisch in einem kleinen Zug: auf der Flucht findet nun das Paar seinen Weg auch nur durch (jetzt selbstverständliches) Zusammenwirken: Erec hält Enite auf seinem Pferd, sie aber — da er den Weg, den er als Toter auf der Bahre kam, nicht kennt — leitet ihn! War es aber nicht auch schon vorher so, daß Enite die Gefahr zuerst sah, die dann Erec bekämpfte? Ja aber Erec zeigte bisher durch das Redeverbot und durch sein ganzes Verhalten, daß er nach der Enttäuschung in Karnant dieses Zusammenwirken in Gemeinschaft nicht anerkennen wollte. Erst als der Tod ihn dazu zwingt, gibt er das auf — was Hartmann (nur er: Sparnaay S. 96) nun sofort reizend, wie wir sehen, symbolisiert. Die bisherigen Auffassungen sehen in dem Limorsabenteuer nur eine einseitige Treueprobe Enitens: Sparnaay S. 94, Scheunemann S. 54 ff. Daß es aber von 5 ab auf die neue „Minnebeziehung des Paares" ankommt, betont auch Scheunemann S. 83 f.

hinein —, daß auch er nicht ein *zage* sei[45], und stellt damit auch seine ritterlich-höfische Lebensform wieder her; auch sie unter dem Leitwort der *vreude*[46]. Wie sehr dann das siebente Abenteuer unter dem gleichen Leitwort steht, werden wir noch sehen. Und es erfüllt weiter die Schlußeinkehr als einziger Inhalt (s. oben), und auch der Abschluß ist ganz auf *vreude* (und *êre*!) gestellt[47].

7. Doch ist der Blick auf das Ganze noch verfrüht. Wir müssen zuerst noch die beiden alleinstehenden Episoden in ihrer Funktion begreifen.

Schauen wir auf die erste zurück: das doppelte *Räuberabenteuer*. Die genaue Wiederholung dabei ist wie absichtlich nur durch die Zahl der Räuber variiert — so, als ob sich nur die Zahlen unterscheiden sollten. Was bedeutet das? Versuchen wir es nachzudenken!

Der Dichter will Erec und Enite auf ihrer Reise zweimal denselben Weg führen. Wenn er nun an den Anfang das mit fast verletzender Absichtlichkeit verdoppelte Räuberabenteuer stellt — ist das nicht etwas, was man einen 'epischen Doppelpunkt' nennen könnte? Eine Mahnung an die Hörer also: Merkt auf Wiederholungen! Sollen sie nicht, wenn dann das zweite, dritte und vierte Abenteuer ohne Entsprechung vergingen, sich beim fünften, sechsten und achten um so deutlicher erinnern: Hier kommt ja die Verdoppelung wieder — aber sie bezieht sich nun auf den ganzen Weg (und damit auf die Daseinsstufen des Paares)? Gibt es ein epischeres Mittel, solch Programm vordeutend auszusprechen und doch noch verhüllt?

Um aber den Beweis zu schließen: ist es ein Zufall, wenn auch die B-Reihe wieder mit einer Verdoppelung einsetzt: In *5* wird Cadoc zuerst tot geglaubt und von seiner Freundin beweint — dann Erec tot gesehen und von Enite beweint bis zum Selbstmord. Der 'epische Doppelpunkt' ist beim zweiten Einsatz des 'doppelten Kursus' wiederholt.

[45] 6882, 6905, 6907.

[46] 7000, 7076 — *arbeit vergezzen* 7048 — und mit dialektischer Überspitzung durch Hartmann (s. oben S. 32, Anm. 42) jetzt das *ungemach* der Ritterschaft als höchstes *gemach* 7251.

[47] 10045, 10053, 10076, 10081, 10117; s. Naumann a. a. O.

8. Und nun das gegenbildlose Abenteuer 7: *Joie de la curt*. Man wird jetzt auch von ihm nicht mehr glauben, daß es nur dazu diene, den Roman auf das übliche Maß zu längen oder den Tatsachenhunger grober Hörer zu kitzeln[48].

Ist noch niemand aufgefallen, daß der Wundergarten ja nicht curt de la Joie, Freudenhof, heißt[49], sondern eben Joie de la curt, was Hartmann ganz richtig mit *des hoves vreude* übersetzt? Dieser Name bezeichnet jedenfalls nicht ein Abenteuer im 'Freudenhof', sondern — eine Allegorie der höfischen Freude! Dahin weist schon der wunderbare Charakter des Gartens. Ist es eine Erklärung, wenn man ihn, statt ihn zuerst in seiner Funktion hier im Gedicht zu begreifen, nur eben auf eine keltische oder märchenhafte Quelle zurückführt? In diesem Verfahren steckt auch eine Ästhetik — aber eine dunkle!

Machen wir uns den Rahmen, in dem dieses Abenteuer stattfindet, einmal Schritt für Schritt klar. Da ist erstens ein Wundergarten, ringsum offen und doch geheimnisvoll verschlossen (8703 ff., bei Crestien 5739 ff.). Er enthält zweitens eine wunderbare Freudennatur (Blüte und Frucht gleichzeitig z. B., 8715), von der aber niemand etwas heraustragen kann (8744, Crestien 5748 ff.). Dort lebt drittens ein Paar in ebenso wunderbarer, ausschließlicher Minnefreude (9524), zu der alle Voraussetzungen erfüllt scheinen: beide haben *adel, minne* und *triuwe,* dazu hat die Dame höchste Schönheit (sie ist die Schönste — nächst Enite 8928), der Ritter höchste Rittertüchtigkeit (als achtzigfacher Sieger — nächst Erec 9564). Und doch ist viertens durch sie der Garten *schœner vreude bar* (9595), ist *Joie de la curt genzlîchen nider gelegen* (9601 f.); erst Erecs Sieg stellt sie wieder her, wie Mabonagrin selbst dann erlöst zugibt (*ein schadelôse schande* 9584, *ze vreuden gekêret* 9608). Was bedeutet das?

Die Auflösung ist nicht schwer. Der Garten bedeutet, was er heißt: die höfische Freude, allen offen und doch nur auf besondere Weise zugänglich. Sie ist hier zunächst aber ganz unzugänglich ver-

[48] So Sparnaay S. 98 ff.

[49] Wiewohl Förster ohne Bedenken so übersetzt: ›Erec‹ (kleine Ausgabe) XX u. ö.

schlossen. Warum, das zeigt das allegorische Liebespaar darin. Es verkörpert zwar die vollkommene Freude: die Freude eines Lebens in Minnegemeinschaft! Denn alle Voraussetzungen zu seiner Vollkommenheit sind da: *adel*, *minne* und *triuwe*, Schönheit und Rittertüchtigkeit, dazu das Glück dauernder Liebesvereinigung. Aber auch diese Freude ist 'verschlossen', ist unwirksam geworden. Denn es fehlt ihr etwas, eine letzte Bedingung. Sie bringt erst Erec, der Wiederhersteller der „Freude des Hofes", hinzu. Es ist mehr als eine Metapher, wenn der Kampf zwischen ihm und Mabonagrin als ein *minnen* dargestellt wird (9106 ff.): er ist ein allegorischer Kampf, ein Kampf um die rechte Minneform [50]. Darum heißt es auch von ihm: *die kraft gâben in ir wîp* (9171)!

Welches ist diese letzte Bedingung vollkommener Minne und Freude? Crestien und Hartmann erörtern sie in Gesprächen der Hauptpersonen nach Erecs Sieg. Crestien nennt sie persönlicher: *l'enor* (6117, 6312), Hartmann abstrakter: Gemeinschaft mit „den Leuten" (*wan bî den liuten ist sô guot* 9438). Was das bedeutet, ist nicht sofort klar [51].

Deutlich aber ist, daß sich damit Erec — zum einzigen Mal — ausdrücklich auf sein und Enitens Schicksal in Karnant zurückbezieht: *Ich hân ez ûz ir munde heimlîchen vernomen . . .* (9426). Das heißt also: Was sich in Joie de la curt allegorisch spiegelt, ist des Paares eigener Weg: Zerstörung und Wiedergewinn der Minne und damit der höfischen Freude. Wie das andere Paar im Freudegarten, so standen Erec und Enite am Schluß von Teil I als Musterliebespaar vor uns. Wie jene, so haben auch sie diesen Zustand verdorben: weil sie sich im Besitzgenuß ihrer Liebe abschlossen wie jene im Freudegarten. Erec aber kennt darum jetzt diese letzte Bedingung (wie ihm sein allegorischer Sieg über Mabonagrin bestätigt), weil er sie inzwischen auf der Abenteuerfahrt erworben hat.

[50] Scheunemann S. 84: Ihr Kampf wird „fast zu einem solchen zwischen den Minnekräften, mit denen die Kämpfenden ausgerüstet sind".

[51] Gerade darum hat wohl auch Hartmann die ganze Begründung neu gestaltet (s. Sparnaay S. 100), mit seiner schönsten, aber leider etwas trockenen und, Crestien gegenüber, auch oberflächlicheren Schullogik (9414 ff.) — was im einzelnen zu zeigen hier zu weit führt.

Denn *l'enor* (Crestien) oder Gemeinschaft mit *den liuten* (Hartmann) bezeichnen genau das, was Erec auf dieser Fahrt, besonders im Moment ihrer Umkehr, erfuhr: wahrhaft vollkommene Minne ist erst die, die nicht sich in genießendem Besitz abschließt, sondern in der Welt bewährt und bestätigt[52]! Man muß aus dem verschlossenen Freudegarten heraus, muß ihn draußen in der Welt als innerlichen Besitz neu sich schenken lassen. Darum ist auch Mabonagrin erst der Freude gewonnen, als er — durch Erecs Sieg — der Gefangenschaft im Freudegarten den Rücken kehren darf. Ebenso wird seine trotzigere Freundin, die ihn durch das Versprechen band, psychologisch fein von Enite 'überwunden': durch deren demütig erprobte Minne[53]. Diese neue Minne aber strahlt dann Freude aus auf alle Umlebenden, wie die zerstörte Minne in Karnant die Freude für alle zerstört hatte: allen ist *des hoves vreude . . . widere gewunnen der in was zerunnen* (9759 ff.).

Die allegorische Bedeutung der Episode ließe sich noch an vielen Zügen bewähren, und gerade schon bei Crestien mehr als bei Hartmann. Aber wir wollen sie hier nicht überanstrengen. Die Episode ist ja auch sicher nicht erzählte Allegorie[54], sondern allegorische

[52] In seinem Schluß nimmt auch Hartmann das Stichwort der *êre* auf (9963 ff.). Für beide handelt es sich aber nirgends um einen Konflikt zweier verschiedener Pflichten, der Minnepflicht gegen die Geliebte und der ritterlichen Ehrenpflicht gegen die Welt, wie man es gewöhnlich aufzufassen pflegt. Davon ist nirgends die Rede. Sondern es handelt sich ausschließlich um die Minne. Aber auch nicht der Gegensatz 'sinnlicher' und 'sittlicher' Liebe ist hier gemeint, von dem Schwietering (Die deutsche Dichtung des Mittelalters, 1941, S. 154) spricht: diesen Gegensatz gibt es in der ganzen höfischen Dichtung nicht. Immer ist das Sinnliche der Liebe ganz ungebrochen Sinn und Ziel der Minne. Man könnte eher, wenn man so will, von einem Gegensatz 'irdischer' und 'himmlischer' Liebe sprechen. Genaueres wird sich zum Schluß, bei der Betrachtung des Zusammenhangs des ganzen Romans, ergeben.

[53] Was Sparnaay S. 99 verkennt.

[54] Wie die allegorisierten Eigenschaften der späteren Minneallegorien, die aber schon Gottfrieds ›Tristan‹ aufnimmt, wie Hartmann selbst in seinem Büchlein. Gottfrieds Minnegrotte hat das gleiche Problem der Ausschließlichkeit der Minne zum Thema, nur anders und in gewisser Weise gegen Erec gewendet.

Erzählung: Aventiure, aber mit feinstem Takt ins Allegorische gewendet.

So verstehen wir auch ihre kompositionelle Sonderstellung. Sie wird, als einzige alleinstehend, unmittelbar vor dem Abschluß eingeschoben, weil sie das Ganze spiegelt. Die Reise Erecs und Enitens führt hier an ihrem Ende aus dem Realen heraus, erhöht sich in ihre allegorische Deutung. Darum spricht Erec mit so hohen Worten schon vorher über die in Brandigan ihn erwartende Aventiure: sie ist *der sælden wec*, den er bisher gesucht (8521). Darum auch hört hier die Zeitrechnung der Nächte auf, die bisher galt: auf die Wiederherstellung von Enitens (5) und Erecs Dasein (6) folgten schon 14 Nächte im Wunderschloß Penefrec als Übergang, und folgt nun die im Grunde zeitlose (obwohl noch einmal in Nacht und Tag bestimmte) Allegorie, die denn auch bei Hartmann in ein vier Wochen währendes Freudefest ausläuft [55]. Wenn die Erzählung danach wieder in reale Handlung einmündet, geschieht es auf der neuen, durch die Allegorie gesicherten Ebene.

9. *Departi sont, la joie fine* (6410) — Crestiens Erec nimmt die Freude mit sich zu Artus und zur Krönung. Bei Hartmann aber tritt, mit einer charakteristischen Naht [56], für das Stichwort *vreude* am Schluß von Brandigan ein neues ein: *erbarmen* [57]. Was er damit bezweckt, ist eine Umstilisierung der bei Crestien bis zum Ende ganz immanenten, ganz sinnlich-sittlichen Handlung ins Religiös-Sittliche.

Das vollendet er in seinem neuen Schluß: der *Rückkehr nach Karnant*. Crestien öffnet den Roman, der sich bereits in die Allegorie erhöht hatte, nun in die geschichtliche Wirklichkeit hinein: die Krönung spielt in Nantes, und die Vermutung, daß Crestien

[55] Bei Crestien dauert es nur 3 Tage (6392): Scheunemann S. 96. Hartmann überspitzt — ähnlich wie wir es hier bei der Interpretation auch tun müssen — vielfach die Pointen Crestiens, im großen ganzen allerdings in durchaus angemessener und gelegentlich in ebenbürtiger Weise.

[56] 9779 ff. *Er* (9782) bedeutet, wie der Zusammenhang zeigt, sicher Erec, nicht, wie Scheunemann S. 101 annimmt, den *künic* (9781).

[57] 9787, 9791, 9792, 9794, 9798. Es bezieht sich auf die 80 Witwen, die Hartmann einführte (Scheunemann S. 103 f.). Er wird ja überhaupt gegen den Schluß hin immer freier: Scheunemann S. 78 f., 106 Anm. 322.

hier auf ein zeitgenössisches historisches Ereignis anspiele[58], hat viel Anziehendes.

Mit der Rückkehr nach Karnant durchbricht auch Hartmann am Schluß des Romans die Spielwelt der Aventiure in die Wirklichkeit hinein — aber in die Wirklichkeit der kirchlichen Religiosität (10124 ff.).

Auch bei Crestien kommt freilich das Religiöse noch zu Wort: sein Erec kann sich auf die Nachricht vom Tode seines Vaters hin mit Messen und Almosen nicht genug tun (6528 ff.). Aber das ist mehr immanente, zur höfischen Vollkommenheit gehörende Loyalität auch gegen Gott. Erst Hartmann bringt das Religiöse direkt herein — er verhärtet damit aber doch auch die höfische Spielwelt seines Romans ins Naturalistische[59].

III

Bleibt noch zum Schluß der *Zusammenhang des Ganzen* zu überschauen. Joie de la curt deutete ihn allegorisch an. Es gibt aber auch kompositionelle Zusammenhänge, die die beiden Teile noch enger verbinden.

1. Einige mehr formale kennen wir bereits. So die spiegelbildliche Korrespondenz von Erecs und Enitens Ritter- und Schönheitskampf gegen Iders und seine (namenlose) Freundin in Tulmein — zu dem gleichen Kampf des Paares gegen Mabonagrin und seine (ebenfalls namenlose) Freundin in Brandigan (bis in Einzel-

[58] Sparnaay S. 111 f., Scheunemann S. 106, Anm. 322.

[59] Auch ›Mab.‹ und ›Saga‹ lassen das Paar am Schluß nach Karnant zurückkehren, wenn auch auf verschiedene Weise: Scheunemann S. 106, besonders Anm. 322. Crestiens Schluß ist ein Beispiel seiner sinnlich-sittlichen, immanenten Kunst (französische Flächenkunst) — Hartmanns Schluß begreift sich aus seiner Verschiebung dieser Kunst in einen (doch verhärtenden) metaphysischen Naturalismus (deutsche, aber naturalistische Raumkunst) — der Schluß in ›Mab.‹ und ›Saga‹ aber stammt deutlich aus naturalistisch stofflicher Logik. Ist es da nicht denkbar, daß die drei späteren durchaus selbständig aus, wenn auch sehr verschiedenartiger, naturalistischer Umbildung Crestiens zu ihren Schlüssen gekommen sind?

heiten: die Lage des Paares: dort in Leid, das Freude erwartet — hier in Freude, der Leid vorhergesagt wird; Freude der Bürger beim Eintritt hier und dort, die aber in Brandigan beim Anblick Erecs sich in Leid verkehrt[60]; dort die Stange mit dem Sperber — hier die Stange, die auf Erecs Kopf wartet usw.). Ebenso die Pferdeknechtsdienste Enitens in Teil I und Teil II bei ihrem ersten Auftreten[61] — das Pferdegeschenk an sie in Teil I und II bei der Wende zum Abschluß[62], gleichsam als Entschädigung.

2. Das ist gewiß formal sehr fein — aber es befriedigt nicht ganz: es fehlt darin eine inhaltliche Verbindung von I und II. Wir haben aber auch die Interpretation des ersten Teils bisher vernachlässigt: Von den inzwischen genommenen Einsichten aus erst möglich, wird sie uns dann wieder in diese Verbindung erst eigentlich zurückführen.

[60] In Brandigan ist diese anfängliche Freude der Bürger überhaupt nicht motiviert wie wenigstens noch in Tulmein durch das Fest (und von Hartmann noch gesteigert: Scheunemann S. 91 f.); und sie wandelt sich beim Anblick Erecs in Leid (8077 ff.): das zeigt, wie sehr dieser Schematismus im Vordergrund steht.

[61] I: 308 ff. — II: 3273 ff., 3431 ff. Beidemal wird zur Versüßung des Dienstes Gott selbst bemüht — dieser 'höfische' Gott ist aber doch mehr Spielerei, Hartmanns 'Gottesidee' muß man aus zentraleren Zusammenhängen suchen (s. dazu am Schluß).

[62] I: 1414 ff. — II: 7264 ff. Hartmanns fast mutwillige Ausweitung hier (beim erstenmal kürzt er Crestiens Pferdebeschreibung!) ist also nicht nur Entgleisung des jugendlichen Dichters, sondern wieder Überspitzung der Pointe. — Beide Geschenke stammen übrigens von namenlosen weiblichen Nebenpersonen: beim erstenmal einer *niftel* Enitens, die sonst nicht vorkommt — beim zweitenmal von Guivreiz' Schwestern, die daneben ebenso zufällig noch Erecs Wunde zu heilen haben. Sie treten also fast nur zu diesem Zwecke auf! — Auf die Korrespondenz der Pferdegeschenke macht auch Scheunemann aufmerksam, er sieht aber wenigstens im ersten einen „unklaren Zug in der Ökonomie der Handlung" S. 26, auch S. 8, Anm. 28. (Die Jeschute-Episode im ›Parzival‹ könnte Wolfram doch aus dem ›Erec‹ haben, wie zu zeigen wäre). Er sieht deshalb in den Pferdeszenen Reste einer älteren Stoffschicht, in der Enite handlungsmäßig mit Pferden zu tun hatte! Aber die kompositionelle Beziehung ist, neben der psychologischen Bedeutung, doch wohl Motivierung genug.

Am Anfang steht Erec in 'neutraler' Situation da: er ist weder in der Repräsentation am Artushof noch im Abenteuer; er ist 'neutralisiert' als Begleiter der Königin (im Festgewand — aber nicht am Hof; unterwegs — aber ohne Waffen)[63]. Von da aus führt ihn die Aventiure in vier schnellen Schritten bis ganz in die Tiefe: der Geißelschlag des Zwergs (*2*) beraubt ihn der neutralen (unbewaffneten) Ehre — Tulmein (*3*) der Gemeinschaft — die Arme Herberge (*4*) schließlich der sozialen Stellung.

Aber jeder dieser Schritte bereitet, indem er den Helden hinunterführt, zugleich auch seinen Wiederaufstieg in ein, nun jedoch selbst errungenes, höfisches Dasein. Denn im in der Tiefe dämmernden Zentrum der Bühne gewissermaßen tritt ihm Enite entgegen. Angesiedelt an diesem tiefsten Punkt, bis zu dem Erec hinabsteigen muß, und hier in ihrer Schönheit ebenso 'neutralisiert' wie er in seinem Rittertum, ist gerade sie die Ergänzung, die Erec braucht, um die Stufen nun Schritt für Schritt zurückzusteigen[64]: ihre durch ihn 'entdeckte' Schönheit ermöglicht ihm, den Beleidiger zum Sperberwettkampf zu stellen und dabei auch die eigene Ritterschaft zu 'entdecken'[65].

[63] Was ihm freilich nicht als persönliche Schuld ausgelegt werden sollte! Es ist eine nur objektiv 'schuldige' Ausgangssituation (s. unten). Daß ihm Crestien schon da eine ritterliche Vergangenheit gibt, während Hartmann ihn ein unbeschriebenes Blatt sein läßt, entspricht ganz dem sonstigen Unterschied ihrer Arbeitsweise: Crestiens 'natürlicher' Realismus wird von Hartmann schematisch überspitzt. Quellenkritische Schlüsse aus dieser Abweichung — Sparnaay S. 77 — sind daher kaum zu rechtfertigen.

[64] Die 'Ruinenpoesie' besonders bei Hartmann, deren „rührender" Reiz (Ehrismann S. 170) Eniten weiterhin anhaftet, findet also in der so 'formal' nur scheinenden Komposition eine objektive Stütze. In der bildenden Kunst wird solche Ruinenpoesie erst später, aber dann bis Dürer, Altdorfer usw. wirksam!

[65] Denn einfach um Iders mit Gewalt zu stellen, dazu hätten die Waffen des Vaters genügt — Enite wäre dann wahrhaftig nur Dreingabe, vom Dichter verschenkt, ein blindes Motiv! Gerade das Fehlen der psychologischen Motivierung (s. S. 154 u. Anm. 7) wird aber zum Hinweis auf das objektive gedankliche Schema, das der Roman meint — wie ja überhaupt, besonders in Teil I, fast anti-psychologisch der objektive Schematismus betont wird: beim Kußaufschub, dem Hinnehmen des Geißelschlags

Dem Paar also gelingt der Sieg über Iders, und schon das führt sie empor, über ihre Anfangsneutralität hinaus: in die Mustergültigkeit des im Wettbewerb erkämpften Ritter- und Schönheitssiegs. Dem Paar wird dann die Hochzeit zuteil, und sie wird eingerahmt durch einen nochmaligen, höheren Doppelsieg: den von Artus gespendeten zweiten Schönheitspreis (den Kuß) und den am Artushof erworbenen zweiten Ritterpreis (im Turnier). So mündet ihr Aufstieg auf der Höhe eines idealen, vom Artushof in breiter höfischer Repräsentation bestätigten Musterpaares.

3. Den gleichen Weg aber wiederholt ja, wie wir wissen, noch gesteigert der zweite Teil: ein doppelter Kursus faßt also auch das Ganze zusammen! Auch in II muß das Paar noch einmal hinuntersteigen — aber bis ins tiefere 'Nichts' der Todesgegenwart (5), damit der Tod selbst die Notwendigkeit seiner Minnegemeinschaft erneut bestätige und sie von da aufs neue hinaufstiegen, wieder bis zum Artushof zurück, aber nun, seine spielerisch-repräsentative Verbindlichkeit überhöhend, in die Verbindlichkeit eines allegorischen, am Ende aber, in die reale Wirklichkeit geöffnet, eines 'realen' Musterpaares [66].

durch Erec, der Werbung fast 'nebenbei', dem Verzicht auf die Rache am Zwerg (die Hartmann aber wenigstens, als Erziehung, erwähnt), und der Vernachlässigung der Minne zu Anfang besonders bei Hartmann (bei Scheunemann von S. 13 ff. an immer wieder herausgearbeitet). Denn auch darauf fällt von hier aus doch ein anderes Licht als in Scheunemanns 'System': obwohl Crestien das Minnigliche im Verhältnis Erec-Enite von vornherein deutlicher anlegt als Hartmann, so dient es doch auch bei ihm durchaus nicht der Motivierung! Das besorgt auch bei ihm ganz allein der Schematismus, den Hartmann unverändert übernimmt. Hartmann vereinfacht nur Crestiens 'natürlichere' und schmuckfreudigere Darstellung, wenn er der Minne erst beim krönenden Abschluß in beiden Teilen Raum gibt. Es besteht durchaus kein Gegensatz im Grundsätzlichen zwischen Crestien und ihm, wie Scheunemann meinte. Sondern Hartmann überträgt sogar höchst konsequent Crestiens kompositionellen und inhaltlichen Schematismus, meist ihn verhärtend, aber gelegentlich auch durch sekundäre Neumotivierung mildernd.

[66] Crestien hält, vollendet ausgewogen, auch dies im Artusrahmen; Hartmann übergreift ihn, künstlerisch gesehen, doch gröber, mit dem Rahmen der religiös gewerteten Alltagsexistenz in Karnant.

Zu Wiederholung und Steigerung tritt nun aber auch hier die bewußte Kontrastierung: in Teil I läßt sich Erec seinen Weg vom Schicksal abzwingen — in Teil II nimmt er den gleichen Weg bewußt auf sich, ja fordert ihn freiwillig heraus. Und dieser Kontrast ist der innere Antrieb, der Unterschied wie Beziehung beider Teile nach Anlage und Inhalt bewirkt — bis in die Einzelheiten hinein! Im Inhalt: alle Episoden des ersten Teils sind 'Zufälle', die von außen Erecs und Enitens neutralisiertes Dasein angreifen: die Jagd (*1*), die zufällige Begegnung mit Iders (*2*), der zufällig auf dem Weg nach Tulmein ist (*3*), dort die Begegnung mit Enite (*4*). Die Abenteuer des zweiten Teils aber, so sehr auch sie Erec 'begegnen', bestimmen nicht ihn, sondern er bestimmt sie: freiwillig wählt er die Reise, freiwillig auch Entsagungen darüber hinaus — diese aber prägen den Inhalt der einzelnen Episoden: der Verzicht auf Begleitung fordert die Begehrlichkeit der Räuber heraus (*1*), durch den Verzicht auf die Minnegemeinschaft reizt Enitens Schönheit die Begehrlichkeit des Grafen (*2*), der Verzicht auf höfische Ehre bestimmt die Guivreiz-Begegnung (*3*), der Verzicht auf die „Freude des Hofes" überhaupt die Zwischeneinkehr (*4*), nur an der Stelle des Umschwungs (*5*) ist Erec mit tieferem Sinn ohnmächtig, damit der Tod selbst ein neues Leben bestätige[67]; darauf aber wählt er wieder frei die Wiederherstellung des vorher Preisgegebenen, die ihn dann durch die positive Wiederkehr der gleichen Ereignisse führt: *6*, *8*. — In der Komposition: Der Zufall in der Hand des Schicksals ist es, der Erec in Teil I ohne Besinnen aus einer Begegnung in die andere reißt, bis er Enite findet; mit ihr zusammen aber kann er dann diese Handlungsanfänge Schritt für Schritt entwirren bis zurück zum Ausgangspunkt, dem Artushof: das ergibt genau die Verschachtelung, das Kompositionsprinzip des ersten Teils. Im zweiten Teil bestimmt Erec selbst die Reise, und ihre Abenteuer reihen sich an ihr entlang auf, in zwei sich wieder-

[67] Aber auch hier noch sichert ihm der Dichter doch einen Anteil von Selbstbestimmung: Erec kommt in diese Lage, weil er zuvor aus eigenem Entschluß den höfischen Akt der Hilfe für Cadoc vollzog und damit die Umkehr bereits antizipierte, vor ihrer Begründung in Limors und durch die Versöhnung.

holende 'Kurse' gegliedert durch den freien Verzicht und die freie Wiederherstellung der höfischen Lebensform: die Komposition des zweiten Teils.

4. In diesem Kontrast liegt damit die *Deutung des Ganzen.* Doch muß, ehe davon die Rede sein kann, noch einmal auf eine bisher vernachlässigte Szene eingegangen werden: den Karnantaufenthalt, der als Gelenk beide Teile zusammenfügt. Denn von ihm pflegt üblicherweise die Deutung des Romans auszugehen. Ihre Ergebnisse sind allerdings sehr widersprechend [68], dazu im Inhalt meist vage, im Aufbau gewaltsam: wer ganze Episoden aus der von ihm behaupteten Deutung als Flickwerk ausschließen muß, der legt leicht dem Dichter zur Last, was er selbst als Interpret gefehlt hat.

Was geschieht in Karnant? Hier im Alltag erscheint das Paar aufs neue 'neutralisiert': Erec wird im Genuß der Minne bequem (2933, 2966 ff.), vergißt auf Ritterschaft und Ehre (2969), „verliegt" sich (2971). Das Paar verliert die Musterstellung (*ein wandelunge an in geschach* 2984, schon bei Crestien *changier* 2468) [69], die *vreude* in Karnant wird *schande* (2986, 2990), zum Schmerz der Umgebung und zum Kummer Enitens, die sich selbst die Schuld zumißt [70].

Die Deutung hat uns die Allegorie von Joie de la curt schon abgenommen (s. oben S. 35): Dem Musterpaar aus Teil I fehlt doch noch eine letzte Bedingung dauernder Vollkommenheit. Sie in einer neuen freiwilligen Schicksalsprobe zu suchen, zieht Erec aus. Als er in Karnant vor die *wandelunge* gestellt wird, gibt er augenblicklich alles Errungene wieder preis, um sich und Enite, um ihre Minnegemeinschaft aufs neue der „Aventiure" darzubieten, ob sie sie aufs neue bestätige — oder verwerfe: *ez was durch versuochen getân,* nicht nur *ob sie im wære ein rehtez wîp* (6781) [71], sondern

[68] Scheunemann stellt sie S. 51, Anm. 170 und S. 53 ff. zusammen.

[69] Entgegen Scheunemanns Behauptung S. 51.

[70] Eine ganz 'objektive' Schuld allerdings, die aus ihrem Dasein als Weib besteht — nur ihre rührende Treue heißt sie das auch als subjektive Schuld sich zurechnen!

[71] Ein *rehtez* — nicht *triuwez wîp*! Damit scheint mir alles, was Scheunemann S. 53 ff. über den Ersatz von Crestiens *amors* durch Hart-

auch ob er gleichermaßen noch ihr ‘rechter Mann’ sei — zusammengehörig nach Bestimmung und Notwendigkeit [72].

Nicht Probe auf Enitens (gar nicht bezweifelte) Treue ist also, auch von der verbindenden Szene aus gesehen, die Abenteuerreise, auch nicht Probe auf Erecs (ebensowenig bezweifelte) Rittertüchtigkeit, oder auch ein mixtum compositum aus beiden nach verschiedenen Vorlagen, die nur aus Mißverständnissen der Dichtung konstruiert sind —, sondern ausschließlich Probe auf ihre Minnegemeinschaft! Es ist die gleiche Probe, die schon den ersten Teil aufbaute.

Als Bausteine dieser Minnegemeinschaft, als Grundstoff des ganzen Romans aber dienen dann doch nur zwei Motive: die Schönheit Enitens und die Rittertüchtigkeit Erecs. Sie werden in jedem der beiden Teile als Grundbedingung der Minne und damit der höfischen Ehre und „Freude“ doppelt erprobt: in I in je zwei Schönheits- und Ritterkonkurrenzen, die das Paar zusammenführen — in II in je zwei tieferen Gemeinschaftsproben, die doch auch aus Enitens Schönheit und Erecs Rittertum folgen [73]. In I sind sie (durch

manns *triuwe* und über den unerotischen, aber doch durch Eifersucht timbrierten Charakter der Reise für Hartmann entwickelt, gegenstandslos.

[72] Crestiens 5251: eine Prüfung für beide (s. auch Sparnaay S. 95, dessen Folgerungen aber ganz abführen). Die Probe für beide bestätigt auch der Zusammenhang der Episoden *5* und *6* deutlich (s. oben S. 38). — Freilich führt ja dann Enitens Treue vom ersten Abenteuer an die Zusammengehörigkeit des Paares immer wieder vor Augen. Daß sie das Redeverbot jedesmal bricht, beleuchtet ja nicht nur ihre Treue, sondern auch die Notwendigkeit des Zusammenwirkens als Paar: darum sieht sie in den nächtlichen Episoden *1—3* jedesmal zuerst die Gefahr, die dann er bekämpft. Crestien stellt das auch hier wieder (s. oben Anm. 65) ohne subjektive Motivierung eben als übergeordnetes Schema dar — Hartmann bemüht sich an der, allerdings rührend ungeschickten Stelle 4150 ff., auf die H. Schneider aufmerksam macht (a. a. O. S. 287), diesmal um eine genauere Motivierung. — Aber erst als der unmittelbar gegenwärtige Tod selbst die Gemeinschaft gerechtfertigt hat, gibt Erec die Probe auf.

[73] Denn Enite fällt ja darum zweimal der Begehrlichkeit der Grafen anheim, weil ihre Schönheit hier nicht in der Minne Erecs zu rechtem Zusammenwirken ‘geordnet’ sein darf, sondern ‘frei’ zur Zerstörung für

schicksalhaften 'Zufall') zusammengebunden als Abenteuer (IA) und Erfüllung am Artushof (IB) — in II (freiwillig) auseinandergelegt in Preisgabe (II A) und Wiederanerkennung (II B), darum hier jedesmal eigens abgeschlossen durch den Artushof als 'maßstäbliche' Schlußsituation und eigens verklammert durch den 'epischen Doppelpunkt' zu Anfang und die allegorische Deutung vor dem Ende.

Rittertüchtigkeit und Schönheit bestimmen also das Wesen, den höfischen 'Rang' von Mann und Frau (während *adel*, *minne* und *triuwe* — s. oben S. 35 — sich wie das Moralische von selbst verstehen). Aber sie bleiben jedes für sich 'neutralisiert', unwirksam — erst im Zusammenwirken führen sie Erec und Enite aktiv in die höfische Welt und in ihr bis auf den Gipfel idealer, durch Artus bestätigter Vollkommenheit (I). In Karnant aber zeigen sich Rittertum wie Schönheit aufs neue 'neutralisiert', d. h. unwirksam, wird so die ideale Vorbildlichkeit ihrer „Freude" aufs neue zerstört — weil Erec das Errungene noch als Besitz genießt. Durch eine zweite, nun freiwillige Erprobung bis in die 'letzte' Probe vor dem Tod muß er noch lernen, daß alles erst dann Bestand hat, wenn es als Geschenk aus der Hand der Aventiure empfangen wird zu Dienst und Leistung in der Welt. *L'enor*-Ehre oder *„bî den liuten* sein" nannte das die Allegorie (S. 37).

5. In diesem 'architektonischen' Sinn ist der Erec ein *Thesenroman*. Gibt es darum aber — um damit zu schließen — hier nur 'Schematismus', keine Menschen, keine Charaktere, nicht Schuld und Sühne, keine Entwicklung? Es gibt sie sicherlich — sonst wäre der Roman Crestiens wie Hartmanns nicht das vor allem künstlerische Werk, das er ist. Aber nicht im Sinne moderner psychologischer Subjektivität — sondern als Seinsverwirklichung in mittelalterlichen 'Universalien'. Das ist der Hintergrund dieses Schematismus. Die Schuld Erecs ist objektiv: sie wird ihm nicht psycholo-

sie und die beiden Grafen wirkt (in 5 allerdings schon unbeabsichtigt und auf die Versöhnung hin). Erecs Rittertum aber geht aus der ersten Guivreizbegegnung mit der symbolträchtig nachwirkenden Wunde hervor, so daß bei der zweiten ihn gerade Enite in nun wieder 'geordnetem' Zusammenwirken vor dem Tod retten muß und darf.

gisch zugerechnet — sie 'geschieht' ihm. Darum sieht er sie, als er davorgestellt wird, ja auch augenblicklich ein und nimmt freiwillig die Sühne auf sich (wie die Helden aller vier Epen Hartmanns). Diese Sühne aber ist gerade darum keine 'Entwicklung', keine 'Läuterung', sondern — eine Buße.

Der gleiche Grundton geht durch alle vier Epen Hartmanns: Wer sich in dem Dasein, das ihm geschenkt ist, genießend abschließt, oder, mit Gregorius zu reden, wer im *zwîvel* lebt [74], der neutralisiert es, der macht seine Kräfte unwirksam; wer aber durch freiwillige Preisgabe, wer durch Buße lernt, es von oben zu empfangen, der erst kann auch seine irdischen Kräfte recht benutzen: als Aufgabe und Dienst zur Ehre in der Welt wie zum Lohn bei Gott. Die höhere Macht, der man sich unterwirft, ist hier wie im ›Iwein‹ die Aventiure. Sie rückt so aber ganz in die Nähe der geistlichen Epen, wird fast ein weltlicher Arm Gottes! Es ist ein christlicher, ein Augustinischer Gedanke [75], der im Mittelpunkt unseres Gedichts steht wie im Mittelpunkt aller Epen Hartmanns.

Dies ist das Neue bei Crestien und Hartmann — das Neue aber auch für unser, in letzter Zeit ja auch neu in Bewegung geratenes Bild vom 'ritterlichen Tugendsystem': Auch das hier in seinen Inhalten ganz innerweltlich gewordene ritterlich-höfische Lebensideal wird nun gerade durchwaltet gezeigt von der gleichen Struktur, die das christlich-augustinische Verhältnis des Menschen zu Gott be-

[74] Schon im ›Erec‹ bezeichnet ja Hartmann die programmatische Wende (nach 5 und 6, in der fünften Nacht) unter dem Bild des geretteten Schiffbrüchigen als göttliche Rettung aus *zwîvellîchem leben ... an der gnâden sant* (7061—76).

[75] Siehe z. B. Matth. 10, 39. Und Augustin, ›De civitate Dei‹ XV, 7: *Boni quippe ad hoc utuntur mundo, ut fruantur deo, mali autem contra, ut fruantur mundo, uti volunt deo* (s. dazu Otto Herding, Augustin als Geschichtsdenker, Universitas 2 [1947], S. 658). Das *uti deo, ut fruantur mundo* ist genau der Inhalt des Hartmann-Wolframschen *zwîvel*! — Zur Komposition und Struktur deutscher höfischer Epen vgl. Heinz Stolte, Eilhart und Gottfried, 1941; Hildegard Emmel, Formprobleme des Artusromans und der Graldichtung, 1951; Hans Eggers, Symmetrie und Proportion epischen Erzählens. Studien zur Kunstform Hartmanns von Aue, 1956. Hier ist kein Anlaß, darauf zustimmend oder kritisch einzugehen.

zeichnet. Nicht der Einbruch einer neuen 'Weltlichkeit' und 'Diesseitigkeit' einer 'höfischen Klassik', aber auch nicht eine direkte Vereinigung von Weltdienst und Gottesdienst ist der Grund des neuen höfischen Lebensideals, das sich hier auftut —, sondern eine Vereinigung beider, als getrennter Lebensgebiete, durch die gleiche innere Struktur, die hier wie dort waltet: eine *analogia entis* im wahrsten Sinn des Wortes. Daß sich mit diesem Begriff weite Zusammenhänge zur Aufgabe stellen, braucht ja nicht betont zu werden.

Wie steht es schließlich mit der Schuld Enitens in unserem Roman? Wer sie, entgegen Hartmanns ausdrücklicher Versicherung (6775), auch nur einer Mitschuld zeiht, der versündigt sich an einer der reinsten Frauengestalten in Mittelalter und Neuzeit. Denn sie weiß von Anfang bis Ende nichts anderes als demütigste Liebe: eine Liebe, die ihr Geschick ganz und in jedem Augenblick dem opfert, von dem sie es empfing — ihrem Freund und Mann Erec.

Deutsche Vierteljahrsschrift für Literaturwissenschaft und Geistesgeschichte 25, 1951, S. 184—198.

HARTMANNS SOGENANNTE WITWENKLAGE UND SEIN DRITTES KREUZLIED

Von HEINZ STOLTE

Die Philologie kennt Probleme, die den Forscher immer wieder reizen, sie von neuem zu durchdenken, obgleich es so scheint, als habe man über sie mehr als genug geschrieben und als sei alles Sagenswerte über sie längst gesagt. Zu ihnen gehört zweifellos jenes eigentümliche Lied Hartmanns von Aue (Minnesangs Frühling 217, 14 ff.), das man als seine „Witwenklage“ zu bezeichnen pflegt:

Diz waeren wünneclîche tage
der si mit fröiden möhte leben.
nû hât mir got ein swaere klage
ze dirre schoenen zît gegeben,
der mir leider niemer wirdet buoz.
ich hân verloren einen man
daz ich für wâr wol sprechen muoz
daz wîp nie liebern friunt gewan.
dô ich sîn pflac, dô fröite er mich:
nû pflege sîn got, der pfligt sîn baz dan ich.

Mîn schade waer niemen rehte erkant,
ern diuhte in grôzer klage wert.
an dem ich triuwe und êre ie vant
und swes ein wîp an manne gert,
der ist alze gâhes mir benomen.
des mac mir unz an mînen tôt
niemer niht ze staten komen,
in müeze lîden sende nôt.
der nû iht liebers sî geschehen,
diu lâze ouch daz an ir gebaerden sehen.

Got hât vil wol zuo zir getân,
sît liep sô leidez ende gît,

diu sich ir beider hât erlân:
der gât mit fröiden hin diu zît.
ich hân klage sô manegen liehten tac,
und ir gemüete stât alsô
daz si mir niht gelouben mac.
ich bin von liebe worden frô:
sol ich der jâre werden alt,
daz giltet sich mit leide tûsentvalt.

Die philologische Forschung hat sehr früh bemerkt, daß dieses Gedicht Hartmanns enge Berührungen aufweist mit einer von Reinmar stammenden Witwenklage auf den Tod Leopolds VI. (V.) von Österreich (Minnesangs Frühling 167, 31 ff.):

Si jehent, der sumer der sî hie,
diu wunne diu sî komen,
und daz ich mich wol gehabe als ê.
nu râtent unde sprechent wie.
der tôt hât mir benomen
daz ich niemer überwinde mê.
waz bedarf ich wunneclicher zît,
sît aller fröiden herre Liutpolt in der erde lît,
den ich nie tac getrûren sach?
ez hât diu werlt an ime verlorn
daz ir an manne nie
sô jaemerlîcher schade geschach.

Mir armen wîbe was ze wol
dô ich gedâhte an in
wie mîn heil an sîme lîbe lac.
daz ich des nu niht haben sol,
des gât mit sorgen hin
swaz ich iemer mê geleben mac.
mîner wunnen spiegel derst verlorn.
den ich mir hete ze sumerlîcher ougenweide erkorn,
des muoz ich leider aenic sîn.
dô man mir seite er waere tôt,
zehant wiel mir das bluot
von herzen ûf die sêle mîn.

Die fröide mir verboten hât
mîns lieben herren tôt

alsô deich ir mêr enberen sol.
sît des nu niht mac werden rât,
in ringe mit der nôt
daz mîn klagendez herze ist jâmers vol,
diu in iemer weinet daz bin ich,
wan er vil saelic man jâ trôste er wol ze lebenne mich
der ist nû hin. waz töhte ich hie?
wis ime genaedic, herre got:
wan tugenthafter gast
kam in dîn ingesinde nie.

Schon Vogt hat die Übereinstimmung beider Lieder in seinen Anmerkungen zu Minnesangs Frühling in allen Einzelheiten analysiert, und es darf aus seinen Ausführungen als sicher entnommen werden, was schon die flüchtige Lektüre beider Texte nahelegen muß: daß eine direkte Beeinflussung des einen Gedichtes durch das andere vorliegt. Von dieser Grundlage ging nun seit jeher die philologische Kombination aus. Man darf von der Fülle der Varianten absehen und sich auf das beschränken, was am Anfang der Erörterungen Vogt und zuletzt Carl von Kraus zu unserem Thema geäußert haben.

Ich will die Reihe der Schlußfolgerungen, die Vogt in den Anmerkungen zu Minnesangs Frühling entwickelt hat, hier auf die einfachsten Formeln bringen, um sie dann in der gleichen Reihenfolge kritisch zu erörtern:

1. Hartmanns Gedicht ist die Klage einer Witwe um den Tod ihres verstorbenen Gatten.

2. Hartmann hat dieses Gedicht geschrieben in Anlehnung an das Gedicht Reinmars.

3. Das Gedicht Reinmars ist 1195 entstanden, da Leopold im Dezember 1194 verstarb; Hartmanns Gedicht ist also entweder ebenfalls 1195 oder später entstanden, keinesfalls früher.

4. Man weiß aus anderen Gedichten Hartmanns, daß er zu seinem Lehnsherrn, dem Freiherrn von Aue, in einem sehr innigen Freundschaftsverhältnis gestanden hat, daß der Tod dieses Mannes in seinem Leben ein sehr zentrales schmerzliches Ereignis gewesen ist. Daraus wird gefolgert, daß Hartmanns Gedicht die gleiche Veranlassung hatte wie das Reinmars, nämlich den Tod seines Lehnsherrn.

5. Der Tod seines Lehnsherrn muß also frühestens 1195, wahrscheinlich aber nach 1195 erfolgt sein.

6. Da nun Hartmann von Aue in seinen Kreuzliedern (insbesondere und zweifelsfrei im ersten) berichtet, daß er das Kreuz genommen habe, nachdem sein Herr gestorben, so folgert daraus, daß der Dichter, wenn er einen Kreuzzug mitgemacht hat (wie man allgemein annimmt), dies nicht der von 1189, sondern der Kreuzzug von 1197 gewesen ist.

Obgleich nun schon vieles Scharfsinnige zur Kritik dieser Thesen beigebracht worden ist, will ich, um den Zusammenhang meiner eigenen Ausführungen zu wahren, die sich insbesondere gegen die Ansichten Carl von Kraus', des hochverehrten Altmeisters der mittelhochdeutschen Philologie, richten werden, hier einige Wiederholungen nicht scheuen, indem ich die sechs Thesen Vogts noch einmal kritisch beleuchte.

1. Ist Hartmanns Gedicht eine „Witwenklage"? Gerade wenn man von der Abhängigkeit zwischen den beiden Liedern Reinmars und Hartmanns ausgeht, um daraus auf die gleiche menschliche Veranlassung zu schließen, muß ein genauer Vergleich der motivischen Anklänge zwischen den Liedern stutzig machen. So heißt es beispielsweise bei Reinmar:

Die fröide mir verboten hât
mîns lieben herren tôt
alsô deich ir mêr enberen sol.
sît des nu niht mac werden rât,
in ringe mit der nôt ...

Und bei Hartmann heißt es:

deȝ mac mir unz an mînen tôt
niemer niht ze staten komen,
in müeze lîden sende nôt.

Was hier auffällt, ist, daß beide Male *tôt* auf *nôt* reimt, daß beide Male der Vers mit *nôt* die gleiche syntaktische Konstruktion (*ne* mit Konjunktiv) aufweist. Aber nachdrücklich muß man darauf aufmerksam machen, daß bei Reinmar von des *lieben herren tôt* die Rede ist, bei Hartmann aber von dem Tod der klagenden Frau als dem Ende ihrer *senden nôt,* ihrer Liebesnot. Diese Verschiedenheit des Wortlautes scheint mir ebenso eindeutig wie die an einer anderen Stelle. Bei Reinmar heißt es:

der tôt hât mir benomen
daz ich niemer überwinde mê.

Und bei Hartmann:

an dem ich triuwe und êre ie vant
und swes ein wîp an manne gert,
der ist alze gâhes mir benomen.

Hier ist es die Vokabel *benomen,* die beide Male den Sachverhalt des Verlustes ausdrückt und beide Male auch auf *komen* gereimt ist. Aber es ist auffällig, daß bei Reinmar gesagt wird, der T o d habe *benomen,* bei Hartmann die Erwähnung des Todes als des Beraubers hingegen fehlt. Solche Verschiedenheiten gerade da, wo sich die Texte am engsten berühren, darf man doch nicht übersehen. Die Vermutung ist gerechtfertigt, daß dies keineswegs zufällig ist, sondern auf bewußter Absicht beruht. Prüfen wir daraufhin das Gedicht Hartmanns aufmerksam Zeile für Zeile, so entdecken wir, daß tatsächlich nicht die geringste Wendung vorhanden ist, die uns von dem T o d e des Geliebten der trauernden Frau berichtet. Alle Äußerungen, die ihren Verlust betreffen, sind ganz allgemein: Sie hat einen Mann verloren, er ist ihr allzu plötzlich weggenommen worden — das ist alles. Nun gibt es ja sehr wohl den Verlust eines geliebten Mannes auch durch andere Umstände als durch den Tod; er könnte sie beispielsweise einfach verlassen haben. Dagegen spricht freilich eine sehr wichtige Stelle, die wohl auch maßgebend für die Vermutung war, es handle sich um eine Totenklage, nämlich die Verse:

dô ich sîn pflac, dô fröite er mich:
nû pflege sîn got, der pfligt sîn baz dan ich.

Das scheint sehr eindeutig darauf hinzuweisen, daß der Mann eben von der Frau weg zu Gott gegangen ist. Aber nun stelle ich die auf den ersten Augenblick absurde Frage: Ist damit denn sein Tod gemeint? Diese Frage läßt sich nur aus den sonstigen Anschauungskreisen Hartmanns heraus beantworten. Hierbei ist hinzuweisen auf die Gedankengänge seines berühmten dritten Kreuzliedes (Minnesangs Frühling 218, 5 ff.: *ich var mit iuwern hulden*). In diesem Liede führt der Dichter aus, daß er alles, was er tue, im Dienst der „Minne“ vollbringe, also als Minnedienst. Aber seine Minne sei nicht mehr weltlicher Natur, sondern sie sei jetzt Gottesminne. Dieser Gegensatz geht einheitlich durch das ganze Kreuzlied hindurch. Und solche Anschauungsweise läßt sich ohne eine philologische Schwierigkeit auch diesem Gedicht unterlegen. Die Frau klagt dann eben deshalb, weil sie den Ritter an Gott verloren hat, indem er dem Dienst seiner Dame um des höher verpflichtenden Dienstes Gottes willen entzogen worden ist. Es kann sich hier also sehr wohl um einen Kreuzfahrer handeln, der das Verhältnis zu der Dame aus religiösen Gründen aufgesagt hat und nun Gott verpflichtet ist. Man darf nicht vergessen, daß es die Zeit der aufkommenden geistlichen Ritterorden ist, in der diese Verse gedichtet wurden. Das ist natürlich nur sinnvoll, wenn es sich n i c h t um den Ehemann dieser Dame handelt, sondern um ihren Ritter, der ihr im Dienst der „hohen Minne“ ergeben war. Auch Carl von Kraus in seinen „Untersuchungen zu Minnesangs Frühling“ ist es schon aufgefallen, daß die Dame sagt: *dô ich sîn pflac . . .*, statt, wie es bei einem Eheverhältnis sinnvoll wäre: *dô er mîn pflac . . .* Dieser Ausdruck *pflegen* ist ja in der Terminologie des feudalen Dienstverhältnisses üblich: der Herr *pfligt* seines Dienstmannen. Wir wissen nun, daß die Verhältnisse des feudalen Dienstes auf den Dienst in der „hohen Minne“ bildlich übertragen wurden. Wie der Herr seines Ministerialen pflegt, so pflegt die Dame als die Dienstherrin in der Minne ihres Ritters. Die Ausdrucksweise ist also ganz sachgemäß, wenn es sich um ein solches Minneverhältnis und nicht um ein Eheverhältnis handelt. Nur unter dieser Voraussetzung wird auch die Dame, wenn sich ihr Ritter von ihr weg und dem Dienste Gottes zugewandt hat, ihr ganzes Leben lang trauern müssen, denn wenn sie mit dem Ritter verheiratet wäre, dürfte sie ihren Gatten wohl nur auf die Dauer eines kurzen Feldzuges zu entbehren haben. Man muß übrigens genau auf den weiteren Unterschied in der Terminologie beider Gedichte achten. Bei Reinmar spricht die Frau immer ganz eindeutig von ihrem *herren* und *mînes lieben herren tôt*. Das ist die natürliche Ausdrucksweise einer Ehefrau. Bei Hartmann aber redet sie von *einem man*, und diese Vokabel *man* bezeichnet ja nicht nur ganz allgemein den Mann seinem Geschlecht nach, sondern auch ganz speziell (nämlich eben in der feudalen Terminologie) — denjenigen, der in einem Dienstverhältnis zu einem Höheren steht. Es ist weiterhin auffallend, daß bei Hartmann die Frau sich (im Gegensatz zu Reinmars Gedicht) so sehr ausführlich mit anderen Frauen vergleicht, die weder ein großes Glück, noch ein großes Leid empfinden, weil sie sich innerlich nicht so sehr an die Liebe hingeben. Und sie beneidet diese Frauen in dem leisen Wunsche, daß sie es doch auch so hätte machen sollen. Das ist — wie schon Carl von Kraus richtig bemerkt hat — für eine Ehefrau, die den Tod ihres Gatten beklagt, eine Geschmacklosigkeit; für den Dichter wäre es der Beweis einer Unkenntnis des menschlichen Herzens. Es ist aber eine ganz natürliche und richtige Reaktion bei einer Frau, die sich von ihrem Geliebten verlassen sieht. So muß sie wohl empfinden: Es wäre besser gewesen, das Herz nicht allzusehr an einen Mann zu hängen. Und schließlich gibt es bei Hartmann noch eine Vokabel, die, wie mir scheint, am eindeutigsten darauf hinweist, daß der Mann, um dessen Verlust es sich handelt, nicht tot ist, nämlich der Ausdruck, die Frau müsse *lîden sende nôt*. *Sende nôt* ist ja eine stehende Wendung der Minnedichtung, sie kommt wohl am häufigsten bei Gottfried von Straßburg vor. Aber es ist mir sonst keine Stelle bekannt, an der diese Vokabel, die soviel bedeutet wie die Sehnsucht nach der Vereinigung mit dem geliebten Menschen, auf den Schmerz um einen T o t e n angewendet würde. Denn hier wäre sie gewiß auch sinnlos. Auch bei Gottfried, der so stark metaphorisch gestaltet und diese Vokabel so liebt, geschieht das, wie ich mich überzeugt habe, nirgends. *Sende nôt* ist die Sehnsucht nach einem noch Lebenden, und damit stimmt es genau zusammen, daß diejenige Stelle bei Reinmar, in der ebenfalls die Vokabel *nôt* vorkommt, den Ausdruck *sende* weggelassen hat. Zu all diesem darf man dann noch halten, daß bei Hartmann die Frau nur von i h r e m Verlust redet, bei Reinmar aber die Trauernde von dem Verlust, den die g a n z e Welt erlitten hat. Und nur das zweite drückt deutlich einen Todesfall aus. Ich fasse demnach zusammen: Die These, daß es sich bei Hartmanns Gedicht um die Totenklage einer Witwe handele, läßt sich durch kein Wort des Textes erweisen.

Alles deutet vielmehr im Gegenteil darauf hin, daß der Mann 1. nicht tot und 2. nicht der Ehemann der klagenden Dame ist. Man stelle sich nun dieses Gedicht etwa unmittelbar im Anschluß an das dritte Kreuzlied vorgetragen vor, und unsere Deutung muß sich zwanglos und sinnvoll ergeben.

2. Nachdem sich schon das erste Glied der Beweiskette Vogts in nichts aufgelöst hat, werden wir auch bei dem zweiten mißtrauisch sein müssen. Die Behauptung lautet, Hartmann habe sein Gedicht im Anschluß an Reinmars Lied geschrieben. Wie verhält es sich hiermit? Bei wörtlichen Anklängen zwischen zwei Gedichten kann ohne Zweifel — wenn wir keine anderen Gesichtspunkte anzuführen haben — grundsätzlich jedem von beiden die Priorität gebühren. Reinmar und Hartmann sind Zeitgenossen. Welches der beiden Lieder will man als das ältere ansehen? Dieses Problem steht nun nicht vereinzelt, sondern es gibt auch sonst zahlreiche andere Gedichte, in denen sich Berührungen zwischen beiden Dichtern bemerkbar machen. Die älteren Forscher haben nun zumeist die Ansicht vertreten, daß Hartmann von Reinmar abhängig gewesen sei. Carl von Kraus aber hat in seinen Untersuchungen zu Minnesangs Frühling die Frage umgekehrt entschieden. Seine Beweismittel sind so scharfsinnig, daß wir sie uns zu eigen machen müssen. Sie bestehen in folgenden Überlegungen:

a) Man kann versuchen, die Lieder sowohl Reinmars wie Hartmanns chronologisch zu ordnen. Das ist freilich nur in ganz groben Zügen möglich, indem man gewisse Gruppen entweder in das jugendliche oder das gereiftere Alter der Dichter verweist. v. Kraus hat die Ergebnisse anderer Forscher, die solche chronologischen Ordnungen aufgestellt haben, mit herangezogen, wobei sich eine allgemeine Übereinstimmung der Ansichten ergab. Nun hat v. Kraus die Parallelstellen aufgesucht. Dabei zeigt sich denn, daß Berührungen zwischen ganz frühen Gedichten Hartmanns und ganz späten Gedichten Reinmars häufig sind. Wollte man nun annehmen, daß Reinmar der Gebende gewesen sei, so müßte er alle seine Gedichte schon geschrieben haben, als Hartmann mit seiner Lyrik erst einsetzte. Da wir aber aus anderen Zusammenhängen wissen, daß dies zeitlich nicht gut möglich sein kann, ergibt sich zwingend, daß Hartmann der Gebende, Reinmar der Nehmende gewesen ist.

b) Es zeigt sich, daß manchmal e i n Lied Hartmanns Parallelen zu vier oder auch fünf verschiedenen Liedern Reinmars aufweist. Da es nun psychologisch sehr wohl möglich ist, daß Reinmar dieses e i n e Lied Hartmanns besonders gut kannte, so daß ihm immer wieder Anklänge daran unbewußt in die Feder fließen mußten, und da es anderseits psychologisch unmöglich erscheint, daß ein so hervorragender Künstler des Wortes wie Hartmann sich aus fünf verschiedenen Liedern Reinmars sein Gedicht sollte zusammengebosselt haben, so ergibt sich auch hieraus mit einiger Sicherheit die Priorität Hartmanns.

c) v. Kraus hat weiter darauf hingewiesen, daß die Prägungen der Parallelmotive bei Hartmann präziser und kürzer sind als bei Reinmar. Es ist auch hierbei psychologisch sehr einleuchtend, daß es schwierig ist, einen schon gut formulierten Gedanken in eine andere metrische Form zu übertragen, ohne Zuflucht zu füllenden und umschreibenden Wörtern und Wendungen zu nehmen. Es liegt ganz gewiß näher, bei solchen Übertragungen (wie man auch bei Übersetzungen meist feststellen wird!) den Gedanken zu zerdehnen, als ihn auf kürzere Formeln zu präzisieren.

Diese drei Gesichtspunkte sind wohl überzeugend. Wir dürfen es also als eine Tatsache ansehen, daß im allgemeinen Hartmann auf Reinmar eingewirkt hat und nicht umgekehrt. Man darf den drei Gründen bei v. Kraus sogar noch einen vierten kulturhistorischen hinzufügen, den Hinweis nämlich darauf, daß das Kulturgefälle jener Zeit von West nach Ost geht, daß also die Übertragung von poetischem Gut aus dem schwäbischen in den österreichischen Raum (in welchem Reinmar ja wirkte, wenn er auch vielleicht westlicher Abkunft war) wahrscheinlicher ist als der umgekehrte Vorgang. — Merkwürdigerweise aber hat nun Carl v. Kraus das, was er für alle übrigen Fälle von Berührungen zwischen Hartmann und Reinmar als erwiesen ansieht (und mit Recht!), nur für die sogenannte Witwenklage Hartmanns nicht gelten lassen wollen. In bezug auf dieses Lied nämlich kommt er zu einem Ergebnis, das man in zwei Punkten präzisieren kann:

a) Dieses Lied ist von Reinmars Witwenklage abhängig;
b) Dieses Lied stammt gar nicht von Hartmann.

Die erste Ansicht, daß das Hartmannsche Gedicht in engem Anschluß an das Reinmarsche entstanden sein müsse und nicht umgekehrt, begründet v. Kraus ganz allein damit, daß man es eben hier nicht mit e i n e m , sondern mit sehr zahlreichen Berührungspunkten zu tun habe, daß also das Werk des einen Dichters von dem anderen systematisch ausgeschrieben worden sei. Und offenbar — so ist wohl der Gedanke — könne man nun einem Lyriker von dem hohen Range Reinmars ein so pedantisches Verfahren nicht gut zumuten, ebensowenig wie freilich einem Hartmann von Aue. Der auf solch pedantische Weise Abhängige von beiden könne eben weder Hartmann noch Reinmar sein. Da aber Reinmars Autorschaft zweifellos feststehe, diejenige Hartmanns aber nicht so aus dem Wortlaut zu folgern sei, so gebühre eben dem Dichter von Rang Reinmar die Priorität, während das Hartmann zugeschriebene Gedicht eben nicht von Hartmann sein könne. So hängt — nach v. Kraus — die These von der Unmöglichkeit einer Autorschaft Hartmanns mit der anderen These von der Priorität Reinmars untrennbar zusammen. Eine scharfsinnige Kombination, allein, wie ich glaube und zu beweisen versuchen will, allzu scharfsinnig! Ich darf mich, um die Irrigkeit dieser Thesen zu erweisen, zunächst einmal desjenigen Untersuchungsmaterials und derjenigen Untersuchungsmethode bedienen, die ich bei Carl v. Kraus vorfinde. Was die Methode betrifft, so bedarf es eigentlich nur derjenigen Gesichtspunkte, über die ich soeben, v. Kraus folgend, referiert habe, nämlich:

a) Was die allgemeine Chronologie der Gedichte Hartmanns von Aue und Reinmars ergeben hat, muß man, soweit nicht ein z w i n g e n d e r Gegengrund vorliegt, zunächst einmal hypothetisch auch für diese beiden Lieder gelten lassen: also die Priorität Hartmanns.

b) Es zeigt sich in der Aufstellung, die v. Kraus selbst uns gibt, daß Hartmanns Lied Parallelen nicht nur zu Reinmars Witwenklage allein, sondern zu insgesamt 3 Reinmarschen Gedichten aufweist, darüber hinaus aber noch zu 6 anderen Gedichten. Schematisch sieht das folgendermaßen aus:

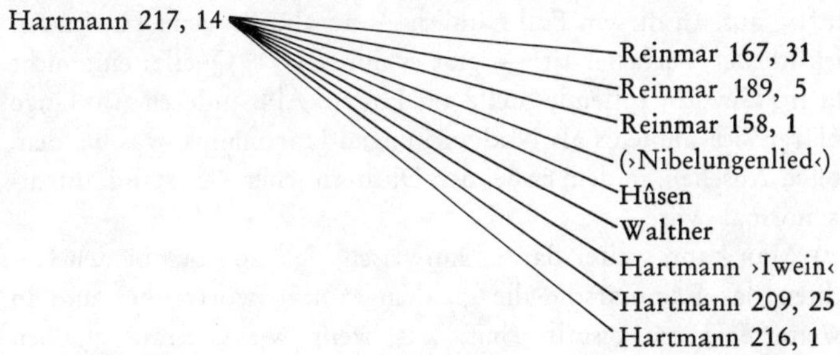

Wir müssen hier nun einen Unterschied machen zwischen der Theorie Vogts und derjenigen v. Kraus'. Nach Vogt ist das Gedicht 217, 14 zwar von Reinmar abhängig, hat aber Hartmann zum Verfasser. In diesem Falle erklären sich die Parallelen zu anderen Dichtungen Hartmanns natürlich zwanglos daraus, daß es eben derselbe Mensch war, der sie schuf. Sie fallen hier also als Beweismittel für eine Beeinflussung von außen weg. Die Berührung mit dem ›Nibelungenlied‹ *(liebe mit leide ...)* lasse ich hier als belanglos und auch zweifelhaft außer Betracht. Auch für Walther muß man bei der Annahme Vogts eine Priorität Hartmanns ansetzen. Es bleiben aber als Quellen die drei Gedichte Reinmars und das Hûsens. Das sind vier literarische Quellen. Ich brauche nun nur auf das zu verweisen, was v. Kraus selbst über die psychologische Unwahrscheinlichkeit solcher Schaffensweise mit Recht gesagt hat, um damit die These Vogts zu erschüttern. Noch viel eindeutiger aber wird die Sache, wenn man die Ansicht v. Kraus' aus dem obigen Schema interpretieren will. Ist nämlich nicht Hartmann der Verfasser, sondern ein anderer unbekannter Dichter, so kommen zu den vier Quellen des Gedichtes noch die drei Stellen aus Hartmann und der Walthersche Text hinzu. Dieser Dichter müßte also gar acht verschiedene Vorlagen benutzt haben, um sein Machwerk zusammenzubringen. Das ist aber, wie ich fest überzeugt bin, eine glatte Unmöglichkeit. Ein Dichter, der geistig so kümmerlich wäre, wäre gewiß auch zu kümmerlich, um überhaupt ein Gedicht zu verfertigen. Wie nun aber, wenn man die so vortreffliche These v. Kraus', daß im allgemeinen Hartmann der Gebende sei, auch für diesen Fall gelten läßt? Dann allerdings sieht die Sache höchst vernünftig aus. In diesem Fall nämlich — notabene: wenn Hartmann wirklich der Verfasser ist! — gibt es nur e i n e Quelle: eine nicht sehr ins Gewicht fallende Stelle aus Hûsen. Alle anderen Anklänge erklären sich mühelos als Nachwirkungen Hartmanns, was bei dem großen Ansehen, in dem er bei den Dichtern jener Zeit stand, durchaus normal wäre.

c) Man kann weiter darauf hinweisen, daß von den beiden Gedichten das Reinmarsche die gleichen Motive wortreicher und in erweiterter Form gestaltet hat, was, wenn wir v. Kraus glauben wollen, ebenfalls den Gedanken an eine Priorität des Hartmannschen nahelegt. —

Soweit v. Kraus gegen v. Kraus! Was findet sich nun weiter im einzelnen an Argumenten zur Stützung seiner These? Ich referiere es ganz kurz:

a) Das Gedicht sei viel unbestimmter als das Reinmars, z. B. werde der Name des Toten nicht genannt; auch erfahre man nicht ausdrücklich etwas über seinen Tod. Und das könne nur einem ungeschickten Dichter unterlaufen.

b) Der Satz *dô ich sîn pflac* müsse eigentlich heißen *dô er mîn pflac*, da es sich doch um den toten Ehemann handle. Auch das könne nur eine Ungeschicklichkeit sein.

c) Der Gedanke, die anderen, denen es besser ergehe, möchten durch ihre Gebärden das sehen lassen; sie hätten sich eben beneidenswerterweise nicht so sehr an die Liebe hingegeben usw. sei für eine um den Tod ihres Mannes Trauernde unangemessen, also wieder eine Ungeschicklichkeit des Dichters.

d) Das Gedicht sei schlechter proportioniert als das Reinmarsche.

Zu den Punkten a bis c brauche ich nach den vorangegangenen Erörterungen nichts mehr an neuem zu sagen. Sie erledigen sich bei der Annahme, daß es sich eben nicht um den Tod und nicht um einen Ehemann handelt, ja, sie werden dann sogar höchst sinnvoll. Man darf doch zweifellos nicht eine bestimmte Ansicht in eine Dichtung von außen her hineinlegen und nachher das Gedicht deshalb kritisieren, weil es dieser Ansicht nicht entspricht? Was aber den Punkt d betrifft, so handelt es sich hier darum, daß eine ästhetische Unzulänglichkeit konstatiert wird. Allein ich fürchte, daß wir das Maß nicht objektiv besitzen, nach welchem wir da messen könnten. Und räumen wir selbst ein, wir besäßen es: warum sollte nicht auch ein vortrefflicher Dichter einmal etwas weniger Vortreffliches schreiben? Wieviel künstlerische Unzulänglichkeiten besitzen wir nicht selbst von Goethe, für die seine Verfasserschaft, auch wenn man es kaum glaubt, einwandfrei feststeht! Nun hat sich v. Kraus freilich auch noch auf eine schallanalytische Untersuchung Sievers' bezogen, der zu dem Ergebnis gekommen war, das fragliche Gedicht stamme nicht von Hartmann. Es ist wohl keine Ehrfurchtslosigkeit vor einem genialen Manne, wenn wir uns die Freiheit der Skepsis nehmen. Wissenschaftliches Ergebnis ist alles, was mit den Mitteln logischen Denkens oder exakten Experiments jederzeit nachprüfbar ist. Die schallanalytischen Ergebnisse sind in diesem Verstande nicht wissenschaftlich: Niemand kann sie denkend oder experimentierend nachprüfen; und der Meister nahm seine Kunst mit sich ins Grab. — Noch muß ich hier auf das Hauptargument v. Kraus' eingehen, daß nämlich die Tatsache so vielfältiger Übereinstimmungen im einzelnen zwischen beiden Liedern den Schluß auf einen unzulänglichen und drittrangigen poetischen Bearbeiter nötig mache. Ich glaube nicht daran, zum mindesten nicht in jenen mittelalterlichen Zuständen mit ihren ganz anderen Anschauungen vom geistigen Eigentum. Hartmann gehörte zu den erstrangigen Dichtern seiner Zeit, obgleich er die epischen Vorlagen Chrétiens mit unzählbaren Motivgleichungen ausschreib, und mit Wolfram und Gottfried verhält es sich ebenso. Wir kommen also über den zweiten Punkt der Beweiskette Vogts, von dem wir ausgegangen waren, zusammenfassend zu dem Schluß: Nicht Reinmars Witwenklage hat dem Hartmannschen Gedicht, sondern umgekehrt Hartmanns Gedicht hat dem Reinmarschen als Vorlage gedient.

3. Vogt behauptete, das Gedicht Hartmanns müsse nach 1195 entstanden sein, da sich das Reinmarsche Lied auf 1195 datieren lasse. Nach allem, was ich bisher ausgeführt habe, verkehrt sich die Sache in ihr Gegenteil: Hartmanns Gedicht muß vor 1195 geschrieben worden sein.

4. Bezieht sich das Gedicht Hartmanns auf dessen Lehnsherrn? Wir haben gesehen, daß sich das Gedicht weder auf den Tod eines Menschen beziehen läßt, ohne daß man ihm Gewalt antut, noch auf

einen Ehegemahl der trauernden Dame. Folglich bleibt es nicht etwa ungewiß, ob es sich auf Hartmanns Lehnsherrn bezieht, sondern eine solche Beziehung ist schlechterdings ausgeschlossen.

5. Selbstverständlich fällt damit auch der Punkt Vogts in nichts zusammen, daß der Tod von Hartmanns Lehnsherrn n a c h 1195 erfolgt sein müsse.

6. Der sechste Punkt in der Beweiskette Vogts bringt uns schon über den Stoffkreis der beiden verglichenen Frauenlieder hinaus. Er besagt ja, daß Hartmann den Kreuzzug von 1197 mitgemacht haben müsse, weil er sich im ersten Kreuzliede auf den Tod seines Herrn beziehe, dieser aber erst nach 1195 erfolgt sei. Da nun die sogenannte Witwenklage Hartmanns weder als Witwenklage noch nach dem Muster Reinmars gedichtet wurde, erledigt sich diese Aussage zwangsläufig. Mehr noch, eine neue positive Aussage wird möglich. Wenn es nämlich richtig ist — und es i s t richtig — daß das fragliche Lied Hartmanns ganz aus dem Geist und im motivischen Zusammenhang der drei Kreuzlieder zu begreifen ist, so muß dieser ganze Komplex miteinander entstanden sein. Und da es zum mindesten für die sogenannte Witwenklage festliegt, daß sie v o r 1195 gedichtet wurde, so müssen wir logischerweise den ganzen Komplex auf eine Zeit vor diesem Jahre beziehen, nämlich eben auf den Kreuzzug von 1189. Man sieht, auch hier stellt sich die These Vogts auf den Kopf, und Hartmann erscheint als Kreuzritter von 1189!

Mit dieser Schlußfolgerung befinde ich mich jetzt überraschenderweise wieder in vollster Übereinstimmung mit Carl v. Kraus, denn auch er verficht die These, daß Hartmann den f r ü h e r e n Kreuzzug mitgemacht habe. Ja, ich glaube fast, daß diese These, die er freilich aus dem dritten Kreuzlied Hartmanns herausgehoben hatte, ihn zuerst dazu bestimmt hat, die „Witwenklage" Hartmanns, die dem nach Vogts Meinung zu widersprechen schien, mißtrauisch zu betrachten. Ich glaube gezeigt zu haben, daß Hartmanns Frauenlied, weit entfernt davon, der Theorie v. Kraus' über die Kreuzfahrt des Dichters zu widersprechen, sie vielmehr, wenn man das Gedicht nur einmal vorurteilsfrei betrachtet, auf das glücklichste stützt. Allerdings ist nun das dritte Kreuzlied Hartmanns, auf das wir uns immer schon einmal haben beziehen müssen, von der Art, daß es, je nach seiner Interpretation, diesem biographischen Ergebnis, zu dem ich hier gelangt bin, entweder entsprechen oder widersprechen kann. Es bleibt uns daher noch übrig, auch auf dieses Gedicht und die daran angeschlossenen Kombinationen einen kritischen Blick zu werfen. Es hat folgenden Wortlaut:

Ich var mit iuwern hulden, herren unde mâge:
liut unde lant diu müezen saelic sîn.
ez ist unnôt daz iemen mîner verte vrâge:
ich sage wol für wâr die reise mîn.
mich vienc diu Minne und lie mich vrî ûf mîne sicherheit.
nu hât sî mir enboten bî ir liebe daz ich var.
ez ist unwendic: ich muoz endelîchen dar:
wie kûme ich braeche mîne triuwe und mînen eit!

Sich rüemet maneger waz er dur die Minne taete:
wâ sint diu werc? die rede hoere ich wol.
doch saehe ich gerne dazs ir eteslîchen baete
daz er ir diente als ich ir dienen sol.
ez ist geminnet, der sich dur die Minne ellenden muoz,
nû seht wiez mich ûz mîner zungen ziuhet über mer.
und lebt mîn herre, Salatîn und al sîn her
dienbraehten mich von Vranken niemer einen fuoz.

Ir minnesinger, iu muoz ofte misselingen:
daz iu den schaden tuot daz ist der wân.
ich wil mich rüemen, ich mac wol von minnen singen,
sît mich diu minne hât und ich sî hân.
daz ich dâ wil, seht daz wil alse gerne haben mich:
sô müezt ab ir verliesen under wîlen wânes vil:
ir ringent umbe liep daz iuwer niht enwil:
wan mügt ir armen minnen solhe minne als ich?

Zwei Zeilen in diesem Kreuzlied haben der Forschung seit langem viel Kopfzerbrechen bereitet, und es haben sich an sie sehr verschiedene Schlußfolgerungen angeschlossen:

Und lebt mîn herre, Salatîn und al sîn her
dienbraehten mich von Vranken niemer einen fuoz.

In diese Form hat neuerdings Carl v. Kraus den Text in seiner Ausgabe von Minnesangs Frühling wieder gebracht. Nach der

Handschrift (der großen Heidelberger) kann man aber auch lesen:

Und lebte mîn her Salatîn und al sîn her
dienbraehten mich von Vranken niemer einen fuoz.

Es ist kein Zweifel, daß diese Lesungen sich durchaus im Rahmen des textkritisch Erlaubten und Üblichen halten. Indessen handelt es sich um eine Frage der inhaltlichen Interpretation der Verse, und diese mögliche Verschiedenheit der Interpretation hat die schwerwiegendsten Folgen. Sagt man *mîn her Salatîn,* so bedeutet das, daß Hartmann hier *Salatîns* als eines schon Toten gedenkt. Saladin starb am 3. März 1193. Die Folge daraus ist, daß es eben der Kreuzzug von 1197 gewesen sein muß, den Hartmann mitmachte. Das würde unserem bisherigen Ergebnis widersprechen. Liest man aber *Und lebt mîn herre, Salatîn . . .,* so wäre damit von Hartmann auf den Tod seines Lehnsherrn, den er auch im ersten Kreuzlied erwähnt, angespielt worden, Saladin aber ganz offenbar als noch lebend und wirkend vorgestellt. Dann bezöge sich das Ganze auf die Zeit vor 1193, das heißt auf den Kreuzzug von 1189. Und selbst wenn man einräumen will, daß Saladin, da von ihm nur in einer hypothetischen Wendung die Rede ist, nicht notwendigerweise zur Zeit der Abfassung des Gedichtes noch gelebt haben m ü s s e, so k a n n er aber doch auf jeden Fall noch gelebt haben. Auch das würde zu unserem bisherigen Ergebnis bezüglich der Kreuzfahrt Hartmanns stimmen.

Wie soll man sich also entscheiden? Carl v. Kraus hat gegen den *mîn her Salatîn* eine Reihe von einleuchtenden Gründen geltend gemacht. Er hat darauf hingewiesen, daß der Ausdruck *mînher* im Sinne von *monsieur* mittelhochdeutsch nur als Ausdruck besonderer Hochachtung, oder aber scherzhaft-spöttisch gebraucht wird. Für beides lag aber dem Feind der Christenheit gegenüber bei dem eifrigen Glaubensstreiter Hartmann gewiß kein Anlaß vor. Hinzu kommt — und darauf hat Leitzmann nachdrücklich in seiner Einleitung zur Erec-Ausgabe hingewiesen —, daß es heißt: *Salatîn u n d a l s î n h e r.* Und es ist sinnlos, wie die Formel mit *mîn her Salatîn* doch wohl tun würde, zu behaupten, daß mit dem Tode Saladins auch zugleich *al sîn her*, d. h. sein ganzes Heer verstorben sein sollte. Man muß schließlich das erste Kreuzlied Hartmanns und seinen Vorstellungskreis mit ins Auge fassen, denn dort heißt es (210, 23):

Sît mich der tôt beroubet hât
des herren mîn,
swie nû diu werlt nâch im gestât,
daz lâze ich sîn.
der fröide mîn den besten teil
hât er dâ hin,
und schüefe ich nû der sêle heil,
daz waere ein sin.
mag im ze helfe komen
mîn vart diech hân genomen,
ich wil irm halber jehen:
vor gote müeze ich in gesehen.

Gerade diese Stelle macht es wahrscheinlich, daß auch im dritten Kreuzlied ein ähnlicher Gedankengang vorliegt. Nimmt man alles dies zusammen, so ist es fast sicher, daß v. Kraus mit seiner Interpretation der Stelle recht hat.

Und doch ergibt sich e i n e Schwierigkeit bei dieser Annahme. Man hat nämlich meist folgendermaßen übersetzt: Und wenn mein Herr noch lebte, so b r ä c h t e mich Saladin und sein ganzes Heer niemals einen Fuß aus Franken. Das aber paßt so ganz und gar nicht in den übrigen Gedankengang des Gedichts. Dieser Gedankengang ist ja so: Ich tue a l l e s um der Minne willen, aber es ist die G o t t e s m i n n e, die mich antreibt, es zu tun. Seht nur, wie es mich hinaus in die Ferne zieht, alles andere ist mir nebensächlich geworden vor der Gewalt dieser Minne. Ihr anderen Ritter, die ihr noch eine andere Art von Minne pflegt, bekehrt euch und macht es wie ich! Und wie soll es nun zu solcher Argumentation stimmen, daß der Dichter sagen sollte: Aber wenn mein Herr noch lebte, dann würde ich keinen Fuß aus Franken rühren? Das schlägt ja allem ins Gesicht, was er erreichen will; das entwertet doch alles, was er von der absoluten und unbegrenzten Gewalt der Gottesminne sagt! Dieses Argument ist so schwerwiegend, daß ein Teil der Interpreten seinetwegen doch lieber an dem *mînher Salatîn* festgehalten hat, der wenigstens dem Gehalt des Gedichts nicht widerspricht. Auch v. Kraus hat, soweit ich sehe, sich dieser Schwierigkeit nicht überzeugend entwinden können. Wenn ich allerdings recht habe, so handelt es sich hier um ein Ei des Kolumbus. Die Auflösung ergibt sich mit einer verblüffenden Leichtigkeit, wenn man annimmt, daß in der bisher üblichen Übertragung ein kleiner Übersetzungsfehler mitgeschleppt worden ist. Es heißt *dienbraehten mich von Vranken niemer einen vuoz.* Nun weiß man ja aus der mittelhochdeutschen Grammatik, daß der mhd. Konjunktiv des Präteritums nicht nur dem nhd. Konj. Prät., sondern ebenso auch dem nhd. Konj. Plusqu. gleichzusetzen ist. Ergo: *die braehten* heißt hier nicht „die brächten", sondern „die hätten gebracht". Der Unterschied ist einleuchtend. Darf man nun noch den Vordersatz dahin variieren, daß man statt „w e n n mein Herr lebte" sagt „a l s mein Herr lebte"? Ich glaube, daß — bei der zweifachen Möglichkeit, den mhd. Konj. Prät. zu interpretieren — auch diese zweifache Möglichkeit besteht. Jedenfalls wüßte ich nicht, welche grammatische Regel dem ausdrücklich widersprechen würde. Und nun sage ich also: „Und als mein Herr noch lebte, da hätten mich Saladin und sein ganzes Heer nicht einen Fuß aus Franken gebracht." Jetzt ist allerdings alles gewonnen. Der gehaltliche Zusammenhang dieser beiden Verse mit dem gesamten Gedicht ist völlig eindeutig und klar. Der Dichter will sagen: Seht, wie mich die Minne Gottes j e t z t hinaus in die Ferne zieht, mich, der ich doch selber damals, als mein Herr noch lebte, mich auch von Saladin und seinem Herr nicht einen Schritt weit aus Franken hätte fortbringen lassen. S o s e h r hat mich die Gottesminne verwandelt, so entschieden habe ich mich bekehrt. Nehmt euch ein Beispiel und bekehrt euch in gleicher Weise.

Damit greifen nun beide Interpretationen, die der sogenannten Witwenklage und die des dritten Kreuzliedes, ohne jeden Widerspruch aufs schönste ineinander und führen zum gleichen Ergebnis: Hartmann war Kreuzritter von 1189, nicht von 1197.*

* Die hier vorgetragenen Analysen und Gedanken habe ich mehrfach in Gesprächen mit den beiden Herren Kollegen Leitzmann und Wesle in Jena erörtern können, denen ich für Anregung, Kritik und Zustimmung nicht mehr danken kann, da auch sie uns schon *der tôt benomen hât.*

Nachwort 1973

Indem ich den vorstehenden Aufsatz heute, nach mehr als zwei Jahrzehnten, wieder durchsehe und ihn unverändert zum Neudruck befördere, bereitet er mir als ein Musterstückchen literarischer Detektivspielerei noch immer ein ähnliches Vergnügen wie damals, als ich ihn schrieb. Die hier entwickelten Hypothesen scheinen mir auch heute noch schlüssig — bis auf die eine, daß mein Befund die Teilnahme Hartmanns am Kreuzzug von 1189 erweisen könnte. Man muß das relativieren. Mein Befund widerlegt allerdings die These, daß man aus Hartmanns „Witwenklage" schlüssig und zwingend seine Teilnahme am Kreuzzug von 1197 herauslesen könnte, aber eine solche bleibt doch natürlich nach wie vor möglich. Und der Befund macht sehr wohl Hartmanns Teilnahme am Kreuzzug von 1189 möglich und vielleicht wahrscheinlich, beweist aber nicht, daß es sich wirklich so verhalten hat. Heute würde ich das Ergebnis eher so fassen, daß die hier angezogenen Hartmann-Texte weder auf den einen noch auf den anderen Kreuzzug hin interpretiert werden können. Wo bei meiner obigen Argumentation auf den Kreuzzug von 1189 ein Glied in der Kette der Schlußfolgerungen nicht wirklich „schlüssig" ist, das wird der kritische und scharfsinnige Leser zweifellos entdeckt haben.

H. Kuhn, Text und Theorie. Metzler, Stuttgart 1969, S. 167—181. Erstmals in: Der Deutschunterricht 5, 1953, S. 11—27.

HARTMANN VON AUE ALS DICHTER

Von Hugo Kuhn

Hartmann von Aue ist der am meisten vernachlässigte unter den Dichtern unserer mittelhochdeutschen Blüte um 1200 [1]. Das klingt verwunderlich. Sein ›Armer Heinrich‹ wird doch in Schule und Universität in aller Welt unaufhörlich gelesen. Sein Verdienst als klarer Stilist wie als ernster Ethiker ist unbestritten. Die wissenschaftliche Forschung hat es so weit erhellt, daß darüber in den letzten Jahrzehnten fast allgemeine Übereinstimmung herrscht. Wir kennen die Wirkung seines Minnesangs, auf Reinmar und Walther vor allem (Carl von Kraus), den stilistischen Weg des Epikers bis zur präzisen Klarheit der *kristallînen wortelîn* im ›Iwein‹ (Zwierzina, von Kraus), der zur sicheren Grundlage der Reihenfolge seiner Werke wurde: Büchlein und Minnesang am Anfang, vor und neben den erzählenden Werken ›Erec‹ und ›Gregorius‹, mit größerem Abstand dann ›Armer Heinrich‹ und ›Iwein‹. Dieser Weg wird auch als innere Entwicklung begriffen; er führt Hartmann vom höfischen Ideal des ›Erec‹ durch eine religiöse Lebenskrise, die mit dem Tod seines Herrn, mitten aus blühender Jugend, zusammenhängt und in der Kreuzfahrt-Lyrik, im ›Gregorius‹ ihren Ausdruck findet, über den religiösen Optimismus des ›Armen Heinrich‹ schließlich wieder zurück zum rein höfischen ›Iwein‹. Er gibt das Muster der ritterlichen Tugendlehre wie das Muster höfischer *mâze* auch in Form und Stil; nach diesem Vorbild wurden sogar ›Parzival‹ und ›Tristan‹ im frühen 13. Jahrhundert bearbeitet. So bezeugt es auch Gottfried von Straßburg in der berühmten Literatur-Kritik seines ›Tristan‹ (4619—35), da er Hartmanns epischer Kunst den

[1] Die Literatur jetzt zusammengestellt von Peter Wapnewski, Hartmann von Aue, [3]1967 (Sammlung Metzler 17); Friedrich Neumann, Hartmann von Aue, in: Verf. Lex. 5 (1955), Sp. 322—331; ders., Hartmann von Aue, in: NDB 7 (1966), Sp. 729—731.

Dichter-Lorbeer zuerkennt. Und wie sehr auch Gottfrieds Antipode Wolfram von Eschenbach in seinem Denken an Hartmann, an ›Gregorius‹ und ›Iwein‹ anknüpfen konnte, sehen wir heute ebenfalls deutlicher (H. Schneider).

So ruht — abgesehen von zwei eifrig diskutierten biographischen Fragen, seiner Herkunft und der Teilnahme am Kreuzzug 1189 oder 1197 — das Bild Hartmanns seit Jahrzehnten, sicher und deutlich. Aber gerade dieses Bild steht dem Dichter und dem Menschen Hartmann im Licht!

Die Liebe der deutschen Philologen gehört seit je ›Parzival‹ und ›Tristan‹, dem ›Nibelungenlied‹ und Walther von der Vogelweide. So spiegelt es Richard Wagner, so gingen die mittelhochdeutschen Dichter im 19. Jahrhundert auch in die allgemeine Bildung ein. Hier fand man das Subjektive, die überragende Persönlichkeit, korrespondierend zum Goethebild der Zeit, und auch das National-Heroische, die große Vergangenheit der Reichsgründungs-Sehnsucht und -Erfüllung. Das war die 'Wirklichkeit' der mittelhochdeutschen Dichtung für das Publikum des 19. Jahrhunderts, und eine andere, wir dürfen uns darüber nicht täuschen, ist bis heute nicht wieder gefunden, mindestens für das allgemeine Bewußtsein. So intensiv die Forschung im 20. Jahrhundert sich bemüht hat, die Fundamente tiefer zu legen — keineswegs unter dem Druck der Zeitereignisse, sondern schon seit Dilthey aus eigener Verantwortung ihnen vorausgreifend —, so sehr sie die höfische Ethik, die abendländischen Traditionen, die religiösen Wurzeln der staufischen Literaturblüte aus dem Geist ihrer Zeit heraus zu begreifen versuchte — sie fand eine einheitliche Konzeption dieser Zeit, ihrer 'Wirklichkeit', bisher nicht wieder, isolierte sich sogar immer mehr gegen die in dieser Hinsicht fortgeschrittenere Geschichtswissenschaft und Kunstgeschichte, und hat denn auch, natürlicherweise, das Echo des Volkes, auch nur der 'Gebildeten' nicht mehr. Und es ist nur die Folge, wenn der Unterricht in den wenigen Stunden, die er diesen Werken opfert, vielfach freudlos für Schüler und Lehrer bleibt.

Kehren wir zu Hartmann zurück. Er konnte schon von Anfang an nicht die gleiche Liebe finden wie seine epischen und lyrischen Nachfolger. Er war zu höfisch als höfischer Minnesänger und Epiker, zu religiös in den Werken seiner religiösen Krise. Er sagt jeweils die Ideale, die Zeitstimmungen zu rein aus, zu ungefährdet. Das persönliche Ringen um sie glaubte man ihm nicht, auch wo er davon spricht, etwa in den Liedern, und er scheint ja selbst zu bekennen, daß er mehr als Stimme der Zeitstimmungen dichtete denn aus eigenem Leiden und Ringen (›Gregorius‹ 799—804, ›Iwein‹ Prolog). Er ist, so gesehen, Vorläufer, Wegbereiter der Großen, selbst noch schwankend zwischen den vergangenen religiösen und den künftigen humanen Kräften, ganz ähnlich, wie man bis vor kurzem Wieland als Wegbereiter und Vorläufer der Weimarer Klassik sah. Nimmt man die Züge von ironischer Märchenhaftigkeit, vor allem im ›Iwein‹, hinzu, so wird die Parallele noch stärker: auch Hartmann ein 'frühklassischer' Vorläufer der eigentlichen, der tragisch-humanen Klassik.

So blieb das Hartmannbild, nur in Nuancen verändert, bis in die Gegenwart. In letzter Zeit mehren sich jedoch die Zeichen eines neuen Verständnisses gerade auch für ihn. Sie kommen erfreulicherweise aus neuer, genauerer Interpretation der Werke selbst. Auf sie gestützt, können wir die Frage wagen: Wer war Hartmann von Aue wirklich? Oder genauer: Wie stand er, als Dichter, zur Wirklichkeit? Zur Wirklichkeit seines Lebensumkreises und zur Wirklichkeit überhaupt, so wie sie uns Menschen immer einschließt, nur vom Gänsemarsch der Weltanschauungen verschieden beleuchtet? In dem bekannten Prolog zum ›Armen Heinrich‹, und ebenso, nur leicht variiert, im Prolog des ›Iwein‹, stellt Hartmann sich vor, so wie er sich offenbar endgültig gesehen wissen wollte:

Ein ritter sô gelêret was
daz er an den buochen las
swaz er dar an geschriben vant:
der was Hartmann genant,
dienstman was er zOuwe . . .

„Es war einmal ein Ritter, der war so gelehrt, daß er Bücher lesen konnte, alles, was sich da geschrieben fand. Er hieß Hartmann mit Namen und war Ministeriale in Au."

Die wenigen Worte sagen, wie man lange weiß, recht viel. Zuerst: Hartmann war Ritter, Ministeriale. Für den Verfasser gereimter Bücher in deutscher Sprache, kultivierter Gesellschaftssprache, war das noch keineswegs selbstverständlich. Höchstens ein Jahrzehnt alt war diese kulturgeschichtliche Revolution in Deutschland, und selbstverständlich wurde sie erst durch Hartmann selbst.

Er sagt zweitens, und zwar mit auffälliger Betonung seiner Gelehrsamkeit: er konnte lesen. Das scheint wenig für einen Dichter, wenn es damals auch mehr bedeutete als heute, wo nach einem Jahrhundert allgemeiner Volksschulbildung die Kunst des Lesens — verlorengeht. Hartmann präzisiert jedoch selbst: er konnte alles lesen, was es an Büchern gab, und das heißt, daß er Latein und Französisch verstand. Auch das war nicht mehr ganz neu für einen deutschen Dichter. Latein war für die Geistlichen selbstverständlich gewesen, und Heinrich von Veldeke und andere hatten schon begonnen, die neue Welle französischer höfischer Kultur und Literatur nach Deutschland zu übertragen, noch nicht ganz gelöst aus dem Umkreis klerikaler Bildung. Hartmann aber brachte Deutschland (neben dem Latein seiner Quelle zum ›Armen Heinrich‹, das er hier betont) zuerst die große, eigentlich höfische Welt aus Frankreich: die *matière de Bretagne,* den Artus-Roman in der absoluten Gestaltung, die er dort durch Chrétien de Troyes gefunden hatte. War er dann aber nicht doch nur ein Kopist, ein Übersetzer, im besten Falle, was man einen genialen Nachempfinder zu nennen pflegt? Ist nicht unsere ganze mittelhochdeutsche Klassik mehr oder weniger nur Kopie nach dem Französischen?

Hartmann wollte offenbar noch mehr sein: ein Dichter selbst. Im Fortgang des Prologs zum ›Armen Heinrich‹ berichtet er, wie er in den verschiedensten Büchern einen Stoff ganz bestimmter Art suchte: Einen Stoff, der zum Trost für angegriffene Seelen sich eigne, gottgefällig und angenehm zu lesen zugleich, der ihm selbst, zum Lohne, ihre Fürbitte bei Gott einbringe (6—28). Im ›Iwein‹ gibt er sich leichter: Er dichtete, wenn er nichts Besseres vorhatte, das Artus-Märchen den Leuten zu Gefallen (21—30). Aber auch hier steht hinter dem leichten, fast ironischen Ton des genialen Übersetzers und beliebten Hofmannes etwas merkwürdig Ernsthaftes. Artus — das ist die gewisse Zuversicht, daß zu Ruhm und Ansehn nur *rehte güete,* richtige Lauterkeit des Strebens verhelfen kann (1—20). So bestätigt es die kleine Mythe vom ewigen Fortleben des Artus, die Hartmann hier ironisch-tiefsinnig heranzieht.

Was wollte also Hartmann als Dichter? Offenbar etwas im Grunde Ernstes, fast zu Ernstes: lehren, belehren und bessern. Darin geht er weit über seine Vorbilder hinaus, über die provenzalisch-französisch-westdeutschen Minnesänger, über Chrétien de Troyes in den Ritterepen ›Erec‹ und ›Iwein‹ — nicht immer zu seinem künstlerischen Vorteil.

Das wird aber in der Regel so verstanden: Hartmann war ein Dichter des 'Tugendsystems', ein Ethiker im Versgewand. Zwei Epen, die weltlich-ritterlichen Artus-Abenteuer-Romane am Anfang und am Ende seines Schaffens, lehren die Bestimmung des Menschen in der Gesellschaft. Der Ritter darf sich nicht „verliegen", nicht den Abenteuersinn aufgeben über den Freuden des Ehelebens: ›Erec‹. Und er darf sich umgekehrt nicht „verfahren", nicht die eben erworbene Gattin vergessen über der Abenteuerlust: ›Iwein‹. Dazwischen die zwei geistlichen Novellen: Sie lehren die religiöse Bestimmung des Menschen im Sinne der Kirche. Reue und Buße hilft gegen größte Sünden, auch gegen Abfall aus dem geistlichen ins Ritterleben: ›Gregorius‹. Wer zu weltlichem Gut und Ehre auch Gottes gedenkt, bleibt im Glück: So lehrt optimistischer der ›Arme Heinrich‹. Auch Hartmanns Minnesang mündet aus Damen- und Herren-Dienst im Gottesdienst.

So das allgemeine Bild: Hartmann ist als Dichter zwar ein selbständiger Kopf, auch beim Übersetzen seines Vorbilds Chrétien, aber — nur als braver, kirchen- oder gesellschafts-frommer Biedermann! Ein Theoretiker der *mâze* und d. h. der vorsichtig dosierten Mittelmäßigkeit in weltlichen wie göttlichen Ordnungen, der nur das Typische sucht, aus der deutschen kulturellen Armseligkeit gegenüber Frankreich heraus idealisiert anstatt zu gestalten, auch in allem Formalen. Ein Bildungsdichter.

Dieses Bild ist in der Tat historisch — aber in jenem Sinn, der den Geist tötet, weil er alles auf das Faktische in billigster Sicht reduziert. Wenn der Dichter Lehren gibt, wenn diese Lehren sich im Mittelalter als ontologische Ordnungen darstellen — muß er darum nur Vorhandenes abbilden oder es idealisiert wiederherstellen?

Dieses träge Denkschema beherrscht noch viel zu sehr das Verständnis mittelalterlicher Kunst — und nicht nur mittelalterlicher!

Die vorhandene Wirklichkeit muß sich jedem großen Dichter erst auflösen in die freie Erfindung von Vorstellungen und Sätzen, und wenn sie durch diesen Prozeß hindurchgegangen ist, taucht sie als etwas Neues auf: als Wert, als ordnende Balance der Welt um uns und in uns. Das Lehrhafte, das religiös und ethisch Moralische in der Dichtung, das durch viele Jahrhunderte hindurch ihr wesentlicher Bestandteil war und es in sublimierter Form bis heute ist, läßt sich als Dichtung nur so beurteilen — und auch als Wert in sich. Er ist in sich stumpf, ist als Dichtung versifizierter Stoff, solange Dogma und Moral, als Tatsache hingenommen, direkt 'vorhanden' sind. Das hat nichts zu tun mit Bewußtsein, mit geistiger Freiheit des Dichters, Emanzipation usw., sondern ausschließlich mit dem unbewußten oder bewußten dichterischen Prozeß, mit dem Métier. Dem Dichter, der sein Métier erfüllt, erwachsen Dogma und Moral — und auch Erlebnis — aus der Destruktion, der Zerstörung des 'Vorhandenen', als Appell zu neuer, wesentlicher Ordnung. Hierin liegt die Größe — und die Grenze der großen Dichtung. Sowie sie Ordnungen wirklich festsetzen wollte, feststellen, wie doch die Baukunst darf — entfernte sie sich von ihrer Wahrheit, der Wahrheit sprachlicher Form, die Sprache würde bloße Vermittlerin von Ordnungen höherer Struktur statt Medium.

Das alles nur Hindeutungen — die Verhältnisse sind natürlich sachlich und historisch viel komplexer, nuancierter, und wären bis zu den Grenzen der Antike einerseits, des Exotischen andrerseits zu verfolgen. Aber der Gesichtspunkt soll uns nur als Leitfaden dienen, den Dichter in Hartmann von Aue, das Gedichtete in seinem Werk aufzufinden und zu beurteilen. Er ist dem nicht fremd, sogar, wie gleich zu sehen sein wird, der Anlaß des ganzen Exkurses. Auf das Mißverhältnis der üblichen Auffassungen vom Dichter Hartmann zu den schon viel reicheren persönlichen Zügen, die aus seinen Werken zu erschließen sind — in die historische Überlieferung reichte er nicht hinüber wie alle großen Dichter dieser Zeit —, soll hier nicht eingegangen werden. Die Werke sprechen für sich selbst.

Das sogenannte ›Büchlein‹ steht am Anfang seines Schaffens: ein Traktat, gewidmet einer (mehr oder weniger imaginär) geliebten

Dame; gefaßt in die alte Form des Streitgesprächs: ein Dialog zwischen *herze* und *lîp*, d. h. dem Gemüts- und dem sinnlichen Streben des Menschen; sein Thema: die *minne*, die Bindung des Ritters an eine Dame.

Hier ist Hartmann noch am ehesten einfach ein Tugend-Lehrer. Der 'normale' Weltmensch, den die moraltheologische Sicht des Mittelalters bisher gewöhnlich en bloc, als Triebwesen, dem geistlichen Menschen entgegengesetzt hatte, wird hier zwar ganz programmatisch als solcher zerlegt, eben in *lîp* und *herze*, und neu zusammengesetzt, nun ausgerichtet nach dem weltlichen 'Heil' der Minne. Diese Minne eint den ganzen psycho-physischen Menschen, Sinnlichkeit und Geist, neu in der *arbeit*: dem Herausarbeiten ethischer Qualitäten. Das war die Revolution, die die Deutschen schon mit Veldeke und Hausen aus der französischen Ritterdichtung endgültig gelernt und als Grundlage deutscher Ritterdichtung eingebürgert hatten. Aber die neuen Werte erscheinen hier bei Hartmann doch wie ein 'vorhandenes' Ideal, Bild und Realität wie identisch, und so stellt sich, charakteristisch genug, dafür gleich die Form der Allegorie ein, genauer: die Form der in Metaphern verkleideten Eigenschaften, deren Katalog der Dichter allegorisch zum Kräuterzauber aus Frankreich verwandelt. Die Allegorie wird ja auch im Spätmittelalter wieder jenes charakteristisch mittelalterliche Zusammenfallen und Übergehen von Bild und Wirklichkeit anzeigen, aus dem nur die kurze 'klassische' Phase im Hochmittelalter sich heraushebt.

Anders spricht Hartmann als Lyriker. Er wendet sich sofort so entschieden gegen jedes scheinbare 'Vorhandensein' des höfischen Tugendsystems der Minne, daß sein Minnesang fast von Anfang an zum Anti-Minnesang wird. Wenn die Dame, in deren Minne der Ritter gebunden ist, in deren Dienst er sein weltliches 'Heil', seine ethischen Werte findet, ihm diesen Dienst nach der Konvention des Minnesangs nicht lohnt — so fragt Hartmann (MF 205, 1; 207, 1; 211, 27) —: ist das nicht nur eine Verabredung, ein ästhetisches Spiel, gelogener Dienst? Da sie nach der Fiktion des Minnedienstes mich nicht hören kann, will und muß ich mindestens selber schuld sein: meine *unstæte*, mein *unsin* ist es, was mich trifft. Hier taucht programmatisch die persönliche Schuldfrage in der höfischen Wertwelt auf, zum erstenmal [2], die Hartmanns Dichten bestimmen, die ihn zu Chrétien de Troyes führen sollte, die er an Reinmar und Walther wie Wolfram und Gottfried weitergeben wird.

Sie führt Hartmann selbst zunächst rasch weiter bis zu zwei direkten Absagen an Minnedienst und Minnesang, von gegensätzlichen Standpunkten aus, jedoch gleich extrem. Höfischer Frauendienst und seine höfische Ethik, so sagt er in dem sensationellen Lied MF 216, 29, ist überhaupt Lüge, nichts kommt dabei heraus, als daß man sich vor den blasierten Damen müde steht — lieber wende ich mich, wenn es sich schon um Frauenwerbung handeln soll, dann noch an ein *armez wîp,* eine Deklassierte, die wenigstens, wenn ich sie will, mich auch wollen darf, wo ich konkrete Wirklichkeit der 'Minne' finde statt unaufrichtiger Schein-Ethik. Neben dieser grob spöttischen steht die tief persönliche religiöse Absage (MF 218, 5 vor allem). Wieder verurteilt Hartmann das weltliche „Heil" des Minnedienstes wegen seiner konventionellen Einseitigkeit (der *wân,* 22) als Schein-Heil, den Dienst als Schein-Ethik: *sich rüemet manger waz er dur di Minne tæte: wâ sint diu werc? die rede hœre ich wol* (13 f.). Ihm hat der Tod seines Herrn (MF 206, 10 ff.; 210, 23 ff.; 218, 21) plötzlich die Augen geöffnet, hat ihn zu ernsterem Dienst, zu wahrer Minne geführt: zum Kreuzzug, dessen halbes Verdienst (Ablaß?) er dem toten Herrn zuwenden will (210, 23 ff.). Minne bedeutet, wie man hier deutlich sieht, nicht Liebe. *Ez ist geminnet, der sich dur di Minne ellenden muoz,* sagt Hartmann (MF 218, 17): Minne heißt also Bindung, Eins-Sein mit einem Andern, über sich selbst hinaus gebunden und gezogen sein [3]. Echter Dienst in der Minne müßte also, um sich in Taten zu zeigen, wirklich den Dienenden *ellenden,* in die Fremde, aus sich herausziehen. Das kann die höfische Minne, die weltliche Transzendenz-Bindung des Ritters eben nicht im Rahmen der höfischen Unnahbarkeit einer Dame — höchstens in der ironischen Abwandlung von

[2] Heinrich von Veldeke hatte sie, worauf Friedrich Maurer aufmerksam macht, noch in anderem, theoretischem Sinne gestellt.

[3] Ebenso wie das Minne-Grüßen oder -Trinken die wirkende Einheit mit einem Abwesenden, einem Heiligen, dem gestorbenen Erblasser beim Erb-Bier usw. anzeigt, bedeutet die *minne* in der Rechtssprache die gütliche Vereinbarung im Hausverband oder im Dienstverhältnis.

Hartmanns Spottlied (MF 216, 29). Minne, die ihre Kraft, ihren Wert bis zu Taten bewährt, ist nur die Gottesminne: sie zieht ja den Dichter in ganz wörtlichem Verstande *uz sîner zungen über mer* (18), als Kreuzfahrer ins Erbland Christi (in echt mittelalterlicher Vermischung von überweltlicher und irdischer Realität).

So weit führt die Lyrik Hartmanns. Zwei Lieder scheinen, wohl noch auf der Kreuzfahrt, eine Rückwendung zu neuer höfischer Minne einzuleiten, nun aber als beglückende Gegenseitigkeit des Austauschs der Herzen (MF 215, 14; 216, 1). Diesen Weg nehmen die Folgenden, Reinmar und Morungen, auf bis zur anderen Lösung der Hartmannschen Krise durch Walther. Den Weg aber des Hartmannschen Minnesangs, vom Schuldproblem bis zur Absage an die höfische Konvention, geht auch der Epiker Hartmann vom ›Erec‹ zum ›Gregorius‹.

Schon der ›Erec‹ dient nicht der Idealisierung, der Klärung höfischer Werte, sondern ihrer Kritik. Sie hat der Dichter Hartmann im Epos von Anfang an gesucht und bei seinem ersten Vorbild, Chrétien de Troyes, gefunden. Erec, ein junger Ritter, wird durch eine Beleidigung, gegen die er wehrlos ist, plötzlich vom Artushof weggerissen. Keine selbstmächtige Ausfahrt zur *aventiure* also wie in der trivialen Artusepik, zum Abenteuer, in dessen buntem Zufallsreigen tapferer Ritter und schöner Damen das höfische Schicksal dem Helden zu-kommt: ritterlicher Dienst, Hand und Land einer jungen Fürstin als Lohn. Sondern die Rachefahrt eines tiefbeleidigten Wehrlosen! Sie führt ihn sogar Schritt für Schritt weiter hinunter, bis er sich am fremden Ort, wo der Beleidiger auf sicheren Erfolg wartet, ohne Waffen und ohne Geld, in einer Ruine unter den Ausgestoßenen, den Deklassierten sieht. Hier aber findet er Enite. Ihre unter Lumpen hervorscheinende Schönheit, ihr innerer Adel verbindet sich seiner inneren Anlage zur Tapferkeit, zusammen erringen sie den Kampf- und Schönheitspreis des goldenen Sperbers gegen den Beleidiger und seine Dame, zusammen zurückgekehrt am Artushof den zweiten Schönheitssieg (des weißen Hirsches) für Enite, den zweiten Rittersieg (des Turniers der Tafelrunde) für Erec; die glanzvollste Hochzeit am Artushof und ein Glanzleben im heimischen Königreich Erecs beschließt die Laufbahn des Paares.

Die Minne allein, die Verbindung von eigenem, innerem Ritteradel Erecs und innerem Frauenadel Enites hat also jeden der beiden zum Vollbesitz höfischer Werte, zum höchsten Rang in der vorbildlichen Artuswelt und beide zusammen zur Lebenshöhe geführt. Das ist wie ein ausgerechnetes Exempel höfischer Tugendlehre. Aber — das Glanzleben in Karnant verwandelt sich rasch in öffentliche Schande. Erec „verliegt" sich, er versinkt im tatenlosen Genuß der Liebeseinheit.

Genügt — so fragt hier Chrétien, und Hartmann fragt es ihm mit ebenbürtiger Klarheit nach — die Minne-Einheit, genügen die höfischen Ritter- und Damentugenden, die je zweifachen Siege, um die Sieger dauerhaft auf der Lebenshöhe zu halten? Hier beginnt die Kritik des Romans an den höfischen Werten, nicht raisonnierend ausgesprochen, sondern ganz ins Handlungsgewebe eingeformt, das man freilich zu lesen verstehen muß. Nicht das ist Erecs Schuld, Enites unfreiwillige Mitschuld und beider Sühne, daß sie die richtige Mischung von Liebesgenuß und Tatenleben erst lernen müßten, wie man es meistens liest. Sondern das ganze höfische Tugendsystem steht noch einmal auf dem Spiel.

Enite entdeckt Erec in einem unfreiwilligen Seufzer die Schande dieser Existenz, die er gar nicht sah. Da unternimmt er sofort, mit ihr zusammen, freiwillig noch einmal den Weg, den im ersten Teil das Schicksal ihnen abgefordert hatte. Er gibt alles Errungene auf einmal preis: Die Minne-Einheit mit Enite, Genuß und Ehre ihres Glanzlebens, die Bewährung des Artushofes, die Siege. Allein, ohne Pracht und ohne Gefolge, an Tisch und Bett getrennt, so zieht das Paar in die Fremde, überliefert Erec sie beide aufs neue der *aventiure,* dem Schicksal. Wieder wirkt, wie zu Anfang, Erecs Ritteradel und Enites Frauenadel, aber nun zunächst nur zerstörend: Des Paares Rang reizt die Begehrlichkeit von Räubern, Enites siegreiche Schönheit verlockt zweimal fremde Ritter, sie brutal zu rauben; Erecs Tapferkeit siegt zweimal, doch zuerst um den Preis einer tiefen Wunde, beim zweitenmal zu tiefster todgleicher Ohnmacht des Siegers.

So führt der zweite Weg, wie der erste, Stufe um Stufe hinab, aber aus tieferer Ursache in eine ganz andere Tiefe. Nicht in den gesellschaftlichen Tod der Deklassierten in der Ruine, wie dort, sondern ganz wörtlich in den Tod. Erec liegt schließlich als Toter aufgebahrt, Enite, gerade nur am Selbstmord verhindert, ist zum schlimmeren Tod durch die Brutalität des zweiten Bewerbers bereit, die sie mutig herausfordert. Erst in diesem Augenblick stellt sich die wirkende Minnegemeinschaft wieder her: Enites unwillkürlicher Angstschrei weckt Erec aus dem Todesschlaf, er haut, wie ein Gespenst, sie beide heraus, vereint fliehen sie und nun geht es rasch Stufe um Stufe wieder hinauf, diesmal auch noch über den Artushof hinaus, bis zu einem neuen, dauerhaften Freudenleben in Karnant.

Was ist das Neue daran, gegenüber der ersten Glanz-Existenz in Karnant, die so rasch in Schande verfiel? Von außen gesehen und so von Chrétien wie Hartmann ausgesprochen, dies: daß die ganz nach höfischer Ideologie alles tragende Minneeinheit des Paares nun *bî den liuten,* in Ehren in der Gesellschaft sich dauerhaft verwirklichen kann. Von weiteren Rittertaten als Voraussetzung, wie es die übliche Interpretation fordern würde, ist dabei keine Rede. Die neue Voraussetzung liegt viel tiefer. Dauerhafter Besitz gerade der höfischen Werte — Minne, Adel, Tapferkeit und Schönheit, *triuwe, stæte, mâze* usw. — ist nicht möglich, solange sie nur aus eigener Kraft und mit Bestätigung nur des Artushofes geleistet werden. Das war die Lehre des ersten Teils. Ihre Erfüllung wird nur möglich — so lehrt es der zweite —, wenn man sie empfangen lernt in Ohnmacht, ja im Tode; empfangen und bestätigt als Geschenk der Aventiure in einem höheren Sinn, wie ihn der Schluß der Erzählung Hartmanns programmatisch über die Bestätigung nur des Artushofes stellt. Hartmann sagt das, im Unterschied zu Chrétien, am Ende auch noch ausdrücklich, mit dem hochmittelalterlichen Schlüsselwort, das die deutsche erzählende Dichtung noch für Jahrhunderte prägen wird: Es genügt nicht, sich selbst und der Gesellschaft allein zu Gefallen zu leben, woraus zuletzt nur „Verliegen" im Genuß entstehen kann; sondern man muß, auch in der Kraft der Minne, so leben, daß *nach der werlde krône* auch Gott das ewige Leben der Seelen zum Lohn geben kann.

Chrétien spricht das nicht aus, es bleibt bei ihm ganz dem Zauber der Erzählung eingewoben. Davon verliert Hartmanns deutsche Nachbildung viel, sie wirkt härter, abstrakter. Aber sie trifft mit der Schlußformulierung genau den Sinn des Vorbilds. Hier fassen wir den Dichter Hartmann wirklich. Schon in diesem ersten klassischen Werk französischer und deutscher höfischer Artusdichtung handelt es sich nicht um idealisierende Belehrung über das höfische Tugendsystem, sondern um seine schöpferische Kritik. Sie arbeitet in Stil und Meinung noch z. T. mit den Mitteln der vorangehenden Epoche, und der volle dichterische Erwerb der höfischen Ethik wird für Chrétien wie für Hartmann noch kommen müssen. Aber das Eine, Entscheidende wird nicht mehr aufgegeben werden: Nicht Idealisierung, sondern Destruktion und tiefer fordernder Neuaufbau der höfischen Wirklichkeit, der ersten weltlichen Ethik für den abendländischen Menschen, macht die Größe der höfischen Dichtung aus. Und Hartmann hat seinen besonderen Teil an ihr.

Das bewährt Hartmann klar, in dem er an dieser Stelle dem Weg Chrétiens nicht weiter folgt, sondern das im ›Erec‹ angerührte Problem in eigener Krise tiefer austrägt. Wie dem Lyriker Hartmann die Schuldfrage innerhalb des Minnedienstes und Minnesangs nicht mehr genügte vor der religiösen Krise beim Tod seines Herrn, so genügt dem Epiker die Schuld und Sühne Erecs innerhalb der höfischen Minne und des ganzen, aus ihr entwickelten weltlichen Tugendsystems nicht mehr vor der gleichen Krise. *Media vita in morte sumus,* der wirkliche Tod an Stelle von Erecs und Enites Schicksalsspiel mit dem Tode, das ist der Anlaß seiner Absage an all seine bisherige Dichtung und der Grundton seines zweiten Werks, der Novelle ›Gregorius‹. Sie wird uns heute neu gegenwärtig zugeeignet durch Thomas Manns Roman ›Der Erwählte‹. So bezaubernd und mit allen Künsten jedoch Thomas Mann hier sein Schweben und Vermitteln zwischen Mythos und Rationalität, zwischen Erwählung und Normalität bewährt — den Kern der Hartmannschen Erzählung verstellt und zerstört er doch mehr, als daß er ihn modern rettete.

Was besteht am Menschen vor dem wirklichen Tod, fragt nun Hartmann. Seine Antwort lautet, äußerlich gesehen, sehr einfach: Nur das ewige Leben, die rechtzeitige Vorbereitung darauf, Erkenntnis der tödlichsten Sünden, des überheblichen Selbstvertrauens wie der haltlosen Verzweiflung, Halt an Beichte und Buße der Kirche. Er will es demonstrieren am Extrem eines Sünders, eines ritterlichen Sünders, Gregorius, der dennoch gerettet und heiliger Papst wurde; und die Geschichte ist wirklich *vil starc ze hœrenne* (53).

Der Teufel verlockt einen jungen König in sündiger Liebe zur Schwester. Die Frucht dieser Liebe ist das Kind Gregorius. Der Vater stirbt auf der zur Buße unternommenen Kreuzfahrt an liebesgebrochenem Herzen, die Mutter, Erbin des Landes, muß ihr Kind um der Schande willen auf dem Meer aussetzen und lebt nur noch harter Buße.

Das Kind wird *puer oblatus* in einem Inselkloster — wie es der geheime Wunsch der Mutter war — und gedeiht zu einem kleinen Gelehrten. Im Jahr der Volljährigkeit aber entdeckt es seine Abkunft und strebt, der Warnung des väterlichen Abtes zum Trotz, kraft seiner Natur ins Ritterleben, seine Mutter zu suchen. Wieder vom Wind im Schiff hingetrieben, findet der Ritter Gregorius eine bedrängte Königin, befreit sie, erwirbt ihre Hand und ihr Land, lebt mit ihr kurze Zeit ein demütig-frommes und gerechtes Königsleben, um zu entdecken, daß sie — seine Mutter ist.

Nach kurzem Aufbegehren findet er sich nun in härteste Buße: 17 Jahre auf einem Felsen im Meer angeschmiedet, ohne Nahrung. Dann wird er durch göttliche Winke Papst in Rom und söhnt sich, die Mutter und den toten Vater endlich mit Gott aus.

Das scheint klar und dem Programm entsprechend: größte Sünde — härteste Buße — ewiges Leben. Also doch eine Rettung des verzweifelten Dichters in den Hafen der Kirche, des Dogmas, der 'außerästhetischen Werte'? Doch hier beginnt erst die Schwierigkeit der Geschichte. Was ist Gregors Schuld? Nicht die Sünde der Eltern — sie darf ihm nicht angerechnet werden, und die tragische Vergeblichkeit in der Buße der Mutter ist ein eigenes Kapitel; nicht der Abfall vom geistlichen Leben — als *puer oblatus* hat Gregor mit seiner Volljährigkeit die freie Entscheidung, und trotz der Warnung des Abtes fällt Gregor in keine der ihm vorausgesagten Weltsünden, auch nicht in die feineren, vor denen schon der ›Erec‹ gewarnt hatte; schließlich auch nicht der Inzest mit der Mutter — solange er ungewußt bleibt, und bei der Entdeckung wird er sofort korrekt durch Trennung und Buße gebüßt. Wo ist also die ungeheure Schuld? Offenbar gar nicht in den dröhnenden Ereignissen selbst? Das die echt Hartmannsche, echt dichterische Frage. Die Ungeheuerlichkeiten dienen nur zum Aufwecken des Helden und des Lesers, oder besser: sie sind die Außenseite, die Folge — nicht im Sinne des kanonischen und weltlichen Rechts: das ist in Ordnung, aber im Sinne dichterischer Symbolik — einer tieferen, inneren Schuld. Die übergroße Schuld, für die auch übergroße Bußen nicht zu viel sind, sie wirkt ganz leise. Es ist einmal die überhebliche Selbstmächtigkeit, die schon Gregors Vater den Teufels-Lockungen verfallen ließ, die Gregor selbst, dadurch gewarnt, um so mehr vermeiden mußte; statt dessen treiben ihn Blut und eigene Kraft, trotz frömmster Demut, und er stürzt ins tiefste, unverschuldete Unheil statt ins Heil, da er die Mutter findet. Und aus der Selbstmächtigkeit folgt als zweite Schuld Gregors das Versäumen eines fürbittenden Mit-Leidens mit den Eltern, das ihn im Kloster hätte halten sollen trotz seiner eigenen Ritter-Natur, das die Eltern ihm glücklicher vereint hätte. Die Schuld der Mutter aber, mit der seinen verflochten, ist die entgegengesetzte: Verzweiflung an der Gnade. Diese, die tödlichsten Sünden, blitzen als Wirklichkeit beide nur einmal auf im Moment der Erkennung zwischen Mutter und Sohn: „Zorn", Haß des Sohnes gegen Gott (2608), Verzweifeln der Mutter an Gott (2665). Schon für ihre Gefahr aber, die Gefahr des Judas-Todes (2623 ff.), ist die längste Buße nicht zu lang. Sie kann den unbewußten Sünder retten, wenn sie zum Bewußtsein der Gefahr — das Gregor im gleichen Augenblick sich und der Mutter vermittelt (2695 ff.) — die Freude am Leiden fügt, am unangemessenen, nicht mehr berechneten, nichts mehr von Gott fordernden Leiden. Die Freude betont Hartmann für Gregors Bußleben unaufhörtlich (*mit lachendem muote* 2815 u. ö.).

Wieder der Dichter Hartmann! Auch hier, in seinem christlichsten Werk, gibt er nicht einfach Dogmen weiter, sondern er zerstört zuerst — wie es, nebenbei bemerkt, in ihrer Weise ja auch die echte Moral-Theologie und -Philosophie tut — die 'normale', verfestigte Welt- und Gott-Gerechtigkeit, das Vertrauen auf eigene Leistung und das Rechnen mit Schuld und Verdienst, um eine neue, tiefere Haltung des Menschen aufzubauen, die ihn (wie den vom barmherzigen Samariter geretteten Todwunden im allegorischen Gleichnis des Gregorius-Prologs) an den rechten Gebrauch der Gnadenmittel heranführt. Freilich nur heran: Es bleibt alles in der vorgeführten Handlung eingewickelt, sie vermittelt die Erschütterung, aber die Hilfen kann sie nur zeigen, sie kann und darf sie nicht selbst aufbauen und begründen.

Nun folgt der große Einschnitt in Hartmanns Werk. Bis hierhin hatte auch seine Lyrik geführt: zur Absage an den Minnesang, wie der ›Gregorius‹ zur Absage an die höfischen Werte, beides aber durchaus als Fortführung der schon in den höfischen Werken angelegten Kritik. Hartmann war auch da derselbe Dichter geblieben. Und auch jenseits der Schwelle, wo wir ihn stilistisch und thematisch verwandelt finden — in seinem Leben war der Einschnitt vielleicht ausgefüllt durch den Kreuzzug —, hat er die frühere Grundlinie nicht aufgegeben.

Zwei Werke schreibt er noch, die stilistisch und wohl auch zeitlich ganz eng beeinanderstehen: die blühende Novelle vom ›Armen Heinrich‹ und die mit seiner letzten sprachlichen Meisterschaft ausgefeilte Übertragung von Chrétiens ›Iwein‹-Roman. Beide zeugen, mehr als von einer Verwandlung des Dichters, von einer Verwandlung seines Wissens um das dichterische Métier. Sie sprechen nicht mehr in klaren, fast harten Strukturen, in ernsthaften Erschütterungen, sondern im Stil und Ton des Märchens. Wie kam der Dichter Hartmann zum Märchen — das ist die Frage, die sie dem nachdenkenden Interpreten stellen.

Der ›Arme Heinrich‹ greift die Atmosphäre des ›Gregorius‹ noch einmal auf: *media vita in morte sumus* (92 f.), noch immer unter dem Eindruck vom plötzlichen Tod seines Herrn, dem hier in der glänzend höfischen Jugend des Helden gleichen Namens ein Denkmal gesetzt ist. Aber nun ist es ein Trostbuch geworden, vielleicht zuerst der Witwe gewidmet, der früher auch sein Minnesang gedient haben könnte, und weiter allen angefochtenen Seelen in trüben Stunden (10 f.).

Der junge Freiherr Heinrich von Au führt nicht nur ein höfisches Glanzleben bis hin zu süßem Minnesang, sondern er ist auch ein rechter, ein gerechter Mensch und Herr in jedem Sinn. Seine Schuld — die gleiche wie für Erec und Gregorius, daß er nämlich nicht an Gottes Gnade denkt, die ihm dies alles schenkte —, diese Schuld straft sich hier nicht eigentlich, sondern sie wird ihm nur bewußt:

In einem äußeren, freilich zerstörenden Leiden. Er wird aussätzig. Heinrich findet sich bald in Hiobs Geduld, opfert sein höfisches Glanzleben und sein Gut und lebt demütig arm bei seinem treuesten Pächter. Auch hierin vorbildlich, hat er nur eines noch nicht gelernt: sich ganz der Gnade zu überlassen. Er erfährt es erst, als eine letzte Möglichkeit sich auftut, geheilt zu werden. Des Pächters Töchterlein von elf Jahren, Heinrichs Liebling und Trost, will wie vom Wunder göttlicher Liebe durchdrungen, gottgewollt, sein lebendiges Herzblut für ihn opfern. Als sie aber beim Arzt in Salerno zum Tode bereit schon auf dem Tische ausgestreckt liegt, da schlägt Heinrichs Stunde. Er blickt durch einen Spalt in der Tür, und über dem nackten Mädchenleib, der sich zum Opfer enthüllte, gehen ihm die Augen auf: nicht er hat sein Leiden zu gestalten, sei's durch weltliche, sei's durch geistliche Selbstgerechtigkeit, nicht er hat Opfer anzunehmen für sein irdisches Heil, sondern Gott will sein Herz als Opfer, sein Vertrauen auf Gnade. Der gütige *cordis speculator* belehrt auf seine Weise zugleich den selbstgerechten Toren und die zu heilige Kleine. Er braucht für sie kein Kloster, so erbittert sie zuerst noch um ihre Märtyrerkrone kämpft. Er heilt Heinrich und gibt sie beide einander, damit sie zusammen in „süßem Langleben" die erneuerte Weltherrlichkeit und danach *gelîche daz êwige rîche* besitzen können.

Wie hier, so handelt es sich auch im ›Iwein‹ noch um die eine Frage, die Frage schon des Erec: Auch 'richtige' eigene Erfüllung der Tugendlehren, seien sie weltlich oder geistlich, führt in Schande und Schuld; was muß hinzukommen, damit die Tugenden dauern? Iwein gewinnt, wie Erec, im ersten Teil des Romans ein Glanzleben, Hand und Land einer Fürstin. Auf Gawans, des Freundes Rat, um nicht wie Erec sich zu „verliegen" oder gar zu verbauern, erhält er bald ein Jahr Abenteuer-Urlaub, versäumt aber die Frist und stürzt, von der Gattin verflucht und verstoßen, in Selbsttod, in Wahnsinn. In kunstvoll gesteigerten Erfahrungen lernt er dann erst langsam zur Ehre hinzu die selbstverleugnende Treue beim Dienst ohne Hoffnung auf Lohn. Sie führt ihn schließlich zu seiner Frau Laudine zurück.

Doch dieses Schema von Schuld und Sühne ist hier, noch stärker als im ›Armen Heinrich‹, ganz in Märchenluft getaucht. Vom

Wunderquell im Walde und der rasch getrösteten Witwe Laudine über das Kammerzöfchen Lunete, die freiwillig-unfreiwillig alles lenkt, Vereinigung des Paares und Fluch über den fristvergessenen Iwein, wie seine Fristbewährung und die endgültige Wiedervereinigung, bis zum Tarnring Lunetes, der Iwein zu Anfang verbirgt und rettet, und zum getreuen Löwen, der dem demütig Namenlosen im zweiten Teil sowohl einen Tarn-Namen verleiht als ihn rettet, ja bis zur Hilfe Gottes bei menschlich unmöglicher Einhaltung der Fristen — alles sind Märchenwunder, und so kommt auch der lösende Schluß heran, unmotiviert wie im Märchen, und endet die Geschichte:

Ichn weiz ab waz ode wie
in sît geschæhe beiden . . .

Ob das Legenden-Märchen vom ›Armen Heinrich‹ Hartmann zu Chrétiens ›Iwein‹ führte, ob er umgekehrt während der Arbeit an dessen Übertragung zum ›Armen Heinrich‹ als Trostbuch sich veranlaßt sah — gleichviel: beide, die wohl recht selbständig nach dem Lateinischen gestaltete Novelle und die höchst genaue und trotzdem sprachlich so schmiegsame Übertragung des Romans aus dem Französischen bezeugen die Absicht des Dichters Hartmann beim Griff zum Märchenton. Er erlangt mit ihm die freieste, auch später nicht mehr erreichte Verfügung über die dichterischen Mittel seiner Sprache und seiner Epoche. So darf auch das Märchenspiel nicht etwa als Altersstil abgewertet werden.

Wir können uns nur vorsichtig an sein Verständnis herantasten. Soviel ist deutlich: Das Schema von Schuld und Sühne, dem der Lyriker wie der Epiker Hartmann von Anfang an und durch alle Wandlungen hindurch verpflichtet blieb, schloß ebenso von Anfang an den Gedanken einer höheren, einer strafenden und endlich auch lohnenden Instanz ein: Ob nun die Herrin neuen Minne-Dienstes (MF 208, 32 ff.; 212, 5 ff.) oder die wahrhaft gegenseitige Gottesminne (MF 218, 25) in seiner Lyrik diese Instanz darstellte, ob die *Aventiure* im ›Erec‹, die fast wie die Hand Gottes die Geschichte lenkt, oder diese Hand selbst im ›Gregorius‹. Gerade aus diesem Gedanken war ja Hartmanns Ablehnung des konventionellen Minnesangs erwachsen, und Ähnliches dürfen wir für den Erzähler annehmen gegenüber Veldeke etwa.

Diese Instanz nun war für den Menschen und den Denker Hartmann sicherlich: Gottes Ordnung in Welt, Ritterwelt und Kirche; immer gleich gegenwärtig für ihn, wenn auch in verschiedener Lebenstiefe erfaßt. Dem Dichter Hartmann war sie, wie wir sahen, Ziel und Grenze seiner lyrischen und epischen Schöpfungen. Ziel, indem sie den dichterischen Neuaufbau des zuvor in seiner 'Normalität', seiner Selbstgerechtigkeit erschütterten Menschenherzens lenkte. Grenze aber, in dem die rechte Leistung der irdischen und göttlichen Tugendwerte als Realität dichterisch nicht mehr gezeigt werden konnte. Der Dichter konnte Destruktion der selbstgerechten und Neuaufbau der ordnungs-gerechten Existenz nur als ideales Schema vorführen. Die neue Existenz selbst — bleibt leer, wie beim neueren Liebesroman, nachdem das Paar sich gefunden, die Ehe. Sie wird nur noch angegeben: in der lebensnäheren Lyrik als die Tat selbst, die Kreuzfahrt; in der Epik als das standardisierte „süße Langleben“ mit folgendem Himmelslohn, das jedesmal am Ende steht (nur im ›Gregorius‹ ist es noch mit der nachzuholenden Restitution für Mutter und Vater des Helden ausgefüllt).

Das aber ist die entscheidende Frage, für den Dichter nicht minder als für den didaktischen Ethiker, den Theologen, Philosophen usw., nur daß die meisten Dichter in jeder Epoche neu daran scheitern, außer den größten: Ist die neue Ordnung denn praktisch möglich, kann man in ihr leben? Hartmann hat die Frage gewußt, sie gesehen, er hätte sonst nicht so um die neue Ordnung gerungen, wie sein ganzes Werk bezeugt. Aber er konnte sie mit seinen künstlerischen Mitteln — und vielleicht auch mit den gedanklichen Mitteln seiner Zeit — nicht lösen. Erst Wolfram von Eschenbach, Gottfried von Straßburg, Walther von der Vogelweide werden sie für ihre Zeit, je verschieden nach Denken und Temperament, dichterisch beantworten; die philosophische Antwort des Hochmittelalters für die weltliche und geistliche Ordnung gibt sogar erst jenseits dieser Zeit die höchste Scholastik.

Hartmann aber mußte sich seinen künstlerischen Mitteln überlassen, den Mitteln seiner Zeit, die er selbst, z. T. mit Chrétiens Hilfe, so erstaunlich ausgeweitet hatte. Ob er später noch weitergekommen wäre, wie Chrétien mit seinem ›Parzival‹-Bruchstück, kann niemand wissen. Der ›Iwein‹ ist sein letztes Wort. Wolfram nahm ihm den ›Parzival‹ ab, um über dessen auch noch märchenhafte weltlich-geistliche Harmonisierung selbst weiterzuschreiten zur entsagenden christlichen Leid-Heiligung von Minne und Rittertum im ›Titurel‹ und im ›Willehalm‹, wie Gottfried zur tieferen dialektischen Leid-Heiligung der Tristan-Minne.

Hartmann, damit können wir schließen, sah noch die Frage, ob die neue Ordnung für den Weltmenschen lebbar sei — nachdem er sein Lebenswerk daran gewendet hatte, diese neue Ordnung dichterisch überhaupt erst einmal zu zeigen. Seine dichterischen Mittel aber wiesen ihn, wie den Chrétien des ›Iwein‹, auf die Zwischenlösung des Märchens. Die künstlerische Balance der Sühne durch den sichtbaren Lohn am Schluß braucht er noch, ohne sie konnte er die neue Ordnung überhaupt nicht darstellen. Schwebte sie ihm am Ende seines Schaffens menschlich, gedanklich nur noch in der Luft, so ließ er eben, wie Chrétien, das Ganze schweben: als Märchen. Die göttliche Ordnung stand ja hinter dem Leben, geheim oder offenbar, im Minne- oder Gottesdienst; auf jeden Fall galt es, den Menschen erst einmal zu befreien aus eitler Sicherheit zu demütiger Leistung. Das konnte, das mußte dem Märchen schließlich noch reiner gelingen als der dringlicheren Lebensfrage der ersten Werke. deren Realisierung dem Dichter doch immer zweifelhafter geworden war, immer deutlicher seinen Mitteln sich entzog.

So steht Hartmann bis zum Schluß als Dichter vor uns. Er ist auch an dieser Stelle, wo er für ihn unlösbare Aufgaben den Folgenden weiterreicht, nicht nur Vorläufer, Vorklassiker. Den ganzen geistigen Raum der großen Lyrik und Epik bis 1230, ja weiter bis tief ins Spätmittelalter hat er schon abgesteckt, wie ihre Sprache und ihren Stil. Deren Reinheit und das thematische Märchenspiel am Ende seines Schaffens enthält auch Verzicht, Zurückweichen vor größeren Aufgaben. Und doch stellt er, in sich vollständig, gerade so die hochmittelalterliche Leistung klassisch rein dar und darüber hinaus, in seiner zeitgeschichtlichen und persönlichen Prägung, den Beitrag der Dichter zur Wirklichkeit überhaupt.

Sophokles. Hrsg. Hans Diller (= Wege der Forschung XCV) Wissenschaftliche Buchgesellschaft, Darmstadt 1967, S. 348—369. Erstmals in: Antike und Abendland 4, 1954, S. 191—203.

ÖDIPUS UND GREGORIUS:

Tragödie und Legende

Von GÜNTHER ZUNTZ

Sei es immer mein Teil
ehrfürchtige Reinheit zu hegen
in aller Rede und allem Tun
Dafür Gesetze vor Augen sind
hochwandelnde himmlische
im Äther geborne ·
Der Olymp allein ist ihr Vater
Sie zeugte kein sterblich
Geschlecht der Männer
Kein Vergessen
wird je sie schläfern ·
Groß ist in ihnen der Gott
und altert nicht.

Hybris pflanzt Tyrannen · Hybris
wenn eitel sie von vielem überfüllt ist
Das zeitig nicht und nicht zuträglich
Zum Höchsten steigt sie · sie stürzt
in die schroffe Notwendigkeit
wo sie den Fuß nicht stemmt ·
Das heilsame aber der Stadt das Ringen
daß nie es hemme der Gott bitt ich ·
Den Gott unabläßlich
halt ich meinen Meister.

Wenn aber verachtend einer
wandelt mit Wort oder Taten
und fürchtet das Recht nicht
und ehrt nicht dic Bilder der Götter
Den greife ein schlimmes Los
weil er prangt übers Schicksal.

Wenn Gewinn er rechtlos gewinnt
Ehrfurchtloses tut
Unberührbares eitel berührt
Welcher Mann wollte da
..... (Text korrupt) ...
Wenn solches Tun in Ehren ist
wozu soll ich singen?

Nicht mehr zum unberührbaren geh ich
zum Nabel der Erde mit Ehrfurcht
nicht zum Tempel in Abai
nicht nach Olympia
Wenn nicht dies sich fügt
handgreiflich allen Menschen.
Mächtiger denn · wenn rechtens so du heißt ·
Zeus Allherrscher
Dies entgehe nicht
dir und deiner
unsterblich dauernden Herrschaft ·
Zu Schanden ja werden die alten
von Laios die Göttersprüche
Und nirgend in Ehren ist
Apollon offenbar ·
Das Göttliche fällt.

Diese Übersetzung fordert ein Wort der Entschuldigung: hätte Hölderlin mehr Griechisch gekonnt, so hätte ich ihn abgeschrieben, statt ihn zu bestehlen. —

Dieser Chor steht an der kritischen Stelle im ›Ödipus‹: vor Iokastes Opfer, mit dem sie das Verhängnis hintanzuhalten sucht, und dem Eintritt des Korinthischen Boten, der es besiegelt. Sophokles, so hört man oft, hat hier sein Glaubensbekenntnis ausgesprochen. So hört man — und glaubt es nicht. Hier spricht der Chor der Thebanischen Alten; Sophokles: nicht mehr und nicht minder als aus allen seinen Geschöpfen. Ödipus, sein Geschöpf, spricht was Ödipus denkt und fühlt; der Chor, sein Geschöpf, spricht was der Chor denkt und fühlt; sie alle sind Stimmen in der tragischen Symphonie, deren Vollkommenheit alle Zeiten bewundern; deren Bedeutung sie immer neu zu fassen und umschreiben suchen — und nie erschöpfen.

Dieser Chor hat seine ganz evidenten Beziehungen zu der ihn umgebenden Handlung und den Personen des Dramas. Vom ‚Tyrannen' kann er nicht wohl sprechen ohne — in der Tragödie vom ‚Tyrannen Ödipus' — an deren Hauptgestalt zu gemahnen; auf seinen bevorstehenden Fall scheinen die gleich folgenden Worte vom Sturz der Hybris zu deuten. Die Klage über Verfall des Apollokults ist gewiß nicht ohne Bezug auf den Versuch der Isokaste, das drohende Orakel zu eskamotieren; ihr Opfer hernach steht fragwürdig auf dem Hintergrund der frommen ersten Worte des Chors. Diese und ähnliche Beziehungen — vom „rechtlichen Gewinn" hatte z. B. Kreon gesprochen (v. 595) — sind gewiß nicht unerheblich: sie verknoten unser Lied mit der Handlung; entkräften die Meinung, daß es beziehungslose private Äußerung des Dichters sein könnte. Und doch ist nicht verwunderlich, daß diese Meinung aufkommen konnte; denn diese Verknüpfungen reichen nicht hin, eben das Wesentlichste und Stärkste an diesem Lied zu motivieren. Die leidenschaftliche Proklamierung ewiger Gesetze; die erbarmungslose Verdammung ihres Übertreters; die unnachgiebige Forderung nach Bestätigung des proklamierten Glaubens: das hängt nicht an den Fäden, die von einzelnen Motiven zu einzelnen Äußerungen, Handlungen, Personen sich ziehen. Hier bekundet sich in der Tat, und mit äußerster Intensität, eine fundamentale und umfassende Überzeugung; eine grundsätzliche Deutung dessen, was um Ödipus sich schürzt und ballt. Wessen Überzeugung und wessen Deutung? Der Chor spricht: wer ist, für wen spricht er? Er: so fromm, so tief — und zugleich so leidenschaftlich-betroffen und geängstigt; so unerbittlich selbstgerecht und, es mag scheinen, fast pfäffisch eng und rachsüchtig? Sein Lied entspringt der zum Reißen gespannten Knüpfung der Tragödie; dieser Tragödie, die von je als das Meisterstück auch formaler Vollendung gilt. Wir können nicht hoffen, es recht zu verstehen, ehe wir sein Grundsätzliches und sein Individuelles als Element, wie auch als Deutung, dieses Meisterstücks erfassen.

Dieser zentrale Chor also erschließt sich nur mit der Deutung des ganzen Werkes; wie andererseits dessen Deutung die seine enthalten und von ihr bestätigt (oder widerlegt) werden muß. Der ›Ödipus‹-Deutungen gibt es mehr als genug. Erdreisten wir uns, diejenige zu präsentieren, die uns zugleich das Verständnis unseres

Chorliedes liefern soll, so wollen wir trachten, das subjektive Element zu reduzieren, das jeder Interpretation unvermeidlich, und wesentlich, anhaftet. Der Philologe sucht dies nötige Korrektiv gemeinhin, und mit Recht, in der Kombination sorgsamer Analyse und historischer Einordnung. Im vorliegenden Fall bietet sich ein weiteres. Der Ödipus-Stoff ist auch nach Sophokles bearbeitet worden. Vergleichung etwa mit Voltaire oder Hofmannsthal kann den Blick schärfen für die Eigenart ihres Vorbildes. Jedoch — eben der bestimmende Einfluß dieses Vorbildes begrenzt die Leistung solchen Vergleichens. Eine von Sophokles unabhängige Bearbeitung des gleichen Vorwurfs verspricht fruchtbarere Belehrung. Hierfür bietet sich der ‚Ödipus des Mittelalters': die Legende von Gregorius. Gewiß ist nicht unmöglich, daß auch diese letzten Endes von griechischer Tragödie abhängt — und vielleicht eher von Euripides als von Sophokles —; vielleicht war das alte tragische Motiv in Byzanz auf einen Heiligen übertragen und in den Kreuzzügen dem Westen vermittelt worden. Auf diesem langen Wege aber hat es sich so gründlich verändert, ist zum Ausdruck eines so verschiedenen Geistes geworden, daß die Frage: „Überlieferung oder Neuschöpfung?" für unser Problem gegenstandslos wird. Stellen wir denn Gregorius neben Ödipus: wir dürfen erwarten, daß damit die Eigenart des einen wie des anderen klar heraustreten wird. Und vielleicht kann diese Nebeneinanderstellung uns, darüber hinaus, einiges Grundsätzliche erhellen den Geist betreffend, dem Tragödie einerseits und Legende andrerseits entwuchsen.

Die Legende von Gregorius begegnet in Frankreich, England und Deutschland vom zwölften Jahrhundert an. Die französische Fassung, eine Versnovelle, ist die Quelle aller übrigen (nur die — kurze — in den ›Gesta Romanorum‹ hielt Jacob Grimm, vielleicht mit Recht, für unabhängig); sie hat dazu den typischen Vorzug der französischen Epik jener Zeit: eine frische Anschaulichkeit und lebhaften Fortgang der Erzählung. Trotzdem wollen wir die klassische deutsche Version der Legende zum Gegenstand unserer Betrachtung nehmen. Der ›Grêgorjus ûf dem steine‹ des Hartman von Aue ist in der Tat, scheint mir, eines der wenigen Werke der deutschen Literatur, das man mit gutem Gewissen ‚klassisch' nennen kann — ein Juwel mittelalterlicher Dichtung. Und — der eigentliche Grund meiner Wahl — Hartman bringt die Ideen, mit denen das Mittelalter diesen Stoff angriff, viel voller und tiefer zum Ausdruck als die anderen Versionen.

Wird man es mir verzeihen, wenn ich kurz den Inhalt von Hartmans Novelle resumiere?

Kaum geboren, wird Gregorius, das schöne Kind eines königlichen Geschwisterpaares, ins Meer ausgesetzt. Fischer an einer fernen Küste finden ihn und ziehen ihn auf als ihr Kind; später nimmt ihn der Abt eines benachbarten Klosters auf und unterweist ihn. Nach einem Streit mit seinem Pflegebruder erfährt Gregorius durch eine Elfenbeintafel, die seine Mutter mit ihm ausgesetzt hatte, daß er von edler und verruchter Abstammung ist. Seine eingeborene ritterliche Neigung bricht durch. Er verläßt das Kloster, sucht Abenteuer und befreit das Reich seiner Mutter von einem gefährlichen Feind. Ihre Hand ist sein Lohn. Die Elfenbeintafel führt zur Erkennung der beiden. Gregorius entsagt der Welt: an eine einsame Klippe im Meer gefesselt, verbringt er siebzehn Jahre in Buße. Dann bezeichnet Gott ihn, durch einen Traum, den er zweien Römern sendet, als zukünftigen Papst. Durch mehrere Wunder wird er gefunden, entfesselt und investiert. Wiedervereint mit seiner Mutter, verbringt er den Rest seines Lebens in vollkommener Heiligkeit und Reinheit.

Vom Griechischen her gesehen: welche Verkehrung, welche Entwertung einer grandiosen tragischen Konzeption ist diese Legende! Hier überwältigt uns kein konzentrierter und stürmischer Schwung vernichtender Selbsttäuschung und -entdeckung; hier droht keine Vernichtung. Man folgt dem vergleichsweise gelassenen Fortgang einer erbaulichen Erzählung; ein Panorama entrollt sich, umfassend, aber ohne Abgründe; reich an Geschehnissen, Unheil, Rührung — aber gefeit gegen Zerstörung. Kein Laios wird hier gemordet (Gregorius' Vater stirbt aus Liebesleid); und damit fehlt der Stachel, der eigentlich die Tragödie vorantrieb: Der König sucht den Verbrecher — der Mörder findet sich selbst ... An die Stelle dieses immanenten tragischen Stachels tritt ein Requisit aus dem Inventar euripideischer und späterer Erkennungsgeschichten: jenes Täfelchen mit der, zweckmäßigerweise leicht verhüllten, Geschichte seines Trägers, welches Gregorius so oft und so erschüttert liest, bis er darüber entdeckt wird. Und der Effekt seiner Selbsterkenntnis — ist nicht ein Ausbruch letzter Verzweiflung, nicht Enthüllung aller Höhe und Tiefe, Größe und Hinfälligkeit menschlichen Seins; sondern, nach einem Augenblick des Aufbegehrens, der ruhige Entschluß zur Buße. Und gleichermaßen hernach, wenn der Sünder an seinen Felsen gekettet ist: nichts bleibt zu sagen von seinen siebzehn Bußjahren, als daß er wunderbarlich ernährt wird durch Wasser, das in eine kleine Höhlung jenes Felsens tropft. Endlich jene Wunder — volkstümliche Motive wie z. B. die Träume, die auf den frommen Büßer deuten, oder der Schlüssel zu seinen Fesseln, im Magen eines Fisches gefunden: solche scheinbar äußerlichen Einwirkungen wenden sein Geschick zum Guten. Und Papst wird er; ein allerheiligster Papst . . . Der Leser, der jenes einzige Ecce am Ende der Tragödie im Sinne hat

Ihr des Landes Thebe Bürger sehet dies ist Ödipus
Der das große Rätsel wußte und der Männer stärkster war

— er kann kaum umhin, dies happy end gleichsam als einen schlechten Witz zu empfinden; Zeugnis eines platten und beinahe zynischen Optimismus. Ödipus, der „ganz verlorene, der allerverfluchteste, den Göttern der verhaßteste von allen Menschen" (1344), und Gregorius, „der reine", „der sündlose", „Gottes Liebling" (3148, 3466, 3575 etc.): in der Tat: wer an einem knappen und eindrücklichen Symbol die Wandlung demonstrieren wollte, die das Christentum über Welt und Menschheit gebracht hat, der könnte schwerlich ein bedeutungsvolleres ersinnen, als Tragödie und Legende hier, am gleichen Stoff, verwirklicht haben.

Wollen wir aber die Eigenart jedes dieser charakteristischen Werke recht begreifen, so müssen wir trachten, sie in der richtigen Perspektive zu sehen. Tragödie und Legende sind verschieden voneinander wie ein griechischer Tempel und ein gotischer Dom. Es wäre verkehrt, wollte man das eine am anderen abschätzen. Versuchen wir denn, die Legende in ihrem eigenen Licht, und nicht in griechischem, zu sehen.

Die Geschichte von Gregorius ist die Geschichte vom Weg eines Mannes zu Gott. Nicht eines gewöhnlichen Mannes: Gregorius ist

Ausnahme und zugleich Vorbild. „Blüte der Ritterschaft“ ist er durch seine Herkunft; seine theologische Erziehung fügt zur angeborenen Tugend die Kenntnis und den Ansporn religiöser Werte; und schließlich ist es eine weit verbreitete Volksmeinung, daß Kinder, die im Inzest gezeugt sind, den menschlichen Durchschnitt überragen, es sei zum Guten oder Schlimmen; und so betont der Dichter denn auch die ungewöhnliche Schönheit und Lieblichkeit des Kindes Gregorius. Hier fassen wir den Sinn der Besonderheit unserer Legende, die anstelle des Vatermord-Motivs das der Geburt aus Inzest hat. Offenbar ist es eine fundamentale Tendenz dieser paradigmatischen Geschichte, ihren Helden frei zu halten von aller schuldhaften Tat. Schuldig aber ist er: wieder und wieder heißt Gregorius „der gute Sünder“. Er empfindet seine sündige Abstammung als tödliche Befleckung, und ungeachtet langer Jahrhunderte rationalistischen Zuredens, ungeachtet auch des kirchlichen Dogmas, das ihn entschuldigt, können wir noch heute mit Gegorius empfinden. Dies primitive und allgemeine Empfinden, der Schauder vor dem Inzest, ist die Voraussetzung auch der tröstenden kirchlichen Anschauung; und es ist ein Grundmotiv unserer Legende: es ist Sünde, obwohl keine persönliche Schuld hereinspielt. Ein großer englischer Dichter spricht von

that sin where I begun;
which was my sin though it were done before.

So ist denn die sündige Abstammung des Gregorius ein Symbol für, oder eine Verdeutlichung von, der fundamentalen Gebrechlichkeit des Menschen, welche die Kirche in dem Dogma von der Erbsünde ausdrückt. Es ist demnach völlig richtig, wenn Arnold von Lübeck, in seiner lateinischen Wiedergabe von Hartmans Novelle, einen Vergleich zieht zwischen der Sünde der Eltern des Gregorius und dem ersten Sündenfall im Paradies. Mit dem Fortgang der Erzählung wachsen die unentrinnbaren Folgen des ersten Fehls bis zum völligen Verderb: „Der Sünde Lohn ist Tod.“ Aus dieser Verstrickung gibt es keinen Ausweg — es sei denn durch Gnade. In dieser Welt ist Gnade.

Sie führt den Irrenden zu schließlicher Errettung; aber der Weg zu diesem Ziel mag wohl verschlungen scheinen. Versuchen wir, ihn nachzugehen und die notwendige Bedingtheit eines jeden Schrittes zu erfassen, den Gregorius tut: wir dürften damit, in Hartmans Dichtung, ein tiefsinniges Exempel der dauernden Wahrheit des kirchlichen Dogmas finden. Es geht aus von der scheinbar so primitiven Auffassung, daß Gnade durch Buße erkauft wird — und führt zu der Einsicht, daß Gnade nicht weniger ein immanentes Faktum ist als ein transzendentes.

Der leichte Weg zum Heil stand Gregorius von Anfang an offen: fern von der Welt und ihrer Gefahr konnte er, als Mönch, den ebenen Pfad zur Seligkeit gehen. So riet es ihm der wohlmeinende Abt. Gregorius lehnt es ab. Aus freiem Willen wählt er den Weg, der ihn in die tiefste, persönliche Sünde führt: zur Heirat mit seiner Mutter. Ein langes Gespräch zwischen dem warnenden Abt und dem leidenschaftlichen Jüngling macht völlig klar, daß Gregorius, der Warnung trotzend, aus freiem Willen in sein Verderben rennt und nicht durch bloßen Zufall.

Den dichterischen Zweck dieser sorgfältig ausgearbeiteten Szene sucht man gemeiniglich in der Absicht des Dichters, die persönliche Schuld seines Helden zu unterstreichen und damit ein einleuchtendes, individuelles Motiv für seine spätere Buße zu liefern. Mir scheint, daß diese Interpretation in unerträglichem Widerspruch steht zu der sonstigen Tendenz des Dichters, Gregorius frei zu lassen von schuldhaftem Tun. Auch reduziert diese Interpretation das Motiv der inzestuösen Abstammung zu einer sinnlosen Häufung des Greuels (denn die Deutung, die wir soeben, mit Arnold von Lübeck, gegeben haben, verlöre ihren Wert). Und schließlich steht jene Interpretation im Widerspruch zu dem Charakter und den Anschauungen, die der Dichter durchweg, in diesem Gedicht wie in seinen anderen Werken, an den Tag legt.

Verwurzelt in seiner Zeit und ihrem Glauben, war Hartman von einer tiefen und weiten Humanität, die alles Menschliche mit liebender Teilnahme umfaßte. Denn über seiner Welt liegt, erhellend und wärmend, das Licht der Liebe, ‚minne‘; als Meister und Lehrer der ‚minne‘ betrachteten und ehrten ihn Zeitgenossen und Nachfahren. Man erinnert sich: es war Hartman, der die Frauen gegen den Vorwurf der Treulosigkeit verteidigte mit der rührenden Äußerung: „dies ist nicht wahr. Laßt mich euch sagen: ihre Güte läßt sie Dinge tun, die wir mißdeuten.“ So vermochte er selbst das Widerwärtige und Grauenhafte in dem sanften Licht verstehender Sympathie zu sehen. Das Verbrechen des Inzests — den er mit einem furchtlosen Realismus darstellt — wird entschuldbar, ja rührend, in seiner mitfühlenden Schilderung des Überschwangs der Liebe zwischen reinen und hingebenden Waisen; die Aussetzung, hernach, des neugeborenen Kindes empfinden wir, dank Hartmans fühlender Schilderung des Jammers der jungen Mutter, als herzzerbrechende Notwendigkeit; den neuen Inzest schließlich, zwischen Mutter und Sohn, sehen wir geschehen, ganz ohne Abscheu oder Grauen, nur mit dem einen, angstvollen Vorgefühl, daß diese Liebe, so zart, so verstehend, so wahrhaftig — daß sie bald scheitern muß.

Blicken wir danach zurück auf das Gespräch des Gregorius mit dem Abt, so sehen wir: die Worte des Jünglings entspringen, in all ihrer Leidenschaftlichkeit, einer so aufrichtigen und vorbestimmten Gesinnung, daß wir nicht zweifeln können: für ihn, nach seiner Abstammung und Artung, gab es keinen anderen möglichen Weg als den, den er wählte. Also ist jene moderne Interpretation der fraglichen Szene falsch. Es kann nicht Hartmans Absicht gewesen sein, persönliche Schuld nahezulegen in der unvermeidlichen Entscheidung, die seinen Helden in verderbliche Verstrickung führt. Lassen wir denn diese irrige Meinung fallen, so bleibt die Einheit der dichterischen Konzeption ungestört, und der Dichter bleibt in Übereinstimmung mit den Tendenzen, die der Rest des Gedichtes und alle seine Werke bezeugen. Was noch mehr besagen will: Hartman bleibt so in Übereinstimmung auch mit der Lehre seiner Kirche. Nach ihren Gesetzen würde auch dieser Inzest dem Gregorius nicht angerechnet werden, da die verderblichen Folgen seiner Entscheidung keineswegs vorausgesehen werden konnten.

Das Gespräch zwischen Gregorius und dem warnenden Abt stellt also keineswegs die Schuld des „guten Sünders“ heraus. Hier ist keine solche Schuld. Eher könnte die entgegengesetzte Behauptung wahr sein: diese Szene verdeutlicht die Unvermeidlichkeit seiner Entscheidung, mithin seines Falls: sie gründet in seiner ritterlichen Abstammung und Artung. Und ihre Bedeutung reicht noch weiter. Ist es nicht eben infolge dieser Entscheidung, daß Gregorius endlich entsühnt wird; und nicht nur entsühnt: daß er den Gipfel menschlicher Vollkommenheit erreicht und gar den Thron, der dem Heiligsten unter den Menschen vorbehalten ist? Wir hatten erkannt, daß seine Entscheidung — und das heißt auch deren verderbliche Folgen — unvermeidlich waren. Werden wir jetzt dazu geführt, sie gar für heilsam zu halten?

Hier meldet sich entscheidender Widerspruch. Es ist, hoffe ich, zugestanden, daß Gregorius absolviert wird von dem verständnisvollen Leser, wie auch von dem Dichter und von seiner höchsten Autorität: der Kirche. Aber er wird nicht absolviert; er wird aufs strikteste verdammt durch sein eigenes Urteil. Gregorius selbst verurteilt sich zur härtesten Buße. Diese Buße — der Weg, wohlgemerkt, zu seiner endlichen Erhöhung — ist sie in Wahrheit ein opus gratuitum, Ausfluß eines Übermaßes an Frömmigkeit, oder (noch gröber ausgedrückt) Folge eines Mißverständnisses?

Die Frage mag respektlos scheinen. Wir haben aber alle persönliche Schuld des Gregorius bestritten: um so weniger können wir vermeiden, der Frage nachzudenken: was denn ist der Sinn seiner Pönitenz?

Erlauben Sie mir noch einen Blick auf die anderen Werke unseres Dichters: es wird uns in der Beantwortung dieser zentralen Frage helfen.

Alle Werke Hartmans drehen sich um das eine gleiche Zentrum: Prüfung und Erweis des edlen Mannes. Nach einem Versagen, das den Wert ihrer ersten, leichten Triumphe in Frage stellt, erweisen Erec und Iwein ihren wahren Wert in einer Reihe ritterlicher Taten. Der ›arme Heinrich‹ darf der Versuchung der Selbstsucht folgen bis zu dem äußersten Moment, wo, für seine Heilung, das unschuldige Opfer geschlachtet werden soll: hier endlich bricht seine wahre ‚Tugend' durch und bewährt ihn. Der entsprechende Moment für Gregorius — der erste, wo er wirklich und wissentlich über sein Leben zu entscheiden hat — ist der seiner Selbsterkenntnis, in dem er erfährt, wessen Sohn und Gatte er ist.

Was den heutigen Leser der fraglichen Szene überrascht und vielleicht enttäuscht, ist ihr Mangel an Pathos. Kummer und Angst kommen zum Ausdruck; was aber, an diesem Wendepunkt, in der Seele des Gregorius vorgeht, wird nicht erklärt. Noch auch finden sich — was man vielleicht erwartet hätte — lange Äußerungen von

Reue. Die Wirkung dieses Erkennens ist endgültig: der Fortgang zeigt das; aber beredet wird sie nicht. Es gibt einen Augenblick, in dem Gregorius gegen Gott aufbegehrt — und dann bekennt der Dichter seine Unfähigkeit, den Jammer der Liebenden zu schildern, die zur Trennung verurteilt sind und ewige Verdammnis fürchten. Die Mutter bricht in Verzweiflung aus: und nun verweist ihr der Sohn mit Entschiedenheit diesen Mangel an Vertrauen auf Gottes Gnade mit den Worten (sie scheinen mir so tief und entscheidend, daß ich sie im Original zitiere):

Iuwer sêle ist nie sô ungesunt,
wirt iu daz ouge ze einer stunt
von herzelîcher riuwe naz:
ir sît genesen. geloubet daz.

In diesem Augenblick der Erkenntnis ist der irrende Jüngling ein Wissender geworden; ein Tröster; entschlossen und ergeben. Für sie und sich zeigt er den Weg der Buße, der rückhaltlosen Unterwerfung unter den Willen Gottes.

Hier nun will ich mich bemühen, die Realität und dauernde Gültigkeit dieser Lösung klarzumachen — welche in der allzu vertrauten Phraseologie von Sünde und Reue, Gnade und Erlösung eher sich verbirgt als offenbart. Jener Augenblick der Erkenntnis, erfahren mit letzter Intensität, ist für Gregorius die Antwort auf das Suchen und Fragen seines Lebens. Jetzt hat er begriffen, wer er ist und was die Welt ist. Vor der anerkannten und absoluten Forderung des Göttlichen anerkennt er seine unentrinnbare menschliche Unzulänglichkeit; er weiß jetzt um die wesenhafte Schwachheit des Menschen und die Inkommensurabilität der Welt und seiner selbst. Wäre er im Kloster geblieben, rein und unversucht, so hätte er ein sehr guter Mönch werden können — aber er wäre nicht der wahre Gregorius geworden; die radikale Wahrheit hätte sich ihm nicht erschlossen. Indem er sie anerkennt und auf sich nimmt als Grundfaktum des Menschseins, hat er sie überwunden. Es ist diese Erkenntnis, vernichtend zugleich und heilsam; es ist diese Erkenntnis der fundamentalen Schwachheit des Menschen, und nicht seine siebzehnjährige Pönitenz, die eigentlich seine endliche, symbolische Erhöhung begründet. Gleichwie der arme Heinrich hat

Gregorius die Probe bestanden. Der Sinn seiner Buße ist total und nicht speziell. Die Jahre seiner Pönitenz bekräftigen die Endgültigkeit jener Erkenntnis und damit seiner Unterwerfung unter die Wahrheit des Seins, mit anderen Worten, unter den ‚Willen Gottes'.

Hartman hält fest an dem kirchlichen Dogma von der entsühnenden Wirkung der Buße und er impliziert die tiefe metaphysische Einsicht, die diesem Dogma Sinn und Wahrheit gibt. Damit erhebt sich seine Legende unvergleichlich über jenen notorischen Typ von Heiligengeschichten, deren Helden ihre Vergehungen durch skandalöse Experimente an ihrem Körper kompensieren. Viele Legenden dieser letzteren Art aus Hartmans Zeit setzen seine tiefere Auffassung ins Licht. Seine Erzählung ist, könnte man sagen, eine radikale Anwendung von Goethes Wort:

Von der Gewalt, die alle Wesen bindet,
Befreit der Mensch sich, der sich überwindet.

Gregorius, an den Fels seiner Sünde gekettet, genährt vom Wasser der himmlischen Gnade, erweist sich, ohne Wanken, befreit von den Fesseln all-menschlicher Schwachheit und Irrung, hingegeben dem übermenschlichen und vollkommenen Willen.

Die Dissonanz zwischen den begrenzten Fähigkeiten des Menschen und der überwältigenden und unfaßbaren Macht der Welt um ihn ist demnach hier aufgelöst in der völligen Vernichtung und Selbstaufgabe des Individuums. Es ist eine absolute Lösung, und absolut pessimistisch. Ich beeile mich hinzuzufügen, daß diese Lösung hier durchaus unter dem tröstenden, ja optimistischen Gesichtspunkt des christlichen Erlösungsdogmas steht. Die menschliche Schwachheit des Gregorius ist aufgefaßt als Vergehen gegen den Willen eines persönlichen Gottes; seine Selbstaufgabe als Unterwerfung unter diesen Willen, seine Weltflucht als Pönitenz; sein freiwilliges Leiden als ein verdienstliches Opfer, das er der göttlichen Gnade darbietet: unzulänglich an sich, wird es zulänglich dank dem einen, vollkommenen Opfer und dem gütigen Willen eines gnädigen Gottes. Die Rettung des Gregorius, die so drohend verzögert schien und so fundamental gefährdet, erweist sich endlich als sein Plan und sein Werk. So löst sich hier die Dissonanz: menschliches Streben und Gottes Plan erweisen sich als gleichsinnig; Gesetz und Lauf der Welt ist Erlösung durch allumfassende Gnade.

So ist denn unsere Legende in völliger Übereinstimmung mit der Grundlehre der mittelalterlichen Kirche. Mit höchsten Gaben und reinster Absicht erweist sich ihr Held als verloren von Anbeginn — gleich allen Menschen, aber er am meisten; ihn, wie alle Menschen, führt sein Weg in sündige Verstrickung, und dies, obwohl er nie willentlich fehlte. Wider Wissen und Willen fällt er in tiefste Schuld. Aber er bleibt frei von den zwei Todsünden, welche (wie Hartman in seinem Prolog und Epilog betont) nicht vergeben werden können: er hat nicht „gesündigt auf Gottes Gnade hin", und als er trotzdem fällt, bleibt seine Seele unberührt von *zwîfel*, dem vernichtenden Zweifel an Gottes Gnade. Darum beugt sich himmlische Gnade über den Unschuldig-Schuldigen; gleich dem barmherzigen Samariter, dessen Geschichte der Prolog, als ein wegweisendes exemplum, allegorisch auslegt. „Der gute Sünder": dies ironische Oxymoron gibt gleichsam die Formel für den unlösbaren Widerspruch, aus dem die Legende den einzigen Ausweg und Trost zeigt: ein gnädiger Gott lächelt über das Irren und die Erlösung des guten Sünders Gregorius.

Wenn denn dies Gedicht durchaus bestimmt ist durch die Lehre der Kirche, ist es doch nichts weniger als eine bloße Allegorie auf diese Lehre. Seine menschliche Wahrheit und philosophische Tiefe haben wir auszudeuten versucht. Darüber hinaus gibt der ‚Gregorius', in seinem historischen Rahmen, ein komplettes Bild menschlichen Daseins in seiner Zeit. Er wahrt seinen legendarischen Charakter in der wunderhaften Entwicklung seines singulären und unrealistischen Vorwurfs und in der Anonymität aller Personen mit Ausnahme des Helden. Diese Personen aber sind das gerade Gegenteil von allegorischen Abstraktionen. Gregorius durchschreitet eine höchst reale, greifbare, deutlich graduierte Welt von Menschen aller Art. Die hungernden Fischer an einsamer Küste und die versammelten Edlen des Königreichs Aquitanien; das stille Kloster und der Glanz ritterlicher Kämpfe und Feste; die einsame Kemenate der unglücklichen Königin und die wirbelnden Volksmassen in Rom: all diese Szenen, und viele andere, sind in lebendigen und realistischen

Farben gezeichnet und belebt mit deutlich charakterisierten Personen.

Neben dem zeitgenössischen Leben, das in Hartmans Gedicht sich spiegelt, finden wir überlieferte Motive, die Teil dieses Lebens geworden sind. Dies gilt natürlich in erster Linie von der Bibel. Die Aussetzung des neugeborenen Kindes ruft sogleich die des Moses ins Gedächtnis; seine Wiege, heißt es weiter, schwamm so sicher wie Jonas im Bauch des Fisches; die Leiden der getrennten Liebenden sind wie die des David um Saul, Jonathan und Absalom.

Ein zweites Element, nicht weniger lebendig, kommt von der Antike. Sehen wir hier ab von dem zentralen Gegenstand unserer Legende. Die Schilderung, wie das ausgesetzte Kind aufgefischt wird, steht der Perseus-Geschichte in Wahrheit näher als der von Moses: sie erinnert an die ›Netzfischer‹ des Aischylos, wohl auch an Plautus' ›Rudens‹; die wirkliche letzte Quelle mag wohl der ›Ödipus‹ des Euripides gewesen sein. Gleichfalls euripideisch ist die Erkennung durch das Elfenbeintäfelchen; vergessen wir aber nicht, daß Hartman, oder vielmehr schon sein Vorgänger, dies Motiv fruchtbar gemacht hat: sein unablässiges Grübeln und Sorgen über die Inschrift auf dem Täfelchen wird zu einem bedeutenden Moment in der Entwicklung und dem Schicksal des Gregorius. Und schließlich das Motiv vom Schlüssel im Magen des Fisches: da brauchen wir nur eben an Herodot zu erinnern. Hier wiederum ist das Motiv neu gewendet: was in der Geschichte von Polykrates Anzeichen der Nemesis war, ist hier Ankündigung der göttlichen Vergebung. All dies heißt natürlich nicht, daß die mittelalterlichen Dichter eine einzige von diesen Geschichten im Original gelesen hätten. Diese volkstümlichen Motive sind ‚unterirdisch', in volkstümlicher Erzählung, gewandert; wie doch wohl auch das Hauptthema der Legende. —

Mensch, Welt, Gott: um diesen großen, dreifältigen Gegenstand, so fanden wir, kreist die Gregorius-Legende. Dies Ergebnis ermutigt uns, ihr klassisches Vorbild nach eben diesem zu befragen: welche Sicht von Mensch, Welt und Gott drückt sich aus in der Tragödie vom Tyrannen Ödipus? Es wird sich sogleich bestätigen, daß diese Frage ins Zentrum auch der sophokleischen Behandlung des gemeinsamen Vorwurfs führt; mithin auch das Chorlied erhellt, von dessen Problematik wir ausgingen. Wir dürfen uns kurz fassen: der Gegenstand ist dem Leser vertraut. Betonen wir nur vorweg, daß wir keineswegs gemeint sind, den ›Ödipus‹ als eine Allegorie auszugeben, der wir etwa die ‚wahre Meinung‘ des Dichters oder irgendeine spezielle Doktrin entnehmen könnten. Bleiben wir bewußt der unteilbaren Ganzheit und Selbstgenügsamkeit der vollkommen organisierten Welt, die ‚Tragödie‘ heißt, und bescheiden wir uns: unendlich in sich selbst und unwiederholbar, wird sie dem Frager wohl Rede stehen, je nach der Angemessenheit und Intensität seines Fragens; und wird doch so unwiederholbar und unbegreiflich in sich bleiben wie — jene andere Welt, deren würdiges Gegenbild sie ist.

„Was ist der Mensch?“: diese Frage tragen wir nicht ohne Berechtigung an die Tragödie heran. Ödipus ist der Held, „der das berühmte Rätsel wußte“: das Rätsel der Sphinx; er ist König, der Männer erster und weisester, der Retter seines Volks, weil er es gelöst hat. Warum nur wird die Lösung jenes eigentlich so simplen Rätsels als etwas so Außerordentliches dargestellt und belohnt? Es ist ein symbolisches Rätsel: seine Lösung ist ‚Mensch‘. Indem er diese Lösung fand, die niemand sonst zu finden vermochte, hat Ödipus eine Formel für das Wesen ‚Mensch‘ angenommen. Sie bedeutet aber nur einen ersten Schritt. Das Sein des Menschen ist wesentlich nicht beschlossen in der Formel der Sphinx: sie gibt nur eine erste Annäherung an diese erste und letzte Frage. Ödipus hat das Rätsel noch nicht wirklich gelöst. Es ist also ein logischer progressus, daß die Frage ihm nochmals gestellt wird, und das in der unentrinnbarsten Form. Der delphische Gott, der Gott, dessen Domäne eben ‚Wissen’ ist, zwingt ihm die Frage auf, die er jedem stellt, der ihm naht; die Frage: „Wer bist du?“ „Erkenne dich selbst!“

Von Pindar und Plato her kennen wir die Bedeutung dieses apollinischen Gebotes: es schärft das Gesetz der Sophrosyne, des Maßes ein. „Erkenne dich selbst!“: das heißt: erkenne, daß du nur Mensch bist; beherzige die Begrenztheit deines Menschseins; beherzige, daß dein Dasein sich umschreibt in der Beschränktheit deiner Möglichkeiten. Du bist *zoon politikon*, Glied einer Gemeinschaft, der *polis*, deren jeder den anderen stützt angesichts unendlicher

Bedrohung außerhalb; und diese Gemeinschaft erhält sich in gemeiner Unterwerfung unter ihr beschränkendes und bändigendes Gesetz.

Der besondere Nachdruck, mit dem dies immer wieder eingeschärft wird, ist Anzeichen einer Besonderheit der griechischen Seele. Sie muß erfüllt gewesen sein von einem tiefen Schauer vor dem Grenzenlosen jenseits jener Schranken, in denen das gemeine Leben sich hält; und zugleich von einer fast unwiderstehlichen Versuchung, sie zu durchbrechen, das Gesetz der Sophrosyne hintanzusetzen und Übermensch — griechisch gesprochen, Hybristes, Tyrann zu sein. „Suche nicht, Gott zu sein!“: diese Warnung hallt wider aus den Preisgesängen auf die Sieger der nationalen Wettspiele; Tyrannentum heißt, in den Tragödien, ganz allgemein „das höchste Los“, „höchlichst bewundert“, „das höchste nächst dem Gottsein“; Hecuba nennt es „gottgleich“ in ihrem tiefsten Jammer; Sokrates fragt einen edlen Jüngling: „was wärest du am allerliebsten?“ und die Antwort kommt zurück, ohne Bedenken: „Tyrann“. In endlosem Kampf gegen diese größte Versuchung bestrebten sich Gesetzgeber und Weise, Politiker und Philosophen, die Existenz ihrer Mitbürger zu sichern: griechisches Leben vibriert in der Spannung zwischen schaudernder Liebe zum Grenzenlosen und dem Bewußtsein der Notwendigkeit lebensichernder Begrenzung. Maß, Gesetz und Grenze machen die Welt (die Welt, in der Leben möglich ist) zum Kosmos; die Götter schützen und repräsentieren ihn; hier ist Leben, Ordnung, Gesichertheit; dort (mit Hölderlin zu reden) „die exzentrische Sphäre der Toten“, das Chaos — und seine unvergleichliche Lockung. Dieser Lockung wird, zum gemeinen Besten, widerstanden und abgesagt zu jeder Zeit — eine einzige Gelegenheit ausgenommen. In der geheimnisvollen Exaltation des Dionysosfestes öffnen sich die Sinne; ergreifen, was sonst immer verhüllt ist; hier, für einmal, sind die einschränkenden Gesetze außer Kraft; hier erzwingt all-einiger Rausch das Erscheinen der Heroen und der Götter. An den Dionysien betrachtet die Polis-Gemeinde nicht — nein, sie lebt die Herrlichkeit und den Fall der Hybris; mit Lust, Schauer, Klage — und endlicher Absage, indem das „Erkenne dich selbst!“ zuletzt wieder seine Herrschaft antritt über die gereinigten Sinne (man möchte das ‚Katharsis‘ nennen).

Selbsterkenntnis fordert Apollo von Ödipus: die Erfüllung dieser Forderung ist der Inhalt der Tragödie. Das vollendet sich in erbarmungslosem Kampf zwischen Gott und Übermensch; dem Gott, der die Gesetze dauerhafter Ordnung verwirklicht und wahrt, dessen Allwissenheit die Grenzen menschlichen Wissens und Tuns bestimmt; und dem Hybristes, dessen bloßes Dasein die Verneinung dieser Grenzen ist und Herausforderung an diese Allwissenheit.

Ehe — gesetzmäßige Beschränkung des grenzenlosen und richtungslosen Impulses — ist Symbol und mehr als Symbol, ist Grundlage jenes Lebens in Grenzen, das die Götter zum Heil der Menschen wahren. Der Vatermord und der Inzest des Ödipus, obschon ungewollt, sind unerträgliche Verneinung der heilsamen, göttlichen Gesetze. Ödipus steht damit außerhalb ihrer, und ist also nicht länger *zoon politikon,* sondern Tyrann und Hybristes im entschiedensten Sinne. Er ist Hybristes auch in seinen übermenschlichen Gaben und Absichten. Anders als Tiresias, dessen überlegenes Wissen von Apollo gelenkt wird und ihm dient, will Ödipus ‚besser wissen' als der Gott; er prahlt gegen Tiresias, er habe das Rätsel der Sphinx gelöst und die Stadt gerettet, nicht mit Hilfe prophetischer Vögel (d. h. nicht unter Leitung Apollos), sondern durch seine eigene Klugheit; wie er denn auch vermeinte, sein drohendes Orakel durch seine Flucht aus Korinth widerlegen zu können. Aber eben diese suchende und versuchende Klugheit muß, indem sie unerschrocken und ungezügelt dem Spruch des Orakels nacheifert, den Gott bestätigen, dem sie zu entrinnen vermeint. Das Gesetz der Welt, welches das Rätselwort des Gottes vor ihn hält, treibt den Gesetzlosen vorwärts; weg von der Gemeinschaft der Menschen, allein auf dem verfehmten Pfad zu seiner Erkenntnis, aus dem Bereich des Gesetzes (Nomos) in das der Gesetzlosigkeit (Tyche, v. 1080); bis endlich, in der Einsamkeit seines verzweifelten Suchens, Wahrheit ihn zerschmetternd anfällt: Apolls endgültige Antwort ist die endgültige Vernichtung des Übermenschen.

Der wissende Gott hat den rastlosen Sucher zur Selbsterkenntnis gebracht. Und er erkennt sich als den, den die Gemeinschaft nicht dulden kann und die Erde nicht tragen; auf den das Licht nicht scheinen und der selbst das Licht nicht schauen darf. Jetzt hat er die wahre Lösung des Rätsels der Sphinx gefunden, und die „Muse der

Toten", Ausgeburt chaotischer Ungeheuer, zieht ihren Überwinder sich nach in ihr Reich, das Nichts. Zum Kithairon wird er zurückkehren, der Wildnis, in die er einst ausgesetzt worden; Wildnis, wüster als Hades, nimmt ihn zurück, für den kein Raum ist unter den Lebenden noch auch unter den Toten. „Erkenne dich selbst!", Grund für Leben und Gemeinschaft innerhalb der Schranken von Polis und Kosmos: ihm ist es tödlich. Und in der Tat, radikal wahr ist das: wo uraltes Chaos einbrach, findet der Mensch sich „geboren von denen er nicht gesollt, beiwohnend denen er nicht gesollt, tötend die er nicht gesollt".

Er, des Chaos Sohn, ist darum doch nicht Gegenstand des Abscheus. Die Menschengemeinschaft, die ihn ausstößt, weil seine Gegenwart unvereinbar ist mit ihrer eigenen Fortdauer: diese Gemeinschaft folgt seiner Katastrophe mit leidenschaftlicher Empfindung, mit Sympathie, ja mit Neid. Denn letzten Endes ist der Hybristes, und er allein, der wahre, vollkommene Mensch. Ihm, und ihm allein, ist gegeben, alle menschlichen Möglichkeiten zu erfüllen; alle Gaben der Welt zu genießen; ihre Geheimnisse zu durchdringen; ihre Schranken zu überschreiten; zu stehen, und zu fallen, Angesicht zu Angesicht mit dem Unendlichen.

Wenn, fern vom schützenden Kreis menschlicher Gemeinschaft und hoch über ihm, das himmlische Feuer auf ihn fällt wie der Blitz auf die einsame Bergeiche: dann, im blendenden Licht seiner Vernichtung, wird der Abgrund sichtbar, über dem das Phantom menschlicher Sicherheit und Wohlfahrt schwebt:

Io ihr Geschlechter der Sterblichen
Dem Nichts gleich zähle ich euch ·
Denn wer · welcher Mensch
gewinnt mehr von Glück
als scheinen und scheinend sinken?
Auf deinen Dämon blick ich
auf deinen · Ödipus . . .

Ich zögere, meine schwachen Worte denen des Sophokles hinzuzufügen. Keine Interpreten-Metapher kann den Eindruck vertiefen, den jeder von uns am Ende der Tragödie erfährt. Versuchen wir denn, einige Folgerungen zu ziehen.

Tragödie enthüllt einen Bereich der Wahrheit jenseits dessen, welcher dem gemeinen Leben Möglichkeit, Grenze und Dauer leiht. In dem drohenden Licht jener tieferen Sphäre bleicht der freundliche Schein des Tages; menschliche Wahrheit und menschliches Glück erweisen sich als Phantom, als — Schein. Wirklichkeit ist jenseits ihrer, und ist vernichtend für den Stärksten und Weisesten. Der Heros, der vollkommene Hybristes allein mag diesen Bereich betreten; um einen Preis höher als das Leben. Wir können hier einige wenige Worte über Pathos nicht vermeiden; jenes Pathos, welches, wie wir sahen, im ›Gregorius‹ fehlt.

Man hat von je gesehen, daß Pathos, Leiden, ein essentieller Bestandteil jeder griechischen Tragödie ist; und auch, daß es sich nicht als Strafe begreift — denn allgemein gibt es da keine Schuld — noch auch als Buße; denn da ist kein Gott, dem solche gefiele. Pathos, unbegrenztes und gnadenloses Leiden, ist der zeitlose Moment menschlich-übermenschlicher Vollendung. Ödipus ist Ödipus, nicht als der Überwinder der Sphinx, nicht als König, nicht als der Sucher seiner selbst; sondern leidend. Dieser Moment eint ihn mit der Wahrheit des Seins. Leidend erkennt er sich selbst und den Gott; als Leidender bleibt er im Gedächtnis der Welt. Als alles von ihm genommen ist, bleibt ihm eines: daß keiner zu leiden vermöchte, was er leidet. Wenn ich nochmals ein Wort Hölderlins anführen darf: ihm war der Gott gegenwärtig in der Gestalt des Todes.

Die Tragödie war die Probe auf die Macht des Gottes: als solche proklamierte sie das Chorlied, dessen scheinbar widerspruchsvolle Tiefe und Leidenschaftlichkeit unseren interpretierenden Versuch veranlaßte. Mit dem Fall des Heros sind die konzentrischen Sphären von Mensch und Gott wiederhergestellt, und der Gott bestätigt; nicht, wie der höchst fragwürdige Dionysos der ›Bakchantinnen‹, durch eine Bravourvorstellung, sondern in der allerphilosophischsten Manier. Apollo hat seinen Willen verkündet: danach tut er — nichts. In seiner Welt hat Hybris keine Möglichkeit des Seins; daher, eben indem sie zum Höchsten steigt, fällt sie „in die schroffe Notwendigkeit“. Das Gesetz der geordneten Welt hat sich hergestellt, indem der Hybristes seinen parabolischen Weg zu Ende ging. Dies war, auf eine Weile, Herausforderung und Infragestellung jenes Gesetzes; unwillentlich, unwissentlich und also nicht wirklich. Sein

Übertreter ist doch nicht ihm entrückt: er ist ihm verfallen, sobald er seine Anwendbarkeit auf sich erkennt. Erkenntnis des Gesetzes ist Urteil, tödlich dem, der „prangt übers Schicksal"; ist es doch das Gesetz des Gottes, dem Erkenntnis unterliegt. So hat es sich gefügt, „handgreiflich allen Menschen": dies Gesetz *ist* — „hochwandelnd, himmlisch"; nicht von Menschen gesetzt; nicht entmachtet, wenn sie es verneinen; es ist da, unalternd, unermüdend, unerbarmend; es sondert die Bereiche von Kosmos und Chaos, von Ordnung und ‚Eitelkeit'; sondert die begrenzte Macht der Menschen von der unbegrenzten in Gott und Tod.

Wie Nacht unendlich tiefer ist als Tag, so ist die Wahrheit der Tragödie tiefer als die Wahrheit des Lebens im Alltag; aber es ist die eine gleiche Wahrheit: das „Erkenne dich selbst!", das den Übermenschen vernichtet, bewahrt in stetigem, heilsamem Ringen die begrenzte Welt des Sophron. Ihn entläßt Melpomene mit der warnenden Mahnung: „Du, der du im Sturz des großen Übertreters einen Blick genossest in den tiefen und herrlichen Abgrund der Wahrheit; du, der du in der Klage um den Größten und Weisesten deine eigene und deiner Welt Hinfälligkeit beklagtest; du, dessen Wohlfahrt erkauft wurde, durch sein Opfer: du erkenne dich selbst; du halte dich selbst in deinem Bereich! Er ist Begrenzung, Schein, wohl gar Täuschung: er ist der Bereich des Lebens, bewahrt, zum Besten hinfälliger Menschen, durch der Götter strenge Gunst."

Die hervorragenden zwei Werke, die wir besprochen haben, haben in der Tat viel mehr gemein als nur die Grundlinien ihres Stoffes. Dieser fruchtbare Stoff hat in beiden gedient, obschon in grundverschiedener Weise, die Grunderkenntnis von der Schwäche in der Größe des Menschen auszudrücken. Man könnte wichtige Einzelzüge in ihrer Ähnlichkeit verfolgen, z. B. die bedeutsame Analogie in dem Ideal der griechischen Sophrosyne und der, ebenso zentralen, mittelalterlichen *mâze*; zu schweigen von literarischen Motiven, auf die wir nur eben, oder gar nicht hinweisen konnten. Man könnte sogar versucht sein, die Formeln umzukehren, mit denen wir die Essenz der Tragödie und der Legende zu umschreiben suchten. Auch von Gregorius könnte man sagen, daß er von seinem Gott zur Selbsterkenntnis geführt wurde; auch den ›Ödipus‹ könnte man, mit großer Reserve und Ironie, beschreiben als „den Weg eines Menschen zu Gott."

Die Bedeutung dieser Formeln wäre in jedem Fall absolut verschieden; und das so offenbarlich, daß eine detaillierte Zusammenfassung sich erübrigt. Blicken wir, vom ›Ödipus‹, noch einmal auf den ›Gregorius‹: ein neuer Gott hat die Welt verändert bis in die Grundfesten. Sünde und Gnade, Buße und Erlösung, Zeitlichkeit und Ewigkeit: diese Begriffe zeigen eine Änderung der Weltsicht an, die nichts gelassen hat wie es war. Jenseits der Welt des Sophron ist das Nichts; für Gregorius ist diese Welt nur ein kurzer Durchgang, Vorbereitung auf die wahre Welt jenseits. Diese Umwertung ließ die Bedeutung aller ‚zeitlichen' Aufgaben und Beziehungen schrumpfen. Stadt und Gemeinschaft legten dem Heros eine Aufgabe von unzweifelhafter und endgültiger Wichtigkeit auf: zum Besten seiner Mitbürger begann Ödipus die Suche, die zu seinem Untergang führte — und zur Rettung seiner Stadt. In der civitas dei sucht menschliche Bruderschaft Himmelslohn; Gregorius ist in der Tat mit gar nichts befaßt als mit seiner Seele und seiner Seligkeit.

Entscheidend im Verhältnis von Tragödie und Legende scheint mir die christliche Entwertung des Leidens. Pathos im griechischen Sinn gibt es nicht mehr, seit die eine stellvertretende Passion erlitten wurde. Was Tragödie gewesen war, mußte also im christlichen Bereich Novelle werden. Denn wie Pathos Essenz der Tragödie ist, so ist Ethos die der Novelle; es ist demnach sinnvoll, daß eine Reihe von empfindungsvollen Szenen und lebhaften Bildern an die Stelle der konzentrierten Durchführung des tragischen Themas getreten ist. Absolute und unerbittliche Vernichtung, das einzige und fast vergöttlichende Phänomen Pathos, ist nicht länger möglich in einer Welt, in der Gnade ist. Darum gibt es unter dem Neuen Bund keine Tragödie. Shakespeare ist nicht Christ; der ganze Rest — nicht Tragödie.*

* Obiges ist die unveränderte Übersetzung eines Vortrags, der vor dem Krieg in Kopenhagen und Oxford gehalten wurde. Seitdem ist über die beiden hier behandelten Texte mehreres veröffentlicht worden. Ich habe nichts geändert. Daß ich seinerzeit Karl Reinhardts ›Sophokles‹ gelesen und bewundert habe, wird jeder merken.

Euphorion 49, 1955, S. 145—162.

DAS DRITTE KREUZLIED HARTMANNS

Ein Baustein zu einem neuen Hartmannbild

Von GÜNTHER JUNGBLUTH

Das dritte Kreuzlied Hartmanns mit der altberühmten crux 218, 19 hat in den vergangenen Jahren von neuem wiederholt die Aufmerksamkeit der Forschung auf sich gezogen [1]. Dennoch dauert der alte Streit der Meinungen hinsichtlich der philologischen Kernfrage, nämlich der Beurteilung der von C gebotenen Lesart: *und lebte min her Salatin und al sin her* fort, und in diesem Zusammenhang sind wesentlich neue Gesichtspunkte nicht hervorgetreten. „Wir müssen uns mit der Überlieferung der Manessischen Handschrift abfinden", bemerkt F. Neumann [2]. Diese Forderung jedoch mutet dem Leser des prachtvollen Liedes einen Verzicht zu, zu dem er sich, wenn ich recht sehe, schwerlich je wirklich bereit finden wird, und der Versuch einer andersartigen Lösung des philologischen und sachlichen Problems mag deshalb wohl einen Schwertstreich lohnen.

[1] Im Anschluß an C. von Kraus: Des Minnesangs Frühling. Untersuchungen, 1939 (MFU), in zeitlicher Folge: H. Schneider, Anz. f. dt. A. 59, 1940, S. 74; H. Sparnaay: Nachträge zu Hartmann von Aue, Neophil. XXIX, 1943, S. 107 ff.; F. Neumann: Wann dichtete Hartmann von Aue? in: Studien zur dt. Philologie des Mittelalters, Festschrift für F. Panzer, 1950, S. 59 ff.; A. van der Lee: Noch einmal die Datierung von Hartmanns Werken, Leuvense Bijdragen 41, 1951, S. 110 ff.; H. Stolte: Hartmanns sogenannte Witwenklage und sein drittes Kreuzlied, Dt. Vj. 25, 1951, S. 184 ff. [in diesem Band S. 49 ff.]; H. Sparnaay: Zu Hartmanns Kreuzzugslyrik, Dt. Vj. 26, 1952, S. 162 ff.; G. Eis: Stammt das Kreuzlied ›Ich var mit iuwern hulden‹ von Hartmann von Aue?, Euphorion 46, 1952, S. 276 ff., dazu F. R. Schröder, GRM IV (Gesamtreihe XXXV), 1954, S. 71.

[2] a. a. O. S. 63.

Die widerstreitenden Standpunkte haben in jüngerer Zeit in C. von Kraus und H. Sparnaay ihre markantesten Vertreter gefunden[3]. Während sich von Kraus H. Pauls Vorschlag zu eigen gemacht hat und an der strittigen Stelle mit Verkürzung der Konjunktivform lesen möchte: *und lebt' mîn herre, Salatin und al sîn her*, hält Sparnaay nachdrücklich an der hs.lichen Lesart fest und bezeichnet jene Verkürzung gerade bei einem Dichter wie Hartmann als „sprachlich ganz unmöglich“[4]. Jeder unbefangene Kritiker wird ihm darin beipflichten müssen und darüber hinaus dem holländischen Hartmannphilologen auch dafür Dank wissen, daß er angesichts der verbreiteten, aber gefährlichen Neigung, das Problem der Zeile zu verwischen, dessen Kern noch einmal klar herausgestellt hat: die Lesart von C eröffnet keineswegs eine Wahl zwischen zwei an sich gleichberechtigten Möglichkeiten, sondern Pauls Vorschlag *lebt'* ist bereits eine Konjektur, und obendrein, wie bemerkt, eine sprachlich nicht mögliche Konjektur[5].

Mit dem Abweis der Form *lebt'* werden anscheinend sämtliche durch C. von Kraus an die Zeile in solcher Form geknüpften Vermutungen sachlicher und historischer Art hinfällig[6]. Wir können den „hineingeschneiten“ Herren preisgeben; der Termin seines Todes hat nicht länger für die Bestimmung der Abfassungszeit des Liedes Bedeutung; nach dem Wortlaut von C kann Saladins hier nur als eines Verstorbenen gedacht sein. Das Lied wäre also somit nach Frühjahr 1193 verfaßt; Hartmann müßte Kreuzritter von

[3] Ich beschränke mich daher im folgenden im allgemeinen auf Anführung dieser beiden Forscher, auch wenn sie sich bereits in älterer Zeit vorgebrachter Argumente bedienen.

[4] a. a. O. 1943, S. 116.

[5] Sparnaay a. a. O. 1943, S. 114 und 1952, S. 174. — Anders Stolte a. a. O. S. 196 [hier S. 64]: „Es ist kein Zweifel, daß diese Lesarten [! — C und H. Paul sind gemeint!] sich durchaus im Rahmen des textkritisch Erlaubten und Üblichen halten.“

[6] Bei H. Brinkmann, Liebeslyrik der dt. Frühe, 1952, S. 187 liest man 218, 19 *lebte min herre, Salatin und al sin her*. Also ein Versuch, unter Berücksichtigung der Kritik Sparnaays die von Kraus'sche Auffassung zu retten. Aber der Verzicht auf einleitendes *und* schafft doch einen unmöglichen Vers!

1197/98 sein[7]. All dies hat letztlich H. Sparnaay dargetan und weitere Argumente zur Stütze der auch in anderer Beziehung angefochtenen Lesart von C vorgebracht.

In diesen zusätzlichen Punkten kann ich mich freilich mit Sparnaay nicht einig bekennen. Was zunächst den Versuch einer Widerlegung der Einwände gegen eine Ausdrucksweise wie *mîn her Salatîn* betrifft, so scheint mir aus dem von Sparnaay vorgelegten Material zwar zu erhellen, daß in der Verbindung mit *mîn* nicht notwendig Sympathie oder Ironie zum Ausdruck gelangen muß, aber dieses Material bezieht sich doch, worauf Sparnaay selber aufmerksam ist, nur auf Romanhelden, nicht auf historische Persönlichkeiten, und für einen solchen Fall ist ein stichhaltiger zweiter Beleg bisher nicht beigebracht worden. Denn Pa 143, 21 steht *mîn her Hartmann von Ouwe* in der Anrede[8]! — Ebensowenig hat mich Sparnaays Versuch überzeugt, die Einwände aus dem Wege zu räumen, die gegen den dem Wortlaut von C innewohnenden Gedanken erhoben worden sind: wenn Saladin und sein ganzes Heer noch lebte, die würden mich . . .; bekanntlich ist dagegen geltend gemacht worden, das g a n z e Heer könne doch nicht zugleich mit Saladin verstorben sein! Nach Sparnaay ist dieser Einwand naiv. Erstens stehe nur da: „wenn das ganze Heer noch lebte, d. h. keine Verluste erlitten hätte, noch so stark wäre wie früher“[9]; dann erhebt sich jedoch die Frage, ob es zulässig sein kann, *lebte* hier einmal in buchstäblicher (in Beziehung auf *Salatîn*) und ein andermal in übertragener Bedeutung (in Beziehung auf *al sîn her*) zu nehmen, was mir sehr zweifelhaft vorkommt. Zweitens aber, wichtiger noch,

[7] So auch H. Schneider a. a. O., o b g l e i c h er an von Kraus' Lesung festhält. Seine geistreichen Ausführungen entbehren jedoch, soweit ich sehen kann, hinreichender Stütze in uns bekanntem mhd. Sprachgebrauch.

[8] In Anerkennung solcher Bedenken sieht sich Sparnaay a. a. O. 1952, S. 177 veranlaßt, als eine Vorform der Verszeile zu erwägen: *und lebte unz her Salatîn und al sîn her.* Sowohl der — somit künstlich geschaffene — Hiat als auch der Umstand, daß *unz her,* wie die Belege aus dem ›Iwein‹ und dem ›Armen Heinrich‹ dartun, stets mit der Perfektform des Verbums verbunden ist, zeugen jedoch gegen die Richtigkeit dieses Vorschlags.

[9] a. a. O. 1952, S. 175; vgl. auch a. a. O. 1943, S. 115.

sei das *al* nicht buchstäblich aufzufassen, *al sîn her* sei vielmehr „eine typische Steigerungsformel“ [10]; selbst wenn sich diese Auffassung hier als möglich erweisen sollte [11], beseitigt sie die Schwierigkeiten nicht, die einer zweifachen Anknüpfung von *lebte* im Wege stehen.

Somit mag deutlich sein, daß allein durch eine Entscheidung zwischen *lebt'* und *lebte* noch keineswegs eine befriedigende Lösung des Problems erreicht ist. Vielmehr zwingen die Bedenken, die sich des weiteren an den Wortlaut von C knüpfen, zu der ernstlichen Überlegung, ob nicht das philologische Problem komplizierter ist als bisher gewöhnlich angenommen. Wie so oft im Minnesang wird man vor allem gut daran tun, einen Blick auf die Gedankenfolge zu werfen und deren logischen Zusammenhang zu prüfen. Gerade bei Hartmann dürfte dies Verfahren ganz besonders angebracht erscheinen, da er auch als Lyriker eine ausgeprägt rationalistische Ader verrät [12].

Der logische Haupteinwand gegen Pauls Lesung war bekanntlich der, daß unter diesen Umständen Hartmanns Herr ganz unvermittelt ‘hineingeschneit’ kommt. Hat der Dichter soeben seine unbedingte Ergebenheit in den Dienst der Gottesminne bekundet, so soll ihm nun auf einmal die Erklärung zugemutet werden: „wofern nur mein Herr noch lebte, brächten mich Saladin und sein ganzes Heer nicht aus Franken weg“; alles früher und später in diesem Liede Ausgesagte würde dadurch illusorisch [13]. Aber besser wird der Gedanke kaum, wenn man sich mit Sparnaay dem Wortlaut in C anschließt. Sparnaay hat den Gedankengang nach C

[10] a. a. O. 1952, S. 175 (nach mündlicher Mitteilung J. Fourquets).

[11] Vgl. jedoch von Kraus, MFU S. 434: „*al sîn her* kann nur bedeuten ‘sein ganzes Heer’.“

[12] Vgl. jetzt das Urteil R. Kienasts, Dt. Phil. im Aufriß, 13. Lief. Sp. 848.

[13] Daran hat auch der gewundene Deutungsversuch von C. von Kraus, MFU S. 439 ff. nicht zu rütteln vermocht, ebensowenig wie der tastende, höchst anfechtbare Vorschlag zu einer andersartigen Übersetzung der Stelle bei Stolte a. a. O. S. 198 [hier S. 66]. Eine Auseinandersetzung mit diesen Auffassungen erübrigt sich, da beide sich auf die hier verworfene Form *lebt'* statt *lebte* gründen.

folgendermaßen umschrieben: „Ich trete die Fahrt an, weil die Minne es gebietet, nicht weil mich als Ritter der Ruhm lockt, denn sogar wenn König Saladin und sein ganzes Heer noch lebte, bliebe ich, wenn die Minne die Fahrt nicht verlangte, ruhig daheim." [14] Dieser Sinn ist jedoch nicht nur erst durch Einschaltung etlicher gedanklicher Zwischenglieder, sondern vor allem auch durch eine kaum zulässige Freiheit in der Wiedergabe — hier im Zitat gesperrt gedruckt — vom mhd. *unde* zustande gekommen [15]. Der Text von C hingegen lautet in Übersetzung, 218, 18 ff.: „Seht, wie mich die Minne aus meiner Heimat über Meer zieht. Wofern nur (angenommen daß, vorausgesetzt daß) Saladin und sein ganzes Heer noch lebte, brächten diese mich keinen Fuß breit aus Franken weg." Auf die Widersinnigkeit eines solchen Gedankengangs hat bereits von Kraus hingewiesen [16]. Ohne Zweifel wird man sich davor hüten müssen, den möglicherweise zutreffend erschlossenen Gedanken des Dichters ohne exakte Begründung durch den Wortlaut in die Lesart der Hs. hineinzulegen.

Den schon oben erwähnten Zweifeln in den Wortlaut von C gesellt sich somit nun ferner noch die Erkenntnis, daß dieser Wortlaut auch einen logischen Anstoß schafft, und eher als beim Dichter möchte man in solchem Falle die Ursache bei der Überlieferung suchen. Der Text von C ist sicherlich verderbt, und der Versuch einer Herstellung muß gewagt werden. Dabei mag es sich empfehlen, des Umstands eingedenk zu sein, daß zahlreiche der in C nachweisbaren Eingriffe in die Textgestalt unserer alten Lieder von der Hand eines kundigen Mannes stammen und gewöhnlich in recht enger Anlehnung an das ihm zugekommene sprachliche Material erfolgt sind.

Daß sich eine Lösung gedanklich ungefähr im Rahmen der Sinnparaphrasen bei Vogt und Sparnaay halten wird, läßt der ganze Zusammenhang von vorneherein als wahrscheinlich ansehen. Aber es wäre doch wohl etwas zu wenig, zu dürftig, sollten wir nichts als

[14] a. a. O. 1943, S. 114.

[15] Vgl. schon von Kraus' Kritik (MFU S. 434 f.) an der Vogtschen Paraphrase des Gedankengangs; ferner F. Neumann a. a. O. S. 63.

[16] MFU S. 435 f.

einen Gedanken zu erwarten haben wie: 'wenn die Minne die Fahrt nicht verlangte, brächten mich auch Saladin und sein ganzes Heer nicht aus Franken weg'. Von dem hier die Rede ist, der hat sich der Minne — Gottesminne — und ihrem Gebot mit ganzer Person ergeben, und Passivität von seiten der Minne mit nachfolgender Passivität von seiten ihres Dieners möchte dem geschilderten Verhältnis kaum sehr wohl anstehen. Man erwartet demnach hier von der Minne mehr als bloß eine stillschweigende Unterlassung, eher — in Parallele zu 218, 18: *wies mich ûz mîner zungen z i u h e t über mer* — eine Aktivität, die sich in willentlicher Lenkung ihres Dieners Ausdruck gibt. Diese Erwägung, in Verbindung mit gebotener Rücksichtnahme auf die philologischen Erfordernisse, läßt mir den folgenden Text angemessen und vertretbar erscheinen:

218,19 *und letztes mich, her Salatîn und al sîn her*
dienbræhten mich von Vranken niemer einen fuoz.

„Wofern sie (die Minne) mich zurückstehen machte, brächten mich Saladin und sein ganzes Heer keinen Fuß breit aus Franken weg.“ Mit *letzen*, zweimal im ›Iwein‹ bezeugt[17], ist sowohl die Minne in Aktivität versetzt als auch eine erwünschte Antithese zu 218, 18 *ziehen* gewonnen[18]. Bei einer Übersetzung von *letzen* durch „hindern, zurückhalten“, wie durchaus üblich, tritt die wohldurchdachte Bildlichkeit der Verse noch deutlicher in Erscheinung: die Gottesminne ist stärker als Saladin und sein ganzes Heer — hält sie den Sänger zurück, vermögen ihn diese *niemer einen fuoz* von der Stelle zu bringen!

Die Textstörung in der Hs. ist unschwer begreiflich. Graphisch erscheint der Weg von *lezte* (sic!) zu *lebte* nicht sehr weit; auch die

[17] ›Iwein‹ 2933 und 7760, Subjekt im ersten Falle ist — wie öfters, vgl. die Belege bei Lexer I, 1891 f. — *êhaftiu nôt*, im zweiten *der tôt*; zu solchem Gebrauch von *letzen* stimmt der oben angenommene: das Gebot der Gottesminne ist natürlich in höchstem Grade causa legitima! — Nur *ein êhaft nôt* darf übrigens nach Johansdorf 89, 36 einen Ritter von der Kreuzfahrt abhalten. Zu der hier angesetzten Form *letzte* siehe unten.

[18] Zu Hartmanns Vorliebe für die Antithese und antithetischen Parallelismus vgl. G. Ehrismann, Lit.geschichte 2. 2, 1, S. 207.

Lesarten zu den beiden ›Iwein‹-Stellen tun dar, daß die Schreiber mit dem Wort nicht immer etwas anzufangen wußten. Andererseits ist in Erwägung zu ziehen, ob der hier durch *lebte* vertretene Gedanke nicht auf einen bewußten und vorsätzlichen Eingriff hindeuten könnte: der Redaktor der Stelle hat philologische Genauigkeit zugunsten vermeintlichen historischen Besserwissens preisgegeben; denn zur Zeit seiner Tätigkeit ist Saladin ja längst tot gewesen! — Die weiteren Veränderungen mögen im Zuge der Einführung des neuen Gedankens erfolgt sein [19].

Trifft dieser Vorschlag das Richtige, lassen sich die oben an den Abweis der Form *lebt'* geknüpften sachlichen Schlüsse nur noch in begrenztem Umfang aufrechterhalten. Vor allem steht außer Zweifel, daß der Kreuzzug, dessen das Lied gedenkt, derjenige Friedrich Barbarossas von 1189/90 sein muß, denn Saladins ist noch als eines Lebenden Erwähnung getan. Indessen kann der „hineingeschneite" Herr weiterhin außer Betracht bleiben.

Wenn Sparnaay gegen die Annahme des Kreuzzugs von 1189/90 einwendet, der Sänger des Liedes wisse, daß ihm eine M e e r fahrt bevorstehe (vgl. 218, 18), was sich nur auf den von Süditalien ausgehenden Kreuzzug Heinrichs VI. von 1197/98 beziehen könne, da Friedrich Barbarossa von Regensburg aus auf dem Landweg gezogen sei und einzig den Hellespont — kein *mer*! — überquert habe [20], so wird er für diese allzu buchstäbliche Auslegung der ganz formelhaften Wendung *über mer* schwerlich Glauben beanspruchen können. Ich sehe jedenfalls keine Nötigung zu einer anderen Annahme, als daß der Dichter hier an das Land über See denkt [21].

[19] Sie lassen sich jedoch im Rahmen von MF auch ohne weiteres als einfache Fehler begreifen: Auslassung des enklitischen Pronomens ist eine nicht eben ungewöhnliche Schreibersünde, und zur Vertauschung von *mich* und *mîn* vgl. MF 206, 38 und 214, 33 (allerdings ist *mîn* in diesen Fällen nicht das Possessivpronomen, sondern der Genitiv des Personalpronomens).

[20] a. a. O. 1952, S. 172.

[21] Man kann daher ganz von dem möglichen sachlichen Argument absehen, daß auch 1189, wie bekannt, einige Teilnehmer den Seeweg gewählt haben. Vgl. auch Albrecht von Johansdorf (der aller Wahrscheinlichkeit nach 1189/90 dabeigewesen ist) 87, 37: *swie vil daz mer und*

Gewichtiger könnte ein anderer Einwand erscheinen, der von Sparnaay und jüngst besonders nachdrücklich von G. Eis erhoben worden ist und bei letztgenanntem Forscher zu umstürzenden Ergebnissen hinsichtlich der Umstände dieses Liedes geführt hat. Es handelt sich um die Angabe 218, 20: *von Vranken*, die im Munde des Schwaben Hartmann allerdings sonderbar vorkommen kann. Sparnaay erblickt hierin einen weiteren Hinweis auf den Kreuzzug von 1197/98, zu dem das Kreuzheer unter dem Kanzler Konrad im Frühling 1197 aus Franken und den Rheinlanden nach Süditalien aufgebrochen sei; der Kreuzzug Barbarossas hingegen war bekanntlich von Regensburg ausgegangen [22]. Eis nimmt diese Angabe nebst einer Reihe von anderen Momenten sogar zum Anlaß, Hartmann das Lied überhaupt abzusprechen, und erklärt — nach Abweis der Autorschaft Friedrichs von Hausen — Bligger von Steinach für den Verfasser.

Eine kritische Prüfung der Ausführungen von Eis soll mir Gelegenheit bieten, nun nach Behandlung des philologischen Problems meine eigene Auffassung des Liedes und seiner Umstände zu begründen.

Ich muß bekennen, daß mir an dem Deutungsversuch von G. Eis sehr vieles irrig zu sein scheint. Ich denke dabei weniger daran, daß auch Eis sich der Paulschen Herstellung des Textes anschließt und in dieser Verbindung sowie im Zuge seiner Verfasserthese den verstorbenen Herrn in Friedrich Barbarossa sehen möchte; diese Spekulation bricht mit dem Abweis der Form *lebt'* in sich zusammen [23]. Vielmehr halte ich seine Grundauffassung vom Liede und der ihm zugrundeliegenden Stimmung für verfehlt, und zwar nimmt das Mißverständnis von der Auslegung der Stelle 218, 9 f. seinen Ausgang: *mich vienc diu Minne und lie mich varn ûf mîne sicherheit. /*

ouch die starken ünde toben; niemand wird das buchstäblich auslegen wollen.

[22] a. a. O. 1952, S. 172.

[23] Es besteht Grund festzuhalten, daß Eis' Identifizierung des verstorbenen Herrn mit Friedrich Barbarossa nur die vermeintliche Angabe im dritten Kreuzlied betrifft; der Herr, dessen Hartmann 206, 14 und 210, 23 ff. gedenkt, gilt natürlich als eine andere Persönlichkeit.

nu hât sî mir enboten bî ir liebe daz ich var. G. Eis deutet diese Verse in dem Sinne, der Verfasser stehe in einem weltlichen Minneverhältnis, und die Dame habe nun von ihm die Teilnahme an der Kreuzfahrt gefordert[24]. Diese Auslegung ist jedoch keineswegs zwingend, ja sie schafft sogar beträchtliche sachliche und gedankliche Schwierigkeiten. Wo findet sich in MF eine Parallele dazu, daß eine Dame ihren Ritter kategorisch auf einen Kreuzzug beorderte, noch obendrein *bî ir liebe*[25]? Und ebensowenig dürfte sich eine Entsprechung dazu finden, daß sich ein Ritter lammfromm in eine Trennung fügte, ohne zumindest seinem Schmerz darüber Ausdruck zu verleihen. Wollte man zudem, wie anscheinend Eis, unter der 'Minne' in diesem Liede ausschließlich die weltliche Minne verstehen, müßten etliche Bemerkungen, z. B. die Verse 218, 17 f., nahezu sinnlos vorkommen und das Lied büßte jede vernünftige Idee ein. Nein, *diu Minne,* die 218, 9 eingeführt wird, ist die Gottesminne, sie hat den Träger des Liedes erfaßt und gebietet ihm nun, zu gegebener Stunde, die Fahrt anzutreten; sie ist es, die ihn über Meer zieht, die von ihm und von der er Besitz ergriffen hat (218, 24) und die eine andere ist als jener heillose Wahn, dem die Minnesänger anhangen[26]. — Mit dem grundlegenden Mißverständnis bei Eis hängt ein weiteres zusammen. So meint er, der Verfasser gestehe unumwunden ein, daß er recht gern zu Hause bleiben würde, wenn die Fahrt nicht *unwendic* wäre; das soll aus den beiden Zeilen 218, 19 f. mit der Erwähnung Saladins hervorgehen[27]. Eis unterläßt indessen zu erläutern, wie sich mit einer solchen Auffassung das Frohlocken des Dichters angesichts des ihm beschiedenen Loses verträgt (z. B. 218, 23 ff.). Hier zieht ein glücklicher Liebhaber frohen

[24] a. a. O. S. 276. — Was übrigens 218, 9 betrifft, so möchte ich trotz gewisser Bedenken, die auch durch die Ausführungen H. Sparnaays a. a. O. 1952, S. 168 nicht ganz beseitigt worden sind, bei *varn* C bleiben; keinesfalls dürfte sich von Kraus mit *vrî* statt *varn* im Recht befinden.

[25] 211, 20 *sendet* ist gewiß nicht im Sinne eines Gebots zu verstehen, es wird, neuerem Sprachgebrauch entsprechend, soviel wie „entläßt" bedeuten.

[26] In diesem Sinne auch von Kraus, MFU S. 440. 442, nach W. Wilmanns, F. Panzer und F. Vogt (siehe dessen Anm. z. St.).

[27] a. a. O. S. 277.

Herzens in die Fremde, und sein Glück macht aus, was des weltlichen Liebhabers Leidwesen ist: die Trennung von der Heimat; denn gerade darin bestätigt sich für ihn, daß die Minne, der er sich ergeben hat, ihn wiederliebt, und diese Minne kann naturgemäß nur die Gottesminne sein. — Eis nimmt seine irrige Interpretation jedoch nun zum Anlaß, dies Lied von den anderen Kreuzzugsliedern Hartmanns abzurücken und dessen Verfasserschaft ganz auszuschließen. Auf Grund der Angabe 218, 20 kommt seiner Ansicht nach als Verfasser nur ein Franke in Frage, und den entscheidenden Ausschlag zugunsten Bliggers gibt da der Umstand, daß bei diesem 119, 11 Saladin wieder erwähnt wird, und „zwar in einer Weise, die ganz verblüffend mit seiner Erwähnung im Ausfahrtslied korrespondiert“ [28]. Diese von Eis behauptete Korrespondenz beruht jedoch allein auf der Fehlinterpretation des Liedes 218, 5 und bleibt auch dann noch fragwürdig. Ich jedenfalls habe aus der von Eis empfohlenen Lektüre der beiden Gedichte hintereinander die feste Überzeugung gewonnen, daß sie unmöglich von ein und demselben Verfasser herrühren können.

In zwei Punkten hingegen möchte ich Eis beipflichten. Erstens bleibt die Angabe 218, 20 *von Vranken* unbequem; selbst dann, möchte ich hinzufügen, wenn hier trotz der von Eis vorgebrachten Bedenken doch das *regnum Francorum*, „Deutschland“ oder das „Abendland“ gemeint sein sollte — wo findet sich bei einem der dichtenden Ministerialen eine Parallele zu so weiträumigem Denken? Und zweitens läßt sich allerdings nicht bezweifeln, daß das dritte Kreuzlied innerhalb von Hartmanns Liederdichtung nach Inhalt und Stimmung eine Sonderstellung einnimmt. Auffällig vor allem ist das starke Selbstbewußtsein, das hier zum Ausdruck kommt [29]; davon lassen die übrigen Lieder Hartmanns, zumal die

[28] Mir ist nicht ersichtlich, auf wessen Autorität Eis die Annahme gründet, Bliggers Strophe 119, 6 sei in Palästina gedichtet; A. Wallner, Vf.lexikon I, Sp. 249 äußert diesbezüglich nur eine Vermutung. Die Strophe kann — eine Trennung von der Geliebten vorausgesetzt — allerorten gedichtet sein, falls nicht gar die Situation und *diu schœne bî dem Rîne* bloß einen literarischen Topos repräsentieren!

[29] „Selbstgefällig“ — Eis a. a. O. S. 277 — erscheint mir hingegen nicht wohlbegründet; zum „feinen Humor“ (S. 277. 278) siehe unten Anm. 37.

Kreuzlieder, wenig verspüren. Andererseits forscht man im vorliegenden Liede vergebens nach Bekundung jener weltflüchtigen Gesinnung, wie sie dort so nachdrücklich laut wird; es wirkt in der Tat „diesseitiger", auch wohl „herausfordernd" und „angriffslustig" [30]. Deshalb besteht freilich kein Grund, es Hartmann abzusprechen. Eher erhebt sich die Frage nach der Funktion dieses einzigartigen Gedichts, das in viel höherem Grade im Munde eines Herrschers angemessen erscheint, der sich im Aufbruch zur Kreuzfahrt befindet, als im Munde eines Ministerialen, der aus dem gleichen Anlaß auf solche Weise Abschied von seinen Verwandten nimmt.

Ich will mit meiner These nicht hinter dem Berge halten: ich sehe es für höchst wahrscheinlich, ja für nahezu unzweifelhaft an, daß Hartmann von Aue in seinem dritten Kreuzlied nicht im eigenen Namen spricht. Das Lied gehört vielmehr zur Kategorie des „Rollenlieds", die in MF jedenfalls durch die Witwenklagen vertreten ist [31]. Der Dichter macht sich zum Träger einer „Rolle", indem er einer anderen Person Stimme verleiht. Im vorliegenden Falle dürfte die andere Person, der Hartmann sein Lied in den Mund gelegt hat, unschwer feststellbar sein: zieht man, wovon noch die Rede sein wird, den Charakter des ganzen Liedes sowie einige besondere Angaben darin in Betracht, ferner den oben nunmehr, wie ich hoffe, recht zuverlässig erkundeten Zeitpunkt seiner Abfassung, dann kann die gesuchte Persönlichkeit nur mit Kaiser Friedrich Barbarossa identisch sein, der ja selber, soweit bekannt, nicht als Minnesänger hervorgetreten ist. In seinem Munde kommen diese Abschieds- und Mahnworte erst zu ihrem vollen Recht.

Es mag nun dem Leser überlassen sein, Vers für Vers des Gedichts unter dem hier vorgeschlagenen Aspekt durchzugehen und die

[30] a. a. O. S. 277.

[31] Aber auch durch Botenlieder und insbesondere Frauenlieder wie Reinmar 177, 10, 178, 1 und 186, 19 (überhaupt scheint dieser psychologisch so scharfsichtige Dichter ein Meister im Fach des Rollenliedes zu sein; vielleicht gehört auch die gelegentlich angefochtene Strophe 156, 10 hierher). — Anders sind wohl die Kreuzlieder Reinmars und Walthers zu beurteilen; selbst wenn diese, wie naheliegend, fiktiven Charakter tragen sollten, spricht der Dichter doch jeweils im eigenen Namen.

Stichhaltigkeit meiner Vermutung zu prüfen. Ich greife jedoch einige wesentliche Punkte heraus. Dazu gehören vor allem die oben besprochenen Verse 218, 9 f., die ganz offensichtlich eine Anspielung auf den historischen Verlauf enthalten [32]. Bekanntlich hatte sich Friedrich Barbarossa im März 1188 auf dem „Hoftag Jesu Christi" in Mainz nur zögernd und erst auf allgemeinen Zuruf hin dazu bereit gefunden, schon jetzt das Kreuz zu nehmen, da er sich darüber im klaren war, daß er erst in Jahresfrist sein Versprechen werde einlösen können — eben dieser Umstand, daß zwischen Gelöbnis und Ausführung eine Frist verstrichen ist, hat in den genannten Versen Ausdruck gefunden [33]. Ferner kann darauf hingewiesen werden, daß trotz der allgemeinen Begeisterung in Mainz die Erwartungen des Kaisers hinsichtlich der Beteiligung der Ritterschaft an diesem Zuge keineswegs erfüllt worden sind, so daß ihn im Mai 1189 in Regensburg sogar der Gedanke anfliegen konnte, das Unternehmen aufzugeben [34] — auch solcher Enttäuschung scheint das Gedicht, in seiner Kritik an den Minnesängern, Rechnung

[32] Zum Folgenden vgl. W. von Giesebrecht, Geschichte der dt. Kaiserzeit VI, hrsg. und fortgesetzt von B. von Simson, 1895 (nebst Anmerkungen); ferner S. O. Riezler, Der Kreuzzug Kaiser Friedrichs I., Forschungen zur dt. Geschichte 10, 1870.

[33] Vgl. Giesebrecht-Simson a. a. O. S. 184 f., Riezler, a. a. O. S. 16. — Natürlich ließe sich einwenden, daß ja für jeden der Ritter, die 1188 das Kreuz genommen haben, diese Frist verstrichen ist, und somit die angeführten Verse nicht allein für Barbarossa Geltung haben; den besten Sinn gewinnen sie indessen im Munde desjenigen, der als Haupt des Unternehmens über den Termin des Aufbruchs zu befinden hatte. — Übrigens wäre zu erwägen, ob die Anspielung auf den historischen Verlauf, die ja für den Gedankengang des Liedes recht gleichgültig ist, eine Art Rechtfertigung einschließt. Nicht allen behagte die lange Frist, und noch vor Weihnachten 1188 hatte der Kaiser sich dazu veranlaßt gesehen, Herzöge, Fürsten und Grafen anzuweisen, mit dem Aufbruch auf ihn zu warten, ja er hatte sich sogar zu der eidlichen Versicherung bereit erklärt, nicht über den 23. April 1189 hinaus zögern zu wollen. Dennoch sind etliche Kreuzritter schon zu einem früheren Zeitpunkt aufgebrochen; vgl. Giesebrecht-Simson a. a. O. S. 211. Vielleicht bieten die Verse 218, 9 f. eine poetische Verklärung dieser Schwierigkeiten.

[34] Vgl. Giesebrecht-Simson a. a. O. S. 213.

zu tragen[35]. Schließlich fallen die eindrucksvollen Eingangsverse des Liedes in diesem Zusammenhang nicht unerheblich ins Gewicht, 218, 5 f.: *Ich var mit iuwern hulden, herren unde mâge: / liut unde lant diu müezen sœlic sîn.* Daß ein Ministeriale in so feierlicher Form von seinen „Herren Verwandten" [36] Abschied nehmen sollte, muß zumindest recht ungewöhnlich vorkommen — vollends entfalten auch diese Verse erst ihren Sinn, wenn man in ihnen den Gruß des scheidenden Herrschers an die Großen des Reichs und seine Verwandten und Segenswünsche für Land und Volk erkennt.

Bereits über die hier versuchten Nachweise hinaus führt nun die Betrachtung der beiden Zeilen, von denen die vorliegende Untersuchung philologisch ihren Ausgang genommen hat. Wiederum gilt zunächst: daß ein Ministeriale und untergeordneter Teilnehmer an der Kreuzfahrt aus ernstlicher Veranlassung in der 218, 19 f. bekundeten Weise Saladins und seines ganzen Heeres Erwähnung tun sollte, mutet nicht durchaus überzeugend an, mußte jedoch bislang wohl oder übel in Kauf genommen werden[37]; ganz anders nehmen sich diese Worte aber im Munde Barbarossas aus — bei ihm, dem Oberhaupt, ist es gerade das Natürliche, daß er sich unmittelbar auf die Person seines und des Widersachers der Christenheit bezieht. Und der historische Kaiser Friedrich, den dieses Lied widerspiegelt, mochte zu jenem Zeitpunkt wohl besonderen Grund dazu haben, Saladin mit der Anrede *her* abzuspeisen, die hier schwerlich als respektvoll oder auch bloß als ein neutraler Titel aufgefaßt werden kann: in der zweiten Hälfte des Jahres 1188 war ein Antwortschreiben Saladins auf einen wenige Monate zuvor überbrachten Brief des Kaisers eingegangen, worin Saladin nicht nur im Ver-

[35] Vgl. insbesondere 218, 14 *wâ sint diu werc?*, ferner 218, 28; dazu unten meine Bemerkungen über die vermutliche Funktion dieses Liedes.

[36] So von Kraus MFU S. 433 unter Berufung auf Jellinek (brieflich), aber die zum Vergleich herangezogenen Fälle sind nicht beweiskräftig (kein Beispiel mit Pluralis!).

[37] Was in der Tat ehestens möglich erschien, wenn man, wie Eis a. a. O. S. 277. 278, die Bemerkung in dieser Form leicht humoristisch verstand; aber dann könnten auch, was jedoch nicht möglich ist, die sonstigen Gedanken nicht so ernsthaft gemeint sein. — Humor, eher Selbstironie, ist bei Bligger 119, 10 f. wirksam.

trauen auf die eigene Macht an die Erfüllung der kaiserlichen Forderungen besondere, unannehmbare Bedingungen knüpfte, sondern dem Kaiser auch in stolzer Geringschätzung nur den Titel *rex Alemannie* gab [38]; 218, 19 *her* mag die ironische Erwiderung darauf darstellen [39]. — Es könnte nun auch den Anschein haben, als sei im Rahmen meiner These jeder Zweifel hinsichtlich der Auslegung von 218, 20 *von Vranken* aus dem Wege geräumt: Friedrich Barbarossa wird man weiträumiges Denken wohl zutrauen wollen, und demgemäß sollte nunmehr gegen eine Interpretation: *regnum Francorum*, „Deutschland" oder „Abendland" nichts mehr einzuwenden sein. Vielleicht ist es wirklich so; dennoch sollte man die lexikalischen Bedenken nicht aus dem Auge verlieren, die sich einer Übersetzung wie der eben erwähnten entgegenstellen [40], und es mag nützlich sein, das Problem einmal von einer anderen Seite her anzugehen.

Das dritte Kreuzlied ist gemeinhin als Hartmanns Absage an den Minnesang verstanden worden, und man hat ihm demzufolge einen Platz am Ende der weltlich-lyrischen Produktion des Dichters zugewiesen, ja es überhaupt als sein letztes Lied angesehen. Recht betrachtet hat das Gedicht freilich auch schon unter dem bisherigen Aspekt keine vollgültige Handhabe zu einer solchen Deutung und Datierung geboten. Bereits von Kraus hat hervorgehoben, daß „Hartmann sein Urteil über die Minnesänger durchaus nicht allgemein faßt" [41], und somit wird auch die Stelle des Liedes in der chronologischen Folge der Gedichte zweifelhaft: eine begrenzte Absage schließt ja nicht aus, daß er weiterhin weltliche Lyrik gedichtet haben könnte [42]. Über solchen Spekulationen darf jedoch nun nicht, wie erstaunlicherweise allerorten in der Forschung, vergessen werden, was der eigentliche Zweck, die handgreifliche Funktion dieses

[38] Vgl. Giesebrecht-Simson a. a. O. S. 209 und die Anm. S. 687.

[39] Zu ironischem Gebrauch von *her* vgl. ›Nib.‹ 640, 1 und ›Meier Helmbrecht‹ 1724.

[40] Dazu jüngst G. Eis a. a. O. S. 277 f.

[41] MFU S. 436 Anm. 3.

[42] An eine „zeit- und motivbedingte Absage" denkt auch F. Neumann a. a. O. S. 63.

Liedes ist: es stellt ja doch ganz ersichtlich ein großartiges Stück Kreuzzugspropaganda dar und zielt darauf ab, das Gewissen der Gleichgültigen oder Widerstrebenden im staufischen Rittertum wachzurütteln und sie zur Teilnahme am Zuge zu bewegen. Das dritte Kreuzlied ist vor allem ein Werbelied, und in diesem Umstand liegt nichts Überraschendes oder Ungewöhnliches. Kreuzzugswerbung geht ja auch in den Liedern anderer Dichter zu diesem und zu einem späteren Zeitpunkt vonstatten [43], ebenfalls bei Hartmann selber im Liede 209, 25 und in der Strophe 211, 20, und der Gedanke möchte nicht ganz abwegig vorkommen, daß es sich zumindest im einen oder anderen Falle um von höchster Stelle inspirierte Propaganda gehandelt haben kann. Man tut wohl gut daran, sich angesichts der, wenn man so will, Massenpsychose des Mainzer Hoftags 1188 mit seinen Begeisterungsstürmen nicht den Blick für die Realitäten trüben zu lassen: aus dem Vorhandensein einer dichterischen Kreuzzugspropaganda können Rückschlüsse auf die Notwendigkeit einer solchen Werbung gezogen werden, und auch Barbarossas Mißmut angesichts der Zahl der 1189 in Regensburg Erschienenen, worauf schon oben hingewiesen worden ist, stellt einen Wink in dieser Richtung dar.

Trifft nun die Deutung des dritten Kreuzlieds als eines Rollenlieds, Barbarossa in den Mund gelegt, zu, dann gewinnen nicht bloß die oben erwähnten Spekulationen über das chronologische Problem ein etwas anderes Aussehen, sondern vor allem auch tritt der Werbecharakter des Liedes noch entschiedener ins Licht. Es stellt keineswegs mehr Hartmanns persönliche Absage an den Minnesang dar [44]; es ist hingegen in dichterischer Form ein Appell der Krone an die der Mode des Minnesangs huldigenden Ritter, über dem müßigen Spiel die ethische Aufgabe nicht zu versäumen. Daß es allein um Ethisches geht, läßt Hartmann den Kaiser ausdrücklich hervorheben: das ist der Sinn der Verse 218, 19 f. Nicht aus

[43] Vgl. Friedrich von Hausen 53, 31 und 48, 3; Albrecht von Johansdorf 88, 19 und 89, 21; Heinrich von Rugge 96, 1 (der Leich).

[44] Bemerkenswert ist jedoch die Sicht auf den Minnesang, die hier bei einem seiner Vertreter Ausdruck findet: man war sich des unverbindlichen, ja vielleicht gefährlichen Charakters dieses Spiels durchaus bewußt!

weltlicher Lust an Kampf und Ruhm — auch eine Art müßigen Spieltriebs! — begibt sich der Kaiser auf die Fahrt, sondern allein in Befolgung des Gebots der Gottesminne.

Man muß sich fragen, zu welcher Stunde eine solche Werbung angebracht gewesen sein könnte. Zwar scheint gerade die erste Strophe die Vorstellung zu vermitteln, es handele sich um den Augenblick des Aufbruchs selbst; verhält es sich so, wäre eine Werbung jedoch ohne rechten Sinn. Ich erblicke denn auch kein Hindernis, die Strophe dahingehend auszulegen, daß sie nichts weiter als die endgültige Bestimmung des Aufbruchtermins voraussetzt, und zwar in nicht zu weitem zeitlichen Abstand. Eine vorläufige Festlegung dieses Termins auf den 23. April 1189, den St. Georgstag, war schon 1188 in Mainz vorgenommen worden [45], aber erst die durch die Ungeduld etlicher Teilnehmer veranlaßte Bestätigung des Termins durch den Kaiser kann als maßgeblich angesehen werden [46]. Diese Bestätigung geschah vor Weihnachten 1188. Weihnachten selbst beging der Kaiser in Eger und begab sich unmittelbar darauf nach Franken, wo er in Nürnberg einen der Vorbereitung des Kreuzzugs gewidmeten, von vielen Fürsten und Herren besuchten Reichstag hielt [47].

Ich möchte glauben, daß Hartmann in seinem Liede diesen Moment ins Auge gefaßt hat. Der Aufbruch stand nahe bevor, der Termin war endgültig festgelegt, eine letzte Mahnung an die Ritterschaft erschien angebracht, die hochmütige Antwort Saladins stand noch in frischer Erinnerung! Vermag diese Annahme Glauben zu beanspruchen, ist auch kein Grund mehr vorhanden, die Angabe 218, 20 *von Vranke*n anders als buchstäblich zu nehmen. Gemeint ist somit, wie allein lexikalisch gesichert, das deutsche Frankenland, und die hier begründete Auffassung des Liedes läßt

[45] Vgl. Giesebrecht-Simson a. a. O. S. 185.

[46] Vgl. Anm. 33. — In diesem Zusammenhang darf auch nicht übersehen werden, daß eine endgültige Entscheidung in Sachen des Kreuzzugs ja erst nach Erhalt von Saladins Antwortschreiben getroffen werden konnte.

[47] Bei Ansbert als *curia imperatoriae maiestatis aput Nurnberch frequentia principum celebrata* bezeichnet; vgl. Giesebrecht-Simson S. 205 und die Anm. S. 685.

jenen rätselhaften Widerspruch gar nicht aufkommen, der Schwabe Hartmann von Aue könne sich als Franke bezeichnet haben.

Bevor ich die erheblichen Weiterungen der neuen Sicht für das Hartmannbild im allgemeinen skizziere, mag noch eine kleine Überlegung zu Wort kommen. So wäre zu erwägen, ob die in meiner Herstellung von Vers 218, 19 zumindest für die Vorlage von C vorausgesetzte Form *letzte* (hs.lich: *lezte*) statt der Hartmann im ›Iwein‹ zuerkannten Form *latzte*, falls dem Original angehörig, der Rücksichtnahme auf den anderen Sprecher zugeschrieben werden könnte. Aus den Untersuchungen von K. Zwierzina ist ja bekannt, daß Hartmann sich des Vorhandenseins von Doppelformen durchaus bewußt gewesen ist und in solchen Fällen im allgemeinen durch Verweisung der betreffenden Form ins Innere des Verses dem Abschreiber den Ersatz einer ihm vielleicht ungewohnten oder gar unbekannten Form durch eine ihm gewohnte ermöglicht hat [48]. Im vorliegenden Falle muß nun freilich dahingestellt bleiben, ob *letzte* vom Dichter absichtsvoll eingeführt worden ist oder zu Lasten der Überlieferung steht; angesichts dieser Unsicherheit habe ich von einer Anpassung an den Sprachgebrauch des ›Iwein‹ abgesehen.

Die Umdeutung des dritten Kreuzlieds eröffnet bedeutsame neue Perspektiven. Sie gründen nicht allein auf dem Umstand, daß neue Anhaltspunkte für die Datierung des Gedichts gewonnen sind; wenn ich nicht irre, vergönnen die obigen Nachweise auch lebensgeschichtlich neue Einblicke in Hartmanns bislang recht rätselhafte Erscheinung. Im Rahmen dieses Artikels lassen sich nur Fragen stellen und Vermutungen wagen; vielleicht können sie dazu beitragen, die Hartmannforschung aus dem Banne der Resignation zu lösen, in dem sie seit geraumer Zeit befangen ist.

Zweifelsohne ist das wichtigste Ergebnis der voranstehenden Ausführungen, daß sie Hartmann in der Nähe Barbarossas nachweisen. So weitab von allem zeitgenössischen Geschehen und maßgeblichen Persönlichkeiten, wie es bisher leicht den Anschein haben

[48] Vgl. insbesondere: Beobachtungen zum Reimgebrauch Hartmanns und Wolframs, Abhandlungen zur germ. Philologie, Festgabe für R. Heinzel, 1898, S. 437 ff.

konnte, hat der Dichter kaum gestanden; ohne auch durch äußere Umstände dazu berufen gewesen zu sein, würde er dies kaiserliche Mahnlied gewiß nicht geschaffen haben. Zwar scheint sich die Rolle, die er in der näheren oder weiteren Umgebung des Kaisers gespielt haben könnte, aus Mangel an urkundlichem Zeugnis wieder im Dunkel zu verlieren; ein paar Winke in seinem Schaffen mögen jedoch geeignet sein, die Annahme einer Verbindung mit Barbarossa als solche zu stützen.

Wie oben dargetan, hat sich die Diskussion bisher vor allem um die Frage gedreht, ob Hartmann am Kreuzzug von 1189/90 oder an dem von 1197/98 teilgenommen habe. Die Datierung des dritten Kreuzlieds auf einen Zeitpunkt „um Weihnachten 1188“ bedeutet nun anscheinend eine klare Entscheidung zugunsten des früheren Termins. Zugleich jedoch gerät der Schluß auf eine persönliche Beteiligung Hartmanns an eben diesem Kreuzzug ins Wanken; gerade als Rollenlied verrät das Gedicht 218, 5 nichts Sicheres über Hartmanns eigenes Verhalten. Dieses scheint indessen aus den anderen Kreuzliedern des Dichters zu erhellen, in denen er von sich bekennt, das Kreuz genommen zu haben — aber müssen diese Lieder auf den Kreuzzug von 1189/90 gemünzt sein? Sieht man vom Liede 218, 5 ab, ergibt sich als zeitlicher Anhaltspunkt für Hartmanns Kreuznahme nur der Hinweis auf den Tod seines Herrn (210, 23 ff., ferner 216, 14 erwähnt), und sowohl hinsichtlich der Persönlichkeit dieses Herrn als auch hinsichtlich des Termins seines Todes tappen wir im dunkeln [49]. Im Zusammenhang mit der hier vorgetragenen These mag aber nun sehr wohl die Vermutung berechtigt sein, jener Herr sei kein anderer als Friedrich Barbarossa, der bekanntlich am 10. Juni 1190 im Heiligen Lande umkam; gerade daß Hartmann keinen Namen nennt, kann zugunsten dieser Annahme gebucht werden: nur für den Fall, daß im Hinblick auf die Persönlichkeit

[49] Die Witwenklage 217, 14 muß in dieser Verbindung außer Betracht bleiben. Denn selbst wenn sie erstens echt und zweitens von Reinmar 167, 31 abhängig sein sollte (also nicht umgekehrt Reinmar von Hartmann abhängig), was alles erneuter Prüfung bedarf, so bleibt die Beziehung auf den Tod dieses Herrn doch unerweislich, und sie kann deshalb keinen sicheren Anhaltspunkt für die Datierung des Todesfalls gewähren.

des Verstorbenen kein Zweifel möglich war, erscheint eine öffentliche anonyme Erwähnung vollauf gerechtfertigt [50].

In solcher Sicht gewinnt Hartmanns Lebensgeschichte ein anderes Aussehen als bisher angenommen. Zum Kreuzzug von 1189/90 hätte er bloß das Lied 218, 5 beigesteuert, wäre aber selber — durch *ein êhaft nôt,* wie wir annehmen müßten, verhindert — daheim geblieben. Im Spätjahr 1190 gelangte aber nun die Kunde von Barbarossas Tod nach Deutschland, und die Erschütterung angesichts des Verlusts seines Herrn rief in Hartmann jene krisenhafte und weltflüchtige Stimmung hervor, aus der seine anderen Kreuzlieder geboren sind, sowie den Entschluß, selber das Kreuz zu nehmen [51]. Er hat mit einem solchen Entschluß sicherlich nicht allein gestanden: auch Heinrich von Rugges Leich 96, 1 ist unter dem Eindruck der Todesbotschaft entstanden und enthält eine machtvolle Aufforderung an die Ritterschaft, jetzt das Kreuz zu nehmen und sich auf die Fahrt zu begeben. Ob Rugge wohl je die Fahrt angetreten hat? Und, was wichtiger, ob Hartmann je die Fahrt angetreten hat? Wir können es nicht wissen, aber man hat wohl Anlaß zu zweifeln. Daß das Gelübde von 1190 sieben Jahre lang treulich bewahrt geblieben sein und dann im Kreuzzug Heinrichs VI. von 1197/98 seine Erfüllung gefunden haben sollte, wird man nicht ohne weiteres glauben mögen; Anspielungen auf eine wirklich unternommene Kreuzfahrt und auf einen Aufenthalt im Heiligen Lande finden sich bei Hartmann nicht, und gebotene Rücksichtnahme auf den Umfang seines dichterischen Werks, die dafür vermutlich vergönnt gewesene Zeitspanne [52] und auf die künstlerische Entwicklung vom ›Erec‹ über den ›Gregorius‹ und ›Armen

[50] Den Namen des Kaisers führt zwar Heinrich von Rugge 97, 12 an, doch trägt sein Leich überhaupt in viel höherem Grade offiziösen Charakter und ermangelt der bekenntnishaft-persönlichen Züge, die sich in Hartmanns Liedern 206, 10 und 209, 25 so stark geltend machen.

[51] Zu einem ähnlichen Ergebnis, jedoch hinsichtlich Bliggers und des für ihn beanspruchten Liedes 218, 5, gelangt G. Eis a. a. O. S. 279; vgl. oben Anm. 24.

[52] Denn der ›Iwein‹ ist nach wohlbegründeter Auffassung schon im Jahre 1202 vollendet gewesen, vgl. zuletzt F. Neumann a. a. O. S. 63.

Heinrich‹ zum ›Iwein‹ hin legt eher den Gedanken nahe, daß er überhaupt daheim geblieben ist [53].

In Verbindung mit meiner Barbarossathese ist jedoch noch ein weiteres Moment zu beachten. War Hartmann selbst auf jenem Reichstag in Nürnberg Ende 1188 zugegen? Das erscheint a priori keineswegs ausgeschlossen, und es ist nicht unglaubhaft, daß es ein Eindruck gerade aus den Nürnberger Tagen gewesen sein könnte, der Anlaß zu einer vielbesprochenen Stelle im ›Erec‹ gegeben hat. Ich denke an die Verse 2000—2011, die jene Anspielung auf *Conne* oder *Connelant* enthalten und der Forschung den einzigen äußeren Anhaltspunkt für die Datierung des Werks gewähren; nach verbreiteter Ansicht setzt die Erwähnung von *Conne*—Iconium den Kreuzzug Barbarossas voraus [54].

Daß diese letztere Annahme nicht stichhaltig ist, hat ganz besonders F. Neumann in einem anregenden Aufsatz sehr wahrscheinlich gemacht [55]. Es hat kaum erst der Schlacht vom 18. Mai 1190 bedurft, um die Gedanken der staufischen Ritterschaft auf Iconium hinzulenken; Existenz und Name dieses Sultanats konnte zumindest im Laufe der 70er Jahre des 12. Jahrhunderts in ritterlichen Kreisen Deutschlands bekannt geworden sein, und etwa von diesem Zeitpunkt an durfte eine diesbezügliche Anspielung in einer deutschen Dichtung wohl auf Verständnis rechnen. Freilich gewährt ein solcher Nachweis noch keinen Aufschluß über den speziellen Charakter der Hartmannschen Anspielung. Hartmann begnügt sich ja bekanntlich nicht mit der bloßen Anführung des Namens und einer im großen und ganzen zutreffenden Lagebezeichnung, sondern versteigt sich anläßlich der Beschreibung mit Zobel besetzter Gewänder zu der naturgeschichtlich abstrusen Behauptung, der beste Zobel der Welt komme aus Iconium! Diese Behauptung findet sich

[53] Ich entnehme H. Sparnaay: Hartmann von Aue I, 1933, S. 42 den Hinweis, daß schon G. Rosenhagen, Zs. f. dt. Unt. 28, S. 103 diese Ansicht vertreten hat; zu Sparnaays Einwendungen siehe unten.

[54] Vgl. zur älteren Literatur von Kraus, MFU S. 431 f., dazu jetzt noch A. van der Lee a. a. O. S. 112 und H. Sparnaay a. a. O. 1952, S. 170.

[55] Connelant in Hartmanns ›Erec‹, Zs. f. dt. A. 83, 1952, S. 271 ff.; vgl. auch die kritischen Bemerkungen bei von Kraus, MFU S. 431 f.

nicht in Hartmanns Quelle (ebensowenig wie ein Hinweis auf Iconium überhaupt), sie dürfte sich ihrem Charakter nach quellenmäßig nirgendwo belegen lassen, und in dieser Beziehung weiß auch Neumann keinen Rat[56].

Sollte Augenschein und ein daran geknüpftes, an sich leicht begreifliches Mißverständnis Hartmanns oder ein scherzhafter Kommentar von seiner Seite vorliegen? Die Möglichkeit von Augenschein streift auch Neumann[57], doch stellt sich einer diesbezüglichen genaueren Überlegung bei ihm hindernd in den Weg, daß er für einen ›Erec‹ aus der Mitte der 80er Jahre plädiert[58]. So legt er auf spätere Vorgänge kein Gewicht und rechnet hinsichtlich der Erwähnung von *Conne* im ›Erec‹ mit der Möglichkeit einer Berührung Hartmanns mit der Chronik Ottos von St. Blasien, wo zum Jahre 1179 von einer Gesandtschaft des Sultans von Iconium an den Kaiser berichtet wird[59]; von Zobel aus Iconium ist hier natürlich nicht die Rede. Hält man sich jedoch in bezug auf die Datierung des ›Erec‹ von Wunschgedanken frei, dann dürfte doch wesentlich fruchtbarer als die hier von Neumann vorgebrachte Vermutung ein Hinweis auf einen gut bezeugten Vorgang auf eben jenem Nürnberger Reichstag von Ende 1188 sein: hier nämlich erschien eine Gesandtschaft des Sultans Kilidsch Arslan von Iconium und überbrachte in Erwiderung des Besuchs eines im Zuge der Kreuzzugsvorbereitungen vom Kaiser dorthin entsandten Unter-

[56] a. a. O. S. 281. Neumanns Erwägungen S. 279 ff., so lehrreich sie sind, führen doch recht weit ab.

[57] a. a. O. S. 286: „Hartmann oder seine Freunde mögen türkische Gesandte in zobelbesetzten Gewändern gesehen haben ...“; vgl. auch S. 281.

[58] Die *Connelant*-Verse sind nach Neumann a. a. O. S. 287 „wohl nicht lange nach dem Jahre 1180, etwa um das Jahr 1185 geprägt“.

[59] Die sachliche Richtigkeit dieser Notiz kann zweifelhaft erscheinen, da die Kölner Königschronik zum Jahre 1173 eine inhaltlich sehr ähnliche Nachricht in bezug auf eine Gesandtschaft Saladins bringt, vgl. Neumann a. a. O. S. 276 und Giesebrecht-Simson a. a. O. S. 507 (Anm. zu Band V, S. 716—718); aber ob eine Verwechslung vorliegt oder nicht, erscheint unerheblich, falls, wie Neumann a. a. O. S. 277 ausspricht, „sich Dichter und Chronist einmal berührt haben“ sollten.

händlers nebst reichen Gegengeschenken das Versprechen, dem Kaiser beim Durchmarsch jedwede Unterstützung zu gewähren. Die Quellen lassen über den Prunk, den diese Gesandtschaft in Nürnberg entfaltet hat, nicht im Zweifel: 1000 Köpfe und 500 Pferde soll sie gezählt haben, und es scheint, daß keine der übrigen Gesandtschaften, die zu jenem Reichstage eingetroffen waren, so großes Aufsehen erregt hat wie sie[60]. Erscheint die Annahme vermessen, die *Connelant*-Verse im ›Erec‹ könnten einen Nürnberger Eindruck von orientalischer Prachtentfaltung eingefangen haben? Daß der Zobelpelz auch in Iconium bekannt gewesen ist, wird man ohne weiteres annehmen dürfen[61], und daß ein Augenzeuge leicht darauf verfallen konnte, von der Pelzbekleidung der Bewohner fremder Gegenden auf einheimische Herkunft dieser Pelze zu schließen, bedarf kaum einer Erwägung. Solche Irrtümer sind zu allen Zeiten aktuell. Aber gleich ob nun ein Mißverständnis oder ein Scherz vorliegen mag[62] — auf Resonanz konnten die *Connelant*-Verse im allgemeinen und die *zobel*-Verse im besonderen nur rechnen, falls sie eine Anspielung auf ein in ritterlichen Kreisen bekanntes zeitgenössisches Ereignis darstellten, und ein solches Ereignis ist der Aufzug der Boten Kilidsch Arslans in Nürnberg zweifellos gewesen. Eine solche Anspielung möchte man sich jedoch ehestens im Munde eines Mannes vorstellen, der dabeigewesen ist; als Bildungsgut — von Hörensagen — büßt sie ein gut Teil ihres Reizes ein.

[60] Vgl. vor allem Giesebrecht-Simson a. a. O. S. 206 (nebst Anmerkung), ferner S. O. Riezler a. a. O. S. 22 und B. Kugler: Geschichte der Kreuzzüge (Allgemeine Geschichte in Einzeldarstellungen, Hauptabteilung 2, Theil 5), 1880, S. 204.

[61] Vgl. dazu Neumann a. a. O. S. 280. — Im übrigen sollte man wohl hier nicht unterlassen zu erwähnen, daß der Reichstag ja im Dezember, also mitten im Winter, stattgefunden hat — ein möglicher Wink in Sachen der Bekleidung der Gesandtschaft!

[62] Daß die Verse Aktuell-Witziges enthalten könnten, zieht auch Neumann a. a. O. S. 287 in Erwägung, sicherlich zu Recht, doch wird man schwerlich über ein bloßes Vermuten hinausgelangen, und wichtiger als die Frage nach der evtl. Bedeutung der Verse ist diejenige nach dem Anlaß, der sie hervorgerufen haben könnte.

Man ist wohl geneigt, sich selber einzuwenden, dies alles stimme zu gut, um richtig sein zu können; kann jedoch die obige Vermutung hinsichtlich des dritten Kreuzlieds Wahrscheinlichkeit für sich beanspruchen, ergibt sich das Weitere von selbst. Der bislang in einem schwäbischen Winkel angesiedelte Dichter Hartmann steht auf einmal im Rampenlicht der Zeitgeschichte da.

Die Konsequenzen meiner Darlegungen für die Datierung des ›Erec‹ liegen auf der Hand; in diesem Punkte nähere ich mich nun auf etwas anderem Wege den Anschauungen F. Neumanns. Zwar nicht um 1185, wohl aber recht präzis 1189 müssen die *Connelant*-Verse geprägt sein, und man hat gewiß Grund anzunehmen, daß der ›Erec‹ noch geraume Zeit vor dem Tage von Iconium im Mai 1190 abgeschlossen worden ist, ehestens noch im Jahre 1189[63]. Die frühere Annahme, Hartmann habe am Kreuzzug von 1189/90 teilgenommen, steht jetzt diesem Ansatz nicht mehr im Wege.

Und er läßt sich vielleicht noch durch ein inneres Argument stützen, das nun geeignet sein mag, den Kreis meiner Ausführungen zu schließen. Ich denke an die Problemverwandtschaft, die zwischen dem dritten Kreuzlied und dem ›Erec‹ besteht und die ein enges Zusammenrücken dieser beiden Schöpfungen nahelegen könnte. Die Schuld, die Erec auf sich geladen hat, ist derjenigen der im dritten Kreuzlied angesprochenen Minnesänger sehr ähnlich: beide versäumen über der weltlichen Minne die ethische Aufgabe. Erec gelingt, mit Gottes Hilfe, eine Verwandlung und Läuterung, und man darf wohl fragen, ob Hartmann mit dieser Figur gerade an der Schwelle des Kreuzzugs von 1189/90 dem staufischen Rittertum ein Beispiel vor Augen zu stellen beabsichtigt hat. Solche Beispielhaftigkeit ist im dritten Kreuzlied durch Kaiser Friedrich

[63] Neumanns Annahme a. a. O. S. 281, die *Connelant*-Verse gehörten noch in eine Zeit, in der „ein freundliches *Connelant* nach Deutschland hinüberzugrüßen scheint“, kommt sehr plausibel vor. Demnach wäre Hartmanns Anspielung an sich wohl noch so lange möglich gewesen, bis der wahre Sachverhalt in Deutschland bekannt geworden war, vermutlich im Sommer 1190; man wird sie jedoch ungern so weit von dem Ereignis abrücken wollen, auf das sie zurückzuführen ist, und diese Überlegung bestimmt dann auch die Datierung des ganzen Werks.

Barbarossa verkörpert. Man wird sich somit den ›Erec‹ und das dritte Kreuzlied gern im gleichen geschichtlichen Augenblick entstanden denken; der gegebene Zeitpunkt ist die Wende 1188/89.

Vermögen die hier vorgetragenen Vermutungen Gehör zu gewinnen, dann lassen sich anscheinend die Konturen eines neuen Hartmannbildes erahnen. An der empirischen Person bleibt noch manches dunkel[64], in der vermuteten Verbindung des Dichters mit Friedrich Barbarossa wäre jedoch der Schwerpunkt in seiner Lebensgeschichte aufgezeigt. Der Tod des kaiserlichen Herrn hat jene Krise erzeugt, aus der zunächst und unmittelbar die beiden anderen Kreuzlieder mit dem persönlichen Kreuzzugsgelübde hervorgegangen sind[65]. Ihnen steht in weiterem thematischem Zusammenhang und stimmungsmäßig nahe der ›Gregorius‹[66], der all-

[64] U. a., falls die obigen Vermutungen zutreffend sind, der Umstand, was ihn von der Teilnahme am Kreuzzug seines Herrn und Kaisers abgehalten haben könnte. Steht dies Rätsel in Verbindung mit dem noch größeren Rätsel, das seine Lebensgeschichte uns aufgibt, wonach der knapp 35jährige — wenn man mit H. Sparnaay, Hartmann von Aue I, 1933, S. 10 ca. 1168 als Geburtsjahr annimmt — nach reicher und kontinuierlicher Produktion plötzlich zu dichten aufhört, obgleich er erst um oder nach 1210 gestorben sein kann? Man wird sich in solchen Zusammenhängen vor phantasievollen Spekulationen hüten müssen, nicht ganz abwegig möchte mir indessen die Vermutung vorkommen, Hartmann sei kein ganz gesunder Mann gewesen. Das könnte z. B. erklären, warum er uns nicht — wie andere in Barbarossas Diensten, etwa Friedrich von Hausen — als Beauftragter oder Begleiter des Kaisers in Urkunden entgegentritt, und nebst anderen Momenten wäre in dieser Verbindung auch zu erwägen, ob sich im ›Armen Heinrich‹ nicht — mutatis mutandis natürlich — selbstbiographischer Gehalt geltend machen könnte: was besagen wohl, angesichts des Themas dieser Dichtung, Verse wie 10 f. *dâ mite er swœre stunde / möhte senfter machen*?

[65] Dazu stimmt, daß 211, 6 das Subst. *valsch* auftritt, vielleicht ein — freilich schwaches — Verbindungsglied zwischen dem ›Erec‹ und diesen Liedern (nach einer Beobachtung H. Sparnaays — Hartmann von Aue I, S. 3 —, im Rahmen des Versuchs, 210, 35—211, 19 als unecht zu erweisen, wogegen mit Recht von Kraus, MFU S. 455 f.).

[66] Daß der ›Gregorius‹ „eine angemessene religiöse Stimmung" voraussetzt, betont Ehrismann a. a. O. S. 192.

gemein als die zweite erzählende Dichtung Hartmanns angesehen und etwa in die Mitte der 90er Jahre verlegt wird[67], und der ›Arme Heinrich‹ als nächstes Werk setzt diese religiöse Linie fort. Beide Dichtungen mögen noch mit jener durch den Tod Barbarossas hervorgerufenen Krise in Verbindung stehen, doch kann auch ein weiterer Gesichtspunkt geltend gemacht werden. L. Denecke hat einmal die Vermutung geäußert, Hartmanns Lehnsherr sei vielleicht mit einer schweren Sünde belastet gestorben und deshalb habe Hartmann die Dichtungen vom großen Sünder Gregorius und vom Armen Heinrich und seiner Erlösung geschrieben[68]. Diese Vermutung entfällt zwar mit den hier begründeten Voraussetzungen, indessen ließe sich sehr wohl erwägen, ob Hartmann mit den beiden Werken, zumal mit dem ›Gregorius‹, nicht etwa eine persönliche Buße abgelegt haben könnte — weniger seiner weltlichen Schriften wegen als wegen des Bruchs seines Kreuzzugsgelübdes. Eine Strophe Friedrichs von Hausen, 53, 31, auf den Kreuzzug Barbarossas gemünzt, tut ja hinreichend dar, daß ein solcher Bruch des Gelöbnisses Betrug an Gott war und ewige Verdammnis nach sich ziehen mußte[69]. Wenn auch in dieser Frage Sicherheit schwerlich erlangt werden kann, hege ich doch Bedenken, den ›Gregorius‹-Prolog schlechthin als formelhaft abzutun und Hartmann in dieser Verbindung nur ein „erstaunliches Talent der Anempfindung" zuzu-

[67] „Aber ein Jahr hin oder her, der ›Gregorius‹ rückt in jedem Falle in die Mitte der 90er Jahre" bemerkt Neumann a. a. O. 1950, S. 64 und betont S. 62 mit Recht, zwischen ›Gregorius‹ und ›Armem Heinrich‹ sei mit einer „längeren Entwicklungspause" zu rechnen. Ich möchte es jetzt für wahrscheinlich halten, daß der ›Gregorius‹ bereits vor 1195 — etwa zwischen 1191 und 1193 — gedichtet ist. Für den ›Armen Heinrich‹ bleibt dann in den 90er Jahren noch Platz genug; man braucht ihn nicht, wozu H. Sparnaay genötigt war, in allzu großer Nähe zum ›Iwein‹ unterzubringen.

[68] Ritterdichter und Heidengötter, Form und Geist Heft 13, 1930, S. 112.

[69] Selbst wenn Friedrich von Hausen hier etwas dick auftragen sollte, wie aus propagandistischen Rücksichten wohlbegreiflich, mochte der Gedanke wohl geeignet sein, ein religiös gestimmtes Gemüt heftig zu beeindrucken.

erkennen [70]; was würde dann eigentlich hindern, auch seine beiden Kreuzlieder 209, 25 und 210, 35, die ja rein gedanklich nichts Originales bringen, als bloß „anempfunden" aufzufassen? Sieht man diese Lieder mit ihren weltflüchtigen Gedanken aus guten Gründen als bekenntnishaft an [71], darf man dem ›Gregorius‹-Prolog nicht jede persönliche Bedeutung absprechen [72]. Welche persönlichen und zeitgeschichtlichen Momente für das Entstehen von Hartmanns letztem großen Werk, dem ›Iwein‹, mitbestimmend gewesen sein mögen, wage ich vorläufig nicht zu sagen; man muß jedoch als gegeben hinnehmen, daß ihm der Sprung aus der Krise gelungen ist.

Was den Lyriker Hartmann betrifft, so nötigt die hier begründete Sicht in noch stärkerem Maße als bisher dazu, den Hauptteil seiner Lieder in die 80er Jahre zu verlegen, wohl ehestens in die zweite Hälfte des Jahrzehnts; das scheint von Kraus' Annahme zu bestätigen, wonach Hartmann im Verhältnis zu Reinmar der Gebende gewesen ist [73]. Bilden die eben genannten beiden Kreuzlieder 209, 25 und 210, 35 den Abschluß seiner Tätigkeit als Lyriker? Schwierigkeiten bereiten in diesem Zusammenhang die Strophe 206, 10 und die Witwenklage. Die Strophe 206, 10 erwähnt den Tod des Herrn, muß also späten Datums sein [74]; andererseits geschieht diese Erwähnung so ohne jeglichen Affekt (einen solchen Eindruck muß man jedenfalls gewinnen, wenn man die Strophe 210, 23 zum Vergleiche heranzieht) und hat überdies ein so ausgesprochen minnesingerisches Motiv zur Seite, daß man sie sich schwerlich in einem Zuge mit den beiden Kreuzliedern entstanden denken möchte [75]. Wahrscheinlicher muß vorkommen, daß sie in gehörigem Abstand von diesen gedichtet ist, vielleicht erst nach der

[70] H. Sparnaay: Hartmann von Aue II, 1938, S. 73.

[71] Vgl. Kienast a. a. O. Sp. 850 „An diesen Liedern ist Hartmann innerlich beteiligt".

[72] Daß Hartmanns Selbstanklage nicht „lediglich eine äußere Formalität gewesen" sei, nimmt auch Ehrismann a. a. O. S. 192 an.

[73] MFU S. 417 ff., vgl. auch Kienast a. a. O. Sp. 848.

[74] Wozu, worauf Kienast a. a. O. Sp. 848 hinweist, der Ausdruck *verzinset* paßt.

[75] Daß die Erklärungsversuche bei Sievers und bei von Kraus, der die Verse mit der Erwähnung des Herrn für eine spätere Interpolation Hart-

Mitte der 90er Jahre[76]. Eine ähnliche Überlegung könnte wohl auch hinsichtlich der Witwenklage geltend gemacht werden, doch würde eine Behandlung der mit diesem Gedicht verknüpften Fragen den Rahmen der vorliegenden Untersuchung bei weitem überschreiten. Es muß genügen, darauf hinzuweisen, daß sie mit dem Tode von Hartmanns Herrn nichts zu schaffen haben kann.

Das sogenannte dritte Kreuzlied Hartmanns hingegen ist, wenn meine Deutung sich als richtig erweisen sollte, vom Ende seines lyrischen Schaffens um ein paar Jahre zurückzudatieren[77] und gewinnt zugleich einen glanzvollen Platz im Rahmen der Zeitgeschichte. Als „Barbarossas Ausfahrtslied" stellt es eine der bedeutungsreichsten und lebendigsten Schöpfungen in unserer alten Lyrik dar.

manns selber hält (MFU S. 450), nicht befriedigen können, betont mit Recht Kienast a. a. O. Sp. 848 f.

[76] Dazu stimmt der präteritale Ausdruck 210, 13 *die* [d. i. *fröiden*] *sint verzinset als ez got gebôt,* vgl. demgegenüber 209, 24 und 209, 37. — Der Rückgriff auf einen älteren Ton könnte darauf hindeuten, daß es sich nur um eine „Gelegenheits"strophe handelt.

[77] Aus der gleichen Zeit, d. h. von 1188/89, wird die Strophe 211, 20 stammen, ebenfalls ein Werbegedicht. Der ganz unpersönliche Inhalt schließt wohl aus, daß es zusammen mit den anderen Kreuzliedern Hartmanns entstanden ist.

Forschungen und Fortschritte 31, 1957, S. 77—81.

SALERNITANISCHES UND UNSALERNITANISCHES IM ›ARMEN HEINRICH‹ DES HARTMANN VON AUE

Von Gerhard Eis

Hartmann von Aue erzählt, daß der schwäbische Herr, den er zum Helden seines ›Armen Heinrich‹ machte, an zwei Stätten Heilung suchte, als er vom Aussatz befallen wurde: in Montpellier und in Salerno. Da das Orte sind, „in denen sich für das spätere 12. Jahrhundert die medizinischen Schulen von Rang befinden“[1], wertete man ihre Erwähnung als einen Beweis dafür, daß der Dichter seine Geschichte „im Ungefähren durch einen historischen Raum festgelegt“ sehen wollte. Man erkannte dabei richtig, daß von den beiden Orten nur Salerno „von Belang“ ist, „weil Heinrich dort von einem ‚Meister‘ der ärztlichen Wissenschaft eine wichtige Auskunft erhält“. In Montpellier dagegen wurde der Hilfesuchende durch den Bescheid, daß seine Krankheit unheilbar sei, enttäuscht. In Salerno wurde ihm eine Rettungsmöglichkeit gewiesen; dorthin zieht er mit dem Mädchen, das sich zur Erfüllung der gestellten schweren Bedingung erbötig macht, und dort erfolgt dann das entscheidende, wunderbare Ereignis. Montpellier bleibt leerer Name, Salerno hat „Belang“. Man unterließ es aber, in der hierdurch gewiesenen Richtung weiter vorzudringen.

Wenn wir der Frage nachgehen, was den Dichter veranlaßte, seine schwäbische Rittermäre mit Salerno dergestalt zu verbinden, daß er diese Stadt zum Schauplatz eines wichtigen Handlungsabschnitts machte, gelangen wir tatsächlich zu neuen Erkenntnissen, die für die Quellenkritik und die Interpretation wichtig sind.

Man könnte eine denkbare Verbindung stiften, indem man dem Dichter einen Besuch Salernos zuschriebe, der etwa auf dem Kreuzzug ins Heilige Land stattgefunden haben könnte, doch würde sich

[1] Friedrich Neumann, Der ›Arme Heinrich‹ in Hartmanns Werk. Z. f. dt. Philol. 75, 1956, S. 232 mit Hinweis auf W. Wackernagels „Abhandlung“ zum „Armen Heinrich“.

hierfür schwer ein Beweis führen lassen. Eine andere Möglichkeit ergibt sich aus dem Gedanken, daß Hartmann eine salernitanische Schrift gelesen haben könnte. Er sagt in den Anfangsversen des ›Armen Heinrich‹, daß er sich mancherlei Einblick in verschiedene Bücher (*manege schouwe an mislîchen buochen*, V. 6/7) verschafft habe. Gewöhnlich bezieht man diese Äußerung auf eine uns unbekannte einheimische Quelle, der er die Fabel entnommen habe, und zwar soll das eine „Geistlichendichtung" gewesen sein, in der er „die typischen geistlichen Motive wie die symbolische Auffassung des Aussatzes als superbia" vorgefunden habe [2]. Wir werden aber, wenn wir jede Voreingenommenheit vermeiden wollen, auch an die weltliche Fachliteratur der salernitanischen Schule denken dürfen. Bücher salernitanischer Autoren wurden im 12. Jh. in der gesamten Kulturwelt, auch in Deutschland, gelesen und kopiert. Eine solche Handschrift ist zum Beispiel — um nur einen Band zu nennen, den ich aus eigenem Studium kenne — der Cod. med. 9 der Staatlichen Bibliothek in Bamberg, in dem der deutsche Schreiber inmitten einer rein schulmedizinischen Umgebung den spätalthochdeutschen ›Bamberger Blutsegen‹ eingetragen hat [3]. Vor allem aber haben wir an das salernitanische Lehrgedicht ›De conservanda bona valetudine‹ zu denken, das um 1101 (nach anderen um 1150, aber bestimmt vor der Schaffenszeit Hartmanns) entstanden ist. Dieses Gedicht gehört zu den meistgelesenen Werken der Weltliteratur. Es sind viele Hunderte von Handschriften und Auszügen des lateinischen Originals und zahlreiche Übersetzungen in den europäischen Landessprachen erhalten, wobei der ursprüngliche Umfang von 364 Versen stark angeschwellt wurde (bis zum zehnfachen Umfang). Gedruckt wurde dieses Büchlein ebenfalls öfter als alle anderen mittelalterlichen Dichtungen. Bis zum Jahre 1857 hat man 240 Ausgaben verzeichnet, und es werden noch immer weitere Drucke festgestellt. Unzählig sind die Anführungen einzelner Verse auf Buchdeckeln, Vorsatzblättern und auf den freien Rändern medizinischer Handschriften, in Kochbüchern, Kalendern, Briefen und

[2] Bert Nagel, Der ›Arme Heinrich‹ Hartmanns von Aue. Eine Interpretation. 1952, S. 70.

[3] Gerhard Eis, Altdeutsche Handschriften, 1949, S. 52 und Tafel 19.

Gebetbüchern. Im germanischen Kulturbereich wurde das salernitanische Lehrgedicht schon kurz nach seinem Erscheinen im 11. Jh. bekannt. Ein Zitat daraus findet sich bereits im angelsächsischen ›Salomon und Saturn‹[4], ein anderes im ›Priesterleben‹ des sogenannten Heinrich von Melk[5]. Hingegen gab es in den Tagen Hartmanns von Aue noch kein medizinisches Werk aus der Schule von Montpellier, das bei den Deutschen (und Engländern) auch nur annähernd soviel Ansehen genoß. Darin liegt der Grund dafür, daß Hartmann der salernitanischen Schule den Vorrang gab. Wenn wir es als wahrscheinlich ansehen, daß Hartmann medizinische Schriften der Salernitaner gelesen hat, dann müssen wir damit rechnen, daß sich in seinen Werken Niederschläge davon finden, d. h. umgekehrt: Wenn man Vergleichbares in der salernitanischen Literatur findet, muß man bereit sein, dies als Quelle des deutschen Dichters anzuerkennen. Das sollte um so leichter fallen, als man ja von der vermuteten einheimischen Geistlichendichtung, die Hartmanns Quelle gewesen sein soll, nichts besitzt und auch keinen Beweis für ihre einstige Existenz hat.

Es gibt nun in der Tat eine salernitanische Überlieferung, die weitgehend das enthält, was Hartmann im ›Armen Heinrich‹ erzählt. Es ist dies kein medizinischer Traktat, sondern ebenfalls eine Erzählung: die Sage von der Entstehung des Lehrgedichtes ›De conservanda bona valetudine‹.

Die Chronik des Klosters Monte Cassino erzählt, daß um das Jahr 1070 vierzig normannische Ritter, die am Heiligen Grabe zu Jerusalem gebetet hatten, über Meer nach Salerno gekommen seien. Die Stadt sei damals hart von den Sarazenen bedrängt gewesen, die aus Sizilien und Süditalien stürmisch nordwärts strebten. Die normannischen Ritter hätten den Salernitanern glänzende Waffenhilfe geleistet und die Sarazenen nach Sizilien zurückgejagt. Mit so freundlichem Licht umgibt der Chronist eine Episode, die den Be-

[4] Gerhard Eis, Der anatomische Merkspruch des angelsächsischen ›Salomon und Saturn‹. Centaurus 2, Copenhagen 1952, S. 201—204; jetzt auch in: G. E., Forschungen zur Fachprosa, Ausgewählte Beiträge, Bern und München 1971, S. 9—11.

[5] Gerhard Eis, Z. f. dt. Philol. 71, 1952, S. 215 (Rezension über Richard Kienast, Der sogenannte Heinrich von Melk, 1946).

ginn der normannischen Herrschaft über Salerno bezeichnet. Bereits wenige Jahre später wurde die Stadt dem Reiche Robert Guiscards einverleibt. Es mochte den Salernitanern nützlich scheinen, sich mit den Normannen gut zu stellen, denn wenige Jahre vorher hatte ein Normanne, Wilhelm der Eroberer, sogar die englische Königskrone erlangt. Eine günstige Gelegenheit, sich einen Fürsten geneigt zu machen, dessen Stern im Steigen schien, ergab sich bald. Auf Wilhelm I. von England war 1087 sein gleichnamiger Sohn gefolgt, während ein anderer Sohn, Robert, den Titel eines Herzogs der Normandie behauptete. Mit dem Heere Gottfrieds von Bouillon brach Robert nach dem Heiligen Lande auf und zeichnete sich bei der Belagerung Jerusalems aus, wurde aber durch einen vergifteten Pfeil am rechten Arme verwundet. Er ging auf der Rückreise in Italien an Land, wo er von den Normannen freundlich aufgenommen wurde. Seine Wunde heilte nicht. Es entwickelte sich eine Fistel, an der die Kunst der Ärzte versagte. Diese Krankheit und die Geschichte ihrer Heilung wird mit Zügen beschrieben, die das Grundmotiv von Hartmanns ›Armem Heinrich‹ enthalten. Man habe, so wird berichtet, dem Patienten in Salerno zu verstehen gegeben, daß er nur dann genesen könne, wenn ihm ein Mensch die gefährliche Wunde häufig mit dem Munde absauge. Da aber Robert nicht erlauben wollte, daß jemand um seiner Genesung willen seine eigene Gesundheit gefährde, habe ihm seine Gattin heimlich, wenn er nachts schlief, das Gift abgesaugt.

Diese Erzählung, die offenbar zum höheren Ruhme der salernitanischen Ärzteschule geschaffen wurde, schließt mit der raschen und überraschenden Heilung des Kranken durch die überlegene Kunst der salernitanischen Meister[6]. Der lateinische Text dieser Buchsage von der Heilung Herzog Roberts lautet[7]:

[6] Über die Schule von Salerno: Max Neuburger, Geschichte der Medizin, II. Band, 1. Teil (Mittelalter), 1911; darin S. 299 ff. über das salernitanische Lehrgedicht.

[7] Zitiert nach der Ausgabe: Schola Salernitana, Sive De conservanda Valetudine Praecepta Metrica. Autore Joanne de Mediolano. Ex recensione Zachariae Sylvii. Hagae-Comitum 1683. Das Gedicht beginnt mit einer Widmung an einen englischen König (*Anglorum regi scribit tota schola Salerni*). In späteren Fassungen ging die Erinnerung an den Be-

Guilielmus Nothus Nortmaniae Dux Regnum Anglicanum adeptus, tres filios haeredes reliquit, Guilielmum Ruffum, Robertum et Henricum, Guilielmo Ruffo Angliae regnum cessit, in quo obiit sine liberis ipso tempore, quo Godefridus Bullonius Hierosolymorum regnum occupavit. Secutus erat Bullonium in bello sacro Robertus primogenitus Guilielmo Nothi Nortmaniae Dux a patre constitutus, totaque hyeme anni 1096 in Apulia apud Consanguineos Apuliae et Calabriae Principes commoratus, quousque sequenti vere se mari committeret, et in Palaestinam trajiceret. Capta tandem Hierosolyma, Regnum illud oblatum Roberto Nortmaniae Duci, recusatumque ab eo fuit, quod illi nuntiatum esset obiisse fratrem Guilielmum Ruffum, cujus proximus erat haeres. Itaque velut designatus Angliae Rex trajecit e Palaestina in Apuliam ad Cognatos, consuluitque Scholam Salernitanam, de vulnere brachio dextro accepto in obsidione Hierosolymitana, quod in fistulam degeneraverat. Vulnus illud, quod inflictum esset telo venenato, et in fistulam abierat, quam curari posse Medici negabant, nisi frequenti oris suctu. Nolebat vero pius et optimus Princeps sugendam fistulam alicui committere, ne quemquam ob venenum in vitae periculum vocaret. Ejus nihilominus uxor novo amoris exemplo excitata dicitur marito dormiente frequenter fistulam suxisse et obduxisse sine ullo salutis discrimine. Itaque postquam Rex Medicos Scholae Salernitanae de fistula consuluisset, victus rationem praescripserunt, cur de Fistula caput adjunxerunt, sic in regimine sanitatis Frederico Arragonum Regi a Villanovano praescripto, Haemorrhoidum curatio instituta est, quod Rex eo fluxu tentaretur.

Observandum hic quod Opus Regi Angliae nuncupaverint, non Duci Nortmaniae, qui nunquam Rex Angliae fuit. Siquidem Robertus ille redierat, ut supra diximus, e Palaestina velut Rex proxime futurus Angliae, quae illi tanquam legitimo et proximo haeredi delebatur: sed ejus frater minimus Henricus, quod moriente Guilielmo Ruffo fratre esset in Anglia, arrepta occasione ob absentiam Roberti fratris in Palaestina degentis imperium occupavit, superavitque postea Robertum, qui magno cum exercitu ad Regnum recuperandum in Angliam trajecerat.

Haec fuit conscribendi hujus libri occasio, hic ille Dux, cui liber inscriptus. Tempus, quo evulgatus, anno videlicet circiter 1100.

widmeten und an den Entstehungsort verloren. Statt des englischen Königs wird dann bisweilen ein französischer König angeredet, und statt *tota schola Salerni* wird *scola solennis* (oder in deutschen Bearbeitungen auch *schul czu pariß*) geschrieben. — Die Behandlung der Fistel wird im Cap. 83 beschrieben.

Obgleich Roberts Leben von einer Pfeilwunde bedroht ist, während der arme Heinrich an der Lepra einem häßlichen Tode entgegensiecht, ist die Übereinstimmung der beiden Erzählungen deutlich. Roberts Gemahlin, die das gefährliche Gift mit ihrem Munde absaugt, ist zu derselben Selbstaufopferung bereit wie Heinrichs Begleiterin, die er scherzhaft *gemahel* nennt. Auch in der Entstehungssage erhält der Kranke — wie in Hartmanns Gedicht — bei der ersten Konsultation der Salernitaner eine Auskunft, die wenig Aussicht gibt, weil sie eine kaum zu erfüllende Bedingung nennt. Robert muß denselben Konflikt zwischen dem Verlangen nach Heilung und der Pflicht zur Schonung der geliebten Partnerin auskämpfen wie der arme Heinrich. In beiden Fällen erfolgt die Heilung zuletzt doch ohne Dahingabe des Lebens der hilfsbereiten Frau. Und beide Überlieferungen haften an Salerno und flechten der dortigen Ärzteschule einen Ruhmeskranz.

Diese Übereinstimmungen sind weitaus überzeugender als die „Parallele", die Bert Nagel „zwischen der Prüfungssituation Heinrichs und Parzivals Aufenthalt auf der Gralsburg" konstatieren zu können glaubte[8]. Abgesehen davon, daß es Parzival gar nicht darum geht, durch eines anderen Menschen Schädigung oder Tod den Vorteil der eigenen Genesung zu erlangen — Parzival ist überhaupt nicht krank —, versagt Parzival beim Anblick des leidenden Greises, während Heinrich die Probe besteht und „in einem jähen Durchbruch seiner innersten Gesinnung die Ichbesessenheit überwindet", so wie es Robert mit einer wahrhaft ritterlichen Selbstverständlichkeit ablehnt, seine Heilung durch eine Gefährdung seiner Frau zu erkaufen.

Es scheint noch nicht untersucht worden zu sein, wann die Entstehungssage des salernitanischen Regimens geschaffen wurde, und vollends nicht, ob sie in Handschriften vorkommt, die in Deutschland angefertigt worden sind. Ich kenne sie bis jetzt nur aus Drukken (deren ich etwa ein Dutzend eingesehen habe). Arnald von Villanova, der eine Bearbeitung des Lehrgedichtes verfaßt hat, die sehr weite Verbreitung gefunden hat, dürfte die Sage bereits gekannt haben. Wir wissen auch nicht, ob die Geschichte etwa in ver-

[8] Nagel, a. a. O., S. 61.

schiedenen Fassungen vorkommt. Man könnte daran denken, daß wohl auch einmal statt Roberts sein Bruder Heinrich in die Rolle des geheilten Kranken eingetreten sein könnte, denn die beiden Namen treten in dem oben mitgeteilten Text nebeneinander auf. Dann könnte sogar der Name des deutschen Helden entlehnt sein. Aber auch wenn das nicht der Fall gewesen ist, wird die Ähnlichkeit der erhaltenen Fassung der Entstehungssage ausreichen, um uns das Recht zu geben, von einem Einfluß der salernitanischen Literatur auf Hartmanns ›Armen Heinrich‹ zu sprechen.

Demgegenüber haben wir nun aber auch festzustellen, daß die in dem Ordinationszimmer des salernitanischen Meisters spielende Szene des mittelhochdeutschen Gedichtes ganz unsalernitanisch ist. Sie hat nichts mit der Heilung Herzog Roberts zu tun, ja, sie widerspricht allem und jedem mittelalterlichen Arzttum, wie es überall in der christlichen Welt und besonders auch im Hochsalerno verstanden wurde, von Grund auf. Der krasse Blutaberglaube, wie er sich in der Forderung nach frischem menschlichem Herzblut ausspricht, gehörte zur Blütezeit der salernitanischen Schule nicht mehr der wissenschaftlichen Heilkunde an; er stammt aus der vorwissenschaftlichen Heilmagie. Insbesondere aber sind es zwei wesentliche Züge, die gerade die Salerno-Partie der Hartmannschen Dichtung aus dem „historischen Raum“ lösen und ihre Zugehörigkeit zu einer ganz anderen Welt beweisen.

Der eine Zug ist die Nacktheit des Mädchens. Die Gucklochszene ist etwas völlig Neues gegenüber der Quelle, d. h. gegenüber der Entstehungssage des salernitanischen Versregimens, die dieses Motiv nicht einmal andeutungsweise benützt. Hartmann von Aue aber betont die Nacktheit sehr nachdrücklich. Der Arzt kündigt der Pächterstochter mit deutlichen Worten an, was für eine Beschämung ihr bevorsteht:

1085: *ich ziuh dich ûz, sô stâstu blôz,*
und wirt dîn schame harte grôz,
diu du von schulden danne hâst,
sô du nacket vor mir stâst;
ich bind dir bein und arme.

Das Mädchen tut das *lachende* ab (V. 1106) und zieht sich selber mit raschen Handgriffen aus:

1193: *sî zart diu cleider in der nât.*
schiere stuont sî âne wât
und wart nacket unde blôz;
sî schamt sich niht eins hâres grôz.

So legt sie sich auf Befehl des Meisters auf den Operationstisch und läßt sich binden. Als dann Herr Heinrich eindringt und die Tötung verhindert, hat sie es nicht eilig, sich wieder anzuziehen. Während der langen folgenden Darlegungen, in deren Verlauf sie ihren Herrn wegen seiner Zagherzigkeit weidlich ausschilt (*dô huop sî ein schelten,* V. 1309), läßt sie der Dichter unbekleidet. Erst V. 1340 wird sie wieder angezogen; sie tut das Selbstverständliche nicht selbst, sondern der *gnâdelôse gast* streift ihr die Kleider über.

Bei der Beurteilung dieser Szene sollte man nicht übersehen, daß gar keine Notwendigkeit bestand, das Opfer zu entkleiden. Der Arzt hatte die Aufgabe, ihr das Herz auszuschneiden (*ich snîde dich zum herzen / und briche ez lebende ûz dir,* V. 1092/93). Für diese Operation hätte kein Arzt vollständige Nacktheit gefordert, auch nicht im Mittelalter. Man besehe sich die zeitgenössischen Miniaturen, welche chirurgische Eingriffe darstellen. Es wird regelmäßig nur der Körperteil entblößt, der jeweils betroffen ist, bei Männern und bei Frauen. Eindrucksvolle Beispiele liefern die chirurgischen Bilderhandschriften, besonders die Brennstellenbilder, von denen uns mehrere aus der spätromanisch-frühgotischen Epoche bekannt sind.

Aus dem Jahre 1158 stammt der im Kloster Prüfening (Regensburg) hergestellte Clm. 13002; auf dessen Bildern sind die Patienten weitgehend bekleidet, nur die zu brennenden Körperstellen sind entblößt[9]. Genau das gleiche zeigen die Brennszenen des Clm. 17403, der um 1250 in dem

[9] Karl Sudhoff, Beiträge zur Geschichte der Chirurgie im Mittelalter. Graphische und textliche Untersuchungen in mittelalterlichen Handschriften. Studien zur Geschichte der Medizin, Heft 10, 1914, Tafel XXI.

oberbayerischen Kloster Scheyern hergestellt wurde[10], und viele andere Handschriften, die zwar jünger sind, aber derselben Tradition angehören[11]. Selbst bei schweren Geburten blieb die Frau z. T. bedeckt. Das zeigt u. a. eine Miniatur im Clm. H 2 der Stadtbibliothek von Metz, in dem eine schwierige Entbindung realistisch dargestellt ist; während die Hebamme ein ungefüges Rahmenspeculum ansetzt, ist der Leib der Kreißenden mit einem Bettuch eingehüllt[12]. Selbst den Kaiserschnitt an Lebenden stellten mittelalterliche Künstler höchst dezent dar[13]. Bei der häufigsten mittel-

[10] Ebd., Tafel XXII.

[11] Ebd.: zahlreiche weitere Tafeln.

[12] Ebd., Heft 11, 1918, Tafel XIII, Figur 2, dazu Beschreibung S. 49.

[13] Kurt Quecke, Der Kaiserschnitt. Ciba-Z. Bd. XI, Nr. 128, besonders S. 4708, 4717, 4720, 4735 f.

alterlichen Operation, dem Aderlaß, brauchten die Patienten regelmäßig nur die Stellen zu entblößen, an denen das Blut entnommen wurde. Eine bildliche Darstellung der Naht einer klaffenden Thoraxwunde zeigt eine aus Salermo stammende Handschrift des 13. Jahrhunderts, die jetzt im Britischen Museum aufbewahrt wird. Der Kranke ist vollständig bekleidet, nur über dem Herzen ist das Gewand geöffnet [14].

Die Nacktheit des Mädchens und dazu noch das Fehlen des Schamgefühls in der Szene widersprechen also der historischen Wirklichkeit. Das hat man auch schon früher empfunden. Die Erklärung aber, die man dafür vorbrachte, ist verfehlt. Man sah darin ein Kennzeichen der Legendenhaftigkeit, so zuletzt Friedrich Neumann („Als eine Gestalt, die der Legende gemäß ist, zeigt sie sich auch darin, daß sie nackt keine Scham empfindet") [15]. Es steht keineswegs so, daß die Frauen und Mädchen der echten Legenden keine Scham empfinden.

In der Legende der heiligen Agnes, die während des ganzen Mittelalters in allen christlichen Ländern verbreitet war, wird das Schamgefühl sehr deutlich hervorgehoben. Gott erspart der lieblichen Heldin zwar nicht den grausamen Tod, aber er wehrt die Beleidigung des Schamgefühls durch Männerblicke von ihr ab. Als sie entkleidet und ins Lupanar geführt wird, erhält sie dreifachen Schutz: Ihr Haar umgibt sie ganz wie ein Mantel (*ir gelwez har, / daz wart nu breit und lanc / und gab so dicken ummeswanc, / daz man ir nicht bloz ensach*), die anwesenden Männer werden mit Blindheit geschlagen (*waren blinder danne blint*), und zudem erscheint noch ein lichter Engel und bringt ihr ein neues Gewand (*mit eime kleide luterlich / wart si alda bevangen*) [16]. Das ist der Geist der wirklichen Legende.

Ein anderes Beispiel bietet die Legende der heiligen Lucia. Als die Heldin in das Haus der Schande gebracht werden soll, ruft sie dem Richter Paschasius zu: „*wird ich gemailigt vonn dir, / Got vellet dich darumb schir.*" [17]

[14] Arturo Castiglioni, Der Aderlaß. Ciba-Z. Bd. VI, Nr. 66, S. 2200, 2209. Die Naht der Thoraxwunde ist reproduziert nach Michael Trede, Die Entwicklung der offenen Herzchirurgie, in: Ruperto-Carola, XIX. Jahrgang, Bd. 41, Heidelberg 1967, S. 247.

[15] Neumann, a. a. O., S. 234.

[16] Das Passional, hrsg. v. Karl Köpke, 1852, S. 114, Sp. 2.

[17] Das Märterbuch, hrsg. v. Erich Gierach, 1928, S. 509, V. 26579 f.

Hätte Hartmann von Aue beabsichtigt, seine schwäbische Meierstochter mit echtem Legendenlicht zu umgeben, so hätte er nicht einmal einen Teil ihres Körpers entblößen lassen. Es hat sich zwar eingebürgert, den ›Armen Heinrich‹ als eine Legende zu bezeichnen [18], doch ist er in Wirklichkeit keine. Von all den Legendentypen, die man in der massenhaft vorliegenden Legendenliteratur des Mittelalters unterscheiden kann, ist kein einziger so beschaffen, daß man ihm Hartmanns romantische Novelle zurechnen könnte. Eine andere Erklärung der Szene versuchte 1947 Bostock in seiner Textausgabe. Er meinte, daß die edle Erschütterung, die Heinrich erlebte, durch den Anblick ihrer ganzen Schönheit ("the sight of her beauty") verursacht und glaubhaft gemacht werde.

Daran rügte Schirokauer einen Mangel an „Einsicht in den Symbolwert des nackten Körpers, der ja an und für sich und in seiner Entblößtheit wertlos, ja geradezu unwert" sei. Indem er dazufügte „jedenfalls vom Standpunkt der mittelalterlichen Theologie aus", verriet er, daß auch er von der Ansicht voreingenommen war, daß der ›Arme Heinrich‹ eine Legende und von einer geistlichen Quelle abhängig sei; dementsprechend führte er auch die Tatsache, daß das Mädchen „lächelnd und fröhlich ihre Kleider abtut", auf eine „Sucht, die Satzungen des Martyriums buchstäblich zu erfüllen" zurück. Solche Satzungen hat es nie gegeben. Für Schirokauers Ansicht, daß der Dichter mit der Szene zeigen wollte, daß dieses Mädchen „sogar entkleidet" schön sei, bietet der Text keine Stütze.

Eine andere Deutung könnte man vielleicht mit dem Hinweis auf die rustikale Primitivität des Mädchens versuchen. Sie ist als ein naives Naturkind gezeichnet. In ihrem Übereifer, dem kranken Herrn zu helfen, wäre ihr das Peinliche der Situation gar nicht voll zum Bewußtsein gekommen. Aber in diesem Fall wäre es nicht recht verständlich, daß der Dichter ihre Nacktheit so stark hervorhebt.

[18] Arno Schirokauer, Zur Interpretation des ›Armen Heinrich‹. Z. f. dt. Altertum 83, 1951/52, S. 66: „Daß die Dichtung vom aH. als Legende zu betrachten sei, gehört seit Anton Schönbachs Buch über Hartmann von Aue im Jahre 1894 zum theoretischen Wissensschatz der Literaturforschung." — Eine „ritterliche Legende" nennt ihn Bertha Schwarz im Verfasserlexikon II, 1936, Sp. 210; Nagel sieht in dem Mädchen eine „rührende Heiligengestalt" (a. a. O., S. 60).

Eine befriedigende Erklärung — und wohl die einzige wirkliche Erklärung — ergibt sich aus dem Kultisch-Ritualen. Zum Unterschied von der christlichen Legende, in der sich die Märtyrer nicht ohne Scham nackt bewegen können, tun dies Männer und Frauen im vor- und außerchristlichen Kult und Zauberbrauch sehr häufig. Besonders in der Heilmagie wird Nacktheit oft gefordert, aber auch zur Lösung von Strafen, beim Opfer, besonders zur Rettung des dem Tode verfallenen Lebens[19]. Aus der Vielfalt des Belegmaterials sei hier zunächst auf das Volkslied ›Die treue Schwester‹ hingewiesen. Da bittet die Schwester die Richter um das Leben ihres Bruders, der gehängt werden soll:

Ihr Herren, liebste Herren mein,
kann denn mein Bruder nicht erlöset sein?
„Dein Bruder kann nicht erlöset sein,
du springst denn dreimal um den Ring
und dreimal nackend ums Galgengericht."
Sie hatten das Wort kaum ausgesagt,
ließ sie ihre Kleider fallen ab.
Und sprang dreimal um den Ring
und dreimal nackend um das Galgengericht.

In dieser Strophe ist der kleine Zug bemerkenswert, daß sich die hilfsbereite Schwester mit größter Schnelligkeit selbst entkleidet — so wie es die Pächterstochter im ›Armen Heinrich‹ tut, die ebenfalls ein Menschenleben retten will.

Weiter ist die englische Godivasage mit dem ›Armen Heinrich‹ zu vergleichen, die ins 11. Jh. hinaufreicht. Um die Bewohner von Coventry von drückenden Lasten zu befreien, reitet die Gattin des Grafen Leofric von Mercia nackt durch die Stadt. Auch hier schließt die Übereinstimmung auch ein kleines Detail mit ein. So wie Heinrich durch einen Spalt in der Wand das ungewöhnliche Schauspiel beobachtet, lugt in der englischen Sage ein Vorwitziger durchs Guckloch (peeping Thom). Eine weitere Einzelheit liefern uns die Geoponica: daß das Mädchen jungfräulich sein

[19] Vgl. den Artikel *nackt, Nacktheit* im Handwörterbuch des deutschen Aberglaubens VI, 1934/35, Sp. 823—916; darin besonders Sp. 932. Siehe auch: Die Religion in Geschichte und Gegenwart IV, 1930, Sp. 403—404.

und in heiratsfähigem Alter stehen soll[20]. Auch für die Heilung (oder Abwehr) von Krankheiten ist rituale Nacktheit häufig bezeugt. Damit die Pest das russische Dorf Davidkovo verschone, spannten sich 1871 zwölf nackte Mädchen vor einen Pflug und zogen eine Furche um die Grenzen des zu schützenden Ortes[21]. Eine Beziehung zur Lepra ist in einer jüdischen Sage gegeben, die berichtet, daß die am Aussatz erkrankte Tochter des Pharao geheilt wurde, als sie einen nackten Knaben weinen sah[22].

Wenn wir all diese Einzelzüge zusammensetzen, gewinnen wir ein genaues Abbild der Szene des mittelhochdeutschen Gedichtes. Instinktsicherer als die Philologen hat ein Dichter der Neuzeit Hartmanns Stoff nachgestaltet, Gerhart Hauptmann, der bei der Heilung des Ritters der ritualen Nacktheit eine entscheidende Bedeutung zuerkannte.

Der zweite Zug, der die salernitanische Episode aus der geschichtlichen Welt herauslöst, ist die sittliche und historische Bindungslosigkeit des „Meisters". Kein salernitanischer Arzt durfte einen Menschen töten, um einen anderen Menschen zu retten. Daß der Dichter auch nicht mit einer Silbe ans Strafrecht erinnert, mag man noch aus der Rücksicht auf den künstlerischen Geschmack erklären. Daß er aber diesen „Arzt" so handeln läßt, als ob er noch nie etwas von dem christlichen Tötungsverbot oder dem hippokratischen Eid gehört hätte, kann nur so gedeutet werden, daß er die ganze Episode in das magische Licht einer märchenähnlichen Unwirklichkeit tauchen wollte. Die Szene, wie das Mädchen auf dem Tische festgebunden liegt und der Arzt das Messer wetzt, während Ritter Heinrich durchs Guckloch zuschaut, ist grell, wie es nur ein Märchen sein kann. Besonders der Arzt, dem der Dichter keinen menschlichen Zug ins Gesicht gepinselt, ja eigentlich gar kein Gesicht gegeben hat, stammt nicht aus der historischen Welt, auf der die Sonne scheint. Sein greuliches Mordmesser wird dem Leser eigens vor die

[20] Handwörterbuch, Sp. 850.

[21] Ebd., Sp. 847.

[22] Ebd., Sp. 913. Siehe nunmehr auch Hans Schadewaldt, Kulturgeschichtliche Bedeutung des „Herzopfers", in: Medizinische Klinik, 66. Jahrgang, 1971, S. 1634.

Augen hingehalten — *ez was lanc unde breit* —, und er soll ruhig denken, daß jener damit täglich angeschnallte Mädchen schlachtet, denn es ist ein Messer, *des er ze solhen dingen pflac* (V. 1210). Diese Gestalt hat etwas von der Scheußlichkeit der Ärzte aus Gustav Meyrinks ›Spießers Wunderhorn‹, die in Wachsfigurenkabinetten schauderhafte Verbrechen mit künstlerischer Vollendung begehen. Der nächste Verwandte dieses Pseudo-Salernitaners geistert in Hartmanns ›Erec‹: Mabonagrin, der Herr des Gartens Joie de la court, der abgeschnittene Menschenköpfe auf Zaunlatten steckt. So wie Hartmann in seinen großen Versromanen die Leser unversehens aus der historischen Wirklichkeit in Feenlandschaften und Zauberhäuser versetzt, so tut er es auch im ›Armen Heinrich‹. Inmitten der Hohen Schule von Salerno läßt er seine braven Schwabenkinder auf einen Magier im Ärztekittel stoßen.

Wenn die *rede,* die der Dichter *an den buochen las,* den Blutzauber, die rituale Nacktheit und den Arztmagier enthielt, wird sie schwerlich eine „Geistlichendichtung" gewesen sein, sondern viel eher den Charakter einer weltlichen Novelle gehabt haben. Man hätte diese aus zwei Endquellen aufbauen können, die beide zum Erzählgut der normannischen Kreuzfahrer gehört haben mögen: der Sage von der wunderbaren Heilung Herzog Roberts in Salerno und der Sage von der wunderbaren Hilfsbereitschaft der schönen Lady Godiva von Mercia. Wir kennen diese beiden Sagen bis jetzt nur aus späteren Fixierungen — die Godivasage begegnet uns erstmalig in den ›Flores historiarum‹ des Roger Wendover (1235) —, doch spielen beide vor der Schaffenszeit Hartmanns, so daß dieser sie sehr wohl schon — vielleicht bereits zu einem neuen Ganzen zusammengearbeitet — in einer Handschrift vorgefunden haben könnte.

Man glaubt heute ziemlich allgemein, daß Hartmann von Aue in der scholastischen Literatur belesen gewesen sei, daß insbesondere die von Petrus Lombardus gelehrte „Dreistufung der Buße in contritio, confessio und satisfactio bei der Geschichte der Läuterung des armen Heinrich genau feststellbar" sei [23], ja daß „kein Zweifel

[23] Nagel, a. a. O., S. 17 auf Grund von Schirokauer, S. 67 („Ich glaube, diese dreiteilige Bußlehre bei der Läuterung Heinrichs nachweisen zu können").

bestehen“ könne, daß er „die praktischen Bestrebungen der kirchlichen Seelsorge durch sein Werk unmittelbar zu unterstützen geneigt war“ [24]. Ich möchte nicht verschweigen, daß mir in diesem Punkte keineswegs alle Zweifel ausgetrieben sind. Die Codices, in denen der ›Arme Heinrich‹ erhalten ist, sind keine geistlichen, sondern rein weltliche Sammelhandschriften. Zur Pflege der Gewissenskultur in der seelsorgerischen Praxis war Hartmanns *maere* nach meinem Erachten untauglich, und zwar aus zwei Gründen.

Der eine Grund ist folgender: Der Dichter mißt — entsprechend der von ihm dargestellten Zweierleiheit der Welten — auch das Gewissen mit zweierlei Maß. Heinrichs Gewissen ist so fein organisiert, daß er glaubt, daß er gerechterweise mit der Lepra bestraft wurde, und seine Sünde besteht lediglich darin, daß er sich standesfroh seines angenehmen Lebens freute, das ihm Gott geschenkt hatte. Bei dem „Meister“ aber, der für gutes Honorar kaltsinnig mordet, ist weder von einer Regung des eigenen Gewissens noch von einer Bestrafung durch Gott oder einem Wunder die Rede. In den für die seelsorgerische Praxis brauchbaren Legenden dagegen werden die Richter oder Folterknechte, die Hand an die Heiligen legen (oder nur legen wollen), stets mit Abscheu überhäuft und meistens auch streng bestraft. Das geschieht oft durch ein von dem Mordgerät abspringendes Stück, das den Frevler tötet oder an der Gesundheit schädigt. Der „Arzt“ hätte mindestens geblendet werden müssen, um den von der Predigt geforderten exemplarischen Ausgleich zu demonstrieren. Das berührt sich bereits mit dem zweiten Grund.

Der Schluß des ›Armen Heinrich‹ entspricht nicht der Tendenz der Legende oder Predigt, auch nicht in Hinsicht auf das beglückte Paar. Wären die beiden Hauptpersonen christliche Heiligengestalten, so könnten sie nach einer so gnadenreichen Erschütterung nicht heiraten; sie würden vielmehr den Rest ihres Lebens Gott weihen, wahrscheinlich in Klöstern. Das tun z. B. Alexius und Adriatica sogar noch nach ihrer Eheschließung. Daß Hartmanns so ganz andersgearteter Schluß dem Geschmack der geistlichen Dichtung — und erst recht der seelsorgerischen Zweckliteratur — zuwider-

[24] Nagel, S. 17.

lief, zeigt der Schreiber der Handschrift B[a] mit aller nur wünschenswerten Deutlichkeit. Ihm ist der Schluß zu weltlich, und er ändert ihn — unter ausdrücklicher Nennung dieses Grundes — dementsprechend ab. Er läßt die Pächterstochter mitnichten Heinrichs Ehefrau werden. Der Ritter verkündet vielmehr zum Schluß den Versammelten seinen Entschluß, unbeweibt zu bleiben[25]:

so svlt ir merken svnder wan
so wil ich bliben ane wip

Und der Bearbeiter erläutert dazu noch ausdrücklich folgendes:

er hette sie wol beslafen
nach werltlichem schafen.
vor gote er sichez getroste
er tet sich in ein kloster
vn bevalch sich der vrien
gotes mvter sente marien.

Diese Änderung von der Hand eines geistlichen Bearbeiters liefert uns den strikten Beweis, daß Hartmanns Novelle keine Legende ist und daß er nicht „die kirchliche Seelsorge durch sein Werk unmittelbar zu unterstützen" geneigt (und befähigt) war. Er dichtete vielmehr *nach werltlichem schaffen.* Wenn man nicht unterstellen will, daß er das in vorsätzlichem Widerspruch zu seiner Quelle getan habe, wird man es für wahrscheinlich halten müssen, daß auch bereits die Vorlage keine Geistlichendichtung war. Dagegen kann auch nicht eingewendet werden, daß diese Vorlage einige Namen und Begriffe aus dem kirchlichen Bereich enthalten zu haben scheint. Das nötigt uns keineswegs zu der Annahme, daß die Vorlage von einem Geistlichen gestammt und der Seelsorge gedient habe. Bekanntlich war ja auch Hartmann selbst, der allenthalben solche Namen und Begriffe erwähnt, kein Geistlicher.

[25] Text nach Erich Gierach, Der ›Arme Heinrich‹ von Hartmann von Aue. Überlieferung und Herstellung. [2]1925, S. 82.

Willson, Symbol and Reality in ›Der Arme Heinrich‹. In: Modern Language Review 53, 1958, S. 526—536 (mit frdl. Genehmigung der Modern Humanities Research Association). Übersetzt von Ursula Beul.

SYMBOL UND WIRKLICHKEIT IM ›ARMEN HEINRICH‹

Von Harold Bernard Willson

Wenn wir einen gelegentlichen, irrigen Versuch, Hartmanns ›Armen Heinrich‹ als wesentlich heidnisch zu interpretieren [1], einmal außer acht lassen, darf man sagen, daß seine Verwurzelung im christlichen Denken des Mittelalters immer anerkannt worden ist. In den letzten Jahren hat die Forschung in dieser Richtung erhebliche Fortschritte gemacht.[2] Dennoch ist es zweifelhaft, ob wirklich alles, was Hartmann in sein Gedicht eingebracht hat, auch schon herausgeholt worden ist. Hält man sich an die Meinung seines Zeitgenossen, Gottfried von Straßburg, so genoß Hartmann einen außerordentlichen Ruf als *tiutaere*[3], d. h. als einer, dem es gelang, dem Hörer und Leser die ganze Fülle der Bedeutung, die in der Geschichte, die er erzählte, angelegt war, zu vermitteln. Ist nun aber Lesern von heute die *meine* des ›Armen Heinrich‹ ganz und gar deutlich?

Gewiß weist das Gedicht trotz seines geringen Umfangs eine poetische Dichte auf, die über den knappen Rahmen und Zusammenhang des Erzählten weit hinausgeht, und die Literaturkritik

[1] Vgl. z. B. H. Naumann, Deutsches Dichten und Denken von der germanischen bis zur staufischen Zeit (Berlin, 1938) S. 112.

[2] Vgl. B. Nagel, Der arme Heinrich H.s v. A. (Tübingen, 1952); A. Schirokauer, Zur Interpretation des armen H., Z. f. d. A. LXXXIII (1951/2), 59—78, und Die Legende vom armen H., G. R. M. XXXII (1951/2), 262—8; W. Fechter, Über den armen Heinrich H.s v. A., Euph. XLIX (1955), 1—28. Die wahrscheinlich erhellendsten und eindrucksvollsten Bemerkungen sind zu finden bei J. Schwietering, Der Tristan Gottfrieds v. Str. und die Bernhardische Mystik (Berlin, 1943), S. 21—3.

[3] *Wie er mit rede figieret der âventiure meine*, Tristan (ed. Ranke, Berlin, 1930), v. 4626—7.

hat ihm gebührende Aufmerksamkeit gewidmet. Aber seine letztgültige Bedeutung ist, wie wir glauben, nicht präzise bestimmt worden. Es ist sozusagen noch Spielraum für eine Interpretation auf einer höheren Ebene, als sie bislang erreicht wurde, vorhanden. Die Suprastruktur muß erst noch aufgebaut werden. Bislang bleibt das Werk bestenfalls nur teilweise in seine zeitgenössische Gedankenwelt integriert, eine Gedankenwelt, in der Laienfrömmigkeit und ‚mystische' Symbolik eine bedeutende Rolle spielen. Hinweise auf diese letztgültige Bedeutung finden sich viele in jüngeren kritischen Arbeiten, aber eine kohärente Synthese ist daraus noch nicht erwachsen.

Die Grundformel für diesen mystischen Inhalt ist, um es schlicht zu sagen, die paradoxe Vermischung oder Fusion der Sphären des Menschlichen und des Göttlichen, ohne daß die eine oder die andere einen Verlust an 'substantieller' Identität erlitte. Das ist natürlich die wesentliche Formel für Mystik an sich. Eine Verschmelzung des Transzendenten und des Immanenten ist in zahlreichen Formen und Verkleidungen in dem ganzen Gedicht zu beobachten, und davon wird schließlich die Validität der analogen und oft paradoxen Symbolik, die verwendet wird, bestimmt.

Ausdruck findet diese Symbolik vor allem im Konzept der *caritas,* die ihrerseits in mystischer Vereinigung Mensch an Mensch und Mensch an Gott bindet. Der anscheinende Dualismus zwischen Gott und der Welt wird in der *caritas,* die das ganze Gedicht durchwirkt, aufgehoben, obwohl gleichzeitig jede Sphäre ihre substantielle Individualität bewahrt. Der erste Akkord in dieser Sinfonie der *caritas* wird in den Versen 26—28 angeschlagen:

man giht, er sî sîn selbes bote
und erloese sich dâ mite,
swer umb des andern schulde bite.

Es versteht sich, daß die beiden Hauptcharaktere, Heinrich und das bäuerliche Mädchen, das das Instrument seiner Erlösung wird, in diesem *caritas*-System die zentrale Stelle einnehmen. Wie in v. 29 ff. deutlich wird, ist Heinrich, dessen Strafe für die Sünde der *superbia* die symbolische Fassung des Aussatzes annimmt, die Hauptfigur des Gedichts. Aber er ist unvollständig ohne seine Ergänzung, das Mädchen. Sowohl er als auch sie sind einander unentbehrlich, und gemeinsam erreichen sie schließlich eine Einheit oder Gemeinsamkeit der *caritas,* die durch ihre Eheschließung am Ende des Gedichts symbolisiert wird. Wegen dieser Interdependenz sollten die beiden Partner als ein Ganzes und nicht so sehr als zwei getrennte Individuen behandelt werden. Ihre Beschreibungen müssen jeweils vom Standpunkt ihrer Interaktion[4] aus betrachtet werden.

Ehe diese 'Versöhnung' der Teile, die das Ganze bilden, verwirklicht werden kann, muß Heinrich für die Sünde, die er begangen hat, büßen, denn Sünde trennt sowohl den Menschen vom Menschen als auch den Menschen von Gott. Als Privilegierter, im Besitz und Genuß materiellen Reichtums, in der Frische seiner Jugend und der Fülle ritterlicher Ehre, kann Heinrich in seinem Leben keinen Platz finden für Gott, der ihm alle diese Segnungen hat zuteil werden lassen. Zwar hat er viele Tugenden, die in einem umfänglichen Katalog (v. 32—74) aufgezählt werden. Aber die eigentliche Absicht, in der seine positiven Eigenschaften dargestellt werden, ist nicht zu zeigen, was alles er hat, sondern vorzuführen, woran es ihm fehlt, nämlich an der höchsten aller Tugenden, der 'theologischen' Tugend der *caritas,* ohne die alle anderen nichtig sind. Dieser Abschnitt ist ein deutliches Echo des ersten Korintherbriefes (Kap. XIII); denn obgleich Heinrich samt anderen Verdiensten *milte* hat, die der *caritas* vielleicht ähnlich scheinen mag, so ist sie ihm nichts nütze. Seine Tugenden sind durch den Horizont der diesseitigen Welt eingegrenzt; Liebe zu Gott, der *caritas* höchster Grad, kommt im Katalog seiner Tugenden nicht vor:

v. 395 ff.[5] *daz herze mir dô alsô stuont*
als alle wereltôren tuont,
den daz raetet ir muot
daz si êre und guot
âne got mügen hân.

[4] „Schon die Eltern sind also funktionell das Gegenbild zu Heinrich. Noch mehr ist es ihre junge Tochter. Sie wird zur zweiten Hauptfigur." (Fechter, ebd. S. 8.)

[5] Text nach der Ausgabe von E. Gierach (Heidelberg, 1913).

Superbia und *caritas* sind unvereinbar. *Caritas* sollte wechselseitig sein. Zuerst hat Gott seine Liebe zu Heinrich manifestiert, aber sie ist nicht erwidert worden. Dementsprechend mißt ihm Gott eine Strafe zu, die der Sünde, die Heinrich begangen hat, angemessen ist, obgleich ihm sein Verhalten als Sünde nicht voll im Bewußtsein gewesen sein mag [6].

Gottes unerforschliche Gerechtigkeit nach dem Alten Bund geht ihren logischen Gang. Gott ist ein eifersüchtiger Gott. Er fordert Liebe, nicht so sehr aufgrund der Güte, die er Heinrich erwiesen hat, sondern um seiner selbst willen. Heinrichs Liebe jedoch ist 'ungeordnet' *(inordinata)*.

Die Bedeutung der Parallelen zu Hiob (v. 128) und Absalom (v. 85), die Hartmann zieht, liegt auf der Hand. Aber darüber hinaus kommt der Beziehung zum Alten Testament, in die Hartmann Heinrichs Situation stellt, noch eine besondere Rolle für die weitere beabsichtigte Symbolik zu. Die alttestamentliche Beziehung zwischen Gott und Mensch ist nämlich der eigentliche Schlüssel zu der eingangs geforderten Interpretation auf höherer Ebene. Als Ergebnis der Sünde der *superbia*, die die Stammeltern begangen haben, hat die Menschheit den Aussatz der Seele als Strafe erlitten [7]. Die menschliche Seele wurde deformiert, korrumpiert, sie verlor ihre eigentliche Gestalt, die vollkommene Ebenbildlichkeit *(similitudo)* Gottes. Ihre ursprüngliche Simplizität wurde mit 'Duplizität' vermischt, mit jener Duplizität der Schlange, der Eva ihr Ohr lieh [8]. Das Geschlecht Adams und Evas wurde zur Verbannung aus dem Paradies verurteilt, dem Paradies der Ebenbildlichkeit. Die Situation, in der Heinrich sich befindet, steht eindeutig stellvertretend für die Situation der ganzen Menschheit unter dem Alten

[6] Sowohl diejenigen, die Böses tun, obgleich sie es vermeiden könnten, wie diejenigen, die nicht Gutes tun, wenn sie es könnten, sind gleichermaßen zu tadeln. Vgl. St. Bernhard, Sermones in Cantica Canticorum, LXXXI, 6; P. L. CLXXXIII, 1174.

[7] Aussatz der Seele ist *voluntas propria;* die direkte Antithese, *voluntas communis,* ist nichts anderes als *caritas.* Vgl. St. Bernhard, In Tempore Resurrectionis, III, 3; P. L. CLXXXIII, 289—90.

[8] Vgl. St. Bernhard, In Cant. Cant. LXXXII, 3; P. L. CLXXXIII, 1178.

Gesetz. Heinrichs Aussätzigkeit und seine darauf folgende 'Verbannung' aus der höfischen Gesellschaft spiegeln entsprechend diesen elenden menschlichen Zustand der *dissimilitudo*, der Sünde und des Todes.

Heinrich ist, wie er selber sagt, ein *werelttôre*. Wie Adam und Eva hat er auf seine Seele eine Deformierung *(deformitas aliena)* gestempelt, indem er sich an vergängliche Dinge klammerte, statt sich den unvergänglichen Dingen zuzuwenden, die in Einklang mit der Unsterblichkeit der Seele stehen. Dennoch ist die ursprüngliche Reinheit und Simplizität der Seele nicht verloren, sondern nur verdunkelt; deshalb hat sie eine 'doppelte Hülle' von Sterblichkeit und Unsterblichkeit, von Ähnlichkeit und ihrem Gegenteil, von Göttlichkeit und sündigem Menschsein, eine weiße Farbe der Substanz, die mit einer 'akzidentellen', ihrer eigentlichen Natur fremden Schwärze vermischt ist.[9] Diese paradoxe Duplizität der menschlichen Seele seit dem Sündenfall bildet das Fundament, auf das sich die Darstellung von Heinrich und seiner Beziehung zu dem Mädchen gründet.

In diesem elenden Stand der Sünde wird Heinrich von dem Meier und seiner Familie freundlich behandelt und in ihr Heim aufgenommen; deren Nächstenliebe drückt ihre Dankbarkeit für den wohlwollenden Schutz aus, den sie früher von ihm, ihrem Herrn, erfahren haben. Vor allem das Mädchen, ihre Tochter, ist die Personifikation und Inkarnation dieser Nächstenliebe. Vom ersten Augenblick an, in dem Heinrich das Heim ihrer Eltern betritt, wird sie von Mitleid für das Leiden ihres Herrn und Meisters gerührt. Nächstenliebe, die Gabe des Hl. Geistes, motiviert sie, jederzeit seine Gesellschaft zu suchen. In ihren Augen ist er wesentlich rein:

v. 342 ff. *diu guote maget in liez*
belîben selten eine,
er dûhte sî vil reine.

Ihre Liebe zu ihm — denn Liebe kann und muß man es nennen — ist uneigennützig und überschreitet den Rangunterschied

[9] Vgl. St. Bernhard, In Cant. Cant. LXXXII, 4—5; P. L. CLXXXIII, 1179.

zwischen ihnen. Von Anfang an ist diese Liebe selbstloser Dienst, der weit über die Erfordernisse feudaler Lehnsverpflichtung hinausgeht. Von eben diesem Anfang an stellt sich eine *gesellescbaft* zwischen den beiden ein. Während andere es für angebracht halten, seine Gegenwart *ze rehter mâze* (v. 315) zu meiden, beweist sie, daß ihre Zuneigung zu ihm kein Maß kennt. Die mögliche Ansteckung mit Aussatz vermag nicht, sie von ihm fernzuhalten. Im Hinblick auf spätere Entwicklungen ist es unmöglich zu glauben, daß nur ihr zartes Alter und ihre Unschuld sie veranlassen, sich so zu verhalten. Im Gegenteil, ihre ganze Haltung Heinrich gegenüber ist symbolisch angelegt. In ihren Augen ist er Christus ähnlich, denn durch das akzidentelle Schwarze der Sünde hindurch sieht sie das Weiße seiner unsterblichen Seele, selbst wenn dieses Weiße zur Zeit verdunkelt ist. Seine potentielle 'Vollendung' erweckt in ihr ein Mitleiden, dem des Gläubigen angesichts des leidenden Christus vergleichbar, der die Schwärze der menschlichen Sünde auf sich nahm, um die Menschheit zu erlösen. Obgleich Heinrich ein Mensch und ein Sünder ist, stellt er kraft seiner ursprünglichen Reinheit und des göttlichen Bildes, nach dem er erschaffen wurde, für das Mädchen eine potentielle irdische Analogie zu Christus dar, als der Neue Adam, der er zu werden vermag. Dieser Natur und diesen Grades ist ihre *caritas*. Wie Maria erwählt sie den besseren Teil und hat 'das einzige, das wahrhaft nötig ist'. Die Tatsache, daß sie noch ein Kind und unberührt ist, würde wenig besagen, wenn es nicht um die Symbolik ginge. Im Gegensatz zu Heinrichs 'möglicher' Vollendung (aber gegenwärtiger Sündhaftigkeit) ist das Mädchen selbst gegenwärtig vollkommen, stellt also eine Analogie zur Menschheit in ihrer ursprungliechn 'Simplizität', vor dem Einbruch der *superbia* dar. Sie ist von Weltlichem nicht berührt:

v. 690 ff. *ouch hât mich werltlîch gelust*
unz her noch niht berüeret,
der hin zer helle füeret.

Weil sie diese symbolische 'Simplizität' hat, ist es ihr gegeben, auch Heinrich in seiner ursprünglichen Unbeflecktheit, in seiner reinen 'Substanz' zu sehen. Sie fürchtet seinen Aussatz weder noch verachtet sie ihn, obgleich ihr größtes Verlangen ist, seine Gesundheit wiederherzustellen. In ihren Augen ist er der Erlösung überaus wert. Damit möchten wir natürlich nicht sagen, dies alles sei in irgendeiner Weise psychologisch zu interpretieren; sondern eher, daß es in die *caritas*-Symbolik der Charakterisierung des Mädchens eingebunden ist und daß sich alle ihre Handlungen aus der symbolischen Motivation ihrer *caritas* herleiten.

Bezeichnenderweise spricht Heinrich von dem Mädchen als seinem *gemahel*. Diese Bezeichnung zeigt an, daß ihre Beziehung zwar als durchaus vertraut (*heimlîch*, v. 340), aber als wesentlich unkörperlicher Art gesehen wird. Noch spielt körperliche Liebe keine Rolle, eine Tatsache, die die Geistigkeit ihrer Verbindung unterstreicht.[10] *gemahel*, dessen lat. Äquivalent *sponsus* mit so vielen bedeutungsvollen mystischen Assoziationen angefüllt ist, kann nicht leichthin abgetan werden, wie alltäglich und 'unmystisch' der Kontext, in dem es steht, auch erscheinen mag. Sein Stellenwert leitet sich unmittelbar aus der überragenden Rolle, die das Konzept der *caritas* in diesem Gedicht einnimmt, her. Angesichts des hohen Grades an Geistigkeit, die ihrer beider Gemeinsamkeit schließlich erreichen wird, muß *gemahel* als außerordentlich bedeutungsschwer angesehen werden. Kurz gesagt: er nennt sie sein *gemahel*, weil ihr Verhalten von *caritas* motiviert ist.

Die mitleidige Liebe des Mädchens zu Heinrich ist also geistlicher und nicht körperlicher Natur und kraft dieser von Gott inspirierten transzendentalen Qualität ist in ihr die Möglichkeit zu vollkommener Selbstaufopferung angelegt.[11] Als das Mädchen erfährt, daß sie die notwendigen Voraussetzungen für die Operation

[10] De Boor (Gesch. d. dt. Lit. [München, 1953], Bd. II, S. 79) bemerkt: „Die *caritas* des Kindes ist nicht absolut, sie ist zugleich gesteigerter, entsinnlichter *amor*." Aber was ist „entsinnlichter *amor*" wenn nicht *caritas* (*amor castus*)? Den Argumenten von E. Rose (Germ. Rev. XXII, 182—187) zugunsten einer erotischen Betrachtung kann man unmöglich zustimmen. Hartmanns nachdrücklicher Hinweis auf den Heiligen Geist (v. 347—48) beweist schlüssig, daß ausschließlich *caritas* für die Handlungen des Mädchens verantwortlich ist.

[11] Vgl. J. Schwietering, Deutsche Dichtung des MA.s (Potsdam, 1932), S. 158.

mitbringt, die allein ihren Herrn heilen kann, bietet sie sich sofort dafür an. Nun ist der Augenblick gekommen, in dem sich ihre Nächstenliebe in dem ganzen Ausmaß ihrer opferwilligen Demut offenbaren soll. Im Gegensatz zu Heinrichs *superbia* demütigt sie sich, indem sie ihm versichert, sein Leben sei wertvoller als das ihre (v. 926), was den Höhepunkt einer beständigen Haltung von Demut, die drei Jahre zuvor begonnen hatte, bildet. Die Symbolik, die mit dieser Bereitschaft, sich selber zu opfern, um das Leben eines Mitmenschen zu retten, verknüpft ist, muß nachdrücklich betont werden. Das Mädchen in ihrer Reinheit und 'Einfältigkeit' ist eine Analogie zu Christus selbst, der sein Blut hingab, um die Menschheit zu retten. Sie ist bereit, ihr Blut zu vergießen, um Heinrich zu retten, und durch ihn die Menschheit, da Heinrich ja die Menschheit im Stande der Sünde verkörpert. Sie hat die Fähigkeit, ihn zu erlösen, und diese Fähigkeit, geistlich und nicht von dieser Welt, ist ein unabdingbarer Teil ihrer 'Göttlichkeit', ihrer unverletzten Ebenbildlichkeit. Nur Gott, in der Person seines Sohnes, war rein genug, die Welt zu erlösen. Nur das Mädchen ist rein genug, um Heinrich zu erlösen. Ihre *caritas* ist die *caritas* Christi.

Die Christus-Symbolik in der Darstellung des Mädchens muß bis zu ihrem logischen Schluß verfolgt werden, selbst wenn das über das hinausführt, was tatsächlich beschrieben wird. Obwohl das Blut des Mädchens nicht tatsächlich vergossen wird, muß das Symbol als Realität angenommen werden. Der nackte Körper des Mädchens, der auf dem Tisch liegt, das Wetzen des Operationsmessers — dies sind kraftvolle Symbole. Sie stehen für die absolute Realität des gebrochenen Leibes Christi am Kreuz und seines Blutvergießens zur Erlösung der Sünder. Die Schönheit ihres Körpers, wie Heinrich ihn sieht (v. 1241 ff.), ist die Schönheit seines Körpers, wie er am Kreuz hängt. Heinrichs Mitleid mit dem Mädchen, das tatsächlich seine Erlösung bewirkt, muß vor dem Hintergrund und in dem symbolischen Kontext des Kalvarienberges gesehen werden.[12] Symbolisch

[12] Schirokauer (Z. f. d. A. LXXXIII, 72) bezieht sich auf den 'Symbolwert des nackten Körpers'. Darüber hinaus sagt er: „dem betrachtenden Heinrich verschmilzt ... ihr Bild in eins mit dem des nackten und gebundenen Christus" (G. R. M. XXXIII, 266).

stirbt das Mädchen, ersteht jedoch wieder auf durch Heinrichs mitleidige Nächstenliebe, die hier zum erstenmal wirksam wird.[13] Heinrichs Worte

> v. 1234 f. *nu sach er sî an unde sich*
> *und gewan ein niuwen muot,*

drücken die sakramentale Paradoxie aus, die in dieser Situation beschlossen ist. Das Mädchen, rein und unschuldig, wohlgestaltet, steht im Begriff, die Konsequenzen der Sünde zu erleiden, die nicht ihren, sondern Heinrichs Körper deformiert hat. Nicht er, sondern sie soll sterben. Ihr Leib, wie der Leib Christi, soll diese Deformierung auf sich nehmen und, obschon selber ohne Fehl, die Qualen des Todes erleiden. Hinter der physischen Schönheit, die Heinrich mit seinen Augen erblickt, und, über sie hinausweisend, erscheint hier die mit der Christus-Symbolik verknüpfte moralische Schönheit, auf die sein Herz antwortet, eine moralische Schönheit, deren äußerer Ausdruck die uneingeschränkte Freiwilligkeit des Opfers, wie des Opfers Christi, ist.[14] In einer Hinsicht ist diese Bereitschaft, das eigene Leben um eines anderen Menschen willen hinzugeben, wahrhaft übermenschlich, aber gleichzeitig offenbart sie die essentielle 'Humanität' des Mädchens, eine vollkommene Menschlichkeit, die *similitudo* Gottes ist. Das Transzendente und das Immanente sind untrennbar.

Die Nacktheit des Mädchens in dem Augenblick, als sie geopfert werden soll, ist mit einer weiteren symbolischen Bedeutung befrachtet, die in diesem Zusammenhang Beachtung verdient. Es heißt:

[13] Der hl. Bernhard setzt die Wunden Christi mit den Felsklüften des Hohenliedes II, 14 (In Cant. Cant. LXI, 2; P. L. CLXXXIII, 1071) gleich. Heinrich betrachtet das Mädchen durch die *schrunden* in der Mauer; das Messer, das die Wunden in ihren Körper schlagen soll, wird auf einem *(wetze)-stein* geschärft und sie liegt in einer *kemenâte*, eine Reminiszenz des *cubiculum* des Hohenliedes I, 4. Vgl. Schwietering, Tristan, S. 23, wo diese Passage mit Wolframs Sigune verbunden wird. Schirokauer (G. R. M. XXXII, 267) stellt fest, daß eine *unio mystica* stattfindet, während Heinrich das Mädchen *nacket und gebunden* betrachtet.

[14] Vgl. Schirokauer, Z. f. d. A. LXXXIII, 73.

v. 1194 ff. *schiere stuont sî âne wât*
und wart nacket unde blôz;
sî schamt sich niht eines hâres grôz.

In ihrem Stand der Unschuld schämt sie sich ihrer Nacktheit nicht — anders als Adam und Eva, die, nachdem sie die verbotene Frucht gegessen hatten, wußten, daß sie nackt waren und sich schämten. Das Mädchen kennt keine Scham, weil sie keine Sünde kennt. Nichts könnte klarer als diese Verse den weitgespannten Symbolgehalt anzeigen.

Die Wirksamkeit des Opfers hängt von dessen unbedingter Freiwilligkeit ab, und es liegt auf der Hand, weshalb diese Bedingung gesetzt wird. Durch seine Hingabe an weltliche Dinge hat Heinrich seinen Willen — wider die 'bessere Natur' seiner Seele — versklavt. Er hat 'freiwillig' einen sündigen Weg eingeschlagen. Auch wenn dieses Urteil hart erscheinen mag, so bleibt es doch wahr, weil jede Art von Sünde, ob sie nun bewußt oder unbewußt begangen wird, *per definitionem* Versklavung des Willens ist. Der freie Wille ist ein integraler Bestandteil der Unsterblichkeit der Seele und kann niemals verlorengehen, aber durch das Paradox der 'freiwilligen Notwendigkeit' wird die Seele versklavt, wenn der Wille der Sünde zustimmt.[15] Insofern, als Heinrichs Aussätzigkeit seine Sünde repräsentiert, ist sie ein Symptom von Versklavung. Wenn er vom Aussatz gereinigt werden soll, so kann dies nur durch eine freie Willensentscheidung geschehen. In dieser Weise erfüllt die freie Entscheidung des Mädchens, sich selber zu opfern, die wesentliche Bedingung für Heinrichs Befreiung und die Wiedergutmachung des Schadens, den seine Sünde auf ihn gezogen hat. Ihre *caritas*, die wahre Freiheit ist, hat die notwendige heilsame Qualität.

Wegen Korruption des Textes in v. 225 und v. 447 ist die zweite Eigenschaft (nach Jungfräulichkeit), die für das Opfer erforderlich ist, immer unsicher geblieben. Bis vor relativ kurzer Zeit hat man mehr oder weniger angenommen, das umstrittene Wort in den beiden Zeilen habe die Bedeutung 'heiratsfähig' gehabt. Trotz neuerer Vorschläge, die dem widersprechen, teilen wir die ältere Auffas-

[15] Vgl. St. Bernhard, In Cant. Cant. LXXXI, 7; P. L. CLXXXIII, 1174.

sung. Die Tatsache, daß in beiden Zeilen *ein* Manuskript (obgleich nicht dasselbe) ein Wort mit der Bedeutung ‘heiratsfähig’ hat (v. 225 im MS B: *vrîebere*; v. 447 im MS A: *manbere*), gilt uns als Evidenz zugunsten der Deutung, Heiratsfähigkeit habe als zweite wesentliche Bedingung zu gelten. Die meisten Kritiker sind davon ausgegangen, daß beide Zeilen dasselbe Wort enthalten müßten, weil Heinrich in v. 447 die Aussagen des Arztes aus Salerno (v. 225) wörtlich wiedergebe. Aber diese Annahme ist nicht zwingend. Heinrich kann ebensogut ein Synonym verwendet haben. *manbere* ist ein Synonym zu *vrîebere*, und wir meinen, daß diese beiden Wörter im Originaltext gestanden haben, und zwar das letztere in v. 225 und das erstere in v. 447.[16] Darüber hinaus ist es ganz eindeutig, daß das Mädchen zu dem Zeitpunkt, zu dem sie das Opfer anbietet, tatsächlich heiratsfähig war, während es unwahrscheinlich ist, daß sie schon zu dem Zeitpunkt, als Heinrich sich auf das bäuerliche Anwesen ihrer Eltern zurückzog, heiratsfähig gewesen ist. Hartmann war offensichtlich sehr daran gelegen, diese Tatsache ganz deutlich herauszuarbeiten. Das Mädchen redet, als sei für die Eltern die Zeit gekommen, sie in die Ehe zu geben. Sie nimmt an, ihr Vater sei doch wohl einsichtig genug zu wissen, daß sie kaum länger als vielleicht noch zwei, höchstens drei Jahre bei ihnen leben könne. Falls Heinrich während dieser Zeit stürbe, könnten sie so verarmt dastehen, daß sie ihr keine Mitgift geben könnten. Weit besser also sei es, sie würden sie jetzt Christus weihen und damit sowohl Heinrichs Überleben als auch ihr eigenes künftiges Wohlergehen sichern:

v. 773 f. *nu setzt mich in den vollen rât*
der dâ niemer zergât.

Man wird bemerken, daß sie sogar für die mystische Heirat um die Zustimmung der Eltern bittet. Anders gesagt: zu diesem Zeitpunkt wäre von ihren Eltern zu erwarten gewesen, daß sie auf die Rechtsansprüche an ihrer Tochter als ihrem alleinigen Verfügungseigentum verzichten und sie heiraten lassen würden. Als sie diese Worte spricht, ist sie sicherlich heiratsfähig, und diese Tatsache wird

[16] Lachmann hat sich auch für diese Lesart entschieden.

stark betont. Warum also gibt es diese nachdrückliche Betonung der Heiratsfähigkeit, und wenn es, wie wir glauben, beabsichtigt ist, zweifelsfrei nachzuweisen, daß sie die Eigenschaft, auf die in v. 225 und v. 447 Bezug genommen wird, hat — warum ist Heiratsfähigkeit so bedeutend für das Opfer? Es scheint nur eine Antwort zu geben: Solange die Tochter noch in der *huote* ihrer Eltern ist, hat sie keine eigenen Rechte und kann deshalb keine freie Entscheidung treffen. Die Verantwortung für alle ihre Taten liegt bei ihren Eltern. Wenn sie aufhören soll, deren Eigentum zu sein, so müssen die Eltern ihre rechtmäßige elterliche Entscheidungsgewalt über sie aufgeben, was sie um Heinrichs willen auch tun:

v. 986 *wir wellen ir durch iuch entwesen.*

Die präzise gesetzliche Bedeutung von *sich entwesen* an dieser Stelle ist der Aufmerksamkeit der Kritiker bisher entgangen. Ihre Eltern geben ihr Recht der absoluten Kontrolle über sie auf. Sie soll Christus anverlobt werden, um Heinrichs Gesundung sicherzustellen, denn nur, wenn sie so versprochen ist, kann sie den höchsten Grad der *caritas* erreichen, der nötig ist, um den Heilungsprozeß erfolgreich durchzuführen. Sobald sie verlobt, obschon noch nicht verheiratet ist, wird sie ein *wîp*:

v. 1128 *ich bin ein wîp und hân die kraft:*[17]

Nun ist sie gesetzlich berechtigt, eine Entscheidung zu treffen, für die nicht ihre Eltern verantwortlich sind. Wie wir zuvor festgestellt hatten, kann Heinrich nur durch einen freien Willensentscheid gerettet werden. Das Mädchen muß also in den Stand gesetzt werden zu zeigen, daß ihre Liebe weder unterwürfig noch händlerisch, sondern gänzlich uneigennützig ist.[18] Nur wenn dieser Fall gegeben

[17] Vgl. J. Dieffenbacher, Deutsches Leben im 12. und 13. Jahrhundert (Berlin und Leipzig, 1918), Bd. II, S. 89.

[18] Oder, um den Ausdruck des hl. Bernhard zu gebrauchen, *amor castus.* Unter dem symbolischen Aspekt ist die Heiratsfähigkeit des Mädchens in diesem Sinn das stärkste Argument dafür, daß es sich um eine wesentliche Bedingung handelt. *gemahel* und *vrîebere* (oder *manbere*) sind Schlüsselwörter in der mystischen Symbolik, um die es hier geht.

ist, wird das Opfer wirksam sein; denn der höchste Grad der *caritas* ist nicht nur erforderlich, um die *unio mystica* zu erreichen, sondern auch, um Heinrich zu heilen. Nur in dieser Weise kann das Blut des Mädchens die erlösende Wirkung des Blutes Christi erwerben. Sie leitet ihre Kraft aus der 'Autorität' dessen her, dem sie verlobt ist.

Hartmann betont das Verlangen des Mädchens nach mystischer Vereinigung mit bemerkenswertem Nachdruck. Wenn sie einerseits als 'Erlöser' zu betrachten ist, so sehnt sie sich selber doch auch nach der Vereinigung mit dem himmlischen Bräutigam, dem ursprünglichen Erlöser. Selbst wenn sich das nicht auf den ersten Blick erschließt, sind doch diese beiden Aspekte in der Darstellung des Mädchens durchaus stimmig. Es handelt sich hier um komplementäre Aspekte der einen Tugend von *caritas*. Wie Schwietering erkennt, sind ihre Aussagen über den himmlischen Bräutigam „aus visionärer Schau gesprochen“ [19]. Die ganze Rede, die sie an ihre Eltern richtet (v. 663—854), ist ihr vom Hl. Geist eingegeben (v. 863 ff.), und die Gabe des Hl. Geistes ist *caritas*. Die vernichtende Logik, mit der das Mädchen argumentiert, überschreitet ihre eigenen natürlichen Fähigkeiten zu argumentieren weit und beweist, daß eine höhere Weisheit sie leitet. Wenn sie darauf besteht, daß sie die *triuwe* zu sich selbst über alle anderen Ansprüche an ihre Loyalität und Liebe stellen muß, folgt sie dem Rat des hl. Bernhard:

> *In acquisitione salutis nemo tibi germanior unico matris tuae. Contra salutem propriam cogites nihil ... Quidquid se considerationi offerat, quod non quoquo modo ad tuam ipsius salutem pertinet, respuendum* (De Consideratione, II, 3; P. L. CLXXXII, 746).

Ihre Entschiedenheit, alle Hindernisse auf dem Weg zu ihrem Heil beiseite zu schieben, stimmt eindeutig zu ihrer heftigen Leidenschaft für die mystische Vereinigung — auch wenn uns ihr offenkundiger Mangel an Rücksicht auf die Eltern grausam erscheinen mag. Indem sie vor allem ihre eigenen Interessen wahrnimmt, wird sie von der mystischen Logik geleitet, die im Stande der Ebenbildlichkeit keinen Widerspruch in der Liebe zu sich selbst und der

[19] Vgl. Tristan, S. 22.

Liebe zu Gott erkennt. Nur die *dissimilitudo* schafft eine Opposition zwischen beidem.[20] Kraft einer Weisheit, die ihre eigene übersteigt, weiß das Mädchen, daß die einzig wahre Eigenliebe vor allem die Liebe zu Gott ist. In diesem Zusammenhang drückt das Wort *triuwe* so angemessen wie nur irgendeins im Mhd. den vollen Gehalt von *caritas* aus.

Wenn man diesem Gedanken folgt, besteht also kein Widerspruch zwischen der *caritas*, die das Mädchen für Heinrich aufbringt, und ihrer *caritas* in bezug auf sich selbst, die mit Liebe zu Gott identisch ist. Beides ist Gabe des Hl. Geistes. Nächstenliebe und Gottesliebe sind untrennbar miteinander verknüpft (I. Joh. IV, 20—1). Dementsprechend ist im Rahmen der weiter gefaßten Symbolik die Darstellung der reinen *maget* in ihrer mystischen Sehnsucht nach der ewigen Glückseligkeit ein unabtrennbarer Teil ihrer Funktion als Heinrichs Erlöserin.

Als das Mädchen schließlich entdeckt, daß ihr die Gelegenheit, das Opfer zu bringen, verweigert werden soll, mündet ihre Enttäuschung in einen hemmungslosen Wutausbruch. Diese Reaktion ist von derselben *caritas* inspiriert, die ihre Haltung gegenüber den Eltern bestimmte, solange diese sich mit ihrer Entscheidung nicht versöhnt hatten. Die mystische Liebe der Braut zu ihrem Geliebten ist wesentlich eine leidenschaftliche Liebe. So sagt der hl. Bernhard: „Causa diligendi Deum, Deus est: modus, sine modo diligere“[21]. Des Mädchens Verletzung des Gesetzes der *mâze* beweist, daß ihre Liebe maßlos ist. Derselbe Mangel an *mâze* zeigt sich, als sie sich bei der Vorbereitung auf das Opfer die Kleider herunterreißt (v. 1193). Wie wir vorher schon gesehen hatten, war ihre *caritas* für Heinrich maßlos und das notwendigerweise, denn es handelt sich ja um dieselbe *caritas*, die wir eben auch hier beobachtet haben. Das Mädchen liebt *ardenter*, mit einer Liebe, die Erfüllung verlangt. In ihrem Zorn klagt sie Heinrich an, er sei ein Feigling:

v. 1319 f. *ir wâret alle iuwer tage*
und sît noch ein werltzage!

[20] Wenn nämlich der Mensch sich im Zustand der vollen *similitudo* Gottes befindet, ist seine Eigenliebe Teil der Liebe Gottes zu sich selbst.

[21] De Diligendo Deo, I, 1; P. L. CLXXXII, 974.

Das Mädchen selbst kennt keine Furcht, denn Furcht und *caritas* schließen einander aus; sie hat volles Vertrauen in Gottes Bereitwilligkeit, ihre Liebe zu erwidern. Aber ihr Glaube an Heinrich ist zerstört. Er hat ihren Erwartungen nicht entsprochen und insofern versagt. Paradoxerweise erscheint Heinrich als derjenige, der sich fürchtet, obwohl es das Mädchen ist, das im Begriff ist, den Tod zu erleiden.

Diese Einführung des Elementes der Furcht ist der Höhepunkt des ständigen Bestrebens Hartmanns, die Aufmerksamkeit gezielt auf dieses Gefühl zu lenken. Z. B. heißt es in v. 999 ff. von Heinrich, er sei im *zwîvel*, ob er das Opfer des Mädchens annehmen solle oder nicht. Sie klagt ihn ihrerseits der *verzagetheit* an und vergießt Tränen aus *vorhte*. Später (v. 1111 ff.) heißt es von dem Mädchen, sie sei *ein teil verzaget*, weil sie befürchtet, des Arztes *zageheit* werde schließlich die Operation verhindern. Dieses ständige Spiel mit *verzagen, zwîvel* und *vorhte* (in Zusammenhang mit dem Operieren mit deren Antithese, *triuwe*, in v. 1114) ist mehr als bloßer Zufall. Dahinter steht die Absicht zu zeigen, daß es in der Situation, in der das Mädchen ihre Opferwilligkeit dargetan hat, darauf ankommt, das Hindernis Furcht zu überwinden. Solange Furcht am Werk ist, kann die *caritas* ihre Ziele nicht erreichen. Das Mädchen fürchtet nicht für sich selber, aber ihr Unternehmen kann solange nicht gelingen, wie nicht alle Furcht und aller Zweifel, seien sie tatsächlich vorhanden oder nur gedacht, bei den anderen, von denen das Mädchen abhängt, beseitigt sind. Liebe und Furcht sind hier deutlich — implizit oder explizit — in eine antithetische Beziehung gesetzt, und dadurch wird die Bedeutung der *caritas* verstärkt und hervorgehoben wie in I. Joh. IV, 18: *Timor non est in caritate, sed perfecta caritas foras mittit timorem, quoniam timor poenam habet: qui autem timet, non est perfectus in caritate.*

Das Paradoxe daran ist natürlich, daß sowohl Heinrichs als auch des Arztes Zögern nicht das Ergebnis von Furcht, sondern von *caritas* ist! Wenn der erstere seine Zustimmung zu der Durchführung der Operation verweigert, so beweist er damit, daß er in der Tat umgewandelt und 'aus dem Geiste' wiedergeboren ist. Seine Umwandlung drückt sich in dem Mitleid für das Mädchen aus, und eben dies ist das äußere Zeichen für seine Erlösung von der Sünde, die direkt zu der wunderbaren Heilung, die Gott bewirkt, führt und zu seiner Rückkehr aus der 'Verbannung' in die höfische Gesellschaft. Mitleid für den Schmerz eines Mitmenschen ist *caritas*. Ihre höchste Form ist die aktive Teilhabe an den Schmerzen des gekreuzigten Erlösers, des Wortes, das Fleisch geworden ist. Ebenso wie das Mädchen *caritas* gezeigt hat, als sie an Heinrichs Elend Anteil nahm, nimmt Heinrich mitleidenden Anteil an dem symbolischen Opfer des Mädchens. Ihre Liebe erweckt Heinrichs Gegenliebe. Indem er *caritas* für das Mädchen entwickelt, wie sie auf dem Operationstisch liegt, zeigt er zugleich seine Liebe zu Gott in der Person Jesu Christi, seines Sohnes. Der Übergang vom Alten zum Neuen Gesetz wird durch das Zusammenwirken von Heinrich und dem Mädchen in wechselseitiger *caritas* und durch das Zusammenwirken beider mit der Gnade Gottes, mit seiner höchsten *caritas*, bewirkt.[22] Das Transzendente und das Immanente sind wiederum versöhnt.

Auf dieser höchsten Ebene wird Heinrichs Krankheit von Gott geheilt, der die Gnade seines Heiligen Geistes beiden Partnern zukommen läßt. Beide empfangen Gott; für das Mädchen, eine keusche Seele, kommt er als Bräutigam, für Heinrich, eine kranke Seele, als Arzt.[23] Als Heinrich sich Gott in wahrer *caritas* nähert, offenbart sich dieser nicht als ein eifersüchtiger Gott, sondern als ein Gott der Liebe und der Gnade. Die Situation des Alten Testamentes macht der neuen Situation, der Ankunft Christi, Platz.

In dieser neuen Schau werden das Mädchen und Heinrich miteinander und mit Gott in einer allumfassenden *caritas*-Beziehung vereinigt. Die Vollständigkeit der Vereinigung wird durch die Tatsache illustriert, daß Hartmann die Erfahrung, durch die sie

[22] Gnade und freier Wille wirken so zusammen, daß beide die ganze Arbeit durch ihre individuelle Energie zur gleichen Zeit bewerkstelligen. Vgl. St. Bernhard, De Gratia et Libero Arbitrio, XIV, 47; P. L. CLXXXIII, 1026—7.

[23] Vgl. St. Bernhard, In Cant. Cant. XXXII; P. L. CLXXXIII, 945—51, und Schwietering, Tristan, S. 22 *(sponsus multiformis)*.

gegangen sind, als eine Probe beschreibt, in der beide von Gott versucht worden sind und die Probe bestanden haben:

v. 1360 ff. *sît er (cordis speculâtor) durch sînen süezen list*
an in beiden des geruochte,
daz er sî versuochte
rehte alsô vollecîchen
sam Jôben den rîchen . . .

Die symbolische Bedeutung von *versuochen* ist offenkundig. Adam und Eva fielen der Versuchung anheim und brachten Sünde in die Welt. Christus bestand die schwerste Prüfung und triumphierte über Sünde und Tod.

Weitere symbolische Einzelheiten sind auch in der Beschreibung ihrer Heimkehr zu beobachten. Heinrichs Freunde ziehen ihnen drei Tagereisen entgegen, um sie zu begrüßen — eine 'Reminiszenz' der drei Tage zwischen Christi Tod und Auferstehung [24] — und:

v. 1392 f. *sîn geloupten niemens sage*
niuwan ir selber ougen.

Man wird daran erinnert, daß ähnliche Zweifel im Hinblick auf die Wahrhaftigkeit der Auferstehung Christi aufgetaucht waren und daß die Zweifler zum Grabe eilten, um mit eigenen Augen zu sehen, was zu sehen war. Bei ihrer Ankunft sahen sie, daß das Wunder tatsächlich geschehen war. Ebenso bezeugten Heinrichs Freunde ein Wunder:

v. 1394 f. *si kurn diu gotes tougen*
an sînem schoenen lîbe.

Die Wiederherstellung seiner Gesundheit, seiner Kraft und jugendlichen Schönheit hatte stattgefunden.[25] Darüber hinaus wird auch das Mädchen miteinbezogen:

[24] Schirokauer (Z. f. d. A. LXXXIII, 75—7) lenkt die Aufmerksamkeit auf diese bedeutungsvolle „Symbolik der Drei" an vielen Stellen des Gedichts.

[25] Nagel (a. a. O. S. 58) sagt: „Die Heilung ist aus dem Magischen ins Sittliche verlegt", stellt aber auch fest (S. 59—60), Gott sei „ein wunder-

v. 1406 ff. *ezn wart nie freude merre*
dan in beiden was geschehen,
dô sî hâten gesehen
daz sî gesunt wâren.

Beide sind 'erlöst', Heinrich von der Krankheit der Sünde und das Mädchen vom Tode. Beide sind 'auferstanden' und haben ein neues Leben in Christus. Gemeinsam haben sie Sünde und Tod durch mitleidende Nächstenliebe überwunden:

v. 1365 ff. *dô erzeicte der heilec Krist*
wie liep im triuwe und bärmde ist,
und schiet sî dô beide
von allem ir leide ...

Das dunkle Wort *media vita in morte sumus* (v. 92 f.) hat seine Bedeutung verloren. Im Gegenteil, Leben ist aus dem Tode entstanden. Die ganze strahlende Wahrheit der Erlösung leuchtet aus diesen Versen.

Ein geziemenderer Abschluß als die Eheschließung zwischen Heinrich und dem Mädchen, das ihm zur Errettung verholfen hat, hätte nicht gefunden werden können:

v. 1509 ff. *nu sprâchens alle gelîche,*
beide arme und rîche,
ez waere ein michel fuoge.

Kein angemesseneres Wort als *fuoge* hätte gebraucht werden können, um die wahre Harmonie und Übereinstimmung auszudrücken, die die Vereinigung dieser beiden, die sich einst so voneinander abhoben, charakterisiert. Alle Unterschiede nach Rang und Geburt sind in der Einheit der *caritas,* die sie erworben haben, aufgehoben.[26] Heinrich kehrt in die höfische Welt zurück, das

wirkender Durchbrecher des Naturgesetzlichen". Die Wahrheit liegt darin, daß die Heilung sowohl 'magisch', dank der wunderbaren Wirkung der Gnade Gottes, als auch 'sittlich' ist, dank der Ausübung des freien Willens.

[26] „Die Dialektik von Spiel und Gegenspiel ist aufgehoben. Die Dissonanzen haben sich aufgelöst in Harmonie." (Fechter, a. a. O. S. 14.)

Mädchen wird darin eingeführt als seine Gemahlin. Ihre Heirat — weit entfernt davon, ein romantischer, konventioneller Schluß zu sein — ist eines der bedeutendsten symbolischen Ereignisse in dem ganzen Gedicht, und ohne ihre Symbolik bleibt Hartmanns Botschaft weithin unverständlich.[27] Wie wir gesagt haben, entsteht nach Heinrichs Wiedergeburt in *caritas* eine neue Situation, die die neue Situation der Menschheit nach der Ankunft Christi symbolisiert. Die Ehe entsteht ganz natürlich aus dieser neuen Situation. Heinrich und das Mädchen sind im Stand der Gnade.[28] Ihr Heil ist gesichert. Das neue Leben, in das sie nun eintreten, wird ein Vorgeschmack der ewigen Glückseligkeit sein:

v. 1514 ff. *nâch süezem lanclîbe,*
dô besâzen sî gelîche
daz êwige rîche.

So weit mystische Vereinigung in diesem Leben erreichbar ist, hat das Mädchen sie in der kurzen Ekstase ihres sakramentalen, symbolischen Opfers gewonnen, mit dem sie zugleich Heinrich erlöst und den höchsten Grad der Gemeinschaft mit ihm in *caritas* erreicht hat. Diese Gemeinschaft, und die Ehe, die aus ihr entsteht, ist eine *analogia entis* der Vereinigung mit dem himmlischen Bräutigam selbst. Sie ist sakramental, und dies nicht nur in dem üblichen liturgischen Sinn, sondern auch kraft ihrer symbolischen Geltung als einer Vereinigung in und durch *caritas.* Wie wir bereits gesagt hatten, ist die Beziehung zwischen Heinrich und dem Mädchen in erster Linie geistiger Art. Daß sie nun auch eine körperliche Beziehung wird, wirft solange keine Probleme der Vereinbarkeit zwischen dem Geistigen und dem Körperlichen auf, solange das Supremat des ersteren über das letztere aufrechterhalten wird, d. h. solange *caritas* selbst das Band, das sie vereinigt, bleibt. Und da nun das Neue Gesetz gilt, wird *caritas* dieses Bindeglied bleiben; die Antinomie zwischen dem Geistigen und dem Leiblichen ist in der

[27] Sparnaays Bemerkung, „Es ist begreiflich, daß im Schlußabschnitt von Liebe nicht die Rede ist“ (Hartmann v. A. [Halle, 1938], Bd. II, S. 12), geht ganz und gar fehl.

[28] Vgl. Nagel, a. a. O. S. 63.

neuen Situation aufgehoben, in der das Wort Fleisch geworden und mit der Welt versöhnt ist. Daraus folgt nun, daß zwischen der körperlichen Vereinigung mit Heinrich und der erhofften Vereinigung mit Christus keine Imkompatibilität besteht, sondern eher eine Kontinuität, weil die erstere vergeistigt und überhöht wird. Der umfassende Sinn von *trûtgemahel* offenbart sich nun. Heinrich, das Mädchen und Christus sind alle drei vereinigt in der sakramentalen Umarmung der *caritas*. Das göttliche Bild in Heinrich ist wieder freigelegt worden; sowohl er als auch das Mädchen haben eine so vollkommene Ähnlichkeit mit Gott erworben, wie sie in dieser Welt erreicht werden kann. Es kann gar nicht die Rede davon sein, daß das Mädchen sich erst mit dem offenkundigen Verlust des schnellen Heilserwerbs abfinden müßte: sie wird in mehr als einem Sinn automatisch ausgesöhnt, in der größeren Versöhnung. Deshalb hören wir, nachdem Heinrich geheilt ist, nichts mehr über ihren Zorn.

Im Verlauf dieses Artikels haben wir versucht, symbolische Einzelheiten im ›Armen Heinrich‹ so zu ordnen, daß aus dem Stückwerk ein zusammenhängendes Ganzes erkennbar wird, das gleichsam als eine mystische Synthese erfaßt werden kann. Die zentrale Position, die *caritas* in diesem Gedicht einnimmt, ist auch früher schon hinreichend betont worden, und tatsächlich geht ihre Bedeutung auch dem Leser auf, der den ›Armen Heinrich‹ ohne spezielle Vorkenntnisse liest. Aber was bislang gefehlt hat, ist die Einsicht in die Fülle der Implikationen, die mit *caritas* verbunden sind, und in ihre integrierende Funktion; wahrscheinlich liegt das an der extremen Bandbreite der Bedeutung, die *caritas* im Denken des christlichen Mittelalters hat. Die Aspekte, unter denen sie zur Anwendung kommt, sind zahlreich. Sie löst alle Widersprüche und Gegensätzlichkeiten auf. Sie gehört, wenn man sie nicht ohnehin als den Zentralbegriff herausstellen will, zu den umfassendsten und universalsten religiösen Begriffen, und aus diesem Grund sind die Möglichkeiten, sie für symbolische Bezüge in Anspruch zu nehmen, unbegrenzt. Sie bildet den eigentlichen Kern der christlichen Botschaft. Der ›Arme Heinrich‹ ist ein Lied der Liebe und seine *meine* ist so umfassend und universal wie die *meine* der *caritas*, die man in die Formulierung „Gott und Sünder versöhnt“ fassen kann. Nagel nennt den ›Armen Heinrich‹ mit Recht ein Trostgedicht.[29] Die Tröstung, die er bietet, ist der Trost der Welt: Wie groß die Kluft, die sich durch die Sünde zwischen Mensch und Gott auftut, auch sein mag — die *caritas* hat die Kraft, sie zu überbrücken. Dieses Gesetz gilt ewig, im Himmel wie auf Erden.

Nachtrag 1972

Im Laufe der seit der Abfassungszeit des Artikels verflossenen Jahre haben sich meine Ideen und Ansichten weiterentwickelt und in mancher Hinsicht geändert. Diese Weiterentwicklung ist in den beiden folgenden Arbeiten zu beobachten: „Marriageable" in ›Der arme Heinrich‹, Modern Philology LXIV, 1966, 95—102; Ordo in the portrayal of the maid in ›Der arme Heinrich‹, Germanic Review XLIV, 1969, 83—94.

[29] Vgl. Nagel, a. a. O. S. 24.

Beiträge zur Geschichte der deutschen Sprache und Literatur 83, 1961/62, S. 137—156.

BEGINN UND ENDE DER ERZÄHLENDEN DICHTUNGEN HARTMANNS VON AUE

Von Siegfried Grosse

I

Die meisten Untersuchungen über den Aufbau und die Gliederung mittelhochdeutscher Epen pflegen den einleitenden Teil ‚Prolog' und den abschließenden ‚Epilog' zu nennen. Beide Termini sind als Gliederungstitel in den Handschriften nicht zu finden. Dort markieren oft nicht einmal Initialen oder die Absatztechnik einen inhaltlichen oder formalen Einschnitt. Deshalb kann es durchaus zu verschiedenen Meinungen über die Länge eines Prologes kommen. Hans Schreiber deutet z. B. die ersten 96 Verse des ›Armen Heinrich‹ als Prolog; [1] Hans Eggers empfindet die Verse 1—74 als geschlossene Einleitung (in der symmetrischen Aufteilung 28 — 18 — 28); [2] und wir werden den Einschnitt zwischen Prolog und eigentlicher Erzählung schon bei Vers 28 machen.

Die festgefügte Dreiteilung der Epen mit Einleitung (prologus, exordium, proemium), Erzählung (narratio) und Schluß (epilogus, conclusio) stützt sich auf eine lange und bewährte Tradition, deren Geschichte hier nicht verfolgt werden soll.[3] Der Dichter gibt seiner Erzählung einen Rahmen, der die doppelte Aufgabe hat, zu verbinden und zu lösen. Er soll zum Werk hinführen und es aber auch

[1] Hans Schreiber: Studien zum Prolog in mittelalterlicher Dichtung, 1935, S. 24.

[2] Hans Eggers: Der goldene Schnitt im Aufbau alt- und mittelhochdeutscher Epen, Wirkendes Wort 10, 1960, S. 193.

[3] Vgl. hierzu bes. Franz Stoessls ausführlichen Artikel ‚Prolog' in RE, 45. Halbband (1957), Sp. 632—641; außerdem den stichwortartigen Abriß bei Schreiber: a. a. O. S. 1 ff.

gleichzeitig gegenüber der Umgebung abgrenzen, es hervorheben und sichtbar machen. Der Dichter nimmt die Verbindung zum Publikum oder Auditorium auf, indem er sich selbst, die Quelle und seine Absicht nennt. Er bittet um Aufmerksamkeit, Wohlwollen und Nachsicht; er distanziert sich von den Kritikern. Diese einzelnen Programmpunkte werden oft in formelhaften Wendungen nach den Anweisungen lateinischer Poetiken abgehandelt.[4] Ihre individuelle Färbung erhalten sie durch die Art und Weise, wie sie mit Hinweisen und Anspielungen auf die Ereignisse und Ideen der folgenden Erzählung verwoben werden. Wie der Prolog die Geschichte einleitet, so führt der Epilog von ihr weg. Der Autor entläßt sein Publikum wieder: er weist nochmals auf die Handlung zurück, um aus ihr möglicherweise für das Auditorium und sich selbst eine Lehre mit praktischer Nutzanwendung zu ziehen. Dem Prolog kommt in den mittelhochdeutschen Epen die größere Bedeutung zu. Er ist sehr viel häufiger als der Epilog; denn fast jeder Erzählung geht eine Einleitung voraus, während ein besonderes Kompositionsglied am Ende nicht immer vorhanden ist. Oft schließt der Dichter die Erzählung nur mit einer kurzen Bemerkung oder mit einem Gebet. Diese beiden Arten des Abschlusses kann man wegen der Kürze nicht als Epilog bezeichnen. Ein größerer Epilog ohne einleitende Entsprechung am Beginn des Epos ist sehr selten.[5]

Durch Vorausdeutungen und rückbezogene Hinweise auf das große Mittelstück der Erzählung können sich Prolog und Epilog berühren, aber auch dadurch, daß sich der Dichter an diesen Stellen nennt oder dort die Erzählung verläßt und von einem persönlichen Standpunkt aus zum Publikum spricht. Diese Klammer- und Rahmenfunktion zeigt sich z. B. auch im spätmittelalterlichen Schauspiel, in dem ‚Prologus‘ und ‚Epilogus‘ als eine Rolle aufgefaßt und deshalb von demselben Schauspieler gesprochen werden. Ehrismann, der sich in mehreren Arbeiten eingehend mit den Prologen der mhd. Epen beschäftigt hat,[6] meint sogar, daß Anfangs- und Schlußteil miteinander vertauscht werden können; denn er

[4] Siehe unten S. 182 (Konrad von Hirsau).

[5] Veldekes ›Eneid‹, V 13 429—528.

[6] Vgl. auch ‚Studien über Rudolf von Ems‘, Heidelberg 1919.

nennt die Epiloge zu Veldekes ›Eneid‹ und zum ›Lanzelet‹ Ulrichs von Zazikhoven Prologe, die an den Schluß gesetzt worden sind.[7] Es gibt natürlich auch Fälle, in denen der Dichter den Rahmen bewußt kunstvoll gebaut hat, wie wir an Hartmanns ›Gregorius‹ sehen werden.

Im Schlußteil seines Aufsatzes Duzen und Ihrzen im Mittelalter schreibt Ehrismann: „Diese Einleitungen bzw. Epiloge verdienten wohl eine historische Spezialuntersuchung. Die großen Züge der Entwicklung der mhd. Literatur würden sich hier schon im kleinen zeigen." [8] Etwa 30 Jahre später hat Hans Schreiber diese Anregung aufgenommen. Seine Studien zum Prolog in mittelalterlicher Dichtung bieten auf engem Raum eine große Stoffsammlung; aber in der Deutung kommen sie über das Skizzenhafte nicht hinaus. — Zu verschiedenen Prologen gibt es je nach ihrer Länge und Schwierigkeit eine Reihe von Einzeluntersuchungen, die in der Regel als Beitrag zur Interpretation des Gesamtwerkes gedacht sind.

Die folgenden Untersuchungen wenden sich den erzählenden Dichtungen Hartmanns von Aue zu, um an den Werken e i n e s Dichters die Gemeinsamkeiten und Unterschiede in der Bauweise der Prologe und Epiloge (oder Epenschlüsse) zu beobachten. Dabei kommt es vor allem auf die folgenden Fragen an: Wie gliedert Hartmann die Einleitung und den Schluß seiner Epen; stimmt er diese beiden Teile aufeinander ab? Ergeben sich aus einem Vergleich der Prologe miteinander in bezug auf Form, Aufbau, Inhalt und Wortwahl Hinweise, die auf die chronologische Reihenfolge der Werke schließen lassen? Kann man bestimmte Stileigentümlichkeiten feststellen? — Da Anfang und Ende außerhalb der Erzählung stehen, können sie für sich allein betrachtet werden, wobei selbstverständlich der Blick auf das viel umfangreichere, in der Mitte stehende Werk nicht vergessen werden darf.

[7] Zfdt. Wortforschung 5, 1903/04, S. 143.

[8] Ebda.

II

Im ›Gregorius‹ sind Anfang und Ende sehr viel breiter angelegt als im ›Armen Heinrich‹ und ›Iwein‹. Nur hier hat Hartmann als Gegenstück zu dem ausführlichen Prolog einen längeren Epilog geschaffen. In den Eingangsversen 1—176 nennt er nicht nur seine Absicht und sich selbst, sondern er gibt dem Leser bereits eine theologisch durchdachte Interpretation und eine kurze allegorisch gefaßte Inhaltsangabe der folgenden Erzählung. Auf die Einleitung ist der Schluß vielfach bezogen (3959—4006). Prolog und Epilog sind die Pfeiler, auf denen ein Bogen von großer Spannweite ruht, der die Legende trägt.

Gabriele Schieb sagt mit Recht, „daß der Gregoriusprolog in einem besonderen Sinn Schlüssel für das Verständnis der Gesamtdichtung ist".[9] Sie zeigt, wie die fünf Stücke des Bußsakramentes im Gregoriusprolog der Reihe nach genannt werden und welche Bedeutung sie für die ganze Dichtung haben. Denn Hartmann wolle das zu seiner Zeit junge und deshalb aktuelle Sakrament der Beichtbuße erläutern und in einer Erzählung darstellen. G. Schieb unterscheidet im Prolog vier Abschnitte:

1. 1— 34 geistliche Themenstellung A: praesumptio
2. 35— 86 geistliche Themenstellung B: desperatio
3. 87—170 allegorische Inhaltsvorschau
4. 171—176 sachliche Angaben über den Dichter und sein Werk.

Dieser Gliederung sei auf Grund unserer Beobachtungen ein anderer Versuch gegenübergestellt:

I	1— 5	(5 V)	Selbstanklage des Dichters	
II	6—50	(45 V)	Geistliche Themenstellung:	
			praesumptio	(6)
			A) Falsch:	
			Jugend/Sünde — Alter/Buße	(7—16)
			Begründung: ein früher Tod macht die Buße unmöglich	(17—25)

[9] Gabriele Schieb: Schuld und Sühne im Gregorius, PBB 72, 1950, S. 51 f.

				Richtig: Frei von Sünde zu leben, ist kein zu hoher Preis für die ewige Seligkeit	(26—34)
			B)	Die Exempel: der besondere Fall: Hartmann will die Last seiner Sünden verringern	(35—42)
				der allgemeine Fall (= Sentenz): Gott vergibt einem reuigen Sünder stets	(43—50)
III	51—96	(46 V)	A_1	das ‚quare‘ der Erzählung: Falsch: desperatio der zwîvel ist eine Falle des Teufels	(51—65)
				Begründung: zwîvel ist mangelndes Gottvertrauen	(66—75)
			B_1	Richtig: Beichte — Buße	(76—78)
				Wiederholung anhand von Beispielen	
			A_2	Falsch: das scheinbar Positive: der bequeme Weg = der ewige Tod	(79—86)
			B_2	Richtig: das scheinbar Negative: der unbequeme Weg = der sælden strâze	(87—96)
IV	97—170	(74 V)		Gleichnis vom barmherzigen Samariter = kurze, allegorische Vorschau auf den Inhalt.	
			A_1	Überfall auf den Wanderer	(97—109)
			B_1	Gottes Barmherzigkeit: Hoffnung und Furcht	(110—134)
			A_2	Gesundung des Überfallenen	(135—143)
			B_2	Rückblick auf den Beginn des Gleichnisses, Warnung vor der desperatio und damit Hinleitung zur Erzählung	(144—170)

V 171—176 (6 V) titulus

Hartmann nennt sich (171—176)

Die Gliederung ergibt sich aus dem Inhalt, dem gedanklichen Aufbau und den syntaktischen Einschnitten. Sie wurde nicht im Hinblick auf ausgewogene Zahlenverhältnisse und Proportionen gewonnen. Hartmann entwickelt seine Gedanken klar, er reiht sie übersichtlich aneinander. Er beginnt den Prolog mit einem Bekenntnis und schließt ihn mit der Namensnennung. Dabei wechselt Hartmann von der 1. zur 3. Person Singularis. In allen anderen Prologen (einschließlich ›Büchlein‹) spricht er von sich nur in der dritten Person. Hier werden die Mitteilungen des Persönlichen und des Offiziellen unterschieden.

Anfang und Ende (die beiden Teile I und V) umrahmen drei große Abschnitte, die wiederum doppelt unterteilt sind. Hartmann geht pädagogisch geschickt vor; denn er verleiht seinen Gedanken eine besonders plastische Eindringlichkeit dadurch, daß er sie aus der Wirkung des Kontrastes herausentwickelt. Alle drei Abschnitte beginnen im ersten Teil mit einer gegensätzlich aufeinander bezogenen Gedankengruppe, die in der Variation eines Beispiels im zweiten Teil wiederholt und fortgeführt wird. Hartmann stellt stets das Negative an den Anfang, weil es lockt und die Aufmerksamkeit weckt. Diese Aufbautechnik zeigt sich am deutlichsten im Mittelabschnitt (III), welcher den für Prolog und Erzählung zentralen Begriff des *zwîvels* erläutert. Deshalb gehört die Schilderung der *saelden strâze* noch zu dem *zwîvel*-Exkurs und nicht schon zum Gleichnis vom Barmherzigen Samariter. An diesem Punkt weicht unsere Gliederung am weitesten von der Gabriele Schiebs ab. — Die drei großen Mittelabschnitte des Prologs (II, III, IV) variieren in ihrer gegensätzlichen Spannung das Thema der Legende. Es klingt bereits formelhaft in der contradictio in adjecto *der guote sündaere* an. Gregorius ist von Anfang der Geschichte an *guot* und bleibt es über alle Ereignisse, Gefahren und Versuchungen hin, trotz allen Leids bis zum Ende; denn nach jeder Sünde, die er unwissentlich und ohne Absicht begeht, zieht er die Konsequenzen und handelt entsprechend. Gregorius empfindet Reue und tut Buße; er bewährt sich stets aufs neue, und er erweist sich damit des Vertrauens würdig, das Gott in ihn setzt, um ihn für die große Aufgabe des Pontifikats vorzubereiten. Die enge Verbindung des positiven Attributes *guot* mit dem negativen Substantiv *sündaere* deutet skizzenhaft den Kern der Legende an.

Ein Blick auf die Syntax des Prologes zeigt, daß Hartmann im Teil IV (97—170 Gleichnis vom Barmherzigen Samariter) den einfachen Satz als Ausdrucksmittel der Erzählung bevorzugt. Dagegen setzen die nicht einfachen theoretischen Erörterungen der Teile II (6 ff.) und III (51 ff.) mit mehrfach untergliederten Satzgefügen ein. Fast jeder Satz beginnt mit einer Konjunktion, einem relativen Anschluß oder einem Personalpronomen, um damit an den vorherigen anzuknüpfen. Die Satzanfänge sind der rote Faden, der dafür sorgt, daß die Ordnung und Abfolge der Gedanken gewahrt wird und überschaubar bleibt. Die Bindung syntaktischer Einheiten durch den Reim ist nicht so gleichmäßig durchgeführt wie im ›Armen Heinrich‹ oder ›Iwein‹. Dort werden die Einschnitte zwischen kleineren inhaltlich-syntaktischen Gruppen stets mit dem Reim überbrückt, also für den Hörenden an das Vorangegangene angeschlossen. Die Überbrückung unterbleibt nur dort, wo eine deutliche Pause geboten ist. Im ›Gregorius‹ setzt Hartmann das Klangmittel des Reimes nicht so regelmäßig ein.

Als einzige seiner Dichtungen schließt Hartmann den ›Gregorius‹ mit einem Epilog ab. Die Bezüge zum Prolog werden schon nach der ersten Lektüre offenbar. — Der Epilog umfaßt 46 Verse, d. h. er ist so lang wie die Abschnitte II oder III des Prologs. Die Erzählung endet mit dem Vers 3958. Der nächste Vers, also die erste Zeile des Epilogs, wendet den Blick des Lesers auf die ganze Geschichte zurück. Die Lehre, welche Hartmann aus ihr zieht, bekommt wiederum ihre Eindringlichkeit durch den kontrastierenden Aufbau. (Es ist dieselbe Technik, die wir bereits im Prolog gesehen haben.) Die *guoten maere* dürfen nicht als *boesez bilde* (3965), sondern sie sollen als *saelic bilde* (3984) verstanden und befolgt werden. Die negative Formulierung der Lehre, das Verbot, wird zuerst und ausführlicher behandelt als das Gebot. Eine Begründung leitet zur positiv formulierten Nutzanwendung über. Es ergibt sich die folgende Gliederung:

I	3959—3988 (30 V)	a)	Der sündige Mensch darf die Erzählung nicht als bœsez bilde nehmen; praesumptio	(3959—3974)
		b)	Begründung: das wäre ein Sieg des Teufels	(3975—3982)
		c)	Der sündige Mensch soll die Gregoriusgeschichte als sælic bilde auffassen Es besteht kein Grund zur desperatio.	(3983—3988)
II	3989—4006 (18 V)		Hartmann bittet um Lohn für seine Arbeit	

Hartmann bekennt zu Beginn des Prologes, *diu tumben jâr* hätten ihm bisher geraten, das zu sagen, was sich auf den Lohn der Welt bezieht. Was er dagegen jetzt *vür wâr* erkannt habe, schildert er in den Versen 7—16 und in einer abgewandelten Wiederholung als *boesez bilde* in den Epilogversen 3963—3974. Inhaltlich entspricht ihnen im Prolog auch noch die Stelle 51 ff., an der Hartmann mit allem Nachdruck sagt, *durch einen list* (54) müsse man die Gregoriusgeschichte verbreiten, um die sündhaften Menschen von der Verzweiflung abzubringen und auf die Straße der *saelde* zu führen. Das *saelic bilde* (3983—3988) ist bereits in den Versen 76—78 genannt; außerdem erscheint es bei der Schilderung der *saelden strâze* und den Belegstellen für *riuwe*.

Der zweite Teil des Epilogs (3989—4006) knüpft an den titulus des Prologs an (171—176). Hartmann hat der Gesellschaft und Gott zuliebe gedichtet und damit *êre* und *gotes hulde* verdient. Deshalb bittet er mit gutem Recht um die *saelde* als Lohn für seine *arebeit*.

Den großen Rahmen um die Gregoriuserzählung baut Hartmann nicht nur mit inhaltlichen Bezügen zwischen Prolog und Epilog, nicht nur in der ähnlichen Art der Gedankenführung und der kontrastierenden Stilelemente. Er nutzt auch geschickt das akustische Moment, indem er dem Hörenden Versschlüsse mit einer schon bekannten Reimbindung ins Gedächtnis ruft. Von den 23 Reimpaaren des Epilogs finden sich 15 Reimentsprechungen im Prolog. Sieht man von den sehr häufigen Reimen *an/man* und *wol/sol* ab, so bleiben doch noch die folgenden auffallenden Übereinstimmungen:

Epilog:		Prolog:	
3959/60	mære / sündære	175/76	mære / sündære
3961/62	schulde / hulde	153/54	schulden / hulden
3969/70	wesen / genesen	145/46	gewesen / genesen
3971/72	meintât / rât	13/14	missetât / rât
3975/76	schündet / sündet	9/10	schündet / sündet
3977/78	überwunden / gebunden	139/40	verbunden / verschwunden
3981/82	missetât / rât	13/14	missetât / rât
3985/86	hât / rât	7/ 8	rât / hât
3989/90	arbeit / geleit	41/42	müezekeit / geleit
3993/94	gevallen / allen	168/69	galle / valle
4001/02	sündære / swære	115/16	wæren / sündæren
4003/04	ellende / ende	95/96, 23/24	ende / ellende

Die Beziehungen gehen in vielen Fällen über den Gleichklang des Reimes hinaus und stellen inhaltliche Querverbindungen her. Der Anfang des Epilogs schließt an das Ende des Prologs an, indem er dessen Reimpaar aufnimmt. Die Umstellung des Adjektives *guot* macht dabei den Anschluß enger:

174: *hie hebent sich von erste an*
diu seltsænen mære
von dem guoten sündære
3959: *Bî disen guoten mæren*
von disen sündæren ...

Anfang und Ende verweisen auf das *maere,* sie umspannen es. Die Hinweise deuten von beiden Seiten aus pfeilartig auf den Kern des Ganzen: auf die in der Mitte liegende Erzählung, und im übertragenen Sinn auf ihre Bedeutung und ihren Wert. Sie erschließen den Beispielcharakter und zeigen dem Hörer oder Leser ex negativo, wie die Geschichte gelesen werden muß, um verstanden zu werden; d. h. sie erklären in der praktischen Anwendung die grammatische Gerundivform unserer literarischen Gattungsbezeichnung ‚Legende'. Die lehrhafte Sentenz und das illustrierende Beispiel wählt Hartmann als Mittel der Interpretation. Er gibt damit dem

Ablauf der Ereignisse in seiner Bedeutung für den Leser zeitlose Gültigkeit.

III

Der Anfang des ›Armen Heinrich‹ zeigt bei Vers 28 einen deutlichen Einschnitt. Bis zu diesem Punkt hat sich Hartmann als Autor genannt; außerdem hat er die Absicht auseinandergesetzt, die er mit seiner Dichtung verfolgt. Von Vers 29 an kommt er zur Geschichte selbst. Wir empfinden deshalb die ersten 28 Verse als geschlossene Einheit und bezeichnen sie als Prolog.

Hans Schreiber sagt dagegen: „Als erweiterten Prolog könnte man den berühmten Ritterspiegel (29—74) und die Vorausdeutungen auf das Geschehen im Epos (75—90) ansehen.“ [10] Doch sein Hinweis auf die in der mittelalterlichen Dichtung beliebte ‚Dreigliedrigkeit‘ des Aufbaus reicht als Argument allein nicht aus. Das Lob des Helden und seiner Vorzüge, verbunden mit Vorausdeutungen auf die folgende Erzählung ist zwar häufig in den Prologen zu finden. Doch dann ist es deutlich vom Beginn der Erzählung abgesetzt, wie z. B. im ›Gregorius‹. Hier dagegen liegt der Einschnitt bereits vorher; denn mit Vers 29 läuft die Erzählung langsam an. Weder Vers 90 (wie Schreiber merkwürdigerweise vorschlägt) noch etwa 96 oder 132 überzeugen als Grenze zwischen Einleitung und Erzählung so wie Vers 28/29. Hans Eggers kommt dem Vorschlag Schreibers insofern entgegen, als er in den Versen 1—74 drei Abschnitte sieht (mit den Verszahlen 28 — 18 — 28), die thematisch aufeinander bezogen sind.[11] Mit dieser Auffassung korrigiert er seinen älteren, meines Erachtens überzeugenderen Gliederungsversuch, der den Prolog nach dem 28. Vers enden läßt.[12] Auch Werner Fechter macht den Einschnitt an dieser Stelle.[13]

[10] A. a. O. S. 24.

[11] Hans Eggers: Der Goldene Schnitt im Aufbau alt- und mittelhochdeutscher Epen, Wirkendes Wort 10, 1960, S. 193.

[12] Ders.: Symmetrie und Proportion epischen Erzählens, Stuttgart 1956, S. 12, 76.

[13] Werner Fechter: Über den ›A. H.‹ Hartmanns v. A., Euphorion 49, S. 15.

Konrad von Hirsau (etwa 1070—1150) beginnt seinen ›Dialogus super auctores sive Didascalon‹[14], ein Gespräch zwischen Lehrer und Schüler über die Schulautoren, das als Kommentar oder einleitende Hinführung gedacht und benutzt worden ist, mit einer gliedernden Beschreibung und Abgrenzung des ‚Buches'. Er unterscheidet dabei zwei Arten von Einleitungen, den titulus und den prologus:

... titulus auctorem et unde tractet breviter innuit, prologus vero docilem facit et intentum et benivolum reddit lectorem vel auditorem. Est autem omnis prologus aut appologeticus aut commendaticius; vel enim se excusat aut commendat; denique ... prologus et quid et quomodo vel quare scriptum vel legendum sit explicat.[15]

Wir wissen nicht, ob Hartmann den ›Dialogus super auctores‹ des Konrad von Hirsau gekannt hat; aber wir finden die dort angeführten Gliederungsprinzipien in der Einleitung zum ›Armen Heinrich‹ beachtet. Die Verse 1—5 umfassen den titulus, 6—28 den eigentlichen prologus *(prologus et quid et quomodo vel quare scriptum vel legendum sit explicat)*. Friedrich Neumann überspringt die traditionsgebundene Kette der einander verpflichteten mittelalterlichen Poetiken und zitiert im Zusammenhang mit dem Beginn des ›Armen Heinrich‹ eine Horazstelle: „Allgemein werde dem zugestimmt, qui miscuit utile dulci, / lectorem delectando pariterque monendo.“ [16] Da auf engem Raum sehr viel gesagt wird in gebundener Rede und festgelegter Reihenfolge, kann das formelhafte Element, die Verwendung bestimmter Figuren nicht ausbleiben.

Ich gliedere den Prolog nach syntaktischen Gesichtspunkten, d. h. es werden die Redeteile zusammengefaßt, die inhaltlich und sprachlich eine Einheit bilden. Der übergeordnete Satz wird mit ‚H' bezeichnet, der abhängige mit ‚N'. Die Wörter links neben den

[14] Hrsg. von G. Schepss, Würzburg 1889.

[15] Schepss: a. a. O. S. 23, vgl. hierzu Gustav Ehrismann: Zfdt. Wortforschung 5, 1903/04, S. 142. Ernst Robert Curtius: Europäische Literatur und lateinisches Mittelalter, Bern 1954 (2), S. 460.

[16] Friedrich Neumann: Der Arme Heinrich in Hartmanns Werk, ZfdtPh. 75, 1956, S. 226; Horaz: Ars poetica 344/45.

Verszahlen kennzeichnen den Versbeginn und damit die Art der Anknüpfung. Es ergibt sich die folgende Übersicht:

titulus:

	Vers	Satz	Reim		Inhalt	
	1	H	a		Gelehrsamkeit	des Autors
	2	N	a			
	3	N	b			
↑ der	4	H	b		Namensnennung	
	5	H	c		soziale Stellung	

prologus:

	Vers	Satz	Reim		Inhalt
↑ er	6	H	c	quid	Studium der Quelle
	7		d		(misliche buoche)
↑ daran	8	H	d	quare	Zweck der Arbeit
	9	N	e		Lob der êre Gottes
	10	N	e		
	11		f	êre	
	12	N	f		
	13	N	g		
	14	+N	g		Vermehrung der êre in der
	15		h		höfischen Gesellschaft

....

	Vers	Satz	Reim		Inhalt
↓ nû	16	H	h	quid	Übertragung, Deutung,
	17	N	i		Auslegung der Quelle
↓ darumbe	18	H	i	quare	Lohn des Dichters von
	19	(N	k		der Gesellschaft
	20	N	k		
	21	N)	l	lôn	
	22	+N	l		
	23		m		
	24	N	m		
	25		n		Lohn des Dichters von Gott

↓...

	Vers	Satz	Reim		Inhalt
man	26	H	n		Sentenz:
	27	N	o	Erlösung — Gotteslohn	
	28	N	o		

Der syntaktische Grundriß zeigt einen klaren Aufbau. Es ergeben sich zusammenhängende Versgruppen, die in ihrem Umfang ausgewogen aufeinander abgestimmt sind. Alle inhaltlich-syntaktischen Einschnitte werden von den Reimen überbrückt. Das Ende der Einleitung aber wird auch vom

Reim her betont, denn die beiden letzten Verse (27/28) bilden ein Reimpaar, und der erste Vers des darauf folgenden neuen Abschnittes hat einen anderen Reim (29). Hartmann setzt die Klangbindung des Reims bewußt als Möglichkeit in der Gliederung ein.

Die Versverknüpfung im titulus ist einfach. Auf einen zweifach erweiterten Hauptsatz (1—3) folgen zwei einfache Sätze (4; 5), die eng miteinander verbunden sind. Die Aussage kann nicht klar genug formuliert sein; denn jeder Vers enthält eine wichtige Mitteilung. In allen anderen Dichtungen Hartmanns steht der titulus nicht am Beginn, sondern am Ende der Einleitung (vgl. ›Büchlein‹ 29—32; ›Gregorius‹ 171—173; ›Iwein‹ 21—30. Der ›Erec‹ scheidet wegen des fehlenden Anfangs aus).

Der prologus beginnt mit Vers 6. Er ist dreigeteilt. Teil I (6/7, 8—15) und Teil 2 (16/17, 18—25) entsprechen sich im Umfang, Inhalt und syntaktischem Bau. Beide Male folgt auf zwei miteinander verbundene Verse eine syntaktische Einheit von 8 Versen mit einer ähnlichen Gliederung: Hauptsatz mit zwei untergeordneten Sätzen, von denen wiederum je eine Aussage abhängig ist. Teil 3 schließt den Prolog ab. Die syntaktische Fugung dieser drei Verse ist derjenigen der Anfangsverse (1—3) ähnlich. Bis zur Mitte (Vers 15) beginnt jeder Abschnitt mit einem Pronomen, das sich auf das unmittelbar vorher Gesagte bezieht. Von Vers 16 an wendet sich die Richtung. Das erste Wort eines neuen Abschnitts weist nicht mehr zurück, sondern nach vorn.

Zwischen den Versen 15 und 16 liegt die Spiegelachse — nicht nur für den Aufbau, sondern auch für den Inhalt. Hartmann wiederholt ihn in spiegelbildlicher Variation (6—15; 16—25). Beiden Versgruppen wird ein kurzer Hinweis auf das *quid auctor scripsit,* die Quelle, vorangestellt. Die Verse 6/7 erwähnen die Art der Quelle und ihr Studium durch den Dichter. Hartmann nimmt in den Versen 16/17 den Gedanken wieder auf und führt ihn weiter. Er nennt den Erfolg *maniger schouwe an den buochen:* eine *rede* ist gefunden, die nun erzählt und erklärt werden soll.

Die Verse 8—15 und 18—25 widmet Hartmann dem *quare* seines Schreibens. Im Mittelpunkt der ersten Versgruppe steht die *êre*; in der zweiten ist es der *lôn.* Beide Gedanken sind die Äste einer Parabel, deren Scheitelpunkt zwischen den Versen 15 und 16 liegt. Die Erzählung soll *gotes êre* angemessen sein (13), denn *dâ mite* wird der Dichter in der höfischen Gesellschaft beliebt (15): er gewinnt *êre,* Ansehen. Die Gesellschaft möge ihn für seine Mühe belohnen (21) mit der Fürbitte um den Gotteslohn (25).[17] Diese Stufenfolge: *êre* Gottes — *êre* in der Gesellschaft; *lôn* der Gesellschaft — *lôn* Gottes fassen die drei Schlußverse in einer Sentenz zusammen, die mit dem Beginn man *giht* allgemeingültigen Charakter erhält:

man giht, er sî sin selbes bote
und erlœse sich dâ mite,
swer vür des andern schulde bite.

Die 28 Eingangsverse zum ›Armen Heinrich‹ hat Bert Nagel ausführlich untersucht.[18] Er deutet den Prolog als ‚programmatische Aussage des Dichters mit drei Zwecksetzungen' und überspannt damit den Gedankengang. Zur Kritik an dieser Interpretation sei auf Friedrich Neumanns schon genannten Aufsatz hingewiesen, auf den wir noch zu sprechen kommen, wenn sich beim Vergleich der Anfänge vom ›Armen Heinrich‹ und ›Iwein‹ Erwägungen für die Chronologie der Werke ergeben.[19]

Die syntaktische Übersicht des Prologes verdeutlicht, daß außer den bekannten und sehr gleichförmigen Bauelementen der Vierhebigkeit und des paarweisen Reimes der sprachliche Ablauf die Gliederung formt. Die Entsprechungen und die Ausgewogenheit wirken nicht zufällig und unbeabsichtigt; sie sind Zeichen einer bewußten und kunstvollen Gestaltungskraft.

Der ›Arme Heinrich‹ schließt nicht mit einem Epilog. Die 4 Verse, die noch der Erzählung folgen, sind nicht als besonderes Kompositionsglied anzusprechen. Die Verse 1517/18 führen mit der sehr all-

[17] Zur engen Verbindung zwischen Namensnennung und Gebet vgl. J. Schwietering: Die Demutsformel mhd. Dichter, Berlin 1921, S. 5 f.; 9; 25.

[18] Bert Nagel: Der ›Arme Heinrich‹ Hartmanns von Aue, Tübingen 1952, S. 22—37.

[19] Friedrich Neumann: Der ›Arme Heinrich‹ in Hartmanns Werk, ZfdPh. 75, S. 225—255.

gemein gehaltenen Aufforderung *alsô müezez uns allen / ze jungist gevallen!* das Publikum vom Gedicht weg. Die beiden letzten Verse (1519/20) nehmen den Gedanken des Gotteslohnes auf. Damit beziehen sie sich auf den Kern der Erzählung und zugleich auf die Schlußsentenz des Prologes. Die hinweisende Funktion von Anfang und Ende auf die äußere und innere Mitte des Ganzen hin klingt an; sie ist allerdings längst nicht so deutlich gestaltet wie im ›Gregorius‹.

IV

Die Einleitung des ›Iwein‹ umfaßt die Verse 1—30. Auch der ›Iwein‹ endet nicht mit einem Epilog. Hier folgen noch 8 Verse auf das Ende der Erzählung. Wie beim ›Armen Heinrich‹ greift der allerletzte Vers auf die Einleitung zurück, allerdings — wie wir noch sehen werden — in einem sehr viel bedeutungsvolleren Sinn. In beiden Einleitungen spricht Hartmann von sich in der dritten Person.

Im Iweinprolog heben sich zwei Teile deutlich voneinander ab: ein allgemeiner (1—20) mit einer Sentenz, die sich leitmotivartig auf die Handlung der Erzählung bezieht, und der titulus (21—30), in dem sich Hartmann dem Publikum vorstellt.

Die syntaktische Gliederung ergibt folgendes Bild:

allgemeiner Teil:

swer	1		N	a	Sentenz: rehte güete → sælde, êre	
	2			a		
	3	H		b		
↑ des	4	H		b	Beispiel: König Artus	
	5			c		
	6		N	c	lop	zu Lebzeiten
	7			d		
↑ er	8	H		d		
	9			e	êre	
	10		N	e		
	11			f		
↑ des	12	H		f	Zeugen dafür	
	13			g		

	Vers		Reim	
↑ si	14	H, N	g	
↑ er	15	H	h	lop nach dem Tode
	16	N	h	
	17	H	i	
↑ er	18	H	i	Sentenz: dem gegebenen Beispiel
	19		k	zu folgen, bewahrt vor Schande
	20	N	k	

titulus:

Vers		Reim	
21	H, N	l	Dichter: Stand, Bildung ↑ Artus
22	↑	l	Quelle
23	N	m	Zeit
24		m	
25	N	n	Kunst
26	N	n	Beliebtheit
27		o	Arbeit
28	P	o	Name
29	↓	p	Heimat
30	H	p	Dichter: Bezug zum Folgenden Artus ↓

Die syntaktischen Einschnitte werden von den Reimbindungen überbrückt. Bei einer größeren Pause, nämlich zwischen den beiden Teilen und am Ende der Einleitung, wird die Zäsur auch vom Reim her markiert.

Im 1. Teil legt Hartmann kurz die Absicht dar, die er mit seinem Gedicht verfolgt, das *quare*. Er beginnt und schließt ihn mit je einer dreizeiligen Sentenz. Zuerst formuliert er sie positiv (1—3): man sollte *rehte güete* erstreben, dann erhalte man als Lohn für eine solche Haltung *saelde* und *êre*. Diese Sentenz variiert Hartmann in der Wiederholung, indem er sie vom negativen Gesichtspunkt aus faßt (18—20): vor *lasterlicher schame* ist derjenige sicher, der sich an die *rehte güete* hält. Dieser Rahmen umgibt das Mittelstück (4—17), wo das Grundthema der allgemeingültigen Sentenzen in das Besondere gewendet und am Beispiel des Königs Artus erläutert wird. Hartmann variiert es und betont es dadurch nachdrücklich. Er gliedert das Lob des Königs in drei Gruppen zu je vier Versen: Artus erwarb *lop* (4—7) und *êre* (8—11), und zwar zu seinen Lebzeiten in solchem Maße, daß sein Name und damit er selbst noch heute lebendig sind (14—17). Zwischen die zweite und die dritte Verergruppe sind zwei Verse eingeschoben, in denen Zeugen genannt werden, um die Aussage zu bekräftigen. Das Beispiel und die Regel stützen sich gegenseitig: König Artus gibt als hoher Gewährsmann Hartmanns Einleitungssentenz besonderes Gewicht, und die Sentenz ihrerseits läßt bereits die höfische Sphäre des folgenden Romans anklingen.

Der titulus schließt den Prolog ab. Während der vorausgehende erste Teil syntaktisch einfach gebaut ist (es werden Hauptsätze mit nur einer Nebensatzerweiterung verwendet), umfaßt der titulus eine Satzperiode von 10 Versen. Die beiden ersten Wörter von Vers 21 *ein riter* und Vers 30 *der tihte ditz maere* sind die Anfangs- und Endpunkte eines Hauptsatzes, zwischen denen in der ungewöhnlich weiten Spannung von 8½ Versen 4 untergeordnete Sätze und eine Parenthese stehen. In dieser langen, nicht sehr übersichtlichen Satzkonstruktion sagt der Dichter von sich selbst alles, was für ihn und das Publikum wichtig ist: er nennt seinen Stand, die Quelle, seinen Namen und die Heimat. Außerdem weist er auf seine künstlerischen Fähigkeiten hin; auf die Mühe, welche ein so großes Werk mit sich bringt, und schließlich auf die Hoffnung, den Geschmack des Publikums getroffen zu haben. Vers 21 und 30 umschließen den titulus ähnlich wie die zweifache Sentenz (1/3; 17/20) den ersten Teil des Prologs.

Die beiden Begriffe *saelde* und *êre* der Einleitungssentenz stehen auch im letzten Vers des Gedichts. Benecke bezeichnete diese Beziehungen zwischen Anfang und Ende als ‚schönen Gegenschein'. Doch sie sind meines Erachtens tiefer, denn zwischen ihnen besteht unausgesprochen, aber unmißverständlich eine feste gedankliche Verbindung.

Hartmann wiederholt am Schluß nicht die Anfangssentenz *swer an rehte güete / wendet sin gemüete, / dem volget saelde und êre* in ihrem vollen Wortlaut, sondern er nennt in einem sehr kurzen Gebet nur die beiden zentralen Begriffe *saelde und êre.* Um sie bittet er Gott für sich und das Publikum. Die Bitte bekommt ein um so größeres Gewicht, weil vorher festgestellt worden ist, jetzt sei die Erzählung zu Ende, da eine Fortführung der Geschichte weder der

Gewährsmann noch die Quelle möglich machten. Deshalb könne man nicht mehr sagen, *wan got gebe uns saelde und êre.* Da gemäß der Anfangssentenz jedem *saelde* und *êre* beschieden sind, der als christlicher Ritter Gottes und der Welt *hulde* zu erstreben sucht, d. h. der seine Gedanken auf die *rehte güete* richtet, so geht unausgesprochen daraus hervor, daß Hartmann diese Forderung mit seiner Dichtung erfüllt hat. Das gleiche gilt für das Publikum oder Auditorium, das sich beim Lesen oder Hören mit der Geschichte beschäftigt und damit an *rehte güete sin gemüete* gewendet hat. Hartmann knüpft eine Verbindung zu den Zuhörern, indem er bei dem Gebet den Plural der ersten Person wählt *(uns).* Er tritt in die Gemeinschaft zurück und dämpft damit zugleich die Bitte um den Lohn für die eigene Person.

So kurz das Gebet des Schlußverses ist, es lenkt auf den Prolog zurück und erschließt ihn dadurch, daß es dessen beide Teile miteinander verbindet: *uns,* d. i. Hartmann, lenkt auf den zweiten Teil, den titulus, und *saelde und êre* betreffen den einleitenden ersten Teil. Die Verbindung zwischen den beiden Teilen geschieht, indem Hartmann im allerletzten Vers das für sich erbittet, was er zu Beginn am Beispiel des König Artus geschildert hat: das *lop,* das auch nach dem Tod noch lebendig ist. Da er — wie der sagenhafte König (vgl. V. 5) — Ritter ist und mit seinem Gedicht die *rehte güete* erstrebt hat, dürfte ihm ein ähnlicher Ruhm auch über den Tod hinaus zuteil werden, was auch tatsächlich geschehen ist.

Anfang und Ende berühren sich auch in diesem Werk. Sie weisen auf die in der Mitte liegende Erzählung und deren Kern hin, auf die *rehte güete.*

V

Wir haben die drei epischen Dichtungen Hartmanns in der Reihenfolge ›Gregorius‹, ›Armer Heinrich‹ und ›Iwein‹ behandelt. Reimuntersuchungen, stilistische Kriterien und einige inhaltliche Hinweise haben diese Reihe mit ›Büchlein‹ und ›Erec‹ an der Spitze seit Lachmann bestehen lassen. In jüngster Zeit hat Friedrich Neumann die Diskussion um die Entstehungszeit und -folge erneut belebt. Er stellt vor allem auf Grund seiner Beobachtungen die

Frage, ob nicht der ›Arme Heinrich‹ als letztes Werk entstanden sein könnte.[20]

Ein Vergleich der Prologe und Epenschlüsse untereinander zeigt Parallelen und Anklänge, die bestimmt über das Zufällige hinausgehen. Natürlich muß man sich hüten, aus diesen Gemeinsamkeiten voreilige Schlüsse zu ziehen; denn es handelt sich um nur sehr kleine Teile der Dichtungen. Doch die Hinweise, die man ihnen entnehmen kann, sprechen für eine Beibehaltung der Lachmannschen Ordnung.

Über die Einordnung der ersten drei Dichtungen (›Büchlein‹, ›Erec‹ und ›Gregorius‹) dürfte es keinen Zweifel geben. Umfangreiche Untersuchungen über den Stil, die Wortwahl, die Verwendung der Reime und die Metrik konnten erweisen, daß sich im Laufe dieser Werke die Unebenheiten glätten und eine stetige Entwicklung in der Kunst der Sprachgestaltung zu spüren ist.[21] Dabei kommt dem ›Gregorius‹ eine Mittelstellung zwischen dem frühen ›Erec‹ und den beiden Spätwerken (›Armer Heinrich‹ und ›Iwein‹) zu.[22]

Der Prolog des ›Armen Heinrich‹ lehnt sich deutlich an den Schluß des Gregoriusepiloges an. Hartmann stellt eine Verbindung zu dem vorher abgefaßten Werk her, so wie er sich später im Iweinprolog auf die Einleitung zum ›Armen Heinrich‹ bezieht. Am Ende des ›Gregorius‹ und zu Beginn des ›Armen Heinrich‹ sagt Hartmann, er habe sich um *gotes und der werlt hulde* willen der großen Mühe unterzogen, das Gedicht zu schaffen. Deshalb bitte er das Publikum, ihn mit einem Gebet für sein Seelenheil zu belohnen.

[20] Friedrich Neumann: ZfdPh. 75, 1956, S. 246 ff.; ders.: Hartmann von Aue, ›Gregorius‹, Wiesbaden 1958, S. 15 f. Die beiden jüngsten Gesamtwürdigungen Hartmanns stimmen für die alte Chronologie: Helmut de Boor: Geschichte der deutschen Literatur II, 1953, S. 68; Friedrich Maurer: Hartmann v. Aue, Die großen Deutschen, Bd. V 1957, S. 50 f.

[21] C. v. Kraus: Festgabe für Heinzel S. 111—172; Konrad Zwierzina: ebda. S. 437—510 und ZfdA. 37, 1893, S. 129—217, 356—416.

[22] Friedrich Neumann: Gregorius, Wiesbaden 1958, S. 25.

›Gregorius‹:
3989 *Hartmann der sin arbeit*
an diz liet hât geleit
3991 *gote und iu ze minnen*
3992 *der gert dar an gewinnen*
daz ir im lât gevallen
ze lône von in allen
die ez hören oder lesen
daz si im bittende wesen
daz im diu sælde geschehe
daz er iuch noch gesehe
in dem himelrîche

›Armer Heinrich‹:
19 *daz er siner arbeit*
die er dar an hât geleit
13 *daz gotes êren töhte*
und da mite er sich möhte
gelieben den liuten
daz er ....
21 *iht âne lôn belîbe*
und swer nach sînem lîbe
si hœre sagen oder lese,
daz er im bittende wese
der sêle heiles hin ze gote

Der Topos-Charakter des Inhalts begünstigt die formelhaften Wendungen des Ausdrucks. Die Bitte um Lohn ist im ›Gregorius‹ dringender als im ›Armen Heinrich‹. Im ›Iwein‹ schließlich tritt sie, wie wir sahen, noch weiter zurück.

Zwischen ›Armem Heinrich‹ und ›Iwein‹ fällt die Ähnlichkeit zwischen den Anfangsversen der tituli sofort auf:

›Armer Heinrich‹:
1 *Ein ritter sô gelêret was*
daz er an den buochen las
swaz er daran geschriben vant ...

›Iwein‹:
21 *Ein ritter, der gelêret was*
unde ez an den buochen las,
swenne er sîne stunde
niht baz bewenden kunde ...

Die Ähnlichkeit der beiden Stellen und vor allem die einzige Abweichung im ersten Vers: hier *sô* — dort *der* sind der Ausgangspunkt zahlreicher Überlegungen gewesen.

Konrad Zwierzina stellt in seinen syntaktischen Untersuchungen zu Hartmann fest, daß der Relativsatz des Iweinverses mit der Endstellung des Verbs ein deutliches Zeichen sprachlicher Vervollkommnung sei gegenüber dem ersten Vers des ›Armen Heinrich‹, in welchem das Verb unbeholfenerweise am Ende eines Hauptsatzes stehe.[23] Diese Beobachtung stützt Lachmanns Chronologie, d. h. der ›Iwein‹ müßte nach dem ›Armen Heinrich‹ geschrieben worden sein.[24]

Im Gegensatz dazu gibt Schirokauer zu bedenken: das *so* im ›Armen Heinrich‹ sei bereits als Relativum aufzufassen (deshalb die Endstellung des Verbs) und eine jüngere — bewußte — Variation des altbekannten üblichen Relativpronomens. Also erst ›Iwein‹ — dann ›Armer Heinrich‹.[25] Außerdem faßt Schirokauer die Stelle im ›Armen Heinrich‹ als Selbstzitat Hartmanns auf, weil dort wegen der unbekannten Vorlage der Erzählung die Gelehrsamkeit des Dichters besonders hervorzuheben war.

Friedrich Neumann nun hebt die Argumente beider Seiten aus den Angeln, indem er auf die unsichere Überlieferung des ›Iwein‹ hinweist. Denn jüngere Handschriften haben dort in den Versen 21/22 „*der* durch *so* und das folgende *unde ez* durch *daz ez*“ ersetzt, so daß zum ›Armen Heinrich‹ kein Unterschied mehr besteht.[26] Daß die Kenntnis des ›Armen Heinrich‹ eine Verwechslung oder Angleichung der Verse bedingt haben könnte, hält Neumann wegen der schwachen Überlieferung des ›Armen Heinrich‹ für unwahrscheinlich. Aber — so muß ergänzend eingewendet werden — man weiß nicht, wie stark und wirksam der mündliche Überlieferungsstrom gewesen ist zur Zeit, als die jüngeren Handschriften entstanden sind. —

Behaghel stellt in der reichen Materialsammlung seiner Syntax fest, daß erst von der zweiten Hälfte des 15. Jahrhunderts an *sô* als Relativum gebräuchlich ist und der ›Iwein‹ keinen Beleg aufweist.[27] Im Hinblick auf das folgende *daz* fasse ich den Satz als konsekutives Gefüge auf. Die Endstellung des Verbs braucht nicht

[23] K. Zwierzina: Mhd. Studien, ZfdA. 45, 1901, S. 269 ff.

[24] Vgl. auch Sparnaay: Hartmann v. Aue, Bd. I, Halle 1933, S. 22 ff., S. 40.

[25] Schirokauer: Zur Interpretation des ›Armen Heinrich‹, ZfdA. 83, 1951, S. 61/62.

[26] Friedrich Neumann: ZfdPh. 75, 1956, S. 250, Anm. 53.

[27] Otto Behaghel: Syntax Bd. III, S. 729.

als Unbeholfenheit oder als Zugeständnis an den Reim gedeutet zu werden. Sie ist ein besonderer Auftakt des Gedichtes, der mit der nicht üblichen Wortstellung und dem glatt laufenden Rhythmus sofort die Aufmerksamkeit weckt.

Im ›Armen Heinrich‹ betont der mit *sô* vorbereitete Konsekutivsatz die Bildung Hartmanns stärker als der ruhiger fließende Relativsatz des ›Iwein‹, der diese Tatsache beiläufig erwähnt. Man sollte nicht nur die beiden fast gleichklingenden Verspaare miteinander vergleichen, sondern auch darauf sehen, wie sie fortgeführt werden: im ›Armen Heinrich‹ mit *swaz*, im ›Iwein‹ mit *swenne.* Beide Konjunktionen werden bei der Übersetzung meist zu wenig beachtet. Sie sind aber für das Verständnis sehr wichtig. *swaz* betont weniger die Tatsache, daß Hartmann lesen konnte, als vielmehr, daß er in großem Umfang belesen war. Er sagt von sich: Ein Ritter war so gebildet, daß er in den Büchern alles las, was er dort geschrieben fand.[28] Im ›Iwein‹ berichtet Hartmann, daß er las und dichtete, immer wenn er seine Zeit nicht besser nutzen konnte. Hier ist die Grenze zwischen Bescheidenheit und leichter Selbstironie offen. Wieviel ernster und schwerer klingen dagegen die Verse 10/11 im ›Armen Heinrich‹ *da mite er swaere stunde / möhte senfter machen.* Der titulus des ›Iwein‹ ist leichter und eleganter. In ihm fällt nicht das Wort *arebeit; vlîz* wendet Hartmann an die Geschichte. Er nennt sich erst am Schluß des langen und kompliziert gebauten Satzes, den wir zweimal lesen müssen, um Anfang und Ende zusammenfügen zu können. Hartmann entfaltet ein reiches Spiel syntaktischer Formen, indem er mit leichter Hand Vers für Vers alle Punkte berührt, die er zu nennen gelernt hat. Er vergißt nichts, aber er schreibt auch nicht in ängstlich genauer Nachahmung einer Vorlage.

[28] Hugo Kuhn (Hartmann v. Aue als Dichter, DU 1953, 2, S. 13 [hier abgedruckt S. 70]) berücksichtigt in seiner Übersetzung der Anfangsverse des ›AH‹ die umfassende Bedeutung von ‚swaz'. Aber er schränkt sie zugleich mit seiner Interpunktion ein. Kuhn sagt: „Er (Hartmann) sagt ..., und zwar mit auffälliger Betonung seiner Gelehrsamkeit: er konnte lesen ... Hartmann präzisiert jedoch selbst: er konnte alles lesen, was es an Büchern gab."

Selbst wenn man das Relativpronomen in der ersten Zeile des ›Iwein‹-titulus als schwächer empfindet im Vergleich zum ›Armen Heinrich‹ und wenn man sich hütet, in der Gefahr der Überinterpretation den Wörtchen *baz* und *ouh* (›Iwein‹ 25/25) zu große Bedeutung beizumessen, so ist doch nicht zu übersehen, daß Hartmanns Aussagehaltung hier anders ist als in der Einleitung zum ›Armen Heinrich‹, nämlich freier und souveräner.

Schließlich wäre beim Vergleich der beiden Prologe miteinander noch eine letzte Beobachtung zu erwähnen: der Aufbau. Der ›Arme Heinrich‹ beginnt mit dem titulus und läßt darauf den prologus folgen, der mit einer Sentenz schließt. Mit einer Sentenz beginnt der prologus des ›Iwein‹, der mit dem titulus schließt. Die beiden Sentenzen sagen dasselbe aus; sie sind spiegelbildlich gebaut:

›Armer Heinrich‹:	›Iwein‹:
26 *man giht, er si sin selbes bote*	*swer an rehte güete*
und erlœse sich da mite	*wendet sin gemüete*
swer vür des andern schulde bite	*dem volget sælde und ere*

Da nun schon im titulus beider Werke eine auffallende Parallelität besteht, wird man auch die Bezüge im Aufbau nicht als zufällig ansehen.

Hartmann rundet den Prolog und das Ende der drei hier untersuchten Epen zu einem Ring, den er um die Erzählung legt. Die drei Ringe greifen mit verschiedenen Bezügen ineinander und verbinden sich zu einer Kette in der Reihenfolge ›Gregorius‹ — ›Armer Heinrich‹ — ›Iwein‹.

Euphorion 56, 1962, S. 174—184.

DIE ALLEGORISCHEN *KLEIT* IM ›GREGORIUS‹-PROLOG

Von Anke Bennholdt-Thomsen

den selben wec geriet ein man:
zer rehten zît er entran
ûz de mordære gewalt.
er was komen in ir walt:
dâ hâten si in nider geslagen
und im vrevellîche entragen
aller sîner sinne kleit
und hâten in an geleit
vil marterlîche wunden.
ez was zuo den stunden
sîner sêle armuot vil grôz.
sus liezen si in vingerblôz
unde halp tôt ligen.
dô enhâte im got niht verzigen
sîner gewonlîchen erbarmekeit
und sande im disiu zwei kleit,
gedingen unde vorhte,
diu got selbe worhte
daz si im ein schirm wæren
und allen sündæren:
vorhte daz er ersturbe,
gedinge daz er iht verdurbe.
vorhte liez in dâ niht ligen.
doch waere er wider gesigen,
wan daz in der gedinge
machete alsô ringe
daz er doch weibende saz:
dar zuo sô starcte in baz
diu geistlîche triuwe
gemischet mit der riuwe.
si tâten im vil guotes

und ervurpten in des bluotes
si guzzen im in die wunden sîn
beidiu öl unde wîn:
diu salbe ist linde und tuot doch wê,
daz öl diu gnâde, der wîn diu ê,
die der sündære haben muoz:
sô wirt im siechtuomes buoz.
alsos huop in bî sîner hant
diu gotes gnâde als si in vant
ûf ir miltez ahselbein
und truoc in durch beruochen hein.
dâ wurden im verbunden
sîne verschwunden
daz er âne mâsen genas
und sît ein wârer kemphe was,
er eine über al die kristenheit.

Diesem Text liegt Leitzmanns kritische Ausgabe[1] zugrunde mit folgenden Vorbehalten:

V. 100: Die Handschrift J hat *gehalt*, K hat *walt*.

Erdmann[2] wies nach, daß *gehalt* nur in jüngeren Quellen belegt ist. Der rührende Reim *gewalt/walt* kommt aber häufiger bei Hartmann vor (siehe ›Erec‹ v. 3114, v. 6760). Erdmann entscheidet sich deshalb für die Lesart der Handschrift K *walt (silva)*. Auf den Wald beziehe sich das folgende *dâ* (v. 101): *dâ hâten si in nider geslagen.*

Zwierzina[3] schließt sich ihm an.

Leitzmann[4] konjiziert für *gehalt:* „behalt", da es „der vom sinn geforderte gute mhd. ausdruck" sei, belegt z. B. bei Alexander und Eilhart.

[1] Hartmann von Aue, ›Gregorius‹. Hrsg. v. Hermann Paul. 8. Aufl., besorgt von Albert Leitzmann. Tübingen 1953.

[2] O. Erdmann, Zur Textkritik von Hartmanns ›Gregorius‹. In: ZfdPh 28 (1896), S. 47—49; hier S. 49.

[3] K. Zwierzina, Mittelhochdeutsche Studien. In: ZfdA 45 (1901), S. 313, Anm. zu Vers 99.

[4] A. Leitzmann, Zu Hartmanns ›Gregorius‹. PBB 54 (1930), S. 355—366; hier S. 356.

Neumann[5] liest „ohne Gewähr" *gehalt*, weil er meint, „besserer Sprachgebrauch" wäre „in einen walt" statt *in ir walt*.

Gerade diese Bezeichnung: *ir walt* scheint mir aber zu bestätigen, daß die Lesart der Handschrift K die richtige ist. *ir* bezieht sich auf die *mordære* (v. 99). *in ir walt* bedeutet: in den Wald, der den *mordære* gehört.

Einen solchen Wald gibt es auch im ›Erec‹: v. 3304: *dise vünve und jene drî man*, v. 3306: *die heten den walt in ir phlege*. Von ihnen werden Êrec und Ênîte angegriffen.

Diese deutliche Parallele im ›Erec‹ macht die Lesart der Handschrift K wahrscheinlich, zumal *gehalt* in J erst spät belegt ist. In der Allegorie des ›Gregorius‹ wie im ›Erec‹ überfallen Räuber Durchreisende in ihrem Wald[6].

V. 138: Die Handschrift J hat *durch gnâde*, K hat *durch verruochen*. Zwierzina[7] nimmt an, daß *gnâde* in J aus V. 136 stammt. Er konjiziert „durch beruochen".

Leitzmann[4] klingt diese Konjektur „unhartmannisch in wort und construction". Deshalb wählte er „vermutungsweise" „durch ruoche", das zwar sonst bei Hartmann nicht vorkomme, aber andern alemannischen Zeitgenossen bekannt sei.

Neumann[8] übernimmt Zwierzinas „durch beruochen", das er übersetzt: „um ihn zu pflegen". Er weist nämlich auf die Handlung

[5] Hartmann von Aue, ›Gregorius‹. Hrsg. u. erl. v. Friedrich Neumann. Wiesbaden 1958 (= Dt. Klassiker d. Mittelalters. Neue Folge Bd. 2), Anm. zu Vers 100.

[6] Zu Vers 123: *warbende* oder *werbende* (K oder J) *saz*.
Die Herausgeber konjizierten „weibende" (schwankend). Offenbar nahmen sie Anstoß daran, daß der Unter-die-Räuber-Gefallene s a ß und zugleich sich w ä l z e n sollte. Vielleicht aber war es gerade Hartmanns Absicht, die innere Spannung der Situation mit dieser stilistischen Spannung zur Sprache zu bringen. Außerdem wäre ein Anklang an Origines (MPL 26, 317 C) denkbar: *cum ... vidisset eum in suo sanguine v o l u t a r i.*

[7] K. Zwierzina, Der Eingang des ›Gregorius‹. In: Überlieferung und Kritik von Hartmanns ›Gregorius‹. In: ZfdA 37 (1893), S. 400—411; hier S. 411.

[8] A. a. O. (s. Anm. 5), Kommentar zu Vers 138.

des Samariters hin: *curam eius egit* (Lukas 10, 34). *cura* kann Hartmann bewußt oder unbewußt im Sinn gehabt haben. Das scheint mir bewiesen durch eine Oberaltacher Predigt [9] über das Gleichnis vom barmherzigen Samariter, in der *beruchen* eindeutig die Übersetzung von *curam habere* ist: *er furt den selben sichen in sein haus und b e r u c h t in ... do sprach er: 'c u r a m illius habe, bewar und b e r u c h disen sichen'.*

Diese Allegorie ist nicht nur eine Nacherzählung des Gleichnisses vom barmherzigen Samariter.

Die bisherige Untersuchung des Textes bewies, daß er folgende Quellen hat:

1. das Samariter-Gleichnis mit seiner Exegese,
2. die Gleichnisse vom verlorenen Schaf und Groschen,
3. die zeitgenössische Bußtheologie.

Schieb [10] und Nobel [11] begründen die „Allegorese" als „Weg des Sünders zur Rechtfertigung". Sie erläutern die in ihr enthaltenen Begriffe und ihre Folgerichtigkeit. Ihre Interpretation erhellt also den Gehalt vom Standpunkt der Theologie.

Schönbach [12] zitiert die Parallelstellen des Samariter-Gleichnisses aus der ›Vulgata‹ und seine Interpretationen seit Origines. Er kommt zu dem Ergebnis: „bei der erklärung der parabel vom barmherzigen samariter erweist Hartmann sich als unsicher in der kirchlichen litteratur und wird verworren, im allgemeinen aber ist er durchaus von den anschauungen der kirche seiner zeit erfüllt". Zwierzina [13] schreibt: „Wir sehen also Hartmann die verschiedenen parabeln vom reuigen sünder, ihre kirchlichen allegorisierungen und allerlei theologische gemeinplätze vermengen und zu dem gedan-

[9] Predigt Nr. 56. In: Altdeutsche Predigten 2. Hrsg. v. A. E. Schönbach. Graz 1888, S. 155, Z. 16/17, 35.

[10] Gabriele Schieb, Schuld und Sühne in Hartmanns ›Gregorius‹. In: PBB 72 (1950), S. 51—64.

[11] Hildegard Nobel, Schuld und Sühne in Hartmanns ›Gregorius‹ und in der frühscholastischen Theologie. In: ZfdPh 76 (1957), S. 42—79; hier S. 53.

[12] Anton Schönbach, Über Hartmann von Aue. Graz 1894, S. 130.

[13] A. a. O. (s. Anm. 7), S. 406.

kengang seiner einleitung in beziehung setzen". Schönbach und Zwierzina urteilen vom Standpunkt der Exegese.

Während die theologische Interpretation positiv theologische Begriffe feststellte, fand die exegetische Interpretation die Deutungen nur „verworren" und „vermengt" wieder.

Ungeklärt blieben zwei Motive und ihr Zusammenhang: die geschenkten Kleider (v. 112) und ihre Personifizierung (v. 127). Nobel[14] meint: „das Eingreifen G o t t e s mit *timor* und *spes,* als Gewänder geschickt, ist ja Hartmanns eigener Gedanke". Schönbach[15] schreibt: Hartmann „unterbricht seine darstellung wunderlicher weise dadurch, daß er v. 110 ff. sagt, gott habe dem wunden reisenden zwei kleider (sind etwa einmal liquamina für ligamina verstanden worden?), hoffnung und furcht, belassen, und diese, sofort sehr ungeschickt in allegorische personen umgewandelt, haben sich des verlassenen angenommen und ihn gepflegt; erst danach 135 ff. trägt ihn Christus heim." — Schönbach vermutet, Hartmann habe eine Predigt gehört, in der die Auslegung des Honorius Augustodunensis (x — 1152)[16] mißverstanden wurde. In dieser Auslegung wird die Funktion der Binde (ligamen) zweifach gedeutet. Schönbach nennt die zwei Kleider deshalb „personifizierte binden".

Nach dem Motiv des geschenkten Kleides fragt unsere Interpretation. Infolgedessen wird aus der bisherigen Analyse nur angeführt, was für diese Frage wichtig ist. Sie verdankt vor allem Schönbach die Hinweise auf das Material. Die von ihm angegebenen exegetischen Texte zum Samariter-Gleichnis seit Origines bis zu den Predigten aus Hartmanns Zeit wurden jetzt erneut untersucht. Dabei zeigte sich, daß Schönbach eine in der Exegese angeführte Parallele aus der ›Vulgata‹ übersah, obwohl er sie selbst zitierte. Diese Parallele aber kann das geschenkte Kleid erklären.

Hartmanns Text entspricht dem Samariter-Gleichnis der ›Vulgata‹ in den Versen 97—109 und 127—140. Schönbach hat die Parallelen nachgewiesen. Hartmann weicht nur ab in den Übergangsversen zum mittleren Teil seiner Allegorie:

[14] A. a. O. (s. Anm. 11), S. 50.

[15] A. a. O. (s. Anm. 12), S. 125.

[16] MPL 172, 1060 BC.

(vv. 110/111) Anstelle des Samariters steht Gott. Er schenkt neue Kleider.

(v. 127) Öl und Wein sind unmittelbar weder Gaben des Samariters noch Gottes.

Diese Abweichungen hängen alle mit den geschenkten Kleidern zusammen.

Schönbach spricht davon, daß Hartmann seine Darstellung mit den neuen Kleidern „wunderlicherweise unterbricht", die dem Reisenden „belassen" werden. Da er annimmt, daß die Kleider belassen werden, können sie nicht Ersatz für die geraubten (v. 103) sein. Deshalb empfindet er sie als Unterbrechung der Erzählung. Bei Hartmann aber steht: *got sande im disiu zwei kleit.* Die Kleider werden also nicht belassen, sondern geschenkt. Als neu geschenkte Kleider ersetzen sie die geraubten. Diesen Gegensatz von geraubten und geschenkten Kleidern zu berücksichtigen, ist für das Verständnis des Kleidmotivs unerläßlich. Hartmann unterbricht demnach nicht s e i n e Darstellung dadurch, daß er die neuen Kleider einführt, aber er unterbricht den Ablauf des Samariter-Gleichnisses.

Ein geschenktes ist das Kleid im Gleichnis vom verlorenen Sohn. Daß Hartmann eine Analogie sieht zwischen dem Samariter-Gleichnis (Lukas 10) und den Gleichnissen vom verlorenen Schaf und Groschen (Lukas 15), haben die bisherigen Interpreten festgestellt. Das Gleichnis vom verlorenen Sohn ist aber das ihnen folgende, dritte Gleichnis (Lukas 15). Um so mehr überrascht, daß es bisher in diesem Zusammenhang übersehen wurde.

Ein Vergleich der Allegorie Hartmanns mit der ›Vulgata‹ (Lukas 15, 11 ff.) ergibt folgende Parallelstellen im Gleichnis vom verlorenen Sohn:

sande im disiu zwei k l e i t (v. 112)	*proferte s t o l a m primam* (15, 22)
dô enhâte im g o t niht verzigen (v. 110)	*p a t e r ipsius vidit illum* (15, 20)
sîner gewonlîchen e r b a r m e k e i t (v. 111)	*et m i s e r i c o r d i a motus est* (15, 20)[17].

[17] Diese Analogie bieten schon die Sätze der ›Vulgata‹, die sich decken: (Lukas 10, 33 = 15, 20) *misericordia motus est.*

In beiden Fällen ist das Kleid Zeichen der Barmherzigkeit. — Einen wörtlichen Anklang vermute ich:

ez was zuo den stunden (v. 106)	*facta est fames valida in regione illa, et ipse coepit*
sîner sêle armuot vil grôz (v. 107)	*egere* (15, 14).

Diese Parallelstellen unterscheiden sich in der Art des Mangels. Im Gleichnis vom verlorenen Sohn ist von körperlichem Mangel *(fames, egere)* die Rede, in der Allegorie von seelischem Mangel *(sêle armuot)*. Dieser Unterschied beruht auf dem Unterschied von Text und Auslegung. In beiden Gleichnissen wird biblisch körperliche Not beschrieben, die von der Exegese seelisch gedeutet wurde [18]. Von der Deutung geht Hartmann aus. Sein Wort *armuot* aber scheint noch von der konkreten Situation des verlorenen Sohns zu zeugen. Es wirkt wie eine Übertragung von *fames* und *egere*.

Diese inhaltlichen und sprachlichen Analogien der Allegorie zu Lukas 15 sind gehaltlich begründet.

Das Thema der Allegorie wird in den voraufgegangenen und folgenden Versen angegeben: Barmherzigkeit Gottes und Reue des Menschen ermöglichen die Vergebung der Schuld, sei sie auch noch so groß [19]. Daß Hartmann gerade das Samariter-Gleichnis als Beispiel dafür wählt, muß den unvoreingenommenen Leser wundern. Denn das Thema des Samariter-Gleichnisses ist nur die Barmherzigkeit des Samariters. Das Verhalten des Unter-die-Räuber-Gefallenen wird nicht thematisch. — Als Thema der drei Gleichnisse Lukas 15 kann man die Barmherzigkeit des Vaters bezeichnen, der

[18] So auch *fames* (Beda, MPL 92, 522 D).

[19] vv. 46—50: *sô enwart nie mannes missetât*
ze dirre werlde sô grôz,
er enwerde ir ledic unde blôz,
ob si in von herzen riuwet
und si niht wider niuwet.

u. vv. 157—165.

sich über die Buße des Verlorenen freut. Das Wort Buße *(poenitentia)* steht zwar nur in den Gleichnissen vom verlorenen Schaf und Groschen (Lukas 15, 7 u. 11) [20], was Buße bedeutet, führt aber erst der verlorene Sohn vor [21].

Der Vergleich mit den biblischen Themen der Gleichnisse zeigt, daß das Samariter-Gleichnis Hartmanns Absicht nur im Motiv der Barmherzigkeit paßte. Die Geschichte vom verlorenen Sohn bot ihm aber außerdem noch das Motiv der Buße. Der verlorene Sohn hätte also das Beispiel für Gregorius sein können. — Daß Hartmann trotzdem das Gleichnis vom barmherzigen Samariter verwenden konnte, bedingt die Auslegung durch die Kirchenväter. Seit Origines nannte man den Unter-die-Räuber-Gefallenen Adam, Jerusalem das Paradies, die Räuber den Teufel, den Samariter Christus. Diese Deutung, die bei dem Verwundeten an einen Schuldigen denkt, überrascht heute. Nur auf Grund dieser Deutung aber konnte Hartmann das Samariter-Gleichnis für sein Thema verwenden. Adam als der erste Schuldige und der Schuldige schlechthin ist auch noch geeigneter als der verlorene Sohn. Im übrigen war das Samariter-Gleichnis sehr beliebt. In der Exegese wird außerdem die Barmherzigkeit Christi von der Bußfertigkeit Adams *(poenitentia)* abhängig gemacht. Das Wort *poenitentia* begegnet zum ersten Mal bei Fulgentius von Ruspe (x—533) [22] in einer Mahnrede. Er bittet Christus um Beistand, *ut semivivus . . . per p o e n i t e n t i a m recognosceret.*

Unsere bisherige Untersuchung zeigte, daß zwischen der Allegorie des barmherzigen Samariters und dem Gleichnis vom verlo-

[20] *ita gaudium erit in caelo super uno peccatore poenitentiam agente* (Lukas 15, 7 u. 11).

[21] Das Gleichnis vom verlorenen Sohn enthält auch die Wurzeln der Bußtheologie:

1 contritio	*In se autem reversus, dixit:*
(bzw. attritio):	*iam non sum dignus vocari filius tuus* (Luk. 15, 17 u. 19).
2 confessio:	*Pater, peccavi* (Luk. 15, 21).
3 satisfactio:	*Fac me sicut unum de mercenariis tuis* (Luk. 15, 19).

[22] MPL 65, 932 B.

renen Sohn eine Verwandtschaft vorhanden ist. Die Analogie ließ sich an zwei Motiven beobachten:

1. am geschenkten Kleid als Zeichen der Barmherzigkeit,
2. am Bußgedanken.

Diese Motive sind in der Allegorie wie im Gleichnis verbunden: Der Vater gibt aus Barmherzigkeit die *prima stola* dem büßenden verlorenen Sohn. G o t t gibt aus Barmherzigkeit zwei Kleider dem büßenden Unter-die-Räuber-Gefallenen. Das schildert Hartmann im mittleren Teil seiner Allegorie.

Beide Motive gibt es im Samariter-Gleichnis nicht. Der Bußgedanke in der Allegorie stammt aus der Exegese des Samariter-Gleichnisses. Aber auch das geschenkte Kleid in der Allegorie spielt in dieser Exegese schon eine Rolle und zwar als *prima stola* aus dem Gleichnis vom verlorenen Sohn!

Bei Beda[23] steht: *Gloria videlicet immortalitatis et innocentiae veste privarunt. Haec est enim prima stola, quam, juxta aliam parabolam, luxuriosus filius per poenitentiam rediens ornatur.* Beda sieht eine Analogie der Gleichnisse zwischen den geraubten Kleidern des Unter-die-Räuber-Gefallenen und dem geschenkten Kleid des verlorenen Sohns. Die Namen sind zwar verschieden: das geraubte Kleid nennt er *vestis*, das geschenkte Kleid heißt, der ›Vulgata‹ entsprechend, *stola*. Aber ihre Deutung ist dieselbe: *immortalitas* und *innocentia*.

Auch bei Beda ist das Geschenkte-Kleid-Motiv mit dem Motiv der Buße verbunden. Der *luxuriosus filius* erhält das Kleid *per poenitentiam rediens*. Der Bußgedanke ermöglicht sogar überhaupt erst die Analogie. Die Deutungen der geraubten Kleider: *immortalitas* und *innocentia* bezeichnen die Eigenschaften Adams im Paradies. Wegen des Sündenfalls werden sie ihm geraubt. Er erlangt sie nur wieder, wenn er Buße getan hat. Die *prima stola* kann also nur die Bedeutung der geraubten Kleider haben, wenn sie einem *poenitens* geschenkt wird.

Obwohl Schönbach diese Auslegung des *despoliaverunt* (Lukas 10, 30) bei Beda zitiert, hat er den Hinweis auf das geschenkte Kleid nicht beachtet.

[23] MPL 92, 468 D, Lukas-Kommentar.

Diese Analogie zwischen den Gleichnissen vom barmherzigen Samariter und vom verlorenen Sohn durch das Kleidmotiv ist nur noch bei folgenden Kirchen-Schriftstellern überliefert:

1. in der Sammlung des Rabanus Maurus [24], in der ›Homilie‹ [25] unter Bedas Namen, zu der Bedas Erklärung des Gleichnisses zurechtgeschnitten wurde (nach Schönbach);
2. in der Sammlung des Paulus Diaconus, in der Predigt des Hericus von Auxerre [26], der auf Beda fußt.

In der Deutung des Kleidmotivs unterscheidet sich allerdings die Allegorie Hartmanns von dieser Exegese. Beda geht davon aus, daß das geraubte Kleid dasselbe bedeutet wie das geschenkte: *gloria immortalitatis et innocentiae vestis.* Bei Hartmann sind die Deutungen verschieden. Die geraubten Kleider nennt er *sîner sinne kleit* (v. 103), die geschenkten Kleider *gedinge unde vorhte* (v. 113). Auf den ersten Blick scheint auch nicht wenigstens eine der beiden Deutungen Hartmanns mit der Bedas übereinzustimmen. *gedinge* und *vorhte* sind die Übersetzungen von *spes* und *terror.* Das sind zwar Bedas Deutungen, aber nicht für das geschenkte Kleid aus dem Gleichnis vom verlorenen Sohn, sondern für andere Motive aus dem Samariter-Gleichnis. Die Deutung *sîne sinne* scheint den bisherigen Interpreten überhaupt nicht aus der Exegese zu stammen oder ein Mißverständnis Bedas zu sein.

Bei Hartmann stehen die geraubten Kleider in folgendem Zusammenhang.

101 *dâ hâten si in nider geslagen*
und im vrevellîche entragen
aller sîner sinne kleit

Zwierzina [27] schreibt dazu: „bei Beda (MPL 94, 294 D) und bei andern erklärern heißt es an der gleichen stelle von den räubern: '*sed non sensum rationis abolere valuerunt*', und vielleicht ist von einer derartigen stelle aus mit missverständnis und umdrehung Hartmanns symbolisierung der geraubten kleider als *aller sîner*

[24] MPL 110, 449 C.

[25] MPL 94, 294 D.

[26] MPL 95, 1389 B/C.

[27] A. a. O. (s. Anm. 7), S. 406.

sinne kleit ausgegangen". Neumann [28] behauptet: „Die auf Adam bezogene Auslegung von Lucas 10, 30, daß dem Überfallenen die vestis immortalitatis oder die vestis innocentiae geraubt wird, paßte nicht in Hartmanns Zusammenhang." Er vermutet, daß *sinne* „alle leibgebundenen seelischen Kräfte" seien. Hartmann denke wohl an den „Verlust des sinnlichen Seelenteils" im Gegensatz zur *ratio*, die erhalten bleibt. Kippenberg [29] übersetzt: „da hatten sie ihn . . ./ . . ./ seiner besinnung entkleidet".

Es fragt sich, welche Bedeutung *sin* im allgemeinen bei Hartmann hat. Die Wörterbücher zum ›Iwein‹ und ›Armen Heinrich‹ geben an: *sin* = „freie Selbsttätigkeit des Geistes" [30]. Im ›Gregorius‹ z. B. kommt *sin* häufig vor in der Wendung *lîp unde sin* (z. B. v. 1264, v. 1412) oder *an lîbe und an sinnen* (z. B. v. 1438). Ein Unterschied in der Bedeutung zwischen der Einzahl und Mehrzahl von *sin* ist nicht vorhanden. Diese Wendung ist zweifellos mit „Leib und Geist" zu übersetzen.

Hartmanns Wort *sin* scheint also mit Bedas Begriff *sensus rationis* übereinzustimmen. Nach Zwierzina aber widerspricht die Verwendung von *sin* in der Allegorie der des *sensus rationis* in der Exegese: bei Hartmann sind die *sinne* die geraubten Kleider, bei Beda dagegen ist der *sensus rationis* gerade das, was n i c h t geraubt werden kann [31]. Folglich werden auch die Begriffe *sin* und *sensus rationis* gegensätzlich empfunden von den Forschern.

Den Widerspruch zu Beda in der Verwendung konnte Zwierzina nur finden, weil er *sîner sinne kleit* als einen subjektiven Genitiv verstand, d. h. *sinne* als Auslegung der Kleider. Mit einem subjektiven Genitiv rechnen alle bisherigen Interpreten.

[28] A. a. O. (s. Anm. 5), Kommentar und Anmerkung zu V. 103.

[29] Hartmann von Aue, ›Gregorius‹. Mhd. Text nach d. Ausg. v. F. Neumann. Übers. v. Burkhard Kippenberg. München 1959.

[30] G. F. Benecke, Wörterbuch zu Hartmanns Iwein. 3. Aufl., besorgt v. C. Borchling. Leipzig 1901. G. C. L. Riemer, Wörterbuch und Reimverzeichnis zu Dem armen Heinrich Hartmanns von Aue. Göttingen 1912 (= Hesperia. Schriften zur Germ. Phil. 3).

[31] Noch bei Hartmanns Zeitgenossen Werner von St. Blasien (MPL 157, 1119 B) ist der Begriff *ratio* vorhanden, worauf Neumann a. a. O. (s. Anm. 5) in seiner Anmerkung zu V. 103 hinwies.

Einen genitivus subiectivus anzunehmen und Hartmann „missverständnis und umdrehung“ Bedas vorzuwerfen, scheint uns aber weniger überzeugend, als *sinne kleit* für einen genitivus obiectivus zu halten. In diesem Fall decken sich die Verwendung und Bedeutung von *sinne* eindeutig mit dem Begriff Bedas *sensus rationis* [32]. Den Sinnen wird die Bekleidung geraubt. Sie selbst werden ihm nicht genommen [33]. Der Unter-die-Räuber-Gefallene verliert also die „Besinnung“ — wie man bisher annahm — gerade nicht.

Eine Auslegung der geraubten Kleider fehlt. Hartmann dachte aber sicherlich nicht schon an die Begriffe aus Vers 113: *gedinge* und *vorhte*, die Auslegungen der geschenkten Kleider. Denn das sind die Übersetzungen von *spes* und *terror* (bzw. *timor* oder *metus*). Und mit diesen Begriffen werden in der Exegese andere Motive des Gleichnisses gedeutet, die geraubten Kleider nie. Bis zu den zeitgenössischen Predigten [34] sind die geraubten Kleider immer *immortalitas* und *innocentia* und zwar seit Beda. Beda sieht sie auch als Gegensatz zu dem, was nicht geraubt werden kann, zum *sensus ra-*

[32] Auch das gute Erbe *(pars substantiae)* des verlorenen Sohns deutet Beda als *sensus rationalis* (MPL 92, 522 B zu Lukas 15, 12). Das bezeugt wieder die Ähnlichkeit zwischen verlorenem Sohn und Unter-die-Räuber-Gefallenen in der Exegese.

[33] Bei Beda und Paulus Diaconus (MPL 95, 1389 D) heißt es, daß durch diese *ratio animi*, die nicht geraubt werden kann, der Schuldige Gott noch erkennt. Dieser Sinn ist die letzte Gewähr von seiten des Menschen für die Heilung. — Daß *sinne* auch bei Hartmann diese Bedeutung hat, bezeugt folgendes Gespräch zwischen *herz* und *lîp* im *Büchlein.* (Hartmann von Aue, ›Der arme Heinrich‹ und ›Die Büchlein‹. Hrsg. v. M. Haupt. 2. Aufl., besorgt v. E. Martin. Leipzig 1881.)

1229—1234: h. *dû solt dich sælec machen.*
l. *ichn weiz mit welhen sachen.*
h. *dû muost mit sinnen koufen heil.*
l. *des sinnes hân ich swachez teil.*
h. *des muoz dir sælde wesen gast.*
l. *ir gnâde mir noch ie gebrast.*

[34] A. a. O. (s. Anm. 9), S. 154, Z. 24; Deutsche Predigtenentwürfe aus dem 13. Jahrhundert. In: Germania. Vierteljahrschrift d. dt. Alterthumskunde 3 (1858), S. 364; Predigt d. Leipziger Sammlung: Nr. 58. In: Altdeutsche Predigten I. Hrsg. v. A. E. Schönbach. Graz 1886, S. 125,

tionis. Es besteht also ein bestimmter Zusammenhang zwischen den Begriffen *immortalitas* und *innocentia* und dem Begriff *sensus rationis*. Wenn daher Hartmann den Begriff *sinne* für das, was nicht geraubt wird, dem *sensus rationis* bei Beda gemäß verwendet, kann man annehmen, daß er auch für die geraubten Kleider Bedas Begriffe voraussetzt. Diese Auslegung „paßt" nicht nur in Hartmanns Zusammenhang, was Neumann leugnete, sondern wird von ihm geradezu gefordert.

Wir nehmen einen genetivus obiectivus an, halten *sinne* für eine Übersetzung des *sensus rationis* bei Beda und vermuten entsprechend hinter den geraubten Kleidern selbstverständlich Bedas Begriffe *immortalitas* und *innocentia*. Ist diese Vermutung richtig, dann hat Hartmann von Beda mit dem Kleidmotiv auch seine Deutung übernommen und sie wenigstens auf eine der beiden Kleider, auf die geraubten, angewandt.

Die Allegorie weicht nur darin von der Exegese Bedas ab, daß den geschenkten Kleidern nicht dieselbe Deutung gegeben ist. Hartmann nimmt statt dessen *gedinge* und *vorhte*. Diese Begriffe sind

Z. 13—15, 28. — Diese letzte Predigt des 13. oder 14. Jahrhunderts enthält übrigens verschiedentlich wörtliche Übereinstimmungen mit der Allegorie Hartmanns. So sind auch in ihr die *latrones* u. a. als *mordere* und *plagis impositis* (Lukas 10, 30) als *nieder geslagen* wiedergegeben. — Sie ist nach Schönbach eine der beiden Übersetzungen der von Hericus von Auxerre verfaßten Predigt (s. Anm. 26). In ihr heißen die Kleider des Paradieses, die Adam dann geraubt werden, nicht *vestis immortalitatis*, sondern *stola*. Wäre mit *stola* hier an die *prima stola* gedacht, dann hätte der Autor *vestis* und *prima stola* vertauscht, weil sie dieselbe Deutung haben. Man dürfte folgern, daß Hartmann durch die zeitgenössische Exegese mit dem Hinweis auf das Kleid des verlorenen Sohnes vertraut sein könnte. *stola innocencie et immortalitatis* heißen aber auch die Kleider der Getauften in einer Predigt derselben Sammlung (Nr. 43, S. 96, Z. 30/31). Sie scheinen noch eher als die *prima stola* geeignet, mit den paradiesischen Kleidern identifiziert zu werden. Welche *stola* ursprünglich mit diesen Deutungen versehen wurde, welche also vermutlich den Vorrang hat an dieser Stelle, kann erst auf Grund aller zuständigen exegetischen Texte entschieden werden. Infolgedessen muß offenbleiben, ob die oben genannte Predigt über das Samariter-Gleichnis die *prima stola* enthält.

die Übersetzungen von *spes* und *terror*, den Auslegungen von *oleum* und *vinum*. Öl und Wein sind die Heilmittel des Samariters (Lukas 10, 34).

Hartmann ersetzt aber Wein und Öl nicht durch die Kleider, sondern läßt beide Motive als Heilmittel nebeneinander bestehen.

spes und *terror* sind Bedas Deutungen von *oleum* und *vinum*. Das hat Zwierzina[35] festgestellt. Hartmann trennte diese Begriffe von ihrem Bild und gab ihnen ein neues Bild, das des Kleides. Da es zwei Begriffe sind entsprechend den beiden Medikamenten, spricht er von z w e i Kleidern. Außerdem paßt die Mehrzahl besser zu der Mehrzahl der geraubten Kleider. Das neue Bild ist aber nicht s e i n Einfall, wie Nobel annahm, sondern Hartmann greift das geschenkte Kleid des verlorenen Sohnes auf, das ebenso wie die Begriffe *terror* und *spes* bei Beda zu finden war. Er macht die *prima stola* zum Glied seiner Erzählung. Diese Weise Hartmanns, die Exegese zu verwenden, ist bereits bekannt. Zwierzina[36] hat darauf hingewiesen, daß Hartmanns Allegorie Motive aus dem Gleichnis des 'pastor bonus' enthält, die die Kirchenväter, unter andern auch Beda, herangezogen haben mit der Wendung: *juxta aliam parabolam*. Die Parallelstellen sind folgende:

i m p o n i t in h u m e r o s s u o s (Lukas 15, 5)	statt: *i m p o n e n s illum in i u m e n t u m s u u m*
h u o p in ûf i r miltez a h s e l b e i n (vv. 135/7)	(Lukas 10, 34)
und:	
et veniens d o m u m (Lukas 15, 5)	statt: *duxit in s t a b u l u m*
und truoc in . . . hein (v. 138)	(Lukas 10, 34).

Zwierzina nennt diese Verwendung der Exegese „laienhaft". „So kam es [auf Grund der Exegese], daß Hartmann am schluß seiner parabel die gleichnisse vom samariter und vom guten hirten vollständig durcheinanderwarf". — Eine Oberaltacher Predigt über das Gleichnis vom barmherzigen Samariter[9] beweist aber, daß

[35] MPL 94, 295 B (nach Zwierzina a. a. O. [s. Anm. 7], S. 404) = MPL 92, 469 C.

[36] A. a. O. (s. Anm. 7), S. 405.

auch Nichtlaien diese analogen Motive austauschten. Der Prediger übersetzt dort wie Hartmann *domum* aus dem Gleichnis vom verlorenen Schaf statt *stabulum*: *er furt den selben sichen in sein haus und berucht in.*

Während die bisherigen Interpreten der Allegorie die Motive aus dem Gleichnis vom verlorenen Schaf wiedererkannten, blieb das Motiv aus dem Gleichnis vom verlorenen Sohn verborgen. Es ist nämlich von Hartmann verwandelt worden:

1. In der Allegorie kommen zwei Kleider vor, nicht ein Kleid, wie es die *prima stola* ist.
2. Die Deutung, mit der Beda die ähnlichen Motive aus den Gleichnissen vom verlorenen Sohn und vom Samariter verband, *immortalitas* und *innocentia,* wird an keiner Stelle der Allegorie genannt.
   Sie lag, solange man *sinne* für die Auslegung hielt, weder den geraubten Kleidern (v. 103) zugrunde, noch ist sie für die geschenkten Kleider angegeben.
3. Die Deutung der geschenkten Kleider gilt vermutlich nicht auch für die geraubten Kleider. Das ist aber Voraussetzung der Analogie bei Beda.

Hartmann verwendet das Motiv aus dem Gleichnis vom verlorenen Sohn nicht wie die Motive aus dem Gleichnis vom verlorenen Schaf. Die geschenkten Kleider ersetzen nicht ein Motiv aus dem Gleichnis vom barmherzigen Samariter, sondern erscheinen zusätzlich. Diese unterschiedliche Verwendung folgt aber aus einem Unterschied der Motive. — Die Kirchenväter verwiesen deshalb auf die Motive sowohl aus dem Gleichnis vom verlorenen Schaf als auch vom verlorenen Sohn, weil sie Motiven im Gleichnis vom barmherzigen Samariter ähnlich sind. Im Unterschied aber zu den Motiven aus dem Gleichnis vom verlorenen Schaf gehört das Kleid des verlorenen Sohns in eine Situation, die der Situation des Unter-die-Räuber-Gefallenen entgegengesetzt ist: Dem einen werden die Kleider geraubt, dem andern wird das Kleid geschenkt. Dieser Unterschied ist es, der eine verschiedene Verwendung der Motive erfordert. Die Motive des Samariter-Gleichnisses lassen sich durch die entsprechenden Motive aus dem Gleichnis vom verlorenen Schaf ersetzen (*humeros* statt *jumentum, domum* statt *stabulum).* Das

Motiv des geschenkten Kleides läßt sich nur als Gegensatz zu den geraubten Kleidern hinzusetzen. Für den unvoreingenommenen Leser der Allegorie aber paßt es in ihren Handlungsablauf: 1. Die geschenkten Kleider bieten Ersatz für die geraubten. 2. Neben Wein und Öl dienen sie der Heilung. Diese Anpassung der *prima stola* an das Samariter-Gleichnis kam dadurch zustande, daß die *prima stola* als Bild für die bei Beda vorhandenen Deutungen von *oleum* und *vinum* erscheint, d. h. zum Heilmittel wird.

Schönbach hatte vermutet, daß die geschenkten Kleider Hartmanns Bild für *ligamina* seien. Diese Deutung erübrigt sich, nachdem jetzt nachgewiesen wurde, daß das geschenkte Kleid als selbständiges Motiv gegenüber den geraubten Kleidern schon in der Exegese vorhanden ist. Ohnehin wäre sie unwahrscheinlich, da in v. 139 noch ausdrücklich vom Verbinden gesprochen wird.

Auf Grund seiner Deutung der Kleider schreibt Schönbach [37] über vv. 127—29 ff.: „in Hartmanns behandlung der sache wird der zweck der auslegung der parabel noch weiter dadurch gestört, indem in ganz unberechtigter weise an die stelle des barmherzigen Samariters = Christus die personificierten binden der wunde gesetzt werden und Christo nur der abschluß übrig bleibt". Schönbach bezieht das Subjekt *si,* das Öl und Wein eingießt, also auf die Kleider (v. 112).

Nobel [38] bezieht *si* auf die Begriffe *geistlîche triuwe* und *riuwe* in den unmittelbar vorausgehenden Versen.

Unseres Erachtens bezieht sich *si* auch auf die Begriffe *gedinge* und *vorhte* (v. 113), und zwar aus folgenden Gründen: *gedinge* und *vorhte* sind als Übersetzungen von *spes* und *terror* die Deutungen zu *öl* und *wîn.* Das sind aber die Objekte des Subjekts *si* in Vers 130. *si* könnte also den Zusammenhang zwischen *gedinge* und *vorhte* und *öl* und *wîn* aufrechterhalten. Andererseits scheint dieser Zusammenhang bei Hartmann vernichtet zu sein, weil die Deutungen neue Bilder haben, nämlich *kleit,* und die Bilder andere Deutungen, *gnâde* und *ê.* Er ist aber nur scheinbar vernichtet. Denn *gnâde* und *ê* sind keine neuen, von Hartmann erfundenen

[37] A. a. O. (s. Anm. 12), S. 126.

[38] A. a. O. (s. Anm. 11), S. 52.

Deutungen, sondern Übersetzungen der Auslegungen von *oleum* und *vinum* in der Exegese. Der Zusammenhang zwischen *gedinge* und *vorhte* und *öl* und *wîn* erstreckt sich folglich auch auf *gnâde* und *ê*. Zwierzina [39] zitiert für *gnâde suavitas veniae* von Haimo (778—853) [40], für *ê morsum districtionis* von Gregor dem Großen (540—604) [41]. Nach Neumann gibt *ê praeceptum* bei Gunther von Pairis [42] etwa wieder [43].

Wahrscheinlich aber liegen auch im Falle von *gnâde* und *ê* wie von *gedinge* und *vorhte* Begriffe von Beda zugrunde. *gedinge* und *vorhte* und *gnâde* und *ê* hängen nicht nur insofern zusammen, als sie Deutungen von Wein und Öl sind, sondern sie stammen auch aus derselben Exegese. Außerdem sind ihre entsprechenden Begriffe bei Beda voneinander abhängig, und zwar bilden sie zwei Begriffspaare. Denn die Deutungen von Öl und Wein bei Beda lauten nicht nur *spes* und *terror*, sondern *spes veniae* und *terror poenae*. Und an *venia* und *poena* kann mit *gnâde* und *ê* gedacht sein.

Diese beiden Begriffspaare werden nämlich in der Allegorie auf zweifache Weise vorhanden sein:

1. erscheinen sie wie bei Beda verbunden, derart, daß der zweite, vom ersten abhängige Begriff im Genitiv durch einen Nebensatz ersetzt ist:
   v. 118: *gedinge daz er iht verdurbe*
   v. 117: *vorhte daz er ersturbe*
2. erscheinen sie getrennt, die beiden ersten Begriffe, *spes* und *terror*, als Kleider, *venia* und *poena* als Öl und Wein.

Daß *gedinge* und *vorhte* sich mit *spes* und *terror* bei Beda decken, hatte Zwierzina [44] gesehen. — Auch *venia* und *poena* liegen unseres

[39] A. a. O. (s. Anm. 7), S. 406.

[40] MPL 118, 674 A; Beda 94, 294 D.

[41] MPL 76, 143 D.

[42] MPL 212, 103 nach Neumann a. a. O. (s. Anm. 5), Anm. zu Vers 132.

[43] *alte ê = levîte*. A. a. O. (s. Anm. 34 b), S. 365.

[44] Andererseits verweist Zwierzina (a. a. O., s. Anm. 7, S. 406) auf Haimos (MPL 118, 673 A) Begriff: *spes redeundi ad veniam*. Hartmanns Begriff *gedinge* kann aber nicht von Haimo abhängen, weil bei diesem die Hoffnung nicht göttliches Geschenk ist, sondern letzte menschliche Lebens-

Erachtens noch *gnâde* und *ê* zugrunde. An der Stelle von *poena* steht zwar keine Übersetzung, etwa *helle* oder *êwiger tôt*. Das bringt aber die Trennung des Begriffspaares *terror poenae* mit sich: Furcht vor Verdammnis kann Heilmittel sein, Verdammnis allein selbstverständlich nicht. Die Trennung der Begriffe erfordert also, daß *poena* durch eine andere Deutung des Weins aus der Exegese ersetzt werden muß, etwa *praeceptum*. Diese Deutung setzt aber den Gedanken an *poena* voraus. Denn der Wein soll das Mittel sein, der Verdammnis zu entgehen. Das kommt in der den Begriffspaaren folgenden Interpretation bei Beda zum Vorschein: *Infundit et vinum, dum dicit: Omnis arbor quae non facit fructum bonorum, excidetur, et in ignem mittetur*. Die Auslegung des Weines enthält die Alternative der Wahl: entweder übt der Unter-die-Räuber-Gefallene Recht, oder er wird verdammt, — *fructus bonorum* oder *poena*. In der Allegorie heißt die Alternative entsprechend: *ê* (Recht, Gesetz) oder *êwiger tôt*.

Da die Begriffspaare *spes veniae* und *terror poenae* den Versen 117 und 118 zugrunde liegen, scheint mir die Vermutung berechtigt, daß Hartmann, wenn er die ersten beiden Begriffe (v. 113) isoliert wiedergibt, in Vers 132 auch an die von ihnen abhängigen Begriffe isoliert denkt.

Diese Begriffspaare stehen in der Exegese außer bei Beda nur noch bei Werner von St. Blasien, der sie von Beda übernommen hat. Hartmann dürfte sie aber eher von Beda als von Werner von St. Blasien haben, weil er auch Bedas Begriff *sensus rationis* und seinen Hinweis auf die *prima stola* verwandte, der bei Werner von St. Blasien fehlt.

Der Zusammenhang der Begriffspaare *spes veniae* und *terror poenae* kommt in der Allegorie zwischen den getrennten Begriffen *gedinge/gnâde* und *vorhte/ê* wieder zum Vorschein, wenn *si* in Vers 127 und 129 sich auf *gedinge* und *vorhte* bezieht.

Nobel bezog *si* auf *geistlîche triuwe* und *riuwe*. Mit Hilfe der Exegese läßt sich auch dieser Bezug bestätigen. *geistlîche triuwe*

möglichkeit — also *sensus rationis* bei Beda, *sinne* bei Hartmann. Vermutlich hat Haimo Bedas Interpretation des Öls *(spes veniae)* zu seiner Interpretation des *semivivus* benutzt.

und *riuwe* sind als Hartmanns Begriffe der *poenitentia* ebenfalls Deutungen von *öl* und *wîn,* was Zwierzina[39] beweist. Bei Beda heißt es, daß der Samariter *spem veniae p o e n i t e n t i b u s* einflößt. Der Zusammenhang von *öl* und *wîn* mit *gedinge* und *vorhte* einerseits und *gnâde* und *ê* andererseits erstreckt sich auch auf *geistlîche triuwe* und *riuwe. si* ist folgendermaßen zu verstehen:

gedinge und *vorhte* und *geistlîche riuwe* und *triuwe guzzen im in die wunden sîn gnâde und ê.*

Schönbach nahm an, daß die Kleider die allegorischen Personen seien. Da aber *si* einmal personifizierte Begriffe bedeutet — *getriuwe* und *riuwe* —, ist es wahrscheinlich, daß es sich zum andern nicht auf Bilder bezieht, sondern ebenfalls auf Begriffe. Außerdem läßt schon die größere Nähe zu den Begriffen (v. 113) als zu den Bildern (v. 112) darauf schließen, daß *si* die Begriffe *gedinge* und *vorhte* sind.

gedinge und *vorhte,* die Deutung von Öl und Wein bei Beda, erscheinen bei Hartmann als Deutung der geschenkten Kleider. Die Interpretation des fraglichen *si* in Vers 127 und 129 zeigte, daß sie dennoch mit der Exegese des Samariter-Gleichnisses übereinstimmen. Denn der Bezug zu ihren Bildern wird aufrechterhalten: *gedinge* und *vorhte* werden in Vers 129 erneut genannt als Subjekt zu den Objekten *öl* und *wîn*; dadurch ersetzen die Deutungen von *öl* und *wîn* in der Allegorie (v. 132) *gnâde* und *ê,* nicht *gedinge* und *vorhte*; sie hängen von diesen Begriffen ab.

Andererseits binden *gedinge* und *vorhte* das Bild des geschenkten Kleides an den Ablauf des Samariter-Gleichnisses, indem sie es zum Heilmittel machen. Das zusätzliche Motiv wird durch die Verbindung mit diesen in der Exegese des Samariter-Gleichnisses schon vorhandenen Begriffen aufgenommen, indem das geschenkte Kleid für einen Teil der Deutungen von Öl und Wein Öl und Wein ersetzt.

Sowohl das Kleidmotiv als auch seine Deutung in der Allegorie passen also in das Samariter-Gleichnis. Diese Anpassung war aber nur mit Hilfe seiner Exegese zu erklären.

Das Motiv des geschenkten Kleides einerseits und seine Deutung in Hartmanns Allegorie andererseits sind bei Beda zu finden. Die Verbindung des geschenkten Kleides mit dieser Deutung läßt darauf schließen, daß Hartmann Bedas Auslegung des Samariter-Gleichnisses berücksichtigt hat. Er ist nicht „unsicher in der kirchlichen litteratur", wie Schönbach [12] behauptete. Er ist offenbar vertrauter mit der Exegese als seine Interpreten.

Hartmann unterscheidet sich von Beda aber darin, wie er Text und Auslegung behandelt. Er vertauscht die Bilder der verschiedenen Gleichnisse (*domum* statt *stabulum*). Das kommt aber auch in zeitgenössischen Predigten vor. — Er trennt Bild und Begriff und verknüpft sie wieder (*gedinge* und *vorhte* / *öl* und *wîn*). — Er trennt Begriff von Begriff (*gedinge* / *gnâde* = *spes* / *venia*) und verbindet sie.

Hartmann unterscheidet sich von Beda also darin, daß für ihn keine Grenze zwischen biblischem Text und Auslegung vorhanden ist. Er beschreibt die körperliche Not, wie sie das Gleichnis vom Samariter lediglich enthält, und spricht zugleich von der seelischen Not, wie sie in der Exegese geschildert wird. Das kommt für die ganze Allegorie bezeichnend in der Wortverbindung *sêle armuot* zur Sprache. — Wie Text und Auslegung verbunden werden, ist erkennbar, wenn Bild und Deutung, konkretes und abstraktes Denken, nebeneinander erscheinen. Nicht der Begriff hängt vom Bild ab wie in der Exegese, sondern das Bild vom Begriff. Die *sinne (sensus rationis)* statt des Unter-die-Räuber-Gefallenen verlieren die Kleider; *got* statt *pater* sendet neue Kleider, die *gedinge* und *vorhte* bedeuten; *gedinge* und *vorhte* und *geistlîche triuwe* und *riuwe* gießen dem Leidenden Öl und Wein ein, die *gnâde* und ê bedeuten.

Bei Hartmann sind die Begriffe mehr als nur bestimmte Deutungen für bestimmte Bilder wie in der kirchlichen Exegese. Er verwendet sie als handelnde Gestalten, die zusammen die Heilung bewirken, so daß sie, im Gegensatz zur Auslegung, den Charakter einer Entwicklung besitzt. — Durch die besondere Anordnung der überlieferten Begriffe führt er vor, inwiefern Gott und Mensch gemeinsam die Heilung bewirken. Gott gibt *gedinge* und *vorhte* [45];

[45] Das Eingreifen Gottes zu Beginn des Heilungsprozesses entspricht nach Hildegard Nobel (a. a. O., s. Anm. 11, S. 48 ff.) der Lehre der Theologie, die den Rechtfertigungsprozeß immer mit der *infusio gratiae*

geistlîche triuwe und *riuwe* gibt der Mensch. *gedinge* und *vorhte* zusammen mit *geistlîcher triuwe* und *riuwe* ergeben erst *gnâde* und *ê.* — Diesen Dreischritt in der Allegorie ermöglicht das Motiv des geschenkten Kleides. Die überlieferten Begriffspaare für die Heilmittel *(spes veniae, terror poenae)* erscheinen getrennt, *venia* und *poena* wie üblich in Gestalt von *oleum* und *vinum, spes* und *terror* in Gestalt der *prima stola.* Die Begriffe werden durch die *poenitentia* verbunden. Die *prima stola* paßt erstens, weil sie wie *oleum* und *vinum* Zeichen der *misericordia* Gottes ist *(erbarmekeit)* und

beginnen läßt. Sie vermißt aber neben *gedinge* und *vorhte (timor* und *spes)* eine Übersetzung von *fides,* die nach Römer 1, 17 doch *prima gratia* sei. Als Beleg zitiert sie außerdem eine unbekannte Handschrift: „Notandum, quod de fide tamquam de fundamento bonorum spes et caritas oritur ..." Sie nimmt an, daß Hartmann den Glauben nur aus thematischen Gründen nicht nenne, als Wurzel von *gedinge* und *vorhte* aber voraussetze, und zwar insofern, als der Schuldige „kraft des Glaubens" nicht tot, sondern nur *halp tôt* (v. 109/Luk. 10, 30: *semivivus*) sei.

Nobel selbst hält ihrer Auslegung entgegen, daß bei Beda der Unter-die-Räuber-Gefallene nicht kraft einer göttlichen Gnade, sondern kraft seiner menschlichen Vernunft noch lebe. Bedas Begriff *sensus rationis* ist aber bei Hartmann, wie unsere Interpretation gezeigt hat, sogar vorhanden, nämlich in *sinne.* Deshalb scheint es uns unmöglich, daß Hartmann in Vers 109 an den Glauben denkt.

Nobels Annahme aber, daß in den Gaben Gottes *gedinge* und *vorhte* von Hartmann der Glaube vorausgesetzt sein kann, scheint mir auch aus der Exegese belegbar. Beda (MPL 92, 524 D) schreibt in seinem Kommentar zum Gleichnis vom verlorenen Sohn: *Fides namque est, quae futuri judicii ac suppliciorum metu vitiorum facit contagia declinare. metus* ist also ein Zeugnis von *fides.* Vermutlich ist deshalb in Nobels Zitat neben *spes* und *caritas* von *metus,* bzw. *timor* nicht die Rede. *metus* ist im Begriff *fides* schon enthalten. Umgekehrt könnte es sich in den Versen 113 und 117 bei Hartmann verhalten: *fides* ist im Begriff *vorhte* schon mitgedacht. Das widerspräche der Exegese des Samariter-Gleichnisses nicht, in der der Kranke erst am Ende die Gabe des Glaubens erhält (Paulus Diaconus 95, 1392 A): *in stabulum ducitur, cum ad baptismum veniens, fidem sanctae Trinitatis percipit.* Denn die Gaben Furcht und Hoffnung könnten schon zu Beginn seiner Heilung den Glauben verheißen, vor allem die Furcht.

zweitens, weil sie ebenso wie *oleum* und *vinum* nur einem *poenitens* gegeben wird.

Durch diese Verbindung von Text und Auslegung gewinnt das Samariter-Gleichnis neue Unmittelbarkeit in der Allegorie.

Die bisherige Analyse nahm Anstoß an den geschenkten Kleidern. Sie hatte übersehen, daß schon bei Beda das geschenkte Kleid von Bedeutung ist: die *prima stola* des verlorenen Sohnes, auf die bei der Auslegung der geraubten Kleider des Unter-die-Räuber-Gefallenen verwiesen wird. Die enge Verwandtschaft des Gleichnisses vom verlorenen Sohn und des Gleichnisses vom barmherzigen Samariter, wie es von den Kirchenvätern aufgefaßt wurde, blieb unbeachtet.

Diese Verwandtschaft ließ sich in der Allegorie inhaltlich, sprachlich und thematisch feststellen, ohne das Kleidmotiv schon aus der Exegese zu erklären. Das dürfte beweisen, daß es der *prima stola* im Gleichnis vom verlorenen Sohn noch ähnlich ist.

Daß Hartmann das Kleidmotiv bei Beda kannte, ist anzunehmen, da die Allegorie auch im übrigen Bedas Deutungen enthält. Vom Standpunkt des Exegeten aus gesehen, haben die geschenkten Kleider aber die falsche Deutung.

Euphorion 57, 1963, S. 341—369.

HARTMANNS ›KLAGE-BÜCHLEIN‹

Von ROSWITHA WISNIEWSKI

1. *Komposition*

Von allen Werken Hartmanns fordert die ›Klage‹ oder das ›Büchlein‹ am meisten dazu heraus, nach einem zahlenmäßig erfaßbaren Kompositionsprinzip zu suchen, wie es Hans Eggers für die Epen vermutete [1]; denn am Schlußgedicht, mit seinen sich jeweils um ein Verspaar vermindernden Strophen, können wir erkennen, daß Hartmann hier tatsächlich die Anzahl der Verse nicht dem Zufall überließ. Sollte sie ihm auch im Gesamtbau der Dichtung nicht gleichgültig gewesen sein?

Die erste Strophe des Schlußgedichtes umfaßt 32 Verse [2]. Sie bietet damit die Norm, von der die übrigen Strophen verklingend abweichen. Auch der Prolog besteht aus 32 Versen. Da erhebt sich natürlich die Frage, ob die Zahl 32 als Grundzahl oder Ordnungszahl der Komposition des Büchleins anzusehen ist, ob sie also auch im Mittelteil des Werkes, dem Streitgespräch zwischen Herz und Leib, aufzuspüren ist. Man kann die Frage bejahen; denn das Streitgespräch umfaßt 1612 Verse. Darin ist die Ordnungszahl 32 fünfzigmal enthalten; denn $50 \times 32 = 1600$. 12 Verse sind überzählig.

Den deutlich erkennbaren Gipfel innerhalb des Streitgespräches bildet die Stichomythie, die versweise wechselnde Rede von Herz

[1] H. Eggers, Symmetrie und Proportion epischen Erzählens. Studien zur Kunstform Hartmanns von Aue. Stuttgart 1956. Vgl. auch H. Eggers, Der Goldene Schnitt im Aufbau alt- und mittelhochdeutscher Epen. In: Wirkendes Wort 10, 4 (1960), S. 96—112.

[2] Die Klage (Erstes Büchlein). Hrsg. von F. Bech. 3. Aufl. Leipzig 1891, in: Hartmann von Aue, Zweiter Teil (= Dt. Klassiker des Mittelalters 5, 2).

und Leib (V. 1168—1268). Sie umfaßt 101 Verse. Wieder kann man darin die Grundzahl 32 vermuten; denn 3 × 32 = 96. Wieder bleibt aber auch ein Rest; diesmal sind fünf Verse überzählig. Kamen die in beiden Fällen etwas von der geforderten Norm abweichenden Ergebnisse durch spätere Interpolation zustande oder sind sie von Hartmann gewollt? Handelt es sich bei diesen Maßen also etwa nur um ungefähre Blockgrößen, die bewußt leicht ungenau gehalten sind? Die Baukunst bietet Beispiele solcher gewollter, wenn auch kaum merklicher Variation, die etwa die Lebendigkeit griechischer Tempel verursacht. Haben wir für die Baukunst und analog für die literarische Formkunst des Mittelalters etwas Ähnliches zu vermuten?

Wir sagten schon, daß die Stichomythie den Gipfel des Dialogs zwischen Herz und Leib bildet; denn in ihr wird die Versöhnung vollendet und damit die Wende vom Streitgespräch zu einer Art Lehrgespräch vollzogen, in dem das Herz den lehrenden, der Leib den die Lehre annehmenden Teil vertritt. Es scheint, daß auch die Stelle, an der die Stichomythie eingefügt ist, bewußt gewählt wurde. Vom Beginn des Hauptteils bis zur Stichomythie (V. 33 bis 1167) zähle ich 1135 Verse. Vom Ende der Stichomythie bis zum Ende des Hauptteils (V. 1269—1644) sind es 375 Verse. 1135:375 verhält sich wie 3:1 (3 × 375 = 1125). Der Hauptteil des Büchleins, das Gespräch zwischen Herz und Leib, ist also, was den Sitz der Stichomythie anlangt, nach einer häufiger bei Hartmann begegnenden Proportion geformt [3]. Wieder müssen wir aber eine geringe Abweichung konstatieren; denn statt 1125 zählen wir 1135 Verse für den Teil bis zum Beginn der Stichomythie.

Das Verhältnis 3:1 bleibt auch erhalten, wenn man die Grundzahl 32 in den Verhältniszahlen vom Anfang des Hauptteils bis zur Stichomythie (1135) und vom Ende der Stichomythie bis zum Ende des Hauptteils (375) ermittelt: in 1135 ist die Zahl 32 35mal enthalten (32 × 35 = 1120), 15 Verse bleiben übrig. In 375 ist die Zahl 32 11mal enthalten (32 × 11 = 352), 23 Verse bleiben übrig. Auch 35:11 verhält sich wie 3:1. Jedoch muß man bei diesem An-

[3] Vgl. H. Eggers zum ›Gregorius‹ und ›Armen Heinrich‹, a. a. O., S. 15 f.

satz die verhältnismäßig hohen Abweichziffern 11 und 23 in Kauf nehmen, wobei es auffällt, daß sich diese wie 1:2 verhalten.

Bei den vorangegangenen Überlegungen scheint es mir wichtig zu sein, daß die Grundzahl 32 nicht von Abschnitten abgelesen wurde, die durch mehr oder minder anfechtbare Interpretationen gewonnen werden mußten, sondern daß es sich um „Baukörper" handelt, die sich unstreitig als vom Dichter gewollt zu erkennen geben[4]. Damit ist diesen Überlegungen der Verdacht der Willkürlichkeit genommen, der ihnen sonst nur allzu leicht anhaften muß.

Nun zeitigt das Festhalten an dem Maß, das die sicher erkennbaren Formteile — der Prolog und die erste Strophe des Schlußgedichtes — bieten, bei allen erstaunlichen Beziehungen und auffälligen Entsprechungen aber unübersehbare Abweichungen. Wenn man überhaupt an ein zahlenmäßig erfaßbares Kompositionsgefüge glaubt, dann stellt sich die Frage, wie man die Abweichungen zu beurteilen hat. Es läßt sich ein Idealschema rekonstruieren, nach dem das ›Büchlein‹ vielleicht geformt wurde:

1. 32 Verse Prolog
2. 50mal 32 Verse Hauptteil,
   darin 3mal 32 Verse Stichomythie, die nach dem Verhältnis 3:1 in den Hauptteil gesetzt wurde, da der Hauptteil vor der Stichomythie 35mal 32 Verse, nach der Stichomythie 11mal 32 Verse umfaßt,
3. Schlußgedicht = 32 Verse Grundstrophe, folgende Strophen = 32 Verse minus 2, 4, 6 usw.

Nimmt man an, daß Hartmann diesen Grundriß exakt durchführte, dann muß die Überlieferung für die Abweichungen verantwortlich gemacht werden. Es könnten mehr oder minder große Interpolationen in den einzelnen Abschnitten des Hauptteils vorgenommen worden sein, die wir beim ›Büchlein‹ noch schlechter als bei anderen Werken zu erkennen vermögen, da es nur in einer einzigen Hand-

[4] An der Echtheit des Schlußgedichtes wird seit Panzers Hinweisen auf ähnliche Verbindungen von epischen und lyrischen Formen in afrz. und prov. Dichtung nicht mehr gezweifelt. Vgl. F. Panzer, Rez. über Piquet, Etude sur Hartmann d'Aue. In: ZfdPh. 31 (1899), S. 520—549, bes. S. 534.

schrift vorliegt und diese — die Ambraser Handschrift — erst aus sehr später Zeit stammt.

Ebensogut denkbar ist es aber auch, daß Hartmann selbst leichte Abweichungen vom starren Schema wollte oder sie zumindest nicht peinlich vermied; denn jede Begrenzung der Verszahl stellt eine Beschneidung der Möglichkeit dar, einen Gedanken unabhängig von einer vorgegebenen Form zu Ende zu führen. Gerade darin unterscheiden sich aber Reimpaarepos und lyrische bzw. im Epos verwandte Strophe. Ich möchte also eher glauben, daß Hartmann sich nur im Großen an das einmal entworfene Schema hielt, daß er die einzelnen Abschnitte nur annähernd den von der Norm geforderten Umrissen anpaßte, soweit es sich um den weit ausgedehnten Hauptteil handelt. Eine sichere Beantwortung dieser Frage wird natürlich erst möglich sein, wenn wir mehr von den Formprinzipien mittelalterlicher Kunstwerke und speziell mittelalterlicher Epen wissen.

2. *Klage als Anklage*

Im Jahre 1894 stellte Anton E. Schönbach die These auf, daß Hartmanns ›Büchlein‹ in die Form eines juristischen Streitgespräches gekleidet sei. Er schreibt: „Es wird sich zeigen lassen, daß der Rahmen des Gedichtes durch die Form der Anklage des Leibes wider das Herz gegeben ist, worauf Gegenklage, Wechselrede, das Zurückziehen der Klage, Versöhnung folgt; das Ganze schließt dann damit, daß der Leib in getreuer Befolgung der eben vernommenen Ratschläge des Herzens und als dessen natürlicher *fürspreche* sich an die Dame wendet. Nun wird man allerdings nicht verlangen dürfen, daß Hartmanns Gedicht sich uns im ganzen und im einzelnen als ein wohlinstruierter Prozeß darstelle. Wir kennen die deutsche Terminologie des altdeutschen Rechtsganges erst von der Codification des Sachsenspiegels ab, und da nicht genau, nur in den Hauptpunkten, mit vielen Lücken, unsicher in ganz wichtigen Dingen. Dazu kommt, daß Hartmann in seinem Werke mit der in künstlerischer Absicht gewählten Form anmutig spielt, daß der Stoff den Rahmen mehrfach durchbricht, daß der Dichter des öfteren bewußt und unbewußt aus der Rolle fällt; ist doch das Ganze eben eine Schöpfung der Poesie, nicht der Jurisprudenz. Allein ins Große genommen sind die Hauptlinien klar und fest gehalten ..." [5].

Schönbachs These wurde zunächst von Piquet abgelehnt [6], obwohl er zugestand, daß auch die afrz. *débats* die Einkleidung in gerichtliche Formen lieben. Piquets Grund für die Ablehnung von Schönbachs These: Schönbach habe vieles aus der Gerichtssprache abgeleitet, was auch der Umgangssprache angehöre. Friedrich Panzer fragt angesichts dieser Begründung, wieso damit Schönbachs Ansicht vom Aufbau der Dichtung widerlegt sei, hält aber an sich die Ablehnung für berechtigt [7]. Panzer gibt allerdings zu, daß die Wörter *klagen* und *klage* von Hartmann in den beiden Bedeutungen, nämlich: 'anklagen, Anklage' und 'wehklagen, Wehklage' verwendet werden. Er sagt: „Denn die Sache ist eben überall die, daß der Leib seine Not beklagt und zugleich das Herz als Urheber dieser Not anklagt; aber daß Hartmann sich die Szene vor Gericht gedacht habe, ist dem klaren Wortlaut nach unmöglich [8]". Dies ist aber von Schönbach nie behauptet worden, wie das oben angeführte Zitat zeigt. Das Hauptargument Panzers trifft also ins Leere. Panzers weitere Beweisführung folgt ganz den Spuren Piquets. Er weist für einzelne Stellen, die von Schönbach juristisch interpretiert wurden, nach, daß sie aus dem allgemeinen Sprachgebrauch der höfischen Literatur verständlich sind. Man kann also immer noch dieselbe Frage stellen, die Panzer hinsichtlich Piquets Argumentation stellte: Wie soll damit bewiesen werden, daß die juristische Austragung des Streites kein konstitutives Element des Aufbaus der ›Klage‹ ist, wenn man nur davon absteht, Schönbachs These so zu fassen, daß es sich um einen Prozeß vor einem Dritten als Richter handeln soll?

Die moderne Forschung hat Panzers Ablehnung akzeptiert und sich die Panzersche These zu eigen gemacht, daß Hartmanns

[5] Anton E. Schönbach, Über Hartmann von Aue. Drei Bücher Untersuchungen. Graz 1894, S. 232.

[6] F. Piquet, Etude sur Hartmann d'Aue. Paris 1898, p. 75 f.

[7] F. Panzer, a. a. O., S. 528.

[8] F. Panzer, a. a. O., S. 528.

›Büchlein‹ als *salut* oder *complainte* aufzufassen sei und daß — wie Panzer sagt (a. a. O., S. 531) — der Inhalt von Hartmanns Dichtung vollständig in dieser frz. Gattung wiederzufinden ist. Im Folgenden soll dagegen gezeigt werden, daß Schönbachs These in der oben angedeuteten eingeschränkten Weise zu recht besteht und daß der Reiz des ›Büchleins‹ gerade in der Verschlingung der Passagen, in denen das Gespräch als Streitgespräch in juristischer Diktion geführt wird, und solchen, die der eigentlichen *complainte* gewidmet sind, liegt.

Bei der Lektüre des ›Büchleins‹ fällt auf, daß sich an einigen Stellen Häufungen von Ausdrücken finden, die der Rechtssprache entstammen oder doch in ihr oft verwendet werden, während in anderen Partien solche Häufungen fehlen, wenn auch vereinzelt noch Termini und Vorstellungen des Gerichtswesens erscheinen.

1. Häufung

versolt (35), *klagen über* (36), *getrûwen* (37), *schade* (38), *rechen* (39, 69), *gulte, gelten* (42), *gewalt* (46), *fride* (49), *untriuwe* (56), *friunde* (59), *ungenist* (61).

2. Häufung

gerâten, rât geben (314—319), *mâge* (316), *unminne* (323), *ungetriuwe* (326), *fluht* (326).

3. Häufung

vater erslagen (387), *friunt benomen* (389), *verkiesen* (407), *strît scheiden* (411), *rechen* (414), *ze buoze stân* (416), *rihten* (417).

4. Häufung

ze lange dagen (485), *klage lâzen* (492), *schuldec* (501), *schulde* (507), *unschuldec* (513), *schaden* (509, 512, 515), *ze buoze stân* (510), *drô* (519), *rechen* (523), *versoln* (525), *unschuldec* (532), *rede* (542), *rât* (535, 561, 565, 570, 573, 580) *schulde* (544), *(ver)wîzen* (581, 589), *râtfrâgen* (598).

5. Häufung

valscher rât (891), *guoter rât* (902, 928), *êwiger strît* (900), *schade* (907, 947), *râgebe, gehôrsam* (925), *missetât* (927, 933), *verwîzen* (935), *âne schulde* (942), *unreht* (943), *schulde zîhen* (960), *verteilet* (964).

6. Häufung

klagen (974), *missehandeln* (976), *under friunden verlân* (978), *strâfen* (985), *under friunden reht* (986), *dröun, schelten* (1001), *engelten lâzen* (1002), *râtes frâgen* (1003), *bâgen* (1004), *helfe unde rât* (1010), *strît* (1013), *varn lâzen* (1027), *erlâzen* (1028), *werwort* (1119), *mort* (1120), *zouber* (1120), *triuwe* (1121), *rât* (1122), *missetuon* (1129), *bezzerunge* (1130), *missevarn* (1133), *rât* (1136, 1138, 1139, 1141), *vil guote wandelunge* (1154), *schade verkorn* (1161), *büezen* (1169).

Wenn man diese durch häufige Verwendung von Ausdrücken des Gerichtswesens auffallenden Stellen im Zusammenhang sieht, zeigt sich, daß in ihnen der Streit zwischen Herz und Leib fortlaufend als Rechtsstreit behandelt wird. Die erste Stelle macht es übrigens sofort deutlich, daß Hartmann nicht Herz und Leib als vor einem Gericht streitende Gegner personifiziert sehen will:

Owê, herz unde sin,
waerst du iht anders danne ich bin,
du haetest wol versolt um mich,
daz ich klagete über dich . . . (33—36)

Der Reiz dieses Spiels mit dem Gerichtsverfahren und der dort gebräuchlichen Art des Sprechens liegt in der Paradoxie, daß Herz und Leib ihre Verbundenheit nicht zu lösen vermögen, obwohl sie so miteinander zerfallen sind, daß sie in der schärfsten Form der Auseinandersetzung sprechen, eben in der Sprache des Rechtsstreites. So kann der Leib zunächst auch nur in der Wunschform das Verfahren eröffnen. Er möchte gern die Anklage erheben und bedient sich dazu der üblichen Formel: *daz ich klagete über dich* (V. 36). Wie Schönbach (S. 230) zeigte, bedeutet *klagen* in der Verbindung mit *über* oder *ûf einen* 'accusare'. Besonders gern werden diese Ausdrücke am Beginn der Anklage verwendet.

Da es sich bei diesem Streit um keinen wirklichen Prozeß vor einem außerhalb des Menschen stehenden Gericht handeln kann, muß auch die Vorstellung, die sich der Leib von seinen Richtern macht, ein Wunsch bleiben. Er wünschte, daß er Anklage gegen das Herz erheben könnte vor

allen den ich des getrûwe
daz sî mîn schade gerûwe,
daz sî mich raechen an dir. (37—39)

F. Panzer glaubt, daß damit nicht die Richter gemeint sein können, vor denen die Anklage zu erfolgen hätte, sondern die *mâge*, die die natürlichen Rechtshelfer des Leibes sind. Sie sollen auch — nach Panzer — nicht durch ihren Rechtsbeistand zu einer gerichtlichen Bestrafung des Herzens beitragen, sondern mit handfester Tat zu direkter Züchtigung (= *rechen*) verhelfen (S. 529). Nun hat aber das Wort *rechen* die Bedeutung 'strafen' und zwar durchaus in juristischem Sinne, zumal ja auch die Rachehandlung eine juristische Vergeltungsmaßnahme primitiven Rechtsdenkens ist. Wenn der Leib hier fordert, daß man den ihm zugefügten *schaden raeche,* so kann das sehr wohl bedeuten, daß eine angemessene Strafe für den Übeltäter durch Urteilsspruch festgelegt werden soll. Wen sich der Leib als Richter denkt und wünscht, bleibt unklar. Sicher ist nicht an ein öffentliches Gericht gedacht, sondern es entspricht der Konzeption des ›Büchleins‹, diesem Gleiten zwischen gerichtlichem Streit und Meditation über intime Gefühle, wenn der Leib sich an solche wenden möchte, die für seinen diffizilen Schmerz Verständnis haben.

Wiederum in der Wunschform wird in den nächsten Versen von der Strafe gesprochen, die der Leib dem Verbrechen des Herzens für angemessen erachtet:

und waere dar zuo state mir,
zwâre ich taete dir den tôt
und gulte dir alsolhe nôt,
die du mir ofte bringest ... (40—43)

Der Leib selbst würde also die Todesstrafe gern vollziehen, um dem Herzen alles zu vergelten, was es ihm antat.

Die Wunschform endet, als der Leib dazu übergeht, dem Herzen die einzelnen Anklagepunkte zu nennen; denn diese Auseinandersetzung kann real bzw. indikativisch vor sich gehen, wenngleich auf einen außenstehenden Richter verzichtet werden muß. Die Anklage lautet zunächst auf *untriuwe unter friunden:*

daz ist ein untriuwe,
sît du in mir gehûset hâst
und diu dinc an mir begâst,
diu under friunden missezement,
wan sie mir fröude gar benement. (56—60)

Der Treubruch ist besonders schlimm, weil er unter den am meisten auf gegenseitige Verläßlichkeit Angewiesenen geschehen ist, nämlich unter Hausgenossen [9].

Der zweite Anklagepunkt bezieht sich auf *übelen rât*, der den *lîp verleitet* = 'irregeführt' hat:

ofte hâst du mir gelogen
unz daz nu dîn übeler rât
vil ungenislîchen hât
verleitet mich armen lîp
mit dîme gewalte an ein wîp. (76—80)

Die Bedeutung des Ratgebers im mittelalterlichen Recht wird durch eine von Schönbach herangezogene Stelle aus dem ›Schwabenspiegel‹ (cap. 73) deutlich, aus der hervorgeht, daß ein schlechter Rat mitschuldig machen kann [10].

Mit der Erhebung der Anklage wegen *übelen râtes* schließt die erste Stelle, in der der Streit zwischen Herz und Leib juristische Formen annimmt. Von Vers 85 ab wandelt sich die Rede des Leibes unversehens in eine Wehklage über seine unglückliche Liebe. Der Leib schildert den augenblicklichen Zustand, der durch den mißlungenen Versuch hervorgerufen wurde, sich der *frouwe* zu nähern. Durch ihre Ablehnung ist es ihm nun nur noch möglich, sehnsuchtsvoll in Gedanken bei ihr zu sein und sich andererseits zu bemühen, Abfälliges über sie zu hören, um sich leichter von ihr abwenden zu können. Natürlich ist beides unmöglich. Diese Wehklage erstreckt sich bis Vers 179.

In einem kurzen Zwischenteil wendet sich der Leib wieder zum Herzen und bittet um Rat:

Herze, nu sprich, waz ist dîn rât?
. . . . .
nu weist du daz, herze mîn,
daz ichz lîde durch dîn gebot.

[9] Schönbach (S. 233) führt zu dieser Stelle den ›Schwabenspiegel‹, cap. 81, an, wo es um den Treubruch geht. Vgl. auch Schönbach S. 237 (Gastrecht).

[10] Schönbach, a. a. O., 236.

nu gedenke an den rîchen got
und bewîse mich dâ bî,
ob du iht weist wâ von ez sî,
ob ez mir noch etwaz gefrumet
und mir ze allem guote kumet. (198—204)

Diese Bitte um Rat in schwieriger Situation bleibt vom Herzen zunächst unbeantwortet, so daß der Leib seine Liebesklage fortsetzt. Er forscht nach den Gründen, die die *frouwe* zu ihrer ablehnenden Haltung veranlaßt haben können. Die schlechten Erfahrungen der Damen scheinen ihm dafür verantwortlich zu sein (207—291). Schließlich beschreibt er einige Symptome seiner Minnekrankheit (V. 292—310).

Erst mit Vers 311 wird die Anklage weitergeführt. Der Leib wirft dem Herzen vor, daß es ihm den Rat verweigere, daß es ihn darüber hinaus hindere, andere geeignete Ratgeber zu befragen, und daß es ihm auf diese Weise keine Zuflucht biete:

daz ist mîn aller meister slac.
ichn weiz wes ich dir danken mac:
wan ich den man wol funde,
der mir gerâten kunde,
getorste ich râtes frâgen.
daz ich doch mînen mâgen
mîniu leit niht klagen sol,
herze, dar an tuost du niht wol.
sît ouch du mir niht râtes gîst,
. . . . .
nu wie möhtest du ungetriuwer sîn?
wan ich solt zuo dir haben fluht. (311—327)

Über die wichtige Funktion des Ratgebers sprachen wir schon oben S. 225. Der letzte hier vorgetragene Teil der Anklage scheint der schlimmste zu sein, denn der Leib sagt: *daz ist mîn aller meister slac* (V. 311). Er gebraucht das Wort *unminne,* ein Ausdruck, der sich — nach Schönbach S. 235 — gern auf Haß unter Verwandten oder sich gegenseitig Verpflichteten bezieht; denn von alters her sind die *mâge* die Rechtshelfer vor Gericht.

Wenn man nicht mit Schönbach (S. 237 f.) *unzuht* (V. 329) als ungebührliches Verhalten vor Gericht fassen, sondern wie Panzer

(S. 529) allgemeiner hier das Vergessen der *mâze* angedeutet sehen will, dann wird man von Vers 329 ab die Wiederaufnahme der Liebesklage ansetzen, die mit Vers 332 in der Beschreibung der Minnesymptome fortfährt.

Vers 385—426 führen den „Prozeß“ weiter; aber die Anklage ist beendet. Der Leib sucht nach einem Abschluß, wie ihn im realen Gerichtsverfahren das Urteil mit der Festsetzung der Strafe bzw. dem Freispruch oder ein Vergleich bilden. Zunächst stellt der Leib dem Herzen noch einmal vor Augen, wie unermeßlich groß die ihm zugefügten Qualen sind:

Herze, waerest du ein man
(des mir got niene gan)
unde hete ich dir den vater erslagen
(daz unsanfte iemen mac vertragen)
und alle dîne friunt benomen,
ez waer mich gnuoc tiur ane komen:
wan du mir alle genâde werest
und mich alles des beherest
daz fröude geheizen mac. (385—393)

Das vom Herzen zugefügte Leid ist größer als das, das aus einer Strafe für die Tötung des Vaters und der *friunde* (des Herzens) dem Leib entstehen würde. Hier wird also sogar die Liebesqual durch einen Vergleich mit den Schmerzen, die aus Verbrechen und ihren Bestrafungen entspringen, in die Sphäre der gerichtlichen Praxis hinübergespielt.

Überraschend sind die Verse 411—419, in denen der Leib plötzlich seinen Gegner, das Herz, zum Richter bestimmt und gelobt, die vom Herzen auferlegte *buoze* auf sich zu nehmen:

wer sol den strît nû scheiden
under uns beiden?
wan tuoz durch gotes êre
und rich dich niht ze sêre!
habe ich dir iht getân,
des lâz mich dir zè buoze stân
und rihte selbe über mich:
sô êrest du dich. (411—419)

Wie kann es zu dieser Wendung kommen? Der Leib konnte das Herz anklagen, ihm alles vorwerfen, was das Herz, seiner Ansicht nach, verbrochen hatte; aber zugleich ist sich der Leib der Rolle des Herzens innerhalb des menschlichen Wesens bewußt: es ist Ratgeber und Richter für alles Tun und Denken des Menschen. Über diese hohe Aufgabe und die daraus resultierende Würde des Herzens vgl. u. S. 239 f.

Die die erste große Rede des Leibes beschließenden Verse (427 bis 484) sind denn auch ganz vom Bewußtsein der Erhabenheit des Herzens durchdrungen. Der Leib klagt das Herz nicht mehr an, sondern er bittet um Rat, Belehrung, Weisung für die Zukunft. Hier bahnt sich schon jenes Verhältnis an, das für Herz und Leib im Schlußteil des Gespräches (von der Stichomythie bis zum Ende) maßgebend ist: das Herz lehrt den Leib, der Leib nimmt die Lehre des Herzens ergeben, ja ehrfurchtsvoll entgegen.

Mit Vers 485 bricht das Herz endlich sein bis dahin bewahrtes Schweigen, seine Antwort ist eine Verteidigungsrede. Das zeigen bereits die ersten Verse:

Lîp, ich wil ez gerne sagen,
wan ich möht ouch ze lange dagen. (485 f.)

Sie betonen die Gefahr des Schweigens vor Gericht[11]. Die Bitte des Herzens, daß der Leib schweige

unde lâze sîne klage
einem man dem ir nôt gê (491)

kann mit Schönbach (gegen Panzers Widerspruch) als Vorwurf gedeutet werden, daß der Leib als der unrechte Kläger auftrete[12]; denn die Verse 501—516 nehmen eben diesen Gedanken ausführlicher wieder auf:

du tuost als der schuldec man
der sich wol ûznemen kan.
alsô er den schaden getuot,

[11] Schönbach, a. a. O., S. 239 führt ›Schwabenspiegel‹, cap. 275, zum Vergleich an.

[12] Vgl. Schönbach, S. 240.

sô lêret in sîn karger muot,
daz im ouch dicke frumet,
daz er ê ze hove kumet.
sîn schulde kan er wol verdagen
und beginnet über jenen klagen
dem er den schaden hât getân:
der muoz im dan ze buoze stân.
dâ von muoz der reine man
danne zwêne schaden hân,
ern genieze sîner unschulde,
daz im sînes herren hulde
zuo sînem schaden wirt verseit.
dem glîchet sich daz mîn leit. (501—516)

Das Herz zweifelt also die Berechtigung des Leibes zur Klage an und zeiht ihn einer unfairen Praxis. So wie im realen Gerichtsleben der Schuldige sich der Anklage zu entziehen versucht, indem er als erster Klage erhebt, seine Version des Streitfalles vorträgt, in der er sich selbst natürlich als unschuldig hinstellt, und so dem Geschädigten den Wind aus den Segeln nimmt, so handelt hier der Leib. Bei einer wirklichen Gerichtsverhandlung kann das dem unschuldig Verklagten, der erst später bei *hove* zum Zuge kommt und sich nur noch zu verteidigen vermag, zweifachen Schaden zufügen: er wird trotz seiner Unschuld verurteilt und verliert die Huld seines Lehnsherren und Richters. Parallel zu diesen Verhältnissen im Gerichtsleben fürchtet das Herz, daß ihm ein Nachteil daraus entstehen könnte, daß bisher der Leib seine Anklagen vortrug, zu denen das Herz schwieg. Die Verteidigungsrede des Herzens widerlegt daher sorgfältig Punkt für Punkt der Anklage. Das Herz geht sogar auf den Wunsch des Leibes ein, die Todesstrafe am Herzen zu vollziehen (V. 69—71):

ine weiz war umbe du ez lâst,
sît du ez gesprochen hâst,
du wellest dich an mir rechen
und ein mezzer in mich stechen.
daz het ich vil wol versolt:
wan du mir daz gelouben solt,
waer ich gewaltec über dich

sô du bist über mich,
daz ich hende haete,
dîn leben waere unstaete,
ich taete dir vil schiere schîn
daz ich unschuldec welle sîn
des kumbers den ich von dir hân:
der müese dir ze leide ergân. (521—534)

Schönbach (S. 242) versteht diese Verse aus der Anschauung von der rechtswidrigen Absicht. Das Herz hätte nämlich den angedrohten Tod ruhig entgegengenommen, da es ihn als Strafe verdient hätte, weil es seinerseits den Leib zu töten wünscht, was es leider — mangels Händen — nicht auszuführen vermag. Gleichzeitig schwingt aber wohl in den Versen

ich taete dir vil schiere schîn
daz ich unschuldec welle sîn

die Vorstellung vom Unschuldserweis durch Sieg im Zweikampf mit[13]. Das Herz ist also von seiner eigenen Unschuld und der Schuld des Leibes an dem Kummer, unter dem ja beide leiden, überzeugt.

Das Herz beginnt nun mit der Zurückweisung der einzelnen Anklagepunkte:

Du gibst dîn kumber sî mîn rât. (535)

Hiermit wird der zweite Punkt der Anklage gefaßt, das Herz habe *übelen rât* gegeben (V. 76—80). Diese Behauptung weist das Herz einfach dadurch zurück, daß es noch einmal seinen Rat vorführt und erklärt, daß er ein guter ist, da er zu *êre* und *saelde* führen würde, wenn der Leib ihn befolgte:

Du verwîzest mir daz, boeser lîp,
daz ich dir riet an daz wîp.
daz hân ich durch guot getân:
wan ich weiz daz wol âne wân,
als mir mîn selbes sin verjach,
dô ich si durch dîne ougen sach,

[13] Z. B. ›Schwabenspiegel‹, ed. Lassberg (Neudruck 1961), cap. 99.

daz niht bezzers möhte sîn.
ich riet dirz durch den willen dîn:
warumbe wîzest du mir daz?
wie mohte ich dîn êre baz?
nu wis dar nâch veile:
es muoz dir komen von heile,
ob si dîn dienest twinget
daz dir an ir gelinget,
du wirst der saelegiste man
der in der werlt ie liep gewan. (581—596)

Etwas später folgt der Schluß dieses Gedankenzusammenhanges:

Ouch hâst du daz wol vernomen,
dîn herze enwendet dich sîn niht.
swaz ouch dir lasters geschiht,
des endarftu an mich niht jehen:
wan ich lâze dich wol sehen,
wilt du sîn haben mînen rât,
daz dir nimmer missegât,
dirn geschehe alliu êre. (642—649)

Das Herz weist auch den zuletzt vom Leib erhobenen Vorwurf zurück, der behauptet hatte, er dürfe sich nicht an vernünftige Ratgeber wenden (V. 311—327):

du maht dich gerne wâgen
an nütze râtfrâgen
nach alsolher lêre
dâ von du immer mêre
von schulden muost getiuwert sîn,
du und ich daz herze dîn. (597—602)

Nach dieser ausdrücklichen Erlaubnis gibt das Herz eine Kurzfassung seiner eigenen Minnelehre (V. 603—641), die zugleich Mahnung an den Leib ist, diese Lehre zu befolgen.

Wie der Leib in seiner großen Rede an mehreren Stellen von der Anklage zur Wehklage hinüberwechselte, so hier auch das Herz. Es erklärt seine Not für die schlimmere (642—718), aber es bleibt nicht bei der Klage stehen, sondern beschwört den Leib, sich aus der Schwermut zu reißen und um die Gunst der Dame zu kämpfen (V. 719—887).

Erst von Vers 888 ab nimmt das Herz die juristische Auseinandersetzung wieder auf, indem es dem Leib klarmacht, daß der *êwige strît* nur durch die Wiederherstellung der Ordnung beendet werden könne. Diese besteht darin, daß der Leib das Herz als seinen Ratgeber anerkennt und ihm gehorsam ist:

Stüende der gewalt an mir
diu dinc ze verenden als an dir,
des er leider niht entuot
(ichn hân gewaltes wan den muot
und den frîen gedanc),
du müesest under dînen danc
nâch gelobtem worte leben.
nû ist mir leider niht gegeben
des gewaltes mêre
(daz schadet uns beiden sêre)
wan daz ich der râtgebe dîn
ze allen dingen solte sîn.
nu bist dû mir niht gehôrsam.
ich weiz wol daz ich nie vernam
deheines mannes missetât
sô verre über sîns herzen rât. (913—928)

Mit dem Vorwurf des Ungehorsams beantwortet das Herz die Anklage der *untriuwe* unter Freunden und Hausgenossen, die der Leib (V. 56—60) erhoben hatte. Nicht das Herz, sondern der Leib ist also schuldig geworden, indem er dem Herzen nicht gehorchte, so daß die zu Ruhm und Ehre führenden Absichten des Herzens nicht verwirklicht werden können:

lîp, der schulde zîhe ich dich,
wan ich ân dich niht genden kan
des ich willen ie gewan.
ezn stê noch an der helfe dîn,
sô müezen wir verteilet sîn
êren unde guotes.
wil ob du dich rehtes muotes
noch zuo mir gesellen,

wir enden waz wir wellen.
ich ensage dir niht mêre,
wan du merke mîne lêre:
des gewinnest du noch ruon.
lîp, sage mir ob du ez wellest tuon. (960—972)

Die Gegenklage des Herzens endet damit in der Aufforderung an den Leib, wieder in rechter Weise zur Zusammenarbeit bereit zu sein.

Auf die Anklage des Leibes und die Gegenklage des Herzens folgt jetzt die Versöhnung der streitenden Parteien. Der Leib lenkt ein. Auch er stellt fest, daß die Ordnung es gebietet,

daz es dem lîbe alsô stât,
daz er helfe unde rât
von dem herzen nemen sol. (1009—1011)

Wenn das Herz ihn in Zukunft nicht mehr quälen will, dann ist der Leib bereit, seine Anklage fallenzulassen:

Ist daz duz fürdermâle lâst,
swaz du mich missehandelt hâst,
herze, daz wil ich varn lâzen.
ouch maht du dich sîn gerne erlâzen:
bist du mir guot, sam bin ich dir.
wan ân ein ander mugen wir
deheine wîle genesen. (1025—1031)

Etwas später erfolgt das feierliche Versprechen des Leibes, alles zu tun, was das Herz von ihm verlangt:

Mîn wille niene fliuhet
swaz zuo dem dienste geziuhet:
swaz ich getuon mac oder sol,
daz leiste ich gerne und tuot mir wol:
swaz mir ze lîdenne geschiht,
ez vervâhe wol oder niht,
ich versuoche ez immer unz ich lebe. (1061—1067)

swelch lôn ich des gewinne,
ich wil ir immer sîn bereit.
swaz iemen ie durch wîp erleit,

des enhân ich dehein werwort:
âne zouber und âne mort
und daz an die triuwe gât
sô verwirfe ich deheinen rât,
ichn leiste in durch ir êre.
des vindestu nimmêre
an mir deheinen argen wanc. (1116—1125)

Der Versöhnungsantrag des Leibes vollzieht sich also in drei Schritten: Bestätigung der Unterordnung unter das Herz, Fallenlassen der Anklage, Gehorsamsversprechen. Zwischendurch wird in immer neuen Wendungen von der unauflöslichen Verbundenheit, dem Einssein von Herz und Leib gesprochen.

Das Herz vollendet die Versöhnung, indem es die Einsicht des Leibes und seinen Willen zur Besserung lobt (V. 1126—1156) und die Erklärung des Leibes als Grundlage der Versöhnung in formelhafter Weise annimmt:

und ist daz du ez wâr lâst,
als du mir geheizen hâst:
sô sî der schade verkorn
âne aller slahte zorn ... (1159—1162)

Abschließend spricht der Leib sein Bedauern aus und bekennt sich noch einmal zu seinem Versprechen:

herze, daz ist mir immer leit,
unde büeze ez swâ ich sol. (1168 f.)

Damit endet die als Rechtsstreit eingekleidete Auseinandersetzung zwischen Herz und Leib. Von jetzt an trägt das Gespräch der beiden eher den Charakter eines Lehrgespräches, wenn uns auch einzelne Wendungen aus der Rechtssprache noch begegnen (z. B. *fürspreche*, V. 1643).

Ich hoffe mit der vorangegangenen Interpretation gezeigt zu haben, daß das ›Büchlein‹ geradezu ein Handlungsgefüge besitzt, das die theoretischen Ausführungen wie die etwas ermüdenden Minneklagen in angenehmer Weise lebhaft unterbricht. Eine Aufstellung zeigt, wie Anklage und Wehklage miteinander abwechseln:

Anklage des Leibes	V. 33—86
Minneklage des Leibes	V. 87—179
Anklage des Leibes	V. 180—206
Minneklage des Leibes	V. 206—310
Anklage des Leibes	V. 311—331
Minneklage des Leibes	V. 332—384
Anklage des Leibes	V. 385—426
Minneklage des Leibes	V. 427—484
Gegenklage des Herzens	V. 485—602
Minnelehre und -klage des Herzens	V. 603—641
Gegenklage des Herzens	V. 642—649
Minnelehre und -klage des Herzens	V. 650—887
Gegenklage des Herzens	V. 888—972
Versöhnungsangebot des Leibes	V. 973—1125
Versöhnungsannahme des Herzens	V. 1126—1167
Vollendung der Versöhnung	V. 1168—1174.

Der Wechsel von Rechtsstreit und Minneklage bzw. -lehre erweist sich für die innere Form eines großen Teils des ›Büchleins‹ als sehr beachtenswert; denn schon hier in einem Jugendwerk Hartmanns, vielleicht sogar seiner frühesten Dichtung, finden wir den Ansatz jener epischen Technik deutlich ausgeprägt, den wir durch Hugo Kuhns Interpretation des ›Erec‹ [14] als bestimmend für diesen Artusroman kennen, den doppelten Cursus.

Den ersten Cursus bilden Anklage und Gegenklage von Leib und Herz. Die Anklagerede des Leibes ist in sich geschlossen und klar aufgebaut. Sie schreitet von grundsätzlichen Erwägungen (Wunsch nach Gerichtsverfahren, wohlmeinenden und verständnisvollen Richtern, strengster Strafe) über die drei Punkte der Anklage zur Anerkennung der Stellung des Herzens, das, obwohl es angeklagt wurde, als Richter über den Leib fungieren muß. — Auch die Antwort des Herzens ist meisterlich gesteigert und stets auf den An-

[14] Hugo Kuhn, ›Erec‹. In: Festschrift f. Kluckhohn und Schneider. 1948. S. 122—147; abgedruckt in: H. Kuhn, Dichtung u. Welt im Mittelalter. Stuttgart 1959, S. 133—150 [hier abgedruckt S. 17 ff.].

griff des Leibes bezogen. Sie geht ebenfalls von grundsätzlichen Erwägungen aus (Gefahr zu langen Schweigens vor Gericht könnte als Verweigerung der Aussage schädlich sein, Tötungsabsicht als Rechtsgrund für Todesstrafe, Wunsch nach Unschuldserweis durch Zweikampf), widerlegt dann die beiden weniger schwerwiegenden Anklagen des Leibes (*übeler rât,* Verbot des Rateinholens), um schließlich zum vernichtenden Gegenschlag auszuholen und dem Leib sein Verbrechen, nämlich den Ungehorsam gegenüber seinem Herzen, vor Augen zu stellen.

In diesen Cursus des Rechtsstreites, der aus zwei aufeinander bezogenen Teilstücken besteht, ist ein anderer Cursus hineingearbeitet, der den ersten an mehreren Stellen durchbricht. Es ist die *complainte,* die Minneklage, zuerst vom Leib, dann vom Herzen erhoben. Auch sie ist in sich geschlossen und wohlgeordnet. Sie beginnt mit einer Schilderung der Situation (unglückliches Gespräch mit der Dame, keine Möglichkeit, sich ihr anders als in Gedanken zu nähern, Unmöglichkeit, die Liebe zu ihr aufzugeben, Frauenpreis), forscht dann nach den Gründen für die Ablehnung (schlechte Erfahrungen der Damen durch verantwortungslose Männer, eigener Unwert) und beschreibt schließlich die Symptome der unerfüllten *minne,* die das Wesen des Menschen völlig verändert und ihn in tiefe Verzweiflung stürzt. — Das Herz antwortet auf die Minneklage des Leibes, aber seine Fortsetzung dieses Cursus ist weniger Minneklage als Minnelehre. Drei Elemente sind miteinander verflochten: Schilderung des eigenen Leidens, Tadel wegen des unbeherrschten Klagens des Leibes, Ermahnung zur *arebeit,* zur Steigerung des Wertes der eigenen Persönlichkeit. Das Herz beginnt mit den beiden zuletzt genannten Motiven, das Jammern des Leibes wird ebenso verurteilt wie sein Streben nach *gemache,* eine Kurzfassung der Minnelehre wird geboten. Danach erst beschreibt das Herz seine eigene Not, indem er sie der des Leibes gegenüberstellt; aber auch jetzt wird stets Belehrung und Anfeuerung zu richtigem Streben nach Erhöhung an den Leib gerichtet. In dieser Akzentverlagerung von der ausgedehnten, sich selbst bemitleidenden Minneklage des Leibes zur verhaltenen Klage des Herzens, das vor allem darunter leidet, daß der Leib in seinem Hang zur Bequemlichkeit sich dem Wollen des Herzens verschließt und den schweren

Kampf der Selbsterziehung zu vermeiden wünscht, offenbart sich bereits Hartmanns Auffassung vom richtigen Verhalten des Menschen gegenüber der Minne.

Was also ist nun das ›Büchlein‹? Ist es eine *complainte* oder ist es ein Rechtsstreit von Herz und Leib über die Not der Minne? Wir haben gesehen, daß diese zweite Komponente durchaus nicht gering geachtet und vernachlässigt werden darf; aber sie spielt nur im Streitgedicht und sogar nur in einem Teil desselben eine Rolle. Die Verbindung von epischer und lyrischer Form, von theoretischer Betrachtung und direkter Hinwendung zur Dame ist — wie Panzer gezeigt hat — nur von der literarischen Gattung des *salut* her verständlich. So werden wir Hartmanns ›Büchlein‹ wie bisher als einen Liebesgruß definieren können, dem eine Minnelehre vorangeht. Diese wird in einem Streitgespräch entfaltet, in dem Herz und Leib zunächst gegeneinander mit Rechtsgründen kämpfen und sich gegenseitig ihr Leid klagen, das bei dem einen mehr durch die Qual der unglücklichen Liebe, bei dem anderen mehr durch das Leiden am Ungenügen des Partners hervorgerufen wird, bis beide in ruhigem Gespräch gemeinsam den Weg zur Erfüllung der Minne suchen. Eine Meditation über das Wesen der Minne, ihre Wirkungen auf den Menschen und ihre Forderungen, die sie an ihn stellt, wurde von Hartmann in die im Mittelalter so beliebte Form des Streitgesprächs gebracht und teilweise als Rechtsstreit eingekleidet.

3. *Herz und Leib*

Es ist die allgemein anerkannte Meinung der Forschung, daß Hartmann und seine vermuteten Vorgänger in der altfranzösischen Literatur den Streit von Herz und Leib dem weitverbreiteten Motiv vom Widerstreit des Leibes und der Seele nachbildeten. Gustav Ehrismann hat diese These klar und ausführlich in folgender Weise formuliert: „Das Büchlein ist also eine Übertragung geistlicher Vorstellungen auf das Minnewesen. Statt um die ewige Seligkeit handelt es sich um die Weltwonne ... An die Stelle der Seele ist das Herz getreten. Die Veranlassung dazu hat der psychologische Grundsatz gegeben, daß das Herz der Sitz der Leidenschaften, besonders der Minne ist . . . Nicht Herz und Leib machen nach der scholastischen Anthropologie den Menschen aus, sondern Seele und Leib. Nicht das Herz hat die Gedanken, gibt den Rat (also auch zu den Tugenden), befiehlt, ist Herr des Leibes, sondern die *anima intellectiva,* die Trägerin von Vernunft und Willen“ [15]. Bei dieser Auffassung schwingt etwas von bewußt gewolltem Gegensatz der höfischen Kultur und Dichtung zur kirchlichen Lehre mit. Er liegt in der Betonung der Eigenständigkeit und des Wertes des Diesseits gegenüber dem Jenseits, des sterblichen Teils des Menschen (Leib und Herz) gegenüber dem unsterblichen Teil (Seele), die man der höfischen Literatur gern zuschreibt. Peter Wapnewski spricht daher von einer Profanierung des Themas vom Streit der Seele und des Leibes [16].

Man wird Ehrismann gern darin zustimmen, daß die scholastische Anthropologie und darüber hinaus die systematische Theologie aller Zeiten, einschließlich der Gegenwart, den Menschen als leibseelische Einheit begreifen. *Corpus et anima,* Leib und Seele, sind die beiden Elemente, die zur Erfassung des Menschen und zur Bestimmung seines Wesens genügen. Im Leib vollzieht sich die Geschichte des menschlichen Lebens. Er ist nichts Nebensächliches, keine sekundär an die Seele angehängte Wirklichkeit, sondern Wesensbestandteil der menschlichen Person. Seine höchste Weihe empfing der menschliche Leib, als der Sohn Gottes ihn annahm. Die menschliche Seele ist aufs innigste mit ihm verbunden. Sie ist unmittelbar und durch sich selbst die Form des Leibes. Sie bestimmt, gestaltet und formt die Materie, sie übernimmt die Führung, nimmt den Stoff in ihren Dienst, dient aber zugleich dem Leib [17]. Wir müssen uns daher davor hüten, dem christlichen Mittelalter eine dualistische, leibfeindliche Grundhaltung zuzuschreiben, wenn sich auch in manchen Quellen solche Tendenzen feststellen lassen.

[15] G. Ehrismann, Die Grundlagen des ritterlichen Tugendsystems. In: ZfdA. 56 (1919), S. 133—216; Zitat S. 176.

[16] P. Wapnewski, Hartmann von Aue. Stuttgart 1962, S. 36.

[17] M. Schmaus, Katholische Dogmatik. II, 1. 5. Aufl. München 1955, § 129 ff. Diese Formulierungen, die aus moderner Dogmatik übernommen wurden, beruhen auf Dogmen, die gerade im Mittelalter festgelegt wurden.

Zur systematischen Erfassung des Wesens des Menschen reichen also die beiden Elemente Leib und Seele aus. Aber sogar in der modernen Theologie spielt daneben der Begriff des Herzens eine nicht unwichtige Rolle. Es ist nicht reales Element wie Leib und Seele, als solches ist es nur Teil des Leibes, nur Organ. Das Herz ist aber zugleich Symbol. Es bezeichnet das Innere, das geheimnisvoll Verborgene im Menschen, seine Weisheit, sein Denken, sein heimliches Wünschen, die lebendige Mitte, in der das menschliche Ich zu sich selbst kommt [18]. In dieser Bedeutung finden wir das Wort 'Herz' an vielen Stellen der Bibel verwendet. Zwei Beispiele: *Der Herr wird kommen ... und den Rat der Herzen offenbaren* (1. Cor. 4, 5). ... *denn wo euer Schatz ist, da ist auch euer Herz. Das Auge ist des Leibes Licht. Wenn dein Auge einfältig ist, so wird dein ganzer Leib licht sein, ist aber dein Auge ein Schalk, so wird dein ganzer Leib finster sein* (Math. 6, 21—23).

Den Ansatz für die Vorstellung vom Herzen als dem inneren Menschen bot neben der Bibel die Antike. Für sie ist das Herz Mittelpunkt des Menschen, von dem das Leben in den gesamten Organismus hinein ausstrahlt. Es ist Quell der Wärme, des Lebens, der Sitz der Weisheit. Hieronymus sagt: *Sensus in corde est, habitaculum cordis in pectore, quaeritur ubi sit animae principale: Plato in cerebro, Christus monstrat esse in corde* [19]. In dieser Würde als Sitz der Weisheit wird das Herz sogar zum Wohnsitz Gottes. Schon Paulus lehrt: *Daß Christus wohne durch den Glauben in euerem Herzen* (Ephes. 3, 17) und auf diese Stelle gründet sich die für die Mystik und die gesamte antike und mittelalterliche Theologie so wichtige Lehre von der Geburt Gottes im Herzen des Menschen [20].

Wie sehr das Herz als Erkenntnisvermögen mit der Seele gleichgesetzt werden kann, zeigt ein Zitat aus Augustin: *Wenn aber ein Anfang dieses Glaubens, der durch die Liebe wirkt, die Seele durchdrungen hat, so bemüht sie sich, durch ein rechtschaffenes Leben bis*

[18] M. Schmaus, a. a. O., S. 336.

[19] ›Epist.‹ 64, 1. CSEL 54.

[20] Dazu und zum Vorhergehenden vgl. Hugo Rahner, Die Gottesgeburt. Die Lehre der Kirchenväter von der Geburt Christi im Herzen des Gläubigen. In: Zfkath. Theol. 59 (1935), S. 334—418.

zum Zustand der Schau zu gelangen, in dem die seligen und vollkommenen Herzen die unsagbare Schönheit erkennen, deren volle Schau die höchste Glückseligkeit ausmacht[21].

Am prägnantesten hat Hrabanus Maurus das Verhältnis von Leib, Seele und Herz bestimmt: ... *Abusive enim pronuntiatur ex utraque substantia totus homo, id est, ex societate animae et corporis ... Duplex est autem homo, interior homo anima, et exterior homo corpus. ... Homo quia ex duabus constat naturis, aliquando corpus humanum, aliquando etiam animam rationalem significat. ... Spiritum idem esse, quod animam Evangelista pronuntiat ... Sed anima dicta: propter quod vivit; Spiritus autem vel pro spirituali natura, vel pro eo, quod inspiret corpora. Item animum idem esse quod animam: sed anima vitae est, animus consilii ... Corpus dictum eo, quod corrutum perit. Solubile enim atque mortale est, et aliquando solvendum. ... Nam caro juxta allegoriam aliquando significat exteriorem hominem, aliquando litteram legis et carnalem sensum, aliquando sapientiam humanam, quae contraria sentit Deo. ... Sensus dicti, quia per eos anima subtilissime totum corpus agitat vigore sentiendi. ... Cor enim multis speciebus significandis convenienter aptatur. Nam aliquando pro anima ponitur, aliquando pro intelligentia, aliquando pro consilio et verbo occulto, aliquando pro intelligentia. ... Quamvis utraque (scil. cor et caro) videantur perterinere ad carnem, cor tamen ad intelligentiam referri posse non dubium est*[22].

Alle diese Belege aus der geistlichen Literatur zeigen, daß das Herz keineswegs nur als Sitz der Leidenschaften gesehen wird, sondern daß es sehr wohl im allgemeinen Sprachgebrauch den Geist, Verstand, Willen und das Gemüt des Menschen bezeichnen kann[23].

[21] Augustinus ›Enchiridion de fide spe et charitate‹. Hrsg. v. J. Barbel. Darmstadt 1960, S. 27.

[22] Hrabanus Maurus, ›De Universo‹. Lib. 6, cap. 1. MPL 111, 139—170. Auf diese und ähnliche Stellen verwies bereits A. E. Schönbach, a. a. O., S. 471 f.

[23] Vgl. auch: Hedwig Gross, Hartmanns ›Büchlein‹ dargest. in seiner psychologischen, ethischen und theologischen Bezogenheit auf das Gesamt-

Neben der Zweiheit Leib-Seele, die das Wesen des Menschen systematisch erfaßt, steht vom Beginn des Christentums an als Symbol für das innere Selbst des Menschen, in dem sich Leibliches und Geistig-Seelisches am vollkommensten durchdringen, in dem seine Entschlüsse, Überlegungen und Gefühle entstehen, das Wort 'Herz'. Daher kann auch Hartmann das Herz als den Richter und Ratgeber, also als das Gewissen und die Verstandeskraft des Menschen sehen (913 ff., 704 ff. u. ö.), als den *sin* (V. 33), als den Teil des Menschen, der *schoene, guote, ganze sinne* besitzt (z. B. 899, 894, 896, 558), also die Gabe hat, gut und richtig zu urteilen. Wir dürfen also nicht meinen, daß im ›Büchlein‹ die Formel christlicher Anthropologie (Leib-Seele) durch eine Formel sozusagen weltlicher Anthropologie (Leib-Herz) ersetzt wurde.

Eine andere Frage ist die, ob wohl der Typus des Streitgespräches zwischen Seele und Leib einen wesentlichen Einfluß auf das hier vorliegende Streitgespräch von Herz und Leib ausgeübt haben muß, daß also der Anstoß zur Paarung Herz-Leib von den Streitgedichten mit der Paarung Seele-Leib ausging. Ich glaube es nicht; denn die inhaltlichen Übereinstimmungen sind allzu gering. In den Leib-Seele-Gesprächen steht immer der Gedanke an den Tod im Mittelpunkt und mit ihm verbunden der Aufruf zur Askese. Im ›Büchlein‹ geht es vielmehr darum, daß der Leib das Herz als guten und klugen Ratgeber anerkennt, ihn respektiert und seinen Willen gehorsam ausführt, indem er seinen Hang zur Bequemlichkeit überwindet. Es geht hier also nicht um eine Diskussion über die Lebensziele des Menschen (weltlicher Genuß oder ewige Seligkeit), sondern um das innerweltliche Problem: ideales Wollen des Geistes — Schwachheit, Trägheit des Leibes, wie es in der Formulierung der Bibel *der Geist ist willig, aber das Fleisch ist schwach* (Math. 26, 41) seine bekannte Prägung gefunden hat.

Woher kann aber die Formel 'Leib-Herz' stammen? Muß sie nicht analog zur Formel 'Leib-Seele' geprägt sein, auch wenn die Problematik der sie jeweils verwendenden Werke diese weit von-

werk des Dichters. Diss. Bonn 1936, S. 10 ff. — Xenia von Ertzdorff, Studien zum Begriff des Herzens und seiner Verwendung als Aussagemotiv in der höf. Liebeslyrik des 12. Jh.s. Diss. Freibg. Br. 1959. Masch.

einander abrückt? Allgemein bekannt ist es, wie verbreitet die Paarung Herz-Leib innerhalb der höfischen Literatur ist [24]. Bekannt ist auch, daß das frühmhd. Gedicht ›Trost in Verzweiflung‹ das Gegeneinander und Miteinander von Leib, Herz und Seele aufweist. Da die Dichtung sehr fragmentarisch überliefert ist, können wir nur an wenigen Stellen erkennen, welche Funktion das Herz hier gegenüber Leib und Seele hat.

swaz div sele schaden ...
daz ist gar des herzen rat. (28, 32 f.) [25]

daz ich dem herzen so nahen ... sprochen han,
daz han ich an schůlde niht getan.

... oziv not ist mir von im kvnt:
ez sanchte mich ... in den grvnt.
ez hat mir so vil ze leide getan,
... ich immer gnvch ze sagen han.
wande do mir ... geschvf daz leben,
hiet er mir do ein herze gegeben,
daz ein lip mote getragen,
des wol ... im immer gnade sagen:
wande es waer tvsent ... genvch,
des ich aeine an minem herzen trvch.
do ich erste wart geborn,
do het min herze v ... gesworn.
nv wesse ich des eides niht
vnd volgete ... als ez mir riet. (28, 36—29, 3)

Wichtig ist an diesem Beleg nicht so sehr, daß das Herz ebenso wie in Hartmanns ›Büchlein‹ mit Vorwürfen bedacht wird, sondern daß es genauso wie bei Hartmann in der Funktion des Ratgebers erscheint. Es ist auch hier der Sitz des menschlichen Geistes, der durch seine Entscheidungen das Heil oder Unheil der Seele bewirkt (vgl. ›Büchlein‹, V. 1034 ff.).

Besonders interessant ist es, daß auch der ›Schwabenspiegel‹ das

[24] Vgl. dazu die schon zitierte Arbeit von X. von Ertzdorff.

[25] ›Trost in Verzweiflung‹. Hrsg. von Albert Leitzmann in: Kleinere geistliche Gedichte des 12. Jahrhunderts. Bonn 1910.

Herz als den Ratgeber des Leibes kennt: *er sol ouch starc sîn, alsô daz er sîn herze alsô starc halde, daz ez dem lîbe nimmer gerâte daz wider reht sî. unde ob daz herze einen boesen muot gewinne, sô sol der lîp alsô starc sîn, daz er dem boesen muote widerstê. wan diu tugent vor allen tugenden gêt, der boesem muote widerstêt*[26]. Da sich Hartmann nicht nur im ›Büchlein‹, sondern auch in seinen anderen Dichtungen (vor allem im ›Iwein‹) als mit dem Rechtsdenken und der -terminologie gut vertraut erweist, wäre es denkbar, daß er die Paarung Herz-Leib aus diesem Bereich auf sein Frühwerk übertrug. Das Auftreten der Paarung Herz-Leib in so verschiedenen literarischen Bereichen wie der höfischen Dichtung, der geistlichen Literatur und der Rechtsaufzeichnungen läßt jedoch eher vermuten, daß sie im allgemeinen Sprachgebrauch als vielverwendete Formel mittelalterlicher Trivial-Psychologie lebte. Da das Streitgespräch als literarische Form für theoretische Erörterungen dem Mittelalter stets zur Hand lag, kann Hartmann — bzw. sein frz. Vorgänger — von sich aus auf den Einfall gekommen sein, Herz und Leib als Partner einer Auseinandersetzung über das rechte Verhalten eines von der Minne Ergriffenen auftreten zu lassen, ohne daß dazu ein Anstoß von den Leib-Seele-Gesprächen unbedingt erforderlich gewesen sein muß.

Wir können aber das Vorbild für Hartmanns Auffassung vom Herzen als dem Richter und Ratgeber des Leibes sogar innerhalb der Gattung des Streitgedichtes finden. In der Fabel des Menenius Agrippa, die im Mittelalter bekannt war und eine geistliche Ausdeutung erfuhr, klagen die einzelnen Organe und Glieder gegen den Leib, der alle ihre Mühen und Arbeiten zunichte mache, da er — mittels des Bauches — stets alles verschlinge. Die Ratio rät, das Herz zu befragen, und das Herz schlichtet den Streit, indem es die Glieder schilt und den Magen verteidigt, da dieser ja nur für das Wohl aller sorge. Diese Rede des Herzens erkennen die Glieder als richtig an und nehmen ihre Arbeit wieder auf[27]. Für Hartmanns

[26] ›Schwabenspiegel‹ 71, 15, hier zitiert nach Schönbach, a. a. O., S. 234. In der Ausgabe von Lassberg (Neudruck 1961), cap. 86.

[27] H. Walther, Das Streitgedicht in der lateinischen Literatur des Mittelalters. München 1920, S. 59 f. Vgl. auch das Streitgespräch *inter cor et oculum*, Walther, a. a. O., S. 62 f.

›Büchlein‹ ist es sowohl bedeutsam, daß wir hier einen Typus des Streitgespräches vor uns haben, den man als „Streit der einzelnen Teile des Menschen“ bezeichnen kann, als auch, daß hier die Aufgabe des Herzens als Richter und Ratgeber deutlich zu erkennen ist. Man wird zugeben müssen, daß dieser Typus des Streitgedichtes Hartmanns Streit zwischen Leib und Herz mindestens ebenso nahe steht wie der Streit zwischen Leib und Seele. Wir dürfen uns nicht durch die Ähnlichkeit des Wortlautes dazu verleiten lassen, zwei Dinge miteinander genuin in Beziehung zu setzen, die der Thematik nach so stark unterschieden sind wie der Typus Streitgespräch zwischen Seele und Leib (Weltverachtung zugunsten des Seelenheiles) und der des Streites zwischen Herz und Leib (Durchsetzung des idealen Wollens gegen die Trägheit im Menschen). Theologisch gesprochen behandelt Hartmanns Streitgespräch zwischen Herz und Leib das Problem der Begrenzung der Leibmächtigkeit des Geistes, die ihre Ursache in der Erbsünde hat. Durch die Sünde ist „zwischen dem Leibe und dem Geiste eine ohne die Sünde nicht akute Gegensätzlichkeit und Widersprüchlichkeit ausgebrochen, so daß der Stoff der Formungstätigkeit des Geistes Widerstand entgegensetzt. Außerdem ist wohl auch die Kraft des Geistes selbst durch die Sünde geschwächt worden, so daß er nicht imstande ist, dem ihm widerstrebenden Stoff sein Gesetz ganz aufzudrücken.“ [28]

4. Die Beziehungen zu Veldekes ›Eneit‹

Für Hartmanns im ›Büchlein‹ vorgetragene Minnelehre ist es nicht ohne Bedeutung, daß sie vom Herzen vorgetragen wird; denn schon in dieser Anordnung liegt eine Charakteristik seines Minnebegriffs. Das Herz als geistiger Mittelpunkt des Menschen ist durch sein in ihm liegendes Streben nach sittlicher Vervollkommnung, nach Frei-Werden von aller ungeordneten Lässigkeit dazu prädestiniert, die Vorstellung von einer Minne zu verkünden, die so stark als Beweggrund, Kraft und zugleich Ziel einer erzieherischen Arbeit an sich selbst empfunden wird, daß sie förmlich mit diesem

[28] M. Schmaus, a. a. O., Bd. 2, 1, S. 335.

Streben nach Läuterung des eigenen Wesens identifiziert werden kann.

Das Herz spricht zum Leib:

Dû klagest dich âne nôt ze vil.
jane ist ez niht ein kindes spil,
swer daz mit rehte erwerben sol
daz im von wîbe geschihet wol.
swer ahte hât ûf minne,
der darf wol schoener sinne,
und swer ir lêre iht wil phlegen,
der muoz lâzen under wegen
swaz anders heizet danne guot
und minnen rehtes mannes muot.
dâ gehoeret a r b e i t *zuo.*
beide spâte unde fruo
und daz man vil gedenke an sî.
minne machet niemen frî
ze grôzem g e m a c h e. (602—617)

swes ich von guoten sinnen
ze fröuden gedenken mac
beide naht unde tac,
daz muoz ich under wegen lân,
wan ich der helfe niht enhân,
und belîbet unverendet
swa es mich dîn bôsheit wendet:
wan du bist leider unfruot,
niht wan ze g e m a c h e *stêt dîn muot,*
des ich dir harte sêre erban.
sît ich an dir niht enkan
deheine tugende vinden
noch mit lêre überwinden,
sô waer mir niht sô waege
sô daz ouch ich verphlaege
aller êren alse du:
sô lebete ich mit gemache nu . . . (852—868)

Zwei Begriffe wurden durch Sperrung hervorgehoben: *arebeit* und *gemache*. Aus dem Zusammenhang, in dem sie stehen, geht deutlich hervor, daß *arebeit* das sittlich Wertvolle, *gemache* das zu

Verurteilende ist; denn *arebeit* bezeichnet das Streben nach Erhöhung des eigenen Wertes, der *ȇre*, der eigenen Liebens-Würdigkeit, während die anspruchslose Zufriedenheit mit sich selbst (vgl. V. 1239 ff.) als Wunsch nach *gemache* gebrandmarkt wird. *arebeit* für die Minne ist das Anliegen des Herzens, der Wunsch nach *gemache* zeichnet den Leib aus [29].

Ein dritter Begriff tritt ergänzend zu dem Gegensatzpaar *gemache — arebeit* hinzu. Es ist das Wort *heil*:

nû wis dar nâch veile:
es muoz dir komen von h e i l e,
ob sî dîn dienest twinget
daz dir an ir gelinget,
du wirst der saeligste man
der in der werlt ie liep gewan, (591—596)

jâ stêt ez alsô umb daz h e i l,
ime enist ze niemen gâch,
er enwerbe dar nâch:
ez lât sich vil gerne jagen
unde entrinnet ouch dem zagen:
swâ ze den lôsen jäger siht,
den lât ez sich vâhen niht:
ez kan mit listen vliehen
man sol im zuo ziehen.
daz man ez nimmer vrî gebe:
man sol ez ze nôtstrebe
genendeclîchen erloufen,
mit kumber saelde koufen. (742—754)

Hartmann glaubt also an die Macht sittlicher Selbsterziehung, die das *heil* herbeizurufen, ja herbeizuzwingen vermag. Wir können seine Lehre in folgender Weise kurz zusammenfassen: Ein von der Gewalt der Minne ergriffener Mann muß in der richtigen Weise reagieren. Er darf nicht in einem gewissen Hang zur Bequemlichkeit (= *gemache)* beharren, sondern muß sich selbst, die Schwach-

[29] Über die Bedeutung des Begriffes *arebeit* für Hartmanns Gesamtwerk vgl. H. Gross, a. a. O., S. 30 ff.

heit und Trägheit seines Leibes überwinden, um durch sittlich große Taten, die zur Steigerung seines Wertes führen (= *arebeit*), der Gegenliebe teilhaftig zu werden und so das *heil* zu erlangen. Zwar weiß auch Hartmann, daß das Glück erwiderter Minne einem Menschen ohne Anstrengung zuteil werden kann; aber — und hier wird die immense Bewertung der *arebeit* erst recht deutlich — eine solche Liebe ist wertlos, ist Selbstbetrug, eben weil ihr das ethische Verdienst als belohnenswerte Leistung des Mannes fehlt:

Ouch hât diu werlt manegen man,
der nie ahte gewan
ûf dehein êre,
und hât doch heiles mêre
dan einer der die sinne hât
und dem sîn muot ze tugenden stât.
dem hât daz got enteil getân.
den sule wir ungenîdet lân,
wan swaz dem liebes geschiht,
ob er des iemer giht
es kome von sîner frümecheit,
daz sî im gar widerseit:
er sage im selben nimmer danc.
ich erteile im fröude di sint kranc.
swem ez anders niht gefüeget
(des manegen doch genüeget)
wan friundes helfe und sîn guot,
wil er dâ von sîn wol gemuot,
des gan ich im vil sêre,
wan ez ist ein betrogen êre
unde ein kintlîcher wân. (755—775)

Es scheint, daß Hartmann bei der einprägsamen, knappen Formulierung seiner Minnelehre mit Hilfe der Begriffe *gemache, arebeit, heil,* die übrigens am Anfang der eigentlichen Lehre des Herzens erscheint, das Gespräch zwischen Lavinia und ihrer Mutter in Heinrichs von Veldeke ›Eneit‹ im Kopfe hatte; denn dort tauchen jene Termini ebenfalls auf, und wie bei Hartmann, so ergeben sie auch bei Veldeke das Gerüst seiner Minnelehre. Die Mutter schildert die zu glücklicher Erfüllung gelangende Minne:

'mekel lief komet van leide,
rouwe komet van ongemake.
dat es ein trostlich sake.
gemac komet van arbeide
decke te langer staticheide.
van rouwen komet wonne
end froude maneger konne.
truren maket hogen moet,
die angest maket stade goet ...' (9872—9880)

Nach einer Zwischenbemerkung der Tochter:

'die arbeit es e vele lanc.' (9896)

fährt die Mutter fort:

'dat stet an den gelucke.
so man gequelet ein lanc stucke
end met arbeiden gelevet
end man ongemac ontsevet
van minnen, alse ich e da sprac,
end danne froude end gemac
mit den heile dar na komet,
wie harte et dan den herten fromet
end trostet danne den moet ...' (9897—9905)[30]

Die Begriffe *gemach* und *arebeit* haben hier augenscheinlich eine andere Bedeutung als in den aus dem ›Büchlein‹ zitierten Stellen. Sie stehen ebenfalls als Gegensatzpaar miteinander in Verbindung, aber *gemach* erscheint in der Reihe der erstrebenswerten Güter *(lief, wonne, froude, hoger moet)*, während *arebeit* in die Reihe der mit negativem Vorzeichen versehenen quälenden Begleiterscheinungen der Minne steht *(leit, ongemac, angest)*. Das legt nahe, den Begriff *arebeit* hier als 'Not, Qual' zu fassen, die in der kummervollen Sehnsucht unerfüllter Liebe enthalten sind. Lavinias Zwischenbemerkung (V. 9896) bestätigt diese Übersetzung, denn auch hier erscheint *arebeit* als Sammelbegriff für alle Pein der Minne. Ebenso setzt die Mutter in ihrer darauffolgenden Antwort *ungemach* und *arebeit* parallel.

[30] Zitiert nach der Ausgabe von O. Behaghel. Heilbronn 1882.

In der Minnelehre Heinrichs von Veldeke bezeichnet *arebeit* also nicht etwas sittlich Hochstehendes und Bewundernswertes, sondern ein zu ertragendes Übel. Umgekehrt ist *gemache* nichts Verwerfliches, sondern das erwünschte Ziel der Minne (V. 9903).

Die Umschichtung wird verständlich, wenn wir den dritten Begriff einbeziehen, das *heil.* Die aus Hartmanns ›Büchlein‹ angeführten Zitate lassen eine starke Bewegung auf das *heil* hin erkennen, die eben dadurch entsteht, daß der Mensch an die Kraft seines Strebens glaubt, das ihn das *heil* fassen, für sich erringen, zu sich zwingen lassen wird. In den Versen Heinrichs von Veldeke findet sich nichts von einem ethischen Streben des Menschen. Freude und *gemach* kommen *dar na* (= zeitlich), also nach Not und Unglücklichsein, *met den heile.* Das *heil* trifft den Menschen als Geschenk des Schicksals, in dessen Hand allein es steht, die Minne zu einem guten Ende zu führen (vgl. V. 9897 *dat stet an den gelucke*). Eine Forderung nach einem ethischen Bemühen des Menschen in der Hoffnung, dadurch das *heil,* die Gunst des geliebten Partners also zu erringen, läßt sich aus diesen Versen Veldekes nicht herauslesen. Allenfalls kann man die *stadicheide* als ethischen Wert und sittliche Forderung begreifen. Das wird aber nicht ausgesprochen, und es sieht eher so aus, als ob die Beständigkeit zum Wesen echter Liebe gehört, daß also die Minne als schicksalhafte Macht den Menschen unausweichlich und andauernd im Bann eines bestimmten anderen Menschen hält, nicht aber, daß der Mensch sich zur *staete* erzieht und erziehen muß.

Dasselbe Desinteresse an einer ethischen Wertsteigerung des Menschen zeigt die Fortführung der Minnelehre in der Deutung des Amorbildes. Auch hier ist es die Minne selbst, die den Menschen verwundet und in Qualen *(arbeit)* stürzt, und die ihn — ohne daß sein Verdienst erwähnt wird — heilen und trösten kann:

du hast decke wale gesien,
wi der herre Amor gemalet stet
in dem templo, da man in get,
engegen der doren binnen:
de beteikent die minne,
di geweldich es ovr alle lant,

ein busse hat er an der hant,
in der ander twene gere:
da mede skutt er sere,
als ich dir seggen wolde.
der eine es van golde,
des pleget er t'allen stonden.
swe so eine wonde
da mede gewinnet,
vel statlike er minnet
end levet mit a r b e i d e.
neheinre onstaticheide
endarf man hen tien.
der ander gere es blien.
van deme doen ich dir kont:
swe da mede werdet wont
an sin herte enbinnen,
de es der rechten minnen
iemer ongehorsam.
he hatet ende es vele gram
swat so van minnen geskiet,
des engelustet hen niet.
solich es dat geslechte.
wiltu nu weten rechte
wat die busse bedude
— et enweten alle lude —
merk et in allenthalven:
sie beteikent die salven,
die die Minne iemer hat gereit.
s i s a c h t e t a l d i e a r b e i t
end maket et allet goet,
swen die minne wont doet,
dat si hen geheilet.
si gevet ende deilet
dat lief na den leide.
dat saltu merken beide,
dat des van minnen vele geskiet. (9910—9951)[31]

[31] Auch der lyrische Lobpreis der rechten Minne, den Heinrich in dem Lied MSF 59, 23 gibt, hebt nicht die sittlichen Verdienste des Liebenden

Der Vergleich der Wortbedeutung und des Gebrauchs von *arebeit, gemache* und *heil* in den angeführten Stellen des ›Büchlein‹ und der ›Eneit‹ läßt die große Entfernung sichtbar werden, die zwischen den beiden Theoretikern der Minne besteht. Bei Heinrich von Veldeke wird Minne als das Hereinbrechen einer schicksalhaften Macht erfahren, der der Mensch ausgeliefert ist. Hartmann von Aue empfindet die Minne als eine Macht, die dazu herausfordert, die im Menschen liegenden sittlichen Kräfte aufs äußerste anzuspannen, um das Kosmisch-Chaotische der Minne zu bändigen, sie sich gefügig zu machen durch das Zeugnis der eigenen Werthaftigkeit, oder wenigstens dadurch getröstet zu werden, daß man Anerkennung in der Gesellschaft findet:

enpfâhe ichs nimmer lôn von ir,
dannoch frumet ez mir
daz mirz diu werlt ze guote verstât
und mich deste lieber hât. (1099—1102)

Wir können an dieser Gegenüberstellung den Wandel von frühhöfischem zu hochhöfischem Minneverständnis ablesen, und es will scheinen, daß Hartmanns Formulierung der These, daß *arebeit* das *heil* der Minne erringen wird, wenn der Mensch sich des dumpfen Triebes nach *gemache* entledigt, eine bewußte Antithese zu Heinrichs Auffassung bildet, nach der die durch Minne verursachte *arebeit* eine zu ertragende Qual darstellt, die eines Tages — wenn es die Minne will — zu *heil* und damit *gemach* führen wird.

Ergänzend sei noch darauf hingewiesen, daß die im Gespräch Lavinias mit ihrer Mutter enthaltene Minnelehre auch im

hervor. Wohl aber finden wir in der zweiten Strophe den Jubel über den Wandel von Schmerz zur Freude, der durch die Erhörung eintrat, wie er auch im Lavinia-Gespräch erscheint:

Ich bin blîde dore here êre
di mich hevet dat gedân
dat ich van den rouwen kêre,
dê mich wîlen irde sêre. (MSF 59, 32—35)

Über rechte Minne bei Heinrich von Veldeke vgl. F. Maurer, Herrigs Archiv 187 (1950), S. 1 ff.

Aufbau der Hartmannschen Minnelehre des ›Büchlein‹ entspricht. Beide setzen eine Betrachtung über die Macht der Minne an den Anfang:

›Büchlein‹	›Eneid‹
Minne waltet grôzer kraft	*si es van anegenge*
wande si wirt sigehaft	*geweldich over die werelt al*
an tumben unde an wîsen,	*end iemer mere wesen sal,*
an jungen unde an grîsen,	*went an den soendach,*
an armen unde an rîchen.	*dat her nieman enmach*
(1—5)	*neheine wis wederstan.* (9800—9805)

Ergänzend:

nieman es so rike,
de sich her moge erweren
noch sin herte van her generen,
noch enkan noch enmach. (9846—9849)

Heinrich von Veldeke verdeutlicht die Allgewalt der Minne durch das Aufzeigen zweier Dimensionen, wenn er ihre zu aller Zeit gleiche Wirksamkeit schildert, der auch der Mächtigste, der an der Spitze des menschlichen *ordo* Stehende, unterworfen ist. Bei Hartmann fehlt die zeitliche Dimension. Er veranschaulicht dafür die umfassende Wirkung auf die gesamte Menschheit, indem er in antithetischer Reihung verschiedene Menschengruppen vor dem geistigen Auge des Lesers erscheinen läßt.

Heinrich wie Hartmann gehen dann dazu über, die Symptome der Minne zu schildern, die den Menschen wie eine Krankheit überfällt (›Eneit‹ V. 9832—9861, ›Klage‹ V. 292—304, 332 ff.), ehe sie, ohne eine eigentliche Definition des Wesens der Minne zu geben, vom Ziel der Minnesehnsucht, dem *heil* sprechen, zu dessen Erlangung Hartmanns ausgedehnte Unterweisung dienen soll, während sich Heinrich — seiner Minneauffassung gemäß — mit einer kurzen Schilderung des Wandels der Empfindungen im Menschen begnügen kann, der durch das Geschenk des *heils* hervorgerufen wird.

Da wir wissen, wie stark das Lavinia-Gespräch der ›Eneit‹ auf die höfische Dichtung gewirkt hat [32], kann es nicht überraschen, daß sich Hartmanns theoretische Abhandlung (in der Form eines Streitgespräches) über das Wesen höfischer Minneerfahrung und -bewältigung als eine programmatische Antwort auf die Minnelehre seines großen Vorgängers darzustellen scheint.

[32] Vgl. J. Schwietering, Typologisches in mittelalterlicher Dichtung. In: Ehrismann-Festschrift, Berlin u. Leipzig 1925, S. 42 ff.

L. Seiffert, The Maiden's Heart. Legend and fairy-tale in Hartmann's ›Der Arme Heinrich‹. In: Deutsche Vierteljahrsschrift für Literaturwissenschaft und Geistesgeschichte 37, 1963, S. 384—405. Übersetzt von Ursula Beul.

DAS HERZ DER JUNGFRAU

Legende und Märchen im ›Armen Heinrich‹

Von LESLIE SEIFFERT

Einen gewissen Dualismus im ›Armen Heinrich‹ haben Forscher schon immer anerkannt. Neben seinen offensichtlichen „religiösen" Elementen haben sie Motive herausgeschält, die wechselnd als „ritterlich", „höfisch" oder „weltlich" beschrieben wurden. Diese Begriffe geben jedoch nicht immer einen präzisen kritischen Rahmen für die Einschätzung des Gedichts, und es scheint wünschenswert, sie in Begriffe zu überführen, die einen deutlicheren Hinweis auf die Gattung des Gedichts bieten, und dabei Züge zu unterscheiden, die jeweils für das Märchen oder für die Legende kennzeichnend sind.

So kann der Aussätzige entweder, wie von einem bösen Zauber, erlöst werden, wenn ein Mädchen ihr Herzblut für ihn opfern will, oder er kann, wenn Gott willens ist, der Arzt zu sein [1], durch ein Wunder geheilt werden. Beide Möglichkeiten — die eine für das Märchen charakteristisch, die andere für die Legende — wirken an Heinrichs Heilung mit, und der Beitrag beider Gattungen dürfte damit als gesichert gelten.

Im allgemeinen hat sich jedoch der Eindruck durchgesetzt, das legendenhafte Element überwiege. Die Unweltlichkeit, ja sogar Unwirklichkeit eines großen Teils der Handlung und die vermeintliche Vernachlässigung sozialer Werte wie etwa gesellschaftliche Stellung (obwohl diese ja nicht einfach übergangen oder verschwiegen werden) würden natürlich für beide Gattungen gelten. Aber in dem Gedicht geht es sehr wesentlich um die Beziehung zwischen Gott und Mensch; der Aussatz als Krankheit ist Teil eines Prozes-

[1] AH 204, vgl. Exodus XV, 26.

ses, in dem Gott offenbart, welche Absichten er mit Heinrich und dem Mädchen verfolgt; und Heilung und Erlösung sind, wie bei vielen Wundern Christi, eng miteinander verknüpft. Damit scheint das Gedicht in erster Linie als Legende festgelegt zu sein [2].

Demnach wäre das Märchen untergeordnet; es würde gelegentlich ein Motiv beisteuern und auch das glückliche Ende, in dem das treue Mädchen schließlich ihren Prinzen bekommt [3]. Oder aber es würde durch die Legende umgebildet. Nun enthält das Gedicht zweifellos ein starkes erotisches Element; aber weil diese Liebe mit Vorstellungen von Mitleid und Hingabe, von Opfer und Martyrium verbunden ist, wird sie eher als *caritas* angesehen, als „sublimierter" oder sogar „entsinnlichter" amor [4]. Das Opfer des Herzens der Jungfrau wird auf eine moralische oder geistige Ebene über jeden Hauch von Magie hinaus emporgehoben; der Anblick ihrer nackten Schönheit wird über jede Assoziation mit Sinnlichkeit oder Sexualität hinaus verklärt.

[2] Hier ist auf mehrere Stellen zu verweisen: H. Sparnaay („Verschmelzung legendarischer und weltlicher Motive in der Poesie des Mittelalters") bemerkt, daß der AH „wesentlich legendarischer Natur" (S. 126) ist; C. v. Kraus benutzt den Begriff „novellistische Legende" („bei dem das Legendäre die Grundlage bildet") in seinem Artikel „Drei Märlein in der Parzival-Handschrift G und das Exempel vom Armen Heinrich" (Festgabe für S. Singer, hrsg. v. H. Maync, S. 19 und Anm. 1); A. Schirokauer nennt den AH „Ritterlegende" und „Büßergeschichte" (ZfdA. 83, S. 67); H. B. Willson hat in einer Reihe kürzlich veröffentlichter Artikel besonders die Funktion des christlichen Ideals der *caritas* in Hartmanns Werk herausgearbeitet; vgl. besonders „Symbol und Wirklichkeit im AH", MLR 53, S. 526—536. Hierin spiegelt die moderne Wissenschaft eine sehr alte Tradition: hatte doch schon der Verfasser der Breslauer Erzählung *(exemplum)* die Geschichte in dieser Richtung neu gefaßt (vgl. C. v. Kraus, a. a. O., S. 12 ff.), und der Schreiber der B-Fassung des AH sogar das Ende der Geschichte verändert, indem er Heinrich und das Mädchen sich aus der Welt zurückziehen ließ — was offensichtlich besser zu einer Legende paßt und ein orthodoxeres Verhalten ist als: „. . . und sie lebten glücklich bis an ihr Ende."

[3] H. de Boor, Geschichte der deutschen Literatur, II, S. 79.

[4] Ebd. und H. B. Willson, a. a. O., vgl. Anm. 2.

Solche Interpretationen werden z. B. Hartmanns Gebrauch des Wortes *wünneclîch*[5] und der Symbolik des Herzens nicht gerecht; und ich möchte versuchen, in diesem Artikel darzulegen, wie sowohl das religiöse, legendenhafte Element als auch das erotische Märchenelement in die allgemeine Struktur von Hartmanns Erzählung eingegangen sind und wie jedes seinen spezifischen Beitrag zum Thema einbringt.

Die Struktur der Legende

Daß das Kernstück des Gedichts religiöser Natur ist, ist nicht zu bezweifeln. Hier sehen wir, wie Heinrich dazu gebracht wird zu entdecken, welchen Plan Gott mit ihm hat, und sich diesem Plan zu fügen. So wie man heutzutage daran gewöhnt ist, solche Dinge psychologisch zu interpretieren, könnte man am ehesten geneigt sein, dieses alles als einen Prozeß anzusehen, der zu einem vertieften Wissen und Verständnis von Gott und über das eigene Selbst in Beziehung zu ihm führt. Es ist natürlich unzureichend, diese psychologische Interpretation nur in quasi-theologische Begriffe zu überführen und dementsprechend von einem ständigen Fortschreiten auf Erlösung und Erleuchtung hin zu sprechen oder von einem ständigen allmählichen Wachsen an Gnade und göttlicher Gunst. Wir müssen noch weiter gehen und die Tatsache akzeptieren, daß Heinrichs Entdeckung des göttlichen Willens, als sie schließlich kommt, den Charakter einer plötzlichen Einsicht hat — um nicht zu sagen einer Inspiration oder sogar einer Offenbarung; und daß, weit davon entfernt, sich aus dem Vorhergehenden zu entwickeln, sie das Vorausgegangene geradezu umkehrt[6].

[5] Bzw. *minneclich*, vgl. die Lesarten zu AH 1233 in den Ausgaben von E. Gierach und Hermann Paul/Ludwig Wolff.

[6] Bert Nagel („Der Arme Heinrich Hartmanns von Aue, eine Interpretation"), für den der AH die „Keimform eines Entwicklungsromanes" (S. 43) zeigt, gibt sich einige Mühe, die besondere Wirkung dieses Moments zu verringern, das zwar als ein „Umschlag" erscheinen möge, in Wirklichkeit mehr ein „Durchbruch" sei, aber nur weil es sich hier um den „innerlich notwendig gewordene(n) Vollzug einer zur Entscheidung vor-

Angemessene Begriffe für die Interpretation gewinnen wir, das darf jetzt als anerkannt gelten, aus einer sakramentalen Psychologie, deren Schlüsselwörter *contritio, confessio* und *satisfactio* heißen; der Prozeß, soweit es sich um einen solchen handelt, ist dem Sakrament der Buße analog.[7] Aber Analogie bedeutet noch nicht Identität. Tatsächlich könnte Hartmanns poetische Behandlung seiner Erzählung der Natur der Sache nach nicht direkt liturgische Formen reproduzieren.

Heinrichs *confessio,* zum Beispiel, geschieht, als er seine Geschichte dem Meier und seiner Familie erzählt. Sie ist aber einer Beichte vor einem Geistlichen nichts weiter als strukturell analog. Tatsächlich wissen wir ja schon, was Heinrich getan hat, so daß eine wirkliche Beichte eine Wiederholung und damit literarisch ineffektiv wäre. Was uns dargestellt wird, ist nicht eine echte Beichte, sondern eher Heinrichs Deutung dessen, was ihn befallen hat. Und wenn man sich die geistige Verfassung, in der er seine Geschichte erzählt, vor Augen hält, ist es nicht überraschend, daß diese Deutung sich letztlich als bestenfalls halb richtig erweist.

Man ist als Leser des ›Armen Heinrich‹ geneigt, in Heinrichs Aussagen, wörtlich genommen, einen Hinweis auf Hartmanns moralische Absicht zu sehen. Tatsächlich ist Heinrich in diesem Stadium jedoch so weit von der Wahrheit entfernt wie Hiob, wenn er über einen amoralischen Gott spricht, der „die Unschuldigen und die Verderbten vernichtet“ und „sich über die Bedrängnisse der Unschuldigen hinwegsetzt“ [8], oder wie Hiobs Freunde, wenn sie

getriebenen gesamtmenschlichen Entwicklung“ (S. 56 ff.) handle. An anderer Stelle kontrastiert er den AH mit ›Gregorius‹, wo tatsächlich „ein Bruch, ... ein legendenhaft primitiver, plötzlicher Umschlag“ (S. 42) vorliegt. Dabei legt er großen Wert darauf, Heinrichs Wiederherstellung über mehrere Stufen zu verfolgen: für ihn ist das ein „langwieriger, krisen- und anfechtungsreicher, innerer Umwandlungsprozeß“ (S. 42); außer dem Wort „innerer“ ist diese ganze Stelle in Sperrdruck gesetzt. Aber trotz aller Anstrengungen, hier Prozeß und Entwicklung aufzuspüren, muß er schließlich doch die Plötzlichkeit des kritischen Punktes konzedieren.

[7] A. Schirokauer, a. a. O., S. 66 ff.

[8] Hiob IX, 22 f.

darauf beharren, daß sein Unglück eine Strafe für eine Sünde sein müsse [9]. Diese beiden Positionen gehen von theologisch richtigen Einsichten aus: Gott ist wahrhaftig menschlichem Urteil über Gut und Böse nicht unterworfen, und menschliche Sünde wird sicher gerichtet und bestraft. Aber die Schlußfolgerung ist falsch, denn andere Faktoren sind außerhalb der Betrachtung geblieben. In gleicher Weise geht Heinrich von der biblischen Voraussetzung aus, daß Gott sich das Recht auf Rache vorbehalten habe [10], aber Liebe und Gnade, die in Gottes Urteilen immer mit enthalten sind, hat er in seine Überlegungen nicht miteinbezogen. Und eben dies ist von zentraler Bedeutung für den ›Armen Heinrich‹, der sich gerade darin von so vielen mittelalterlichen Aussätzigen-Legenden unterscheidet, daß er nicht nur Gottes Urteil und Strafe zeigt, sondern ebenso Gottes Bereitwilligkeit, zu heilen.

So wird Heinrich — sogar im Akt der *confessio* selbst — in die Versuchung des *zwîvels* geführt. Die „Beichte", die er ablegt, ist also unecht und kann nicht mehr als eine literarische Analogie zu einer echten sakramentalen Beichte sein; die letztere wird nach eingehender Selbsterforschung vom Beichtiger abgelegt und von dem Geistlichen als gültig — wie im Angesicht Gottes — abgenommen, so daß ihr nie nachzusagen wäre, sie sei (was sie schließlich außerdem kaum sein dürfte) unecht.

Heinrichs *contritio* nimmt eine besondere Form an: er verzichtet auf Reichtum und Stellung in der höfischen Gesellschaft, worauf seine Ehre und sein Stolz sich gegründet hatten, und lebt in Zurückgezogenheit und relativer Armut. Das ist zweifellos eine biblische Haltung, aber keineswegs was gewöhnlich einem reuigen Sünder, der seine Beichte ablegen will, abverlangt wird.

Komplizierter stellt sich das Problem der *satisfactio*. Es ist klar, daß Heinrich schließlich seine Sünde durch eine innere Umkehr und eine vollständige Hingabe an Gottes Willen wiedergutmacht:

[9] Hiob IV und wiederholt während der Reden von Eliphaz, Bildad und Zophar.

[10] „Die Rache ist mein, ich will vergelten, spricht der Herr." (Röm. XII, 19, Hebr. X, 30)

. . . verkêrte vil drâte
sîn altez gemüete
in eine niuwe güete[11]

swaz dir got hât beschert
daz lâ allez geschehen[12].

Aber diese *satisfactio* der Reue und Unterwerfung ist ihm nicht von einem Geistlichen oder von einem derer, die seine Geschichte gehört haben, auferlegt worden. Wir haben hier eigentlich eine neue Beichte, in der er seine Unverständigkeit und sein unrechtes Verhalten, als er versuchte, einen anderen Weg einzuschlagen, als Gott vorgesehen hatte, eingesteht.

du hâst ein tumben gedanc
daz du sunder sînen danc
gerst ze lebenne einen tac
wider den niemen niht enmac.
du enweist ouch rehte waz du tuost,
sît du benamen ersterben muost,
daz du diz lästerlîche leben
daz dir got hât gegeben,
niht vil willeclîchen treist;
und ouch dâ zuo niene weist
ob dich des kindes tôt ernert[13].

Indem er seine *tumpheit* und sein *unreht* einsieht, verläßt er den Weg, den er bisher verfolgt hatte, und demütigt sich vor Gott in vollkommener Reue. Gewiß ist dies von einer liturgischen Konfession noch weit entfernt, aber immerhin läßt sich erkennen, daß alle drei Elemente, *contritio*, *confessio* und *satisfactio* hier vorhanden sind, so daß das strukturelle Muster der sakramentalen Psychologie, von dem wir ausgegangen waren, der Überprüfung standhält.

Es gibt jedoch noch eine weitere *satisfactio,* die wirklich unmittelbar auf seine erste *confessio* folgt. Als das Mädchen hört, er könne nur durch das Herzblut einer Jungfrau geheilt werden, ist

[11] AH 1238 ff.
[12] AH 1254 f.
[13] AH 1243 ff.

sie in ihrer Ergebenheit willens, dieses Opfer für ihn zu bringen. Nun haben allerdings stellvertretendes Gebet und Leiden und sogar der stellvertretende Tod einen Platz im Leben des Christen; und im christlichen Glauben hat die Idee der stellvertretenden Wiedergutmachung durch das Blutopfer einen definierten Stellenwert. Aber letzteres ist seiner Natur nach einmalig[14], so daß eine stellvertretende *satisfactio* dieser Art — selbst wenn wir von der Problematik überhaupt absehen, daß hier ja unschuldiges Blut vergossen werden soll — in der normalen sakramentalen Buße kaum angemessen wäre.

Dies soll die Bedeutung, die der Verwendung dieses Motivs in Hartmanns Gedicht zukommt, nicht beeinträchtigen. Das Angebot des Mädchens, dieses Opfer zu bringen, hat eindeutig die strukturelle Position einer *satisfactio.* Das dreiteilige Schema kommt also doppelt vor. Heinrichs erste *contritio* ist ein bewundernswerter christlicher Akt; in seiner ersten *confessio* ging er mit Recht davon aus, daß Gott sich selber das Recht, Rache zu üben, vorbehalten hat, und die erste *satisfactio,* das Anerbieten des Mädchens, um seinetwillen zu sterben, geht gleichermaßen davon aus, daß ein solcher Akt Gott wohlgefällig sein kann. Aber dieses alles stellte dennoch nicht Gottes endgültigen Plan dar — weder für Heinrich noch für das Mädchen. Im allgemeinen könnte man sagen, daß Heinrich, indem er das Opfer annimmt, nur die Chance ergriffe, die irdische Heilung zu gewinnen, von der ihm der Arzt berichtet hatte, um auf diesem Weg Gottes Strafe zu umgehen, wenn nicht gar ihr zu entgehen.[15] Außerdem steckt in seiner Anerkennung der Rache Gottes der Charakter des *zwîvels.* Unter beiden Aspekten ist er vom Stand der Gnade so weit entfernt wie je zuvor.

Heinrich folgt einem Weg, der zur Erlösung zu führen scheint, aber als die Erlösung schließlich kommt, erweisen sich alle seine

[14] Ein traditioneller Nachweis der Christologie für diese Auffassung ist Röm. VI, 10: „Denn was er gestorben ist, das ist er der Sünde gestorben, zu *einem* Mal ..."

[15] B. Nagel, a. a. O., S. 53 ff., unter der Überschrift: „Die Versuchung"; ebenso J. Knight Bostock (Hrsg.), Der Arme Heinrich des Hartmann von Aue, Einleitung, S. XXVIII.

früheren Hoffnungen und Ängste als illusorisch. Und doch führt natürlich dieser Weg zu dem Punkt, wo er Erlösung finden wird. Er erfährt einen Augenblick der Offenbarung und macht den ganzen Prozeß noch einmal durch, wobei er diesmal fähig ist, eine echte *contritio* zu empfinden, eine echte *confessio* abzulegen und eine echte *satisfactio* anzubieten, fast so, als stünde er vor Gottes Angesicht.

All dies ist aus der Perspektive des Ritters gesehen — es war schließlich nicht Hartmanns Hauptinteresse, Rolle und Funktion des Mädchens in aller Breite herauszuarbeiten. Jedoch ist das Mädchen ein wichtiges Instrument für Heinrichs Erlösung, und es lohnt sich, sie als seine Gegenspielerin am stärksten in unsere Studie mit einzubeziehen. An dem Punkt, wo sein Verzicht auf Glück in diesem Leben vollkommen erscheint, ist er tatsächlich nur ein Opfer des *zwîvels*; zugleich jedoch, indem er ihr Angebot annimmt, zeigt er, daß er sich noch immer an die Werte dieses Lebens klammert und zu jedem Mittel greifen wird, um sich diese Werte zurückzugewinnen. Die Meierstochter dagegen richtet ihr Interesse auf Werte des Jenseits; sie strebt danach, ihre unsterbliche Seele zu retten; und der einzige Weg, der sich aus ihrer Sicht anbietet, um dieses Ziel zu erreichen, heißt Verzicht. Aber während Heinrich und das Mädchen entgegengesetzte Pole von Verzicht verkörpern, sind sie beide gleichermaßen im Irrtum. Beide haben sie Heilung und Erlösung des Ritters in eins gesetzt; und genauso, wie dieser noch lernen muß, worin seine wahre Erlösung besteht, muß das Mädchen noch lernen, welche Stelle Gott in seinem Heilsplan auch ihr zugewiesen hat. Beide sind also an denselben Punkt gebracht worden, wo — während das Opfer des Mädchens noch aussteht — ihrer beider vermeintliche Erlösung bewirkt werden soll.

Aber nun liegt es bei Heinrich, alle Hoffnung, er könne Erlösung kraft eines menschlichen Verdienstes erreichen, fahren zu lassen. Das Mädchen jedoch klammert sich noch immer an die Idee, für sich den Himmel gewinnen zu können; als sie sich vorstellt, sie sei dieser Chance beraubt worden, wird auch sie ein Opfer des *zwîvels*. Die Fronten sind jetzt vollständig verkehrt. Der Wandel ist so groß, daß die Anklagen des Mädchens, die anderen seien Feiglinge — früher als Ausweis geistlichen Mutes (und Stolzes?) so überzeugend — nunmehr in Verbindung mit diesem Wutausbruch ziemlich absurd erscheinen. Hartmann zeigt nicht, wie sie von dieser Haltung wieder abrückt. Er war nicht primär an ihr interessiert und beschränkt sich darauf, diesen *zwîvel* als Anfall von zorniger Gekränktheit zu zeigen, der wohl auch vorübergehen wird, während ihre *bärmde* und *triuwe* (die immer vorhanden sind), und Heinrichs *bärmde* und *triuwe* (die sich jetzt erst voll entfalten) weiter Geltung behalten und das Wunder ermöglichen.

Die beiden Handlungsstränge bilden einen Chiasmus. Zuerst klammert Heinrich sich an die Lebenswerte, die einem seines Standes zukommen, aber schließlich wird er dahin gebracht, darauf zu verzichten. Das Mädchen andererseits verwirft alle irdischen Werte und will nur die Hoffnung auf Heil im zukünftigen Leben gelten lassen, bedacht vor allem darauf, Palme und Gloriole der Märtyrerin zu gewinnen. Aber schließlich wird sie gezwungen, die Vorstellung aufzugeben, diese Hoffnung könne so schnell erfüllt werden. Während der Ritter zuvor innerlich begehrt hatte, am Leben festzuhalten, wird jetzt das Mädchen gezwungen, genau dies zu tun. Hatte sie zuvor gehofft, Braut Christi zu werden, so wird nun er dahin geführt, sich ganz in Gottes Willen zu fügen. Die Handlungsstränge kreuzen sich in der Szene, in der Heinrich, als er des Mädchens nackter Schönheit ansichtig wird, seine Hoffnung aufgibt, weltliches Heil durch ihr Blut zu erkaufen, und sie zwingt, ihre Hoffnung auf schnellen Erwerb der ewigen Seligkeit um denselben Preis aufzugeben. Zwar ist dies zunächst nicht eine Einsicht, die bei beiden Partnern gleichzeitig reift. Aber der an Heinrich geknüpfte Handlungsstrang mit seiner doppelten Entwicklung der Folge von *contritio, confessio* und *satisfactio* war von vornherein komplexer, und das Interesse in Hartmanns Geschichte konzentriert sich auf sein Problem. Deshalb ist es angemessen, daß er die Einsicht gewinnt und die Rolle des Mädchens nur als zweitrangiges Problem behandelt wird.

Diese Überschneidung ist die Krise, der Wendepunkt der ganzen Erzählung. Und wir sollten beachten, daß die Trennung der beiden Stränge, die die Trennung der Schicksale des Ritters und des Mädchens impliziert, außerordentlich knapp gefaßt ist. Der Weg für ihre eigentliche Begegnung ist geebnet worden. Wenn des Mädchens Ausbruch von Wut und *zwîvel* erst einmal vorbei ist, werden sie sich in der Unterwerfung unter die göttliche Planung und in der Annahme des göttlichen Willens zusammenfinden. Heinrichs Heilung, die den legendenhaften Teil der Erzählung beendet, kann also nur eine teilweise Erfüllung dieses Planes bedeuten. Zu seiner Vervollständigung, wo nämlich der Ritter und das Mädchen unauflöslich vereint werden, müssen wir über diesen — wenn schon zentralen — Teil der Geschichte hinausgreifen.

Die Funktion des Epilogs

Wir könnten meinen, der Abschluß der Geschichte sei lediglich ein formales glückliches Ende. Aber den Epilog in so leichtfertiger Weise abzutun, hieße Hartmann Unrecht tun. Ein Vergleich mit dem ›Buche Hiob‹ mag uns helfen, die Struktur des ›Armen Heinrich‹ besser zu verstehen. Auf den ersten Blick sind sie verblüffend ähnlich, und die Anspielungen im ›Armen Heinrich‹ tun gewiß das ihre, diesen Eindruck zu verstärken. Beide Werke behandeln das elementare Problem des Stellenwertes von Leiden in einem Universum unter Gottes Obhut. In beiden Werken gibt es eine Strafe, die unvermittelt und scheinbar unmotiviert hereinbricht, ein langwieriges Tasten nach der Wahrheit, einen Augenblick der Offenbarung. Dieser Augenblick bringt in beiden Fällen eine wenigstens implizite Erkenntnis der eigenen Verwerflichkeit: *nu sach er si an unde sich*[16], „darum spreche ich mich schuldig und tue Buße in Staub und Asche".[17]

Aber das ›Buch Hiob‹ befaßt sich in erster Linie, ja ausschließlich mit Problemen des Glaubens und der Erlösung. Der „Prolog im Himmel" zeigt, was hier auf dem Spiel steht: Hiob ist der vollkommene Diener Gottes, trotz der — noch nicht expliziten — Unvollkommenheit seines Verständnisses von seinem Verhältnis zu Gott. Der Satan legt es darauf an, diese Beziehung zu stören, und sie ist wirklich gefährdet. Aber schließlich greift Gott selber ein

[16] AH 1234.

[17] Hiob XLII, 6.

und antwortet aus dem Wirbelsturm. Der Epilog zeigt dann, daß Hiob seine Nähe zu Gott wiedergewonnen hat und berichtet, wie diese innere Erlösung äußerlich von einer Wiederherstellung seines Wohlergehens begleitet wird.

Im ›Armen Heinrich‹ ist es anders. Es gibt hier, um nur ein Beispiel zu nennen, keine kosmischen Kräfte, die um Heinrichs Seele ringen. Und innerhalb der engeren Legende wird die plötzliche Einsicht nicht durch eine direkte Selbstoffenbarung Gottes bewirkt. Auch wird Heinrich nicht dazu bewogen, sich in seiner Aussätzigkeit mit der unerforschlichen Majestät Gottes zu vergleichen, sondern mit der enthüllten Schönheit des Mädchens. In Verbindung mit einem wesentlichen Unterschied zwischen den beiden Epilogen kommt diesem Kontrast besondere Bedeutung zu.

Hiob wurde in seinen früheren Stand zurückversetzt, und wenn es später einen Unterschied zu diesem früheren Stand gibt, so ist er graduell. Heinrich jedoch gewinnt etwas hinzu, das über die Wiederherstellung seines früheren Daseins hinausreicht. Das Mädchen, das sich dank seiner Ergebenheit halb spielerisch den Titel *gemahel* verdient hatte, wird nun tatsächlich seine Frau *in êlîcher hîrât*. Dieser Gewinn wirft ein besonderes Licht auf einen ausgeprägten Mangel in seinem früheren Zustand: Er war allein, ohne eine Gefährtin, und nach biblischem Zeugnis ist es nicht gut für den Menschen, daß er allein sei. Gewiß ist unter seinen Tugenden auch seine Kunst im Minnesang erwähnt worden: *er sanc vil wol von minnen*[18]; aber das reicht nicht aus und dient allenfalls dazu, den Mangel zu unterstreichen, besonders wenn man sich die Konventionalität des Minnesangs vor Augen hält. Heinrichs *hôher muot* hat ihn nicht nur im allgemeinen dahin gebracht, Gott zu vergessen, sondern im besonderen eines seiner grundlegenden vorsorglichen Gebote zu mißachten.

Es liegt auf der Hand, daß die Entscheidung, die Meierstochter zu heiraten, nicht auf deren Reichtum oder gesellschaftliche Stellung zurückgeht, denn gesellschaftlich war diese Heirat eine Mésalliance. Noch konnte sie in einem höfischen Konzept von Liebe begründet sein. Daß sie eine ihm angemessene Gefährtin war, lag

[18] AH 71.

in ihrer Willigkeit, sich für ihn zu opfern. Und die schiere Möglichkeit für Heinrich, sie zu heiraten, hing davon ab, daß er selber seine Chance, geheilt zu werden — und damit gewissermaßen sein Leben, sein eigenes Selbst — preisgab, um ihr Leben zu erhalten. Wechselseitige Selbstaufopferung ist also die Grundlage dieser Liebe. Damit soll nicht gesagt sein, ein erotisches Element sei ausgeschlossen. Auf dem Höhepunkt der Geschichte, dem eigentlich zentralen Punkt der Legende, gibt es einen ganz klaren Hinweis auf die Schönheit des Mädchens:

nu begunde er suochen unde spehen,
unze daz er durch die want
ein loch gânde vant,
und ersach sî durch die schrunden
nacket und gebunden.
ir lîp der was vil wünneclîch.
. . .
Dô er sî als schoene sach,
. . .[19]

Darüber hinaus legt die Wortwahl nahe, daß ihre Schönheit wirklich in ihrer Nacktheit liegt. In diesem Gedankengang hat es seine Bedeutung, wenn auch dem Arzt, sobald das Mädchen sich entkleidet hat, das Bedenken kommt

daz schoener creatiure
al der werlte waere tiure[20].

Es ist angeführt worden, in einer Legende könne der Körper an sich nicht als schön angesehen werden und das Mädchen sei — obgleich Hartmann ausdrücklich *ir lîp* sagt — nicht wegen ihrer Nacktheit *wünneclîch*, sondern weil ihr nackter und gebundener Leib als Sinnbild des nackten und gebundenen Leibes Christi gesehen werde, mit dem Heinrich seinen eigenen Körper, aussätzig und hinfällig, wie er ist, vergleicht[21]. Diese Schönheit ist bedeut-

[19] AH 1228 ff.

[20] AH 1199 ff.

[21] A. Schirokauer, GRM. N. F. 2, S. 266; ebenso „Germanistische Studien“, S. 306 (ein Wiederabdruck des gleichen Artikels).

sam „als Bildform der Güte“ [22]; und es ist jedenfalls „nicht der Anblick, sondern die Einsicht“ [23], die Heinrichs Sinneswandel bewirkt. Nun hat Hartmanns Geschichte zweifellos einen klaren theologischen Bezug, es ist aber zu bezweifeln, ob man es dabei bewenden lassen soll.

Was das Ideal der Kalokagathia angeht [24], so mag es wohl in der Welt der Minnesänger seinen besonderen Reiz gehabt haben; aber von Hartmann wird angenommen, er habe seine Auseinandersetzung mit jener Welt längst abgeschlossen [25], und es darf ihm wie Walther [26] unterstellt werden, daß er sich über diese anfängliche Vorstellungswelt noch weiter hinaus entwickelt hat. Außerdem weist derselbe Kritiker darauf hin, daß Hartmann in diese Szene, wie nirgends sonst, realistische Einzelheiten eingebracht habe [27]; hier also, wenn schon nicht auch an anderer Stelle, müssen wir den Wörtern zubilligen, daß sie eine direktere Bedeutung ebenso wie eine allegorische haben.[28] Schließlich weicht die Struktur, die Hartmann seinem Gedicht gegeben hat, signifikant von der Struktur einer Legende ab, so daß gerade dieser Abschnitt sich kaum dafür eignet, auf den Interpretationsmethoden zu bestehen, die für die Gattung der Legende gelten.

Weiter heißt es, Hartmanns Wortwahl zu überziehen, wenn man annimmt, seine Wörter implizierten verschiedene Grade von „Sehen“ — nicht nur „Anblick“, sondern auch „Einsicht“ [23], nicht nur *videri,* sondern auch *contemplari* [29] sei gemeint. Die Verben, die Hartmann setzt, sind *ersehen* („erblicken“) und *ansehen*; letzteres

[22] Ebd., S. 267 (Germ. Stud., S. 307).

[23] Ebd.

[24] Ebd. ZfdA. 83, S. 73.

[25] H. de Boor, a. a. O., S. 273 ff., mit Bezug auf MSF 218, 5 ff.

[26] Von Walthers Bewußtsein der Einschränkungen, denen *schoene* unterliegen kann, zeugt seine berühmte Strophe: *Bî der schoene ist dicke haz*, 50, 1 ff.

[27] A. Schirokauer, GRM. N. F. 2, S. 266 f. (Germ. Stud. S. 305 f.).

[28] „Die realistische Kraßheit der Schilderung der Vorgänge im Operationsraum hat natürlich allegorische Funktion“, ebd. S. 267 (Germ. Stud., S. 307). Aber gewiß nicht ausschließlich.

[29] A. Schirokauer, ZfdA. 83, S. 73.

hat vielleicht ein aufmerksameres Hinsehen als nhd. „ansehen“ bezeichnet, aber es steht wohl kaum für die Höhe religiöser Kontemplation; dafür wären *betrahten* oder *schouwen* angemessener gewesen. Außerdem betrachtet Heinrich nicht nur das Mädchen, sondern auch sich selbst; dürfen wir, können wir auch das unter *contemplatio* fassen? Es ist gut und schön, auf Dionysus den Karthäuser oder Hugo von St. Victor und ihre Doktrin zu verweisen, wonach ein Geschöpf nur dann schön sei, wenn es wahre Schönheit (d. i. die Schönheit Gottes) widerspiegele [30]. Aber Hartmann hat keinen theologischen Traktat verfaßt, und auch die Hörerschaft, der er zu Gefallen sein wollte, dürfte sich kaum auf eine so rigorose Lehre eingelassen haben. Und könnten wir sie wirklich nicht nur auf Heinrichs *contemplatio* des Mädchens anwenden, sondern auch auf die lobenden Worte des Arztes [20]? Oder auf die *schoeniu pfärt*, die für die Reise nach Salerno beschafft wurden [31]?

Auch die Einführung des Begriffs „Verklärung“ [32] hilft uns nicht weiter. Das ist eine Kategorie, von der wir annehmen dürfen, daß sie für Geister des 19. Jahrhunderts von Novalis über Wagner bis Richard Strauss einen weit größeren Reiz als für Hartmann gehabt hat, in dessen Gedicht wir keinen eindeutigen Hinweis auf irgendeine Transfiguration finden. Tatsächlich müssen wir uns vor all solchen abstrakten Kategorien hüten. Es hat keinen Zweck, die Vorstellung von einer „Verabsolutierung“ des Mädchens durch die Beseitigung so akzidenteller Merkmale wie Kleidung einzuführen; besonders deswegen, weil wir uns — nicht mit Absicht, aber implizit — dabei ertappen könnten, daß wir dabei eine „Verabsolutierung“ ihrer körperlichen Attraktivität einschließen. Wenn man das Problem der Nacktheit des Mädchens angehen will, gibt es keinen Grund, dieses Problem durch Abstraktion abzuschwächen.

Schließlich träfe es auch nicht den Kern anzunehmen, diese Nacktheit überlebe in Hartmanns Gedicht als eine rituelle, die von primitiveren Ebenen des Glaubens herrühre, so wie vielleicht Laudines Klage am Leichnam ihres Mannes, der von dem Mann, der

[30] Ebd., Anm. 1.
[31] AH 1022.
[32] H. de Boor, a. a. O., S. 79.

sein Nachfolger werden soll [33], erschlagen worden ist, teilweise ein altertümliches Ritual königlicher Nachfolge durch das Erschlagen des Vorgängers widerspiegelt. Aber in dem einen wie im andern Fall hieße es Hartmann Unrecht tun, wollte man ihm unterstellen, er habe solche Dinge unbesehen übernommen, ohne ihnen in ihrem neuen Kontext Bedeutung beizumessen.

Wie wesentlich ein solcher Hinweis an dieser Stelle der Erzählung ist, erkennen wir um so deutlicher, wenn wir Hartmanns Gedicht der Breslauer Erzählung ›De leproso curato‹ [34] gegenüberstellen. Dort sagt der Ritter Albertus, als er sieht, daß die Gefäße, die das Blut des Mädchens auffangen sollen, bereitstehen: *Absit, ut de crudeli morte tam f i d e l i s v i r g i n i s* [35] *sanitatem recipiam.* Nun ist es typisch für die Prosa-Erzählung, daß spirituelle Eigenschaften und außerweltliche Haltungen hochgespielt werden [36], und die Betonung der Tatsache, daß unmittelbar und ausschließlich die unwandelbare Treue des Mädchens für den Sinneswandel des Ritters verantwortlich ist, geht in dieselbe Richtung. Im ›Armen Heinrich‹ hingegen, wo die Treue des Mädchens gewiß ein wichtiger Faktor ist, wird Heinrichs Sinneswandel ganz unmittelbar durch seine Erkenntnis und Wertschätzung ihrer Schönheit bewirkt. Er mag in diesem Augenblick nicht aktiv begehren, aber in alledem steckt doch unverkennbar ein Element würdigender Liebe [37].

[33] Iwein 1305 ff.

[34] J. Klapper, Erzählungen des Mittelalters, S. 233 f.

[35] Sperrdruck durch den Verf., nicht durch J. Klapper.

[36] Vgl. C. v. Kraus, a. a. O.

[37] Die Rolle des Eros aus Wertschätzung hat C. S. Lewis in "The Four Loves", s. bes. S. 108 ff., hervorragend herausgearbeitet. Wenn wir Eros so betrachten, daß er mit der Würdigung des anderen und im AH noch dazu mit der Selbstaufopferung beginnt und dann die normale Sexualität miteinbezieht und schließlich umformt, dann haben wir schon ein gutes Stück auf dem Weg zur Lösung der alten Streitfrage zurückgelegt (s. J. Knight Bostock, a. a. O., S. XXVIII), ob „irdische Liebe" oder Motive wie Mitleid und *triuwe* Heinrich bewogen haben, das Mädchen zu verschonen und schließlich zu heiraten. Seine Reaktion auf die enthüllte Schönheit des Mädchens kann nur dieser ethisch getönten, würdigenden und opferwilligen Zuneigung entspringen; und seine spätere

Wenn wir diesen erotischen Aspekt, so wie er im Epilog und in der Kern-Szene der Erzählung zum Ausdruck kommt, ernst nehmen, werden wir sehen, daß viele einfache, pseudoreligiöse Erklärungen der Gründe für Heinrichs Leiden und Heilung nicht stimmig sind. Warum muß er in dieser Weise leiden? Geht es nur darum, die Unbeständigkeit weltlichen Glücks zu zeigen? Dann hätte es gereicht, nur den Fall *ab sîner besten werdekeit* zu beschreiben. Geht es darum zu zeigen, daß, da Hochmut vor dem Fall kommt, Demut aus Gottes Sicht eine schätzenswerte Eigenschaft ist? Dann hätte es, nachdem Heinrich gelernt hatte, worauf es ankommt, eine einfache Wiedereinsetzung in Glück und Wohlstand auch getan. Ist es geschehen, um ihm den Wert von *triuwe* und *bärmde* klarzumachen? Diese Eigenschaften hatte er selber schon besessen: *triuwe* wird ausdrücklich genannt, und *milte* ist zwar weniger als *bärmde*, aber letztere dürfte in der Wendung *der nôtigen fluht* durchaus mitgedacht sein. Vielleicht kommen wir der Wahrheit näher, wenn wir uns überlegen, daß er noch lernen mußte, diese Tugenden im Verhalten anderer ihm selber gegenüber zu würdigen. Im Hinblick auf *triuwe* kann das zwar als vorausgesetzt gelten. Aber den Wert von *bärmde* mag er wegen seines Stolzes nicht recht eingeschätzt haben. Gehen wir noch einen Schritt weiter: er muß dahin kommen, diese Tugenden in einer bestimmten anderen Person anzuerkennen. Und ohne den Epilog mit seinem „sie heirateten und lebten fürderhin glücklich zusammen“ würden wir nicht sehen, wie er zu dieser Anerkennung kommt.

Die Komposition des Gedichts

Die Legende im ›Armen Heinrich‹ wird so in ein Rahmenwerk eingebettet, das einen distinktiven Beitrag zu der ganzen Geschichte leistet. Dieses Rahmenwerk erzählt, wie ein Mensch, der

Eheschließung muß unbedingt stärker emotionalisiert gewesen sein als J. Knight Bostock annimmt, wenn er sie lediglich als Ergebnis seiner Befreiung und als Akt des Gehorsams gegenüber den Forderungen der *mâze* interpretiert.

von einer ekelhaften Krankheit befallen ist, geheilt werden kann, wenn ein Mädchen ihr Herzblut für ihn opfern will; und wie er, wenn solch ein Mädchen gefunden ist, geheilt und mit ihr in der Ehe vereint wird. Das ist sehr leicht als ein Märchen mit dem Motiv der „bedingten Erlösung" zu erkennen, und das Rahmenwerk gehört also in eine andere Gattung als der zentrale Abschnitt. Aber das Märchen selbst gibt keinen Sinn her, wenn wir ihm nicht wenigstens das Moment der Erzählung einverleiben, wo Heinrich, während er die Willigkeit des Mädchens, sich zu opfern, voll anerkennt, sie wiederum so liebt, daß er sogar seine eigene Hoffnung aufgibt, damit sie leben kann. Das Moment der Einsicht, das den Angelpunkt der Legende bildet, ist zugleich das Zentrum des Märchens; hier liegt die strukturelle Komponente, die sie beide gemeinsam haben.

Nachdem wir nun die Legende in ihren weiteren Kontext gestellt haben, werden wir auch sehen können, daß der ›Arme Heinrich‹ eine Struktur hat, die der vergleichbar ist, die wir andernorts bei Hartmann finden. Er ist ein Beispiel für die Komposition der „Gerüstepik" [38], obgleich in kleinerem Maßstab als etwa im ›Erec‹. Was dort als einzelner Vorgang oder als Episodenreihe gälte, steht hier als vollständige Erzählung. Wir können die Konstruktion mit einem Kapitel vergleichen, das durch Teilung und Unterteilung tiefer und tiefer in den Kern der Sache eindringt. Wenn das erreicht ist, werden die verschiedenen Untertitel wieder aufgegriffen und die möglichen Schlußfolgerungen konstatiert [39]. Wir können neben-

[38] Über diesen Begriff s. Hugo Kuhn, Gattungsprobleme der mittelhochdeutschen Literatur (SB. Bayer. Akad. d. Wiss., Phil.-hist. Kl., Jg. 1956, 4), wiederabgedruckt in „Dichtung und Welt im Mittelalter", S. 51 (dort auch weiterführende Verweise).

[39] Zu einem ähnlichen Schema kommt J. Fourquet, „Zum Aufbau des Armen Heinrich", Wirkendes Wort, 3. Sonderheft (Freundesgabe für Hennig Brinkmann), S. 12—24. Das Gedicht beginnt und endet mit der Geschichte des aussätzigen Ritters, der wunderbarerweise von Gott geheilt wird; in diese wird das „Blutopferdrama" eingeschoben — ein Opfer wird angeboten und zunächst angenommen, aber schließlich zurückgewiesen; und in dieses wird wiederum ein „retardierendes Mittelstück" eingeschoben, in dem das Mädchen zunächst den Widerstand ihrer Eltern,

bei auch den doppelten Gebrauch des Rhythmus 'Reise und Wiederkehr' als Mittel, die Struktur des Ganzen zu artikulieren, bemerken und sie mit einer ähnlichen Verwendung des Zyklus 'Abschied und Wiederkehr' in Gottfrieds 'Tristan' vergleichen (der im Schlußteil der Erzählung noch zu 'Flucht und Versöhnung' gesteigert wird).

Hartmann hat Elemente beider Gattungen, der Legende und des Märchens, miteinander verbunden. Die ersten Akte von *contritio* und *confessio* werden als Mittel benutzt, um das Opfer des

dann den des Ritters überwindet. Demnach sind hier also drei Erzählungen ineinander verfugt, und die späteren Teile der beiden am äußeren Rand stehenden Erzählungen „respondieren" den früheren und kontrastieren mit ihnen; dies stimmt mit der Erörterung, die ich hier vorschlage, überein: die später einsetzenden Teilstücke der Gesamterzählung nehmen thematische Elemente der ersten Abschnitte wieder auf und ergänzen sie.

Für die Konstruktion, die J. Fourquet aufbaut, ist es jedoch wesentlich, eine Achse zu entdecken, um die sich das ganze symmetrische Muster drehen kann. Die meisten Schemata, die „numerische Komposition" aufdecken, sind tatsächlich darauf angewiesen, eine solche „Symmetrieachse" oder „Mittelachse" zu finden. Eine Erörterung der relevanten Untersuchungen findet sich bei C. A. Robson, "The Technique of Symmetrical Composition in Mediaeval Narrative Poetry", in: Studies in Mediaeval French presented to Alfred Ewert, s. bes. S. 45—53. Sofern solche Konstruktionen auf den AH angewendet werden, wird man diese Achse unweigerlich entweder in der theologischen Rede des Mädchens an ihre Eltern sehen oder in deren Erkenntnis, daß diese Rede vom Hl. Geist inspiriert ist. Dieser Moment ist tatsächlich ein Wendepunkt in der Geschichte; und wir dürfen gewiß unterstellen, daß Hartmann, nicht weniger als anderen Dichtern des MA, daran gelegen war, seinen Werken eine ästhetisch befriedigende proportionale Struktur zu geben, die geeignet war, die erzählerische oder thematische Struktur zu ergänzen (ohne daß jene zwangsläufig mit dieser übereinstimmen müßte). Aber ein Schema, das darauf angewiesen ist, diesem Wendepunkt den gewichtigen Augenblick, in dem Heinrich zum Eingreifen bewogen wird, um den Tod des Mädchens zu verhindern, unterzuordnen, kann mich als Interpretation nicht befriedigen. Es kann nämlich keinen Zweifel daran geben, welcher dieser beiden Momente für das Handlungsgefüge und die Konstruktion von Hartmanns Gedicht der bedeutendere ist.

Heinrich
der vollkommene Ritter

wird vom Aussatz
befallen

Die erste Reise
nach Salerno,
auf der Suche
nach Heilung

Die Wiederkehr

Heinrich:
contritio
confessio
Annahme einer
angebotenen stell-
vertretenden
satisfactio

diu maget:

ergreift die
Gelegenheit, eine
Märtyrerkrone
zu gewinnen

Die zweite Reise
nach Salerno im
Glauben, das Heil-
mittel sei gefunden

MOMENT
DER
EINSICHT

Das Mädchen wird
gezwungen, ihren Ver-
such aufzugeben, und
muß die Werte dieser
Welt bejahen.

contritio
confessio
satisfactio
Heinrich gibt den
Versuch auf, in
diesem Leben Er-
lösung (= Hei-
lung) zu finden.

Vollständige Hingabe
beider
an Gottes Heilplan

Die Wiederkehr

Die Heilung

Heinrich
wird wieder ins Glück
gesetzt, mit einer Voll-
kommenheit, die ihm
früher abging.

Mädchens zu ermöglichen. Hier bringt die Legende ein Motiv ein, mit dem das Märchen fortgeführt werden kann. Aber das Märchen erzählt dann, wie das Mädchen die Bedingung für Heinrichs Erlösung erfüllt, und trägt damit den Akt der *satisfactio* bei, mit dem die Legende weitergeführt werden kann. Beide Gattungen leisten einen Beitrag zu der jeweils anderen. Zwar unterliegen alle Analogien Einschränkungen, aber statt uns vorzustellen, daß hier zwei Gattungen ineinander verfugt wurden, könnten wir auch daran denken, wie zwei Säulen zusammen einen Bogen abstützen. Wie das ›Büchlein‹, das Züge der *complainct,* des *débats* und des Liebes-Traktats kombiniert, stellt der ›Arme Heinrich‹ eine Art Experiment mit verschiedenen Gattungen dar; in ihm gelingt, wie wir noch sehen werden, eine beachtliche Verschmelzung von Legende und Märchen.

Die Ambivalenz des Themas und der Bilder

Da Hartmanns Gedicht den Charakter eines Gattungsversuches hat, müssen wir eine gewisse Ambivalenz in der Thematik, bei aller Ausgewogenheit zwischen dem Religiösen und dem Erotischen, berücksichtigen. Gleichzeitig müssen wir einigen Bildern, die Hartmann benutzt, eine weit größere Komplexität zubilligen.

Dies gilt besonders für die Symbolik, die mit dem Wort *herze* assoziiert wird. Uns wird berichtet, *der maget herzebluot* sei das einzige Heilmittel für Heinrichs Krankheit, aber nicht, in welcher Weise es verwendet werden sollte. Denkbar und auch aus volkstümlichem Brauch und gelehrter Überlieferung bekannt sind verschiedene Arten. Die äußerliche Anwendung reicht von einem symbolischen Besprengen oder Bestreichen, wie das mosaische Gesetz es vorschreibt [40], bis zum vollständigen Eintauchen in Bäder aus menschlichem Blut, wie Plinius bezeugt [41]. Was die innerliche

[40] Leviticus XIV, 7 und passim.

[41] Plinius, Historia naturalis 26. I. 5: *Aegypti peculiare hoc malum, et cum in reges incidesset populis funebre; quippe in balineis solia temperabantur humano sanguine ad medicinam eam.* Ein ähnlicher Bericht über altägyptische Praktiken ist durch die traditionelle judaistische Inter-

Anwendung betrifft, so lesen wir bei Paracelsus, daß zur Heilung von Aussatz einmal monatlich eine *dosis sanguinis humani* eingenommen werden könnte [42]. Welches dieser vielen Verfahren mögen Hartmann und seine Hörerschaft im Sinn gehabt haben? Ein Vergleich mit der Salbung, die zur Heilung von Iweins Wahnsinn angewendet wurde [43], legt zwar eher den Gedanken an Bestreichen als an Eintauchen nahe, aber Blut zu trinken würde eucharistische Assoziationen für sich haben. Für einen Kritiker unserer Zeit hingegen ist die bedeutsamste Tatsache, daß Hartmann in einer Angelegenheit, die so vielen Deutungen offensteht, sich festzulegen nicht für nötig gehalten oder absichtlich unterlassen hat.

Diese Ambiguität kann durchaus geplant sein. Alle Möglichkeiten, Blut anzuwenden, mögen insofern in der Phantasie zulässig sein, als sie alle für einen bedeutenden Vorgang stehen, der nur durch den Gebrauch solcher Bilder und Typen zugänglich gemacht werden kann. So kann im christlichen Denken das Mysterium des Blutopfers Christi durch eine Analogie aus dem Alten Testament annähernd erkannt werden: das Besprengen oder Bestreichen mit Opferblut als Teil der Rituale der Weihe, der Reinigung und der Sühne [44]. Gleichzeitig lassen christliches Leben und Gottesdienst einem solchen Ritual keinen Raum; denn das hebräische Ritual ist abgelöst worden, und das Opfer, das Christus dargebracht hat, gilt als einmaliger Akt für alle Zeit.[14] Darüber hinaus kann die Analogie das Mysterium nie vollkommen repräsentieren. Die Vorstellung, die eine Hilfe zum Verständnis des Mysteriums anbietet, ist legitim; der Vorgang selber, den sie impliziert — würde er, um das Mysterium sichtbar zu machen, durchgeführt —, wäre es nicht.

pretation von Exodus II, 33 überliefert, s. P. Cassel, Symbolik des Blutes, S. 166 ff. In diesem Werk findet sich eine detaillierte Darstellung traditioneller Überlieferungen, die sich auf die Heilung von Aussatz durch Blut beziehen (S. 159 ff.).

[42] Paracelsus, Paragraphen, lib. 6, cap. 4, zitiert in: P. Cassel, a. a. O., S. 180.

[43] Iwein 3423 ff.

[44] Exodus XXIX, 19—21, zusammen mit Leviticus VIII, 22 ff. und 34 sowie den relevanten Abschnitten in Leviticus XIV.

Und so steht es mit Hartmanns Gedicht. Das Opfer des Mädchens soll ein Mysterium ausdrücken. Das kann nur durch eine Anspielung auf ein älteres Ritual des Blutopfers geschehen, obgleich nicht einmal eine Anspielung dieser Art als voll ausreichend anzusehen ist. Und die konkrete Durchführung eines solchen Rituals würde nur widerwärtig sein und in ihren Einzelheiten irrelevante Assoziationen heraufbeschwören. Alle denkbaren Methoden der Anwendung von Blut sind in der Phantasie zulässig, weil sie alle in der Praxis grundsätzlich unzulässig sind. Alle sind gleichermaßen wahr, weil sie alle, da sie die Fülle des Mysteriums doch nicht fassen, gleichermaßen falsch sind.

Wenn wir akzeptieren, daß das Opfer des Mädchens diesen Anspielungscharakter hat, dann können wir auch sehen, wie es möglich wird, daß sich zahlreiche verschiedene Konzeptionen darum gruppieren können. Das Blutopfer, das von Krankheit heilt, die stellvertretende Sühne, die das einzig vollkommene Sündenopfer ist, werden beide in dieser Symbolik erfaßt. Und dem können wir noch die Überlegung hinzufügen, daß *herze* sich auf das ganze innere Sein bezog und diejenigen Fähigkeiten einschloß, die heute gemeinhin als Intellekt, Vorstellungsvermögen und Emotion gesondert gedacht werden. So opfert also das Mädchen, indem es sein Herz opfert, sich ganz und gar für den Ritter; und für diesen Vorgang, sein Herz hinzugeben, gibt das Vergießen des Herzbluts ein eindrucksvolles und überzeugendes Symbol ab.

Auch der Aussatz hat einen sehr komplexen symbolischen Wert. Er zeigt zunächst den Fall an, der nach dem Hochmut kommt: wer einmal der erste in einer ganzen Gruppe innerhalb der höfischen Gesellschaft war, ist nun unter alle anderen hinabgesunken und sieht sich auf Abhängigkeit von einem freien Bauern verwiesen. Es handelt sich hier aber nicht nur um eine Strafe für Hochmut. Der Aussatz demonstriert, auch als Faktum ganz ohne ethische Untertöne, die ephemere Natur weltlicher Vollkommenheit. Und ebenso wie Heinrichs Tugenden exemplarisch waren, ist es jetzt sein Leiden. Er war früher als ganz vollkommen erschienen; deshalb muß seine Verderbtheit jetzt diese drastische Form annehmen, die damit ihrerseits auf die Fragwürdigkeit seiner früheren offenkundigen Vollkommenheit zurückverweist. Um dieses alles deutlich sichtbar zu machen, muß er nun von der gefürchtetsten und widerwärtigsten Krankheit, die man sich vorstellen kann, befallen werden.

Aber sie ist doch auch noch mehr als dies. Sie erweist sich als das Mittel, Heinrich all das einzubringen, was ihm früher abging. Sie setzt seinen Stolz herab, aber das ist nur der unmittelbarste Effekt. Damit er geheilt werden kann, muß er ein Mädchen finden, das willens ist, sich für ihn zu opfern. Aber weil er die Krankheit hat, findet er dieses Mädchen tatsächlich. Seine vermeintliche Vollkommenheit trug schon den Keim ihrer Vernichtung in sich. Aber gleichermaßen ist sein gegenwärtiges scheinbares Herausfallen aus der Gnade das eigentliche Mittel seiner Erlösung.

Widrigkeiten dieser Art — der reiche Mann wird arm, oder der Edelmann sinkt auf einen niedrigen Status ab — wurde (damals wie immer) zugeschrieben, daß sie dem geistlichen Wohl förderlich sein könnten. *Felix est confusio,* schrieb der Autor eines ›Liber de poenitentia‹ aus dem 12. Jahrhundert, . . . *quae homini causa salutis est*[45]. Aber der Geistliche, der diese Worte schrieb und der darauf bestand, daß eine solche *confusio* in rechter Weise genutzt werden müsse[46], wird dabei wenig mehr im Sinn gehabt haben als eine religiös gefärbte Version vom Satz Francis Bacons: „Adversity doth best discover virtue"[47], oder als die Lehre, die der Apostel predigt, wenn er sagt, der reiche Bruder solle auf seine Erniedrigung stolz sein, weil diejenigen, die sich bewähren, die „Krone des Lebens" erringen werden.[48]

Mindestens dies können wir bei Hartmann auch erkennen. Die Lehre des ›Jakobus-Briefes‹ wird sicherlich in seiner Erzählung bestätigt, und Teile des berühmten Abschnittes über die Unbeständigkeit der Welt klingen wie ein Echo auf die Verse der Epistel[49]. Aber wir können daneben noch etwas anderes erkennen, das den

[45] Insignis Liber de Poenitentia et tentationibus religiosorum, Cap. IV, Migne, Patrologia Latina 213, 868 D, zitiert in A. Schönbach, Untersuchungen, S. 155 ff.

[46] *hi, qui hac confusione recte utuntur:* ebd.

[47] Essays, V: "Of Adversity".

[48] Jak. I, 9 ff.

[49] Vgl. bes. AH 110 mit Jak. I, 11.

Worten jenes Geistlichen aus dem 12. Jahrhundert einen besonderen Unterton verleiht, der zu bestimmten Assoziationen führt. Heinrichs Ungemach ist in eben dem Sinn eine *felix confusio* wie Adams Sünde eine *felix culpa* ist. Sie ist die „notwendige“ (obwohl gewiß nicht „ausreichende“) Grundlage für das spätere Werk der Erlösung [50].

Die Vorstellung von der *felix culpa* gilt auch an anderer Stelle in Hartmanns Werk. Als Gregorius seine Mutter heiratet, erneuert er die Sünde des Inzests, die seine Eltern bereits begangen haben, und belädt sich selbst damit. Aber Gott selber — in seiner Vorsehung? — scheint ihn nicht nur in diese Versuchung, sondern auch in die tatsächliche Sünde zu führen [51], und wenn die Erlösung der Eltern (ebenso wie die des Gregorius) im göttlichen Heilsplan beschlossen war, dann scheint dies ein notwendiger Schritt gewesen zu sein. Denn Gregorius kann die Absolution, deren seine Mutter bedarf, nur erteilen, weil er Papst ist; und Papst zu sein verdient er nur, weil die extreme Buße, die er sich auferlegt hat, mit seiner Erwählung, dem Zeichen der höchsten Gnade, die auf Erden erreichbar ist, belohnt wurde. Dieser Buße aber mußte er sich nur unterziehen, weil er die Sünde seiner Eltern erneuert und vertieft hatte.

Wir können auch sehen, daß Heinrichs volle Erlösung — seine Heilung und seine Ehe — nur mit der besonderen Form, in die seine Erniedrigung gefaßt ist, möglich wird. Und insofern als er diese im Geist der Buße erfährt, als Strafe für eine Sünde, ist diese Sünde ihrerseits notwendig für die besondere Form seiner Erlösung. Sowohl die Sünde als auch die Erlösung, *culpa* und *confusio*, können gleichermaßen für *felix* gehalten werden, wenn erst einmal das Werk der Erlösung in seiner Vollendung erkannt worden ist.

[50] Vgl. den Wortlaut der Karsamstag-Sequenz *Exsultet iam angelica turba caelorum:*

O certe necessarium *Adae peccatum,*
quod Christi morte *deletum est!*
O felix culpa,
quae talem ac tantum meruit *habere Redemptorem!*

[51] Hinweise auf die führende Hand Gottes finden sich mehrfach, besonders Gregorius 1825 ff. (hier wieder bes. 1831 ff.).

Der Aussatz im ›Armen Heinrich‹ ist ein Extrem von Verderbtheit, das Heinrichs frühere scheinbare Vollkommenheit kontrastiert und kompensiert; eine Strafe Gottes, das Zeichen eines Sündenfalles (und nach mittelalterlichem Denken die angemessenste Strafe für Hochmut)[52]; nichtsdestoweniger ist er auch ein wesentliches Moment, ja das eigentliche Instrument zu seiner Errettung. Also ist er — auch wenn man ihn als Akt Gottes betrachtet — ambivalent in dem Sinn, daß alle Urteile Gottes sowohl Strafe als auch Liebe einschließen. Aber der Aussatz hat auch einen nicht-theologischen Aspekt. Er kann einfach als Extrem von Widerwärtigkeit angesehen werden, der andere mit einem solchen Abscheu erfüllt, daß die meisten ihn nie vollständig überwinden werden. Andererseits gibt es das Versprechen, selbst wenn es sehr unglaubwürdig klingt, daß er zu überwinden, daß der böse Zauber zu brechen ist, und zwar durch menschliches Wirken. Heinrich wird also die Märchenrolle des Ungeheuers, und dem Mädchen als seiner Gegenspielerin wird die entsprechende Märchenrolle der Schönen zugewiesen.

Denn die Deutung des Opfers des Mädchens ist ähnlich komplex. Wenn Heinrichs Aussatz eine Strafe ist, ein Zeichen dafür, daß er aus dem Gnadenstand herausgefallen ist, dann ist ihr Opfer ein Akt stellvertretender Wiedergutmachung. Aber ihr Handeln fügt sich ebensogut in das dem Märchen eigene Motiv der „bedingten Erlösung“. Der Zauber kann nur gebrochen werden, wenn jemand kommt — es gehört dazu, daß es dafür gerade eine Person gibt, es gehört aber auch das implizite Versprechen dazu, daß sich eben diese Person auch finden wird —, um Schneewittchen oder Dornröschen zu wecken, um den Flammenwall zu durchdringen und die schlafende Sigrdrifa oder Brünnhilde zu wecken oder um das Ungeheuer zu lieben und sich ihm ganz zu ergeben.

Der Märchenkomplex ›La belle et la bête‹, der Erwachsenen heute vielleicht am ehesten durch Jean Cocteaus sensible Filmfassung vertraut ist[52a], hat in der europäischen Tradition eine bedeutende Rolle gespielt. Dieser Artikel ist allerdings nicht der geeignete Ort

[52] Vgl. P. Cassel, a. a. O., S. 166.

[52a] [Im deutschen Filmverleih unter dem Titel „Es war einmal“ vertrieben; vgl. ferner J. Cocteau, La Belle et la Bête. Journal d’un film.

für eine vergleichende Motivstudie zwischen verschiedenen Fassungen des Märchens und Hartmanns quasi-Legende oder für einen Vergleich mit der quasi-philosophischen Erzählung von Eros und Psyche. Und ganz gewiß ist dies nicht der Ort, wo der Versuch, historische Verbindungen zwischen alledem herzustellen, angebracht wäre. Wir wollen hier nur die grundlegende Ähnlichkeit des Themas bemerken: die Begegnung mit dem Geliebten und den Kampf, der das Erkennen und das Anerkennen des Geliebten begleitet. Das sollte hinreichend klarmachen, daß die eheliche Verbindung der einzig mögliche Ausgang im ›Armen Heinrich‹ ist. Das Mädchen, das willens ist, die Bedingung für Heinrichs Erlösung zu erfüllen, ist schon so in sein Leben eingebunden, daß sie der einzig mögliche Partner für ihn ist, und in dem Augenblick, in dem er seinerseits ein Opfer für sie bringt, wird die Beziehung so, daß beide sie in gleichem Maße tragen.

Die Stellung des Gedichts in Hartmanns Werk

Die religiöse Legende von Reue und Vergebung ist also untrennbar mit einer Liebesgeschichte verknüpft, die sich als klassischer Märchentyp der erotischen Entdeckung durch das Handlungsschema der bedingten Erlösung herausstellt. Man könnte sogar argumentieren, das erotische Märchen-Element sei das primäre gewesen, da ja der Anblick der nackten Schönheit des Mädchens den Angelpunkt in der Struktur der Erzählung bildet und die Symbolik des Herzens das Grundmuster für die Bilder abgibt. Sogar das Aussatzmotiv spielt in der Liebesgeschichte eine Rolle, weil es nicht nur eine religiöse Bedeutung hat, sondern auch für eine extreme physische Widerwärtigkeit steht. Und das Muster für Heinrichs Erlösung muß seine Ehe mit dem Mädchen eindeutig einschließen, die — wenn man von der Wortwahl der abschließenden Passagen aus-

Paris, Janin, 1964. Der Film fußt auf der Erzählung der Jeanne-Marie Le Prince de Beaumont (1711—80), aus deren 1757 erschienenem Werk ›Le magasin des enfants‹.]

geht — Gott ebenso wohlgefällig erschienen sein muß wie den Menschen.

Diesen inneren Argumenten wäre ein äußeres hinzuzufügen. Die Forschung hat die Tatsache aufgehellt, daß — trotz der Versicherung *nu ist sî frî als ich dâ bin*[53] — die Ehre zwischen dem *adelvrîen* Heinrich und der Tochter eines *frîen bûmannes* gesellschaftlich eine Mésalliance war. Es ist sogar darauf hingewiesen worden, daß ein Gedicht, das eine solche „Standesminderung" erzählt, wohl kaum mit Blick auf die Familie von Hartmanns Lehnsherrn komponiert werden konnte, sondern eher auf einen von Hartmanns Vorfahren bezogen werden sollte, der diese gesellschaftliche Erniedrigung, wennschon aus zugegebenermaßen bewundernswerten Gründen, über die Familie gebracht habe[54].

Nun möchten wir keineswegs so weit gehen zu behaupten, daß Hartmann eine religiöse Begründung heranzog, um eine einfache *apologia pro genealogia sua* zu schreiben, aber solche Erwägungen unterstreichen doch die Tatsache, daß die Abrundung einer religiösen Erzählung so ohne weiteres durch eine Art *happy end*, das zu einer Mésalliance führt, für Hartmanns Zuhörer eine unnötige Provokation gewesen wäre. Schließlich wollte Hartmann durchaus *den liuten sich gelieben*, und er war außerdem um ihre Fürbitte bemüht. Das soziale Problem ist so groß, daß die Konstruktion von poetischem Unvermögen, wenn nicht gar von Geschmacklosigkeit zeugte, wenn es bloß beiläufig an dem Punkt eingeführt würde, wo man eigentlich alle Probleme gelöst wissen möchte.

Diese Eheschließung ist damit so problematisch, daß man ihr kaum eine einfach sekundäre Rolle zusprechen kann. Andererseits würde es ganz legitim sein, sie, wennschon als Mésalliance, so doch als Punkt von zentralem Interesse anzusehen, die dann in einen von religiösen Rücksichten geprägten Kontext eingebettet ist, der ihre Motivation erläutert. Es ist für Heinrich recht und billig, unter seinem Stand zu heiraten, weil die Gesamtsituation religiöse Fak-

[53] AH 1497.

[54] H. Beyerle, Der Arme Heinrich Hartmanns von Aue als Zeugnis mittelalterlichen Ständerechts, Kunst und Recht (Festgabe für Hans Fehr), S. 29—46.

toren enthält, die von einem Ordnungsgefüge innerhalb der menschlichen Gesellschaft nicht gedeckt werden.

Einen wesentlichen Widerspruch zwischen den religiösen und den erotischen Intentionen in Hartmanns Gedicht gibt es nicht. Zwar war das Problem der *analogia entis* und *analogia antithetica* zwischen menschlicher Liebe und der Liebe, die Menschen für Gott empfinden sollten, für einige mittelalterliche Dichter ein wesentliches Thema. So kann Gottfrieds ›Tristan‹ ganz einleuchtend als „Minnelegende" interpretiert werden [55], als ob die Ansprüche der *vrouwe Minne* an ihre Erwählten ebenso bindend wären wie die Gottes an seine Auserwählten — im gleichen Maße, in der gleichen Art und aus denselben Gründen. Jedoch zieht sich durch das ganze Werk auch das Problem, daß die Ansprüche der Liebe den Ansprüchen Gottes zwar analog, aber ihnen im übrigen diametral entgegengesetzt sind. Tristan nimmt als Lohn nicht *êwigez leben* entgegen, sondern zahlt ein *eweclîchez sterben* [56] als Preis. Die Ambiguität in Morungens Gebrauch des Wortes (und der Idee von) *sünde* ist ebenfalls charakteristisch. In ein und demselben Gedicht kann er sagen

Swer mir des erban, ob ich si minne tougen,
sêt, der sündet sich,

und

Wê was rede ich? jâ ist mîn geloube boese
und ist wider got [57].

Obgleich wir eher dazu neigen, die heidnischen und irreligiösen Aspekte höfischer Liebe zu bemerken, sollten wir nicht vergessen, daß sie innerhalb einer vom Christentum geprägten Kultur entstand und viele Momente enthält, die in der christlichen Überlieferung von zentraler Bedeutung sind. Die Schlüsselwörter „Erkenntnis", „Liebe" und „Dienst", die man aus einem sehr alten

[55] H. de Boor, Die Grundauffassung von Gottfrieds ›Tristan‹, DVjs. 18, bes. S. 274 ff.

[56] Gottfried v. Straßburg, Tristan 12508.

[57] MSF 138, 25 f., 139, 11 f.

christlichen Gebet ableiten kann[58], sind auch im *minnedienst* Schlüsselwörter, besonders weil ein gewisser Verweis auf intellektuelles Vermögen dem ursprünglichen Wortinhalt von *minne* eigen war[59]. Gedichte zu Ehren der Jungfrau Maria, die ganz ohne Scham sexuelle Bilder gebrauchen, die zum Teil der Bibel entlehnt sind (z. B. *Ezechîêles porte*)[60], bilden einen festen Kanon innerhalb der mittelalterlichen literarischen Tradition. Und dann gab es ja auch das ›Lied der Lieder‹. Natürlich wurde es stets so kommentiert, daß auch ein Hauch bloßer Sexualität vermieden wurde. Und es gab *exempla*, die vor dem verderblichen Schicksal derer warnten, die diese geistlich inspirierten Worte in fleischlichem Sinn mißdeuteten, die das *verbum spiritualis amoris carnali et immundo amori*[61] verbanden und so die Liebe Christi zur Kirche in diesen Liedern des Liebenden an seine Braut zu entdecken verfehlten. Die Tatsache an sich jedoch, daß es solche *exempla* gab, legt nahe, daß besonders die Geistlichen sich der unmittelbar erotischen Bedeutung dieses Buches nur allzu bewußt waren — wie anderer Teile der Bibel auch; denn das Christentum hat aus der hebräischen Über-

[58] "O Thou who art the light of the minds that know thee,
the life of the souls that love thee,
and the strength of the wills that serve thee:
Help us so to know thee that we may truly love thee,
so to love thee that we may fully serve thee,
whom to serve is perfect freedom;
through Jesus Christ our Lord."

vgl. E. Milner-White und G. W. Briggs (Hrsg.), Daily Prayer, S. 28.

[59] Ein besonders eindrucksvolles Beispiel für die ambivalente Referenz von *minne* findet sich in Notkers Übertragung von Martianus Capella, par. 47: „*Alter suauis et comis.* Ter ánder uuás mámmende únde minnesám. Uuáz íst húgelichera únde minnesámera uuîne?" Das Wort *hugelich*, mit dem *minnesam* hier zusammen steht, hängt mit einem Verb, das auf Intellekt hinweist, zusammen: ahd. *huggen.* Für das lat. Adj. *comis,* das hier mit *minnesam* wiedergegeben ist, geben Lewis und Short die Bedeutungen "courteous, affable, kind, obliging, friendly, loving" an.

[60] Z. B. in Walthers Leich, 4, 6; vgl. Hesekiel XLIV, 1—3.

[61] „De clerico, qui verba Scripturarum in epistula amatoria scripsit", in J. Klapper, Exempla aus Handschriften des Mittelalters, Nr. 67.

lieferung ein sehr beachtliches literarisches Erbe übernommen, in dem Liebe — in menschlichen Begriffen geschildert — als Analogie zu Gottes Beziehungen mit seinem Volk Israel (und demzufolge als Analogie zu Christi Beziehungen zu dem geistlichen Israel, der Kirche) [62] gebraucht wird. Es gibt darin eine äußere erotische und direkt sexuelle Bedeutung und eine innere geistliche Bedeutung, und dieser Unterschied konnte zweifellos sehr scharf empfunden werden.

Aber welche Rolle all dies für eine fein gebildete, wenngleich zölibatäre Geistlichkeit auch immer gespielt haben mag, und wie sehr sich die scholastische Philosophie auch gedreht und gewendet hat, um zu beweisen, daß sexueller Genuß sogar innerhalb der Ehe Teil der Strafe für den Sündenfall sei[63], so kann es doch keinen Zweifel daran geben, daß für die Mehrheit der Menschen die Ehe nicht nur Teil der sozialen Ordnung war, sondern auch göttlichen Segen genoß. Um zu sehen, wie man dazu kommen konnte, brauchen wir uns nur auf die Genesis zu beziehen;[64] damit erklärt sich auch, wieso Heinrichs Selbstgenügsamkeit zu seinem Hochmut und zum Vergessen Gottes führt; er war, was ihm nicht guttun konnte, allein und niemals gezwungen, seine Abhängigkeit von Gott anzuerkennen oder auch anzuerkennen, daß er der besonderen Eigenschaften der *triuwe* und *bärmde* in einer anderen Person bedurfte.

Natürlich fügt sich ein ausschließlich religiöses Gedicht weit besser in das Standardmuster ein, das wir für die relative Chronologie von Hartmanns Werken uns zu denken angewöhnt haben. Wir haben zunächst eine Periode jugendlicher Weltfreudigkeit, die sich im ›Büchlein‹, im ›Erec‹ und vielen seiner lyrischen Gedichte ausdrückt. Dann soll der Tod seines sehr geliebten Lehnsherrn eine religiöse Krise ausgelöst haben, die sich in einigen Stücken seiner Lyrik spiegelt und zur Komposition jenes speziell legendären Werkes, des ›Gregorius‹, führt. Danach kommt der ›Arme Heinrich‹,

[62] Siehe W. G. Cole, Sex and Love in the Bible, bes. Kap. 1 und 2.

[63] Vgl. C. S. Lewis, Allegory of Love, S. 14 ff.

[64] Gen. II, 24 zusammen mit Querverweisen des NT: Matth. XIX, 5, Mark. X, 7—8, und Eph. V, 28—33, wo eine Analogie zwischen der Ehe und der Beziehung Christi zu seiner Kirche hergestellt wird.

der, soviel weniger am Jenseits orientiert als ›Gregorius‹, die Rückkehr zu einer positiveren Weltbetrachtung signalisiert. Mit dem ›Iwein‹, dem krönenden Schlußstein für den Dichter Hartmann, schließt sich dann der Kreis erzählender Gedichte, die mit ›Erec‹ begannen, zu einem vollkommenen Rund. Diese relative Chronologie ist mittels subtiler stilistischer Argumente zu stützen, die eine beständige Entwicklung in der Reinheit des Stils vom ›Büchlein‹ bis zu ›Iwein‹ aufspüren.[65]

Wenngleich ein solches Schema befriedigend sein mag, so konstituiert es doch keineswegs eine angemessene literarische Biographie. Gleichzeitig beruht das Schema auf Daten, deren historische und biographische Zuverlässigkeit außerordentlich fragwürdig ist, wenn sie nicht aufgrund dokumentarischer Quellen oder unzweideutiger Anspielungen überprüft werden können — und beides fehlt auffälligerweise für Hartmann. Es ist außerordentlich schwierig gewesen, sein „Ouwe" zu identifizieren, ganz zu schweigen von seinem Lehnsherrn, dessen Tod, auf eine sehr enge Freundschaft folgend, eine so tiefe religiöse Krise heraufbeschworen haben soll — nur dürfte weithin konzediert werden, der Abt von Reichenau könne für diese Rolle nicht als tauglicher Kandidat in Anspruch genommen werden. Darüber hinaus ist die kluge und subtile Gelehrtheit, die zu einer stilistischen Analyse gehört, in sich dennoch der Subjektivität verdächtig, und die Zuverlässigkeit der stilistischen Analyse kann außerdem nie größer sein als die des Textes, auf dem sie beruht. Diese Verläßlichkeit ist beim ›Armen Heinrich‹ kaum gegeben. Die Handschriften sind korrupt, die anerkannten Textausgaben können nichts besseres als interpolierte Texte sein, und der Prozeß der Interpolation schließt notwendigerweise einigen Eklektizismus ein.[66] Höchstwahrscheinlich sind der ›Arme

[65] Die stilistischen Argumente beruhen im wesentlichen auf den Arbeiten von K. Zwierzina und A. Schirokauer, s. „Verfasserlexikon", Nachträge, Sp. 324 ff.

[66] Siehe J. Knight Bostock, a. a. O., S. XXXII und vgl. den Kommentar von Fr. Neumann in „Verfasserlexikon", Nachträge, Sp. 328: „Die Überlieferung (ist) nicht nur ausgesprochen schlecht, sondern auch nicht reich."

Heinrich‹ und ›Iwein‹ Hartmanns reifste Werke — aber die zeitliche Abfolge ihres Entstehens gegeneinander abzuwägen, ist eine andere Sache; und kompetente Gelehrte haben sich so weit gegen die *communis opinio* gestellt, daß sie vermutet haben, der ›Arme Heinrich‹ könne später als der ›Iwein‹ entstanden sein.[67]

Wie dem auch sei: die allgemein akzeptierte Chronologie, die sich auf indirekte Argumente gründet, kann kaum gegen eine Interpretation herangezogen werden, die sich auf die Erzählung selbst stützt. Und wenn diese Interpretation dazu führt, daß wir unser säuberlich geordnetes Verständnis von Hartmanns Leben und Werk wieder in den Schmelztiegel zurückwerfen, dann werden wir damit wenigstens ehrlich zugeben, daß wir über Hartmanns Leben so gut wie nichts wissen und daß sogar seine dichterische Persönlichkeit sich unvermeidlich unserem Zugriff entzieht.

Eine Liebesgeschichte ist außerdem für Hartmann insgesamt typischer. Sogar im ›Gregorius‹ ist die *minne* ein zentrales Problem.[68] Und der Tatsache, daß *minne* in seinem am meisten religiös bestimmten Werk auch in ihrer problematischsten Erscheinung, sündig und unnatürlich, im Widerspruch zu göttlichem und menschlichem Gesetz erscheint, kommt besondere Bedeutung zu. Aber selbst diese überaus sündige *minne* kann in den Plan einer Erlösung einbezogen werden und eine gewisse Vollendung erfahren. Gregorius bleibt, auch nachdem er die härteste Buße auf sich genommen hat, in einem Akt der Sünde der Gezeugte und in einem anderen der Partner, und eben wegen dieser Verstrickung ist er derjenige, der um so geeigneter ist, seiner Frau und Mutter Absolution zu erteilen.

In dem übrigen Erzählwerk Hartmanns wird das Problem der Liebe im Rahmen gesellschaftlicher Verpflichtung gesehen: das Ri-

[67] Diese Fragen erörtert Fr. Neumann in der Einleitung zu seiner Ausgabe des ›Gregorius‹ (Deutsche Klassiker des MA's, N. F. 2), S. 14 ff. A. Schirokauer hat erwogen, der AH könne während einer Unterbrechung der Arbeit am ›Iwein‹ geschrieben worden sein, s. ZfdA. 83, S. 60 ff.

[68] Siehe Hugo Kuhns „Nachwort" („Der gute Sünder — der Erwählte?") zu Hartmann von Aue, Gregorius, der gute Sünder, übersetzt von B. Kippenberg, bes. S. 260 ff.

siko liegt entweder im *verligen durch sîn wîp* oder im Vernachlässigen der Ansprüche des Partners zugunsten der Verhaltensweisen, denen die Gesellschaft Beifall zollt. Es ist bemerkenswert, daß für Hartmann als Erzähler das Problem der Liebe im allgemeinen ein Problem der Ehe ist. Nur beim ›Gregorius‹ könnte man sagen, die Ehe zwischen Gregorius und seiner Mutter sei ein bloß zufälliger Bestandteil der Sünde, die er begeht, und mindere die Sünde durchaus nicht. Aber das ist nur für die besonders problematische Art der Liebe in einem so eindringlich religiösen Werk charakteristisch. Im ›Erec‹ und im ›Iwein‹ wird eindeutig die Liebe in der Ehe problematisiert, und im ›Armen Heinrich‹ ist, wie wir gesehen haben, die Ehe der einzig angemessene Ausgang.

Wenn man den ›Armen Heinrich‹ so ansieht, nimmt er einen festen Platz in einer Reihe erzählender Werke ein, in denen verschiedene Gattungen als Quellen und unterschiedliche literarische Kunstgriffe herangezogen werden, um verschiedene Aspekte eines zentralen Problems zu erarbeiten: wie *minne* mit den religiösen und gesellschaftlichen Faktoren, die die Menschen verpflichten, zu vereinbaren ist.

Wirkendes Wort 13, 1963, S. 277—288.

STUDIEN ZUM SYMBOLISCHEN IN HARTMANNS ›EREC‹

Erecs ritterliche Erhöhung

Von PETRUS W. TAX

Hans Eggers gewidmet

In einem früheren der Symbolik in Hartmanns ›Erec‹ gewidmeten Aufsatz [1] habe ich versucht aufzuzeigen, wie sehr der deutsche Dichter mit seiner berühmten Schilderung von Enites Pferd gerade Sinnbildliches zum Ausdruck bringen wollte; so aufgefaßt, stellt diese Szene eine symbolische Erhöhung und Krönung der Heldin dar, wobei in oft typologischer Sicht Enites neuer Status der endgültigen Vollkommenheit und Läuterung mit entschieden religiösen Akzentsetzungen herausgearbeitet erscheint. Diese „Krönung" aber markiert bei Hartmann zugleich den Abschluß und Gipfel der Liebes- und Ehehandlung. Für Enite gibt es keine Höherentwicklung mehr, sie ist ein *wip unwandelbaere* (6791), *des wunsches kint* (8935).

I

Wie schon die Tatsache, daß die Geschichte überhaupt fortgesetzt wird, lehrt, ist für Erec selbst der Weg noch nicht zu Ende. Zwar hat sich nach dem Abenteuer auf Schloß Limors auch für ihn als Liebenden und Ehegatten das Problem seiner Liebe zu Enite gelöst, aber damit ist offenbar sein spezifisch r i t t e r l i c h e r Entwicklungsgang noch nicht vollendet. Gerade diese Tatsache, die

[1] Vgl. Verf., Studien zum Symbolischen in Hartmanns ›Erec‹. Enites Pferd. ZfdPh 82 (1963) S. 29—44.

Fortsetzung von Erecs Weg als Ritter, stellt Hartmann im Gegensatz zu Chrétien ausdrücklich als Lenkung Gottes hin. Nach der Limors-Episode nämlich sucht Erec seine *rosse*, findet sie aber nicht (6694). Der Dichter selbst bittet:

6698 *nu müeze, got gesenden*
disen ellenden,
Erecke und Eniten,
ros da si ufe riten.

Zu Fuß verläßt Erec an der Seite seiner Gattin[2] eilends die Burg,

6709 *da wart ime vor*
sin *ros engegen braht, ...*

und etwas später bemerkt der Dichter zu diesem „Zufall“:

6726 *ez vuocte et gotes wille.*

Während sich also Enites Pferd hier nicht mehr einstellt — sie wird dafür auf dem Schloß des Guivreiz ein anderes erhalten —,[3] bekommt Erec durch Gottes Fügung sein eigenes Roß wieder,[4] ein sinnfälliges Symbol dafür, daß seine ritterliche *aventiure* ununterbrochen weitergehen soll. Von hier aus werden die Worte des Dichters klar, mit denen er das Auftauchen von Erecs Roß kommentiert:

6713 *alse doch sin* ***saelikeit***
vollecliche *dar an schein.*

Erecs weiteres Schicksal ist ein spezifisch ritterliches, das, vom Glück begleitet, zum höchsten Glück führen wird.

II

Schon aus dem Vorhergehenden wurde deutlich, weshalb Hartmann selbst das Geschehen der Limors-Episode als *wunder* be-

[2] Sie geht jetzt rechts von ihm; dadurch muß Erec seinen Speer in der linken statt in der rechten Hand tragen — was Hartmann eigens notiert.

[3] Siehe dazu die in Anm. 1 genannte Arbeit.

[4] Erecs Roß ist gerade *ze wazzer* geführt, also getränkt worden; dieser Zug ist gegenüber Chrétien ein Zusatz Hartmanns.

zeichnet.[5] Aber dieses religiös gefärbte Wort bezieht sich gewiß auch auf das Hauptereignis zurück, das auf Schloß Limors erfolgte: Erecs Auferweckung vom Tode.

Als letzter hat H. B. Willson,[6] indem er Gedanken Hugo Kuhns weiterführte, den Charakter der „Neugeburt“ Erecs auf Schloß Limors, seine „resurrection“ vom Tode, überzeugend aufgewiesen: “The fact must be accepted that ‘symbolically’ Erec dies and afterwards is alive again. Symbolically, his new life is the result of a miracle; it is far removed from the everyday sphere of natural phenomena.” Willsons weitere Ausführungen sind freilich insofern zu modifizieren, als hier unmittelbar nicht von Christus-Symbolik die Rede sein kann. Denn die von Willson[7] angeführten Worte Hartmanns:

6669 *nu sprechet, swa ein toter man,*
mit bluotigen wunden,
gerewet, in gewunden
houbet unde hende,
vüeze an einem gebende, . . .

bieten auffälligerweise eine fast buchstäbliche Übersetzung der Bibelworte, mit denen die Auferweckung des Lazarus geschildert wird, nicht aber, wie es Willsons Auffassung erfordern würde, eine Übertragung der Stelle, an der die Bestattung (und Auferstehung) Christi erzählt wird. Man vergleiche:

Lazarus: Jo 11, 44: *Et statim prodiit qui fuerat mortuus, ligatus pedes et manus institis, et facies illius sudario erat ligata.*

Christus: Jo 19, 40 (vgl. Mt 27, 59 f.; Mk 15, 46; Lk 23, 53): *Acceperunt ergo corpus Jesu, et ligaverunt illud linteis cum aromatibus . . .*[8]

Für den mittelalterlichen Leser, der Hartmanns Zitat als solches verstand, mußte es also deutlich sein, daß der Dichter hier nicht die

[5] 6814. Eine solche Bezeichnung fehlt bei Chrétien.

[6] Sin and Redemption in Hartmann's Erec. The Germanic Review 33 (1955), 5—14, bes. 8 f.

[7] Ebd., 9.

[8] Den Hinweis auf die Lazarus-Stelle verdanke ich Herrn stud. phil. Peter Matt gelegentlich einer dem ›Erec‹ gewidmeten Übung an der Universität des Saarlandes, WS 1960/61.

Auferstehung Christi, sondern vielmehr die Auferweckung des Lazarus vergegenwärtigt und diese analogisch auf Erec anwendet.[9]

Wie wirkt sich dieses *wunder* in Erec selbst aus? Zunächst auf dem Gebiet der Liebe bei der Versöhnung (6760 ff.): Hartmann weicht gerade dadurch besonders von Chrétien ab, daß Erec bei ihm jetzt plötzlich einerseits Enites Vortrefflichkeit *(triuwe unde staete)* einsieht und andererseits eben deshalb sie reumütig um Verzeihung bittet und ihr Besserung verspricht. Was sich schon hier andeutet, Erecs plötzliche, mit seiner „Neugeburt" verbundene geistige Verwandlung und Erleuchtung, zeigt sich noch unverkennbarer, nachdem Erec bei der zweiten Begegnung mit Guivreiz diesmal von diesem besiegt worden ist. Zunächst beteuert er dem kleinen Ritter, daß dieser an ihm durch das ihm zugefügte *ungemach* nicht *missetan* habe. Dann fährt er fort — Chrétien hat nichts Entsprechendes:

swelh man toerliche tuot,
wirts im gelonet, daz ist guot.
sit daz ich tumber man
ie von tumpheit muot gewan
so grozer unmaze
daz ich vremder straze
eine wolde walten
unde vor behalten
so manegem guoten knehte,
do tatet ir mir rehte.
min buoze wart ze kleine,
do ich alters eine
iuwer aller ere wolde han:
ich solde baz ze buoze stan.

Erec spricht hier als Erleuchteter: er sieht auf einmal seine eigene bisherige *tumpheit* und *groze unmaze* ein, er erkennt, daß er durch sein pausenloses Kämpfen ohne Ausgleich durch Teilnahme am

[9] Es war ein Topos der mittelalterlichen Bibelexegese, daß die Auferweckung des Lazarus die Erlösung des Menschen von den Sünden durch die Gnade Gottes bezeichnet; vgl. B. Smalley, The Study of the Bible in the Middle Ages. Oxford ^{2}1952, 25. Wollte Hartmann durch sein Zitat gerade darauf hindeuten? Der Kontext spricht dafür.

Leben der höfischen Gesellschaft, durch seine überhebliche Selbstisolierung ins genauso zügellose Gegenteil seines früheren *verligen* umgeschlagen war. Aus diesem Grunde konnte seine „ritterliche" Verwundung — Guivreiz hatte sie ihm ja im ersten Kampf beigebracht — nicht heilen, d. h., Erec blieb mit seiner Wunde behaftet, ein sinnfälliges Symbol für die Verkehrtheit seiner ritterlichen Existenz. Im Rückblick aber versteht der Neugeborene das *ungemach,* das mit seinem bisherigen ehrgeizigen Treiben verbunden war, als *buoze,* und er ist sogar bereit, noch mehr zu büßen.

Aus dieser ganzen Stelle erhellt nicht nur Erecs *conversio,* sondern sie gibt im voraus auch eine gewisse Begründung für die weitere Haltung des Helden, die ja, so stark abweichend von Chrétiens Auffassung, besonders von nun an religiös geprägt ist.

Nach dieser Verwandlung Erecs ist es nicht verwunderlich, daß der Dichter wieder mit einem religiösen Bild[10] — auch hier findet sich bei Chrétien nichts Derartiges — die Rettung des „schiffbrüchigen" Erec zum Ausdruck bringt (vgl. 7060 ff.):

nu hete in an der genaden sant
uz kumbers ünden gesant
got und sin vrümekeit, ...

Was diese *genade* bedeutet, ergibt sich schon hier aus einem neuen Motiv: *vol vroelichen* (7076). Wir werden sehen, daß es — neben anderen Ausdrucksformen der *vita nova* Erecs — nur bei Hartmann von nun an stets aufs neue begegnet.[11]

[10] Vgl. dazu Anton E. Schönbach, Über Hartmann von Aue. Graz 1894, 14.

[11] *Gaudium* ist eine der „Früchte" des Heiligen Geistes. Diese werden aufgezählt vom Apostel Paulus, Gal 5,22 ff.: *„Fructus autem spiritus est caritas, gaudium, pax, patientia, benignitas, bonitas, longanimitas, mansuetudo, fides, modestia, continentia, castitas ..."*; vgl. ebd., 27: *„Non efficiamur inanis gloriae cupidi, invicem provocantes, invicem invidentes"* mit den oben angeführten Versen 7010 ff. Es würde aufschlußreich sein, die Entwicklung Erecs bei Hartmann im Lichte der zeitgenössischen Lehre vom Heiligen Geist zu untersuchen — wofür hier nicht der Ort ist; vgl. einstweilen Friedrich Ohly, Der Prolog des St. Trudperter Hohenlieds. ZfdA 84 (1952/53), 198—232, besonders 203 ff., 212 ff.

Es ist bedeutsam zu sehen, wie der deutsche Dichter durch seine andersartige Gestaltungsweise zeigt, daß Erec erst, n a c h d e m er sowohl als Liebender wie als Ritter innerlich zur richtigen Erkenntnis seiner „condition humaine" gelangt ist, einerseits mit Enite Tisch und Lager wieder teilt (Erneuerung auch der „körperlichen" Liebe),[12] andererseits zur völligen Genesung seines Körpers kommt (Heilung seiner „ritterlichen" Seitenwunde). Die Wiederherstellung des „geistigen" Menschen geht also — sozusagen als Vorbedingung — der des „leiblichen" voraus.

III

Nach seiner völligen Genesung auf Penefrec, der Burg des Guivreiz, drängt es Erec, weiterzuziehen (7232 ff.): [13] Er will neue ritterliche Abenteuer bestehen, offenbar, um von der höfischen Welt wieder als vollwertiger Ritter anerkannt zu werden. Das zeigt Hartmann nach der Schilderung von Enites Pferd (7788 ff.): Enite, Guivreiz und Erec möchten alsbald zu Artus reiten: [14]

7816 *die rehten straze si vermiten:* [15]
die baz gebuwen si riten.

Sie wollen somit einsamen und gefährlichen Abenteuern bewußt aus dem Wege gehen.

Aber es kommt anders. Erec wird dadurch, daß Guivreiz sich irrte und *zuo der winstern hant* (7906) zeigte, ihm also, wie er meint, den Weg des Unheils gewiesen hat, gerade sein höchstes und schwierigstes Abenteuer, den Mabonagrin-Kampf, bestehen müssen. Es ist eine schöne Ironie des Schicksals, daß jetzt durch Gottes

[12] Sinnbild: Erec und Enite werden zusammen unter e i n e m Baum gebettet (7093 f.).

[13] Vgl. zu dieser Stelle Ernst Scheunemann, Artushof und Abenteuer. Zeichnung höfischen Daseins in Hartmanns Erec. Breslau 1937, 98 f.

[14] Bei Chrétien machen sie sich ohne festes Ziel auf den Weg.

[15] Es zeigt sich später, daß diese *rehte straze* auch die rechte, nicht die linke war (7905 f.).

Fügung Erecs eigene frühere, an Guivreiz gerichtete Worte in Erfüllung gehen werden (7020 ff. — vgl. oben S. 290). Denn diese „bessere Bußfahrt" wird erst eigentlich als Kern und Gipfel das Mabonagrin-Abenteuer enthalten. Bezzola hat in bezug auf Chrétiens Erec hier mit Recht vom „gesuchten Abenteuer", vom „Kampf für die Gemeinschaft" gesprochen.[16] Das trifft für Hartmanns Erec in einem noch umfassenderen Sinne zu. Ist doch der Kampf um *Joie de la curt,* den Erec freiwillig auf sich nimmt, gerade von Hartmann durch seine Einfügung des Abenteuers von den 80 Witwen gleichzeitig zu einem Kampf für die Gemeinschaft aus Nächstenliebe umgestaltet worden.[17] Erec erlöst nicht nur, wie bei Chrétien, Mabonagrin und dessen Geliebte und führt sie aus ihrem *ordo*-widrigen Dasein zur *Vröude* der höfischen Gesellschaft zurück, sondern eben dadurch werden auch die 80 schuldlos gefangenen Frauen aus ihrem Trauerdasein befreit und letztlich erlöst. Bei Hartmann gibt es nur Erlösung, wenn sie in *caritas* und *erbärmde* wurzelt.

Wie gestaltet Hartmann diese Episode und besonders seinen Helden? Die religiöse Prägung Erecs, die wir im vorhergehenden schon aufwiesen, wird durchaus beibehalten, ja noch vertieft. Immer wieder hebt der Dichter vor dem Mabonagrin-Kampf seinen auf Gott vertrauenden Optimismus hervor. Auffällig ist dabei das Motiv des *gaudium,*[18] einer fast übermütigen Hochstimmung. Der Unterschied gegenüber dem früheren Erec, den Hartmann ja als einen schüchternen, fast dumpfen und sturen Charakter angelegt hatte, ist besonders aufschlußreich.

Diese Freudenstimmung äußert sich verschiedentlich. Als Guivreiz ihn eindringlich davor warnt, die Burg Brandigan zu besuchen, ist Erecs in symbolischer Hinsicht eindeutige Reaktion:

8028 *do sprancte der künec Erec*
vil sere lachende uf den wec.

[16] Reto R. Bezzola, Liebe und Abenteuer im höfischen Roman (Chrétien de Troyes). rde 117/118. 1961, 189.

[17] Vgl. Julius Schwietering, Der Wandel des Heldenideals in der epischen Dichtung des 12. Jahrhunderts. ZfdA 64 (1927), 135—144, und Die deutsche Dichtung des Mittelalters. Darmstadt 1957, 155 f.

[18] Siehe oben Anm. 11.

Seine sich anschließenden Worte, ironisch und demütig zugleich, bestätigen nur seine unternehmungslustige Gebärde.

Gegenüber den abergläubischen Gesten und Vorzeichen der ihnen begegnenden Leute erscheint Erec als der unerschütterlich und optimistisch — *vroelichen unde wol* (8120) — auf Gottes Führung Vertrauende, der sich durch ein solches Gebaren nicht irremachen läßt. Diese Szene hat Hartmann auffallend breit ausgemalt (8123 bis 8153), gewiß nicht ohne belehrende Absicht.[19] Am Ende kann Erec sogar nicht umhin, seiner inneren Gesinnung Ausdruck zu verleihen:

8155 *nu reit er zuo und gruozte si*
mit lachendem munde.
nu huop er da ze stunde
ein vil vroelichez liet.

Auf die Leute muß ein solches Verhalten wie Verblendung wirken. Nachdem Erec die 80 trauernden Witwen besucht, voller Mitleid deren Schicksal, über das Guivreiz ihn aufklärt (8324 ff.), beklagt hat, und König Ivreins ihm — nach einer festlichen Mahlzeit — mit einer deutlich sinnbildlichen Gebärde (8390 ff.) die Lebensgefahr, welche dem *Joie-de-la-curt*-Abenteuer notwendig anhaftet, vor Augen geführt hat, heißt es nach einer ausführlichen Erläuterung von Erecs Tapferkeit durch Hartmann doch noch:

8442 *der rede begunde er lachen.*

Es ist dabei zu bedenken, daß Erec von Ivreins in bezug auf den Ritter und das Abenteuer im Zaubergarten nur eine Bestätigung dessen zu hören wünscht, was Guivreiz ihm schon früher mitgeteilt hat (7959—7981; 7998—8025; vgl. 8459 ff.!). Ivreins gibt ihm diese Bestätigung. Dann ergreift Erec das Wort und krönt diese Tafelszene mit einer langen Rede (8520—8575), in der er, feierlich ergriffen, seine Auserwählung durch Gott, gerade dieses Abenteuer bestehen zu dürfen, verkündet und es als *genaediclichiu dinc* bezeichnet, mit so kleinem Einsatz etwas so Großes gewinnen zu

[19] Chrétien hat nichts Entsprechendes. War der Glaube an Vorzeichen damals nur bei deutschen Rittern so stark?

können. Erst hier erscheint auch der Grund seiner unbedingten Bereitschaft, den Kampf mit Mabonagrin aufzunehmen:

8560 *ob mir got der eren gan*
daz ich gesige an disem man,
so wirde ich eren riche.[20]

Ivreins rät Erec, seine Entscheidung noch einmal zu beschlafen, denn das Betreten des Gartens würde für ihn den Tod bedeuten. Dann heißt es:

8589 *‚herre, also got wil'*
sprach der ritter Erec.

Hartmann stellt auf diese Weise knapp, aber wirkungsvoll als Abschluß dieser wichtigen Szene das unentwegte Gottvertrauen Erecs als Ritter heraus: echte Ritterlichkeit und Frömmigkeit sind eins.

Wie sehr Erec ein von innen her neugeformter, ein „geistiger" Ritter geworden ist, zeigt sich bei Hartmann — nicht bei Chrétien — am nächsten Morgen,[21] als Erec sich auf den Kampf vorbereitet. Er ist durchaus nicht ohne Furcht, aber es ist *rehtiu vorhte* (8626), eine aus Weisheit und Tapferkeit entspringende Besorgnis. Hiergegen rüstet er sich — *als die wisen tuont* (8633); er gehört also durchaus zu den *sapientes*! — indem er als erstes die Messe zu Ehren des Heiligen Geistes besucht[22] — *alsam ein ritter* . . . (8643). Danach frühstückt er flüchtig und trinkt *sant Johannes segen* (8652). Erst zum Schluß erfolgt dann die „körperliche" Bewaffnung. Die religiös-geistige Rüstung des inneren Menschen hat also an dieser Stelle ausdrücklich den Vorrang vor der Bewaffnung des äußeren.

[20] Dies ist — auch in der Formulierung — ein prächtiges Beispiel für den richtigen *ere-ordo*!

[21] Nach der *guoten zite* und der *guoten minne* (8615 ff.) der Nacht.

[22] Nach Schönbach (s. Anm. 10), 22 f., handelt es sich um eine sogenannte Votivmesse des Heiligen Geistes, wie sie sich noch heute im ›Missale Romanum‹ findet. Schlägt man hier nach, so findet man mehrere frappante Texte (u. a. Introitus, Oratio, Graduale, Praefatio, Postcommunio), die ein Licht auf die von Chrétien so abweichende Gestaltung

Es ist nun besonders bemerkenswert zu sehen, wie der Dichter diese Szene zahlenkompositorisch aufgebaut hat. Sie besteht aus genau 28 (4 × 7) Versen (8632—8659). Davon sind 14 (7 Verspaare, exakt die Hälfte) dem Besuch der Heiligen-Geist-Messe gewidmet.[23] Dabei bilden die Worte *in des heiligen geistes ere* den 7. Vers dieses Abschnittes. Die folgenden 7 Verse schildern Erecs „Frühstück" — das eigentliche Essen verschmäht er — und den Johannes-Segen. Auch hier stellt der Satz *und tranc sant Johannes segen* den 7. Vers dieses Abschnittes dar. Die letzten 7 Verse schildern dann Erecs äußere Rüstung und Enites Besorgnis.

Es scheint mir nicht zweifelhaft zu sein, daß Hartmann in dieser Szene die Siebenzahl mit voller Absicht als „Aufbauzahl" verwendet. Ist sie doch für das ganze christliche Mittelalter sehr bedeutsam, besonders auch als die Zahl des Heiligen Geistes (die 7 Gaben des Heiligen Geistes). Auch hier erhellt der formale Aufbau den tieferen dichterischen Gehalt: Zahlenkomposition ist Zahlensymbolik.

Noch unmittelbar vor dem Kampf, als Enite angesichts der Pfähle, die mit den Köpfen der von Mabonagrin getöteten Ritter versehen sind, vor Schrecken ohnmächtig geworden ist, stellt Erec seine Zuversicht und besonders sein Gottvertrauen in einer langen Trostrede für seine wieder zu sich kommende Gattin (8839—8873) aufs klarste heraus. Zahlensymbolisch ist dabei von Bedeutung, daß der Kernvers *got si als guot als er ie was* (8856)[24] genau die Mitte von Erecs Rede bildet! Enite, so meint er, hat keinen Grund, traurig zu sein, denn seine Tapferkeit ist ja durch ihre *guote minne* (8870) inspiriert und muß deshalb erfolgreich sein. Wir werden sehen, wie dieses Motiv später wirkungsvoll wieder anklingt.[25]

Erecs durch Hartmann werfen könnten. Ob dies zutrifft, müßte näher — vgl. oben Anm. 11 — untersucht werden.

[23] In dieser Versgruppe wird Enite, in der 5. Zeile vom Anfang an und in der 5. Zeile vom Schluß an gerechnet, erwähnt; diese Enite-Stellen stehen auf diese Weise genau spiegelbildlich-symmetrisch in diesem Abschnitt von 14 Versen: 4 Verse — Enite-Vers — 4 Verse — Enite-Vers — 4 Verse. Ist das Zufall oder „spielt" der Dichter? (In den 4 Versen ist jedesmal von Erec die Rede.)

[24] Vgl. zu diesem Spruch Schönbach (s. Anm. 10), 13.

[25] Siehe unten S. 298.

IV

Wenn Erec vom Dichter so sehr als ein Ritter hingestellt wird, der als vollkommener Vertreter des religiös-sittlichen *ordo (amoris)* zu gelten hat, so fällt von hier aus auch ein anderes Licht auf seinen Gegner im Abenteuer von *Joie de la curt,* Mabonagrin. Dieser ist, bis er besiegt wird, genau das Gegenteil von Erec. Der Kampf zwischen beiden repräsentiert in eigentlichem Sinne den ewigen Kampf des Guten wider das Böse, des Gottesreiches gegen die Macht des Teufels in der Welt. So sagt Hartmann im Gegensatz zu Chrétien, bei dem nur die Rüstung Mabonagrins rot ist:

sin ros was groz unde ho,
starc rot zundervar.
der varwe was sin schilt gar:
sin wapenroc alsam was,
er selbe rot, als ich ez las,
gewafent nach sinem muote.

Nicht nur seine Rüstung, sondern überhaupt alles an ihm, sogar sein *muot* ist rot! Die symbolische Bedeutung dieser Farbe, Sinnbild der Leidenschaft und der Gewalttätigkeit, der *inordinatio,* wirkt durch die Vertiefung des Motivs noch eindringlicher.[26]

Es ist denn auch folgerichtig, wenn Hartmann Mabonagrin zweimal ausdrücklich als *(michel) valant* (9197, 9270) bezeichnet, der keine Barmherzigkeit zu üben weiß — wie der Dichter auffallend unvermittelt, aber programmatisch notiert (9198).

Ein feiner Zug bei Hartmann zeigt sinnfällig, wie die teuflische Verkehrung sich bei Mabonagrin auch auf die *höfscheit* selbst ausdehnt: bei seinen ohne Grund beleidigenden und hochmütigen Drohungen duzt[27] er Erec immerfort, während dieser beim *ir* bleibt — und ihm auch unüberhörbar den tiefsten Grund für seine *superbia* andeutet:

[26] Es sei daran erinnert, daß die Teufelsgestalt im mittelalterlichen Osterspiel in roter Kleidung auftritt.

[27] Dieser Gegensatz *du—ir* findet sich nicht bei Chrétien. Es ist bemerkenswert, daß Mabonagrin, sobald er besiegt ist, *ir* sagt (9319 ff.).

9047 *'ir sprechet niht: ob got wil.'*

An einer programmatischen Stelle (9169—9187) unterstreicht Hartmann ausdrücklich die durchaus verschiedene Art und Weise, wie einerseits Mabonagrin von seiner Geliebten, andererseits Erec von Enite beflügelt wird.

M.: 9174 *ob im dehein zwivel geschach,*
swenne er si wider ane sach,
ir schoene gap im niuwe kraft,[28]
so daz er unzagehaft
sine sterke wider gewan
und vaht als ein geruoweter man.

E.: 9182 *Erec, ze swelhen ziten*
er gedahte an vrouwen Eniten,
so starcten im ir minne
sin herze und ouch die sinne,
daz er ouch mit niuwer maht
nach manlicher tiure vaht.

Die Paare sind mithin deutlich voneinander abgehoben: Erec—Enite: *gedahte — minne — herze — sinne — niuwe maht,* und zwar *nach manlicher tiure*; Mabonagrin—Geliebte: *ane sach — schoene — niuwe kraft,* aber nur *als ein geruoweter man.* Auch hier steht das rein Körperliche und Sinnliche betont dem fast nur Geistigen und Über-Sinnlichen gegenüber: Erec—Enite sind um eine Dimension über das andere Paar erhaben!

Als Mabonagrin nach dem grimmigen Kampf mit Erec besiegt ist, bittet er ihn, zuerst seinen Namen zu nennen, um sich zu vergewissern, ob Erec *wert von gebürte* (9352) sei (nur in diesem Falle würde er sich ergeben). Erec reagiert so:

9366 *des antwurte im der guote*
mit lachendem muote:
,ich wil mich lazen twingen
vil gerne an disen dingen.

[28] Mabonagrins Geliebte ist also beim Kampf anwesend — *gegenwürtic* (9172), während Enite außerhalb des Gartens bleiben mußte.

dochz wider dem site si getan,
so wil ich iuchz wizzen lan: ...

Der Geist des Frohsinns und der nachsichtigen Freundlichkeit stellt sich sogleich wieder ein. Und nachdem Mabonagrin *sicherheit* versprochen hat, heißt es wieder programmatisch:

9385 *Erec erbarmte sich,*
also daz er in leben lie.

Erecs Gesinnung der „barmherzigen“ Brüderlichkeit bringt bei Hartmann — bei Chrétien fehlt dieser Zug — eine kleine symbolische Gebärde zum Ausdruck:

9388 *nu half er im uf bi der hant.*

Erst danach helfen sie sich gegenseitig beim Entwaffnen.

Auch Erecs sich alsbald anschließende „Mahnrede“ (9406—9442) — sie fehlt bei Chrétien — zeugt von Erecs Geist der *caritas,* heißt doch eines der geistigen Werke der Barmherzigkeit: die Sünder brüderlich zurechtweisen. Das tut der jetzt wissende Erec im deutlichen Rückblick auf seine eigene Vergangenheit, die so als innerlich überwunden erscheint. Aus Mabonagrins Ausführungen (9444 ff.) erhellt, wie stark analog dessen Schicksal im Garten dem früheren *verligen* Erecs war. Den Kern des Übels bildete bei beiden die Selbstisolierung in der Liebe.[29] Diese *inordinatio* sieht auch Mabonagrin später deutlich ein, indem er zunächst bekennt, daß eigentlich Gott selbst der Urheber seines neuen freien Lebens ist (9582. 7), dann erst auf die Wiederherstellung der *Joie de la curt* zu sprechen kommt (9590 ff.).

V

Bevor Mabonagrin Erec bittet, dreimal das Horn zu blasen, hat er ihm bereits erklärt, daß er durch seinen Sieg *immer geret* (9609)

[29] Vgl. dazu die guten Analysen Hugo Kuhns: Erec. In: Dichtung und Welt im Mittelalter. Stuttgart 1959, 133—150 (= Festschrift für Paul Kluckhohn und Hermann Schneider; Tübingen 1948, 122—147) [hier abgedruckt S. 17 ff.].

sei. Damit wird das Stichwort *ere* wiederaufgenommen.[30] Dieses dreimalige Hornsignal (bei Chrétien nur einmal) ist nicht nur Siegeszeichen, sondern gleichzeitig Kundgabe an die Welt (vgl. 9615 ff.):

8803 *des ere würde staete,*
unde würde ouch erkant
über elliu disiu lant
vür alle ander man.

Während nun aber bei Chrétien nach dem Signal ein richtiger, allgemeiner Freudenwirbel ausbricht (6112 ff.), gibt es in Hartmanns Werk nacheinander drei[31] „Ehrungen" Erecs, die merkwürdig voneinander verschieden sind.

1. Zunächst wird er von der Gesellschaft um König Ivreins, die ihn bis zum Baumgarten begleitet hatte, im Garten selbst stürmisch gefeiert (9652—9679):

9669 *‚ritter, geret si din lip!*
mit saelden müezest immer leben!
got hat dich uns ze troste gegeben
und in daz lant gewiset.
wis gevreuwet und gepriset,
aller ritter ere!
9675 *ja hat dich immer mere*
got und din ellenthaftiu hant
gekroenet über elliu lant.
mit heile müezest werden alt!'

Diese erste „Krönung" von seiten der Gruppe um Ivreins, die ja unmittelbar am Geschehen im Garten beteiligt war und um den Ernst von Erecs Kampf wußte, zeichnet sich einmal durch die stark religiöse Färbung[32] aus, zum anderen durch die höchste *ere,* die man Erec zuerkennt *(aller ritter ere! — gekroenet über elliu lant).*

[30] Siehe oben S. 295 zu 8560 ff.

[31] Besteht ein Zusammenhang zwischen den drei Hornsignalen Hartmanns und den drei Ehrungen bei ihm?

[32] In diesem Abschnitt von genau 10 Versen wird *got* in der 3. und in der 7. Zeile (= die 3. Zeile vom Ende an gerechnet) genannt; auch hier — vgl. Anm. 22 — gibt es spiegelbildliche Symmetrie, die wegen der Dreizahl gewiß symbolisch gemeint ist.

Nachdem Enite (9690: *diu eine vreuden krone truoc!*) ihrerseits die Geliebte des Mabonagrin erlöst hat, kehren alle nach Brandigan zurück. Aber vorher läßt Erec noch die Köpfe der von Mabonagrin erschlagenen Ritter, die ja auf den Pfählen aufgesteckt waren, begraben — und verrichtet so eines der sogenannten leiblichen Werke der Barmherzigkeit. Auf Schloß Brandigan beginnt die Festfreude erst recht. Aber trotz der vier Wochen dauernden Festlichkeiten und trotz der wiederhergestellten Hofesfreude, der *niuwen genade* (9765) der anderen, ist Erec *ane vreude* (9782). Hartmann hebt hier die *misericordia* Erecs durch das bekannte Mittel der Wortwiederholung *(frequentatio)* eindringlich hervor: in wenigen Versen (9787—9798) wandelt er die Wortsippe *erbarmen* fünfmal ab. Erec trauert mit den trauernden Witwen und tröstet sie, zusammen mit Enite (9816—9825), auch dies ein Werk der Barmherzigkeit, und zwar ein geistiges! Dann rät er ihnen, die Stätte ihres Unheils zu verlassen und mit ihm an König Artus' Hof zu reiten.

2. Nachdem er dort angekommen ist und den Leuten das Schicksal der Frauen erzählt hat, sagt der Dichter:

9888 *hie emphie der valsches vrie*
von al der massenie
siner arbeit ze lone
also er eren krone ...

Zum zweiten Male wird Erec also „gekrönt". Diese Krönung geht bloß von der ganzen *massenie* aus — Artus wird nicht genannt —, und Erec wird betont als der Tapferste aller Leute bezeichnet; seine Erfolge habe er allerdings bloß *vrou Saelde* zu verdanken, die ihm mit der Milch der Amme dieses gute Geschick eingeflößt habe (9896—9902). Sehr auffällig im Vergleich zur ersten „Krönung" ist hier die Untertreibung in Stil und Ton dieser Ehrung, die überdies nicht, wie die erste, in der direkten Rede steht und gar keine religiösen Elemente aufweist. Hartmann gestaltet hier offenbar ganz bewußt und auf jeden Fall psychologisch sehr feinsinnig. Die höfische Normalwelt erscheint im Grunde als unbeteiligt und unverbindlich. Das erhellt auch aus der Tatsache, daß das Publikum auch nach der Aufklärung durch Erec über die Frauen und nach der Ehrung die *seltsaene schar* (9882) für etwas

Befremdendes hält (9904: *ein vremdiu sache*). Im Gegensatz zu Erec, Enite und den anderen geht dieser *massenie* jede Empfindung für Tragik und *erbärmde* ab. Dieses Herabdrücken der höfischen Normalwelt erfolgt wohl nicht ganz als Selbstzweck, sondern auch im Hinblick auf die erbarmungsvolle Hochherzigkeit des Königspaares, die der Dichter gleich anschließend schildert.

3. Die *vil edel künegin* (9906)[33] nimmt sich der Frauen *vol tugentliche* an. Erst dann fordert Artus selbst Erec, Gawein und Guivreiz, *si driu* (9916), und *die ander massenie* auf:

9920 *‚ir herren, wir suln gan schouwen*
unser niuwekomen, vrouwen,
und troesten si nach ir leide.‘

Auch Artus ist ein Barmherziger! Er ist, wie Erec, spontan bereit, diese Witwen zu trösten und vertieft so die höfisch-gesellschaftliche Sitte des *vrouwen gan schouwen*[33a] um die Dimension der *caritas*. König Artus und Erec erheben sich *beide*, und *bi handen* (9925) — wie Hartmann ausdrücklich hervorhebt und gewiß auch symbolisch meint — gehen sie zum Frauengemach. Die anderen folgen nach. Und als der Dichter mittels der rhetorischen Figuren der Anapher und der *frequentatio* — er wiederholt in sechs Versen zwölfmal das Wort *geliche(r)* — eindringlich die gleiche traurige Lage der Witwen hervorgehoben hat, läßt er den durch diesen Anblick gerührten[34] König Artus *vor in allen* sagen:

9944 *‚Erec, lieber neve min,*
du solt von schulden immer sin
gepriset unde geret,
wan du hast wol gemeret
unseres hoves wünne.
swer dir niht guotes engünne,

[33] Das muß Artus' Gemahlin sein; vgl. 5114 und 5708, wo dieselbe Bezeichnung für Ginover vorkommt. Enite heißt höchstens und nur einmal *diu edel künegin* (6507).

[33a] Vgl. dazu A. T. Hatto, Vrouwen schouwen. MLR 34 (1939), 40—49.

[34] Trotz seiner Rührung bleibt er empfänglich für die Schönheit dieser Frauen, wie der Dichter ausdrücklich notiert (9942).

9950 *der enwerde nimmer mere vro.'*
,amen' jahen si alle do,
wan si im guotes gunden.

Dieses *amen* beschließt und krönt eine Szene von verhaltener, aber höchster Symbolkraft. Zum dritten und letzten Male wird Erec jetzt in Gegenwart des höchsten Vertreters des Artusrittertums, Gawein, des tapfersten Ritters außerhalb des Artushofes, Guivreiz, aber auch in Anwesenheit der von ihm mit Gottes Hilfe und eigener *manheit* befreiten Frauen vor dem ganzen Hof von König Artus selbst mit einer *ere* gekrönt, die — wie beim erstenmal — ewig währen soll.

Artus' Worte wirken wie eine Entzauberung; denn gleich anschließend heißt es:

9953 *si wurden überwunden,*
diu vil riuwigen wip,
daz si ir muot und ir lip
ze vreuden verkerten ...

Auch sie werden innerlich und äußerlich erneuert, zugleich mit Erecs letzter Krönung, über ihre Befreiung hinaus, jetzt e r l ö s t ! Daß Artus dann ihre Trauerkleidung durch solche *wat* ersetzen läßt,

9961 *so si ze vreuden beste stat,*
von siden und von golde ...

bedeutet nur eine Bestätigung ihrer Verwandlung.[35]

Durch den Reim mit diesem *golde* verbunden, lautet jetzt die neue, aufschlußreiche Bezeichnung für unseren Helden: *Erec der Eren holde.* Dieser Ausdruck — das Wortspiel Erec—*Ere*[36] ist unüberhörbar — ist wohl mit Absicht doppelsinnig gemeint und so in seinen beiden Bedeutungen zu verstehen: ,der, dem die *Ere* immerfort gewogen ist' und ,der, welcher der *Ere* stets treu dient'.

Aber bei diesen „Krönungen" am Artushof läßt sich noch etwas außerordentlich Auffälliges beobachten, besonders im Vergleich zu Chrétien. An dieser ganzen Szene ist Enite nicht beteiligt, ja, sie

[35] Vgl. Scheunemann (s. Anm. 13), 102.
[36] Vgl. schon 9664 und 9749.

wird vom Dichter überhaupt nicht genannt oder erwähnt.[37] Da bei der gesteigerten Bedeutung des Artushofes in Hartmanns ›Erec‹ — man vergleiche die eingehenden Analysen Scheunemanns — dies nicht zufällig sein kann, bestätigt diese dichterische Verschweigungstechnik in nicht geringem Maße unsere frühere sinnbildliche Deutung von Enites Pferd und dessen Schilderung durch Hartmann.[38] Enite ist bei Hartmann am Ende der Liebeshandlung bereits symbolisch „gekrönt" worden, eine zweite, gleichfalls symbolische Krönung, ähnlich wie bei Chrétien am Schluß von Erecs ritterlicher Abenteuerreihe, wäre in der Ökonomie der Handlung überflüssig. In dieser letzten Szene am Artushof steht der Ritter Erec allein im Mittelpunkt, auf ihn sind alle Augen gerichtet.

Von hier aus wird erst deutlich, wie bewußt und konsequent Hartmann dichtete und seine Geschichte aufbaute: aus einem eingipfeligen Handlungsverlauf bei Chrétien mit der Apotheose am Schluß hat er folgerichtig eine abgestufte zweigipfelige Handlungslinie gestaltet: Enites symbolische Krönung beschließt das Liebes- und Ehe„abenteuer" des Paares, eine dreifache „geistige" Ehrung Erecs bildet das Ende und den Höhepunkt seines ritterlichen Entwicklungsganges.

VI

Mit dieser letzten „Krönung" ist Erecs ritterlicher Werdegang offenbar zum Abschluß gebracht worden. Das erhellt daraus, daß bei Hartmann[39] für Erec gleich darauf und unvermittelt (im Nebensatz: 9969 f.!) die „echte" Wirklichkeit hereinbricht: ihm wird mitgeteilt, daß sein Vater gestorben ist. Erec muß seine Nachfolge antreten, die zweckgebundene Wirklichkeit des Herrschertums braucht ihn. Der in dieser Hinsicht bisher unverbindliche „zweckfreie" Zustand der ritterlichen Bewährung durch Abenteuer wird von Hartmann jetzt mit dem auffälligen understatement

[37] Die letzte Nennung Enites findet sich in 9819, erst in 10 108 kommt der Dichter wieder auf sie zu sprechen.

[38] Vgl. den in Anm. 1 genannten Aufsatz.

[39] Chrétien gestaltet gerade hier bekanntlich ganz anders.

solher unstaete charakterisiert (9973).[40] Das deutet an, wie sehr am Ende doch, anders als bei Chrétien, die Realität sich geltend macht: denn gerade diese Feststellung schließt das Korrelat dazu in sich, daß nämlich Erecs Leben als Herrscher wesentlich *staete* sein wird, d. h. die höhere, ja höchste Daseinsform darstellt.

Auch beim Abschied von Artus' Hof zeigt Erec seine *caritas*: *do troste er notige diet* (9981), wobei der Dichter bezeichnenderweise einmal das Geistige dieses an sich leiblichen Werkes der Barmherzigkeit betont *(troste)*, zum zweiten hervorhebt, daß Erec auch die verschämten Armen gebührend bedenkt.

Die „realpolitische“ Krönung Erecs als Landesfürst in Karnant wird in zwei Versen beiläufig erwähnt, von Enite ist dabei auch hier überhaupt nicht die Rede; das bestätigt unsere Auffassung von den verschiedenen dichterisch-sinnbildlichen Krönungen des Paares.

Demgegenüber entfaltet Hartmann ausführlich das Ideal eines *wisen*, christlichen *rex pacificus* (10 083 ff.), dem Erec in hervorragender Weise entspricht.[41] Er ist jetzt wissend geworden, hat das Zusammenspiel von Göttlichem und Menschlichem bei der Gestaltung des eigenen Lebens erkannt und ist nunmehr Gott gegenüber dankbar für die ihm zuteil gewordene Ehre und Gnade.

Im letzten, 29 Verse zählenden Abschnitt des Werkes kommt Hartmann doch noch kurz auf Enite zu sprechen. Die Signatur auch ihrer neuen Daseinsform ist *gemach* und *ere* und *wünne* (10 113 f.).[42]

[40] Es wird nicht ganz klar, ob Hartmann hier bloß die Meinung von Erecs Landsleuten wiedergibt, aber immerhin.

[41] Vgl. dazu Schönbach (s. Anm. 10), 173 f. und die vom romanistischen Standpunkt aus aufschlußreichen Ausführungen Erich Köhlers in seinem Buch, Ideal und Wirklichkeit in der höfischen Epik. Studien zur Form der frühen Artus- und Graldichtung. Tübingen 1956, besonders 89 ff.

[42] Es heißt dann:

ze wunsche wurben si beide,
wan si got hate gesant
ze vreuden in ir eigen lant,
ir vater und ir muoter.

Was bedeuten diese Verse, besonders der letzte? Ich hatte zunächst an Enites Vater und Mutter gedacht, aber das ist zumal syntaktisch nicht

In fünf Versen betont der Dichter dann, daß Erec jetzt mit Enite ein vollkommen harmonisches Eheleben führt; damit lenkt er zur Anfangsproblematik und zum Kerngedanken seines Romans überhaupt zurück:

10 109 *der künec selbe huoter*
ir willen swa er mohte,
und doch sam im tohte,
niht sam er e phlac,
do er sich durch si verlac, ...

Es ist gewiß bedeutsam, daß diese Versgruppe zahlenkompositorisch genau im Zentrum dieses letzten Abschnittes steht.

Einem solchen Ehepaar ist die himmlische Krone gewiß.

VII

Es kam mir in diesem zweiten (wie im ersten) Erec-Aufsatz besonders darauf an, zu zeigen, daß die landläufige Auffassung über Hartmanns ›Erec‹, dieser Roman sei eine weltliche Dichtung, oder wie es de Boor ausdrückt: „Die Problematik des Erec aber bleibt innerweltlich. Es geht um das vollkommene Menschenbild der diesseitigen höfischen Humanität ...",[43] am Kern dieses Epos vorbeigeht. Zumindest, was den Erec betrifft, ist die Kategorie ‚(inner)-weltlich' ungenügend und deshalb irreführend.[44] Ist in Hartmanns

möglich. Somit ist *ir vater und ir muoter* Apposition zu *si* (10 116) und *ir* bezieht sich auf *lant* (Mehrzahl!) zurück. Erec und Enite erscheinen hier also als „Landesvater" und „Landesmutter", was mir eine überaus zärtliche und für Hartmanns Zeit kühne Redewendung zu sein scheint.

[43] Helmut de Boor, Die höfische Literatur. 1170—1250. München 1953, 73. Schärfer sehen hier Schwietering in seiner Literaturgeschichte (s. oben Anm. 17) und Hugo Kuhn (s. oben Anm. 29), überscharf wohl Willson (s. oben Anm. 6).

[44] Irreführend besonders für diejenigen, die ihre Kenntnisse der mittelhochdeutschen Klassik nicht aus eigener Lektüre, sondern aus der Sekundärliteratur zu schöpfen pflegen. Wer das literarische Werk selbst lesen will, wird entdecken, daß die dort dargestellte Wirklichkeit immer bunter und schwieriger, auf jeden Fall aber anders ist.

Roman die *caritas* in weitestem Sinne die Achse, um die sich das ganze Geschehen dreht, so hat dies eo ipso *gemeine mit der werlde und mit gote* (Gottfrieds ›Tristan‹, 8010 f.). Als Sinnbild dafür mag man ansehen, daß Hartmanns (nicht Chrétiens) Erec in einer (gestörten) Welt anfängt und im Himmel endet; der Roman selbst ist also eine Art von Brücke zwischen Welt und Gott. Was in der Bewegung zwischen den beiden Polen Welt und Gott geschieht, trägt bei Hartmann viel mehr als in Chrétiens Werk das Gepräge einer Entwicklung, die — wie wir beim Schicksal Erecs gesehen haben — weithin in den Formen und nach Analogie des geistlich-religiösen Lebens, wahrscheinlich *sub specie illuminationis Spiritus sancti* erfolgt.

Damit im Zusammenhang steht die Tatsache, daß Göttliches im Weltlichen immer wieder in Hartmanns sinnbildlichem Sprechen aufscheint, in dem Worte und Situationen nicht nur einfach die irdische Realität vergegenwärtigen, sondern darüber hinaus in ihrer Transparenz die höchste Wirklichkeit und ihr Walten sichtbar werden lassen.

Die Idee der umfassenden *caritas* als Achse spiegelt sich auch in der Form von Hartmanns Dichtung. Folgerichtiger als Chrétien hat er aus dem Erec-Stoff die Triptychon-Form herausgearbeitet. Im ersten, weltlichen Teil wird Erecs Weg als junger Ritter bis zur Ehe geschildert. Dann folgt der umfangreiche Mittelteil, die Ehe- und Liebeshandlung, deren Krise zuletzt im Sinne der *caritas* überwunden wird. Erst nach dieser Lösung der Problematik der Liebe zwischen Mann und Frau ist der Weg wieder frei für Erec allein: im dritten und letzten Teil vermag er sich — jetzt mit besonderer Hilfe Gottes, d. h. göttlicher *caritas* — zur höchsten Stufe des Rittertums, zum Ritter der *erbärmde,* und schließlich zum Friedensfürsten und „Landesvater" emporzuentwickeln. Am Ende ist Erec (und auch Enite) derjenige, der in allen drei Richtungen der *caritas* Liebe spendet und Liebe empfängt. Aber ohne eheliche Liebe als *caritas* gibt es, wie der Verlauf von Hartmanns ›Erec‹ lehrt, kein echtes Rittertum, sie ist offenbar in Hartmanns Augen unbedingte Voraussetzung. In diesem Sinne nimmt sie mit Recht die Mittelstellung im Erec-Roman ein, Höhepunkt und Neuanfang in einem.

Nachwort 1971

Nach Hugo Kuhns bahnbrechender Erec-Deutung von 1948 [1] ist das Werk uns als Ausprägung eines Dichtens, das stark der *analogia entis*, der Parallelität zwischen Weltdienst und Gottesdienst, verpflichtet ist, immer vertrauter geworden. Fast alle neueren Deutungen folgen Kuhns Interpretation, sei es in einer Gesamtbetrachtung wie Peter Wapnewski [2] und Kurt Ruh [3], sei es von beschränkter Warte aus wie Armin Meng [4] und Eva-Maria Carne [5]. Daß dabei Akzente verschieden gesetzt werden, ja daß gelegentlich Kuhns Ansatz überanstrengt wird, ist in der heutigen Forschungssituation nicht verwunderlich. Das Problem ist in der Hauptsache nur noch, wie weit die religiöse oder heilsgeschichtliche Analogie geht.

Meines Wissens hat bloß Werner Schröder gelegentlich grundsätzliche Bedenken gegen eine solche analogische Deutung angemeldet.[6] Um so gespannter war ich deshalb auf das Buch von Hans-Werner Eroms, eines Schröder-Schülers, der den wichtigen Bereich der Freude auch im Erec neu untersucht.[7] Sein ›Erec‹-Kapitel aber ist in mancher Hinsicht enttäuschend. Die Erkenntnis der Forschung, daß Hartmann im Gegensatz zu Chrétien seinen ›Erec‹ strukturell und inhaltlich der Legende annähert (Kuhn, Max Wehrli [8], vgl. auch Ruh 135), wird vom Verfasser ungenutzt gelassen. In allzu engem Anschluß an Chrétiens ›Erec et Enide‹ (vgl. 53 f.) interpretiert er auch Hartmanns ›Erec‹ als rein weltliches Epos und findet auf dieser zu schmalen Grundlage das, was er

[1] In diesem Band oben 17 ff.

[2] Hartmann von Aue. Stuttgart [4]1969, 41—57.

[3] Höfische Epik des deutschen Mittelalters. I: Von den Anfängen bis zu Hartmann von Aue. Berlin 1967, bes. 112—37.

[4] Vom Sinn des ritterlichen Abenteuers bei Hartmann von Aue. Zürich 1967, 23—49.

[5] Die Frauengestalten bei Hartmann von Aue. Ihre Bedeutung im Aufbau und Gehalt der Epen. Marburg 1970, bes. 88—97, 120—29.

[6] Z. B. Euphorion 55 (1961), 221.

[7] *Vreude* bei Hartmann von Aue. München 1970, bes. 53—81.

[8] Roman und Legende im deutschen Hochmittelalter. In: Worte und Werte. Festschrift für Bruno Markwardt. Berlin 1961, 428—43.

sucht: der *vreude*-Bereich hat im ›Erec‹ faktisch nie religiöse Bedeutung! Obwohl Eroms meinen Aufsatz kennt, weicht er der willkommenen Gelegenheit zu einer fruchtbaren Auseinandersetzung aus: „Anders P. W. Tax, WW 13 (1963), S. 280 und C. K. Bang, Emotions, S. 320.“ (66 Anm. 43). Es ist unnötig, die Ergebnisse früherer Forschung zu wiederholen. Es genügt hier wohl, das Urteil Kurt Ruhs zu zitieren (135): „In der Art, wie Erec dieses Abenteuer *[Joie de la curt]* als das seine erkennt, liegt eine geradezu religiöse Ergriffenheit. In nicht viel anderer Weise erkennt Gregorius den Bußweg zur Felseninsel als den seinen, von Gott bestimmten Weg, und in ähnlicher Weise haben die Heiligen der Märtyrerviten je und je ihre Proben auf sich genommen. — Die religiöse Akzentuierung ist Hartmanns Eigentum.“ Ist die Freude, mit der Erec gerade hier, nach seiner Auferweckung vom Tode und seiner völligen Heilung, sich zu diesem End-Abenteuer bekennt, ohne innere Verbindung mit dieser „geradezu religiösen Ergriffenheit“? Wie wenig im übrigen Eroms vom Charakter der dichterischen Religiosität Hartmanns, bei der Göttliches im Weltlichen aufscheint und Menschliches auf Religiöses hin transparent ist, verstanden hat, zeigen Sätze wie diese (79): „Mit dem Anlegen anderer Kleidung ist der leidvolle Zustand der Frauen sofort beendet. Tröstungsmittel der Kirche werden nicht in Anspruch genommen, was man erwarten müßte, wenn hier eine ausgesprochen religiöse Handlungsweise gezeigt werden sollte.“ Man fragt sich, ob Verfasser noch Religiöses in Wolframs ›Parzival‹ findet.

Obwohl ich in manchen Punkten nicht mit H. B. Willsons jüngstem Erec-Aufsatz[9] einverstanden sein kann, weil er sein “analogical symbolism” zu weit treibt, bleibe ich mit ihm der Ansicht, “that an essential part of the artistic validity of these poems lies in their power of analogical symbolical evocation” (23 Anm. 37). Die Signatur von Hartmanns ›Erec‹ ist gerade das Zusammenspiel von Göttlichem und Menschlichem, vor allem im *homo novus* Erec nach seiner Auferweckung.[10] Man reduziert Hartmanns ›Erec‹ zu

[9] *Triuwe* and *untriuwe* in Hartmann’s ›Erec‹. The German Quarterly 43 (1970), 5—23.

[10] Auch in der 4., ergänzten Auflage seines Hartmann-Bändchens läßt Wapnewski das nicht genügend hervortreten.

einem nicht mehr Hartmannschen Werk, wenn man die bewußt religiöse Akzentuierung ausläßt.[11] Hartmann steht auch mit seinem ›Erec‹ in einem literarischen Prozeß religiösen deutschen Dichtertums, das in Wolframs ›Parzival‹ seinen hochmittelalterlichen Kulminationspunkt findet.[12] —

Es ist mir ein herzliches Bedürfnis, diesen Neudruck meines Aufsatzes Hans Eggers zu widmen, der vor zehn Jahren mit *helfe und rat* und mit warmer Anteilnahme das Entstehen meiner beiden ersten Erec-Aufsätze begleitet hat.

[11] Vor einigen Jahren habe ich die Religiosität in Hartmanns ›Erec‹ als Ausdruck typologischen Denkens zu erklären versucht; vgl. Der ›Erek‹ Hartmanns von Aue: Ein Antitypus zu der ›Eneit‹ Heinrichs von Veldeke? In: Helen Adolf Festschrift. New York 1968, 47—62.

[12] Von meiner Auffassung aus, daß Hartmanns Erec gerade im Schlußabenteuer als geistiger und inspirierter Held erscheint, fällt neues Licht auf Wolframs Parzival, dessen Begnadung am Ende von Trevrizent ausdrücklich auf die Wirkung des Heiligen Geistes zurückgeführt wird (797, 30).

Euphorion 57, 1963, S. 44—66.

ZUR FRAGE DER SCHULD IN HARTMANNS ›GREGORIUS‹

Von Kenneth Charles King

1

In den letzten Jahren sind neue Versuche unternommen worden, die lang umstrittene Frage der Schuld des Gregorius zu lösen [1]. Ganz neu sind die vorgeschlagenen Auslegungen allerdings nicht; schon Piquet hat, wie Schieb (S. 56 f.) bemerkt, die Möglichkeit einer ähnlichen Lösung erwogen, aber was Piquet nur kurz andeutete, ist in diesen Arbeiten zum Kernpunkt geworden. Der Ausgangspunkt dieser neuen, wie auch mancher früheren, Untersuchungen

[1] Gabriele Schieb, Schuld und Sühne in Hartmanns ›Gregorius‹. In: PBB 72 (1950), S. 51—64, und Hildegard Nobel, Schuld und Sühne in Hartmanns ›Gregorius‹ und in der frühscholastischen Theologie. In: ZfdPh 76 (1957), S. 42—79. Der erste Entwurf der hier folgenden Ausführungen lag schon vor, ehe ich von den dazugehörigen Schriften P. Wapnewskis (zusammengefaßt in: Hartmann von Aue. Stuttgart. Metzler 1962) Kenntnis nahm. So erklärt sich, wenn die Ausführungen Wapnewskis hier nicht die ihnen gebührende Berücksichtigung finden. Wapnewski stimmt Nobels Ansichten weitgehend zu, was mich bestärkt hat, meine abweichende Meinung vorzulegen. Wenn Wapnewski Bedenken äußert angesichts eines Versuches, eine Dichtung „aus sich selbst" zu verstehen (ZfdPh 80 (1961), S. 239), so ist ohne weiteres zuzugeben, daß jeder Dichter unter dem Einfluß der geistigen Strömungen seiner Zeit steht, und daß demzufolge diese bei einer Würdigung seines Schaffens zu berücksichtigen sind. Doch darf man nicht übersehen, daß sich in einer Dichtung nicht bloß der Geist eines Zeitalters spiegelt, sondern auch die schöpferische Eigenart des Dichters, die sich den Forderungen der geistigen Umwelt nicht immer fügt. Dieser Eigenart und den Absichten des Dichters wird man nur dann gerecht, wenn man auch die einzelne Dichtung genau nach Wortlaut und Gang der Handlung untersucht.

ist die Suche nach einer Lösung, die den scheinbaren Widerspruch zwischen der kirchlichen Auffassung, nach der eine unbewußt begangene Schuldtat nicht als Schuld gilt, und der Tatsache, daß Gregorius doch schuldig ist, behebt: als er die Ehe mit der Landesherrin einging, wußte er nicht, daß diese seine Mutter war, und deshalb kann seine blutschänderische Ehe nicht eine Schuld sein; man mußte folglich nach etwas anderem suchen, was als Schuld gelten könnte. Trotz der sorgfältigen Beweisführung und des massiven Aufwandes an theologischer Gelehrsamkeit befriedigen diese Lösungen nicht völlig, und zwar weder im Allgemeinen noch zum Teil auch im Einzelnen [2].

Das erste zu erwähnende Bedenken ist allgemeinster Art und wird hier nicht ausführlich behandelt, denn es führt zu Betrachtungen nicht nur über Hartmanns Gesamtschaffen, sondern auch über die mhd. Epenliteratur überhaupt und würde über den Rahmen des hier Beabsichtigten weit hinausführen: ist man berechtigt, oder inwiefern ist man berechtigt, theologische Maßstäbe bei der Beurteilung von Literaturwerken anzuwenden? Viel hängt von der Einstellung des einzelnen Forschers ab, denn bei solchen Fragen ist völlige Objektivität nicht zu erreichen, und es ist nicht möglich, eine allgemein befriedigende Antwort zu geben. Man darf aber sagen, daß nicht alle Forscher mit der Tendenz, die sich in gewissen Kreisen bemerkbar macht, einverstanden sind; der Verfasser dieses Aufsatzes teilt diesen theologisierenden Standpunkt auch nicht [3].

Das zweite Bedenken beschränkt sich auf die Hartmann-Kritik und betrifft die weitverbreitete Scheidung der Hartmannepen in „weltliche“ und „religiöse“; diese ist zwar allgemein üblich, nicht unbegründet und läßt sich als ‘Arbeitshypothese’ gut verwenden.

[2] Hier sei verwiesen auf die Dissertation von W. Dittmann, Hartmanns ›Gregorius‹, Untersuchungen zur Überlieferung, zum Aufbau und Gehalt, Hamburg 1960, in der ein ähnlicher Standpunkt wie der meinige vertreten wird, und in der der Verfasser zu Schlüssen kommt, die mit den meinen weitgehend im Einklang stehen.

[3] Vgl. z. B. auf dem Gebiet der Heldensage J. K. Bostock, The Message of the ›Nibelungenlied‹. In: Modern Language Review 55 (1960), S. 200—212, und meine Erwiderung, ebd. 57 (1962), S. 541—550.

Nur muß man sich hüten, die Trennungslinie zu scharf zu ziehen und etwa von zwei unüberbrückbar getrennten Schaffenszweigen zu sprechen, als ob diese Zweiteilung vom Dichter selbst beabsichtigt wäre; für eine solche Annahme ist unser Belegmaterial zu gering.

Unsere Kenntnis von den Absichten eines Dichters entnehmen wir grundsätzlich drei Quellen: seinen äußeren Lebensumständen, soweit sie uns bekannt sind, einschließlich der Äußerungen der Zeitgenossen; seinen eigenen Äußerungen zu seinen Dichtungen; dem Zeugnis der Werke selbst. Von den Lebensumständen Hartmanns wissen wir nur, was er uns in seinen Werken mitteilt, nämlich daß er ministerialis war, und zwar zu „Au", und daß er über eine gewisse Gelehrsamkeit verfügte. Über den Grad dieser Gelehrsamkeit, so wichtig dies für die gegenwärtige Frage ist, können wir nur Vermutungen anstellen, denn seine ausdrücklichen Äußerungen geben recht wenig her. Aus den Anfangszeilen des ›Armen Heinrich‹ dürfte sich ergeben, daß er bei seiner Lektüre nicht nur Unterhaltung suchte *(daz gotes êren töhte)*, obgleich die entsprechenden Zeilen des ›Iwein‹ eher den Eindruck geben, daß er sich nicht viel versprach von der Zeit, die er beim Bücherlesen verbrachte; auf alle Fälle scheint er nicht abgeneigt zu sein, aus seiner Lektüre sich Erholung zu schaffen und auch bei seinem Publikum dieses Bedürfnis zu befriedigen. Solche Äußerungen hören sich nicht an wie die eines eifrigen und hingebungsvollen Buchgelehrten.

Äußerungen zu seinen Dichtungen finden wir außerhalb der Dichtungen selbst nicht, und wir können also solche, die er in Prologen oder Epilogen oder sonst innerhalb des Gedichtes macht, als Zeugnisse seiner Werke selbst betrachten und behandeln. Diese Zeugnisse sprechen nicht immer eine unzweideutige Sprache, ganz abgesehen von der Tatsache, daß die Äußerungen der Dichter in Prologen und Epilogen nicht immer ohne Schwierigkeit mit dem, was in der Dichtung selbst steht, in Einklang zu bringen sind [4]. Man

[4] Schieb meint „daß der Gregoriusprolog in einem besonderen Sinne Schlüssel für das Verständnis der Gesamtdichtung ist, die uns sonst ... in vielem dunkel bliebe (S. 51)", ohne weiter auszuführen, worauf sie ihre Meinung stützt. Wenn Schieb dann weiter schreibt (S. 55): „Liest man die Legende, mit dem Leitfaden des klaren und zielbewußten Prologs an

ist also auf eine eigene Interpretation der Worte des Dichters angewiesen, und gerade da pflegen die Meinungen weit auseinanderzugehen, besonders wenn, wie es bei Hartmann der Fall ist, die Kontrolle durch außerhalb der Dichtungen liegende Zeugnisse fehlt. Weder seine Minnelieder noch das ›Büchlein‹ geben Sicheres her, das nicht in den Epen enthalten wäre. Wir müssen diese als die Hauptquelle betrachten. Die Epen zeigen Unterschiede, und aus diesen Unterschieden schöpfte man die Hoffnung, etwas für die Entwicklung von Hartmanns Schaffen zu gewinnen; diese Hoffnungen mußten bedeutend eingeschränkt werden, als man sich bewußt wurde, wie schwierig es ist, sichere Anhaltspunkte für die Reihenfolge dieser Epen zu gewinnen. An der Scheidung zwischen „weltlichen" und „geistlichen" Epen hat man aber geglaubt, festhalten zu können. Doch muß man sich hüten, die Trennungslinie zu scharf zu ziehen [5] und aus den vermeintlichen Unterschieden zu Ergebnissen zu gelangen, die den Tatsachen nicht entsprechen, denn in der ritterlichen Kultur der Stauferzeit mischen sich „Weltliches" und „Religiöses" zu einer kaum wieder aufzulösenden Einheit. Religiöse Vorstellungen spielen eine nicht unbedeutende Rolle in den „weltlichen" Epen ›Erec‹ und ›Iwein‹ — was in der Natur der Sache liegt, denn das höfische Leben wurzelt tief in kirchlichen Anschauungen und Gebräuchen — was kaum bestritten werden kann; allzuleicht aber übersieht man, wieviel Weltliches im ›Armen Heinrich‹ und ›Gregorius‹ zutage tritt, und zwar durchaus nicht immer als etwas zu Verwerfendes, sondern öfters als etwas betont Bejahtes [6]. Im ›Gregorius‹ werden religiöse Themen und religiöse Anschauungen breiter dargestellt und eingehender behandelt als im ›Erec‹ und im ›Iwein‹; das bezeugt deutlich eine Verlagerung des

der Hand, so kann man sich des Eindrucks nicht erwehren, daß Hartmann mehr in sie hineingelegt und aus ihr herausgelesen hat, als sie im Grunde hergab", so ist zu sagen, daß ihre Schwierigkeit in gewissem Maße auf ihrer eigenen Interpretation vom Prolog und vom Gedicht selber beruht.

[5] Das haben in neuerer Zeit H. Kuhn, Festschr. f. Kluckhohn und Schneider. Tübingen 1948, S. 122—147 [hier abgedruckt S. 17 ff.] und B. Willson, Germanic Review 33 (1958), S. 5—14, betont.

[6] Wie es z. B. Schieb anerkennt, S. 55.

Interesses Hartmanns. Man darf aber nicht schließen, diese Verlagerung bedeute einen gründlichen Umschwung, oder etwa eine völlige Absage an die Welt; und erst recht darf man dann nicht das ganze Werk von einem einseitigen religiösen Standpunkt aus interpretieren und beurteilen. Dafür ist das Beweismaterial zu wenig eindeutig. Wenn man von der Voraussetzung ausgeht, wie es Nobel zu tun scheint, daß alles im ›Gregorius‹ vom streng religiösen Standpunkt aus zu beurteilen ist, kommt das einer petitio principii sehr nahe. Schon Zwierzina, Schönbach und Hauck haben sich dahin geäußert, daß Hartmanns Theologie nicht immer einwandfrei sei, und bis diese gewichtigen Bedenken restlos beseitigt sind [7], hat man nicht die Berechtigung, eine These aufzubauen auf der Grundlage, Hartmann sei geschulter Theologe gewesen und habe nach streng orthodoxer Anschauung gedichtet.

Drittens ist zu berücksichtigen, daß auch innerhalb der Beweisführung selber nicht alles glatt aufgeht, was manchmal zugegeben wird. Schieb spricht von „Rissen und Sprüngen im Umkreis" und muß eingestehen, daß nicht alles auf den ersten Blick einleuchtet („gezwungen und wenig überzeugend", S. 63, „daß er die Legende . . . ein wenig preßte", S. 58, „mehr hineingelegt und aus ihr herausgelesen hat, als sie im Grunde hergab", S. 55). Das ist natürlich alles auf Hartmanns Stoffbehandlung bezogen, schließt aber gleichzeitig ein, daß sich die Verfasserin gewisser Schwierigkeiten bewußt war. Man wird wohl ihren Ausführungen über Schuld und Vergebung (S. 53) beipflichten, selbst denjenigen über „Haupt- oder Todsünden", sowie auch dem Satz: „Keine Sünde ist so schwer, daß sie nicht vergeben werden könnte"; man wird aber die Frage stellen, ob die angebliche Unterlassung des Gebots als „Haupt- oder

[7] Nobel hat sich dagegen ausgesprochen, womit aber nicht gesagt ist, daß ihre Gegenargumentation restlos befriedigt. Man ist nicht beruhigt, wenn man liest (Nobel, S. 60), daß die Worte Hartmanns über den *zwîvel* (69—75, 162—170), die kaum bestimmter und deutlicher sein könnten, „nicht wörtlich zu nehmen" seien; auch leuchtet nicht ein, wie er „den Wahrheitsgehalt seiner Aussage einschränkt" mit Worten des Epilogs, die ebenso deutlich und bestimmt die Gefährlichkeit einer anderen Sünde betonen.

Todsünde" zu betrachten sei, und wird im Zweifel gestärkt, wenn Nobel sich gezwungen sieht zuzugeben: „Nun gibt es freilich kein ausgesprochenes kirchliches Gebot, das den Kindern Buße und Fürbitte für die Sünden ihrer Eltern ausdrücklich auferlegt" (S. 71). Kann eine solche Sünde wirklich eine so schwere Strafe rechtfertigen? Sodann fällt auf, daß Nobel, nachdem sie in der Einleitung das Problem der Bußtheologie behandelt hat, wobei sie die Bedeutung der Beichte betont, zugeben muß (S. 46): „Auffallend ist, daß neben der starken Betonung der *buoze* die der *bîhte* sehr zurücktritt", und am Schluß: „Diese Verse stehen scheinbar in offenem Widerspruch zu allem, was wir bisher von Gregorius haben sagen müssen" (S. 77). Nicht jedermann wird den Versuch, diesen „scheinbaren" Widerspruch wegzuerklären, für gelungen erachten. Aber auch sonst wird man bei den angeführten Beispielen Schwierigkeiten in der Beweisführung erblicken, die die Gültigkeit des Behaupteten in Frage stellen, und man wird stutzig, wenn zwei in der theologischen Literatur so bewanderte Gelehrte nicht einig sind über die Bedeutung der *praesumptio*, einer der Sünden wider den Heiligen Geist (Nobel S. 62 und 66 zu Schieb S. 58/9).

Die ersten beiden hier geäußerten Bedenken sind allgemeiner Art, und bei der Erörterung solcher Fragen sind weder Sicherheit noch Übereinstimmung der Ansichten zu erhoffen; auch sind sie für das gegenwärtige Problem nicht ausschlaggebend. Doch war es notwendig, eine Stellungnahme vorauszuschicken. Wichtiger sind die „Risse und Sprünge", die in der Beweisführung in Erscheinung treten, und sie allein würden es ratsam machen, die neue These etwas eingehender auf ihre Tragfähigkeit zu prüfen, als bisher der Fall gewesen ist, zumal sie schon Anklang gefunden hat[8]. Am wichtigsten aber, und am handgreiflichsten, denn es handelt sich zum Teil um den Wortlaut selber, ist viertens das, was Schieb und Nobel nicht erwähnen oder, wenn sie es erwähnen, als nebensächlich beiseiteschieben oder sonstwie außer Betracht lassen. Nicht alles, was in Worten ausgedrückt ist, ist gleichwertig — das ist selbstverständlich, ebenso daß die Ansichten über das, was wichtig ist, auseinandergehen — aber trotzdem gibt es Stellen (einzelne Wör-

[8] Vgl. P. Wapnewski, a. a. O.

ter oder ganze Satzteile und Sätze), die bei unvoreingenommenem Blick kaum eine zweite Auslegung zulassen, und andere, die beim Aufbau einer erzählenden Dichtung, und bei der Betrachtung derselben von einem literarischen Standpunkt aus, eine Rolle spielen, die der Forscher, der eine Lösung vom theologischen Standpunkt sucht, leicht übersehen kann. Auf solche Stellen soll im folgenden der Blick gerichtet werden.

2

Der Hauptgegenstand der hier zur Erörterung stehenden Untersuchungen ist die Schuld selber; diese soll die Vernachlässigung des Befehls sein, für die Seele des verstorbenen Vaters zu beten. Ob man diese Unterlassung als *praesumptio*, als die erste Sünde wider den Heiligen Geist auffaßt — wenn es wirklich wahr ist, daß Schieb es so (laut Nobel S. 62) auffaßt — oder als *superbia* (Nobel, 71 ff.) oder gar als keines von beiden, muß an Folgendes erinnert werden: erstens, daß Nobel sich gezwungen sieht zuzugeben, daß die Kirche die Sünde, diese Pflicht den Eltern gegenüber nicht zu erfüllen, nicht sehr streng verurteilt, und zweitens, daß diese angebliche Hauptschuld des Gregorius an sich mit dem Inzest nichts zu tun hat: sie führt ja höchstens in dem zweiten Inzestfall dazu. Es ist allerdings nirgends bei Hartmann expressis verbis gesagt, daß die Schuld, in die sich Gregorius verstrickt, die der Blutschande sei; man könnte gar einwenden, daß die frühere Vulgatmeinung, es handle sich um Blutschande, ebenso eine petitio principii sei wie die Annahme, das Gedicht sei von einem streng kirchlichen Standpunkt aus geschrieben. Man muß aber berücksichtigen, daß im Gedicht selbst viel Nachdruck auf die zwei Inzestehen und ihre schweren Folgen gelegt wird, sowie auf den Abscheu vor diesen Ehen, den die handelnden Personen empfinden. Ob es die Schande vor der Welt ist oder Furcht vor Gott, die Bruder und Schwester bewegen, dürfte diskutierbar sein; sicher ist, daß sie erschüttert sind, wenn ihnen klar wird, wie weit ihre Freundschaft und Liebe sie geführt hat, und sie fügen sich bereitwillig jeder ihnen auferlegten Strafe; ferner treibt gerade die Entdeckung ihrer sündhaften Ehe sowohl die Mutter wie auch den Sohn fast zu der zweiten Sünde wider den Heiligen Geist, der *desperatio* (z. B. 2605 ff.). Unmittelbar darauf entschließt sich der Sohn zu der langen und schweren Buße. Im Gang der Handlung [9] sind das zentrale Ereignisse, die der Dichter durch literarische Mittel (Verweilung bei der Gemütsverfassung der handelnden Personen, usw.) hervorhebt, und es wäre verwunderlich, wenn Hartmann die Umstände, die dazu führten, nicht als das Hauptvergehen darzustellen beabsichtigte, mögen sie auch nicht gerade das zentrale Problem sein. Man muß sich hüten, bei dem Werk eines schaffenden Künstlers über solche dichterisch wichtige Gesichtspunkte hinwegzusehen. Schieb gibt zwar zu, daß ihre Lösung nicht restlos befriedigt („Uns Heutigen scheint sie [die Schuld] in der Form, in der sie Hartmann einführt, gezwungen, blaß und wenig überzeugend" — S. 63), meint aber, den Dichter dadurch zu entschuldigen, daß er es „der Kirchenlehre zuliebe" getan habe. Man könnte vorziehen, eine dichterisch befriedigendere Lösung zu finden.

Gemäß der Schieb-Nobelschen These muß Gregorius wegen einer Unterlassungssünde eine überaus schwere Buße tun, einer Unterlassung, die darin besteht, daß er dem Gebot, für die Seele seines Vaters zu beten, nicht Folge geleistet hätte. Wenn diese Strafe als menschlich und dichterisch gerechtfertigt erscheinen soll, müßte mindestens eine von zwei Bedingungen erfüllt werden: entweder muß es von allen anerkannt sein, daß die Sünde wirklich eine so schwere war, oder es muß in dem Einzelfall ein ausdrückliches Gebot erteilt worden sein. Zum ersten war schon oben davon die Rede, daß Nobel zugeben mußte, daß die Sünde keine so schwere sei; zum zweiten muß man jetzt die Frage stellen, ob und wann dieses Gebot erteilt wurde.

Die einzige Stelle, die in Frage kommen kann, ist die Tafelinschrift, die Z. 733 ff. mitgeteilt ist; die Aussage dieser Inschrift ist aber durchaus nicht so eindeutig klar, wie es die Ausführungen Schiebs und Nobels erscheinen lassen. Schon die abweichende Interpunktion der Ausgaben legt Zeugnis von verschiedenen Interpretationsmöglichkeiten ab. Nur der Anfang ist ganz klar, wo zuerst

[9] Vgl. Neumanns Hinweis in seiner Ausgabe auf eine wichtige Rezension von W. Mohr, Euphorion 51 (1957), S. 88/9.

Tatsachen, die dem Leser schon bekannt sind (Angaben über Herkunft und Sünde der Eltern), und dann die Anweisung für Taufe und Erziehung mitgeteilt werden. Die Aufzählung der Tatsachen erstreckt sich bis Z. 739. Bei dieser Zeile liegt ein deutlicher Einschnitt. Ebenso unzweideutig ist Z. 740, dann aber folgt eine Reihe von Satzgliedern, wo alle Verben im Konjunktiv Praeteriti stehen, die verschieden aufgefaßt werden können. Sind es Bedingungssätze, Folgesätze, Aufforderungssätze, oder andere? Aus der Stellung in diesem langen Satze ist das nicht immer zu entscheiden. Die älteren Herausgeber (Lachmann, Paul, Bech) haben durch die Interpunktionswahl ihre Auffassung des Inhalts klarzumachen versucht, während die neueren (Leitzmann, Neumann, Wolff) sich auf ein paar Kommata beschränken, wodurch es dem Leser überlassen ist, den Satz so aufzufassen, wie es ihn gut dünkt. Manchmal handelt es sich eindeutig um Aufforderungssätze, wie z. B. 741/2, was aus dem Zusammenhang klar hervorgeht. Aber wenn man weiter liest, wird der Zusammenhang des Satzes und das Beziehungsverhältnis seiner Glieder immer undeutlicher. Schieb und Nobel zitieren nach den neuen Ausgaben, scheinen aber, nach ihren Erörterungen zu urteilen, die wichtige Zeile 750 *(daz er læse daran)* nicht ganz gleich aufzufassen. Nobel sagt zwar nicht ausdrücklich, daß sie auch diese Zeile als Aufforderungssatzglied ansieht, aber ihre Ausführungen legen das nahe, denn sie spricht (S. 72) von der „Botschaft und Bitte an Gregorius“ und zitiert gerade diese Zeile, während Schieb (S. 56: „damit er sich . . . vor Augen halte“) sie als Finalsatz aufzufassen scheint. Dies wäre durchaus vertretbar. Ebenso naheliegend ist es, diesen Satzteil einfach als konsekutiv (nach 748) aufzufassen. Schwierig bleibt 752, mit dem *sô*; worauf bezieht es sich? Eine Möglichkeit ist *ob* in Z. 743, und der Sinn wäre dann etwa: wenn der Finder so handeln wollte und dem Findling Lesen (und Schreiben?) beibrächte, so daß er, wenn er das Mannesalter erreichen sollte, den Inhalt der Tafel lesen könnte, dann *(sô)* wäre dieser, durch diesen Schlag erschüttert, von der Gefahr befreit, in die Sünde der *superbia* zu verfallen. Die Hauptsache wäre dann, daß die Mutter Sorge trägt, daß ihr Kind nicht in die Hauptsünde der *superbia* verfällt, und es wäre dementsprechend nach *niht* ein Punkt zu setzen oder ein anderes Zeichen, das eine Pause angibt. Diese

Interpretation unterscheidet sich aber grundlegend von der Auffassung von einem an das Kind erteilten Gebot; in dem zweiten Fall denkt die Mutter in erster Linie an ihr und ihres Gatten Seelenheil, im ersten kommt es ihr darauf an, ihr Kind zu retten — gerade wie das bei der Entdeckung ihrer Schwangerschaft ihr erster Gedanke war (Z. 472/3). Vier Zeilen später folgt wieder ein *sô* (756) mit einem Konj. praet., und dieses Satzglied kann man grammatisch ähnlich verstehen wie das erste: falls eine Bedingung erfüllt würde, dann würde er ständig *(zaller stunde)* büßen. Diese Bedingung wäre in Z. 753 ausgedrückt, und der ganze Satz wäre dann so zu verstehen: nachdem dafür gesorgt ist, daß der Knabe nicht der *superbia* verfallen wird, wäre vielleicht zu hoffen, daß er sogar weiter ginge und so gut sein würde, daß er sich Gott zuwendete (Mönch würde?), und wenn dies der Fall wäre *(sô)*, würde er imstande sein (und würde es eventuell tatsächlich tun), ständig durch Gebet für den Frevel seines Vaters zu büßen. Ganz zum Schluß erst denkt die Mutter an sich selbst, was durchaus mit der hier vorgetragenen Auffassung ihres Charakters im Einklang steht; denn der *daz*-Satz in Z. 759 ist am besten als Parallelsatz zu 754 aufzufassen: wenn dann sogar diese zweite zu erhoffende Entwicklung eintreten sollte, nämlich daß er an seine Mutter denken würde, dann wäre damit zu rechnen, daß nicht nur die Seele des Kindes gerettet werden könnte — und das ist die Hauptsache — sondern auch vielleicht diejenige der Eltern.

Die hier vorgetragene Interpretation dieser syntaktisch komplizierten Zeilen ist nicht die einzig mögliche; es läßt sich aber behaupten, daß sie grammatisch vertretbar ist, und daß sie einen Sinn ergibt, der durchaus im Einklang sowohl mit dem, was man von einer Mutter erwarten darf, als auch mit den mündlichen Äußerungen der Mutter des Gregorius ist. Stimmt man dieser Auslegung bei, fällt die Hauptstütze der Schieb-Nobelschen These in sich zusammen; denn das Gebot, dessen Ausführung unterlassen sein soll, wird ja nicht einmal erteilt! Falls man aber doch darauf bestehen sollte, daß das Gebot erteilt wurde, bliebe zu untersuchen, wie weit der Knabe das Gebot befolgt. Nobel behauptet: „Der Gedanke an Buße für seine Eltern kommt ihm nicht“ und „Dieser Teil der Botschaft, ihr eigentliches Anliegen, geht an Gregor völlig vorbei, er reagiert nur auf ihren ersten Teil“ (S. 72). Ähnlich Schieb (S. 57) „ . . . Schuld . . ., daß er sich wissentlich und willentlich dem Wunsch der Mutter zu stellvertretender Buße entzieht und der *superbia* in seinem Leben Raum gibt.“ Allerdings besteht Gregorius auf seinem Vorsatz, Ritter zu werden; um jedoch seine Handlungsweise gerecht und menschlich zu beurteilen, muß betont werden, daß er den Vorsatz vorher schon gefaßt hatte, und daß er die Botschaft (oder genauer gesagt: seine Herkunft und die Wünsche und Hoffnungen seiner Mutter) erst erfährt, als er im Begriff steht, aufzubrechen. Psychologisch und dichterisch gesehen, kommt die Enthüllung zu spät, aber das ist nicht die Schuld des Gregorius. Man wird seinem Seelenzustand und den Vorsätzen des Dichters gerechter, wenn man das Benehmen des Helden nach seiner Abreise im Lichte seiner Ritterlaufbahn betrachtet, und wenn man sich klar macht, daß er sich als Ritter bewährt und insofern seinen Vorsatz rechtfertigt: er befreit die bedrängte Herrscherin, wird von allen wegen der guten Dienste gelobt, bis er schließlich das ganze Land der bedrängten Herrscherin dadurch befriedet, daß er die Königin heiratet. Alles ist nach dem üblichen Muster des höfischen Epos gestaltet, und es liegt kein Grund vor, zu bezweifeln, daß Hartmann den Wortlaut des Textes so verstanden haben wollte. Er tut aber etwas anderes, etwas, was Schieb und Nobel, wohl irregeführt durch die übliche Auffassung der Dialog-Szene mit dem Abt, nach der Gregorius alle Ratschläge des Abtes zurückgewiesen haben soll, entweder glatt verneinen (Schieb, S. 57: „daß er sich wissentlich und willentlich dem Wunsch der Mutter . . . entzieht“), oder es als irgendwie ungenügend, ohne Beachtung der „entscheidenden Worte“ (Schieb S. 58) erklären oder zugeben (Nobel S. 77) und es als „nur äußerlich“ beiseiteschieben: er hütete mit größter Sorgfalt die Tafel (2277/8), er las täglich, was darauf geschrieben stand (2282), weinte darüber (2284) und bat Gott um Hilfe für seine Eltern (2288/9); und er hatte das an jedem Tag seit seiner Ankunft getan (2371/2). Das sind nicht etwa Nebensächlichkeiten, noch weniger Möglichkeiten, die durch Interpretation zu erschließen wären, sondern ausdrückliche Aussagen des Dichters, die in direktem Gegensatz zu dem von Schieb und Nobel Behaupteten stehen. Sie sind auch erzähltechnisch hervorgehoben, denn gerade dadurch, daß

Gregorius diesem Teil der Wünsche seiner Mutter gewissenhaft nachkommt, wird die erschütternde Entdeckung gemacht: eine Magd bemerkt wie

> *er hete genomen zu sîner klage*
> *im eine zît in dem tage*
> *die er ouch niemer versaz*
> ...
> *daz er dar lachende gie*
> *und schiet ie als ein riuwec man*
> *mit rôten ougen von dan.* (2301—8)

Diese geistige und zum Teil auch körperliche Kasteiung wird im folgenden, in der Szene, in der die Magd ihrer Herrin über ihre Entdeckung berichtet, weiter und noch nachdrücklicher ausgeführt (2371—2403). Dichterisch gesehen ist diese Szene von großer, um nicht zu sagen zentraler Bedeutung; um den weiteren Verlauf der Handlung zu ermöglichen, muß das, was auf der Tafel geschrieben steht, den handelnden Personen bekannt werden — diese indirekte Weise der Mitteilung ist ein bekanntes literarisches Motiv — und man wird Hartmann als Dichter nur dann gerecht, wenn man den Aufbau der Szene genau beachtet und bemerkt, welche Beweggründe er seinen Personen zuschreibt. Daß diese wichtigen Stellen von Schieb und Nobel nicht beachtet wurden, betont wieder die Gefahr, die die Kritik läuft, wenn sie Werke der Dichtung zu sehr nach vorgefaßten Meinungen über deren religiösen Gehalt und zu wenig nach dichterischen Gesichtspunkten betrachtet und untersucht. Es betont auch die Gefahr einer zu strengen Teilung zwischen „weltlich" und „religiös". Vom Standpunkt einer religiösen Dichtung, wie etwa eines Heiligenlebens, mag es wohl vertretbar sein, zu schreiben „daß er sich ... dem Wunsch der Mutter zu stellvertretender Buße entzieht und der *superbia* in seinem Leben Raum gibt", denn es ist ohne weiteres zuzugeben, daß Gregorius ähnlich handelt wie z. B. Parzival, indem er dem Abt sagt, er hoffe zuversichtlich, daß er die Veranlagung und die Kraft habe, alle Schwierigkeiten zu überwinden. Das ist *superbia*, und bei einem Heiligen wäre eine solche Einstellung durchaus zu verwerfen; doch Gregorius ist kein Heiliger, sondern ein Ritter; vom Standpunkt eines nicht wie ein heiliger Mönch, sondern wie ein Ritter, aber man kann immer noch nicht sagen, daß er nicht büße. Vom Standpunkt eines Ritters und eines Ritterromans hat nur der zweite Teil des Heiligen könnte man unter Umständen sagen, daß er sich dem Wunsch seiner Mutter entzieht, denn indem er auszieht, handelt er Satzes Gültigkeit; der erste ist völlig unhaltbar. Als Heiliger hat er versagt, indem er der *superbia* irgendwelchen Raum gibt, und durch den Versuch, mit der Buße zugleich die Ausübung einer weltlichen (ritterlichen) Tätigkeit zu vereinen. Eine gewisse Anwandlung von *superbia* aber teilt er mit anderen Rittern, und durch das Verlangen, den Anforderungen der Welt und Gottes (Beten) gerecht zu werden, strebt er geradezu nach dem anerkannt höchsten Ideal des Rittertums. Wenn er versagt, liegt das eher „am System" als an ihm selber.

3

Obige Ausführungen dürften gezeigt haben, daß vieles in Hartmanns Text entschieden gegen die von Schieb und Nobel aufgestellte These von der „persönlichen Schuld" des Helden spricht, die aus der Unterlassung des angeblichen Gebotes entstanden sein soll. Man befrage jetzt den Text weiter, ob er diesen Befund sonst erhärtet. Voraussetzung für die These ist, daß Hartmann seinen Stoff im Einklang mit der vorherrschenden und orthodoxen Einstellung der Kirche zur Inzestfrage darstelle. Diese Auffassung sucht Nobel im ersten Teil ihres Aufsatzes näher zu begründen. Dieser Versuch kann nicht als restlos geglückt gelten, weil die „Aufgabe, die Schuld des Gregorius zu klären in strengem Anschluß an Hartmanns Text, zugleich mit ständigem Blick auf die Aussagen der Theologie seiner Zeit zu diesen Problemen" (Nobel, S. 66) ungleich durchgeführt ist. Es wäre vermessen, wollte einer, der in theologischen Fragen nicht geschult ist, versuchen, sich mit der Behandlung des zweiten Teils der genannten Aufgabe auseinanderzusetzen, doch dürfte man dazu bemerken, daß Nobel zugeben muß, daß in mindestens einem Punkt Hartmanns „theologische Zuverlässigkeit" zu wünschen übrig läßt (S. 68 und Anm. 60). Bei einem Laien wäre dies wohl nicht allzu ernst zu nehmen; in einem

Werke, das für den Weltadel die orthodoxe Lehre der Kirche darstellen soll, wiegt es schwerer. Der Literaturkritiker aber hat ein Wort mitzureden in der Kritik des Textes, und gerade hier ist nicht alles, abgesehen von den vorhin erwähnten Fällen, berücksichtigt, was Hartmann schreibt, und zwar was er an erzähltechnisch bedeutenden Stellen und mit viel Nachdruck schreibt.

In den Fragen, ob Gregorius bereits durch seine Geburt mit einer Schuld behaftet ist und ob Gregorius und seine Mutter durch ihre Ehe schuldig geworden sind, kommt Nobel eindeutig zu dem Schluß, daß die Kirche sowohl ihn im ersten wie auch sie beide im zweiten Fall freispricht und daß Hartmann sich dieser Auffassung anschließt. Wie aus Nobels Ausführungen hervorgeht, ist die Kirche hierin nicht immer einig gewesen, und sie war es auch zu Hartmanns Zeit nicht, aber die Schlüsse der beiden Gelehrten zu dieser Frage sind in diesem Zusammenhang nicht zu beanstanden. Wichtiger ist, ob Hartmann wirklich die kirchliche Meinung teilt, und in beiden Fällen kann man anderer Meinung sein als Nobel.

Die Erschütterung der Geschwister-Eltern angesichts der Geburt des Knaben ist zum großen Teil auf ihre Befürchtungen für ihre eigene Ehre zurückzuführen; das ist deutlich ausgedrückt im Wortlaut des Textes, aber ebenso deutlich ausgedrückt ist, daß dem Kind auch Gefahr drohe. Die Schwester, die als erste einige Fassung wiedergewinnt, will verhüten, daß auch das Kind mit ihnen verloren sei, und stellt das als einen möglichen Ausweg dar, was sie oft hat sagen hören (475). Anstatt zu behaupten, daß Hartmann den Fall streng nach der kirchlichen Auffassung darstellt, nach der das Kind *niene treit / sînes vater schulde*, wäre es vorsichtiger, sowie auch dem Text gerechter, zuzugeben, daß beide Möglichkeiten, die kirchliche und die volkstümliche, erwähnt und erwogen werden. Ähnlich steht es mit dem Satzglied *geborn / mit alsô grôzen sünden* (689); es ist möglich, daß Hartmann damit bloß ausdrücken will, daß er „in solch sündhaften Umständen" geboren wurde, aber man muß doch die andere Möglichkeit, „mit so großen Sünden belastet" wenigstens erwägen. Wenn man aber weiter liest, stößt man an der Stelle, wo Gregorius den Fall selber erfährt (Z. 2282—7), auf die Worte:

an der er tegelîchen las
sîn süntlîche sache
...
wie er geboren würde
und die süntlîche bürde
sîner muoter und sînes vater,

angesichts welcher es schwer begreiflich ist, wie man behaupten kann, Gregorius sei „bei Hartmann durch seine Geburt mit keiner Schuld behaftet". Gregorius selbst zweifelt nicht: er betrachtet sich als *vervallen* (1780) und fragt sich, wie er *gotes hulde gewinnen sol* (1782/3).

Die Inzest-Ehe mit der Mutter stellt insofern schwierige Probleme, als Nobel mit einer Unterscheidung zwischen 'Schuld' und 'persönlicher Schuld' arbeitet, ohne daß aus dem von ihr zitierten Vergleichsmaterial aus den Schriften der Kirchenväter eine solche ersichtlich wäre. Auch wird es dem Laien schwerlich einleuchten, daß Gregorius sich weniger betroffen fühle, wie Nobel meint, weil er nicht wußte, was er doch tatsächlich verübte. Wozu die langen Ausführungen und die Vergleiche mit Judas und David, wenn nicht um auszudrücken, daß sein Leid mindestens das Maß alles bisher Bekannten erreichte? Zudem kann man der Behauptung nicht beistimmen, daß „die Aussagen (zitiert auf S. 69) alle eigentümlich passiv gehalten sind". *diu ûf sîn selbes rücke lac* dürfte als „passiv" anzusprechen sein, aber wenn man die zwei folgenden Zeilen

die (sc. schulde) er naht unde tac
mit sîner muoter u o p t e

auch als „passiv" bezeichnet, dann muß man einfach sagen, daß man das Wort in einem Sinn gebraucht, der der gewöhnlichen grammatischen und semantischen Praxis nicht entspricht. Man möchte dagegen fragen, was denn Gregorius eigentlich meine, wenn er zur Mutter sagt

ir sît ein schuldec wîp (2721),

und der Dichter in Z. 2482 ff.? Unsere Schwierigkeiten lösen sich nicht, wenn gleich nachher zugegeben wird, „daß sie leicht vergessen läßt, daß durch Nichtwissen beide doch unschuldig sind", von dem „subjektiven Schuldbewußtsein" beider gesprochen wird, um dann wieder auf Gregorius allein zuzusteuern. Sind beide schuldig, oder ist es nur einer? Der Dichter äußert sich deutlich dazu, nicht nur an den von Nobel (S. 70) zitierten Stellen, die sich auf Mutter bzw. Sohn einzeln beziehen, sondern am Anfang des Epilogs (3959), wo von beiden zusammen *(disen sundæren)* gesprochen wird (oder sollen auch der Vater und der Fischer eingeschlossen sein? Vgl. Schieb, S. 62) und von *ir grôzen meintât,* nach der sie *sint genesen.* Wenn man den Text befragen will, so darf man doch so klare und eindeutige Äußerungen eines Dichters, der wegen seiner „kristallklaren" Sprache gerühmt wird, nicht außer acht lassen.

Wenn die vorhergehenden Ausführungen in gewissem Maße polemisch ausgefallen sind, liegt das in der Natur der Sache, denn eine These wie die von Schieb und Nobel ausgearbeitete mußte wegen ihrer Bedeutung und Tragweite auf ihre Tragfähigkeit untersucht werden, und diese Untersuchung mußte ins einzelne gehen. In einer solchen Untersuchung muß damit gerechnet werden, daß der Leser manche Äußerung finden wird, über die er anderer Meinung ist, oder daß er Lücken in der Beweisführung entdeckt; insofern als mehr Nachdruck auf die Meinungsverschiedenheiten gelegt wird, ist der Befund eher negativ als positiv; wenn wirklich ernsthafte Lücken aufgedeckt worden sind, wird sich die Untersuchung gelohnt haben.

Thesen wie die von Schieb und Nobel entspringen der Überzeugung, Hartmann schreibe gemäß der orthodoxen Lehre der Kirche, und der daraus sich ergebenden Notwendigkeit, nach einer Deutung zu suchen, die mit dieser Lehre im Einklang steht. Von ähnlichen Gesichtspunkten ausgehend, findet H. Schneider[10] die entscheidende Schuldtat, die zur blutschänderischen Ehe mit der Mutter führt, in dem freiwillig gefaßten Entschluß des Gregorius, das Kloster zu verlassen („der flüchtige Klosterschüler", „der entsprungene Mönch"). Auch diese Erklärung befriedigt nicht ganz, denn Gregorius kann kaum als dem Kloster verpflichtet angesehen werden, denn er hat kein Gelübde abgelegt, und der Abt selber muß zugeben, er sei nicht zum Mönch geeignet, und fast spricht er ihn

[10] Parzival-Studien. München 1947, S. 21 und 24.

los. Angesichts der Unzulänglichkeiten der vorgeschlagenen Lösungen wäre es besser, erneut die Frage zu stellen, ob es wirklich so fest stehe, daß Hartmann streng dem kirchlichen Standpunkt folgte, und ob es wirklich nötig ist, Bedenken zu hegen, ihn als Laien zu betrachten; der nächste Abschnitt dieser Untersuchung will zeigen, daß man solche Bedenken nicht zu hegen braucht, sondern eher guten Grund hat, ihn als Laien zu betrachten, allerdings als einen streng moralischen Laien.

4

Von Hartmanns vier Epen — denn nach wie vor sind es die Werke selbst, die die einzig mögliche Grundlage geben, diese Ansicht entweder zu erhärten oder zu widerlegen — spielen zwei völlig im höfischen Milieu: Erec und Iwein sind Ritter, die die durch *die mâze* gesetzten Grenzen des ritterlichen Benehmens übertreten und dafür bestraft werden, um dann ihre frühere Stelle im höfischen Umkreis wieder einzunehmen. Die Maßstäbe, nach denen sie beurteilt werden, sind sittlich streng, und diejenigen, die sich die beiden Ritter persönlich setzen, sind nicht weniger streng. Daß auch religiöse Gesichtspunkte eine Rolle spielen, oder zu spielen scheinen, darf nicht wundernehmen, denn religiöse Observanz gehört ureigen zum Rittertum; das hat man längst eingesehen und anerkannt, und Ehrismann führt eine Reihe von Stellen an, die im ›Erec‹ von dieser „Frömmigkeit" Zeugnis ablegen [11], ohne sich dadurch gezwungen zu sehen, ›Erec‹ zu den religiösen Epen zu zählen. Anderseits muß betont werden, denn das wird allzuleicht übersehen, daß auch der Held des ›Armen Heinrich‹ Ritter ist, und obgleich sein Vergehen nicht so ausgesprochen alltäglich ist, wie es beim ›Erec‹ und ›Iwein‹ der Fall ist, bleibt es doch innerhalb des ritterlichen, und somit „weltlichen" Lebens: *guot* und *êre* besitzt er in reichem Maße, aber dadurch, daß er dem Laster der *superbia* verfällt, verwirkt er die dritte Eigenschaft, die der vollkommene Ritter haben muß, *gotes hulde*, denn die *superbia* gilt für den welt-

[11] Gesch. d. dt. Literatur b. z. Ausg. d. Mittelalters II, ii, 1, S. 169.

lichen Menschen des Hochmittelalters als ebenso gefährlich und verwerflich wie für den geistlichen. Nach seiner Heilung wird der arme Heinrich wieder in die Gesellschaft aufgenommen und er

... wart rîcher vil dan ê
des guotes und der êren (1430/1);

er geht eine *êliche hîrat* ein und genießt mit seiner Gemahlin *süezen lanclîp* auf Erden (1514).

Irgendwelcher Befund, der aus diesen drei Werken erarbeitet wird, ist für den ›Gregorius‹ natürlich nicht bindend, wohl aber sollte das Vorhandensein von ähnlichen Zügen im ›Erec‹ und im ›Iwein‹ einerseits und dem ›Armen Heinrich‹ andererseits vor allzu scharfer Trennung in „geistliche" und „weltliche" Epen warnen. Was Hartmanns Einstellung ist in diesem Gedicht zu den jeden Ritter wenn nicht bewegenden so doch angehenden Problemen des Ausgleichs zwischen den Forderungen Gottes und der Welt und des Seelenheils, kann nur eine Untersuchung des Textes selber ergeben, denn mit der Chronologie seiner Werke und seinem Lebenslauf ist nichts Sicheres anzufangen. Sich allein auf eine solche Untersuchung zu verlassen, ist natürlich gefährlich, denn Interpretationen von Dichtungen, auch wenn die Möglichkeit einer Kontrolle durch außerhalb der Dichtung liegende Faktoren besteht, können je nach der Einstellung und Veranlagung des Kritikers weit auseinanderklaffen; stehen keine anderen sicheren Mittel zur Verfügung, muß der Versuch gewagt werden.

'Untersuchung des Textes' verlangt nicht nur die Analyse einzelner Wörter und Sätze, sondern auch die Berücksichtigung des Ganges der Handlung und des Aufbaus des Gedichtes; während im Vorhergehenden jenes den Vorrang hatte, wird im folgenden dieses die größere Rolle spielen.

Einige Äußerungen des Dichters stehen in den einleitenden und abschließenden prolog- bzw. epilogähnlichen Zeilen, wobei man sich immer prinzipiell vor Augen halten muß, daß man solche Äußerungen nicht etwa als ein 'Programm' oder eine Inhaltsübersicht des ganzen Werkes betrachten darf: sie sollen nur einige besonders wichtige Gesichtspunkte hervorheben. Im Prolog warnt Hartmann, mit besonderer Berücksichtigung seines eigenen Falls, vor der Gefahr, daß man sich nicht früh genug entschließt, von sündiger Lebensweise abzulassen, und geht dann auf das eigentliche Thema des Gedichts über, daß jeder Sünder, so schwer seine Sünden auch seien, doch auf Gottes Gnade hoffen kann, solange er sich vom *zwîvel* frei hält, wenn er *riuwe* empfindet und *buoze* tut. Weder auf die notwendige Art oder den notwendigen Grad der *riuwe und buoze* noch auf die Natur dieser Sünden wird eingegangen; bloß im Prolog (53 f., 67, 153) wird die ausnehmend schwere Art *(houbethaft, bercswær)* dieser Schuld betont. Durch den Vergleich mit Judas und David wird, wie oben erwähnt, ausdrücklich klar gemacht, daß die *riuwe* das Maß alles bisher Bekannten erreichte, und der Gang der Handlung macht es ebenso klar, daß die *buoze* die Grenzen des Menschenmöglichen erreichte. Aus dem Umstand, daß Hartmann weder im Prolog noch im Epilog die Schuld mit Namen nennt, dürfte sich ergeben, daß er wußte, daß diese seinem Publikum aus dem Gang der Handlung einleuchten würde, und man könnte deshalb fragen: welche Taten oder Unterlassungen würde ein ritterliches Publikum für so fürchterlich halten, daß sie eine so schwere Strafe verdienten?

Die Erzählung selber, wie es dem Epos entspricht, ist breit angelegt und läßt sich mit Neumann zwanglos in vier Teile zerlegen[12]; die zwei mittleren, „Gregorius in der Klosterwelt“ und „Gregorius im Lande der Mutter“ sind ungefähr gleich lang, die „Vorgeschichte“ ist um rund 150 Zeilen kürzer, und das Hauptstück „Der Einsiedler“ um rund 300 Zeilen länger. Nicht nur Gottfried von Straßburg weiß die Klarheit von Hartmanns Stil zu schätzen, sondern auch wir glauben in ihm einen begabten Erzähler zu sehen; daraus sollte folgen, daß man es ihm als beabsichtigt und seinen Zwecken dienend zubillige, daß er fast ein Viertel seiner Erzählung Begebenheiten widmet, die entweder der Geburt des Helden oder wenigstens der Zeit, in der er bewußt handelnd eingreifen kann, vorausliegen. Die nächsten rund 200 Zeilen behandeln zwar Gre-

[12] Die Zahlen-Methode, wie sie z. B. H. Eggers, Symmetrie und Proportion epischen Erzählens. Stuttgart 1956, anwendet, hat bis jetzt zu wenig Anerkennung gefunden, als daß sie sich zu einer verläßlichen Interpretation verwenden ließe.

gorius selbst, aber nur in dem Sinn, daß von ihm erzählt wird: erst gegen Z. 1200, also in dem zweiten Viertel des Gedichts, greift Gregorius einigermaßen selbständig handelnd ein. Ein geschickter Erzähler würde seinen Stoff nur dann so einteilen, wenn er zum Ausdruck bringen wollte, daß für den Zweck seiner Erzählung auch die Umstände, unter denen sein Held wirkte oder wirken sollte, von Bedeutung waren.

Der erste Abschnitt bringt eine kleine abgerundete Geschichte, die trotz ihrer Kürze und der nüchternen Behandlung (die wir als echt Hartmannisch glauben bezeichnen zu können) doch ergreifend wirkt, wohl durch des Dichters sicheres Gefühl für das rein Menschliche: zwei reizende Kinder, die durch den frühen Tod der Mutter und bald darauf des Vaters, der es sich vorwirft, nicht genug für ihr Wohlergehen getan zu haben, ohne die genügende Ausrüstung gegen die Gefahren der Welt sich selbst überlassen sind. Der Knabe versucht nach bestem Wissen und Gewissen für seine Schwester (277/8) zu sorgen, wird aber durch *des tiuvels willen* von Gefühlen übermannt, vor denen er nicht gewarnt war. Bei den Maßnahmen, die getroffen werden, mischen sich in etwa gleicher Stärke das rein Weltliche (Geheimhaltung, ähnlich wie es, wohl später, im ›Tristan‹ behandelt wird) und Sorge für das Seelenheil der Täter; von den Gefahren, die auch dem Kinde drohen, oder drohen mögen, war oben die Rede. Niemand scheint zu bezweifeln, daß die begangene Sünde gebüßt werden kann, wobei aber nicht vergessen wird — noch von der Forschung vergessen werden darf! — daß das Kind belastet ist; auf eine genaue Interpretation der Worte

... geborn / mit alsô grôzen sünden (688/9)

sei aus den oben genannten Erwägungen verzichtet. Betont wird dabei, daß die Mutter sich nicht von der Welt zurückziehen soll:

belîbet si bî dem lande
ir sünde und ir schande
mac sie sô baz gebüezen. (603—5)

Bemerkungen über *vrou Minne* und die relative Empfindungsstärke von Männern und Frauen dienen zur Stärkung der Welt- und Hofgebundenheit des Geschehens und der handelnden Personen;

zum Schluß gilt es, das verlassene Mädchen vor ihrem Bedränger und dem Verlust ihres Reiches zu schützen.

Einen Wendepunkt in der Erzählung bildet in dem nächsten Abschnitt der Schlag, den Gregorius dem Fischerknaben beim Spiel versetzt (1291—3). Bis dahin ist es dem Findling gut ergangen, und er ist wegen seiner Herkunft nicht benachteiligt worden, weder in der Behandlung seitens anderer, noch in seiner eigenen Entwicklung. Diese gestaltet sich, wie der Dichter es ausdrücklich und ziemlich breit ausführt, körperlich, geistig und seelisch geradezu ideal. Daß dem Helden sein Wunschleben in dem Augenblick, wo es auf der Höhe steht, zerschmettert wird, entspricht der Aufbautechnik des höfischen Epos [13], wie sie sich auch sonst bei Hartmann und Wolfram so deutlich exemplifiziert findet. In manchen Fällen ist der Grund bekannt und anerkannt; bei Erec und Iwein wegen Verletzung des Gebotes der *mâze* im Ausgleich zwischen Familienleben und Rittertum, beim Armen Heinrich, weil er es nicht verstand, *êre* und *guot* und *got* zu vereinigen, was zu erstreben jedem Ritter oblag; bei anderen, darunter Parzival, ist der Grund weniger klar. Im Falle von Gregorius scheint Hartmann nicht gewillt zu sein, darauf einzugehen, denn er sagt einfach (1289 f.):

nu gevuocte ein wunderlich geschiht
(ez enkam von sînem willen niht).

An die Überlegung anknüpfend, ob Gregorius hier ausdrücklich von aller Schuld freigesprochen werden solle, ließe sich eine lange Reihe von Möglichkeiten und Hypothesen spinnen. Wie dem auch sei, die Folge davon ist, daß er seine ganze Vorgeschichte erfährt, was ihm ein Weiterbleiben bei den Fischersleuten und im Kloster unerträglich macht; und das wirft eine andere Frage auf, warum es ihm unerträglich sein soll.

Die Antwort ist in dem Dialog mit dem Abte zu suchen. Der Abt sagt Gregorius, daß er auf das, was er gehört hat, gar nicht zu achten brauche, aber dieser besteht darauf, daß er fortziehen müsse und führt verschiedene Gründe bzw. Ausreden an, um seinen Entschluß zu bekräftigen; wieviel Wert man diesen beimißt, und ob

[13] Vgl. P. Wapnewski, Hartmann von Aue (Metzler), S. 64 u. 70.

man sie überhaupt als Gründe oder Ausreden betrachtet, wird von den Ansichten des einzelnen Forschers abhängen, denn Hartmann hat die Szene, wie es ihrer Bedeutung gebührt, breit angelegt und im Rahmen der dafür gewählten Gesprächsform den beiden Gesprächspartnern in einer Weise Gründe und Gegengründe in den Mund gelegt, daß es nicht immer möglich ist zu entscheiden, welche Hartmann selber für triftig hält, oder ob er überhaupt einen entschiedenen Standpunkt vertritt. Es ist nicht unmöglich, daß es in Hartmanns Absicht lag, daß diese Unsicherheit entstehen sollte. Fest steht, daß der Abt unbedingt will, daß Gregorius bleibe und daß Gregorius ebenso fest entschlossen ist, fortzuziehen, und jeder führt Gründe an, um seinen Standpunkt zu verteidigen, die von diesem Standpunkt aus durchaus zu vertreten sind. Der Abt sagt, daß das Leben in der Welt mit Gefahr verbunden ist — er sagt nicht etwa, daß es schlecht ist — und daß es schade wäre, wenn der junge Gregorius von seinen gelehrten Errungenschaften nicht Gebrauch machte; zweifelhafter aber ist es, ob es taktisch richtig war, den Knaben durch Betonung seines Mangels an Erfahrung und an Reichtum einzuschüchtern, durch Versprechen einer guten Heirat und eines gemütlichen Familienlebens einzuschläfern oder durch die Aussicht auf schnellen Aufstieg zu gewinnen. Gregorius hat weder die Erfahrung noch die geistige Bildung des Abtes, sondern ist ein junger Mann, der eben von *sîn schentlîche sache* (1339) hat sagen hören, und man kann es ihm nicht als Schuld anrechnen, daß er nicht wußte, daß die Kirchenväter seiner Zeit ihm seine Geburt nicht als Sünde anrechnen würden; durch das, was er gehört hat, ist er von seiner *schande* (1426, 1490) überzeugt, er fühlt sich *betrogen*, weil er nicht derjenige ist, der er zu sein glaubte (1402/3), seiner *unêre* (1413) ist er stark bewußt, und er fürchtet den Spott (1422), der Findlingen nur zu oft zuteil wird. Die Entdeckung aber gibt ihm doch eine Hoffnung, nämlich, daß er von hoher Geburt sein könnte und deshalb hoffen könnte, Ritter zu werden, denn diesen Wunsch hatte er von je gehegt (1501—3); das ist nicht verwunderlich, denn er ist von hoher ritterlicher Geburt. Auch ist dies an sich nicht tadelnswert; man braucht dann nicht allgemeine Bemerkungen über das Rittertum und die Einstellung irgendeines Einzelnen anzuknüpfen, denn man hat den Wortlaut von Hartmanns Text, und zwar in der Antwort des Abtes auf Gregorius Behauptung, daß es besser sei, *gotes ritter* zu sein als *ein betrogen klôsterman* (1534/5). Neumann in seiner Ausgabe bemerkt richtig dazu: „Der Abt spricht n i c h t dagegen. Er erklärt nur, Reiterdienst schaffe nicht mehr, wer mindestens 12 Jahre 'ungeritten' gewesen sei“. Das kann nicht zu stark betont werden, sowie auch, daß der Abt dann einsieht und zugibt, daß sein Zögling der Veranlagung nach kein Mönch ist und ihm darauf zu seiner erwählten Laufbahn seinen Segen gibt (1636—40). Er macht trotzdem zwei weitere Versuche (wenn auch etwas verzweifelte?) ihn zurückzuhalten, zuerst mit dem Vorschlag einer *rîchen hîrat,* den Gregorius scharf, fast als ob er ihn als eine Beleidigung auffaßte, zurückweist. Nach der Schärfe und Länge dieser Antwort (1675—1731) zu urteilen, könnte man meinen, daß sich Hartmann hier den Höhepunkt vorgestellt hat, denn es wäre psychologisch kaum vertretbar, einen erfahrenen Mann nach den letzten Worten des Knaben noch hoffen zu lassen, daß er sein Ziel erreichen könnte. Nun erst enthüllt er das Geheimnis der Tafel, und das Ergebnis ist gerade das psychologisch zu Erwartende: Gregorius ist entsetzt über die Blutschande und zu gleicher Zeit erfreut über die hohe Geburt und sieht sich bestätigt in seinem Entschluß.

Hartmann hat die Szene lang und ausführlich gestaltet (über vierhundert Zeilen), wie es ihrer Bedeutung entspricht, denn sein Held wird hier vor eine schicksalsschwere Entscheidung gestellt, aber auch, wie später Parzival in der Gralsburg, vor eine schwer zu treffende, denn er ist, höfisch gesehen, nicht würdig, unter 'anständigen' Menschen zu weilen: durch die Missetat (obwohl sie nicht seine war) ist an ihm das Gebot verletzt worden, und er muß (wiederum höfisch gesehen) den Schaden durch Tätigkeit in der Welt wieder gutmachen. Daß er trotz der Versicherung des Abtes darauf besteht, hat auch seine Parallele im ›Parzival‹, wo dieser nicht am Artushof bleiben will, trotz der Gunstzusicherungen und -beweise der Artusritter, weil er selbst sich nicht für würdig hält. Ebensowenig wie es an sich schlecht ist, zu schweigen, ist es an sich nicht schlecht, sich als Ritter in der Welt zu bewähren; wenn der Abt Gregorius gesagt hätte, es wäre unbedingt seine Pflicht, für die Seele seines Vaters und für seine Mutter zu beten, und daß er das nur tun könnte, wenn er Mönch würde, dann dürfte man ihn der Pflichtvergessenheit zeihen, aber darauf spielt der Abt auch nicht mit dem leisesten Wort an.

Der nächste Abschnitt, der äußerlich so auffallende Ähnlichkeit mit Parzivals Rettung von Condwiramurs zeigt, bleibt völlig im Rahmen eines Ritterromans; in beiden Werken steht der junge Mann, der eben Ritter geworden ist, vor seiner ersten Probe und besteht sie glänzend. Innerlich aber besteht ein Unterschied. Parzival hatte zwar gesündigt, aber er wußte von dem Tod seiner Mutter noch nichts, und daß er Ither getötet hatte, betrachtete er als das Ergebnis eines fairen Kampfes — während auf Gregorius der Schatten vergangener Ereignisse liegt und er sich schuldig fühlt. Insofern ist der Vergleich eher mit den späteren Stadien einer Ritterlaufbahn anzustellen, nämlich mit der Abenteuerreihe, in der der Ritter seine Fehltat büßt, welcher Vergleich durchaus zu vertreten ist, denn die Zerstörung von Gregorius' Glück ist auf zwei Stadien verteilt, die aber aufs engste miteinander verbunden sind: er zog aus, wie oben ausgeführt wurde, weil er sich infolge seiner *schande* unwürdig fühlte und unterzieht sich tagtäglich, ohne einmal auszusetzen, der schwersten geistigen Kasteiung, die auch körperlich wirkt, und gerade während er das tut, und dadurch, daß er es tut, wird das noch größere Übel entdeckt, das er selber begeht (*uopte*, 2293), wodurch die Zerstörung vollendet wird. Die Entdeckung dieser, seiner eigenen Schuld, verbunden mit dem Bewußtsein der auf ihm lastenden Schuld seiner Eltern ist es, die zu der Zerknirschung führt, die den Wendepunkt des Epos bildet. Das wird [14] nicht expressis verbis gesagt; es ist aber aus dem Zusammenhang klar ersichtlich. Die Mutter spricht mehrfach ihr Entsetzen über das Geschehene aus [15], und zwar an Stellen, die keinen Zweifel daran lassen, daß es sich um die Ehe mit ihrem Sohne handelt, was auch dadurch erhärtet wird, daß sie mit den Worten

sô hât uns des tiuvels rât
versenket sêle unde lîp (2602/3)

[14] Was auch nicht nötig ist, solange man nach literarischen Gesichtspunkten urteilt.

[15] Wie etwa 2686/7; 2681/2.

beide zugleich schuldig erklärt, und Gregorius spricht ähnliche Gedanken (*mîn vleisch ist sô unreine* 3513, *sô hôhe sô mîn schulde stât* 3522, *ich hân . . . verdienet* 3542 ff.) aus, und ebenso in einem Zusammenhang, der sie nur mit Bezug auf die genannte Entdeckung literarisch sinnvoll macht. Er fühlt sich ähnlich betroffen wie Parzival; er hatte nach bestem Wissen und Gewissen alles das getan, was zu einem rechten, gottesfürchtigen Lebenswandel gehört, und alles das unterlassen, was nicht dazu gehört, und zum Lohn sieht er sich ausgestoßen, bzw. sein Seelenheil gefährdet. Nur verliert er, im Gegensatz zu Parzival, sein Vertrauen auf Gott nicht.

5

Wenn man, wie es im Vorhergehenden versucht wurde, Hartmanns Werk eher als ein Stück erzählender Dichtung betrachtet als eins, das sich zum Ziel setzt, eine bestimmte kirchliche Lehre zum Ausdruck zu bringen, wird man die Aussagen im „Prolog“ und „Epilog“ anders verstehen, oder wenigstens anders betonen. Man könnte auch die Rolle des Prologs anders beurteilen; wenn Nobel (S. 54) sagt: „die folgende Erzählung ist in gewissem Sinn die Ausführung des hier allegorisch Vorgedeuteten“, kann man, fast umgekehrt, behaupten, daß der Dichter im Prolog zuerst theoretisch und dann an Hand eines Beispiels die Hauptmomente der Handlung und deren Sinn in der deutlichsten Form heraushebt und durch ausdrückliche Worte betont und diese dann der Erzählung selber vorausschickt. Mit anderen Worten, er gibt seinen Zuhörern in allen verständlicher Form einige Hinweise, worum es sich im Gedicht, das sie eben hören sollen, handelt — ein bekanntes literarisches Phänomen.

Damit ist aber der Inhalt des Prologs nicht erschöpft. Vom literarischen Standpunkt wird man diesen in zwei ganz verschiedenartige Teile unterteilen und zwischen diesen Teilen, die man ‘subjektiv’ und ‘objektiv’ nennen könnte, streng unterscheiden; ‘objektiv’ kann man den Teil nennen, der sich auf die Handlung und deren Sinn und Bedeutung bezieht, und ‘subjektiv’ ist der Teil, der Aussagen über den Dichter selbst enthält, welche ihrer Art gemäß gar nicht mit der Handlung selbst in Verbindung gebracht zu werden brauchen — ebensowenig wie man die persönlichen Aussagen im ›Armen Heinrich‹ und ›Iwein‹ mit Bezug auf den Gang der Handlung zu deuten versucht. Subjektiv in diesem Sinn sind die Anfangszeilen, denn diese bilden das Bekenntnis eines wohl jüngeren Mannes, der einzusehen glaubt, daß er sich den Freuden der Welt zu sehr gewidmet hat und auch einsieht — was vielleicht noch wichtiger ist, denn dies hat allgemeine Gültigkeit — daß man die Frist des Erdenlebens nicht bemessen kann und daß man daher die Zeit der Umkehr nicht hinausschieben soll: derjenige, welcher denkt, er könne in seiner Jugend getrost sündigen, um dafür im Alter zu büßen, läßt sich auf ein Spiel ein, das ihm sein Seelenheil kosten könnte. Das ewige Leben sei jeder Selbstverneinung wert. Ob dies *praesumptio* (Schieb, S. 52) zu nennen ist und deshalb auf gleichen Fuß zu setzen mit dem vermessenen Sündigen auf den Trost hin, daß Gott doch alles vergeben wird, was in dem Epilog gerügt wird, stehe vorerst dahin; dagegen muß betont werden, daß das hier (Z. 1—34) Geäußerte lediglich Bemerkungen des Dichters über sich selbst sind, und daß, dichterisch gesehen, nicht der geringste Grund besteht, diese Aussage irgendwie auf die Handlung des Gedichtes zu beziehen. Daß diese Zeilen wirklich „außerhalb“ stehen, wird durch Z. 35 ff. bestätigt, in denen der Dichter sagt, er wolle jetzt eine Geschichte erzählen, die Gottes Wahrheit verkünde, und zwar darum, daß Gott seiner Seele gnädig werde — gerade die Gründe, aus denen er den ›Armen Heinrich‹ geschrieben hat.

Erst nach diesen persönlichen Bemerkungen folgt die eigentliche Themenstellung des Gedichtes, ohne daß man genau die Zeile angeben könnte, wo der Übergang fällt, denn in Z. 43—50 denkt der Dichter sowohl vorwärts an das eigentliche Thema wie auch, an seine eigene Schuldhaftigkeit anknüpfend, rückwärts an die Möglichkeit, daß auch ihm selbst zu helfen sei. Ab Z. 50 spricht er nicht mehr von sich selbst, sondern sagt ganz deutlich sein Thema aus: keine Sünde ist so groß, daß sie nicht mittels Buße und Reue vergeben werden könnte — was er am Schluß des Gedichtes wieder betont (3983—88) — solange der *zwîvel* fern bleibt. Zwei unerläßliche Bedingungen also: daß der sündige Mensch durch seine Bemühungen sich selbst zu helfen versuche und daß er die nötige vertrauensvolle Gesinnung habe. Das wird zuerst theoretisch dargelegt und dann, wie es der Dichter ausdrücklich sagt (Z. 97), an einem Beispiel erläutert.

Dieses Beispiel, das gemeinhin das Samaritergleichnis genannt wird, obgleich es nur am Anfang mit der Samaritergeschichte übereinstimmt, später aber davon vollständig abweicht[16], hat drei Stütz- oder Angelpunkte: (1) der Überfall und die Verwundung (Samariter), verbunden mit dem erforderlichen Gemütszustand, einer Gabe Gottes, (2) die Rettung und Heimtragung (guter Hirte), (3) Versetzung in hohes Amt; daß diese drei Punkte erstens in der Sünde des Gregorius und seiner Gemütsverfassung, zweitens in der Rettung vom Stein und drittens in der Erhebung auf den Papststuhl ihre genaue Entsprechung haben, ist selbstredend. Ebenfalls findet der theoretische Teil seine Entsprechung in der Erzählung selber; auch darauf braucht man nicht näher einzugehen, denn es liegt auf der Hand. Die Sünde des Gregorius ist groß (Z. 47 und 52): das wird wiederholt mit Worten gesagt; seine Reue (Z. 49) ist echt, sonst hätte er sich nicht solchen Härten unterworfen, und seine Buße (Z. 78) bildet einen Hauptteil der Erzählung. Von der Beichte (Z. 78) ist, wie Nobel sagt, weder im Prolog noch in der Erzählung viel die Rede. Mit dem *zwîvel* (Z. 69 ff.) ist es nur insofern anders, als es sich hier um ein Verbot handelt: man kann nicht lang und ausführlich erzählen, wie der Held etwas n i c h t tut. Schneider hat gerade dieses Problem behandelt und findet, daß Hartmanns Behandlung hier etwas zu wünschen übrig läßt, z. B.: „Zweierlei enttäuscht hier. Einmal die menschliche und künstlerische Unfruchtbarkeit des Motivs der Auflehnung, und dann die trockene Bewußtheit und Kürze, mit der das große Losungswort des Prologs hier noch einmal kurz ausgesprochen wird, um dann endgültig beiseite gesetzt zu werden“[17]. Vom stilistischen Standpunkt mag Schneider hier recht haben — das kann zugegeben werden —, aber das ändert nichts an der Tatsache, daß es Hartmann gelingt, das Augenmerk gerade auf diese Überwindung des *zwîvels* zu richten: so groß ist die Erschütterung beider über die Entdeckung ihrer blut-

[16] Vgl. auch Fr. Neumann zur Stelle in seiner Ausgabe.

[17] Parzival-Studien, S. 21.

schänderischen Ehe, daß die Mutter verzweifelt und Gregorius sehr nahe daran ist. Er aber überwindet die Anfechtung und ist dadurch imstande, von der soeben gewonnenen sicheren Stelle aus seiner Mutter Anweisungen und Rat zu geben.

6

Mancher wird die vorausgehende Auslegung der Erzählung und des Prologs, sowie den Zusammenhang beider, zu wenig tiefgründig finden; sie hat aber den Vorteil, daß sie sie nirgends „preßt", nichts „hineinlegt", was Hartmann nicht gewollt hat, und erst recht kann man ihr nicht vorwerfen, zu viel „herausgelesen" zu haben, und sie hat auch den Vorteil, daß sie ausdrückliche Aussagen des Dichters zu ihrem Recht kommen läßt. Sie gibt allerdings ein Bild von Hartmann, das von dem verschiedener Gelehrter der Neuzeit abweicht; sein Werk erscheint nicht mehr etwa wie eine gelehrte Auseinandersetzung in Versen mit den Kirchenvätern, sondern als eine Dichtung, als eine Erzählung, die zugleich eine Botschaft und Mahnung, eine Ermunterung sogar, an des Dichters Mitwelt und Standesgenossen ist. Er bleibt durchaus innerhalb des Gedankenbereiches seiner Zuhörer; er bejaht das Rittertum als einen hochzuverehrenden Stand (der alte Vater, Gregorius im Lande seiner Mutter, ganz abgesehen von den Worten des Gregorius selbst); er nimmt an, daß seine Zuhörer die volkstümliche Meinung über die Blutschande, als unter allen Umständen sündhaft und abscheulich, teilen werden, und er gestaltet die Handlung dementsprechend. Das wird noch weiter dadurch erhärtet, daß er es nicht für nötig erachtet, ausdrücklich zu sagen, worin die Sünde seines Helden besteht (Z. 144—6): die anderen Teile der Botschaft (Buße usw.) glaubt er ausdrücklich nennen zu müssen, aber er meint, daß seine Zuhörer nicht zweifeln werden, worin die Sünde, die so *bercswær* war, bestand. Er erweist sich als mit der Begriffswelt der damaligen Theologie vertraut — was bei einem führenden Schriftsteller jener, wie auch späterer Zeiten, nicht verwunderlich ist — und bedient sich seiner religiösen Kenntnisse (Samariter, guter Hirte), soweit sie seinen Zwecken entsprechen, entfernt sich aber davon, bzw. schaltet frei mit ihnen, was durchaus innerhalb der Freiheit des schaffenden Künstlers liegt, wenn seine dichterischen Zwecke das verlangen (Vermengung von Samariter und gutem Hirten und Hinzufügung eines dritten Zuges, Herrscher über die Christenheit, der mit keinem von beiden etwas zu tun hat) [18].

Daß Hartmann einen lehrhaften Zweck verfolgte, wird nicht bestritten — mancher wird sogar behaupten, daß ein solcher zum Wesen hoher Literatur gehört. Die Frage aber bleibt, auf welcher Ebene dieser Zweck steht, und an wen Hartmann sich richtet, denn aus dem Umstand allein, daß der Dichter ein Thema gewählt hat, das an das Gebiet der Kirche angrenzt, darf man nicht ohne weiteres schließen, daß er sich an kirchliche Kreise wendet, noch daß er das Thema streng vom kirchlichen Standpunkt behandelt. Es besteht kein Grund, von der Vulgatmeinung abzuweichen, daß Hartmann sich hier, wie in seinen anderen Werken, an das Publikum der weltlichen Höfe richtet, aber er könnte trotzdem bezweckt haben, diesem weltlichen Publikum eine kirchliche Lehre vorzulegen und darzustellen. Es darf hier wiederholt werden, was im Vorhergehenden betont wurde, daß man sich zwischen „kirchlich" und „religiös" einerseits und „weltlich" und „höfisch" andererseits keine scharfe, geschweige denn unüberbrückbare Grenze vorzustellen hat; trotzdem kann es Unterschiede in der Betonung geben, die es zulassen, eine Dichtung mit ziemlicher Sicherheit in die eine oder die andere Gattung einzureihen. Wenn es Hartmann daran gelegen hätte, wie Nobel zu glauben scheint, Probleme der Buße, Beichte und Reue in einer Form zu erörtern, die diese kirchlichen Begriffe einem Laienpublikum begreiflich machen sollte, dürfte man seine Dichtung als vom „kirchlichen" Standpunkt geschrieben betrachten und deshalb „religiös" nennen. Auf der anderen Seite wäre sie als „weltlich" zu bezeichnen, wenn es den Anschein erweckte, daß

[18] Das könnte natürlich auf „unsicher[heit] in der kirchlichen litteratur" (Schönbach, Über Hartmann von Aue. Graz 1894, S. 130) zurückzuführen sein, oder man könnte es mit Zwierzina (ZfdA 37 (1893), S. 406) „derartige unkanonische dinge" nennen, je nach der Einstellung. Den Ausführungen Willsons (Modern Language Review 54 (1959), S. 194 ff.) kann ich nicht beipflichten.

Hartmann bestrebt war, die bekannten „höfischen" Tugenden als Grundlagen des menschlichen Benehmens zu rechtfertigen und etwa ein kirchlich eingestelltes Publikum von der Tragfähigkeit dieser Lebensweise zu überzeugen.

In dieser vereinfachten Form gilt für den ›Gregorius‹ (und wohl auch für Hartmanns andere Werke) weder das eine noch das andere; doch ist zu bedenken, daß Hartmann in seiner Eigenschaft als Ritter in weltlichen Sachen bewandert war und für weltliche Themen Interesse hatte, und es darf wohl auch als sicher gelten, daß er den ritterlichen Stand hoch schätzte. Diesen Standpunkt scheint er im ›Gregorius‹, wie auch im ›Armen Heinrich‹ zu vertreten. Das will aber nicht heißen, daß es ihm im ›Gregorius‹ daran lag, das ritterliche Ideal besonders zu betonen oder als besonders nachahmenswert aufzustellen, denn Hartmann sieht, bei aller Hochachtung vor dem ritterlichen Stand und seiner Wirkung zum Guten in der Welt, daß eine solche Lebensführung doch mit großen Gefahren verbunden ist. Ebensowenig aber will er das Gegenteil. Diese Einsicht bildet nicht etwa das Thema seines Gedichtes, wohl aber den Hintergrund; man könnte fast sagen, sie ist die selbstverständliche Voraussetzung für alles menschliche Geschehen: der Mensch ist sündhaft, und wenn er sich als Mensch betätigt, wird er in Schuld verfallen — das mag man Erbsünde, oder, etwa mit Fr. Maurer, „Leid" nennen. Genau so ergeht es Gregorius. Er ist nicht darum schuldig zu nennen, weil er dem Rat des Abtes nicht folgt, sondern er handelt wie jeder lebensfrohe junge Mann, der es noch nicht besser weiß, in solchen Umständen handeln würde; das mag vielleicht *superbia* sein, aber es wird von Hartmann nicht betont, und man faßt es am besten als einen Teil der normalen menschlichen Sündhaftigkeit auf, die jedem Menschen anhaftet und die man einfach hinnehmen muß.

Hartmann ist aber kein Fatalist, sondern er denkt, wie ein überzeugter frommer Christ, daß jeder Mensch die latente Kraft besitzt, die es ihm, wenn ihm Gottes Hilfe zuteil wird, ermöglicht, sich aus seiner Schuldbefangenheit zu befreien. Das ist sein Thema und seine Botschaft an seine Standesgenossen, und das will er im ›Gregorius‹ an einem extremen Fall darstellen. Der Held seiner Erzählung ist ein sonst „guter" Mensch, der, wie wir es alle sind, von seiner Geburt an belastet ist und der infolge von Umständen, über die er keine Macht hat, in eine für das damalige Empfinden besonders schwere Schuld, die der Blutschande, fällt; durch die Entdekkung seiner Schuld aufs tiefste erschüttert, verzweifelt er aber nicht, sondern unterzieht sich im Glauben auf Gottes Gnade der schwersten Buße, und so groß ist die Kraft Gottes, daß sie es vermag, diesen Sünder, der selber so viel zu seiner Rettung beigetragen hat, nicht nur wieder aus dem Abgrund zu erheben, sondern auch zu der höchsten Stellung, zu der ein Mensch auf Erden gelangen kann, zu verhelfen.

Deutsche Vierteljahrsschrift für Literaturwissenschaft und Geistesgeschichte 38, 1964, S. 337—360.

DIE PROBLEMSTELLUNG IN CHRÉTIENS UND HARTMANNS ›EREC‹

Von ANTONÍN HRUBÝ

Es klingt fast wie ein Paradox, wenn Hugo Kuhn sagt, daß Hartmanns ›Erec‹ „trotz aller Arbeit, die man schon auf ihn verwendet, im ganzen nicht sehr überzeugend" vor uns steht [1]. Dieses Wort jedoch, das nichts mehr als eine Anerkennung der Schwierigkeit und der Komplexität der Aufgabe sein will, darf ohne Übertreibung auch auf Chrétiens ›Erec et Enide‹ bezogen werden. Nach mehr als hundertjährigem Ringen um eine adäquate Deutung des Romans hat sich die Kritik nicht einmal über die Problemstellung des Werkes einigen können; und trotz aller sachlichen und methodischen Fortschritte, die unseren Sinn für den Gehalt, Stil und die Form der höfischen Epen geschärft haben, hat man sich dem letzten Verständnis des Erecromans im Grunde nur wenig genähert. Denn hinter jeder Wendung des Weges scheinen die alten, ungelösten Fragen mit erneuter Bedeutung aufzutauchen, als ob man sich um das Kernproblem nur spiralenartig bewegen würde, ohne je in die Mitte dringen zu können [2].

[1] Hugo Kuhn, ›Erec‹, Festschrift Paul Kluckhohn und Hermann Schneider (Tübingen, 1948), 122—147; wieder abgedruckt in: Dichtung und Welt im Mittelalter (Stuttgart, 1959), 133—150, 265—270. Die zitierte Stelle auf S. 133 des Wiederabdrucks. Auch im folgenden wird nach dem Wiederabdruck zitiert [in diesem Band abgedruckt S. 17 ff., die zitierte Stelle auf S. 17].

[2] Die zahlreichen Interpretationen des französischen Romans verzeichnet: Reto R. Bezzola, Le sens de l'aventure et de l'amour. Chrétien de Troyes (Paris, 1947), 255, Anm. 23; Stefan Hofer, Chrétien de Troyes. Leben und Werke des altfranzösischen Epikers (Graz-Köln, 1954), 249 bis 255; eine knappe Auswahl bietet Jean Frappier, Chrétien de Troyes, L'homme et lœuvre (Paris, 1957), 248. Die Literatur zu Hartmanns

Da in der Ereckritik im ganzen wie im einzelnen die schroffsten Meinungsunterschiede herrschen, ist es wohl nicht ohne Interesse, auch einmal Hartmanns Interpretation des Chrétienschen Romans zu Rate zu ziehen und zu sehen, ob sich vielleicht hier der Schlüssel zur Lösung unserer zahlreichen Fragen finden ließe. Hartmanns ›Erec‹ ist allerdings keine authentische Interpretation, keine Deutung, sondern eine Umdeutung des französischen Werkes, aber auch so ist sein Zeugnis immer noch wertvoll, denn da es andererseits auch wieder feststeht, daß Chrétien Hartmanns Hauptquelle war [3], darf jede Abweichung, auch wenn sie auf andere Überlieferung zurückgehen sollte, als bewußte Umformung verstanden werden. Die Reaktion eines mittelalterlichen Dichters kann uns darum sehr wohl den Weg zum besseren Verständnis der Vorlage weisen, wenn man die großen historischen und kulturellen Unterschiede zwischen den beiden Dichtern berücksichtigt und sich davor hütet, Hartmanns Anteil nur in der Betonung und Verdeutlichung der Chrétienschen Problematik sehen zu wollen [4].

Der eigentliche Prüfstein jeder Erecinterpretation ist der allem Anschein nach unversöhnbare Widerspruch zwischen Erecs schroffer

›Erec‹: Gustav Ehrismann, Geschichte der deutschen Literatur bis zum Ausgang des Mittelalters (München, 1927), II, II, 1, 161—172; Hendrik Sparnaay, Hartmann von Aue. Studien zu einer Biographie, Bd. 1 (Halle a. S., 1933), 63—125, und Bd. 2 (Halle a. S., 1938), 123—126; Ernst Scheunemann, Artushof und Abenteuer. Zeichnung höfischen Daseins in Hartmanns ›Erec‹ (Breslau, 1937), passim; Walther Ohly, Die heilsgeschichtliche Struktur der Epen Hartmanns von Aue (Berlin, 1958), 3—5.

[3] Vgl. Sparnaay, Hartmann, Bd. 1, 105 f.

[4] In diesem Sinne hat schon F. Piquet, Étude sur Hartmann d'Aue (Paris, 1893), 189—216, die größere Klarheit und die straffere Logik des deutschen Dichters betont. Herbert Drube, Hartmann und Chrétien (Münster in Westf., 1931), geht noch weiter und behauptet, Hartmanns Verdienst bestehe lediglich in der Betonung der bereits von Chrétien aufgestellten Problematik, so daß man sich „vielfach bei Hartmann über den tieferen Sinn der Chrétienschen Thesenstellung orientieren kann“ (74). Unsere Analyse wird jedoch zeigen, daß die Arbeiten Scheunemanns, Kuhns und Ohlys (s. Anm. 1 und 2) mit Recht Hartmanns Originalität betonen.

Behandlung seiner Frau und der Gesinnung der verfeinerten höfischen Gesellschaft, die die Frau zu der Stellung der unnahbaren und unantastbaren Herrin erhob. Man hat Erecs Verhalten auf verschiedene Weise zu erklären versucht und erlittene Beleidigung, gekränktes Selbstgefühl, oder auch Betonung der männlichen Souveränität als Beweggründe angeführt. Man hat es stoffgeschichtlich erklärt und das Nachklingen eines alten, nur halb verarbeiteten Eifersuchtsmotivs vermutet. Man hat es auch literaturgeschichtlich erklärt und den Einfluß der provenzalischen Minnedoktrin auf Chrétiens ›Erec‹ bestritten. Oder man hat sich auf den entgegengesetzten Standpunkt gestellt, den Widerspruch geleugnet und den Roman ausschließlich aus den provenzalischen Liebesauffassungen erklärt [5].

Die letzte Auffassung hat in der neuesten Zeit besonders an Bedeutung gewonnen, da mit dem erneuten Interesse für die Troubadourminne und mit der fortschreitenden Wiederentdeckung des Kaplans Andreas [6] allmählich auch die Ansicht zu überwiegen beginnt, daß die Problemstellung im ›Erec‹ nicht mit den üblichen Moralkategorien von Schuld, Strafe und Sühne zu erfassen ist, vielmehr aus den komplexen Vorstellungen der Minnedoktrin erklärt

[5] W. Meyer-Lübke, Chrétien von Troyes ›Erec und Enide‹, ZFSL, XLIV (1917), 129—188; W. Küchler, Über den sentimentalen Gehalt der Haupthandlung in Chrétiens ›Erec‹ und ›Ivain‹, ZRP, XL (1920), 83—99; Foster Erwin Guyer, Romance in the Making (New York, 1954), S. 75; A. Adler, Sovereignty as the principle of Unity in Chrétien's ›Erec‹, PMLA, LX (1945), 917—936; M. Roques, Romania, 39 (1910), 377—83; E. S. Sheldon, Why does Chrétien's Erec treat Enide so harshly?, RR, V (1914), 115—126; E. Hoepffner, 'Matière et sens' dans le roman d'Erec et Enide, Archivum Romanicum, XVIII (1934), 433—450.

[6] Vgl. besonders die Studien Alexander J. Denomys in: Mediaeval Studies, VI (1944), 175—260; VII (1945), 139—207; VIII (1946), 107 bis 149 und 300 f., und seine Zusammenfassung: The Heresy of Courtly Love (New York, 1947); Hermann J. Weigand, Three Chapters on Courtly Love in Arthurian France and Germany (Chapel Hill, 1956); Felix Schlösser, Andreas Capellanus. Seine Minnelehre und das christliche Weltbild um 1200 (Bonn, 1960). Alle diese Werke enthalten reiche Literaturangaben.

werden muß. Daß Chrétien die Konzepte und Thesen der Troubadourminne völlig unbekannt geblieben wären, wird man heute, nach den Arbeiten Hofers und Bezzolas, kaum noch behaupten können, offen bleibt jedoch die Frage, wie und in welchem Sinne die Problemstellung im ›Erec‹ durch die provenzalische Minneauffassung beeinflußt werden konnte.

Auf welch unsicherem Grund sich in dieser Hinsicht die Interpretation des Erecromans auch heute noch bewegt, zeigt am deutlichsten der radikale Umschwung in der Auffassung der beiden entschiedensten Vertreter der „provenzalischen" Deutung. In seinem Aufsatz „Die Problemstellung im ›Erec‹" beantwortet Hofer die Frage, „auf Grund welcher Prämissen überhaupt Kristian der Frau das Recht der Wertung des Mannes zugestehen konnte", durch einen Hinweis auf die Interpretation, „welche die provenzalische Minnedoktrin im Epos gefunden hat . . ." [7]. In Übereinstimmung mit dieser Doktrin betrachtet er dann Enidens Teilnahme an Erecs Abenteuerfahrt nicht als Strafe, sondern als Erecs Werbung um die Achtung seiner Dame (op. cit., 128). In dem späteren Aufsatz „›Erec‹ und ›Tristan‹", in dem Hofer einen flüchtigen Hinweis Hoepffners [8] durch viele Belege erläutert, kommt er zu der Schlußfolgerung, daß die Erecminne als bewußter Gegensatz zur Tristanminne zu verstehen sei [ZRP, LXII (1942), 28]. In seinem zusammenfassenden Werke über Chrétien schließlich vertritt Hofer eine seiner ursprünglichen These fast entgegengesetzte Ansicht und betont, daß in Chrétiens ›Erec‹ der legitimen Stellung der Frau eine Bedeutung beigemessen wird, die, nach Hofers eigenen Worten, „niemals in der Konzeption der Troubadourminne gelegen war" [9].

In ganz entgegengesetzter Richtung entwickelt sich die Ansicht Reto R. Bezzolas, der in seiner älteren Polemik gegen Gustave

[7] Stefan Hofer, Die Problemstellung im ›Erec‹, ZRP, XLVIII (1928), 125; vgl. auch S. 127 f.

[8] Vgl. E. Hoepffner, Archivum Romanicum, XVIII (1934), 450: *Ainsi Chrétien n'aurait pas seulement trouvé dans le roman de 'Tristan' un guide littéraire ... mais il aurait aussi pris position déjà dès l'époque d'Erec contre la conception fondamentale du celèbre roman ...*

[9] Stefan Hofer, Chrétien de Troyes, S. 73.

Cohens Chrétienmonographie[10] Enidens Bestrafung als eines der Hauptmotive des Romans bezeichnete und dennoch den Beweis ihrer Unschuld geradezu zur Hauptthese seines jüngeren Werkes erhob[11]. In diesem Zusammenhange versucht dann Bezzola die provenzalische These von der Unvereinbarkeit der Ehe und der Liebe als den Kernpunkt der Chrétienschen Problemstellung zu beweisen und die Ehe selbst als den eigentlichen Grund der Krisis darzustellen: *La faute, l'origine de la crise n'est à rechercher ni chez le héros, ni chez l'héroïne ... La cause de la crise est dans l'»aventure«, dans les circonstances où la vie vient de les placer, dans le mariage ...*[12].

Da also, wie wir wohl wissen, vom Blickpunkt der provenzalischen Liebesdoktrin betrachtet, Enidens Kritik des Mannes nicht als Schuld, sondern als erste Pflicht der höfischen Herrin erscheint, muß die „provenzalische" Interpretation Enidens Teilnahme an der Fahrt nicht als Strafe oder Sühne, sondern als Erecs Werbung um die Achtung seiner Dame deuten[13]. Es gibt jedoch in Chrétiens

[10] Gustave Cohen, Chrétien de Troyes et son œuvre, (Paris, 1931).

[11] Vgl. R. R. Bezzola, Archiv, 167 (1935), S. 50: „Das Hauptmotiv im ›Erec‹ ist zweifellos die Abenteuerfahrt, die der Gattin seine [Erecs] ritterliche Tüchtigkeit beweisen und sie für ihre vorlaut geäußerten Zweifel bestrafen soll." Dagegen derselbe in 'Le sens de l'aventure et de l'amour', S. 140: *L'éloge du caractère d'Enide, placé immédiatement avant la crise, exclut de la façon la plus explicite une 'faute d'Enide'.*

[12] Bezzola, Le sens de l'aventure, S. 140; vgl. auch: *Si le roman d'Erec et Enide était une exaltation de l'amour conjugale, cette œuvre occuperait vraiment une place tout à fait exceptionnelle dans la littérature de l'époque ...* (op. cit., S. 79); oder: *La réaction individuelle seule n'intéresse guère un lecteur du moyen âge. En revanche, qu'elle sera l'attitude du chevalier parfait, de la dame parfaite en face du mariage, 'aventure' si dangereuse pour l'amour — tel est le problème* (op. cit., S. 140).

[13] Vgl. Bezzola: *La crise est née d'une déviation de l'amour, elle ne saurait être surmontée qu' à l'aide de celle qui a inspiré cet amour ...* (Le sens de l'aventure, S. 142); ähnlich aber auch Hofer: „Von diesem Gesichtspunkt aus betrachtet, fällt wohl die Beurteilung von der Strafe Enidens, man könnte vielmehr von einer freiwilligen Strafe Erecs sprechen, deren Phasen vor den Augen Enidens als der einzig berechtigten Richterin abrollen" (Chrétien, S. 72).

›Erec‹ Zusammenhänge und Stellen, die einer solchen Interpretation Widerstand leisten, und der vor einigen Jahren erschienene Artikel Arrigo Castellanis [14] weist darum mit Recht auf die erneute Aktualität der alten Frage nach Enidens Schuld hin. Betrachtet man nämlich die wiederholten Hinweise Enidens auf ihre *parole*, die sie als *folie*, *forsenage*, *outrage*, aber auch als *orguel* und *sorcuidance* bezeichnet [15], betrachtet man weiterhin auch den Umstand, daß Erec in der Versöhnungszene ausdrücklich seiner Frau irgendein Vergehen verzeiht (4917—31), so wird man wohl auch einräumen müssen, daß eine konsequente Deutung aus den Konzepten der Minnedoktrin und des Frauendienstes unmöglich erscheint.

Da nun die älteren und die neueren Interpretationen meistens schroff einander gegenüberstehen, andererseits aber die Frage nach Enidens Schuld auch von der neueren Kritik nicht eindeutig geklärt worden ist, schließlich dann Chrétiens eigene Widersprüche in der Zeichnung des Verhältnisses zwischen Mann und Frau unüberbrückbar zu sein scheinen, wollen wir in unserem Vergleich der beiden Dichter besonders diese Kontraste und auch die Schuldfrage fest im Blickpunkt behalten; von diesem Ausgangspunkt werden wir dann durch eine vorsichtige Wertung der von Hartmann getroffenen Änderungen in Chrétiens Werk diejenigen Gehalts- und Strukturelemente zu erfassen versuchen, die es im Sinne des französischen Dichters erlauben, aus dem *conte d'avanture* eine *mout bele conjointure* zu machen und den *san* und die *matiere* zu einem einheitlichen Kunstwerk zu gestalten.

Die Analyse der Problemstellung in Chrétiens ›Erec‹ ist am besten mit der Versöhnungszene anzufangen, da diese Stelle einige Hinweise enthält, die sich unmittelbar auf Enidens Schuld und Prüfung, also auf zwei für die Problemstellung grundsätzliche Fragen beziehen. Obwohl diese Hinweise nicht von vornherein als Zeugnis

[14] Arrigo Castellani, La'parole' d'Enide, Cultura Neolatina, XVIII (1958), 139—149.

[15] Kristian von Troyes, ›Erec und Enide‹, ed. Wendelin Foerster. Romanische Bibliothek, Bd. XIII, 2. Aufl. (Halle a. S., 1909), vv. 2587, 2593, 2608, 3109. Auch im folgenden wird nach dieser Ausgabe zitiert.

für die Meinung des Dichters in Anspruch genommen werden dürfen [16], weil sie Erec in den Mund gelegt werden, verdient die Szene auch in dieser Hinsicht unsere volle Aufmerksamkeit, da Chrétien im ›Erec‹ mit direkten Aussagen über seine Ansichten bekanntlich sehr sparsam umgeht.

Auf der Flucht von Limors läßt Chrétien seinen Erec die folgenden Worte sagen: *Ma douce suer! / Bien vos ai del tot essaiiee! / Ne soiiez de rien esmaiiee, / Qu'or vos aim plus, qu'ains mes ne fis, / Et je resui certains et fis, / Que vos m'amez parfitemant* ... (4920 bis 25). Die entsprechende Stelle bei Hartmann hat den folgenden Wortlaut: *durch daz diu spæhe wart genomen, / des ist er an ein ende komen / und westez rehte âne wân. / ez was durch versuochen getân / ob si im wære ein rehtez wîp* [17]. Hartmanns Darstellung folgt also der französischen Vorlage nur in großen Zügen und weicht in Einzelheiten recht bedeutungsvoll ab. Vor allem ist die ganze Stelle als eigene Aussage des Dichters formuliert, so daß wir in dieser Stelle eigentlich Hartmanns persönliche Deutung der Abenteuerfahrt besitzen. Außerdem sagt Chrétien nicht klar, ob es sich in Erecs Vorstellung um eine gewollte Prüfung handelte, wogegen in Hartmanns Formulierung die Absicht deutlich zum Ausdruck kommt; der deutsche Dichter teilt uns sogar den Grund der Prüfung mit, indem er besonders feststellt, daß Erec sie anstellte, um sich davon zu überzeugen, ob Enite ihm *ein rehtez wîp* sei. Bei Chrétien läßt sich allerdings auf eine ähnliche Absicht Erecs mittelbar aus seinem *je resuis certains* schließen, das bei näherer Betrachtung die Wahrscheinlichkeit eines ursprünglichen Zweifels, damit auch einer beabsichtigten Prüfung, voraussetzt; aber die ganze Stelle ist bei Chrétien bei weitem nicht so eindeutig wie bei Hartmann.

[16] Vgl. dagegen Hoepffner, 'Matière et sens', wo ohne jeden weiteren Beweis die folgende Ansicht behauptet wird: *Il [Chrétien] a placé l'explication, comme cela se convient, dans la bouche d'Erec, mais elle rend évidement la propre pensée de l'auteur* ... (441).

[17] Vv. 6778—82. Ich zitiere auch im folgenden nach: Hartmann von Aue, ›Erec‹, ed. Albert Leitzmann. Altdeutsche Textbibliothek, Nr. 39, 2. Aufl. (Tübingen, 1957).

Ein weiterer auffälliger Unterschied liegt in der Wortwahl der beiden Dichter. Bei Chrétien redet Erec seine Frau mit *ma douce suer* an, also mit dem Lieblingswort der preziösen höfischen Galanterie [18], wiederholt dann in kurzer Folge das Verbum *amer* und *amer parfitemant* und schließt seine Erklärung mit einem Satz, in dem das höfische Konzept der Liebe als Dienst deutlich mitklingt: *Tot a vostre comandemant / Vuel estre des or an avant, / Aussi con j'estoie devant* (4926—28). In Hartmanns Version verschwinden alle Anspielungen auf die höfische Liebesterminologie: *ez was durch versuochen getân / ob si im wære ein rehtez wîp. / nu hâte er ir lîp / ersichert genzlîchen wol, / als man daz golt sol / liutern in der esse, / daz er nû rehte wesse / daz er an ir hæte / triuwe unde staete / unde daz si wære / ein wîp unwandelbære* (6781—91). Weder hier noch in der ganzen Versöhnungszene, die bei Hartmann dreiundvierzig Verse umfaßt, werden die Ausdrücke *minne* oder *vrouwe* nur ein einziges Mal gebraucht. Enite wird dagegen zweimal als *wîp* bezeichnet, womit in diesem Zusammenhang natürlich Gattin oder Gemahlin, also geradezu das Gegenteil von *vrouwe* gemeint ist. Nach Hartmann will Erec nicht wissen, ob ihn seine Frau *parfitemant* liebt, sondern ob sie ihm nach Sitte, Gesetz und Gebühr *rehtez wîp* ist; nicht ob ihre *minne* makellos, sondern ob sie selber *ein wîp unwandelbære*, treue und untadelhafte Gemahlin ist. Selbst die höfischen Begriffe *triuwe unde stæte* werden wieder in auffallender Verbindung dem Ausdruck *wîp* beigeordnet. Die Stelle weist also im Vergleich zu Chrétien eine konsequente und allem Anschein nach auch bewußte Unterdrückung der höfischen Liebesterminologie auf.

Die größten Schwierigkeiten verursachte in Chrétiens Versöhnungsszene seit jeher die Stelle, wo Erec seiner Frau irgendeine Schuld zu vergeben scheint: *Et se vos rien m'avez mesdite, / Jel vos pardoing tot et claim quite / Del forfet et de la parole (4929*—31). Es ist gewiß auffallend, daß der deutsche Dichter gerade diese problematische Stelle im ausgesprochenen Gegensatz zu seiner Vorlage gestaltet: *und [Erec] bat die tugentrîchen / daz si wolde vergeben / als ungesellecîchez leben / unde manege arbeit / die si ûf der verte leit* (6795—6799). Nach Hartmann also hat Erec keinen Grund,

[18] Vgl. dazu Schlösser, Capellanus, S. 170, Anm. 231.

Eniten etwas zu vergeben, fühlt sich vielmehr bewogen, selbst um Verzeihung zu bitten, da er schließlich die Grundlosigkeit seines Verdachtes eingesehen hatte. Daß aber seine Zweifel immer unbegründet waren, hatte uns Hartmann schon einige Verse früher ausdrücklich, und wiederholt in der Form seines eigenen Kommentars, gesagt: *dô endete sich zestunt / diu swære spaehe / und diu vremde wæhe / der er unz an den tac / mit ir âne sache phlac, / daz er si mit gruoze meit / sît er mit ir von hûse reit* (6771—77). Der Dichter stellt also Enitens Schuldlosigkeit eindeutig fest und versucht auch Erecs unhöfisches Benehmen zu erklären. Nach Hartmann handelte es sich um keine Strafe, wie man aus der Versöhnungsformel der französischen Version zu verstehen glaubt, sondern um *spæhe* und *wæhe,* also um List und Verstellung, die durch Erecs Absicht, seine Frau zu prüfen, erklärbar sind.

Da Hartmann Enitens Schuldlosigkeit ausdrücklich hervorhebt, ist es nur folgerichtig, wenn er auch Chrétiens Motiv der Vergebung zum ausgesprochenen Gegenteil umgestaltet, weil ihn dieses Motiv offensichtlich in seiner Absicht stört, Erecs Verdacht und Enitens Prüfung als *âne sache* darzustellen. Umgekehrt ist jedoch schwer einzusehen, warum Chrétien das Motiv behalten hätte, wenn auch seiner Ansicht nach Enide ihrem Mann gegenüber schuldlos wäre. Wir bemerken ebenfalls, daß Hartmann Erecs Absicht, die Frau zu prüfen, betont und das unhöfische Benehmen des Helden als ein Mittel dieser Prüfung darstellt. Daran läßt sich Hartmanns entschiedene Absicht erkennen, die Abenteuerfahrt nicht bloß als Erecs, sondern auch als Enitens Prüfungsfahrt darzustellen. Da es der Vergleich der beiden Texte wahrscheinlich gemacht hat, daß es sich hier um keine eigentliche Änderung, vielmehr um eine Verdeutlichung der Vorlage handelt, läßt es sich erwarten, daß auch bei Chrétien das Motiv der beabsichtigten Prüfung ein aktives Motiv ist. Schließlich beseitigte Hartmann den scheinbar unüberbrückbaren Konflikt zwischen dem unhöfischen Motiv der Prüfung einer Frau und der betont höfischen Liebeserklärung Erecs durch eine einfache Unterdrückung der Liebesterminologie.

Es ist gewiß interessant festzustellen, daß alle Änderungen Hartmanns darauf abzielen, in Chrétiens Darstellung eben diejenigen Elemente auszugleichen oder zu beseitigen, die auch von der neueren Kritik aus dem einen oder anderen Grunde als Verstoß gegen die höfischen Gefühle und Vorstellungen empfunden wurden. Der Umstand aber, daß Hartmann alle diese „Konflikte" mit wenigen einfachen Kunstgriffen beseitigen konnte, läßt uns ahnen, daß der nicht minder gewandte Chrétien seine Quellen in gleicher Weise hätte behandeln können, wenn sie seinen Absichten nicht entsprochen hätten [19]. Es ist daher anzunehmen, daß die scheinbaren Konflikte in Chrétiens Darstellung auf kein unbewußtes Weiterschleppen halb verarbeiteter, vorhöfischer Motive zurückgehen, sondern auf eine ganz bestimmte Absicht deuten, die eine nähere Untersuchung verdient.

Die auffälligste Änderung Hartmanns betrifft das Motiv der Vergebung. Rein sprachlich betrachtet, bezieht sich Erecs Aussage auf Enidens Nachrede, die als *forfet* und *parole* bezeichnet wird. Wie die Verbindung dieser beiden Begriffe zu verstehen ist, bleibt trotz aller Erklärungsversuche unsicher [20]; klar ist hingegen, daß Erec unter dem *mesdire* und der *parole* nur Enidens unbedachten Vorwurf der *recreantise* verstehen kann. Ein dreimaliger Monolog Enidens zeigt jedoch, daß nicht bloß Erec, sondern auch Enide selber die verhängnisvolle *parole* als eine Schuld auffaßt.

Im ersten Monolog, der gleich nach dem Ausbruch der Krise erscheint, gibt Enide zu, die Liebe ihres Mannes nicht genügend geschätzt zu haben, und sie bedauert ihr Vergehen besonders deshalb, weil es die Verbannung aus dem Glanz und Behagen des höfischen Lebens bedeutet (2589—2610). Im zweiten Monolog, der den Räuberkämpfen folgt, sieht Enide ein, daß ihr Vorwurf der *recreantise* unberechtigt war und begreift, indem sie in ihrer *parole* Hochmut und Überhebung erkennt, wie schwer sie sich gegen ihren Mann

[19] Peter Wapnewski, Hartmann von Aue (Stuttgart, 1962), macht darauf aufmerksam, daß Hartmann die Akzente der Versöhnungsszene verlegt hat, ist jedoch der Ansicht, daß es sich bei Chrétien um eine Vermischung zweier Motivreihen handelt, „die nicht ohne Rest gegeneinander abgeklärt sind: die von einer weiblichen Liebesprobe mit der männlichen Ritterbewährung" (S. 52).

[20] Vgl. Castellani, Cultura Neolatina, XVIII (1958), 145 f. und die da angeführte Literatur.

vergangen hat (3103—18). Im dritten Selbstgespräch, wo Enide nach dem Riesenkampf den vermeintlichen Tod Erecs beklagt, steigert sich ihr Schuldbewußtsein zu der Höhe einer wahrlich tragischen Erkenntnis: *»Ha!«, fet ele, »dolante Enide, / De mon seignor sui omecide, / Par ma parole l'ai ocis. / Ancor fust or mes sire vis, / Se je come outrageuse et fole / N'eüsse dite la parole, / Por quoi mes sire ça s'esmut«* (4623—29) . . . *»Haï!«, fet ele, »con mari fus, / Sire! cui parauz n'estoit nus«* (4637—38) . . . *»Mes qu'ai je dit? Trop ai mespris, / Qui la parole ai mainteüe, / Don mes sire a mort receüe, / La mortel parole antoschiee, / Qui me doit estre reprochiee; / Et je reconois et otroi, / Que nus n'i a coupes fors moi; / Je sole an doit estre blasmee«* (4644—51).

Enidens Schuldgefühl wächst also jetzt zu der Erkenntnis, den Tod des geliebten Mannes verursacht zu haben; das fatale Wort wird nicht mehr wie früher als *folie, forsenage, l'orguel* und *outrage* bezeichnet, sondern als *mortel parole antoschiee,* als das tötende und vergiftete Wort, das Erec in den Tod schickte, indem es ihn auf die Abenteuerfahrt hinaustrieb. In einer unverkennbaren Parallele zu der Carnantszene spricht Enide das verhängnisvolle *con mar fus* abermals aus, aber diesmal mit einer vollkommen veränderten Bedeutung. Ursprünglich dachte sie, Erec sei ihr zum Unglück begegnet, weil ihre gemeinsame Liebe seinen Ritterruhm geschädigt hat; jetzt begreift sie, daß ihre hochmütige Forderung eines äußeren Tapferkeitsbeweises den Tod des Mannes verursachte. Dieser Gedanke ist im Hinblick auf die anerkannte Pflicht der höfischen Herrin, den Ritter stets zu neuen Heldentaten anzuspornen, so unerhört, daß man geneigt wäre, ihn lediglich aus der seelischen Verfassung der schmerzgebeugten Frau zu erklären, wenn die Monologe nicht eine dreifache Steigerung eben dieses „unhöfischen" Schuldbewußtseins enthielten: — von liebloser Kritik, über beleidigenden Hochmut, zu tötendem Stolz.

Der Vergleich mit Hartmann erweist sich wieder als aufschlußreich, denn der deutsche Dichter hat die ersten zwei Monologe gestrichen und im dritten die Akzente so grundsätzlich verlegt, daß er ihm einen von Chrétien völlig abweichenden Gehalt gab. Bei Chrétien läßt sich Enidens Schuld fast mit der modernen Vorstellung einer Verkennung des menschlichen Wertes Erecs fassen; Hartmann dagegen hat die Schuld seiner Heldin deutlich ins Religiöse verlegt: *... nû hân ich verlorn / beide sêle unde lîp, / als von rehte tuot ein wîp / von sô grôzer missetât, / diu ir man verrâten hât / als ich mînen herren hân. / des tôdes wære er hie erlân, / ob ich in drûf niht enhæte brâht* (5941—48). Die Betonung der religiösen Erlebnissphäre macht sich, wie man sieht, bereits in der Wortschicht bemerkbar. Bei Chrétien sind alle bedeutungsschweren Wörter der weltlichen Moralschicht entnommen: *omecide, ocir, coupe, blasmer;* in Hartmanns Wortwahl schwingen dagegen die religiösen Erlebniswerte deutlich mit: *sêle unde lîp verliesen, missetât, verrâten, des tôdes erlân.* Der völlige Umschwung ins Religiöse wird jedoch deutlich, wenn Hartmann Eniten zu der Einsicht kommen läßt, daß ihr die Unzufriedenheit mit ihrem Los vom Teufel eingeflüstert wurde: *ich tete als die tôren tuont, / unwîses muotes, / die êren unde guotes / in selben erbunnen / und niht vertragen enkunnen / sô ir dinc vil schône stât, / und leistent durch des tiuvels rât / dâ von ir heil zestœret wirt, / wan er ir êren gerne enbirt* (5965—73).

Hartmanns Enite hat sich also nicht gegen Erec, sondern gegen Gott versündigt. Bei Chrétien liegt Enidens Schuld im Stolz, bei Hartmann im Mangel an Demut. Das Thema der Demut durchzieht die ganze Darstellung Hartmanns. Am Anfang des Monologs finden wir Enite im offenen Aufruhr gegen Gott, ihre blasphemische Anklage gegen den unbarmherzigen Himmel rufend: *herre, ich zige dich missetât* (5799); am Ende steht sie demütig da, den Wahn der weltlichen Ehren anerkennend, in den unfaßbaren, unabwendbaren Willen des Herrn ergeben: *und krônte mich diu werlt al / ze vrouwen über elliu wîp, / sô hât doch got den mînen lîp / sô unsælic getân / daz ich kumber muoz hân / al die wîle und ich lebe, / got ensî der mirs ein ende gebe* (6035—41).

Die Weglassung der ersten beiden Monologe, die Umdeutung des dritten und die Umwendung des Vergebungsmotivs in der Versöhnungsszene lassen sich leicht als drei zusammenhängende Änderungen erkennen. Die drei Monologe Chrétiens betonten Enidens menschliches Verschulden gegen ihren Mann, und da sich Hartmann dazu entschloß, dieses Thema zu unterdrücken, handelte er nur folgerichtig, wenn er auch Erecs Vergebung fallenließ. Es ist wahrscheinlich, daß Hartmann das Thema der persönlichen Schuld Enitens dem Manne gegenüber unterdrückte, weil es sich schlecht zu den Vorstellungen über die Mustergültigkeit der edlen Frau fügte; wichtiger jedoch ist die Erkenntnis, daß seine Änderungen den Zweck verfolgen, das Schuldthema von der persönlichen und sozialen Ebene auf die metaphysische und religiöse zu verlegen. Der Vergleich der Monologe bei Chrétien und bei Hartmann führt also zu dem gleichen Ergebnis wie die Strukturanalyse Hugo Kuhns, der in seiner Erecstudie dargelegt hatte, daß Hartmanns Behandlung der Vorlage „eine Umstilisierung der bei Crestien bis zum Ende ganz immanenten, ganz sinnlich-sittlichen Handlung ins Religiös-Sittliche" bedeutet [21].

Die Folgerichtigkeit dieser Abweichungen von Chrétien erlaubt uns jedoch zugleich, den sinnvollen Aufbau der französischen Vorlage zu verstehen und die Bedeutung der Chrétienschen Darstellung zu erfassen. Es ist jetzt zum Beispiel klar, daß bei Chrétien die Monologe und die Versöhnungsszene sowohl in der Komposition als auch in Gehalt als Gegenstücke geformt sind, die gleichsam in doppelter Sicht das Thema von Enidens Schuld reflektieren. Indem Chrétien Enidens Vergehen einmal in ihrer eigenen und das andere Mal in Erecs Sicht darstellt, läßt er uns auf seine Art verstehen, daß es sich um eine objektive Schuld handelt. Chrétiens außerordentliche Gabe, seine Helden nicht nur als Typen, sondern zugleich als lebendige Charaktere zu zeichnen, war gewiß an der Gestaltung der Monologe beteiligt; der Umstand jedoch, daß das Schuldthema in allen wichtigen Phasen der Abenteuerfahrt auftaucht, konsequent gesteigert und schließlich in der die Ehekrise auflösenden Szene behoben wird, klammert eine ausschließlich psychologische Erklärung aus. Man gelangt also zu dem Schluß, daß Chrétien Enidens Kritik und Zurechtweisung des Mannes, ihre *parole* also, als eine objektive Schuld verstand, allerdings als eine Schuld, deren totale Bedeutung sich in den sinnlich-sittlichen Bezie-

[21] Hugo Kuhn, op. cit., S. 146 [hier S. 38]. Hier wie auch bei dem Vergleich der Brandiganepisode handelt es sich um eine Bestätigung von Ergebnissen Hugo Kuhns, dessen Arbeit, wie auch aus der Beibehaltung verschiedener von ihm geprägter Formulierungen ersichtlich, den vorliegenden Bemühungen zur Anregung gedient hat.

hungen der höfischen Welt erschöpft. Durch den Vergleich mit der deutschen Version wird diese Einsicht in die Eigenart der Chrétienschen Kunst nur noch deutlicher, da ja die Systematik der von Hartmann getroffenen Änderungen allein aus der Absicht verständlich wird, die bei Chrétien immanent-objektive Schuld eindeutig als metaphysisch-objektive, geradezu existenzielle Schuld darzustellen[22].

Im Hinblick auf den diametral entgegengesetzten Gebrauch der höfischen Liebessprache in der Versöhnungszene wirkt es vorerst etwas überraschend, wenn man feststellt, daß beide Dichter das Verhältnis zwischen Mann und Frau grundsätzlich gleich und beide als Ehe darstellen. Da Hartmann alle terminologischen Beziehungen zur höfischen Liebessprache vermied und Erecs Absicht, Eniten nicht als Herrin, sondern als Gattin zu prüfen, ausdrücklich hervorhob, ist es in der deutschen Fassung ohne weiteres klar, daß der Dichter keineswegs Troubadourminne, sondern ein reales Eheverhältnis im Sinne hatte. Auf Hartmanns Absicht, jedes Mißverständnis in dieser Hinsicht zu vermeiden, weist ebenfalls der Umstand hin, daß er unmittelbar nach Erecs Abbitte Eniten ihrem Gatten bedingungslose Vergebung gewähren läßt. Ja, er läßt sie sogar gestehen, daß sie die Verbannung aus den Armen des geliebten Mannes fast das Leben gekostet hätte (6804—6813). Enitens unverhohlenes Verlangen nach der ehelichen Intimität, ihre rückhaltlose Hingabe und Liebesbereitschaft, stehen offensichtlich im schroffsten Widerspruch zu der Zurückhaltung, die nach dem Kodex der provenzalischen Liebesgesetze von einer *vrouwe* erwartet wird.

Trotz der betonten Liebesterminologie jedoch läßt uns Chrétien ebensowenig wie Hartmann im Zweifel darüber, daß ihm kein mustergültiges Minneverhältnis, sondern Ehe vorschwebt; denn er

[22] In diesem Sinne deutete Enitens Anteil an der in Karnant erlittenen Verwandlung bereits Hugo Kuhn: „Das Paar verliert die Musterstellung ..., die *vreude* in Karnant wird *schande* (2986, 2990), zum Schmerz der Umgebung und zum Kummer Enitens, die sich selbst die Schuld zumißt. — Eine ganz ‘objektive’ Schuld allerdings, die aus ihrem Dasein als Weib besteht — nur ihre rührende Treue heißt sie das auch als subjektive Schuld sich zurechnen!“ (Op. cit., S. 148 [hier S. 44] und Anm. 70.)

schildert unbekümmert die freudige Wiedervereinigung der Gatten auf Guivrez Burg: *Or fu Enide liee assez, / Or ot totes ses volantez; / . . . Or fu acolee et beisiee, / Or fu de toz biens aeisiee, / Or ot sa joie et son delit; / Que nu a nu sont an un lit / Et li uns l'autre acole et beise; / N'est rien nule, qui tant lor pleise* (5240 f. und 5245—50). Diese Verse, die doch nach der Krise in Carnant, nach der Trennung der Abenteuerfahrt, das wiedergefundene Liebesglück des Paares in leuchtenden Farben schildern, Verse, die wahrlich wie ein Lobgesang auf die Freuden der ehelichen Liebe klingen, machen es allein schon unwahrscheinlich, daß Chrétien in der Ehe selbst den eigentlichen Grund der Krise gesehen haben sollte.

Nach der strengen Ansicht der Gräfin von Champagne, oder zumindest nach der Ansicht des Kaplans, kann es allerdings zwischen Gatten keine wahre, das heißt keine höfische, allbeglückende und allveredelnde Liebe geben: *Dicimus enim et stabilito tenore firmamus, amorem non posse suas inter duos iugales extendere vires. Nam amantes sibi invicem gratis omnia largiuntur nullius necessitatis ratione cogente. Iugales vero mutuis tenentur ex debito voluntatibus obedire et in nullo se ipsos sibi invicem denagare* (ed. A. Pagès, S. 89). In dieser These der Minnedoktrin ist wahrscheinlich der eigentliche Grund zu suchen, warum es die neuere Kritik für unmöglich hielt, daß ein höfischer Dichter das Problem der Liebe in der Ehe behandelt hätte, und zu dem Schluß kam, er hätte das Problem der Ehe vom Standpunkt der Liebesdoktrin behandeln müssen. Man hat jedoch kein Recht anzunehmen, daß Chrétien den orthodoxen Ansichten der Gräfin oder des Kaplans vorbehaltlos, und besonders in diesem Punkte, zustimmte. Auch wenn man einräumt, daß Ehe selbst in der Dichtung Ehe bleiben muß, zeigt doch die unversöhnliche Strenge einer Laudine, oder die dreimal aufgeschobene Liebesnacht Parzivals bei Wolfram, daß die höfischen Dichter es wohl verstanden, die Ehe den Anforderungen der Minne anzugleichen, wenn es wirklich ihren Absichten entsprach. Im Falle Chrétiens darf man jedoch nicht übersehen, daß mit der einzigen Ausnahme des ›Lancelot‹ alle seine erhaltenen Romane eine recht unabhängige, bisweilen sogar kritische Haltung des Dichters der neuen Liebesauffassung gegenüber zeigen. Ja selbst das Zeugnis des Karrenromans, des einzigen wahren Minneromans

Chrétiens, wird durch die Einleitung zumindest problematisch; und den ›Cligés‹ hat man gewiß nicht mit Unrecht einen Antitristan genannt. Beachtet man dann in diesem Zusammenhang den Umstand, daß Erec sich einerseits das Recht beimißt, Eniden als souveräner Gatte zu strafen und zu prüfen, andererseits aber seine Vergebung mit den charakteristischen Wendungen der damaligen Liebessprache ausdrückt und seiner eigenen Frau den Minnedienst anbietet, so kann man sich des Eindrucks nicht erwehren, daß Chrétien im ›Erec‹, trotz aller Theorien — oder vielleicht: allen Theorien zum Trotz —, gerade die eheliche Liebe als die wahre, höfische, beglückende und veredelnde Liebe verherrlichen wollte. Der Umstand, daß der sonst ängstlich korrekte und höfisch gesinnte Hartmann in der Darstellung des Eheverhältnisses, mit anderen Mitteln zwar, dem Geiste nach aber getreu, seiner Vorlage folgen konnte, läßt uns ahnen, daß die provenzalische Liebesdoktrin für die höfischen Dichter wohl weniger verbindlich war, als es der modernen Kritik zuweilen erschien.

Da uns das Ausmaß dieses Artikels nicht erlaubt, einen eingehenden Vergleich zwischen den beiden Dichtern durchzuführen, werden wir uns nur auf diejenigen Züge beschränken, die uns über die Darstellung des Verhältnisses zwischen Mann und Frau Aufschluß geben und also mittelbar den Weg zur Erfassung der Problemstellung bei den beiden Dichtern eröffnen. Um gewissermaßen einen Hintergrund für die Betrachtung Chrétiens zu erlangen, werden wir erst der Darstellung Hartmanns nachgehen und mit derjenigen Stelle beginnen, wo Hartmann uns verstehen läßt, daß nach seiner Ansicht in der Liebes- und Ehegemeinschaft der Frau ganz natürlich die Pflicht, und demnach auch das Recht zukommt, die Leiterin des Mannes zu sein: *diu vrouwe reit gewæfens bar: / dâ was er gewâfent gar, / als ein guot ritter sol. / des gehôrte er noch gesach sô wol / ûz der îsenwæte / als er blôzer taete. / des was im warnunge nôt / und vrumte im dicke vür den tôt. / doch es im solde wesen zorn, / er hæte dicke verlorn / von unbesihte den lîp, / wan daz in warnte daz wîp* (4154—65).

Diese Stelle wurde oft nur als Hartmanns rationalistische Erklärung dafür gedeutet, daß Enite die Gefahr immer früher bemerkt als ihr Mann. Das Zitat zeigt jedoch, daß den Worten eine allgemeinere Bedeutung zukommt, da doch Hartmann hier im Grunde auf seine Art sagt, daß sich Heldenmut und Umsicht schwer vereinigen lassen, und darum der Mann der Warnung und Leitung der Frau bedürfe. Hugo Kuhn weist darauf hin, daß diese Stelle Hartmanns Bemühen verrät, ein Thema, das bei Chrétien „ohne subjektive Motivierung eben als übergeordnetes Schema" dargestellt ist, genauer, wenn auch „rührend ungeschickt" zu motivieren. Eine eindringliche Strukturanalyse erlaubt es Kuhn, das Grundthema aus dem objektiven Schema des Werkes auszuschälen und es als das Thema der Probe auf die schicksalhafte und notwendige Zusammengehörigkeit des Paares zu erweisen: „Nicht Probe auf Enitens (gar nicht bezweifelte) Treue ist also . . . die Abenteuerreise, auch nicht Probe auf Erecs (ebensowenig bezweifelte) Rittertüchtigkeit, oder auch ein mixtum compositum aus beiden nach verschiedenen Vorlagen, die nur aus Mißverständnissen der Dichtung konstruiert sind —, sondern ausschließlich Probe auf ihre Minnegemeinschaft!" (op. cit., S. 149 [hier S. 45]; vgl. auch Anm. 72).

Hartmann aber zeichnet einen Erec, der unfähig ist, die Rolle der Frau in dieser Gemeinschaft anzuerkennen, der hartnäckig auf seiner männlichen Souveränität besteht und von Eniten nur blinden Gehorsam verlangt. Daß sich Erec auf den Standpunkt eines typischen, durchschnittlichen, mittelalterlichen Ehemannes stellt, wird besonders aus der Scheltrede klar, zu der er sich hinreißen läßt, nachdem Enite zum ersten Male sein Schweigegebot gebrochen hatte: *swaz man in* [den Frauen] *unz her noch ie / alsô tiure verbôt, / dar nâch wart in alsô nôt / daz sis muosten bekorn* (3245—48). Erecs Beschuldigung, die gegen alle Frauen ohne Ausnahme gerichtet ist, läßt uns sofort an das bei kirchlichen wie auch weltlichen Autoren des Mittelalters weitverbreitete frauenfeindliche Thema denken: *femina nulla bona*[23]. In der Palinodie des Andreas Capellanus findet man unter anderen Beschuldigungen des Frauengeschlechtes auch den folgenden Satz: *Ad haec mulier omnis non*

[23] Man vergleiche dazu das einschlägige Kapitel in Schlössers „Andreas Capellanus" und die von ihm zusammengestellte Literatur (S. 328—334).

solum naturaliter reperitur avara, sed etiam invida et aliarum maledica, rapax ... inconstans, in sermone multiplex, inobediens et contra interdicta retinens, superbiae vitio maculata et inanis gloriae cupida ... et hominem cordis affectione non amans (ed. A. Pagès, S. 197).

Die Prüfungen der Fahrt sind bei Hartmann so angelegt, daß sie das Unberechtigte dieser allgemeinen Beschuldigungen bloßlegen und Erec die Gelegenheit geben, sich von der Vortrefflichkeit seiner Frau und von seinem Irrtum zu überzeugen. Es genügt in diesem Zusammenhang, die beiden Grafenepisoden zu erwähnen, in denen Hartmann — bedeutend darin von seiner Vorlage abweichend — mit großem Nachdruck betont, daß Eniten in beiden Fällen Ehe, hohe soziale Stellung, Reichtum und Macht angeboten werden. Durch die Ablehnung dieser Angebote beweist also Enite, daß sie weder *inconstans* noch *rapax* oder *inanis gloriae cupida* ist; und aus der besonderen Wendung ihrer Antwort wird es klar, daß sie auch der Vorwurf des Stolzes nicht trifft: *swaz ouch mir mîn geselle tuot, / daz dulde ich mit rehte. / ze wîbe und ze knehte / und ze swiu er mich wil hân, / des bin ich in alles undertân* (3811—15). Da diese Worte in einem Augenblick gesprochen werden, wo Enite auf Erecs Befehl von Lager und Tisch getrennt leben muß, enthalten sie neben dem Zeugnis der Demut auch den Beweis, daß Enite die männliche Souveränität Erecs anerkennt. Wir sehen also, daß Enite, ganz in Übereinstimmung mit der Versöhnungszene, als die vollkommene Gattin dargestellt wird, die sogar die ungerechte Behandlung ihres Mannes demütig hinnimmt. Die Beweise ihrer ehelichen Tugenden kulminieren in der Oringlesepisode, wo es vollends klar wird, daß für Enite die Ehe auch nach dem Tode untrennbar bleibt: *ez enmac nimmer geschehen / deich iuwer wîp werde / oder iemens ûf der erde / über kurz oder über lanc: / ez geschæhe sunder mînen danc, / mir engebe got wider mînen man. / den êrsten den ich ie gewan, / der müeze mir ouch der jungest sîn* (6293—6300).

Wichtig ist in diesem Zusammenhang der Umstand, daß Enitens Treue durch einen Hinweis auf das göttliche Gesetz der einen, untrennbaren Ehe begründet wird, denn dieser Hinweis unterstreicht erneut die Absicht des Dichters, das Verhältnis des Paares als ein typisches Eheverhältnis erscheinen zu lassen [24]. Dieselbe Absicht tritt wiederholt hervor, wenn Hartmann die Gatten unmittelbar nach der Versöhnung das gemeinsame Lager teilen läßt, da doch im Hinblick auf die schwere Verwundung Erecs diese Wiedervereinigung eben nur symbolische Bedeutung haben kann.

Desto auffälliger ist dann der Umschwung, der in Hartmanns Darstellung des Eheverhältnisses nach der Versöhnung eintritt. Alle bildlichen und sprachlichen Anspielungen auf die Ehrenstellung der Herrin, die bisher sorgfältig vermieden wurden, werden jetzt von Hartmann betont; die Begriffe *vrouwe* und *minne* (das letztere fast immer als *guote minne*) erscheinen immer häufiger, und aus Erecs Aussagen und Hartmanns Kommentaren wird allmählich klar, daß die Versöhnung nicht bloß die Überwindung der Krise, sondern eine tiefgreifende Verwandlung des Verhältnisses zwischen Mann und Frau zu bedeuten hat. Da Erec von einer falschen Auffassung ausgegangen ist, erfährt besonders sein Verhalten eine bedeutende Änderung. Er weiß jetzt wohl, daß er die Tugenden Enitens verkannt hatte, versteht auch, daß er die Rolle der Frau falsch einschätzte und daß die *guote minne* die alleinige Quelle allen wahren Heldenmuts ist: *enhæte ich aller manheit / niender eines hâres breit, / wan der die ich von iu hân, / mir enmöhte nimmer missegân. / swenne mich der muot iuwer mant, / sôst sigesælic mîn hant / wan iuwer guote minne / die sterkent mîne sinne, / daz mir den vil langen tac / niht widere gewesen enmac* (8864—73).

Da das Thema der doppelten Erprobung der Minnegemeinschaft, wie Hugo Kuhn erwiesen hat, bereits in dem dualen Aufbauschema des Romans eingebaut ist, und da andererseits Hartmann dem Gesamtaufbau seiner Vorlage im großen und ganzen folgt, gehen natürlich in dieser Hinsicht die beiden Fassungen zusammen. Ein bedeutender Unterschied liegt jedoch darin, daß bei Chrétien die

[24] Obwohl sich Chrétien in dieser Episode nicht so deutlich ausspricht wie Hartmann, läßt sich auch bei ihm die gleiche Tendenz erkennen. Vgl. zum Beispiel: *Limors ... C'est l'épreuve finale, le triomphe de l'amour conjugal, plus fort que la mort ...* (Hoepffner, Archivum Romanicum, XVIII, S. 443). Vgl. auch: Frappier, Chrétien, S. 102, wo ebenfalls auf den Konflikt mit der höfischen Doktrin hingewiesen wird.

schroffe Behandlung der Frau keineswegs als Verkennung der wahren Rolle der Frau, noch weniger als Sühne für die metaphysische Schuld des Hochmuts zu verstehen ist, sondern allein nur durch Erecs Absicht, seine Frau für die Beleidigung von Carnant zu strafen, erklärt werden kann. Wenn der Dichter seinen Helden sagen läßt: *je vos pardoing,* dann hat man wohl kaum das Recht, diese Worte als eine Werbung um die Achtung der Frau zu deuten, sowenig sich auch die Vorstellung eines strafenden Gatten unseren Ansichten über die höfische Gesellschaft einfügen mag. Da doch Enide selbst in den Monologen ihre Schuld einsieht, werden auch wir zugeben müssen, daß bei Chrétien, eben anders als bei Hartmann, Enidens Kritik als ein Vergehen gegen den Mann zu verstehen ist und daß Erec sich berechtigt hält, seine Frau dafür zu strafen. Es handelt sich natürlich auch um das *mesdire,* das in Enidens Zweifel und in ihrer Wiederholung der Beschuldigung, Erec sei *recreant,* liegt, aber wie Chrétiens Monologe gezeigt hatten, liegt das Verschulden der Frau tiefer, in der Verkennung der wahren Liebe. Darum ist auch Enidens Verschulden keineswegs durch den Umstand gemindert, daß ihr Vorwurf, äußerlich zumindest, berechtigt erscheint. Erec ist doch der erste, die Berechtigung des Vorwurfs anzuerkennen, und wieder im deutlichen Gegensatz zu Hartmanns Erec versucht er darum nie, Enidens Anspruch auf die Vorrangstellung der Frau grundsätzlich in Frage zu stellen. Wenn er beim Abschied aus dem Elternhause zum Beispiel seinen Vater bittet, Eniden im Falle seines Todes die Hälfte der Herrschaft abzutreten, so muß man es doch geradezu als einen legalen Akt verstehen, durch den Erec seine Frau in die Herrschergewalt einer *dame* einsetzt. Man wird auch kaum fehlgehen, wenn man annimmt, daß Erecs heißumstrittener Befehl, Enide solle auf der Fahrt ihr bestes Kleid tragen, für das symbolbewußte Publikum des Mittelalters ein Zeichen — und durch den Kontrast zu dem bekannten Motiv der schuldigen Gattin wahrscheinlich ein besonders verständliches Zeichen — dafür war, daß Erec Enidens Anspruch auf die Stellung der Herrin voll anerkennt.

Wie ist es dann aber zu verstehen, daß Erec trotzdem an Enidens Liebe zweifelt? Auf eine vorhöfische Auffassung des Verhältnisses zwischen Mann und Frau darf Erecs Verhalten gewiß nicht zurückgeführt werden, da doch Chrétiens Werk, wie wir bereits feststellten, unverkennbar den Einfluß höfischer Liebesterminologie und Liebesvorstellungen aufweist [25]. Außerdem beweist ja auch die Zeichnung des typischen Liebespaares von Brandigan, daß Chrétien mit den Konzepten der neuen Liebestheorie wohlvertraut war. Eine rein psychologische Motivierung der Haupthandlung, wie sie am deutlichsten Hoepffner voraussetzt, ist bei einem höfischen Werke ebenfalls unwahrscheinlich. Es soll keineswegs bestritten werden, daß gerade Chrétien die Fähigkeit zur Zeichnung psychologisch überzeugender Charaktere im vollsten Maße besitzt, aber das bedeutet noch nicht — was bei einem mittelalterlichen Dichter höchst unerwartet wäre —, daß er die Haupthandlung seines Werkes psychologisch motiviert. Denkt man hingegen an die Neigung der höfischen Epiker, auch die einfachsten seelischen Regungen ihrer Helden durch lange, oft allegorisierte Disputationen (zwischen *herze* und *lîp* zum Beispiel) oder durch psychologische Kasuistik darzustellen, so wird man kaum für möglich halten, daß Chrétien seinen Helden aus tiefen psychologischen Beweggründen handeln ließe, ohne ein einziges Wort der Erklärung hinzuzufügen [26].

[25] Vgl. dagegen die Ansicht Forster Erwin Guyers, Romance in the Making (New York, 1954), S. 74: *The type of love treatment that appears in ›Erec et Enide‹, however, is remarkably different from that in the lyric poetry of the twelfth century after the vogue of Ovidian love was established, and, in spite of the few indications that we have found of influence from Ovid, the style of ›Erec et Enide‹ is free from the Ovidian type of love treatment that Chrétien later developed and used in his other romances.*

[26] Hoepffners Interpretation dagegen ist ganz auf der Annahme aufgebaut, daß es sich um einen psychologischen Roman handelt: *Sous sa main, le conte d'aventure qui lui a fourni la matière du poème se transforme en roman psychologique. C'est là précisement, dit-on, la grande nouveauté, la véritable originalité du conteur champenois* (Archivum Romanicum XVIII, 449 f.). Aus diesem Grunde kann seine Deutung der eigentlichen Eigenart des Werkes nicht gerecht werden, obwohl Hoepffner, wie mir scheint, intuitiv die Problemstellung in Chrétiens ›Erec‹ in manchem richtiger als die neue Kritik erfaßt hat. Auf die Unzulänglichkeit der psychologisierenden Interpretation hat Hugo Kuhn hingewiesen, als er die Kon-

Der einzige Grund dann, der Erec dazu bewogen haben konnte, an der vollkommenen Liebe seiner Frau zu zweifeln, ist demnach Enidens Haltung in Carnant, also gerade die charakteristische und typische Haltung einer vollkommenen Liebesherrin. Es drängt sich daher der Verdacht auf, daß Erec die Liebe, die Eniden diese Haltung vorschreibt, nicht für die höchste Art der Liebe erkennt, oder, um es gleich und deutlich zu sagen: — man kann sich schwer dem Schluß entziehen, daß Chrétien in seinem ›Erec‹ eigentlich die Thesen der provenzalischen Minnedoktrin bekämpft.

Die Vermutung, ›Erec‹ sei eine Polemik gegen die Thesen der provenzalischen Minnedoktrin, ist weniger unwahrscheinlich, als sie auf den ersten Blick vielleicht erscheinen mag. Indirekt wird sie durch den Gehalt des Cligésromans unterstützt, aber auch durch die Ergebnisse Stefan Hofers, die dahin weisen, „daß die Polemik gegen diesen Roman [den ›Tristan‹] und seine Gedankenwelt schon vor den ›Cligés‹ gerückt werden muß ...“ [27]. Eine weitere Stütze liegt in der Möglichkeit, daß Chrétien den ›Lancelot‹ doch nur auf das Drängen der Gräfin von Champagne unternommen habe. Unsere vergleichende Analyse erlaubte uns außerdem, in beiden Fassungen des Romans die Absicht zu erkennen, das Verhältnis des Paares ganz nachdrücklich als Ehe darzustellen. Der einzige Unterschied in dieser Hinsicht liegt eben darin, daß Chrétiens Erec seiner Frau die Vorrangstellung der Herrin nie streitig zu machen versucht, ein Umstand, der noch auffälliger wird, wenn man die Unterschiede im inneren Aufbau der Prüfungsfahrt beachtet. Bei Hartmann erbringt jede weitere Episode einen gesteigerten Beweis von Enitens Demut und Gattentreue, wogegen bei Chrétien die Prüfungen der Fahrt so aufgebaut sind, daß die in den ersten Episoden bezeugten höfischen Tugenden Enidens in der Limorsepisode durch ihre menschliche und eheliche Treue übertroffen werden.

zepte von Schuld und Entwicklung in Hartmanns ›Erec‹ erörterte und zeigte, daß sie „nicht im Sinne moderner psychologischer Subjektivität, sondern als Seinsverwirklichung in mittelalterlichen 'Universalien' zu verstehen ist“. (op. cit., 150 [hier S. 46])

[27] St. Hofer, Chrétien de Troyes, S. 85.

Am Ende der Brandiganepisode zählt Chrétien alle wichtigen Eigenschaften einer höfischen Dame auf; Mut in unserem engeren Sinne von Unverzagtheit wird hier zwar nicht genannt, aber Chrétien scheint ihn dennoch mit eingeschlossen zu haben, da er Eniden in der ersten Episode der Fahrt eben diesen Mut beweisen läßt: *Deus! serai je donc coarde / Que dire ne li oserai / Ja si coarde ne serai: / Je li dirai, nel leirai pas* (2840—43). In der Galoainepisode werden dann die höfischen Tugenden Enidens noch deutlicher auf die Probe gestellt. Während Hartmanns Enite das Liebesangebot des Grafen mit einem demütigen *des bin ich alles undertân* ablehnt, antwortet Chrétiens Enide, daß sie sich ihrem Mann gegenüber der *felenie* und *traïson* nicht schuldig machen will (3441). Sie bewährt sich also auch in der zweiten Prüfung als vollkommene Herrin, da ihre Liebe zu Erec von der höfischen Tugend der Ehre mitbestimmt wird[28]. Am deutlichsten kommt jedoch der höfische Charakter ihrer Liebe in der Unterredung mit Galoain zum Vorschein. Es wurde nämlich bisher übersehen, daß Chrétien diesen Dialog mit Absicht auf dem Schema der Pastourelle aufgebaut hat[29]; da nun die Pastourelle das typische Genre der niederen

[28] Der Vergleich mit der ersten Überfallszene bei Hartmann ist sehr aufschlußreich, da hier Enidens Handlung nicht durch die Angst vor dem möglichen Vorwurf der *coardie* motiviert ist, sondern durch tiefe menschliche Liebe zu Erec, die in Hartmanns Darstellung so essentiell mit der Nächstenliebe in Verbindung gebracht wird, daß sie fast als *caritas* bezeichnet werden könnte (3168—79). Beim zweiten Überfall bewegen sich Enidens Gedankengänge um die Unversöhnbarkeit ihrer *triuwe* zum Manne und zu ihrem gegebenen Wort; was auf dem Spiel steht, ist Erecs Leben auf der einen Seite und Enidens Seelenheil auf der anderen (3353 bis 77). Im Vergleich zu Chrétiens Problem der *coardie* handelt es sich also wiederholt um eine Änderung, die durch Hartmanns Versetzung des Schuldproblems ins Metaphysische mitbestimmt ist.

[29] Die inhaltlichen und kompositionellen Berührungspunkte zwischen der Galoainepisode und der Pastourelle verdienen eine eigene Behandlung. Hier sei nur kurz darauf hingewiesen, daß alle typischen Motive der Pastourelle in unserer Episode wiedergefunden werden: das plötzliche Entflammen der Liebe, die Liebe eines hochgeborenen Mannes zu einer (hier allerdings nur scheinbar) niedrig gestellten Frau, die unweigerliche

Minne ist, mußte es dem höfischen Publikum ohne weiteres klar sein, daß die formale und inhaltliche Übereinstimmung des Dialoges mit dieser bekannten Gattung als Zeichen für Enidens Überwindung der niederen Minne zu verstehen ist.

Indem nun Enide in den ersten Abenteuern der Fahrt gleichsam symbolisch die *coardie, felenie, traïson* und die niedere Minne überwindet, bewährt sie sich als *buene dame et leaus* (3465), wie sie von jetzt an auch immer öfter genannt wird. Sie hat bewiesen, daß ihre Minne, vom Standpunkt der Minnedoktrin beurteilt, als vollkommen gelten darf. Erec aber hat augenscheinlich diesen Beweis gar nicht gesucht, denn er ändert nach der Galoainesepisode sein Verhalten der Frau gegenüber nicht im geringsten. Daß Erec unter dem *amer parfitemant* etwas anderes als die Troubadourminne versteht, wird allmählich in der Guivretepisode deutlich. Man beachte wohl, daß Chrétiens eigener Aussage nach Erec zum ersten Male Enidens Liebe anerkennt, wenn sie ihn vor dem Angriff des Guivret, also eines anderen Edlen, warnt (3767—69). Erst jetzt wird es nämlich klar, daß Enide ihren Mann über alles liebt, *sor tote rien,* denn sie verschmäht die Gelegenheit, von einem dem Erec ebenbürtigen Helden aus ihrer Erniedrigung erlöst zu werden. Aus der Anlage des Romans geht klar hervor, daß Enide bei Chrétien wie bei Hartmann den letzten Beweis ihrer wahren Liebe auf Limors liefert. Aber gerade in der Limorsepisode kommt Chrétiens These besonders deutlich zum Ausdruck, da Enidens höfisch vollkommene Liebe durch keine weitere höfische Tugend gesteigert, sondern gerade durch das Zeugnis ihrer tiefen menschlichen Liebe und ihrer ehelichen Treue überboten wird. Da doch Enide aus Treue

Ablehnung des ersten Liebesangebots, dann der Versuch des Mannes, die Frau umzustimmen, die Behauptung, sie sei wegen ihrer Schönheit zu etwas Besserem auserlesen, das Versprechen des Reichtums und bevorzugter gesellschaftlicher Stellung und schließlich die (bei Chrétien nun wieder nur scheinbare) Annahme des Angebots. Die in Enidens Munde so unerwartet schamlos klingenden Worte: *Je vos voudroie ja santir / An un lit certes nu a nu* (3398 f.), die der Kritik viel Kopfzerbrechen verursacht haben, können eben nur aus der Tradition der Pastourelle gerechtfertigt und verstanden werden.

zu ihrem toten Mann das Angebot ablehnt, eine Landgräfin zu werden, beweist sie, daß ihre Liebe nicht dem König Erec und nicht dem Manne, der sie zur Stellung der Herrin erhoben hatte, sondern dem Geliebten und Gatten gehört. Vergleicht man Enidens Widerstand mit der leichten Zustimmung einer Laudine zum Beispiel, so begreift man wohl, daß nach der neumodischen Liebesmoral eine *buene dame* nicht unbedingt zu einem solchen Maß von Treue verpflichtet war.

Eben diesen Beweis hat Erec gesucht, denn er hatte ja nie daran gezweifelt, daß Enide alle Tugenden der vollkommenen *buona domna* im vollsten Maße besitzt. Sein Dienstangebot gilt also nicht der vollkommenen Liebesherrin, sondern der vorbehaltlos und treu liebenden Gattin. Es handelt sich keineswegs um eine Vermischung der vorprovenzalischen und der provenzalischen Liebesauffassung, sondern um die deutliche Absicht, der ehelichen Liebe grundsätzlich einen höheren höfischen Wert zuzuschreiben als der Troubadourminne. Recht eigentlich, wie bereits gesagt wurde, um eine Polemik gegen die provenzalische Minnedoktrin. Hartmann hat, wie wir sahen, die Polemik gegen die provenzalischen Liebeskonzepte etwas gemildert, aber auch bei ihm bleibt die Voraussetzung der wirkenden Minnegemeinschaft die Ehe und nicht die Troubadourminne [30].

Die Bedeutung des letzten Abenteuers wird in diesem Zusammenhang besonders deutlich. Man wollte in der Brandiganepisode, je nach der Einstellung, entweder die Verdammung der freien Liebe erblicken, oder die Überwindung der ursprünglichen asozialen Haltung der Helden. Der Schlüssel zum Verständnis der Funktion der letzten, fast allegorisch gehaltenen Episode wurde relativ spät gefunden, aber auch heute noch herrschen über die Interpretation der Gartenallegorie bedeutende Meinungsunterschiede [31]. Kein

[30] Vgl. dazu Hugo Kuhn: „Es besteht durchaus kein Gegensatz im Grundsätzlichen zwischen Chrétien und ihm [Hartmann], wie Scheunemann meinte. Sondern Hartmann überträgt sogar höchst konsequent Chrétiens kompositionellen und inhaltlichen Schematismus, meist ihn verhärtend, aber gelegentlich auch durch sekundäre Neumotivierung mildernd." (op. cit., S. 269 [hier S. 42], Anm. 65)

[31] Vgl. z. B. Bezzola, Le sens de l'aventure, S. 215: ... *La 'Joie da la cour' présente en raccourci la grande aventure de la vie* ... Dagegen: Hugo

Zweifel, daß in der Brandiganepisode das königliche Ehepaar die unhöfische Lebenslage von Carnant überwindet und gemeinsam in den Glanz der höfischen Gesellschaft, der wahren höfischen Freude, zurückkehrt. Der Sinn des Abenteuers ist dadurch jedoch nicht erschöpft, denn es verrät gewiß eine bestimmte Absicht, wenn Chrétien das ideale Ehepaar Erec und Enide über das typische Minnepaar von Brandigan siegen läßt. Hartmann war hier durch seine Vorlage gebunden, seine Änderungen lassen jedoch erkennen, wie unbefriedigend ihm Chrétiens Motivierung des Sieges erschien. Indem Hartmann seinen Erec auch für die Befreiung der trauernden Witwen kämpfen läßt, läßt er ihn eine christliche Tugend, die *bermde* vertreten. Erst so scheint dem deutschen Dichter sein Held überlegen genug zu sein, um den Sieg über den typischen Minneritter davontragen zu dürfen. Die Neumotivierung des Sieges bezweckt offensichtlich dieselbe Umstilisierung der Handlung ins Religiös-Sittliche, die wir bereits an der Hartmannschen Umgestaltung der Monologensequenz erkennen konnten. Chrétiens Gestaltung der Brandiganepisode verharrt dagegen konsequent in der fiktiven Welt des höfischen Romans, denn bei ihm erklärt sich Erecs Sieg allein aus dem Umstand, daß der französische Dichter der Eheliebe grundsätzlich einen höheren höfischen Wert beimißt als der Troubadourminne[32].

Da in der französischen Darstellung die Schuld für die Verkennung der wahren Liebe auf der Frau lastet, ist es für Chrétiens Problemstellung bezeichnend, daß sich nach dem Siege in Brandigan nicht Erecs, sondern Enidens Haltung ändert. In Carnant erhebt

Kuhn, op. cit., S. 144 [hier S. 35]: „Der Garten bedeutet, was er heißt: die höfische Freude, allen offen und doch nur auf besondere Weise zugänglich."

32 Zu Hugo Kuhns Formulierung des Unterschiedes zwischen Chrétien und Hartmann vgl. z. B. die folgenden Stellen: „Bei Hartmann tritt ... für das Stichwort *vreude* am Schluß von Brandigan ein neues ein: *erbarmen* ... Mit der Rückkehr nach Karnant durchbricht auch Hartmann am Schluß des Romans die Spielwelt der Aventiure in die Wirklichkeit hinein — aber in die Wirklichkeit der kirchlichen Religiosität ..." (op. cit., S. 146 [hier S. 38 f.]. Vgl. auch S. 268 [hier S. 39], Anm. 59.)

Chrétiens Enide im Augenblick ihrer verhängnisvollen Klage den Anspruch auf die Stellung und die Rechte einer provenzalischen Liebesherrin. Trotz ihrer anfänglichen Rücksicht scheut sie schließlich sogar vor schweren Vorwürfen nicht zurück: *Recreant vos apelent tuit*, sagt sie erbarmungslos ihrem Mann ins Gesicht. Sie läßt ihn auch fühlen, wie schwer es ihr wird, daß der Ruhm und die Ehre ihres Ritters in den Augen der Welt gelitten haben: *Cuidiez vos donc qu'il ne m'enuit, / Quant j'oi dire de vos despit? / Mout me poise, quant l'an le dit* (2556—58). Durch seine *recreantise* wurde auch sie entehrt, und die Leute denken sogar, daß sie ihn durch ihre Liebe betört habe (2560—64). Das aber soll sich ändern; Enide gibt ihrem Mann deutlich zu verstehen, daß sie das Recht hat zu fordern, und sagt auch, was sie von ihrem Mann erwartet: *Autre consoil vos covient prandre, / Que vos puissiez cest blasme estaindre / Et vostre premier los ataindre* (2566—68) [33].

Diese Haltung Enidens darf gewiß mit Recht aus den Konzepten der Minnedoktrin erklärt werden, denn es ist offensichtlich, daß sich Enide in der Carnantszene wie jede typische Liebesherrin benimmt. Man hatte jedoch übersehen, daß am Ende des Romans eine vollständig veränderte Enide vor uns steht und daß eben diese auffällige Verwandlung der Heldin den Schlüssel zur Deutung des ganzen Werkes bietet. Man könnte sich kaum einen größeren Kontrast denken als den Wechsel in der Haltung Enidens von Carnant und Brandigan. *» Bele cosine! «* sagt sie nach dem Siege ihres Mannes, *» . . . il m'esposa / Si que mes peres bien le sot / Et ma mere grant joie an ot. / . . . Liez an fu meïsmes li cuens; / Car il est chevaliers si buens, / Que l'an ne puet mellor trover, / Si n'est or pas a esprover / Ne d'enor ne de vasselage. / Et mout est de jantil lignage: / Ne cuit que soit ses parauz nus. / Il m'aimme mout, et je lui plus; / Que l'amors ne puet estre graindre. / Onques ancor ne me*

[33] In gleichem, oder zumindest doch sehr ähnlichem Sinne, deutet diese Stelle F. E. Guyer, Romance in the Making, S. 71 *Whatever she says at first, her later repentance for her action in allowing Erec to discover her grief or dissatisfaction over his conduct and her chiding of herself for the words that she had spoken show that she herself had a realization that she had been moved, in part at least, by personal pride.*

soi faindre / De lui amer, ne je ne doi. / Don n'est mes sire fiz de roi? / Don ne me prist il povre et nue? / Par lui m'est teus enors venue, / Qu'ains a nule desconselliee / Ne fu si granz aparelliee. / Et s'il vos plest, je vos dirai, / Si que de rien ne mantirai, / Comant je ving a tel hautesce; / Ja del dire ne m'iert peresce« (6294—96 und 6299—6318).

Hier haben wir eine ganz andere Enide vor uns als in Carnant, keine Herrin, die sich das Recht beimißt, den Heldenmut ihres Mannes zu beurteilen, Beweise seiner Tapferkeit zu fordern, oder ihm sogar die Handlungsweise vorzuschreiben, sondern eine liebende Gemahlin, die voll Bewunderung zu ihrem Mann aufblickt, die sich keineswegs zumutet, ihn auf dem Weg des wahren Heldentums leiten zu können, vielmehr bescheiden, fast demütig ihrer Dankbarkeit dafür, daß sie Erec zu sich erhoben hat, Ausdruck gibt. Sie versteht jetzt, daß Erec weder seine „Ehre" noch seine Tapferkeit zu beweisen braucht, denn beides steht außer Frage, nicht etwa, weil er es während der Fahrt bewiesen hätte, sondern einfach, weil er überhaupt der beste Ritter ist, den es gibt, und weil er einem edlen Geschlechte angehört; er liebt sie, und sie liebt ihn noch mehr, und ihre gemeinsame Liebe kann überhaupt nicht größer sein. Man beachte wohl, daß sich nach dem Kontext der Stelle alle Aussagen Enidens auch auf die Zeit nach der Heirat beziehen, so daß alles, was hier über Erec gesagt wird, nicht bloß für die Zeit nach der Abenteuerfahrt gilt, sondern eine ganz allgemeine Bedeutung hat.

Das Schlüsselwort der ganzen Rede soll jedoch noch kommen: *Onques ancor ne me soi faindre / De lui amer, ne je ne doi* (6308 f.). Wie hatte man überhören können, daß diese Worte, trotz Enidens Freundlichkeit, eine scharfe Zurechtweisung der überheblichen Cousine enthalten? Aber darüber hinaus enthalten sie doch auch eine Verurteilung ihrer eigenen anspruchsvollen Haltung von Carnant, denn auch sie glaubte das Recht zu haben, ihren Mann zu richten und ihre Liebe mit Bedingungen gewähren zu müssen; jetzt aber versteht sie, daß sie Erec nie ihre Liebe verweigern könnte und daß sie unter keinen Umständen das Recht dazu hat. Da jedoch Zurückhaltung, oder doch eine bedingte Gewährung der Liebe, zu den Hauptthesen der Minnedoktrin gehören, ist es offensichtlich, daß Enide hier nicht allein die Haltung ihrer Cousine und ihre eigene Haltung von Carnant, sondern ganz allgemein das kalte, hochmütige, fast unmenschliche Frauenideal der Troubadourminne verurteilt. Jetzt versteht man auch, warum Enidens Kritik den Zweifel ihres Mannes erweckte, und warum er erst auf Limors die Vollkommenheit ihrer Liebe erkannte. Denn für Erec, wie übrigens auch für Chrétien, gilt allein die treue, vertrauende und vorbehaltlose Liebe der Gatten als die höchste Form der höfischen Minne.

Es ist klar, daß Enidens Rede im Gefüge des Romans im wahren Sinne des Wortes die Bedeutung einer Sendung zukommt. Enide selbst sagt doch, sie wolle nie müde werden, ihre Geschichte zu erzählen; schwerer wohl wiegt der Umstand, daß diese Worte zu der besiegten Liebesherrin gesprochen werden und daß es überhaupt die letzten Worte Enidens sind. In gleicher Weise, wie Erec durch seinen Sieg über Mabonagrain zum Spender der wahren höfischen Freude wird, wird auch Enide durch den Sieg über ihre Cousine zur Spenderin der wahren Liebe. Und so wie Erec durch unverzagten Einsatz seines neu gewonnenen Liebesglücks den letzten Sieg über die *recreantise* davonträgt, gewinnt auch Enide durch den offenen Verzicht auf die Stellung der unnahbaren Herrin ihren letzten Sieg über *orguel*. Die durch bedingungslose Liebe, Opferbereitschaft und Vertrauen geeinigten Gatten können und müssen jetzt den gemeinsamen Sieg über das durch falsche Ehren- und Liebesbegriffe gebundene Minnepaar davontragen. Der Sieg des Ehepaares ist für jeden einzelnen und für beide gemeinsam die letzte Überwindung der Lebenslage von Carnant, und für das Minnepaar von Brandigan ist diese Niederlage im wahren Sinne des Wortes eine Erlösung.

Diese Deutung mag vielleicht auf den ersten Blick überraschend, der damaligen Geistesverfassung widerstrebend und möglicherweise unhöfisch erscheinen; der Vergleich mit Hartmann jedoch hat in mancher Hinsicht gezeigt, daß dies nur eine Art von optischer Täuschung sein mag, die aus unserer allzugroßen Neigung entsteht, aus unserer zeitlichen Ferne die provenzalische Minnedoktrin kurzerhand mit der höfischen Minne gleichzusetzen. Wir sahen doch, daß sich Hartmanns Änderungen teils aus seinem Bestreben erklären, überall mildernd, ausgleichend und dem veränderten höfischen Geschmack seiner Zeit anpassend zu wirken; andererseits aber sind seine tiefgreifendsten Umgestaltungen der Vorlage durch die bewußte Verschiebung des Sinngehalts in die religiös-sittliche Sphäre bestimmt. Hartmanns Freisprechung der Frau von der Schuld der Verkennung der wahren Minne hängt augenscheinlich mit diesen beiden Tendenzen zusammen. Da aber auch bei Hartmann die Ehe als die eigentliche Grundlage der doppelt erprobten Minnegemeinschaft angesehen wird, bleibt auch in der deutschen Umarbeitung Chrétiens Minnethese unverändert bestehen. Eigentlich ist es so, daß die Erkenntnis der wahren Minne, die in Chrétiens Fassung der Frau zum Ziel gesetzt ist, Hartmanns Enite von Anfang an besitzt; und umgekehrt, Hartmanns Erec gelangt erst nach beiderseitiger Bewährung zur vollen Anerkennung der notwendigen Minnegemeinschaft, wogegen Chrétiens Erec bereits im Bewußtsein dieser Notwendigkeit die Fahrt unternimmt. In beiden Fassungen jedoch trägt die „demütig erprobte Minne" des Ehepaares den Sieg davon über die „verschlossene" und „unwirksam gewordene" Verbindung des Liebespaares von Brandigan [34]. Weder die französische noch die deutsche Fassung ist darum ein Minneroman in dem Sinne, wie es die moderne, aus den Konzepten der provenzalischen Minnedoktrin deutende Kritik versteht und verstehen will. Ein Blick auf den ›Cligés‹, ein Hinweis auf den ›Parzival‹, ja selbst eine rasche Durchmusterung der Minnelyrik, da doch gewiß nicht alle Lieder der strengen Definition der Troubadourminne entsprechen, kann uns davon überzeugen, daß die höfischen Minnekonzepte nicht einmalig und mit endgültiger Geltung durch die provenzalische Doktrin festgelegt worden sind. In Chrétiens ›Erec‹ handelt es sich darum kaum um ein Weiterschleppen vorhöfischer Elemente, sondern es läßt sich vielmehr die Absicht erkennen, die eheliche Liebe der Troubadourminne entgegenzusetzen und sie als die wahre höfische Minne darzustellen.

Selbst dann, wenn man vor dem scheinbaren Anachronismus einer solchen Deutung zurückschrecken und Enidens bedingungslose Liebesgewährung entweder durch die hohe Geburt ihres Mannes oder durch ihre Dankbarkeit für die Erhebung aus ihrer Armut

[34] Vgl. Hugo Kuhn, op. cit., S. 144 [hier S. 36] und S. 268 [hier S. 36], Anm. 50 und 51.

erklären sollte, selbst dann, wenn ihre letzten Worte nicht den Verzicht auf jeden Beweis, sondern nur auf jeden zusätzlichen Beweis des Heldentums bedeuten sollten, selbst dann noch werden durch ihre Erklärung die Ansprüche der provenzalischen Liebesherrin grundsätzlich in Frage gestellt. Denn wie man auch Enidens Worte auffassen mag, sie enthalten doch die Erkenntnis, daß wahre Liebe bedingungslos gewährt wird und daß sich die liebende Frau von der Vortrefflichkeit des geliebten Mannes nicht erst zu überzeugen braucht: Eine Erkenntnis, die nur deshalb so überraschend modern klingt, weil sie letzthin weder aus den vorhöfischen, noch aus den höfischen Liebeskonzepten, weder aus der Minnedoktrin, noch aus der mittelalterlichen Auffassung der Ehe, sondern allein aus der tiefen Einsicht des Dichters in die ewig unwandelbare Natur des Menschen erklärt werden kann.

Zeitschrift für deutsches Altertum und deutsche Literatur 94, 1965, S. 81—108.

›GREGORIUS‹ UND ›GRÉGOIRE‹

Von HANS SCHOTTMANN

Die Legende vom guten Sünder Gregorius nimmt einen nicht unbedeutenden Platz in der europäischen Literatur des Mittelalters ein und hat bis in die jüngste Zeit nach- und umgestaltende Dichter zu neuer Bearbeitung gereizt. Über die verschiedenen Fassungen referiert knapp, aber mit allen nötigen Angaben die Einleitung zum Hartmannschen ›Gregorius‹ in der ATB, ^{9}1959, von L. Wolff. Wenn das Verhältnis dieser Bearbeitungen untereinander in manchen Punkten auch noch nicht geklärt ist, so gilt doch heute unbestritten, daß Hartmann sich auch in diesem Werk auf eine französische Quelle (und nicht auf eine lateinische Vorlage) stützte. Die französische Legende ist in sechs Handschriften des beginnenden 13. bis 16. Jh.s erhalten; sie teilen sich zu je drei in zwei stark differierende Gruppen A und B, ihre Siglen sind entsprechend A_{1-3} und B_{1-3}. Die älteste und in vieler Beziehung beste ist B_1 (Brit. Mus., Egerton 612), in der allerdings als einziger die Schilderung der Romreise und die Wiederbegegnung zwischen dem Papst Gregor und seiner Mutter fehlt. Die Ansichten darüber, ob B_1 gekürzt hat oder ob diese Szenen eine spätere Erweiterung sind, gehen auseinander; entsprechend kann noch nicht als entschieden gelten, welchen Einfluß die einzelnen B-Handschriften durch die stark erweiternde A-Fassung (und umgekehrt) erfahren haben und wie sie in Untergruppen zusammengefaßt werden können. Dazu sind heute vor allem die Untersuchungen von G. Krause, Die Handschrift von Cambrai der altfranzösischen ›Vie de saint Grégoire‹, Halle 1932, S. 18—58, und M. Roques, Notes pour l'édition de la Vie de saint Grégoire, Romania 77 (1956) 1 ff., heranzuziehen. Wir können uns mit dieser summarischen Feststellung begnügen, da das Verhältnis der erhaltenen altfranzösischen Handschriften zum verlorenen Original für die Frage nach dem Verhältnis

Hartmanns zu seiner Vorlage nur von sehr untergeordneter Bedeutung ist[1].

Diese Frage nach den Beziehungen des Hartmannschen Textes zu den französischen Handschriften ist im vergangenen Jahrhundert in einer Reihe von Arbeiten untersucht worden, von denen noch immer wichtig sind: F. Lippold, Über die Quelle des Gregorius Hartmanns von Aue, Diss. Leipzig 1869 (L. kannte allerdings nur A_1); E. Kölbing, Über die englische version der Gregoriussage in ihrem verhältnis zum französischen gedichte und zu Hartmanns bearbeitung[2], und O. Neussel, Über die altfranzösischen, mittelhochdeutschen und mittelenglischen Bearbeitungen der Sage von Gregorius, Diss. Halle 1886. Am ausführlichsten und zuverlässigsten sind die Zusammenstellungen von Kölbing. Die Ergebnisse hat dann übersichtlich H. Sparnaay, Hartmann von Aue I (1933) S. 127 ff., zusammengefaßt. Danach stand Hartmanns Vorlage B_1 im großen und ganzen sehr nahe, hatte aber den erweiterten Schluß und zeigte auch sonst in einigen Einzelheiten Einfluß der A-Fassung — wobei manchmal freilich auch an gleichlaufende selbständige Weiterentwicklung gedacht werden kann. Eine willkommene Kontrollmöglichkeit bietet die mittelenglische Legende, deren vier stark voneinander abweichende, aber aus einem Archetyp herleitbare Handschriften (Ende 13.—15. Jh.) C. Keller untersucht und 1914 synoptisch ediert hat. Sie geht auf eine französische A-Fassung zurück[3], stimmt aber in einigen Punkten näher zu Hartmann als zu jeder anderen Überlieferung. Wenn auch hier einiges unabhängige Weiterentwicklung sein mag, so kann das englische Gedicht uns doch manchen Fingerzeig für Hartmanns unmittelbare Vorlage geben oder zumindest bei der Interpretation der Änderungen Hartmanns zur Vor-

[1] Jedenfalls solange die Überlieferungsverhältnisse so ungeklärt sind, daß man sich, wie Roques vorschlägt, mit einem Paralleldruck der bekannten Fassungen begnügen muß. Umgekehrt könnte für die Romanisten die Heranziehung der deutschen und der englischen Fassung bei der Rekonstruktion der Textgeschichte von Nutzen sein.

[2] In seinem Buch: Beiträge zur vergleichenden Geschichte der romantischen Poesie und Prosa des Mittelalters, Breslau 1876, S. 42 ff.

[3] Am nächsten steht wohl A_3, s. Neussel, S. 53; Keller, Einl. zu einer krit. Ausg. der mengl. Gregoriuslegende, Diss. Kiel 1909, S. 9. S. Wolff, S. V., stellt sie zur B-Fassung, ich kann aber nicht sehen, worauf er sich dabei stützt.

sicht mahnen; Zwierzina hat es ZfdA 45, 364 f. darum sogar zur Textkritik Hartmanns herangezogen.

Seit den Untersuchungen A. Wittes (PBB 53, 65 ff.), der allerdings Hartmann kaum gerecht wird, und vor allem H. Drubes (Hartmann und Chrétien, Münster 1931), dessen Ergebnisse Schwietering in seiner Literaturgeschichte (S. 153 ff.) souverän zusammenfaßte, ist man sich über Hartmanns Art, eine höfische französische Vorlage zu übertragen, ziemlich einig. Sein Verhältnis zu Chrestien deuten die Begriffspaare naiv-sentimentalisch, Natur-Kultur, objektiv-subjektiv an, und seine idealisierende, meist blassere Erzählweise, sein Hang zum Motivieren, zu kompositorisch oft ungeschickten Erweiterungen und eingeschobenen Kommentaren usw. wird auf seine ethisch-didaktische Grundeinstellung zurückgeführt: „Aus dem Iwein haben sich als Grundkräfte der Hartmannschen Bearbeitung ergeben: Klarheit, 'Lehrtrieb' und Dämpfung" (Kellermann, GRM 26, 308). Die oben angeführten vergleichenden Arbeiten über den ›Gregorius‹ suchten ausschließlich Hartmanns Quelle zu sichern und verzeichneten darum von Zeile zu Zeile fortschreitend die Übereinstimmungen und Abweichungen; nur Lippold machte sich hin und wieder Gedanken über die Gründe für die Änderungen Hartmanns. Einen eingehenden Vergleich der künstlerischen Gestalt der beiden Gedichte unternahm allein F. Piquet, Etude sur Hartmann d'Aue, Paris 1898, S. 252 ff. Seine von Widersprüchen und Mißverständnissen des mittelhochdeutschen wie des französischen Textes nicht freien Darlegungen sind allerdings so stark von dem Affekt bestimmt, das französische Gedicht gegen den deutschen Dichter und seine Bewunderer in Schutz zu nehmen, daß sie bei allen interessanten Einzelbeobachtungen doch zu keinem befriedigenden Gesamtbild führen[4].

Sonst blieb der ›Gregorius‹ wegen der schwierigen Quellenlage und nicht leicht greifbarer Textgrundlage von der vergleichenden Betrachtung ausgeschlossen, wobei aber des öfteren übersehen wurde[5], daß nicht nur der Text von A_1 — freilich unzulänglich — 1857 von V. Luzarche ediert wurde (Verbesserungen von E. Littré, Histoire de la langue française,

[4] Vgl. die Rezensionen von Schönbach, AfdA 25, 28 ff.; Panzer, ZfdPh 31, 520 ff.; Ehrismann, Lit.bl. 1899, 364 ff.

[5] P. Wapnewski, Hartmann von Aue, [1]1962, S. 77; auch F. Neumann verweist in seiner kommentierten Ausgabe nur auf den Text von Luzarche, wodurch sich nicht selten ein schiefes Bild ergibt. Die von M. Roques angekündigte kritische Ausgabe beider Fassungen bleibt freilich ein Desiderat auch der Germanistik.

Paris 1863, S. 211 ff.), sondern auch die für Hartmann wichtigere Handschrift B_1 seit 1933 gedruckt vorliegt (G. Telger, Die altfranzösische Gregoriuslegende nach der Londoner Handschrift, Arbeiten zur Romanischen Philologie Nr. 5; mit Varianten von B_2 und B_3). Auf den englischen Text wurde bereits oben hingewiesen. Die Lage ist also nicht ungünstiger als beim ›Erec‹, eher günstiger, denn bei allem Eingreifen Hartmanns stellt sich doch nie ernsthaft die Frage nach einer Nebenquelle. Natürlich ist die Handschrift, die ihm als unmitelbare Vorlage diente, nicht erhalten, so daß bei einem Vergleich des Wortlauts Zeile für Zeile manches unsicher bleiben müßte, aber wir haben neben B_1 doch A_1 und das englische Gedicht zur Kontrolle und somit verhältnismäßig sicheren Grund. Zudem sind Hartmanns Änderungen so charakteristisch, daß es mir nicht nötig erscheint, gerade bei diesem Gedicht mit einer verlorenen, von den übrigen stark abweichenden Fassung zu rechnen, an die sich Hartmann dann ganz eng anschloß.

Diese Untersuchung setzt sich nur ein sehr begrenztes Ziel: den Versuch, an einigen Beispielen einige der Kunstmittel Hartmanns zu analysieren. Die in letzter Zeit wohl zu sehr strapazierte 'Schuldfrage' lasse ich außer acht, wie überhaupt nicht eine Interpretation des ganzen Werks (für die ein Vergleich allerdings auch manches ergeben könnte) angestrebt wird. Auch kommt das französische Gedicht nicht zu seinem Recht, denn ich verfolge nicht die Frage, welche Fassung 'besser' ist, von uns als wirksamer empfunden wird, sondern allein, ob Hartmanns Änderungen in dieser Legende auch als künstlerisch berechnet zu verstehen sind oder sich nur, wie Drube in bezug auf Chrestien meint, aus seiner außerästhetischen Zielsetzung erklären lassen [6]. Dabei behalten die bisher an den höfischen Epen aufgezeigten Umgestaltungsprinzipien durchaus ihre Gültigkeit. Ich erspare es mir und dem Leser, sie alle (etwa: Motivierungen der Einzelhandlungen, Erstreben größerer Glaubwürdigkeit, Streichen der Wiederholungen und Vorausdeutungen, Dämpfung der spontanen Gesten, größere Breite in

[6] Vorsichtiger Wapnewski, S. 42: „Er demonstriert mehr als daß er bildet, er lehrt mehr als daß er gestaltet". Positiver urteilt L. Wolff, S. VII; s. auch A. Wolff, WW 12, 193 ff., für den ›Erec‹ E. Scheunemann, Artushof und Abenteuer, 1937.

Gesprächen und Darstellung usw.) nun auch noch einmal am ›Gregorius‹ umfänglich vorzuführen.

I

Gleich die erste größere Szene der Legende, der Tod des Vaters und seine Abschiedsreden an die Kinder (187—272), läßt in einigen Zügen deutlich erkennen, wie sich Hartmann seiner Vorlage gegenüber verhielt und was ihn an ihr nicht befriedigte. Im Französischen stimmt hier B 73 ff. eng zu A S. 4 ff., nur daß A den sterbenden Vater weitläufig und unpassend seinen Kummer darüber äußern läßt, er habe versäumt, die — ja noch kindliche — Tochter zu verheiraten. Hartmann stellt sich in den Grundlinien zu B1. Die englische Fassung scheint zwar auf den ersten Blick darin näher als B bei Hartmann zu stehen, daß auch sie die Schwester nicht so betont heraushebt (Str. 6 ff.). Doch das besagt wenig; sie geht in dieser Szene ganz stark ihre eigenen Wege und kürzt auch sonst rigoros: nicht nur fehlen die Barone in allen Fassungen, englisch C läßt sogar die Schwester ganz aus; die Äußerungen des Vaters werden auf das Notwendigste beschränkt und in eine Rede zusammengezogen usw.

Wir können hier also unbedenklich B1 als repräsentativ für Hartmanns Vorlage annehmen. In den Einzelheiten weicht aber nun der deutsche Dichter stark von dieser Vorlage ab — was ihm den nachdrücklichen Tadel Piquets eingetragen hat. Nach ihm ist in dieser Szene des Originals die Schwester, die beherrschende Gestalt des ganzen ersten Teils der Erzählung, mit künstlerischer Berechnung in den Mittelpunkt gestellt. Hartmann ändere das, weil er der gesellschaftlichen Realität seiner Zeit Genüge tun und nicht von dem Erben ablenken wolle; er zerstöre aus diesem Grund die künstlerische Ökonomie der Dichtung, die er wohl gar nicht erfaßt habe (256 f.). Wenn Piquet auch unterschlägt, daß im französischen Text genauso wie bei Hartmann der Vater nur den Sohn anredet, so ist doch richtig, daß der französische Dichter den Schmerz und die Schönheit der Schwester nachdrücklicher herausstellt und durch die Wiederholung der Worte des Vaters dessen Sorge um sie unterstreicht (B 83 ff., 92 ff.).

Im französischen Gedicht werden die Bausteine der Szene unbekümmert um die innere Verknüpfung nebeneinandergestellt. Als der Vater seinen Tod nahen fühlt, ruft er seine Kinder und Vasallen zu sich; letztere treten dann ganz zurück, sie werden nur noch einmal mit der Schwester zusammen weinen (100; s. Ha. 224 ff.). Der Vater spricht seinen Sohn an, sagt seinen Tod voraus und äußert seine Sorge um die Tochter. Als der Sohn daraufhin in Tränen ausbricht, verweist er sie ihm mit dem Hinweis, ihm falle ja das ganze Erbe zu, und kommt wieder auf das Los seiner Tochter zu sprechen. Nun erzählt der Dichter — in ähnlichen Formeln wie beim Sohn, aber doch etwas lebendiger und ausführlicher —, daß auch die schöne Tochter zu weinen beginnt. Die Szene schließt ein knapper Bericht mit nur noch indirekter Rede, wie der Vater die Hand der Tochter in die des Sohnes legt und sie seiner Obhut anvertraut.

In der französischen Fassung liegt also aller Nachdruck einmal auf den Schmerzensäußerungen der Kinder, vor allem der Schwester, zum anderen auf der Sorge des Vaters um seine Tochter; dabei wird allerdings nicht ganz deutlich, warum der Vater so auf dieser Sorge insistiert, weshalb A auch seinen Kummer um die versäumte Verheiratung zusätzlich breit ausgeführt hat. Die das Folgende überleitend exponierenden Empfehlungen an den Sohn treten daneben zurück. Der Dichter bringt bei der Beschreibung des Schmerzes einige lebendige Einzelzüge, aber er verknüpft sie nicht zu einem einheitlichen Ganzen, sondern stellt sie nebeneinander, er erzählt flächig und punktuell.

Aus diesem Rohstoff gestaltet Hartmann eine einheitliche, organisch gefügte Szene. Schon dadurch, daß er Bruder und Schwester nicht nacheinander einführt, sondern sie als *diu kint* zusammenfaßt, erreicht er, daß sie nicht so auseinanderfällt. Entsprechend streicht er die zweite Äußerung der Sorge des Sterbenden um seine Tochter und führt als neues Motiv die nachdrücklich betonte Vaterliebe ein, die beim Anblick der schönen Kinder noch einmal durchbricht. So gewinnt er gegenüber der gequälten und unvermittelt eingeführten Sorge des Vaters im Französischen einen positiven gefühlhaften Grundton, der die ganze Szene durchzieht, ihr Stimmung gibt, und er kann auf diese indirekte Weise von vornherein die Geschwister, nicht nur, wie Piquet meint, den Sohn, zum eindeutigen Mittelpunkt der Szene erheben. Einige weitere Kunstgriffe geben der Szene Tiefe und Zusammenhalt, wie etwa, daß Hartmann die Verwandten und Vasallen stärker in das Geschehen einbezieht. In der französischen Fassung hat der Vater sie gerufen, *ke sa raisun peussent oïr* (78), und weiter haben sie keine Funktion. Im Deutschen vertraut der Vater ihnen seine unmündigen Kinder an, d. h. Hartmann baut sie stärker in die Handlung ein, ohne doch den Kindern ihre Vorrangstellung zu nehmen (198, 221) [7]. Es zeigt sich also in dieser Szene das Bestreben Hartmanns, die vorgegebenen Einzelmomente zu einer Einheit zu verknüpfen, Gefühle und Reden organisch zu verbinden und an die Stelle des von Anstoß zu Anstoß fortschreitenden, nur am augenblicklich Berichteten interessierten Erzählens ein gegliedertes Ganzes zu setzen, selbst wenn darüber lebendige Einzelzüge wie das Seufzen und das schöne Gesicht der Schwester verlorengehen.

Die letzte Rede des Vaters an den Sohn [8] ist bei Hartmann direkt wiedergegeben und durch den Einschub eines kleinen Fürstenspiegels (244 ff.) bedeutend erweitert. Sie erhält so mehr Gewicht als im Französischen, und man kann natürlich mit Piquet feststellen, daß dadurch auch im Schlußteil der Szene der Sohn stärker heraustritt. Der Wunsch, die Geschichte an die gesellschaftliche Realität seiner Zeit anzupassen, dürfte allerdings kaum die entscheidende Triebfeder für diese Erweiterung und Umgestaltung gewesen sein. Einmal erklärt sich dieser Fürstenspiegel aus den lehrhaften Intentionen Hartmanns, der ein Vorbild für den höfischen, durch inneren Adel legitimierten Landesherren geben will, zugleich wird aber das der Schwester gegenüber geforderte Verhalten dadurch, daß es in den Rahmen eines solchen Sittenkodex gestellt wird, indirekt akzentuiert. Also auch diese scheinbar selbstgenügsame Digression fügt sich der durchdachten Formung des vor-

[7] Andererseits versteht es Hartmann auch, Nebenfiguren ganz zurückzudrängen an Stellen, wo er die innere Beziehung zwischen zwei Personen betonen will; so läßt er 1015 ff. die Fischer viel stärker in den Hintergrund treten als seine Vorlage, um die beginnende Beziehung Abt — Gregor zu profilieren.

[8] Auch Hartmanns Vater wendet sich nur an den Sohn, nicht an beide Kinder, wie Neumann, Anm. zu 243 ff., meint.

gegebenen Stoffes, sie exponiert die bei Hartmann analog zu ihr ebenfalls umgestaltete Beschreibung des Zusammenlebens der beiden Geschwister.

Hartmann ersetzt das situationsorientierte und darum an kräftigen Gesten und lebendigen Bildern reiche Schildern seiner Vorlage durch Gliederung und Unterordnung der Teile unter das geplante Ganze. Dafür nur noch ein kleines Beispiel. Als der neugeborene Knabe im Faß auf dem Meer treibt, geht das Französische wieder von der konkreten Situation aus, hebt deren Einzelzüge plastisch nacheinander hervor und ordnet der so entstehenden Schilderung locker die helfende Gnade Gottes zu (601 ff.). Hartmann ordnet den Bericht vom Schicksal des Knaben straff dem einen Gedanken von der Hilfe Gottes unter, er streicht alle Einzelzüge und setzt an die Stelle der gegenwärtigen Not ein exemplum für die Hilfe Gottes (926 f.). Sein Erzählen opfert also die Farbigkeit im Detail der straffen Gliederung um einen Kerngedanken.

Fast überall streicht Hartmann die lebhaften Einzelmomente, dämpft er die in Gesten, Schreien oder (bis zu zwanzigmal wiederholten) Ohnmachten sich äußernden elementaren Gefühlsausbrüche. Die inneren Spannungen entladen sich nicht mehr so unmittelbar, sie treten auf andere, subtilere Weise in Erscheinung. Wiederum nur ein Beispiel für viele: Zu Beginn des Dialogs zwischen dem Abt und Gregorius schildert die französische Fassung eine natürliche und starke Reaktion des Jungen. Durch den Vorwurf seiner vermeintlichen Tante in tiefste Verzweiflung gestürzt, läuft er zum Abt und wirft sich ihm wortlos zu Füßen; aus dieser Situation entwickelt sich dann das Gespräch. Hartmann streicht die spontane Geste und beginnt sofort mit wohlgesetzten Dankesworten des früh entwikkelten Knaben. Sein Gregorius ist der höfisch Vollendetere, und diese veränderte Grundeinstellung muß sich natürlich auch auf den folgenden Dialog auswirken.

Dieses Dämpfen und Harmonisieren, sein Bestreben, Vorbilder höfischer Lebenshaltung darzustellen, hat ihm regelmäßig Vorwürfe eingetragen; mehr oder weniger als Entschuldigung pflegt man seine Absicht anzuführen, das Wichtige der Haupthandlung herauszuheben und darum die Einzelheiten zurückzudrängen. Hartmann sei der Lehrer und Deuter, doch ein schwacher Gestalter. Es lohnt sich aber, einmal genauer zu beobachten, was er dafür einbringt, nicht nur als Erklärung für die Abweichungen von der Vorlage die Grundeinstellung, den Charakter und das Talent des Dichters ins Feld zu führen, sondern auch schärfer zu fragen, wie er nun von seinen Voraussetzungen aus das Vorgegebene neu zusammenfügt. Es zeigt sich dann bei ihm eine andere, freilich nicht so urwüchsige Art der Belebung und des spannungsreichen Aufbaus. An die Stelle des elementaren Ausbruchs tritt die fein schattierte Zeichnung, an die Stelle abrupten Wechsels treten gefugte und verbundene Übergänge. Hartmann gestaltet das Seelische nicht so sehr in unmittelbaren Reaktionen, die auf die innere Situation ein Schlaglicht werfen, und auch nicht nur durch vertiefte Motivierung und Zergliederung der Gefühle, welche die modernen Vorwürfe der Pedanterie und der Austüftelung von Gefühlslagen begründete; das Seelische ist bei ihm wesentlicher, stets gegenwärtiger Bestandteil der Handlung.

Eine große Rolle spielen im ›Gregorius‹ die Dialoge; sie stehen an den Wendepunkten der Geschichte und fordern deshalb neben Prolog und Epilog die sinndeutende Interpretation am meisten heraus. Vergleicht man die Dialoge seiner höfischen Romane mit Chrestien[9], fällt das Urteil negativ aus: Hartmanns beherrschtes Temperament und sittliche Grundeinstellung lasse ihn die kunstvolle Geschlossenheit und berechnete Steigerung der Chrestienschen Dialoge zerstören, seine eigenen zerfielen in mehr oder weniger für sich stehende Einzelteile. Betrachtet man den ›Gregorius‹, kommt man zu einem ganz anderen Urteil: Sie zeigen gerade, mit welchem eigenen Formwillen Hartmann seiner Vorlage gegenüberstand.

In dem großen Gespräch zwischem dem Abt und dem durch den Zornausbruch der Pflegemutter in Verzweiflung gestürzten Gregorius folgt Hartmann in Wahl und Reihenfolge der Argumente im wesentlichen seiner Vorlage. Auch der Hinweis auf eine mögliche Heirat, den Piquet (S. 260) für eine verlebendigende Erfindung Hartmanns hält, findet sich schon in beiden französischen Fassungen. Die beiden augenfälligen größeren Änderungen, die

[9] S. etwa Drube, S. 45 ff. Hinweise auf die Bedeutung der Dialoge für die Handlung des ›Gregorius‹ bei Herta Zutt, DU 14, 6 (1962) 73 f.

Hartmann von Französisch B und A unterscheiden, fallen nicht entscheidend ins Gewicht. Im Französischen (B 847—70, A S. 45) wird das Gespräch gleich zu Beginn durch den Gang des Abtes zu dem geschwätzigen Fischer unterbrochen; er macht ihm Vorwürfe, fordert das Schweigegeld zurück und läßt sich das Versprechen geben, daß sich die Anschuldigung nicht wiederhole. Bei Hartmann fehlt diese ungeschickte Unterbrechung, er hat nur die Zusicherung des Abtes, er werde eine Wiederholung verhindern (1476). Diese geschlossenere Form kann aber auch Hartmanns Vorlage gehabt haben, denn die englische Fassung, die zwar gerne kürzt, aber kaum handfeste Handlungselemente einfach unterschlägt, stellt sich zu Hartmann (s. auch Kölbing, S. 60). Zum anderen vermeidet Hartmann gegen alle anderen (unter sich aber auch stark differierenden) Fassungen die Wiederholung dessen, was auf der Tafel steht, was seinem allgemein zu beobachtenden Streben entspricht, Wiederholungen, die nicht einen besonderen stilistischen Wert haben, zu vermeiden. Dennoch ist durch beträchtliche Erweiterung des im Französischen schon Angelegten und leichte, aber entscheidende Umakzentuierungen aus dieser Auseinandersetzung etwas wesentlich anderes geworden.

Die durchdachte und ausgewogene inhaltliche Gliederung des Gesprächs, die eine dialektische Schulung verrät, hat Schönbach schon analysiert[10]. Wir weisen nur noch drauf hin, wie sehr gegenüber der Vorlage die Auseinandersetzung bei Hartmann wirklich zu einem Gespräch geworden ist. Das Französische hat zwar auch eine Steigerung in den Argumenten des Abtes, doch Gregorius hat ihnen in jeder Phase nichts anderes entgegenzusetzen als seine dumpfe Entschlossenheit, Ritter zu werden und seine Herkunft zu erkunden. An ihr scheitern alle Überredungsversuche des Abtes, der sich schließlich fügen muß[11]. Hartmann macht daraus eine — durch die persönliche Bindung der beiden Streitenden in der Form ver-

[10] Über Hartmann von Aue, Graz 1894, S. 67 ff., 430 ff.; bei Schönbach (S. 432) auch die Gliederung des Gespräches Dame—Zofe.

[11] Ähnlich nimmt Hartmann auch in der Enthüllungsszene Gregor seine groben, nur reagierenden Züge und macht die Auseinandersetzung durch die Einführung des Mißverständnisses Gregors zu einem wirklichen Gespräch, Ha. 2549 ff., B 1405 ff.

bindliche — Auseinandersetzung. Er gibt Gregorius und der von ihm vertretenen ritterlichen Lebensweise mehr Raum und Eigengewicht, die Auseinandersetzung wird ausgewogener. Der Abt scheitert nicht schlechthin an der verbissenen Entschlossenheit Gregors, sondern er kann, obwohl er einsieht und, wie im Französischen, ausspricht, daß dieser Weg für Gregorius ins Verderben führen muß, den allgemeinen Gründen nichts Grundsätzliches entschieden entgegensetzen. Andererseits erkennt auch Gregorius die geistliche Lebensform an; er verneint sie nur für sich (1507 ff.). So wird von Hartmann die Auseinandersetzung stärker ins Grundsätzliche gehoben, doch nicht, um zu einer grundsätzlichen Entscheidung, einem endgültigen Urteil zu kommen, sondern um die persönliche Entscheidung stärker zu profilieren.

Durch die stärkere Herausstellung des Rittertums als adliger Lebensform wird das Gespräch zu einem wirklichen Disput, in dem nicht der eine argumentiert und der andere unbeeinflußt reagiert, sondern jeder seine Haltung gewandt vertritt, auf die Worte des anderen eingeht — und sie im Streitgespräch leicht in seinem Sinne umzubiegen sucht. So nimmt Gregorius den Vorwurf, aus *tumpheit* zu handeln (1454) artig auf (1484); er bestätigt ihn scheinbar und widerlegt ihn doch durch seine überlegten Ausführungen, die sich anschließen[12]. Der Ausgangspunkt ist im Französischen wie bei Hartmann *la honte, diu schande,* die Hartmann mit *unêre* variiert, und deren Gegenwort *êre* bei ihm — anders als im Französischen — für das Folgende bestimmend wird. Der Abt nimmt das auf und verweist ihn auf *tugent und êre,* die wahre *êre,* die, wenn er den rechten Weg geht, ihn über *laster und spot* erhebt, von kleinlichen, das Ansehen unter den Menschen verletztenden Vorwürfen innerlich unabhängig machen wird. Darauf kommt dann Gregorius nach seiner begeisterten, weit ausholenden Schilderung des Ritteramtes wieder zurück, durch den gleichen Reim *(lêre: êre)* deutlich auf die Worte des Abtes anspielend (1677; 1714); er deutet sie aber in

[12] Vgl. die Umdeutung von *schalc* und *kneht* im Vorwurf der Pflegemutter (1358) zu *ellender kneht* (1398, 1408), womit Gregor schon zu Beginn des Gesprächs auf sein angestrebtes Rittertum anspielt, oder von *gemach*, das der Abt natürlich anders wertet als Gregorius (1657, 1677, 1683).

seinem Sinne um und benutzt die ritterliche *êre,* die in der geistig-körperlichen Bewährung im Kampf gewonnen wird, gerade als Argument gegen die Forderungen des Geistlichen. Die beiden gehen aufeinander ein und reden doch aneinander vorbei. *Êre* und *spot* bleiben für Hartmann Kernwörter, die bis zur Szene auf dem Felsen an entscheidenden Stellen wiederkehren.

Drei wesentliche Argumente für den Aufbruch durchziehen in der französischen Fassung den Disput. Der Ausgangspunkt ist die Schande des Vorwurfs, ein Findelkind zu sein (826). Als der Abt diesem Argument den Boden entzogen hat, erwidert Grégoire nur zornig, er wolle Ritter werden, was er dann beharrlich wiederholt (879, 885, 897). Dazu kommt das schon 844 angeklungene Motiv, er wolle Kunde über seine Eltern einholen (919 f.; zum Abschluß 1025 f. wiederholt), woraufhin der Abt die Tafel holt und ihm zu lesen gibt. Dies ist eine logische und naheliegende Abfolge des Erzählganges [13]. Hartmann zögert dieses letzte Motiv bis ganz zum Schluß hinaus; der Abt holt nicht die Tafel, weil sie die, wenn auch sachlich unvollständige, Antwort auf die Frage des Gregorius gibt, sondern weil er sieht, daß der Begeisterung und der Entschlossenheit des Jungen mit vernünftigen Argumenten und väterlichem Zureden nicht beizukommen ist. Nun sieht er die Notwendigkeit, Gregorius aufzukären, und erhofft sich wohl zugleich von dem Schock noch eine Sinnesänderung. Den Entschluß, seine Herkunft zu erforschen, spricht Gregorius bei Hartmann erst aus, als er von den näheren Umständen seiner Geburt erfahren hat. Dadurch ist vom Dichter zweierlei erreicht: Er hat in das Gespräch und den Gang der Argumentation noch eine letzte Steigerung gebracht und zugleich diesen besonderen Grund der Ausfahrt stärker mit dem Wissen des Gregorius von seiner Geburt verbunden — er leitet sich gerade aus ihm her! [14] So ist für die ganze folgende Entwicklung ein neuer Akzent gesetzt.

[13] Engl. Str. 88 f. stellt sich, wenn auch ungeschickter erzählend, zum Französischen.

[14] Eine ähnliche neue Akzentuierung durch einfache Umstellung findet sich öfter, z. B. in der Abt-Fischer-Szene. Das Französische hat wieder eine unmittelbare und natürliche Reaktion: Der Abt dankt Gott für die

Auch die beiden anderen Argumente hat Hartmann nicht nur beträchtlich erweitert und in dem angedeuteten Sinn vertieft, sondern auch durch leichte Verschiebung der Akzente harmonischer miteinander zu verbinden gesucht. Sachlich berichtet Grégoire dem Abt von dem Vorwurf, den er erlauscht hat, um zu erklären, welche Schande ihn forttreibt: *Sire, dist-il, mult ai grant hunte; Reprové me est e devant mis Ceo que trové sui e chaitifs* (824 ff.). Hartmann hat das auch, setzt aber betont an den Anfang nicht den sachlichen Bericht, sondern die Erkenntnis Gregors: *ich enbin niht der ich wânde sîn* (1403). Damit wird die innere Situation umrissen, in der sich Gregorius nun befindet. Der Vorwurf stürzt ihn nicht nur in Verzweiflung wegen der Schande, die ihn forttreibt, sondern er erweckt in ihm zugleich eine Hoffnung, die Aussicht auf eine neue Möglichkeit: Seine heimlich schon lange gehegte Sehnsucht, Ritter zu werden, könne sich nun erfüllen, da seine Herkunft nun zumindest nicht mehr eindeutig niedrig ist (s. 1494 ff.). Dieses neue, von Hartmann schon andeutend vorbereitete (s. u.) und im Gespräch (1566 ff.) breit entfaltete Motiv ist geeignet, die Argumente geschickt zu verknüpfen. So wird der Disput auf Gregors Seite zugleich zu einem inneren Vorgang: Durch das Reden und Widerlegen steigert er sich immer mehr in Begeisterung und Entschlossenheit hinein [15], und selbst nach der Aufklärung über seine Geburt ist er darum nicht nur bedrückt und niedergeschlagen wie im Französischen (1011), sondern zugleich *vrô* (1747), weil sich die Ahnung seiner höheren Herkunft bestätigt. So gewinnt Hartmann ein durchgehendes, allmählich sich entfaltendes Motiv, dem sich die aus der Vorlage übernommenen Argumente organisch einfügen.

wunderbare Rettung, sowie er das Kind sieht (B 685 ff.). Bei Hartmann ist dieser Dank — der dann *tougen* vorgebracht werden muß — hinausgezögert bis zu dem Augenblick, als der Abt durch die Tafel die näheren Umstände über Gregors Geburt erfahren hat. Dadurch ist auch dieses Motiv stärker auf das Schicksal Gregors bezogen.

[15] Was wohl auch als Durchbruch des ihm Angeborenen zu verstehen ist, s. u. S. 390. Die gleiche Technik, einen knappen, vorwiegend sachlichen Dialog durch Einführung neuer Motive zur Charakterisierung zu benutzen und zugleich zum Ausdruck einer inneren Bewegung zu machen, zeigt auch das Gespräch Dame — Zofe (s. u. S. 398).

Auch in den schildernden Partien ist Hartmann bemüht, die Motive der Vorlage schärfer zu fassen und zu verbinden, durch Streichungen auszugleichen, durch Umstellungen und Erweiterungen dem Erzählten neue Akzente zu geben, die Handlung nicht nur aus dem Wesen der Handelnden direkt und indirekt zu begründen, sondern durch verfeinerte und gern kontrastierende Charakterzeichnung den Episoden eine neue Lebendigkeit und innere Spannung zu geben. Sie tritt bei ihm an die Stelle der lebhaft und farbig geschilderten Details. Sehr deutlich wird diese Verfahrensweise z. B. bei der Einkehr des büßenden Gregorius beim Fischerehepaar. Aus der Vorlage übernahm Hartmann die Grundstruktur der Szene: Die Kontrastierung von Grobheit und Mißtrauen beim Fischer und Demut bei Gregorius. Aber er hebt dies durch bedeutende Erweiterung der Reden viel stärker heraus und gibt vor allem der Frau des Fischers als der Dritten ein schärferes Profil. So erreicht er gegenüber den direkten Reaktionen und der geraden Erzählweise des Französischen feinere Schattierungen, macht er die Szene innerlich lebendiger und spannungsreicher[16]. Im Französischen sieht die Frau z. B. in Gregorius den büßenden *pechiere,* als der er sich einführte; sie glaubt ihm also im Gegensatz zu ihrem Mann, den sie mit knappen Worten umstimmt (B 1687). Bei Hartmann erkennt sie ihn als *gotes boten* (2852) und redet darum ihrem Manne eindringlich ins Gewissen. Aus einer Gestalt, die knapp eingeführt wurde, um der Handlung eine neue Wendung zu geben, wird ein selbständig gezeichneter Charakter; an die Stelle des einfachen Gegensatzes Gregorius—Fischer, in den die Frau nur einen stimmungshaften Farbtupfen bringt, tritt eine dreifache Stufung der handelnden Personen, die Hartmann konsequent zu einer nuancenreicheren Zeichnung der Situation benutzt[17].

[16] Das Mitleid der Frau war in Hartmanns unmittelbarer Vorlage wahrscheinlich schon etwas stärker betont als in B; ihr Weinen (Ha. 2841) auch A S. 87, engl. Str. 142.

[17] Vgl. den nur Hartmann eigenen Zug, daß die Frau am Morgen Gregorius weckt, nachdem der immer noch mißtrauische Fischer schon gegangen ist (3065 ff.). Im Französischen springt Gregor beim ersten Wort des Fischers auf (B 1781).

Andererseits stellt Hartmann stärker heraus, daß der Fischer im Gebaren des Gregorius Heuchelei sieht und ihm darum mit scharfer Ironie begegnet; dadurch wird nicht nur sein Wesen prägnanter gezeichnet, sondern indirekt auch die Demut des Gregorius. Ich weise nur auf einen Punkt hin. Im Französischen schließt der Fischer gleich aus dem gepflegten Aussehen Gregors auf die Unwahrscheinlichkeit seiner Buße; dieser Verdacht ist ihm ein Grund, den Heuchler, von dem Schlimmes zu befürchten sei, nicht einzulassen (1645). Das ist sicher „très vraisemblable et parfaitement motivé", wie Piquet (264) feststellt. Aber Hartmanns Behandlung dieses Motivs ist doch wohl mehr als „un bizarre caprice". Bei der Abweisung durch den Fischer läßt er wesentlich anders argumentieren (2785); Gregor ist ihm nicht nur ein Betrüger, sondern ein fauler Nichtsnutz, der auf Kosten anderer leben will. Die oben erwähnte Überlegung bringt er ausführlich erst 2888 ff. (entspricht B 1718 ff.), als der eingelassene Gregorius nur die dürftigste Speise annimmt. Das Motiv ist mit Bedacht aufgespart: Was im Französischen ein allgemeines und vor allem handlungsbezogenes Argument war, macht Hartmann zu einem speziellen, indem er ihm seine Funktion im Handlungsverlauf nimmt und es auf die innere Haltung Gregors bezieht. Ohne die Handlung weiterzubringen, dient es ihm dazu, die innere Spannung der Szene zu erhöhen.

Neu bringt Hartmann in diese Szene auch die wiederholte Betonung des Standesgegensatzes zwischen Gregorius und dem Fischer sowie Gregors einstiger und jetziger Lage (gleich zu Beginn: *der rîche dürftige* 2751). Damit hebt er die Demut und Leidenswilligkeit Gregors gegenüber dem *ungebornen* Fischer, von dem er sich gern schlagen ließe, stärker heraus; es hat aber auch seine Funktion in der gesamten Erzählung. Vor dem Abt betonte er seine Angst vor *spot*; jetzt, nachdem er in seinem Ritterdasein nicht nur gescheitert ist, sondern es auch innerlich überwunden hat, leidet er ihn willig. Aus dieser durch Leid erkauften Überwindung des einstigen Standesdenkens fließt seine innere Überlegenheit über den Fischer, eine Überlegenheit, die er vorher aus größerer *êre* herleiten wollte.

Eine ähnliche Ausweitung des Geschehensraums in das Seelische, die Technik der indirekten Charakterisierung und Abstufung ist oft zu beobachten. Die spätere Reue des Fischer gestaltet Hartmann zu einem eigenen Vorgang aus, nicht nur aus seiner 'persönlichen Menschenfreundlichkeit'[18], und auch nicht nur, weil er sich in die Figuren einlebt und sie folgerichtig zu entwickeln versucht[19]. Er stellt — durch sonst gemiedene Wiederholungen betont — die Reue und die Bekehrung des Fischers als einen auf einer anderen Stufe spielenden Vorgang neben die Entsühnung Gregors, hebt also auf diese Weise die Einzigartigkeit des guten Sünders noch hervor.

Von allen Eingriffen Hartmanns in den Aufbau seiner Vorlage hat seine Änderung der Dispositionen des Abtes nach der Auffindung des kleinen Gregorius am meisten Anstoß erregt. Im Französischen wohnen die beiden Fischer, die als Brüder gemeinsam ihrer Arbeit nachgehen, zusammen, was sicher das nächstliegende ist. Der eine ist arm und hat viele Kinder; ihm gibt der Abt von dem bei dem Knaben gefundenen Geld, damit er schweigt. Sein Bruder ist reich und hat eine Tochter, die in einem fernen Land wohnt; er soll Gregorius aufziehen und als Kind seiner Tochter ausgeben. Bei Hartmann nimmt der arme Fischer das Kind als angeblichen Großneffen zu sich, sein Bruder wohnt *wol über einer mîle zil* vom Kloster entfernt und tritt in der Folge ganz aus dem Gesichtskreis[20]. Trotz der Beteuerungen Hartmanns (1082, 1092) wird man kaum mit Neussel sagen können, daß bei Hartmann die List an Wahrscheinlichkeit gewonnen habe (S. 29), und so sieht Piquet (S. 262) in dieser Änderung einen Beweis für Hartmanns geringes poetisches Talent. Doch hat schon Lippold auf den Weg hingewiesen, der zu

[18] Ehrismann, Literaturgeschichte II, 2, 1, S. 196.

[19] Abgesehen von den Erweiterungen streicht Hartmann so etwa das Motiv, daß der Fischer trotz seiner Bekehrung von den Legaten noch baren Lohn für seine Dienste annimmt. — Als weiteres Kabinettstück seiner Fähigkeit, Szenen durch gegliederten und spannungsreicheren Aufbau, durch stärkere Kontrastierung der Charaktere bei gleichzeitiger Streichung der direkten Derbheiten eine innere Bewegtheit und Lebendigkeit zu geben, nenne ich nur das Gespräch des Abtes mit den Fischern zu Beginn der Haupthandlung.

[20] Wenn im Französischen A S. 45 im Gegensatz zum vorher Erzählten und im Englischen nur die Handschrift A (Keller, 74 f.) näher zu Hartmann stimmen, so ist das wohl auf Verderbnis zurückzuführen und kann nicht zur Rekonstruktion von Hartmanns Vorlage verwendet werden.

einem Verständnis dieser Änderung führen kann. Dadurch, daß nicht eine ihm verhältnismäßig ferne Person, sondern seine eigene Pflegemutter Gregorius später im Zorn die Wahrheit offenbart, „geht die Entdeckung bei Hartmann unter Umständen vor sich, die ihre Herbheit steigern“ (S. 30). Durch diese Änderung steigert Hartmann nicht nur die Verzweiflung Gregors beim Anhören des Vorwurfs, sondern er gewinnt auch die Möglichkeit, den entscheidenden Zornausbruch der Frau neu zu motivieren, ihm den Charakter der belanglosen Zufälligkeit zu nehmen und zugleich die ihm folgende Entwicklung schon behutsam vorzubereiten. Ohne sich direkt in Widersprüche zu verwickeln, kümmert sich Hartmann zugunsten der inneren Logik weniger um die äußere, nächstliegende Wahrscheinlichkeit.

Im Bericht über Gregors Jugend und Erziehung erweitert Hartmann einige Motive seiner Vorlage beträchtlich. Da ist zuerst die ausführliche und, wie Schönbach nachgewiesen hat, kenntnisreiche Schilderung des Unterrichts, den Gregorius genießt und in dem er sich hervortut[21]. Wenn sie auch durch ihren Umfang ein starkes Eigengewicht erhält, kann ich Schönbach doch nicht zugeben, daß sie für das Folgende ohne Belang sei, schafft dieser Unterricht doch die Voraussetzung für das Verhalten Gregors nach der Aufdeckung des zweiten Inzests. Es folgen der Bericht über das Plaudern des Fischers, das Hartmann gegenüber der trockenen Tatsachenfeststellung (B 787 ff., A S. 42) wieder zu einem auch in seinen Voraus-

[21] Schönbach, S. 220 ff. Man sieht in dieser Schilderung gewöhnlich eine Erinnerung Hartmanns an seinen eigenen Bildungsgang. R. Gruenter, DVjs. 26, 49 ff., leitet aus der hier erwähnten Ausbildung 'Hartmanns' in der Jurisprudenz seine Technik des klügelnden Zergliederns usw. her, und Neumann (zu 1181 ff.) meint, in ihrer Erwähnung die Lebensnähe Hartmanns feststellen zu können. Es ist aber keineswegs sicher, daß Hartmann in seiner unmittelbaren Vorlage nur die knappe Erwähnung B 772 ff. fand; die englische Fassung hat Str. 81 jedenfalls auch die Jurisprudenz: *What helpeþ hit longe drawe Grogorye can ful wel his pars He can ful muche also of lawe And muchel vnderstonde of ars* (vgl. auch A S. 41). Kölbing weist (S. 58) darauf hin, daß die erste Zeile der englischen Fassung auf Kürzung schließen läßt. Wie ausführlich ihre Vorlage war und wie sie im einzelnen zu Hartmann stand, läßt sich nicht mehr ausmachen.

setzungen verständlich gemachten Vorgang ausgestaltet (1201 ff.), und die ausführliche Schilderung der Vortrefflichkeit Gregors durch den Dichter, die mit der Betonung der Sanftmut, der Weisheit und der Selbstbeherrschung das Außergewöhnliche des folgenden Streits mit exponiert (s. 1290). Besonders wichtig ist die betont vor den Streit gesetzte Feststellung, daß die Leute sich über die edle Art des Jungen wundern und bedauern, daß er nicht von höherer Geburt sei und so seinen Anlagen entsprechend einen Platz in der Welt einnehmen könne [22]. Hier wird vorbereitet, was — nur bei Hartmann folgerichtig durchgeführt — im Gespräch mit dem Abt zum Durchbruch kommt. Diese auffallende Außergewöhnlichkeit Gregors macht zugleich den aus geringem Anlaß geifernden Zorn seiner Pflegemutter verständlich — aber nur, weil sie bei Hartmann eben die Pflegemutter ist, die ihn aufzog, nicht nur eine Verwandte, mit der er sonst nichts zu tun hat. Der Fremdling, den sie aufgenommen, stellt ihre leiblichen Kinder in den Schatten! Hartmann hat das nicht direkt ausgesprochen, aber er hat den Ausbruch der Frau gegenüber den anderen Fassungen beträchtlich erweitert. Sie sagt nicht nur, wie im Französischen, daß Gregor als Findelkind hier keine Verwandten habe, sie steigert diesen Vorwurf und betont, er sei gekommen ihr *zeiner harnschar*, er müsse, wie ihre Rede am Schluß heraushebt, eigentlich ihr *schalc unde kneht* sein. Die Wirklichkeit zeigt aber, daß Gregorius, das Findelkind, mehr ist als seine Umwelt. In den an einer Belanglosigkeit sich entzündenden zornigen Vorwürfen und Forderungen der Pflegemutter und durch den Kontrast zu dem gerade vorher Berichteten wird transparent, was der eigentliche, tiefer sitzende Grund ihres Ausbruchs ist.

An ausgewählten Beispielen haben wir beobachtet, wie Hartmann bemüht ist, die einzelnen Szenen unter einem einheitlichen Gesichtspunkt deutlicher als seine Vorlage zu strukturieren und ihnen zugleich eine innere Spannung und Lebendigkeit zu geben. Auch die größeren Gruppen der Erzählung versucht er organischer aneinanderzufugen oder zu verzahnen, wobei wieder zu bemerken ist, wie ein von ihm eingeführtes Motiv gewöhnlich nicht nur

[22] Im Französischen etwas knapper und vor dem Plaudern des Fischers, also nicht an so ausgezeichneter Stelle.

einem künstlerischen Zweck dient. Nur bei Hartmann bietet Gregorius' Vater an, außer Landes zu gehen (561). Das entspricht dem Streben Hartmanns, ihm mehr inneren Halt zu geben, ist aber zugleich das Stichwort für den folgenden Rat des väterlichen Freundes. Wenn Hartmann (2503) nach der Entdeckung der Tafel die verzweifelte Hoffnung der Mutter einführt, sie könnte gekauft sein, so gewinnt er ein Motiv für das im Französischen unbekümmert eingeführte Fragespiel der folgenden Szene und hat zugleich (s. u. S. 405) der Szene einen neuen inneren Mittelpunkt gegeben. Ein anderes gern benutztes Mittel sind die herausgehobenen Parallelisierungen oder Kontrastierungen ähnlicher Vorgänge, die den Blick von der einen Szene auf die andere zurücklenken und so ihren Sinn durchsichtig machen, wo das Französische nur aus der Situation heraus erzählt. Bei der Einkehr der Legaten in der Hütte des groben Fischers hebt Hartmann den Unterschied zum Empfang Gregors hervor (3229 ff.). Als Gregorius vom Boten seiner Frau aufgefordert wird, er möge die Jagd abbrechen und zu der Trauernden eilen, fragt er: *geselle, wie redestû sô? jâ liez ich si an dirre stunt vil harte vrô und wol gesunt* (2530 ff.). Im ›Grégoire‹ stellt er diese Frage erst nach seiner Heimkunft an seine Frau und Mutter selbst (B 1417). Hartmann erreicht so eine Parallelisierung, die die innere Harmonie der beiden im Inzest Verbundenen deutlich werden läßt: Gregorius reagiert auf die Botschaft eines Dritten vom Schmerz seiner Frau genauso staunend ungläubig wie vorher die Frau auf den Bericht der Zofe über ihres Mannes *ungemach: waz meinestû? jâ schiet er niuwelichen nû von uns vil vrœlichen hie* (2335 ff.; von Hartmann eingeführt). Die Umstellung bzw. Einführung dieser an sich naheliegenden Frage spricht, glaube ich, dafür, daß Hartmann mit dieser Parallelisierung eine Wirkung bezweckt und sich nicht mechanisch wiederholt.

Um die Erzählung zu entfalten, braucht Hartmann bedeutend mehr Raum als seine Vorlagen — und sicher nicht nur, wie Witte (AfdA 50, 124) meint, aus Reimnot und wegen der geringeren Prägnanz der deutschen Sprache. Auch mit diesen 'Zerdehnungen' hat er sich manchen Tadel zugezogen. Die auffälligsten Zusätze sind seine Reflexionen, seine Kommentare zur Handlung, die Zergliederung der Motive und Gefühlslagen der handelnden Personen sowie sein liebevolles Verweilen bei Einzelthemen, die dem Vorbilder gestaltenden höfischen Dichter besonders genehm sind. Auch im ›Gregorius‹ finden sich solche Erweiterungen in nicht geringer Zahl. Der Abschied der Geschwister (B 355 f.: *Al departir des dous enfanz Fud li plurers e li doel granz*) wird zu einer gefühlvoll ausgestalteten Minneszene, die unheilvolle Verbindung von Mutter und Sohn ruft einen — wohl auch als Kontrast gedachten — Kommentar über die Vorzüge der Ehe hervor usw. Gleich charakteristisch sind aber auch Hartmanns Streichungen, seine Raffungen von Einzelheiten der Erzählung, denen, entgegen der Auffassung von Piquet, gerade auch Höfisch-Zeremonielles zum Opfer fällt; an die Stelle der parataktischen Erzählweise seiner Vorlage, die das für den Fortgang Wesentliche oder in ihm Wahrscheinliche an seiner Stelle getreulich verzeichnet, setzt er bewußt eine Stufung. Er ordnet die bloßen Voraussetzungen knapp den breiter und vielschichtiger ausgeführten Hauptszenen unter.

Als die Schwester ihrem Bruder gestanden hat, daß sie von ihm schwanger wurde, und die erste Verzweiflung vorbei ist, läßt dieser den treuen Vasallen kommen. Im ›Grégoire‹ empfängt ihn der jugendliche Lehnsherr in der Öffentlichkeit, umarmt und küßt ihn und führt ihn dann zum Geständnis beiseite in ein Zimmer, das verschlossen wird. Empfang und Geständnis sind zwei Szenen, die die Handschrift B_1 auch konsequent durch eine Initiale trennt. Anders Hartmann. Er streicht die Einzelheiten des Empfangs, setzt die knappe Schilderung dieser untergeordneten Voraussetzungen überwiegend ins unpersönliche Passiv und gibt durch das anaphorische *nû* dieser 'Vorszene' eine starke Bewegung auf die breiter ausladende Hauptszene hin (513 ff.).[23] — Nach der Heirat von

[23] Diese Art der Raffung und Zuordnung ist nicht gleichwertig mit bloßer Kürzung zweitrangiger Begebenheiten, wie ein Vergleich mit engl. 24 zeigen kann. In gleicher Weise faßt Hartmann z. B. auch die Unterbringung der Schwangeren in dem Haus des Vasallen und die Geburt des Gregorius zusammen, was im Französischen wieder durch zwei — in B_1 durch Initialen getrennte — Szenen dargestellt wird; vgl. etwa auch die von Hartmann stark zusammengestrichenen Verhandlungen zwischen der *vrouwe* und dem von Gregorius überwundenen Herzog.

Sohn und Mutter führt das Französische breit aus, wie Gregor zu seinem Wirt geht, die Tafel an sich nimmt, das übrige Gepäck zum Dank ihm schenkt und dann für seine Tafel ein Versteck sucht und findet (B 1281 ff.). Hartmann läßt alle diese Einzelheiten aus, er setzt sie als selbstverständlich voraus und sagt nur, daß Gregorius täglich die versteckte Tafel mit großem Schmerze liest (2277 ff.). Die Zustandsbeschreibung am Schluß des zweiten Teils der Haupthandlung wird so nicht durch die Schilderung untergeordneter Ereignisse unterbrochen. Die für das Ganze unwesentlichen Handlungsmomente fallen weg zugunsten einer stärker herausgehobenen Darstellung der inneren Lage Gregors auf dem Höhepunkt seines Glücks; sie ergänzt die vorhergehende Schilderung seiner erfolgreichen und segensvollen Regierung und exponiert die folgenden Ereignisse.

In diesem Zusammenhang ist wenigstens noch eine Szene heranzuziehen, die verständlicherweise viel Befremden hervorgerufen hat: die Darstellung der jungen Mutter bei der Aussetzung des Kindes[24]. In den französischen Fassungen ist die Szene sehr bewegt. Ausführlich und lebendig in den Gesten wird die Liebe der Mutter zu dem Kind und ihr Schmerz über die notwendige Aussetzung beschrieben. Andererseits ist sie es aber auch, die — da sie das in Sünden empfangene Kind verheimlichen muß — mit Entschlossenheit die Aussetzung betreibt. Der Vasall sieht darin die Absicht, den Knaben zu töten, er widersetzt sich und bietet an, ihn im Geheimen aufzuziehen. Doch die junge Mutter droht mit einem Hungerstreik, er muß sich beugen. So ist bei aller Lebendigkeit im einzelnen das Bild der Frau sehr widersprüchlich angelegt. Die hingebungsvoll liebende und untröstliche Mutter ist gerade diejenige, die ihr Kind in ein sehr ungewisses Schicksal treibt, ohne daß man nach dem Angebot des Vasallen die Notwendigkeit dazu noch einsehen kann[25].

[24] Kölbing hift sich (S. 50) mit der Annahme einer verstümmelten Vorlage Hartmanns, ähnlich schon Lippold (S. 21); dagegen, aber ohne Interpretationsversuche, Neussel (S. 29); s. auch Piquet (S. 258).

[25] Die Erzählung der ›Gesta Romanorum‹ hilft sich, indem sie ein Gelübde der Frau einführt, das sie so zu handeln zwingt (Oesterley 401, 4).

Hartmann mußte die Grundtatsachen dieser Szene natürlich beibehalten; doch um die Widersprüche in der Frau nicht zu deutlich werden zu lassen, beschnitt er sie radikal. Was geschehen soll, wird Gott anheimgestellt [26], und die einzelnen Handlungen schildert der Dichter passivisch oder mit einem wenig bestimmten *si*, drängt sie also gegenüber der Vorlage nicht nur stark zusammen, sondern sucht sie auch von personaler Verantwortung weitgehend zu lösen. So nimmt Hartmann der Mutter die Führung und Härte, aber auch die Äußerungen der Mutterliebe, die auch heute noch den Leser der französischen Fassung so ansprechen, daß er nach Entschuldigungen für den deutschen Dichter sucht. Die Szene verliert bei ihm an Eigengewicht und wird zu dem, was sie noch bleiben muß, zur Voraussetzung der folgenden Geschichte. Ausführlicher wird Hartmann nur bei der Beschriftung der Tafel, weil von hier aus sich die Fäden zur Haupthandlung spinnen. Schon Vers 785 sagt, daß der gnädige *süeze Krist* das Kind recht führen wird.

Diese abstufende Kunst der Zu- und Unterordnung, die nicht einfach von Situation zu Situation fortschreitet, sondern die Einzelmomente der Handlung nach einem übergreifenden Plan gliedert, bewährt Hartmann wohl am glänzendsten zu Beginn des zweiten Teils der Haupthandlung. Die französische Fassung exponiert wieder weitläufig und Schritt für Schritt. Gregor kommt in die belagerte Stadt und wird friedlich aufgenommen; die Bürger bestaunen seine Schönheit, ein *prodhom* beherbergt ihn. Im Gespräch entwickelt dieser umständlich die Lage der Stadt und der bedrängten *cuntesse*, so daß in dem Fremdling der Wunsch erwacht, sie zu sehen; das kann nur in der Kirche und mit Hilfe des *seneschal* geschehen. Dieses umständliche, die Handlung nur mühsam in Gang bringende Gespräch erspart sich Hartmann, indem er auf die dem Leser schon bekannte Lage verweist und nur kurz konstatiert, daß Gregorius über sie unterrichtet wurde. Aber er gestaltet die Ankunft des Gregorius in der belagerten Stadt auch bewegter und situationsgemäßer als seine Vorlage: Die Bürger halten ihn für

[26] 693 ff.; vielleicht war das keimhaft in der Vorlage angelegt, s. engl. 42. Neumann zu 785—87 sieht in der Schilderung des Gottesurteils einen Anflug von Ironie und Vorklang von ›Tristan‹ 15733.

einen Feind und lassen ihn erst an Land, als er durch Zeichen seine friedlichen Absichten bekundet. So bekommt die Erzählung von der Ankunft bis zur Heirat eine größere Geschlossenheit, von Anfang an eine starke Bewegung auf das Ziel hin. Schon indem er an Land tritt, wird Gregorius bei Hartmann 'eingestimmt', denn er muß in der Lage, die er vorfindet, die schon im Gespräch mit dem Abt ersehnte Gelegenheit sehen, sich zu bewähren (1868 ff.).

Hartmann bemüht sich aber noch auf andere Weise, das Kommende schon in der Ausgangssituation vorzubereiten und das verhängnisvolle Sichaufeinanderzubewegen von Mutter und Sohn in steter Steigerung zu entfalten. Nicht nur Gregor entschließt sich sofort, *soldier* der *vrouwe* zu werden (1875); auch diese nimmt gleich Anteil an dem Fremden, den sie rühmen hört, so daß sie wünscht, ihn zu sehen (1882; 1907)[27]. Ihren Höhepunkt erreicht diese Bewegung, wo sie im Französischen beginnt: bei der Begegnung in der Kirche (1955 ff.). Zu einem regelrechten Indienstnehmen Gregors durch die *cuntesse* wie im Französischen kann es bei Hartmann nun natürlich nicht mehr kommen; Gregors Dienst wird Minnedienst — an dessen Ende hier die Ehe steht —, sein Streben nach Bewährung und *êre* bekommt ein neues, ihn bestimmendes Motiv.

Hartmann baut aber nicht nur die Minnehandlung, in der Gregorius sich als der vorbildliche höfische Ritter bewährt, konsequenter auf, indem er sie langsam entfaltet und die ganze Erzählung durchziehen läßt, er bezieht auch die Gegenbewegung, daß nämlich dieser Weg in diesem Fall ins Unheil führen muß, von Anfang an kunstvoll in seine Darstellung ein. Seine Vorlage ist hier massiv: Schon vor der Landung wird der Teufel für alles, was geschieht, verantwortlich gemacht (B 1039). Hartmann begnügt sich nicht mit dieser Deutung und entfaltet auch dieses Motiv allmählich, und zwar zuerst indirekt: An die Stelle des Teufels treten bei ihm erst

[27] Im Französischen nur *li burgeis de la cité L'esgardent tut pur sa belté* (B 1051) als Preis Gregors; Hartmann benutzt dieses Motiv, um die Haupthandlung schon in die Exposition mit hereinzunehmen. Einige wichtige, wenn auch wohl zu einseitig rationalistisch interpretierte Beobachtungen zu dieser Szene schon bei Piquet (S. 271).

einmal herausgehobene Anrufe Gottes — im Munde Gregors und nicht des Dichters.

Abgesehen von Formelhaftem ruft Gregor in der französischen Fassung ausdrücklich Gott nur an, als er sich im Schiffe auf dem Meer befindet: *E chascun ior Damnedeu prie K'il le mette en bone vie*[28]. Das ist wohl nicht mehr als eine konventionelle Bitte bei einer Ausfahrt zu einem ungewissen Ziel; zudem wird wenige Zeilen später klargestellt, daß der Teufel und nicht Gott das Schiff zum Land der Mutter lenkt. Hartmann verschärft nun dies Motiv. Gregorius bittet nicht nur Gott, die Fahrt zu lenken, er befiehlt auch den Seeleuten, das Schiff steuerlos treiben zu lassen; er versucht also, seine Ausfahrt dem Willen Gottes zu unterwerfen. Dieses Urteil Gottes sieht er dann in seinem Sinne erfüllt, als er von der Lage der belagerten Stadt erfährt: *sô bin ich rehte komen. daz ist des ich got ie bat daz er mich bræhte an die stat dâ ich ze tuonne vunde* — (1868 ff.). Gregorius auf dem Weg der *êre*[29] gibt sich ausdrücklich Gott anheim und glaubt sein Streben von ihm bestätigt. Nach der Enthüllung sieht er sich in seinem ersten Zorn darum gerade in seinem Gottvertrauen getäuscht; wohl nicht zufällig klingt sein Vorwurf eng an den eben zitierten Dank an Gott an: *diz ist des ich ie bat, daz mich got bræhte ûf die stat* — (2609 f.; B 1521 klagt Gregor an entsprechender Stelle zuerst den Teufel an). Für den Hörer hat der Dichter von vornherein klargestellt, daß der junge Ritter sich im Land seiner Mutter befindet (1841), die sich anspinnende Minnehandlung nur im Unheil enden kann; er weiß, daß die Anrufung Gottes ins Leere geht, der Dank an Gott ein Wahn ist. Aus diesem Widerspruch zwischen dem edelsten Wollen Gregors, seinem vom Dichter hervorgehobenen vorbildlichen, keineswegs überheblichen Verhalten und der Tatsache, daß er sich trotzdem immer mehr ins Verderben verstrickt, erwächst die innere Spannung dieser Szenen. Gregorius ruft Gott an, er

[28] B 1035. — Neumanns nur auf A_1 gestützter Hinweis (zu 1831), Hartmann habe den ihm fremden Begriff der *fortuna* durch Gott ersetzt, führt also in die Irre.

[29] Zu dem gehäuften Auftreten von *êre* in diesem Abschnitt s. F. Maurer, Leid, S. 275.

meint, mit Gott zu handeln, aber Gott erhört ihn nicht: ohne das Hartmann häufig angekreidete Moralisieren und Kommentieren wird nur in der Handlung von Anfang an deutlich, daß sein Weg der falsche, daß seine innere Voraussetzung nicht die richtige ist — und daß die ritterlich-höfischen Werte, die er in so vorbildlicher Weise verkörpert, keine absolute Geltung besitzen, daß gerade sie das Unheil befördern können, wenn der Mensch blind ist.[30]

II

In den Arbeiten über das Verhältnis Hartmanns zu Chrestien ist häufig nachgewiesen worden, daß Hartmann die Charaktere der Personen verfeinert, indem er ihre Handlungen und Reaktionen — oft durch eingeschobene begriffliche Definitionen — aus den Normen der höfischen Gesellschaft herleitet oder auf sie zurückführt; gern wird auch in einem Nebensatz das individuelle Fühlen und Handeln auf ein allgemeines Gesetz bezogen und damit objektiviert. Das macht seine Gestalten blasser, da jeder Affekt und Überschwang durch die *zuht* gebändigt wird, so daß sie mehr idealen Vorbildern als warmblütigen Menschen gleichen[31]. Aus diesem Streben zum Normativen, das im ›Gregorius‹ zwar in seiner Relativität enthüllt, damit aber keineswegs schlechthin negiert wird, erklärt es sich auch, daß Hartmann nur Ansätze zu einer individuellen Charakterzeichnung zeigt, das Handeln und Fühlen seiner Personen in starkem Maße umweltbezogen sind. Das bedeutet nicht nur eine peinliche Beachtung der Etikette. Die Hauptgestalten entfalten sich in der aus seelischer Zartheit erwachsenden Hinwendung zum Partner, während sie im ›Grégoire‹ viel mehr aus dem vom Augenblick bestimmten eigenen Impulse handeln.

[30] Erst v. 1960, auf dem Höhepunkt der Minnehandlung, spricht Hartmann auch direkt aus, daß diese Liebe ein Werk des Teufels ist.

[31] Man vergleiche die spontane Geste der beiden Geschwister gegenüber dem Vasallen (B 265) mit der wohlgesetzten Rede bei Hartmann 520 (der Fußfall wird erst 534 ‘nachgeholt’) oder die Eröffnung des großen Gesprächs Gregor—Abt. Wie Hartmann dennoch seinen Szenen eine neue innere Bewegung gibt, habe ich oben zu zeigen versucht.

Nur einige Beispiele. Wir sahen, wie Hartmanns Umgestaltung der Aussetzungsszene weitgehend von dem Bemühen bestimmt war, der Mutter die Züge barbarischer Wildheit zu nehmen. Er konnte sich auch nicht damit zufriedengeben, wie seine Vorlage die Reaktion der Herzogin auf die Nachricht der Zofe schildert, ihr Mann gehe täglich froh in ein Zimmer und komme weinend wieder heraus. Auch dort weist die Dame die Vermutung zurück, es habe zwischen ihr und ihrem Gatten einen Streit gegeben, und zeiht die Zofe der *grant folie* (1328 ff.), aber sie ergreift doch unverzüglich und sehr bestimmt die Initiative: Die Umgebung wird hinausgeschickt, sie eilt zu dem Versteck, um sich zu überzeugen. Ganz anders Hartmann! Aus dem knappen Bericht mit der ihm auf dem Fuße folgenden impulsiven Handlung wird ein breit ausgesponnener, durch die Einführung neuer Motive — wie die Unterstellung, die Zofe lüge — lebendig gestalteter Dialog, in dem kurz vor der Katastrophe noch einmal die Verbundenheit der Gatten und die liebende Hingabe der Frau aufleuchten (2332 ff.). Ihre spontane Abwehr bei der ersten Andeutung der Zofe und ihre ratlose Hilflosigkeit, als sie sich doch überzeugen lassen muß, ihr Mann habe ihr ein Leid verschwiegen, zeigen ihre seelische Zartheit und Liebe, die sie nur in der Hinwendung zum Partner ihr Glück finden und alles vermeiden läßt, was ihr seine Achtung rauben könnte. Darum nimmt Hartmann der *vrouwe* auch ihre eigenmächtige und immerhin mißdeutbare Entscheidung. Ihre Gedanken kreisen um das Glück des Gatten, den Wunsch, ihm zu helfen, und nur weil sie die Hoffnung hegt, sein Leid zu lindern, kann die Zofe sie vorsichtig dazu führen, sich Klarheit zu verschaffen.

Ähnliches läßt sich an vielen Stellen beobachten. Immer wieder streicht Hartmann impulsive Gesten und elementare Äußerungen des Schmerzes, um seine Gestalten aus ihrer Ichbefangenheit herauszuheben. Nach der Erkenntnis der Schwangerschaft sinkt der Bruder nicht einfach nieder, sondern Hartmann betont, daß seine Sorge um die Schwester größer war als sein eigenes Leid. Auch schon vorher trat die liebende Fürsorge des Bruders für die Schwester viel stärker heraus als in der Vorlage. Fein abgestuft äußert dann der Bruder seine Furcht um ihrer beider *êre* und *schande*, während die Gedanken der Schwester vornehmlich um das unschuldige Kind kreisen. Der Dichter schaut nicht nur auf die einzelne Person, deren Charakter er nobler anlegt; er bringt durch die Abstufungen auch eine neue Lebendigkeit in die Szene.

Kommt man von den unmittelbar ('naiv') erzählten, auf dramatische Spannung und Lebendigkeit bedachten Romanen Chrestiens oder von dem freilich nicht auf gleicher künstlerischer Stufe stehenden ›Grégoire‹, so fallen in Hartmanns epischen Dichtungen zuerst seine zahlreichen persönlichen Einschaltungen in die Augen, die Ausrufe, Belehrungen und Kommentare zur Handlung, die expressis verbis angeführten Motivationen und die — sogar mit durchgehender Zählung versehenen — weitläufigen Zergliederungen komplexer Gefühlslagen. Diese Einschaltungen hemmen den Fortgang der Erzählung, ja sie ersetzen manchmal als summarischer Bericht die Darstellung der Handlung [32]. Urteilt man von der Wirkung auf den heutigen Leser aus, liegt hier eine Rüge nahe, und so hat es nicht an Vorwürfen der Schulmeisterei, der Pedanterie, der mangelnden Gestaltungskraft und Übersicht gefehlt; man entschuldigt es mit Hartmanns 'außerästhetischen Zielen' und will seine Bedeutung mehr oder weniger auf seine Sprachbehandlung einschränken [33].

Aber auch diese ganz offenbar Hartmanns Anlagen und Neigungen entsprechenden Digressionen — so merkwürdig sie isoliert betrachtet oft berühren — verabsolutieren sich im Grunde nicht und bleiben dem berechnenden Formwillen des Dichters unterworfen. Er macht aus ihnen bei aller Tendenz zu Belehrung und Reflexion gern ein auf Wortspielen u. a. aufbauendes, durchgegliedertes kleines Formkunststück. Hartmann will nicht einfach eine noch so geglückte fremde Dichtung adäquat 'übertragen', um sie zugänglich zu machen, sondern fühlt sich als umgestaltender Interpret, der den vorgegebenen und bis zu einem gewissen Grade verbindlichen Stoff seinen eigenen Gestaltungsabsichten unterwirft. Sein Interesse an seelischen Vorgängen gibt sich mit den einfachen,

[32] Vgl. Ha. 789—857 mit B 487 ff., wo Hartmanns Erzählweise allerdings dadurch gerechtfertigt erscheint, daß es hier um eine Nebenhandlung geht, die er deutlich von der Haupthandlung absetzt.

[33] Witte, S. 191 f.; Drube, S. 102.

gradlinig sich äußernden Motiven und Gefühlslagen nicht zufrieden, er entfaltet sie in den Kommentaren, um sie in ihrer Komplexität deutlich zu machen, er sieht die Nuancen und stellt sie heraus, oft ohne sich sonderlich zu bemühen, sie in die Handlung voll zu integrieren.

So steht er der Geschichte mit einer anderen Erzählhaltung gegenüber als der französische Dichter. Er bewahrt sich seine Freiheit, die sich nicht selten an den pathetischen Stellen in spielerischen oder leicht ironischen Einwürfen äußert, er sucht Distanz, schlüpft nicht in seine Figuren hinein, sondern beobachtet sie. Seine Einschaltungen sind nicht schlechthin der erhobene Zeigefinger des Didaktikers, sondern auch ein künstlerisches Mittel des Erzählers. Darüber hinaus erfüllen sie ihrem Wesen entsprechend im Ablauf des Erzählens deutlich eine Gliederungsfunktion.

Am Schluß einer längeren Beschreibung kann der Dichter vor dem Einsetzen der neuen Handlung dadurch einen Einschnitt setzen, daß er selbst das Fazit als Voraussetzung des Folgenden zieht. Das ist im ›Gregorius‹ etwa der Fall nach der Schilderung des gemeinsamen Lebens der Geschwister vor der Verführungsszene (296 ff.). Es ist möglich — wenn hier nicht doch unabhängige Weiterentwicklung vorliegt —, daß Hartmanns Vorlage schon etwas anders aussah als die im reihenden Bericht verharrenden erhaltenen französischen Fassungen, denn auch das Englische, das sich im übrigen ganz zum Französischen stellt, sagt an dieser Stelle: *Joye and blisse was heore lyf Astounde heo liuiden in muche game* (Str. 11); das entspricht dem *wünne heten si genuoc* (302). Hartmann zuzuschreiben ist aber doch wohl das stärkere Hervortreten des Dichters, die betontere Heraushebung der Gliederungsfunktion dieser (bei ihm ja noch erweiterten) Bemerkung[34] und der Kunstgriff der wörtlichen Wiederaufnahme, der die Beschreibung als Voraussetzung und die Handlung als Folge dann doch wieder eng verbindet: *Dô dise wünne und den gemach der werlde vîent ersach* (303 f.; B. 129 *Quant li diables cest plai veit*).

Auch die folgenden Szenen der Verführung und der Erkennung

[34] Im Englischen folgt noch die Erwähnung des Küssens als des besonderen Ansatzpunktes für die Ränke des Teufels, s. B 137, A S. 7.

der Schwangerschaft werden durch ähnliche Einschübe des Dichters gegliedert; sie heben die Motive heraus, kommentieren oder bestimmen die Gefühlslage genauer, schaffen so neben dem Handlungsbericht eine durchgehende zweite Erzählebene, in der der Dichter anwesend ist — und bleiben doch mit der Handlung eng verknüpft. Sie lassen das vorher Berichtete ausschwingen, schaffen gleichsam eine Atempause nach Höhepunkten und leiten jeweils zu einer Wendung des Geschehens über (411 ff.; 451 ff.; 502 ff.). Diese wiederholten Einschübe nehmen dem Berichteten die Unmittelbarkeit, seine Wucht und Folgerichtigkeit. Es wirkt gebrochen und gespiegelt durch die Reflexion des Dichters: Hartmann will nicht nur erläutern und motivieren, er will seine Hörer auch nicht mehr direkt der Ungeheuerlichkeit und dem Schmerz aussetzen, er sorgt für gewisse Distanz. Dasselbe leisten kleinere, im Kontrast zum Pathos des Geschehens stehende Einwürfe, wie etwa nach vollzogenem Inzest die knappe Feststellung: *dâ was der triuwen alze vil* (396), die die frühere Aussage über die Fürsorge des Bruders für seine Schwester: *und phlac ir so er beste mohte, als sînen triuwen tohte* (277 f.) ironisch übersteigert. Das heißt nicht, daß Hartmann der Legende ihren Ernst nimmt (sein Ausruf über den Teufel zu Beginn der Verführungsszene [332] hat großes Gewicht), zeigt aber, daß er als Erzähler dem Stoff gegenüber eine andere Haltung einnimmt als sein Vorgänger, ihn anders darbieten w i l l.

Hartmanns psychologisches Interesse, seine Vorliebe für differenzierte Seelenlagen und Stimmungen äußert sich gewiß am augenfälligsten in diesen eingeschobenen zergliedernden Kommentaren — aber nicht nur da. Auch ohne daß der Dichter hervortritt, bestimmt sie seine Art zu berichten, vor allem in den Reden, denen Hartmann, weit über seine Vorlage hinausgehend, gern ihre Einsträngigkeit nimmt, um sie zum Ausdruck seelischer Bewegung, innerer Zerrissenheit zu machen.

Als nach der Aufdeckung des zweiten Inzests sich die Mutter hilfesuchend an ihren gelehrten Sohn wendet, spiegelt sich in der durcheinandergewürfelten Folge der Satzglieder unmittelbar die innere Zerrissenheit und abgrundtiefe Verzweiflung der Frau, die sich dennoch an die letzte Hoffnung klammert, durch Buße ihr künftiges Geschick noch lindern zu können:

2684 *sun herre, muget ir mir sagen*
(wan ir habet der buoche vil gelesen),
möhte aber dehein buoze wesen
über sus schämlich missetât,
ob des nû ist dehein rât
(des ich wol muoz getrûwen)
ich enmüeze die helle bûwen,
dâ mite ich doch verschulde daz
daz si mir doch etewaz
senfter danne maniges leben
der ouch der helle ist gegeben?

Das Französische bringt den ungebrochenen Ausbruch der Verzweiflung. An anderen Stellen wird durch Eingriffe Hartmanns in die Abfolge des Erzählganges sehr deutlich, welches Gewicht er dieser Seite seiner Darstellung beimaß. Die Dialogszene zwischen dem Büßer Gregorius und den Legaten, die ihm seine Erwählung zum Papst verkünden und ihn vom Felsen nach Rom führen wollen, baut die französische Fassung unkompliziert und logisch auf. Die Boten fallen vor Gregorius zum Kuß nieder, huldigen ihm so als ihrem neuen Oberhaupt (B 1949) und fordern ihn auf, als Papst mit nach Rom zu ziehen. Er lehnt das als eine Ungereimtheit ab: Er ist in Rom ja völlig unbekannt, die Nachricht von der Erwählung kann also nicht stimmen; er sei ein Sünder und wolle nicht weitere Torheiten begehen. Die Legaten widerlegen seinen Einwand, indem sie ausführlich von der göttlichen Offenbarung berichten, worauf Gregor als bestätigendes Zeichen nur noch fordert, erst müsse der Schlüssel für seine Ketten gefunden sein. Nun tritt der Fischer in Aktion, der diesen Schlüssel im Magen eines Fisches schon gefunden hatte.

Hartmann strukturiert diese Szene entscheidend um. Im Französischen wird die körperliche Verfallenheit Grégoires nach der langen Bußzeit auf dem Felsen so beschrieben, wie man es im Erzählgang erwartet: als das, was die Legaten erblicken (1939 ff.; s. auch 1999 ff.). Hartmann behält dies bei, läßt aber die Handlung hinter der Beschreibung weitgehend zurücktreten, um in spannungsreichen, antithetisch gebauten Perioden noch einmal den Gegensatz von einstiger leiblicher Vollkommenheit und jetziger Verfallenheit zu entfalten (3379—3475). Diese lange, den Bericht unterbrechende und rhetorisch ausgestaltete Beschreibung ist ein deutlicher Einschnitt, der das vorhergehende Geschehen von dem nun einsetzenden trennt; mit ihren Antithesen verklammert sie aber zugleich einst und jetzt, hebt sie den augenblicklichen äußeren Tiefstand ab von der einstigen Vollkommenheit. Der Blick wird zurückgelenkt auf die früheren Ereignisse, die Gregorius in diese Lage führten, wie umgekehrt dieser Tiefstand die Voraussetzung für die neue Erhöhung wird: *den liuten widerzæme, ze himele vil genæme.*

Der Dialog zwischen Gregorius und den Legaten wird bei Hartmann zu einem Monolog Gregors, der eine innere Bewegung nachzeichnet. Was die Legaten zu sagen haben, wird kurz und in indirekter Rede abgetan; die Offenbarung Gottes, der sie mit ihrem Auftrag herführte, erwähnen die beiden sofort, nachdem sie gewiß sind, daß der Gesuchte vor ihnen steht. Dadurch ist eigentlich alles klar, es entfällt der Grund für den Zweifel Gregors, auf den der ›Grégoire‹ soviel Wert legt — und es entfällt damit der steigernde Aufbau des Zwiegesprächs. Aber Hartmann gewinnt durch diese Umstellung die Möglichkeit, eine nicht eindeutige Seelenlage zum Ausdruck zu bringen und zugleich die Zweifel des Gregorius tiefer zu begründen, indem er sie aus seinem Sündenbewußtsein entwikkelt. Der Monolog Gregors ist nicht einfach eine Auseinandersetzung mit den an ihn herangetragenen Tatsachen, sondern Ausdruck eines seelischen Vorgangs, seiner inneren Haltung als unausgesprochener Voraussetzung seiner Erhöhung. Anders als Grégoire betont Gregorius, daß das ihm angetragene Amt eine *êre* ist (3546). Auf *êre* zielte sein ritterliches Streben, dieses Streben führte ihn in die für Menschenhand unauflöslichen Verstrickungen, der *êre* hatte er abgeschworen. Wenn er sie gewandelt nun auf höherer Stufe neu erringen soll, so erfordert das von ihm eine innere Umstellung, die sich in der reflektierenden Rede des Büßers vollzieht. Aus dem Bewußtsein seiner Sündhaftigkeit weist er es anfangs weit von sich, mit Menschen wieder in Berührung zu kommen, denn er müsse ihnen Unheil bringen; dann erst kommt er auf die spezielle Situation und bezeichnet den Antrag als *erdâhten spot*, wieder weil er sich unwürdig weiß; zugleich glaubt er aber auch an das, was ihm gesagt wurde, und lehnt das Papstamt ab, da er nach siebzehnjähriger Einsamkeit nicht mehr unter die Menschen passe.

Gregorius häuft die Gründe für die Ablehnung, wobei die speziellen Voraussetzungen für die Zurückweisung des Antrags wechseln. Diese ‘Unlogik’ ist der Ausdruck seines Schwankens; er muß den ihm scheinbar klar vorgezeichneten Weg verlassen und sich neu orientieren. Bei Hartmann steht am Anfang nicht mehr der logisch begründete Unglauben, der durch ein bestätigendes Zeichen zum Glauben wird. Durch die Umstellung des Berichts von der Offenbarung Gottes ist in Gregorius beides: der Glaube an die Aufrichtigkeit der Legaten und zugleich die Fassungslosigkeit vor dem Neuen, das auf ihn einstürmt, zu dessen Anerkennung er sich erst durchringen muß.

In diesem Monolog liegt offensichtlich Hartmanns gestalterisches Interesse bei dieser Szene, auf ihn hin ordnet er die Tatsachen an. Da bei ihm die Legaten das Wesentliche schon zu Beginn gesagt haben, können sie ihre Argumentation nicht wie in der Vorlage steigern. Sie bestätigen nur noch einmal feierlich ihre Rede, *daz er si geloubete baz* (3595), damit er den Glauben an die Möglichkeit der liebenden Vergebung Gottes ganz annehme. Der Schlüssel ist bei Hartmann nur das letzte, auch äußerlich bestätigende Zeichen.

Als letztes Beispiel für die Kunst Hartmanns, seelische Vorgänge darzustellen, sei die Enthüllung des zweiten Inzests im Gespräch zwischen Mutter und Sohn kurz analysiert. Diese Szene kann noch einmal zeigen, wie Hartmann seine Vorlage durchaus nicht immer nur 'zerdehnt', wie er es versteht, durch Konzentrierung auf das Wesentliche und Sparsamkeit in den Mitteln die angestrebte Wirkung zu erzielen.

Die bei Hartmann charakteristisch umgestalteten Voraussetzungen für diese Szene habe ich oben (S. 398) z. T. schon behandelt. Von der Zofe auf das Leiden ihres Mannes aufmerksam gemacht, geht die *vrouwe* bei günstiger Gelegenheit zum Versteck und findet die Tafel. Bei Hartmann (2476) wie in B (1357) erkennt sie sie sofort und weiß damit, daß sie ihren Sohn geheiratet hat, ein zweites Mal in schwere Sünde gefallen ist. Im Französischen geht der folgende Schmerzausbruch unmittelbar in die Handlung über. Die Dame sinkt aufs Bett, rauft sich im Schmerz ihr Haar; auf ihr Schreien hin kommt das Gefolge, und sie gibt dem teilnehmend sich erkundigenden *seneschal* den Auftrag, ihren Mann holen zu lassen.

Hartmann bringt die Schmerzgebärden wie der französische Dichter, aber nur ganz knapp. Umfänglicher als der unmittelbare Ausbruch ist bei ihm wieder die sich anschließende objektivierende Deutung der inneren Situation, die hier großenteils als Gedanken der Frau gefaßt wird. Dann führt er ein neues Motiv ein: Der *vrouwe* kommt die verzweifelte Hoffnung, ihr Gatte könne Tafel und Gewand gekauft haben, also vielleicht doch nicht ihr Sohn sein (2506). Piquet hebt nachdrücklich die Unwahrscheinlichkeit dieses Motivs und damit die Ungeschicklichkeit Hartmanns hervor. Warum sollte Gregorius über eine fremde Tafel täglich weinen![35] Das ist sicher logisch, verkennt aber die Intentionen Hartmanns, der auf diese Weise ein Motiv für die aus der Vorlage übernommenen, steigernd aufeinander folgenden Fragen der Frau an den Sohn in der Enthüllungsszene gewinnt (s. o. S. 391); sie muß sich die Gewißheit verschaffen, die sie in der Vorlage von Anfang an hat. Aber Hartmann bezweckt mit dieser Einfügung noch mehr. Unmißverständlich stellt er klar, daß diese verzweifelte, eben völlig 'unlogische' Hoffnung (*kurz gedinge* schon 2503) im Grunde von der Frau selbst als Selbstbetrug erkannt wird. Wieder kommt es Hartmann darauf an, eine nicht eindeutige Seelenlage und einen inneren

[35] Piquet, S. 269. — Bei Hartmann drängt sich hier unvermittelt das Gewand mit in die Gedanken der Frau, das im Französischen erst später im Bekenntnis der Mutter vor ihrem Sohn erwähnt wird (B 1491, nicht bei Hartmann). Das ist wohl ein Rückbezug auf die Szene in der Kirche, wo Hartmann (1942 ff.) bedeutend nachdrücklicher als B (1127) darauf insistiert, daß der Frau das aus dem bei der Aussetzung mitgegebenen Stoff gefertigte Gewand auffällt und sie an Vergangenes erinnert. Man hat Hartmann diese folgenlos bleibende Unterstreichung der delikaten Szene vorgeworfen (Kölbing, Piquet); der Dichter wollte aber wohl gerade die Funktion des Gewandes als — erst nicht realisiertes, nun sich wieder hervordrängendes — Warnungszeichen herausstellen, um die Blindheit der Handelnden deutlicher werden zu lassen. So gesehen fügt sich das Motiv in die oben analysierte Anlage der Szene ein. Auch sonst vernachlässigt Hartmann hin und wieder die logisch-psychologische Wahrscheinlichkeit zugunsten einer stärkeren Akzentuierung der Bedeutung des Vorgangs; so etwa, wenn vom Dichter vor der Heirat der *vrouwe* ihr früherer, entgegengesetzter Entschluß erwähnt wird (2206), nicht um sie moralisch zu verurteilen, sondern um die Situation stärker zu profilieren. Anders liegt die Sache, wenn Hartmann die vorgegebenen Tatsachen umgestaltet, um etwas sinnfälliger zu machen; nur bei ihm sind die Geschwister Zwillinge, also schon durch die Geburt in engster Weise aufeinander bezogen.

Vorgang darzustellen. Die Enthüllungsszene ist zwar (s. o. S. 382) bei Hartmann mehr als im Französischen ein Dialog, aber der Nachdruck liegt doch ganz auf der Frau. Ihre immer präziser werdenden Fragen sind ein Sichdurchringen, Stationen auf dem Weg, sich selbst die furchtbare Wahrheit einzugestehen. Bereits zu Beginn schlägt das in der langen Klage durch, die in *ez wære ê gewesen zît der vrâge die ich nû begân* (2572 f.) schon zeigt, daß sie ihrer Hoffnung keineswegs selbst traut, gesteigert dann nach dem Mißverständnis Gregors, jemand habe ihn als *ungebornen man* verleumdet: *jâ vürhte ich, iuwer geburt diu sî mir alze genôzsam* (2596 f.). Darum wird auch Gregors direktes Eingeständnis (gegen die übrigen Fassungen) überhaupt nicht vermerkt. Er tritt ganz zurück, und bei der *vrouwe* setzt sich, nachdem sie die Tafel hervorgezogen hat, die Gewißheit endgültig durch; die Frage wird zur Feststellung, in der die innere Bewegung zu ihrem Höhe- und Schlußpunkt kommt: *si sprach: 'sît ir der man (dâ enhelt mich niht an) von dem hie an geschriben stât, sô hât uns des tiuvels rât versenket sêle unde lîp: ich bin iuwer muoter und iuwer wîp'* (2599 ff.).

In dieser Studie wollte ich nur nachweisen, daß Hartmanns umgestaltendes Nachschaffen auch rein künstlerischen Gesetzen gehorcht. Eine erschöpfende Stilanalyse wird noch manches weitere zu zeigen haben, und eine hier ganz ausgesparte vergleichende Gesamtdeutung müßte verfolgen, wie der neue Darstellungsstil dann doch wieder in Wechselwirkung steht mit neuen Akzenten, die Hartmann trotz treu bewahrter Grundstruktur in dem Erzählten setzt.

Diese Ausklammerung der Sinndeutung verbietet uns auch den an sich naheliegenden Vergleich mit der Umgestaltung der Legende durch Thomas Mann. Wenn Thomas Mann sein 'eigenes Dichten ein Amplifizieren, Realisieren und Genaumachen des mythisch Entfernten' nennt[36], so mag das in seiner Unbestimmtheit an manches erinnern, was ich bei Hartmann nachzuweisen versuchte. Man hat davon gesprochen, Hartmann habe die alte Legende 'höfisch ge-

[36] Bemerkungen zu dem Roman ›Der Erwählte‹, Altes und Neues, Frankfurt 1953, S. 261. Auch die übrigen Thomas-Mann-Zitate aus diesem Stück.

nauer' gemacht [37] — und bei beiden ist dieses 'Genaumachen' nicht mit Herstellen von Eindeutigkeit zu verwechseln. Aber zugleich ist doch auch deutlich, wie beide ihre Stilmittel (etwa auch Distanz des Erzählers und ironische Einwürfe) nicht nur in sehr verschiedener Weise und Ausdehnung handhaben, sondern daß sie auch ganz verschiedenen Zwecken dienen. Hartmann unterwirft einen vorgegebenen, in sich sinnerfüllten Stoff seinen eigenen Gestaltungsabsichten, und dieser Stoff ist in einem tieferen Sinn für ihn alles andere als 'mythisch entfernt'. Die Aussage der Fabel erhebt den Anspruch unmittelbarer Verbindlichkeit, ihr haben die eigenen Stilmittel zu dienen. Wenn auch im Verlauf der Erzählung manches neu anschießt, so bleibt doch alles auf den Kern, die Wirklichkeit der Gnade Gottes, hingeordnet.

Diese Verbindlichkeit der Fabel ist für den späten Romancier nicht mehr gegeben. Zwar will auch er bei allem Spiel 'mit reinem Ernste ihren religiösen Kern, ihr Christentum, die Idee von Sünde und Gnade' bewahren, aber das Gnadenwirken Gottes, wie es sich an dem Büßer auf dem Felsen offenbart, ist nun nicht mehr eine fraglos hinzunehmende Wirklichkeit; der moderne Dichter muß dieses 'Unmögliche ... mit einer Art von Schein-Möglichkeit umkleiden'. Sünde, Buße und auch Gnade werden so zu etwas anderem, die ganze Geschichte wird bei engstem Anschluß an die Vorlage etwas Neues. Thomas Mann stellt nicht mehr das durch die Fabel Ausgesagte mit seinen Stilmitteln neu dar, sondern seine 'ausspinnende Phantasie' entbindet die von ihm in dem Stoff gesehenen, bisher nicht genutzten Möglichkeiten. Und gerade weil er sich dabei so eng an den vorgegebenen Gang der Ereignisse hält, ist seine Erzählweise, das Präzisieren, Individualisieren, Psychologisieren neben dem Relativieren von Sprache und Zeit, dem parodistischen Spiel mit den längst überholten Stilmitteln seines Vorgängers, nicht nur eine modernere Form der Darstellung, sie wird ein virtuos gehandhabtes Mittel, der alten Fabel ihren neuen Sinn zu geben, sie aus dem mittelalterlichen Kosmos, der sie prägte, herauszuheben [38].

[37] A. Wolf, WW 12 (1962) 201 und 203.

[38] Nach Abschluß der Arbeit erschien A. Wolf, Gregorius bei Hartmann von Aue und Thomas Mann, München 1964.

Philologia deutsch. Festschrift zum 70. Geburtstag von Walter Henzen. Hrsg. von Werner Kohlschmidt und Paul Zinsli, Francke, Bern 1965, S. 39—51.

ZUR INTERPRETATION VON HARTMANNS ›IWEIN‹

Von Kurt Ruh

1.

Unter den großen Dichtungen der höfischen Blütezeit wurde seit Jahrzehnten keinem Werk spärlicheres Interesse seitens der Forschung zuteil als dem ›Iwein‹. Diese selbst bescheinigt ihre Verlegenheit freimütig, ja sie ist ihr zum Problem geworden[1]. Trotzdem bleibt der Dichtung Bewunderung nicht versagt. Bewundert wird von alters her und einhellig die formale Leistung: in der Reinheit einer höfischen Hochsprache, die keine Provinzialismen, keine Doppelformen, nichts Cachierendes und Zwielichtiges oder gar Willkürliches — Wolframsche *bickelwort* — kennt, also die Kunst der *cristallinen wortelin,* die schon Gottfried von Straßburg rühmte. Diesem Lob ist kaum mehr etwas hinzuzufügen. Aber ist es nicht beunruhigend, daß Gottfried *beid uzen unde innen* hervorhebt, und dies durch die Feststellung präzisiert, daß Hartmann *mit rede figieret der aventiure meine* (4621 ff.)? Sollte die Erhellung des Sinnes durch das treffende Wort ausgerechnet im ›Iwein‹, den der Straßburger bei seiner Laudatio vor allem im Auge haben mußte, für uns uneinsichtig geworden sein? In der Tat scheint der Zugang zur *aventiure meine,* zum Gehalt, von manchen Seiten blockiert zu sein, und wo man sich um Interpretation bemüht, macht sich Kritik geltend, die alle andern Werke Hartmanns nie getroffen hat: Kritik an der innern Wahrheit der Dichtung als solcher, Chrétiens Werk miteinschließend[2]. Sie zielt vor allem auf

[1] Siehe Friedrich Neumann, VL 5 (1955), Sp. 328; ders., PBB (Tübingen) 86 (1964), S. 101; Wolfgang Dittmann, „Dune hâst niht wâr, Hartmann", Pretzel-Festgabe, Berlin 1963, S. 151.

[2] Siehe Peter Wapnewski, Hartmann von Aue (Sammlung Metzler), Stuttgart 1962, S. 69.

Laudine, die schon immer brav gescholten wurde. Ich möchte meinen, mit Unrecht. Ist es vielleicht nicht gerade der Mangel an Liberalität gegenüber dieser Person und, damit verbunden, die fehlende Einsicht in deren Funktion, die uns das Gesamtverständnis der Dichtung so sehr erschwert?

Wie dem auch sei, Rang und Wirkung, die dem ›Iwein‹ im deutschen Mittelalter zukommen, erheischen neue Versuche der Interpretation. Der vorliegende ist — wie kann es anders sein? — aus der Auseinandersetzung und im Widerspruch zu den bestehenden Gehaltsdeutungen erwachsen, Deutungen, die die Dichtung in das Gesamtwerk Hartmanns einordnen. Aber gerade die Stellung des ›Iwein‹ zum ›Erec‹ und zu den Legenden (die ›Klage‹ und die Lyrik dürfen wir in diesem Zusammenhang ausklammern) bietet einen wenig günstigen Ansatz. Die Beobachtungen zum Stil und Sprachgebrauch verlangen, daß wir den ›Iwein‹ als letztes Werk des Dichters betrachten, und damit ist er vom thematisch benachbarten ›Erec‹ durch den ›Gregorius‹ und den ›Armen Heinrich‹, und das heißt (neben den Kreuzliedern) von denjenigen Dichtungen getrennt, denen wir die Bausteine einer innern Biographie Hartmanns entnehmen zu können glauben. Die Frage, was Hartmann zum Artusroman zurückführte, ist nie befriedigend beantwortet worden und muß weiterhin offenbleiben. Dies besagt die ausweichende Formel von der „unpersönlichen Kühle“ und der „betonten Unbeteiligtheit“ [3] des ›Iwein‹-Dichters: sie vermag keine Impulse zu geben, sie legitimiert vielmehr die Lauheit und Verlegenheit der Forschung. Man versteht daher den Vorschlag Werner Schröders, mit Hilfe der Beobachtungen Zwierzinas und Schirokauers zu den ersten tausend ›Iwein‹-Versen, die den hohen Stand stilistischer Prägnanz und artistischer Vollkommenheit der folgenden Verse nicht erreichen, wenigstens den Anfang der Dichtung an den ›Erec‹ heranzurücken [4]. Das führt zur „psychologischen Wahrscheinlichkeit“ [5] der Werkchronologie zurück, der wir ungern entraten und

[3] Siehe H. de Boor, Geschichte der deutschen Literatur II, München [6]1964, S. 80; ähnlich Wapnewski, S. 17.

[4] „Zur Chronologie der drei großen mhd. Erzähler“, DVjS 31 (1957), S. 281; zustimmend Wapnewski, S. 17 f.

[5] Wapnewski, S. 15; vor Zwierzina und seinen Nachfolgern hat

die es uns gestattet, ohne Rücksicht auf die innere Entwicklung Hartmanns, d. h. in diesem Falle unbefangen, an den ›Iwein‹ heranzutreten.

Doch nicht dieser zwar mögliche, aber kaum beweisbare Standort des ›Iwein‹ im Gesamtwerk ist Ausgangspunkt und Voraussezung der vorliegenden Skizze. Sie beruht vielmehr auf dem Versuch, den ›Iwein‹ in die Entwicklungsgeschichte der Artusepik hineinzustellen. Das aber heißt, daß wir den vollen Blick auf Chrétien gewinnen müssen.

Gewiß, Hartmanns Werk wurde vielfach — von Rauch 1869, Güth 1870, Settegast 1873, Gärtner 1875, Gaster 1896, Witte 1929, Halbach 1939 und beiläufig immer wieder — mit Chrétiens ›Yvain‹ verglichen, aber nur äußerlich: thematisch und stilistisch. Man müßte jedoch den ›Chevalier au lyon‹ entschlossen zum Ausgangspunkt der Interpretation machen, freilich nicht isoliert, sondern in das Schaffen Chrétiens hineingestellt, das zugleich die wichtigsten Phasen der Entwicklungsgeschichte der höfischen Epik einschließt. Chrétiens ›Yvain‹ steht zwischen dem ›Lancelot‹ (›Li Chevaliers de la Charette‹) und dem ›Perceval‹ (›Li contes del Graal‹). Man darf das und damit den entwicklungsgeschichtlichen Stellenwert der ›Iwein‹-Dichtung keinen Augenblick vergessen. Vor allem muß dem Interpreten der *san* des ›Iwein‹ verschlossen bleiben, wenn man das Werk nicht in bezug zum ›Lancelot‹ setzt.

Dieser Bezug fehlte schon Hartmann, als er um die Wende vom 12. zum 13. Jahrhundert den ›Yvain‹ in deutsche Verse umformte [6]. Ohne Kenntnis der ›Lancelot‹-Problematik mußte ihm eine wesentliche Voraussetzung für das Verständnis der Dichtung fehlen. Daß Hartmann in der Tat seine Vorlage von der Konzeption her nicht

A. E. Schönbach, Über Hartmann von Aue, Graz 1894, S. 455, die Reihenfolge ›Erec‹, ›Iwein‹, ›Gregorius‹, ›Armer Heinrich‹ am entschiedensten vertreten.

[6] Der Beweis ist in der Schilderung des Ginover-Raubes (V. 4528 bis 4726) zu suchen, wo Hartmann die Kenntnis auch nur des Karrenritter-Anfangs durchaus vermissen läßt. Siehe dazu Wendelin Foerster, Der Karrenritter von Chrétien von Troyes (Sämtl. Werke Bd. IV), Halle 1899, S. LII ff.; Jessie L. Weston, The Legend of Sir Lancelot du Lac, London 1901, S. 49 ff.

voll verstanden, keineswegs bewußt umgeformt hat, wird sich uns an verschiedenen Sachverhalten erweisen, besonders an der Schuldfrage, welche mit der bereits ins Auge gefaßten Laudine-Beurteilung in einem engen Zusammenhang steht. Hartmanns Mangel ist aber auch, so viel ich sehe, ein Mangel der modernen ›Iwein‹-Forschung.

Hier könnte ein methodisches Bedenken geltend gemacht werden: die Gleichsetzung der wissenschaftlichen ›Iwein‹-Interpretation mit der ›Yvain‹-Rezeption des Dichters Hartmann. Ich glaube, sie ist gestattet, sogar notwendig. Hartmanns Nacherzählen i s t Interpretation, und zwar nicht nur eine implizite, d. h. in der Nachschöpfung selbst sich vollziehende, sondern vielfach auch eine explizite: nämlich Explikation des Gehalts durch Raisonnement, durch simplifizierende Formeln — etwa *er minnete ze sêre* —, durch Lehre in Exkursen und Zwischenbemerkungen: sie alle lassen sich als Anweisungen für ein noch unmündiges oder doch nicht vollmündiges Publikum begreifen. Die Spannung zwischen impliziter und expliziter Interpretation ist dann wiederum eine wichtige Gegebenheit für den modernen Interpreten.

Vor kurzem hat Wolfgang Dittmann verdienstvolle methodische Überlegungen zur ›Iwein‹-Interpretation angestellt[7]. Er meint richtig, daß Hartmann im wesentlichen nicht aus der Handlung heraus, sondern n e b e n der Handlung interpretiere: das ist genau das, was ich explizite Interpretation nannte. Wenn Dittmann aber daraus folgert, daß unsere Hartmann-Interpretation von den „Stellen kommentierender Auslegung und Akzentsetzung auszugehen[8]" hat, so kann ich mich dieser Auffassung nicht nachdrücklich genug entgegenstellen. Hat man dies nicht bis jetzt mit Vorliebe getan? Und haben nicht die meisten Mißverständnisse und Verkürzungen der Perspektive in der Überanstrengung Hartmannscher Raisonnements ihren Grund? Ist man nicht erst zu einer vertieften ›Erec‹-Deutung gekommen, als man endlich aufhörte, wie gebannt auf Gaweins soeben zitierte Formel *er minnete ze sêre* und ähnliches zu schauen? Desgleichen zeigt die Analyse des ›Gregorius‹ und des ›Armen Heinrich‹, wie außerordentlich der lehrhafte Hartmann hinter der immanenten Werkaussage zurücksteht. Den Grund haben wir, wie schon angedeutet, in der

[7] Siehe oben Anm. 1, S. 150—161.

[8] S. 157.

bildungsgeschichtlichen Situation von Hartmanns Publikum zu suchen. War dieses in der Lage, Chrétiens Artusromane in ihrem geschlossenen Sinngefüge, in ihrem ethischen Kerngehalt zu verstehen? Hartmann mußte — mit uns — daran zweifeln. So gab er seinen Werken Krücken des Verständnisses mit: einfache, klare Formeln, vielfach ins Heiter-Ironische gewandt, Milch für die *parvuli*, um mit Bernhard von Clairvaux zu reden. Wir würden Hartmann unrecht tun, wenn wir ihm zutrauten, er erstrebe mit seinen didaktischen Formeln und Exkursen eine der künstlerischen Realität adäquate 'Lehre' oder er trete hier bewußt Chrétien, den er nicht einmal zu nennen beliebt, entgegen. Letzteres mag vielleicht für Einzeläußerungen zutreffen, grundsätzlich kann ich in den expliziten Deutungen Hartmanns keineswegs dessen intendierte „höhere Wahrheit" erblicken.

Berücksichtigen wir das bisher zur Methode Gesagte, so gilt es 1. sozusagen als interpretatorischen Archetypus Chrétiens ›Yvain‹ zu gewinnen, was nur durch dessen Einordnung in das Gesamtschaffen des französischen Meisters, unter besonderer Berücksichtigung der ›Lancelot‹-Problematik, möglich erscheint. Dafür ist uns Erich Köhlers Chrétien-Buch, Ideal und Wirklichkeit in der höfischen Epik (Tübingen 1956), eine entscheidende Hilfe. 2. gilt es, Hartmanns ›Iwein‹ als Ausformung dieses Modells zu verstehen, und dies unter ganz bestimmten, oben formulierten Gegebenheiten.

Das führt notwendigerweise zu einem Messen der Ausformung mit dem Modell, nicht kritisch — das geschah bereits: durch Witte[9] zum Nachteil Hartmanns, und auch nicht national-typologisch, wie durch Halbach[10] —, sondern interpretatorisch. Interpretatorisch, indem uns die Zusätze, Auslassungen und Abweichungen der Ausformung gegenüber dem Modell sichere Kriterien für den Aussagewert einzelner Episoden oder Stellen an die Hand geben. Denn es darf ja nun am allerwenigsten der Willkür des Interpreten überlassen bleiben, welchen Partien und welchen Formulierungen er Relevanz zuschreibt und welchen er sie versagt[11].

[9] Arthur Witte, Hartmann von Aue und Kristian von Troyes, PBB 53 (1929), S. 65—192.

[10] Kurt Herbert Halbach, Franzosentum und Deutschtum in höfischer Dichtung des Stauferzeitalters, Berlin 1939.

[11] Dafür ein Beispiel zur Frage der Komposition: Bei der Analyse der ›Iwein‹ Komposition kommt Wapnewski zum Schluß, es „sei die Tektonik

2.

Der ›Iwein‹ ist die Geschichte eines Artusritters, der in der ersten Erprobung seiner Kräfte Ritterehre und Hand und Land eines schönen Weibes erringt, sich also in *aventiure* und *minne* bewährt,

des ›Iwein‹ nicht gleichermaßen eindeutig und aussagemächtig wie die des ›Erec‹", und dies liege „in dem Gegenstand selbst, der es an erwünschter Eindeutigkeit fehlen läßt" (S. 63). In der Tat bereitet die Episode vom Raub der Königin (V. 4528—4726) Schwierigkeiten. Sie hat ihren Platz mitten in der Riese-Harpin-Szene, und diese ist ein Glied der besonders fest gefügten Löwenritterabenteuer. Sie stehen, wie der 1. Teil des ›Erec‹, unter dem kompositorischen Gesetz der Fugung. Die beiden Hauptkämpfe, der Art nach Gerichtskämpfe (Lunetens Befreiung und der Kampf mit Gawein in der Sache der Töchter des Grafen vom schwarzen Dorn), sind unterbrochen durch zwei Befreiungsaventiuren (Riese Harpin und 'Schlimmes Abenteuer'), und zwar so unterbrochen, daß nach der jeweiligen Exposition (Lunetens Haft bzw. Rechtsstreit der beiden Grafentöchter) Riesenkämpfe als Ganzes eingeschaltet sind, worauf es dann zur Durchführung der bereits verabredeten Gerichtskämpfe kommt. — So Chrétien und ihm folgend Hartmann. Nun hat der deutsche Dichter in die Schilderung der Harpin-aventiure den Bericht vom Raub der Königin eingeschoben, der sich nach seinem Umfang durchaus als selbständige Episode verstehen läßt. Chrétien berichtet den Raub der Ginover gleichfalls: er ist die Begründung dafür, daß Lunete am Artushof Gawein, dessen Hilfe sie bedurfte, nicht finden konnte, denn er befand sich auf der Verfolgung des frechen Königin-Räubers. Zugleich ist diese Erinnerung an den Karrenroman ein Merkzeichen für Chrétiens Publikum: Vergeßt, wenn ich jetzt den ›Yvain‹ vortrage, den ›Lancelot‹ nicht! Der französische Dichter braucht für diesen Bericht 26 Verse, an drei verschiedenen Stellen vorgetragen, er bildet somit kein kompositorisches Element. Das also ist bei Hartmann anders: ausführliche Schilderung in 200 Versen. Zweck dieser Aufschwellung (der einzigen im ganzen Roman): den Leser mit dieser in Deutschland noch unbekannten dramatischen Episode am Artushof bekannt zu machen. Nun hat aber der Raub der Königin als Episode in der Fügung der Löwenritterabenteuer durchaus keinen Platz, er darf mithin nicht als selbständiges Kompositionselement gewertet werden. Tektonisches Gewicht kommt ihm nicht zu. — In dieser Weise, meine ich, läßt der Bezug des deutschen ›Iwein‹ zum ›Yvain‹ Kriterien für die interpretatorische Aussagekraft gewinnen.

sein Minneglück jedoch bald durch eigene Schuld, leichtsinnig-naiv, würden wir sagen, verliert, und es sodann, und mit ihm Ritterpreis und -ehre, in schweren und selbstlosen Taten wieder zurückgewinnt.

Diese Geschichte folgt dem zweiteiligen Grundriß des Artusromans, wie ihn Chrétien, zuerst im ›Erec‹, geschaffen hat: einem kürzeren ersten Teil, der bis zum *hôchgezît* mit den Tafelrundern an Laudines Hof reicht, folgt ein längerer zweiter mit Krise und Fall und allmählicher Rehabilitierung bis zur wiedererreichten Artuswürdigkeit und Versöhnung mit der Gattin [12]. Der Zweiteiligkeit der Komposition entspricht das Programm des Artusromans: der Held erringt sein Ziel, die ritterliche Perfektion, die Harmonie und Erfüllung des Daseins, in zwei Etappen. In der ersten tritt er aus seiner Anonymität heraus und bestätigt seine Erwähltheit durch Ritterruhm und Minnegewinn. Dieses individuelle Glück erlangt er rasch und unter guten Sternen: es ist die *aventiure* des *incipiens,* wenn diese Analogie zur mystischen *via triplex* gestattet ist. In der zweiten Etappe muß der Ritter wieder in die Gemeinschaft eingegliedert werden, weil es nach der Meinung des Dichters ein gefestigtes und dauerhaftes Glück anders nicht geben kann. Dieser Prozeß vollzieht sich in der *aventiure* des *proficiens;* ausgelöst wird er durch den Verlust der vorläufig-scheinbaren Harmonie. Am Schluß steht dann der *perfectus* mit *saelde* und *lanclîp.*

Dieser Grundriß liegt also auch dem ›Iwein‹ zugrunde. Zwei Ansätze führen nun zur Grundproblematik des Werkes hin: Iweins Schuld und die Stellung der Laudine.

1. Niemand bestreitet, daß ein Versäumnis, nämlich die Nichteinhaltung eines gesetzten Termins, die Katastrophe herbeiführt, durch die Iwein alles verliert: seine Minne, seine Ritterehre, seine Menschenwürde (Wahnsinn!). Wohl aber, daß dieses Versäumnis

[12] Eine fünfteilige Komposition, wie sie Foerster, Ehrismann und Sparnaay nach dem Muster klassischer Dramen anbieten, darf nicht mehr ernst genommen werden. Darnach kommt dem IV. Teil mit den Sühnungstaten ein Umfang zu, der größer ist als die übrigen vier Teile zusammen (3641 gegen 3177 Verse bei Chrétien). Derart schlechte Proportionen sind den höfischen Dichtern nicht zuzumuten.

zugleich Iweins Schuld ist. Wapnewski meint, die Katastrophe werde damit „durch einen technischen Defekt" ausgelöst, den er nicht als eigentliche Schuld zu akzeptieren vermag[13]. Zugegeben, für uns mag Unpünktlichkeit gar nichts bedeuten. Daß sie aber für den mittelalterlichen Dichter relevant ist, erhellt aus folgendem: Auf seiner Sühnefahrt als Löwenritter kommt Iwein in peinliche Terminschwierigkeiten: durch den Kampf mit dem Riesen Harpin gerät er in Gefahr, den Termin zum Gerichtskampf für Lunete zu versäumen, durch den Kampf mit den zwei Riesen auf der Burg zum Schlimmen Abenteuer, den ebenfalls termingebundenen Zweikampf mit Gawein nicht rechtzeitig antreten zu können. Das wird doch wohl bedeuten, wenn man der Dichtung Funktionalität zubilligen will, daß Iwein sich hier in seiner Zuverlässigkeit zu bewähren hat: er muß lernen, Termine einzuhalten. Das ist übrigens mittelalterliche Pädagogik par excellence. Es sei daran erinnert, daß in Dantes Purgatorium durchgehend das Prinzip handfester Korrekturstrafen herrscht.

Weiter deutet ein formales Versagen — und das Versäumnis i s t ein solches — immer auf ein inneres Versagen hin. Daß Parzival vor Anfortas und dem Gral die erwartete und geforderte Frage versäumt, ist zunächst ein Versagen der Form, nicht mehr, aber niemand wird leugnen wollen, daß damit ein innerer Defekt des Helden mitausgesprochen ist. Jedenfalls ist das Versäumnis von ungeheurer Wirkung: nicht nur Cundrie, die Gralsbotin, die man als Partei ansprechen könnte, verflucht ihn, sondern auch Sigune, die ihm so wohlgesinnte Cousine. Im ›Iwein‹ ist es nicht anders. Iweins Unpünktlichkeit ist ein Zeichen für *untriuwe*: Lunete, die Anklägerin, spricht von ihm an höchster Stelle, vor der Tafelrunde, als einem *triuwelôsen man* (3183), der *rîters namen* (3188) nicht verdiene. Nun ist freilich *untriuwe* hier nicht im engen und sozusagen massiven Wortsinne zu nehmen. Keine Rede kann davon sein, daß Iweins Liebe zu Laudine erkaltet wäre, daß er sie in wildem Tournier-Rausch einfach vergessen hätte. Aber die Tatsache, daß er den Termin durch tourniersportliche Betätigung verpassen konnte, heißt immerhin, daß diese Minne zu wenig gefestigt,

[13] S. 64.

daß Iwein sich des hohen Wertes dieser Minne, wie auch seiner Aufgabe als Quellenritter zu wenig bewußt war. Daß es in der Tat, in der Anschauung des Dichters, um *untriuwe* geht, beweist wiederum mit Evidenz die folgende Prüfungsfahrt: kein — nicht ein einziges — Abenteuer Iweins, in dem es nicht im besondern darum ginge, seine *triuwe* unter Beweis zu stellen: gegenüber Laudine, als ihm die Gräfin von Narison ihre Hand anbietet, die zu besitzen er ein legitimes Recht hätte, und noch einmal, als er jene liebreizende Grafentochter zurückweist, die, wie Hartmann meint, einen Engel vom Himmelsflug hätte abhalten können. — Treue und Dankbarkeit erweist Iwein seiner Lebensretterin Lunete, indem er für die unschuldig Verurteilte zum Gerichtskampf antritt und sie durch seinen Sieg vom Scheiterhaufen befreit. Treue und Dankbarkeit erlebt und erfährt Iwein selbst durch den Löwen, den er aus den Schlingen eines Drachen befreit und der ihn fortan wie ein treuer Hund begleitet, und ich denke, es ist kein purer Zufall, wenn die Episode Löwenbefreiung und Löwendankbarkeit genau in der Mitte des Chrétienschen Werkes liegt: es sind die Verse 3341 bis 3484: 3340 gehen voran, 3334 folgen, also eine Genauigkeit bis auf 3 Verse. Hartmann hat diese kompositorische Auszeichnung nicht beachtet: bei ihm gehen der Löwenepisode 3823 Verse voran, 4243 folgen. Iweins Löwe leistet vorbildlich und sinnbildlich das, was unser Held auf seiner Prüfungsfahrt zu leisten hat: Treue und Dankbarkeit.

Wenn wir also das Terminversäumnis und die Treulosigkeit, welche sie bedeutet, nicht als S c h u l d Iweins anerkennen wollen, dann wird die ganze Abenteuerkette des 2. Teils aus ihrem Sinnbezug herausgebrochen, dann zerstören wir die Funktionalität des Geschehens. Trotzdem sind viele diesen Weg gegangen, auch Wapnewski, der deutlicher als andere die kunstvolle Anlage des zweiten Teils erkannt hat: er glaubt nämlich die eigentliche Schuld Iweins in der Tatsache zu erblicken, daß er den Quellenritter Ascalon, Laudines ersten Gatten, auf der Flucht erschlagen hat. Ich halte diese Vorverlegung der Schuld für indiskutabel, weil wir so dem Dichter unterstellen müßten, er spreche das Versäumnis und was es bedeutet zwar mit klaren Worten als Schuld an, meine jedoch damit etwas völlig anderes und zudem kausal Unzusammenhängendes. Und wie wäre eine solche Deutung vereinbar mit der programmatischen Konzeption des ersten Romanteils, wonach dem Helden Ritterpreis und Frauenminne zufallen? Gawein selbst, Sprachrohr der Tafelrunde, spricht den Gewinn der Quellenaventiure Iweins aus: *er hât von iu ein schoene wîp // ein rîchez lant unde den lîp // und swes ein man zer werlte gert* (2747 ff.).

Unsere Auffassung von der Schuld Iweins wird zudem dadurch gestützt, daß Iwein sie selbst (ungleich diesmal Parzival, der sie nicht verstehen kann und will) ohne Einschränkung anerkennt: *sît diu selbe schulde // niemens ist wan mîn, // der schade sol ouch mîn eines sîn* (4218 ff.).

Ein letztes Argument: Entscheidender als die juristisch definierbare Schuld ist das Gewicht, das ihr der Betroffene zumißt. Hier ist ein Blick auf das Gesamtwerk Hartmanns angebracht: Gregorius' Buße steht in keinem Verhältnis zu seiner Schuld, dem unwissenden Inzest mit der Mutter, einer Schuld, die kirchenrechtlich überhaupt keine war; des Armen Heinrichs 'Schuld' steht völlig unproportional zur fürchterlichen Strafe des Aussatzes; die Konsequenzen, die Erec aus seinem 'Fall' zieht, gehen weit über den Tatbestand seines Fehls hinaus. Der Gesichtspunkt Schuld—Strafe führt also hier immer zu bedenklichen Proportionen, und das beweist zum mindesten, daß dieser Gesichtspunkt nicht allein von Gewicht sein kann. Zur Strafe tritt überall die Prüfung. Prüfung auf einen Endpunkt hin. Das Mittelalter, zumal auf seiner Höhe, hat immer mehr final als kausal gedacht. Und vom Endziel her, vom Gewinn her, der dem Helden zuteil wird, ist es nicht mehr so ganz ungerechtfertigt und unproportional, was ihm zu dulden bestimmt ist.

2. Das Bemühen, Iweins Terminversäumnis zu bagatellisieren, führte mit innerer Konsequenz dazu, das Versagen Laudine anzulasten. Wendelin Foerster, der Chrétien-Herausgeber, spricht von der „Härte des strafenden Weibes, das durch seine leicht getröstete Witwenschaft ohnedies einen Makel hat“ [14]; Sparnaay betont, daß

[14] Kristian von Troyes ›Yvain‹ (Rom. Bibl.), Halle ²1926, S. XXIII. Die Laudine-Kritik dürfte Foerster das Verständnis des ganzen Werkes verstellt haben. Das zeigt sich besonders deutlich in der Fehlinterpretation der Löwensymbolik: Nach Foerster steht das „dankbare Tier“ als Gegensatz zum „wetterwendischen, hartherzigen Weib“ (S. XX).

Laudine „in den Augen der höfischen Gesellschaft schuldig war“ [15], und Wapnewski steigert dieses Urteil mit der Aussage: „Daß die Witwe des so rüde Erschlagenen den Mörder heiratet, ist übrigens ein offenbar schwererer Verstoß gegen die *triuwe* als etwa später Iweins Terminversäumnis“ [16]; Laudines „eitle Ichbefangenheit“ steht für ihn „in peinlichem Kontrast“ zu Iweins „demütiger Selbstlosigkeit“ [17]. — Ich meine, es gehört zur Grundvoraussetzung des ›Iwein‹-Verständnisses, Laudine außerhalb sittlicher Relevanz zu sehen.

Laudine ist *frouwe,* Herrin: Herrin der Quelle und Herrin über ihren Gemahl. Sie hat ihn gewählt, sie bestimmt das Minneverhältnis, sie den Urlaub und dessen Termin. Sie vertritt Minne als ungeteilte Forderung, in ihrer Allgewalt.

Dies hängt zunächst mit der Vorgeschichte des Motivs zusammen. Wenn Laudine Herrin einer Gewitterquelle ist, so weist dies auf ihren ursprünglichen Feencharakter hin. Als altes Erzählmotiv zeichnet sich ab [18]: Die Quelle ist in der Hut der Fee, und diese rächt jeden Frevel an ihr, d. h. mutwilliges Vergeuden des Wassers, Abdecken des Brunnensteins usw., mit Gewitter und Sturm. Tritt nun dieses reine Märchenmotiv in die ritterliche Vorstellungswelt ein, so versteht sich von selbst, daß der Brunnen nicht mehr primär durch Blitz, Donner und Überschwemmung, die zu bloß spektakulären Eigenschaften der Quelle werden, sondern von einem Ritter verteidigt wird. Dieser steht im Dienst der Fee (die ihrerseits zur adelig-höfischen Dame umgeformt wird), er ist ihr Kämpfer und Liebhaber zugleich, und wer ihn besiegt, dem gehört sie an. Sie

[15] Hartmann von Aue. Studien zu einer Biographie, 2. Bd., Halle 1938, S. 55.

[16] S. 67.

[17] S. 68. — Der Tadel, der Laudine durch die moderne Forschung zuteil wird, ist fast so alt wie das Werk selbst. Wolfram sprach von Laudine *als wîp die man bî wanke siht* (253, 10 ff.). Das war von seinem Ethos aus und im Zusammenhang mit Sigunes Treue durchaus gerechtfertigt. Die Forschung aber war fatal beraten, Wolfram darin zu folgen.

[18] Siehe Margarete Rösler, Die 'Fontaine perilleuse' in Chrétiens ›Yvain‹, Zs. f. franz. Spr. u. Lit. 58 (1934), S. 232—235; Sparnaay, S. 26 f.; Wapnewski, S. 69.

kann ihren Ritter auch ins Menschenland entlassen bzw. beurlauben — unter Bedingungen, deren Nichtbeachtung katastrophale Folgen nach sich zieht. — Dies das Grundschema, das bei Chrétien-Hartmann in vollhöfischer Gestalt erscheint: Iwein besiegt und erschlägt Ascalon, der den Quellenfrevel rächen will, wird zum Gemahl der Quellenherrin und zum Beschützer der Quelle, wird auf Termin beurlaubt.

Die feenhafte Quellenherrin steht außerhalb moralischer Kategorien. Nun hat sie Chrétien zur Minneherrin im provenzalischen Sinne gemacht: damit, so meint Wapnewski, trete sie unter sittliche Aspekte — und *matiere* und *san* klafften auseinander [19]. Ich möchte meinen, daß die Minneherrin streng provenzalischer Prägung gleichfalls außerhalb ethischer Normen zu sehen ist. Sie darf alles vom Geliebten fordern, sie hat immer recht, weil ihr anscheinend willkürliches Verhalten die Kräfte des Mannes anspornt, sie ist gesetzgebend, und für den Liebenden gilt „amo quia absurdum", d. h. unbedingter Gehorsam. Ist aber Laudine als Minneherrin moralischer Zuständigkeit entzogen, so steht sie auch außerhalb des Konflikts. Daß sie Iwein, der ihren Gatten erschlagen hat, heiratet, ist Zwang der *costume* [20], die es aufrechtzuerhalten gilt: Verpflichtung gegenüber einem ordo, über dessen Sinn oder Sinnlosigkeit es gleichermaßen keine Diskussion geben kann. In dieser Hinsicht ist Lunetens Diplomatie, ihre schlaue Heiratsvermittlung, durchaus sachbedingt.

Hartmann glaubt nun freilich Laudine gegen die Anklage des Wankelmutes entschuldigen zu müssen: *ez kumet von ir güete* (1878). Chrétien entschuldigt nichts, eben weil er Laudine als Minneherrin der sittlichen Beurteilung entziehen möchte. Hartmann aber verstößt gegen die Grundkonzeption der Dichtung, die er als Ganzes ja durchaus übernommen hat, wenn er Laudine zu rechtfertigen unternimmt; er verstößt dagegen, wie ich meinen möchte, ohne Wissen. Aus diesem Grund ist der Aussagewert der

[19] S. 67 und 69.

[20] Siehe Erich Köhler, Die Rolle des ‘Rechtsbrauchs’ *(costume)* in den Romanen des Chrétien de Troyes, in: Trobadorlyrik und höfischer Roman, Berlin 1962, S. 205—223.

angezogenen Stelle gering, sie kann jedenfalls für das Laudinenbild nicht bestimmend sein.

Es ist mithin Laudines Verhalten nicht zu wägen, nicht zu bekritteln und nicht zu rechtfertigen. Die Konzeption der Minneherrin aber führt zur Frage, die die Grundproblematik des Werkes in sich schließt: Wie läßt sich diese Minne in ihrer Absolutheit mit der Gemeinschaft, konkret: mit den Pflichten des Rittertums, d. i. den Forderungen des Artushofes, vereinbaren?

3.

Die eben gestellte Frage ist gegenüber dem ›Erec‹ eine neue Problemstellung: in der ersten Artusdichtung der französischen und deutschen Literatur handelt es sich um eine den Formen nach nichthöfische Ehe: Erec findet und erwählt Enite, er ist Herr und Meister, und in der Krisis dieser Ehe ist er es, der befiehlt, der sie auf Probe stellt; ihr kommt Schweigen, Gehorsam, Dulden zu — nicht weil sie schuldig ist, sondern zu ihrer höchsten Bewährung [21]. Diese Form der Ehe schließt natürlich eine echte und innige Minnegemeinschaft nicht aus: sie ist das Glück der Neuvermählten, und aus der Krise geht sie geläutert hervor: aus dem Glück zu zweit, dem nur individuellen Glück, erwächst eine Minnegemeinschaft, die auch für die *liute* da ist [22].

Im ›Iwein‹ tritt an die Stelle dieser Minnegemeinschaft die höfische Variante. Läßt auch sie sich in die Gemeinschaft eingliedern?

Die Frage führt auf den ›Lancelot‹ zurück, auf jenes Werk, das Chrétiens ›Yvain‹ unmittelbar voranging. Es war ein Auftragswerk. Chrétien erklärt im Prolog, daß ihm seine Herrin, Marie de Champagne, *san* und *matiere*, Sinn und Stoff, gegeben habe. *matiere*: die Geschichte von Lancelots Liebe zur Königin Ginover, *san*: epische Darstellung des provenzalischen Minnebegriffs, d. h. der Minne eines Ritters zu einer verheirateten Dame. Hier ist

[21] Ein solches Eheverhältnis dürfte übrigens der Wirklichkeit mittelalterlicher Ehen, auch des höfisch gesitteten Adels, entsprochen haben.

[22] Vergleiche Erecs treuherzige Bemerkung zu Mabonagrin: *wan bî den liuten ist sô guot* (9438).

Minne Dienst, restlose Unterordnung, eine Art Religion. Dabei ist die Tatsache von Belang: Chrétien hat dieses Werk nicht zu Ende geschrieben. Wir glauben zu wissen warum[23]. Die Thematik und das ihm gestellte Problem führte ihn in fatale Nähe des Tristanromans, der zum erstenmal im Bewußtsein des hochmittelalterlichen Menschen eine Kluft zwischen Individuum und Gesellschaft aufwarf. Ethos und Recht des Minnenden sind unvereinbar mit Ethos und Recht der Gemeinschaft. Chrétien war der Tristanroman suspekt: er hat, im ›Erec‹, der gesellschaftsprengenden Ehebruchminne des ›Tristan‹ die Liebesehe gegenübergestellt und damit Minne und Gemeinschaft vorbildlich verbunden. Die Minne für die Gemeinschaft fruchtbar zu machen, war ja — wir deuteten es oben an — eigentliches Programm des ›Erec‹. Dieses Programm drohte nun der ›Karrenritter‹ ins Gegenteil zu verkehren. Entsprach nicht das Dreieck Lancelot—Ginover—Artus dem Dreieck Tristan—Isolt—Marke? Chrétien versuchte, Artus, den Gatten, auszuklammern, d. h. ihn an der eigentlichen Handlung und Problematik nicht teilnehmen zu lassen, so wie Marke an Handlung und Gehalt des ›Tristan‹ teil hat. Oder mit andern Worten: die Minne zwischen Lancelot und der Königin kommt nur im unmittelbaren Verhältnis der Protagonisten zur Darstellung, nicht auch in der weitern 'Dimension' zum Gatten und König. Weder Ehebruch noch Bruch der Feudaltreue sind im ›Karrenritter‹ zum Problem erhoben. Damit war aber auch die Frage nach dem Verhältnis von Individuum und Gesellschaft nicht gestellt; bezeichnend ist, daß Lancelot zwar zur Tafelrunde gehört, von dieser jedoch völlig unabhängig erscheint. — Man sieht aus diesen Hinweisen, daß Chrétien versuchte, im Lancelotroman der Tristanproblematik aus dem Wege zu gehen. Das gelang aber nur durch künstliche Ausklammerung der betreffenden Thematik, und das mochte für den Künstler das Unbefriedigende sein: er ließ das Werk liegen.

Im ›Yvain‹ kehrte nun Chrétien zur Grundanlage des ›Erec‹ und damit zur Ehe der Protagonisten zurück, aber das Werk scheint zugleich Gegenstück und Korrektiv des ›Lancelot‹ zu sein. Inwie-

[23] Zum Folgenden: Erich Köhler, Ideal und Wirklichkeit in der höfischen Epik, Tübingen 1956, S. 163 ff.

fern? Laudine ist zwar die Gemahlin Iweins wie Enite diejenige Erecs, aber zugleich Minneherrin wie Ginover im ›Karrenritter‹ und als solche Gehorsam fordernd, absolut in Stellung und Macht. Die Minneherrin als Ehegattin: das ist das Experiment des ›Yvain‹. Jetzt verstehen wir die frühere Fragestellung: Läßt sich Minne in dieser Form in die Gemeinschaft zurückführen?

Daß Hartmann die ›Iwein‹-Problematik nicht gänzlich verstanden hat, wurde uns schon im Blick auf die Stelle deutlich, wo er das Verhalten der Laudine entschuldigen zu müssen glaubt und damit ein Problem evoziert, das der Anlage des Werkes fremd ist. Der deutsche Dichter vermochte hinter dem ›Iwein‹ nur den ›Erec‹, nicht den ›Lancelot‹ zu sehen. Mutmaßlich durfte er seinem deutschen Publikum auch kein Verständnis für eine höfische Minne Andreas-Capellanischer Prägung zumuten.

Die erwähnte Fehlleistung[24] gegen den *san* der Dichtung ist nicht die einzige:

Wenn Gawein bei Chrétien an Iwein herantritt, um ihn vor den Bindungen der Minne zu warnen und ihn zu weitern ritterlichen Taten zu ermuntern, so tut er dies ausdrücklich im Namen der Gesellschaft, d. h. er ist das Sprachrohr der Artusgemeinschaft. Hartmanns Gawein geht privat vor und spricht als Freund, nicht als Artusritter: das aber verunklärt die Bedeutung seiner Mahnrede. Zum Überfluß hat Hartmann an die eigentliche Warnung Gaweins noch das Bild eines verbauerten Landjunkers angefügt: für sich genommen hübsch, aber es verlagert die ernste Mahnung ins Groteske und damit ins Unverbindliche. Hartmann denkt hier an seine Zuhörer, nicht an eine wirkliche Gefahr, der sich Iwein als Ehemann aussetzt.

Endlich läßt Hartmann am Schluß der Dichtung nicht nur Iwein seine Gemahlin um Verzeihung bitten, sondern diese fällt auch dem Gatten zu Füßen und spricht: *nû wil ich iuch durch got biten // daz ir ruochet mir vergebn* (8126 f.). Das verstärkt die Rührung und versteht sich auch aus dem Bedürfnis Hartmanns heraus, die Gestalt der Laudine zu vermenschlichen. Nichtsdestoweniger geht

[24] Ich möchte diesen Begriff ganz sachlich, etwa im Sinne der Textkritik, verstanden wissen.

dieser Zug völlig fehl[25]: wir können hier zum richtigen Verständnis des ›Iwein‹, wenn wir die Grundkonzeption Hartmanns ernst nehmen wollen, nur die Fassung Chrétiens berücksichtigen. Auf keinen Fall geht es an, von da her eine Schuld der Laudine zu postulieren.

Wenn wir zugeben, daß Hartmann interpretierend vorging, so müssen wir davon Abstand nehmen, er habe bewußt die Konzeption ändern wollen. Finden wir diese, wie die angeführten Beispiele (die zu erweitern wären) zeigen, entstellt, so handelt es sich um Mißverständnisse bzw. didaktisch bedingte Vereinfachungen des Interpreten. Das heißt nicht, daß alles, was den ›Iwein‹ von Chrétiens Werk unterscheidet, auszuklammern ist. Hartmanns Leistung ist in dem zu sehen, was er interpretierend herausstellt. Das ist viel und bedeutend. Doch will und kann es nicht die Aufgabe dieser Skizze sein, Hartmanns ›Löwenritter‹ als Interpretation zu würdigen. Sie schafft nur die Voraussetzungen dazu, indem sie sich nach dem Modell im Spiegel des deutschen ›Iwein‹ ausrichtet. Damit nehme ich insofern Chrétien und Hartmann in eins, als der Spiegel keine Verzerrungen aufweist. Das aber scheint mir notwendig zu sein im Blick auf das kontroverse ›Iwein‹-Verständnis der Forschung.

Wie löst sich die Frage nach der Reintegration der höfischen Minne in die Gemeinschaft, sofern diese Minne durch die Ehe gebunden ist? — Die Antwort ist eine dialektische.

1. Es kommt zu keiner Zurückführung der Iwein-Minne in die Gemeinschaft. Das glaubt man schon an der Komposition ablesen zu können, über deren hervorragenden Aussagewert nach den Darstellungen Emmels, Bezzolas, Kuhns, Köhlers und anderer kein Wort mehr zu verlieren ist. Nicht nur, daß Iwein im ersten Teil der Dichtung nicht mehr wie Erec mit der Gemahlin an den Artushof zieht, um dort seine Minne sanktionieren zu lassen, sondern der Artushof sich vielmehr zu Laudine bemühen muß: die letzte Station und das letzte Ziel sind nicht mehr Artus, sondern Laudine. Weiter ist aus der Zwischeneinkehr bei Artus (nach dem ›Erec‹-Modell), der Mittelachse des zweiten Romanteils, eine Zwischeneinkehr bei Laudine geworden. Es werden m. a. W. in der Komposition Artusstationen des ursprünglichen Modells durch Laudine-Stationen

[25] So auch Wapnewski, S. 68; zuerst Witte (siehe Anm. 9), S. 161.

verdrängt, und das heißt: Laudine behauptet als Minneherrin ihren eigenen Bereich, ein zweites Zentrum tritt neben das bisherig einzige, den Artushof. Als Deutung dieses Befundes aber drängt sich die Feststellung auf: In der Minne, auch der höfischen Ehe, sofern die Frau Minneherrin ist, emanzipiert sich das Ich von der Gesellschaft.

Ich sprach von einer dialektischen Antwort, und damit habe ich mit dem Gesagten nur die halbe Wahrheit ausgesprochen. Denn

2. ist nicht zu übersehen: Iwein kehrt an den Artushof zurück, und er mißt sich dort mit Gawein. Das bedeutet zweifelsohne die Anerkennung der Gemeinschaft, der fraglosen Verbindlichkeit des Artushofes. Worin jedoch verbindlich? In der Rittertüchtigkeit und Ritterehre — und in dieser allein? Darnach bliebe die *aventiure* dem Artushof zugeordnet, die Minne jedoch nicht. Das ist ein Befund, der sich unmittelbar aus der Anlage des ›Iwein‹ heraus ergibt. Aber man glaube nicht, daß Chrétien, selbst unter der Voraussetzung, daß der ›Yvain‹ als Experiment gelten darf, diese Spaltung sozusagen als letztes Wort hätte gelten lassen, auch wenn sie als ultima conclusio nicht mehr zu vermeiden war. Chrétien mußte den Versuch machen, gegen die dem Werke sozusagen immanente Aussage einer doppelten Wahrheit, des Rechtes des Individuums in der Minne und desjenigen der Gemeinschaft in der Ritterschaft, die beiden Kräfte zu binden. Ich sehe den Versuch dieser Bindung in folgendem:

Der Weg Iweins zum Artushof und zu Laudine zurück ist kein gedoppelter, sondern ein einziger. Das heißt: Der Weg der *aventiure*, womit Iwein die Artuswürdigkeit zurückerringt, ist zugleich und in jeder Phase auch der Weg zu Laudine zurück, dadurch nämlich, daß Iwein in seinen ritterlichen Taten immer wieder die *triuwe* zu seiner verlorenen Gemahlin beweist. In den Löwenritteraventiuren erscheinen also *minne* und *aventiure* integriert. Vielleicht entspricht es auch der Intention des Dichters, wenn wir Artushof und Laudineminne als gemeinsames Ziel betrachten. Was im epischen Bericht nur als Nacheinander darzustellen war, wäre sinngemäß ein Nebeneinander. Immerhin ein Nebeneinander, kein Ineinander. Was für Iwein eins ist, kann es für Laudine nicht sein. Als Minneherrin ist sie immer nur selbst Mitte.

Ich wollte klarmachen: Der ›Iwein‹ ist weder ein sozusagen umgekehrter ›Erec‹ (so die traditionelle Deutung), noch „klafft eine Diskrepanz zwischen *matiere* und *san,* zwischen Stoff und Tendenz" (so Wapnewski), er ist aber auch nicht eine beschwingte, schwerelose Märchenkomödie (so Hugo Kuhn[26]): das wird die *matiere* von Abenteuer und Minne erst unter den Händen Ariosts. Wohl aber ist der ›Iwein‹ die Dichtung, in der die Gespanntheit der Artusideologie zum erstenmal deutlich wird, man kann sogar sagen, daß die Problematik der Artusideologie aufbricht, an e i n e r Stelle, nämlich dem Minneproblem; es ist die Problematik, die Chrétien, den Schöpfer des Artusromans, sozusagen mit Notwendigkeit in den Gralroman hineingeführt hat: dem ›Yvain‹ folgt ›Li contes del Graal‹, worin die Artusidealität, und mit ihr die Minne, im Religiösen verankert wird.

Von da her gesehen, ist der ›Iwein‹ das Werk der Wende. Chrétien war sie bewußt: man vergegenwärtige sich den Prolog, der den Verfall der Minne beklagt: *S'an est amors mout abeissiee.* Hartmann stellt dieser Skepsis in seinem Prolog ein verbindliches Programm entgegen, den gültigsten Ausdruck, den die Artusidealität im Bereich der deutschen Dichtung gefunden hat: *Swer an rehte güete / / wendet sîn gemüete / / dem volget saelde und êre.* Ich möchte meinen, diese Ideologie ist so fest, weil die Erzählung selbst sie nicht mehr restlos zu erfüllen vermochte. Dies freilich war dem Dichter und Interpreten Hartmann bewußt.*

[26] Die Klassik des Rittertums in der Stauferzeit (Geschichte der deutschen Literatur von den Anfängen bis zum Ende des Spätmittelalters, Stuttgart [2]1962), S. 134 f.

* [Die vorliegende ›Iwein‹-Konzeption liegt erweitert und in vielem modifiziert dem ›Iwein‹-Kapitel meiner Höfischen Epik I, Berlin 1967, S. 137—159, zugrunde. Damit hat sich kürzlich Friedrich Neumann in ebenso verständnisvoller wie behutsam kritischer Weise auseinandergesetzt (ZfdPh 90, 1971, S. 36—47). — Seit meinem Versuch haben sich zahlreiche und beachtliche Beiträge um ein neues ›Iwein‹-Verständnis bemüht. Sie brauchen hier nicht aufgeführt zu werden, da eine Hartmann-Bibliographie von Elfriede Neubuhr (Bibliographien zur deutschen Literatur des Mittelalters, hrsg. von Ulrich Pretzel und Wolfgang Bachofer, Heft 6) im Erscheinen begriffen ist.]

Euphorion 60, 1966, S. 30—47.

SÆLDE UND ÊRE IN HARTMANNS ›IWEIN‹

Von Thomas Cramer

I

„*Sælde und êre* ist nicht 'unwandelbarer leitstern' des gedichts, sondern nur äußerlich dem anfang und ende zugefügt . . . einen grundgedanken hat diese dichtung so wenig wie andere gleicher art [1]." Dieser von Henrici kategorisch formulierte Satz, der nur wiederholt, was schon Bech [2] gegen Beneckes Auffassung [3] geäußert hatte, scheint von allen den ohnehin nicht zahlreichen Interpretationen des ›Iwein‹ akzeptiert worden zu sein: Untersuchungen herausgelöster Einzelfragen — etwa der nach Iweins Schuld, nach der Rolle des Artushofes, nach der Rolle Keies, nach der Tektonik des Werks — bleiben seltsam unkontrolliert und schwankend, eben weil die hilfreiche Orientierungsmöglichkeit an einem die Handlung bestimmenden „Grundgedanken" zu fehlen scheint. Um so eigentümlicher ist es, daß dennoch kaum eine Untersuchung sich dem Eindruck der so deutlich Anfang und Schluß verklammernden Begriffe *sælde und êre* hat entziehen können, so daß sich zumeist die mehr oder minder unvermittelte Feststellung findet, *sælde und êre* seien eben doch „unwandelbare leitsterne" der Dichtung. Warum und in welcher Hinsicht sie es aber seien, das bündig zu zeigen hat nicht recht gelingen wollen.

Die Schwierigkeiten beginnen damit, daß sich von keinem der beiden Begriffe eine präzise Übersetzung oder genau definierende

[1] Hartmann von Aue, Iwein, ed. Emil Henrici, Halle 1891 p. 389.

[2] Hartmann von Aue, ed. Fedor Bech, 3. Teil, 3. Aufl. Leipz. 1888 p. XIII.

[3] „*sælde und êre* leuchtet als unwandelbarer leitstern in den ersten zeilen des gedichtes, *sælde und êre* in der letzten." Benecke, Anm. zu v. 1, Lachmann Ausg. p. 257.

Umschreibung geben läßt, mit andern Worten, man weiß nicht, was *sælde* und *êre* eigentlich meinen. Wie sehr aber von vornherein das Verständnis des ›Iwein‹ vom Verständnis der beiden Wörter abhängt, das zeigen allein schon die verschiedenen Übersetzungen der ersten drei Zeilen der Dichtung:

Benecke: „Wer mit ganzer kraft der seele nach dem trachtet, was wahrhaftig gut ist, dem folgt glück und ehre [4]."

Henrici: „wer irgend auf wirkliche tüchtigkeit seine sinne lenkt, dem wenden sich glück und ehre zu [5]."

Fink: „Wer seinen Sinn auf rechte Ritterart richtet, dem folgen Heil und Ehre [6]."

Wapnewski: „Wer mit aller Kraft des Herzens nach dem trachtet, was wahrhaft gut ist, der wird Gnade finden vor Gott und die Liebe der Menschen [7]."

Kann man sich schon darüber einigen, daß *êre* im allgemeinsten Sinne etwa mit 'Ansehen in der Welt' richtig umschrieben ist, so steht doch für *sælde* eine ganze Skala von Übersetzungsmöglichkeiten bereit: Erfolg im Handeln, glückliche Lebensverhältnisse, Fortuna, Gottes Segen, Gottes Gnadenerweis, Gesegnetsein als Voraussetzung des Erfolges, Seelenheil, die ewige Seligkeit [8], und keine dieser möglichen Bedeutungen kann für den ›Iwein‹ mit sicheren Gründen ausgeschlossen werden.

Eine Untersuchung des Wortgebrauchs bei Hartmann gibt keinen von Zweifeln hinlänglich freien Aufschluß: Außer im Prolog und Epilog kommt die Doppelformel *sælde und êre* im ›Iwein‹ noch viermal vor.

[4] Ebd.

[5] Henrici, Ausg., p. 389, Anm. zu v. 1—20.

[6] Hartmann von Aue, Epische Dichtungen, übertragen von Reinhard Fink, Jena, 1939, p. 229.

[7] Peter Wapnewski, Hartmann von Aue, 2. Aufl. Stuttgart, 1964, p. 70 f.

[8] Vgl. Heinrich Götz, Leitwörter des Minnesangs, Bln. 1957, p. 38—52, und ders., Minnesang und Althochdeutsch, Beitr. (Halle) 1958 p. 322 bis 333, und F. P. Pickering, Notes on Fate and Fortune, in: Festschrift für Frederick Norman, London 1965 p. 1—15.

v. 4855: *daz got unser herre*
im sælde und êre bœre
v. 5531: *und gebe iu sælde und êre*
v. 6412: *und ruoche iu sælde und êre gebn*
v. 6864: *daz er im sælde und êre*
..... müese gebn[9].

Hartmanns Formel übersetzt im Prolog wohl Chrestiens *preu et cortois* (Chrest. v. 3), in v. 6412 Chrestiens *enor et joie* (Chrest. v. 5334), im v. 6864 Chrestiens *joie et santé* (Chrest. v. 5795). Für die übrigen beiden Stellen gibt es bei Chrestien keine Entsprechung. Anscheinend übersetzt *sælde* zweimal das französische *joie* (oder hat in v. 6884 Hartmann Chrestiens *santé* mit *sælde* übersetzt?), doch ist das kaum ein Hinweis für die Bedeutung des Wortes, denn an anderen Stellen übersetzt Hartmann das französische *joie* durchaus mit *vrô* (vgl. etwa Chrest. v. 2323 *Del roi qui vient, s'an a grant joie* mit Hartmann v. 2663 *diu künegin was des gastes vrô*). — Zweimal werden die Worte *sælde und êre* als Segenswunsch von Iwein ausgesprochen, einmal gelten sie ihm selbst, einmal dem potentiellen Wohltäter, der dann auch Iwein ist. Hofft man, die Formel nach Art eines Leitmotivs an besonders bedeutsamen Stellen der Dichtung wiederzufinden, so wird man enttäuscht. Die Worte werden eher beiläufig geäußert, stehen weder an zentralen Punkten, noch gibt der Kontext Aufschluß über die religiöse oder weltliche Qualität des Wortes *sælde*.

Von den fünf Stellen des ›Iwein‹, an denen dieses Wort alleinstehend vorkommt (Vv. 2778, 4141, 5995, 6816, 7072) geben vier keinen unmittelbaren Aufschluß:

v. 4141: *wan daz ist gar der sælden slac*
swer sich im zorne niene mac
getwingen ...
v. 5995: *got geb mir sælde unde sin*
v. 6816: *hetet ir sælde unde sin*
v. 7072: *in hât unsælec getân,*
aller sîner sælden wân.

[9] Die Liste bei Th. Scharmann, Studien über die Sælde in der ritterlichen Dichtung des 12. und 13. Jahrhunderts, Würzburg 1935, p. 52, ist nicht vollständig.

Lediglich in den Vv. 5995 und 6816, wo das Wort in der Kombination *sælde unde sin* steht, scheint es mit einiger Deutlichkeit so etwas wie 'glückhafte Disposition' zu meinen. In all diesen Fällen fehlt die Entsprechung bei Chrestien.

Aus den zitierten Versen kann eine sichere Aussage über die Bedeutung der Formel *sælde und êre* im ›Iwein‹ nicht gemacht werden. Mehr Aufschluß aber geben die folgenden Verse, in denen ausdrücklich über Verkettung und Zusammenhang von *sælde und êre* die Rede ist, und die somit den Sinn der Doppelformel und zumindest das Verhältnis beider Begriffe zueinander erläutern helfen können. Es handelt sich um Gaweins programmatische Rede über die Pflichten des Ritters:

er sprach 'ezn ist niht wunder
umb einen sæligen man
der dar nâch gewerben kan
und dem vrümkheit ist beschert,
ob dem vil êren widervert.
doch ringet darnâch allen tac
manec man so er meiste mac,
deme doch dehein êre geschiht:
der hât der sælden niht.
nû ist iuwer arbeit
sæleclîchen an geleit:
iu hât erworben iuwer hant
ein schœne wîp unde ein lant. v. 2770—82

Es ergibt sich deutlich eins: *sælde* ist notwendige Voraussetzung für den Erwerb von *êre*. Nur der *sælige man* wird, wenn er danach strebt und sich Mühe gibt, *êre* erringen; wer aber keine *sælde* hat, bei dem hilft alle Mühe nicht, er wird keine *êre* erlangen. Bis hierher hat sich Gawein in sentenziöser Form geäußert; die nun folgende Anwendung auf Iwein bleibt seltsam undeutlich: es wird nicht gesagt, Iwein sei ein *sælic man*, sei im Vollbesitz der *sælde*, sondern nur, seine *arbeit* sei *sæleclîchen angeleit*, was doch wohl heißt, Iwein sei das, was er erreicht hat, zugefallen auf Grund seiner *sælde*. Nun muß es aber auffallen, daß diese Worte zu einer Zeit, da Iwein auf dem Gipfel der *êre* angekommen zu sein scheint, von Gawein geäußert werden aus Besorgnis um den Bestand eben dieser jüngst erworbenen *êre.* Gawein ist offenbar der Meinung, Iweins *êre* sei scheinbar oder doch zumindest vergänglich und gefährdet. Eine solche Meinung läßt zwei Schlüsse zu: Entweder zweifelt Gawein überhaupt an der *sælde* seines Freundes oder er glaubt, das durch seine *sælde*hafte Disposition Gewonnene sei Iwein zwar zugefallen, aber nicht durch Verdienst erworben, mithin habe er gerade mit dem Gewinn seiner jetzigen *êre* die *sælde* eingebüßt, das Gewonnene könne also nicht dauerhaft sein, wenn es nicht durch neue ritterliche Bewährung als Besitz erworben werde. Eine solche Folgerung wird bestätigt durch eine Aussage Iweins, aus der, auf die eigene Situation angewendet, klar hervorgeht, daß nicht nur mangelnder Erfolg beim Mühen um *êre,* sondern eben auch der Verlust gewonnener *êre* Zeichen fehlender *sælde* ist:

er ist noch baz ein sælec man
der nie deheine [êre] gewan
dan der êre gewinnet
und sich sô niht versinnet
daz ers behalten künne. v. 3970—74

Das alles läßt nur den Schluß zu, daß die *êre,* die Iwein durch seine Eroberung und Heirat gewonnen zu haben schien, keine Garantie auf Dauer hat, weil sie der notwendigen Voraussetzung der *sælde* entbehrt. Iwein ist mit dem Gewinn seiner *êre* ein *unsælic man* geworden, was evident wird in Terminversäumnis und Verfluchung. So sieht es Iwein selbst:

unsælic man, wie verstû nû!
der unsæligeste bistû
der ie zer werlde wart geborn. v. 3961—63

Sælde und *êre,* was immer diese Begriffe heißen mögen, stehen, das dürfte sich aus den Worten Gaweins zweifelsfrei ergeben, zueinander im Verhältnis von Voraussetzung und Erfolg, Disposition und Verwirklichung, Verheißung und Erfüllung.

Es wird zu untersuchen sein, ob mit diesem Ergebnis als Leitfaden sich Erkenntnisse gewinnen lassen erstens über die Bedeutung von *sælde* und *êre* selbst und zweitens über ihre mögliche Funktion als „Grundgedanke“ der Dichtung. Der sich von Gaweins Rede her bietende Ansatzpunkt ist die schon oft diskutierte Frage nach der Verfehlung Iweins, die ihn zum *unsæligen man* macht.

II

Daß Iweins Schuld kaum in der Versäumnis eines willkürlich gesetzten Termines liegen könne, daß seine Vergeßlichkeit vielmehr Symptom einer tieferen „Zuchtlosigkeit" sei, wird schon von Sparnaay [10] vermutet. Daß diese eigentliche Verfehlung in Mangel an *erbermde* bestehe, sich manifestierend in der Tötung des Königs Ascalon, wurde erst jüngst mit Deutlichkeit von Wapnewski [11] festgestellt. Auch Ruh, der gegen Wapnewski der Terminversäumnis größeres Gewicht beimißt [12], bestreitet nicht den symptomatischen Charakter von Iweins Unpünktlichkeit, die als formales Versäumnis hindeutet auf inneres Versagen [13]. Es fragt sich nur, ob dieses innere Versagen nicht schon vor und mit Iweins Heirat angelegt ist, obwohl es erst in der Terminversäumnis äußerlich manifest wird. Es scheint, als ließen sich für eine solche Deutung schon aus der (sonst fast nur die Quellenforschung interessierenden) Vorgeschichte bis zur Hochzeit mit Laudine Argumente gewinnen, auch wenn man vieldiskutierte Punkte beiseite läßt: Iweins *zuht*losigkeit bei der Verfolgung und Tötung Ascalons oder die Tatsache, daß Iwein sich in Laudine verliebt beim Anblick *swâ ir der lîp blôzer schein* (v. 1331), angeblich ein Zeichen seiner verwerflichen Sinnlichkeit [14] (vgl. aber ›Armer Heinrich‹ v. 1232 ff.).

Iweins Brunnenabenteuer ermangelt eines wesentlichen Elementes, das zur Begriffsbestimmung der *aventiure* gehört: dieses Abenteuer ist nicht durch Fügung der *geschiht* dem Ritter in den Weg gekommen, sondern von Iwein in voller Kenntnis dessen, was ihn

[10] Hendricus Sparnaay, Hartmann von Aue, 2. Bd. Halle 1938, p. 49.

[11] Peter Wapnewski, a. a. O. p. 66.

[12] Kurt Ruh, Zur Interpretation von Hartmanns Iwein, Festschrift für Walter Henzen, Bern 1965 [hier abgedruckt S. 408 ff.].

[13] Ruh, a. a. O. p. 44 [hier S. 415].

[14] Vgl. Sparnaay a. a. O. p. 49.

erwartet, aufgesucht (weshalb ausdrücklich gesagt wird, als er das zweitemal, nun auf dem wahren *aventiuren*-Weg, an die Quelle kommt:

dô truoc in diu geschiht,
wandern versach sichs niht
vil rehte an sîner vrouwen lant,
dâ er den selben brunnen vant. v. 3923—26).

Insofern ist Iweins Ausritt keine wahre *aventiuren*-Fahrt, sondern vielmehr ein Akt der *superbia*, denn er erfolgt nur aus der Besorgnis, Gawein könne den zu erwartenden Ruhm für sich einheimsen:

er sprach: 'ich mac daz niht bewarn,
und wil der künec selbe warn,
mir wirt mîn riterschaft benomen.
mir sol des strîtes vür komen
mîn her Gâwein v. 911—15

Wolfram scheint die Geschichte in eben diesem Sinne aufgefaßt zu haben (cf. ›Parzival‹ 583, 29), und Ascalon bezeichnet Kalogreant gegenüber den Quellenguß ausdrücklich als *hôchvart* (v. 715), wie man überhaupt die Kalogreant-Erzählung, ganz abgesehen von ihren möglichen stoffgeschichtlichen Hintergründen [15], in ihrer poetischen Funktion wohl so verstehen muß, daß sie die ursprüngliche *aventiure* für Iwein durch sein Vorwissen zum Willkürakt macht. Hartmann hat, um das zu verdeutlichen, Chrestiens Erzählung sorgfältig umgeordnet: bei Chrestien erfährt Calogrenanz vom Waldmann genau, was sich ereignen wird, wenn er sich auf die *aventiure* einläßt, bei Hartmann sagt der Waldmann kein Wort darüber, ein Mittel nicht nur um die Spannung zu erhöhen, sondern auch um den unwissend der *aventiure* begegnenden Kalogreant mit dem mutwillig sie aufsuchenden Iwein zu kontrastieren. Dessen Mutwille ist um so verwerflicher, als Hartmann in der Kalogreant-Erzählung keinen Zweifel daran läßt, daß es sich bei

[15] Vgl. Roger S. Loomis, Arthurian Tradition and Chrestien de Troyes, 2. Aufl. New York 1952, p. 275, und dort aufgeführte weitere Literatur.

dem Quellenguß um einen Rechtsbruch handelt. Ascalon zeiht Kalogreant in eindeutigen Worten der Rechtsverletzung:

rîter, ir sît triuwelôs
mirn wart von iu niht widerseit,
und habent mir lasterlîchez leit
in iuwer hôchvart getân.
nu wie sihe ich mînen walt stân!
den habent ir mir verderbet
und mîn wilt ersterbet
und mîn gevügele verjagt ... v. 712—19

Ascalon redet in den Termini des Fehderechtes. Kalogreant hat sich einer *vastatio terrarum*[16] schuldig gemacht (v. 716—17) ohne rechtzeitige Fehde-Ansage (v. 713), die, was seit Friedrich I. gesetzlich festgelegt war, der Fehde drei Tage und drei Nächte vorauszugehen hatte[17]. Obwohl Iwein also wissen müßte, daß er sich mit seinem Ausritt des gleichen Rechtsbruches schuldig machen wird, unterläßt er ihn nicht. —

Wegweiser zum Ort des Unrechts ist der Waldmann. Man scheint ihn nicht ohne weiteres mit den Gestalten der Wilden Leute des Mittelalters identifizieren zu können. Gewöhnlich haben die Wilden Leute nicht die schwarze Farbe und die groteske Mißgestalt des Hartmannschen Waldmannes[18]. Wo in der Literatur ähnliche Gestalten auftauchen (›Wigalois‹, ›Wolfdietrich‹) scheint es sich um Imitationen des Hartmannschen Waldmannes zu handeln. Schönbach hat in seinen Hartmann-Untersuchungen darauf hingewiesen[19], daß der Waldmann in seinem Äußeren (v. 425 ff.) auffallend

[16] Begriff des Fehde-Rechts. cf. u. a. etwa Erlaß unter Philipp v. Schwaben, Burchardi et Conradi Urspergensis Chronicon (Mon. Germ. Script. XXIII p. 366).

[17] Vgl. Friedrich Wilhelm Barthold, Geschichte der Kriegsverfassung und des Kriegswesens der Deutschen, Leipz. 1885, p. 218.

[18] Vgl. Richard Bernheimer, Wild Men in the Middle Ages, Cambridge (Mass.) 1952, besonders p. 28.

[19] Hierzu und zum Folgenden s. Anton Erich Schönbach, Über Hartmann von Aue, Drei Bücher Untersuchungen, Graz 1894, p. 214.

den in mittelalterlichen Bildwerken häufig dargestellten Kainssöhnen ähnelt, von denen sich eine Beschreibung auch in der Wiener ›Genesis‹ findet:

dei chint si gebaren
dei unglich waren:
sumeliche heten houbet sam hunt,
sumeliche heten an den brusten den munt,
an den ahselun dei ougen,
dei muosen sich des houbets gelouben,
sumeliche heten so michel oren,
daz si sich damite dachten
...
sumeliche flurn pegarwe
ir sconen uarwe
si wurten swarz und egelich
...
alsolich si waren innen
solich wurten dise uzzen. (ed. Dollmayr, v. 1292—1317)

Die Kainssöhne galten der mittelalterlichen Populartheologie als die von Gott verstoßenen Werkzeuge des Teufels und Verführer zum Bösen. Man mag erwägen, ob der zum Ort der bösen Tat weisende Waldmann nicht zumindest assoziativ mit der Verführungsfunktion der Kainssöhne in Verbindung gebracht wurde. Daß Hartmann die Lehre von der Teuflischkeit der Kainsnachkommen kannte, zeigt sich an anderer Stelle, wo er mäßigend eine boshafte Anspielung Chrestiens nicht übernimmt. Bei Chrestien sagt Lunete, Yvain, der soeben Esclados erschlagen hat, sei aus dem Geschlechte Abels:

Seignor avroiz le plus gentil,
et le plus gent, et le plus bel
qui onques fust del ling Abel (Chrest. v. 1814—16)

(Ihr werdet den Edelsten, Hochherzigsten und Schönsten zum Gemahl bekommen, den es jemals in Abels Geschlecht gab.) Daraus, daß Hartmann diesen bösen Witz taktvoll gestrichen hat, mag man schließen, daß er die Anspielung verstanden haben wird.

Doch scheint es, daß Hartmann sich selbst im Zusammenhang mit

Iweins Verfehlung der boshaft ironischen Anspielung nicht enthält: Als Laudine Iwein dem Volke präsentiert hat, heißt es:

waz sol der rede mêre?
wan ez was michel vuoge.
dâ wâren pfaffen genuoge
die tâten in die ê zehant. v. 2416—19

Das ist ein Selbstzitat aus dem ›Armen Heinrich‹, um so gewichtiger, als die Verse dort Achse eines kunstvoll symmetrischen Reimgebildes sind. Als Heinrich die Meierstochter *mâgen unde man* vorgestellt und seine Absicht, sie zu heiraten, kundgetan hat — eine analoge Situation zum ›Iwein‹ also —, heißt es:

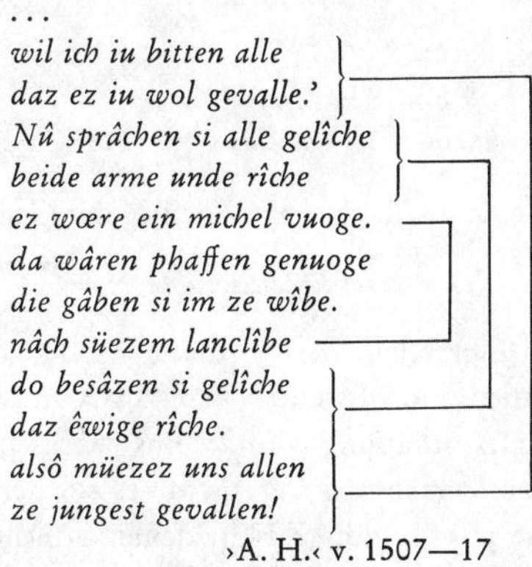

. . .
wil ich iu bitten alle
daz ez iu wol gevalle.'
Nû sprâchen si alle gelîche
beide arme unde rîche
ez wœre ein michel vuoge.
da wâren phaffen genuoge
die gâben si im ze wîbe.
nâch süezem lanclîbe
do besâzen si gelîche
daz êwige rîche.
alsô müezez uns allen
ze jungest gevallen!
›A. H.‹ v. 1507—17

Wenn die Anspielung mehr als Zufall ist, kann man sie kaum anders verstehen, als daß Hartmann hier, wo die Ehe ganz im Gegensatz zum ›Armen Heinrich‹ wahrlich nicht mit *michel vuoge* zustande gekommen ist, durch das Zitat seinen bitter-ironischen Kommentar gibt [20].

Das alles sind freilich nur Einzelbeobachtungen, die wohl einiges über Möglichkeit und Art von Iweins Verfehlung aussagen, gewiß

[20] Man mag erwägen, ob dieses Selbstzitat nicht auch ein Argument wider Versuche liefert, den ›Armen Heinrich‹ nach dem ›Iwein‹ anzusetzen, denn daß im ›Armen Heinrich‹ die ›Iwein‹ Stelle zitiert würde, scheint aus den gezeigten Gründen kaum denkbar.

aber keine Beziehung zur Anfangsfrage, der Funktion und Bedeutung von *sælde und êre* im ganzen Gedicht ergeben.

Man hat mit Recht immer wieder versucht, aus Art und Anlage der 'Sühne'-*aventiuren* größere Sicherheit über die Art der Verfehlung Iweins zu gewinnen. Am wenigsten ergiebig waren die Ansätze, die *aventiuren*-Kette als langsam fortschreitenden Prozeß immer mehr sich vertiefender Läuterung des Helden zu verstehen (Ehrismann, Schwietering, Sparnaay). Ist eine solche Deutung in ihrer Allgemeinheit allzu unverbindlich, ist schon nicht recht einzusehen, worin etwa der „Fortschritt" vom Löwen- zum Harpin-Abenteuer bestehe, so stehen möglicherweise einer solchen Anschauung auch ganz konkrete Aussagen des Textes entgegen:

Iwein bekennt v. 4218 f. in klaren Worten seine Schuld am Verlust seiner *vrouwe*:

> *sît diu selbe schulde*
> *niemens ist wan mîn,* (v. 4218 f., fehlt bei Chrestien)

während er später, v. 5470, ebenso eindeutig das Gegenteil sagt:

> *der mangel ich ân schulde,*

im Gegensatz zu Chrestien, der an dieser Stelle von *acoison* und *forfet* — Verbrechen und Missetat — spricht (Chrest. v. 4596). Das ist kaum mit der Anschauung von Iweins wachsender Einsicht in die Ursache seiner Verfehlung vereinbar, es sei denn, man nimmt an, Iwein spreche jeweils von verschiedenen Schichten der Schuld, meine das erstemal den tieferen Grund seiner Verfehlung und das zweitemal das äußerlich technische Versehen der Terminversäumnis. Wie immer — Iwein durchläuft Stationen, aber er macht keine Entwicklung durch.

Wesentlich weiter führt es, wenn man Iweins Taten auf der *aventiuren*-Fahrt als Leistungen von *triuwe* und *erbermde* erkennt[21], als komplementäre Sühnetaten also für jenes Ereignis, wo Iwein es hatte an *erbermde* fehlen lassen: die Tötung Ascalons. Läßt sich so eine sinnvolle Verbindung der einzelnen *aventiuren* mit der Verfehlung herstellen, so scheint es dennoch zunächst, „als

[21] So Wapnewski a. a. O. p. 66.

sei die Tektonik des ›Iwein‹ nicht gleichermaßen eindeutig und aussagemächtig wie die des ›Erek‹" [22]. Mit andern Worten, es bleibt die Frage offen, warum es der *aventiuren* im ›Iwein‹ gerade sechs sind, warum sie so und nicht anders angeordnet sind, ob ihre offenbar durchdachte Reihung ihren letzten Zweck in bloßer äußerer Ausgewogenheit und Symmetrie habe.

Bevor diese Frage untersucht wird, sei noch einmal die von Wapnewski aufgestellte [23] Gruppierung der *aventiuren* angeführt und der leichteren weiteren Verständigung halber mit gliedernden Indices versehen:

I. 1. Befreiung der Dame von Narison
2. Befreiung des Löwen
II. Hilfsversprechen für Lunete
1. Befreiung der Burg von Harpin
2. Befreiung Lunetens im Gerichtskampf
III. Hilfsversprechen für die jüngere Gräfin vom Schwarzen Dorn
1. Befreiung der dreihundert Geiseln
2. Befreiung der jüngeren Gräfin vom Schwarzen Dorn

Dem ersten Blick auffallend in diesem Schema sind drei Punkte:

A. Die thematische Verwandtschaft der jeweils e r s t e n Befreiungen der Gruppen II und III: Befreiung einer Burg von Riesen, die peinliche Forderungen stellen.

B. Die thematische Verwandtschaft der jeweils z w e i t e n Befreiungen der Gruppen II und III: Gerichtskampf für unschuldige Frauen.

Die Gruppen II und III scheinen sich also in ihren jeweils ersten und zweiten Punkten wie in den Hilfsversprechen eng zusammenzuschließen.

C. Die Löwenbefreiung wirkt im Kontext der andern *aventiuren* wegen ihrer fabelhaften Züge auffallend fremdartig.

Es ist nicht schwergefallen, für diesen letzten Punkt eine Deutung zu geben: Der Löwe ist dem Mittelalter unter anderm Symbol des Rechts, der Drache schon biblisch Symbol des Teufels oder

[22] Wapnewski a. a. O. p. 63.

[23] Wapnewski a. a. O. p. 61.

des Bösen. Indem Iwein den Löwen aus den Klauen des Drachen befreit, rettet er das Recht aus den Fängen des Bösen. Er tut damit in der *aventiure* I2 (Löwenbefreiung) symbolisch-vorbildhaft das, was er in II2 (Gerichtskampf für Lunete) und III2 (Gerichtskampf für die jüngere Gräfin vom Schwarzen Dorn) im individuellen Einzelfall tun wird. Steht nun I2 zu den durch enge thematische Zusammengehörigkeit sich ohnehin abhebenden *aventiuren* II2/III2 im Verhältnis von modellhafter Disposition zu praktischer Bewährung, so liegt die Frage nicht fern, ob sich auch die *aventiure* I1 (Dame von Narison) in ähnliche Beziehung zu den wiederum enger zusammengehörigen *aventiuren* II1/III1 (Harpin/Burg zum Schlimmen Abenteuer) setzen lasse. Die Verbindung liegt dem Blick nicht so offen wie im Falle des Löwenabenteuers, doch dürfte die Beziehung so eindeutig sein, daß sie sich der Interpretation nicht nur aus Systemzwang anbietet:

Waren die *aventiuren* I2/II2/III2 komponiert unter dem Thema 'Kampf für das Recht', so sind die *aventiuren* I1/II1/III1 zusammenzufassen als 'Kampf für bedrängte und schutzlose Frauen'. Wieder dürften II1/III1 (Harpin/Burg zum Schlimmen Abenteuer) zu I1 (Dame von Narison) im Verhältnis des Individualfalles zur allgemeinen Vorbild-Situation stehen. Eine solche modellhafte Vorbildlichkeit gewinnt die Narison-Geschichte schon auf den ersten Blick dadurch, daß sie eine Grundsituation der höfischen Epik erzählt (Befreiung einer schutzlosen Dame aus der Gewalt des sie bedrängenden Liebhabers, meist um Lohn ihrer Hand). Wesentlicher aber ist, daß diese Episode bis in die Einzelheiten eine parallel geführte Umkehrung der Geschichte von Iweins Erwerbung der Laudine darstellt. Zwar behauptet noch die jüngste Monographie über den ›Iwein‹, daß in der Narison-Geschichte „weder Hartman noch Crestien diesen Zusammenhang mit dem Hauptproblem auch nur irgend andeuten“ [24], doch scheint es, als lasse sich das Gegenteil nachweisen. Iwein ist diesmal in der Rolle des Verteidigers, nicht des unrechtmäßigen Angreifers, das allein setzt einen anderen

[24] Th. C. van Stockum, Hartman von Ouwes ›Iwein‹. Sein Problem und seine Probleme. M. d. koninklijke Nederlandse Akad. van Wetenschappen, Afd. Letterkunde. N. R. 26, Nr. 3, Amsterdam 1963, p. 21.

Schlüssel vor die Führung der Ereignisse, die sich im übrigen vollkommen mit Iweins Erlebnissen an der Quelle decken:

Wie Lunete rettet die Zofe Iwein, kleidet ihn ein und führt ihn auf die Burg ihrer Herrin; wie den fliehenden Ascalon verfolgt Iwein den fliehenden Grafen Aliers auf einem steilen, zu dessen Burg führenden Weg und ereilt ihn gerade am Tor (und tötet ihn nicht!); wie Laudine verliebt sich die Dame von Narison in den siegreichen Helden, und wie damals ist auch hier das Volk mit ihr einig in dem Wunsche, dem schutzlosen Lande diesen tapferen Ritter zum Herren zu geben. Doch die Dame von Narison schämt sich, um Iwein zu werben:

si bedûhte des, er wære guot
ze herren in ir lande:
und endûhtez si niht schande,
si hete geworben umb in. v. 3808—11

Laudine hatte das ausdrückliche Gegenteil gesagt:

sô bin ich wol mit iu bewart
vor aller vremden hôchvart.
und geloubet mir ein mære:
ê ich iuwer enbære,
ich bræche ê der wîbe site:
swie selten wîp mannes bite,
ich bæte iuwer ê. v. 2325—31

Erkennt man also in diesem Sinne der Umkehrung der Vorgeschichte die Narison-*aventiure* ebenfalls als modellhafte Vorbild-*aventiure* an, so hebt sich die Gruppe I als die das Thema gebende Gruppe von den beiden Durchführungen II/III ab. Die Durchführungen ihrerseits führen jeweils wieder zu einer der beiden Zentralstationen des ›Iwein‹: Gruppe II zum Brunnen, Gruppe III zum Artushof, und zwar jedesmal im Schritt von der persönlichen Hilfe für eine Frau zum Kampf für den überpersönlichen Rechtszustand. Ist der so gegliederte Weg aber ein Weg der Entsühnung, so hieße die Folgerung, die aus der Anlage seiner Stationen zu ziehen wäre, und mithin die Erweiterung von Wapnewskis These, Iwein habe sich „des elementarsten Verstoßes gegen die *triuwe* und *erbermde*“ [25] durch die Tötung Ascalons schuldig gemacht: Iweins Schuld bestand darin, daß er sich durch Verletzung eines Rechtszustandes gewaltsam in den Besitz einer Frau und eines Landes gesetzt hat.

Wenn eine solche Folgerung richtig ist, wenn also der Weg der Entsühnung und seine einzelnen Stationen in so enger und konkreter Beziehung zu der schon in der Vorgeschichte sich ähnlich andeutenden Schuld stehen, dann ist zu fordern, daß sich auch die Details der Erlebnisse auf diesem Wege einem solchen Schema bestätigend einordnen, und in der Tat erweisen sich auch scheinbare Nebensächlichkeiten in dieser Weise fügsam:

In den *aventiuren*-Weg eingeschoben sind zwei Stationen, die den Zweck haben, abgesehen von Iweins Anonymität deutlich zu machen, daß er auch nach seiner Heilung vom Wahnsinn noch *sîn selbes gast* (v. 3563) ist, daß er noch nicht wieder zur heilen Persönlichkeit geworden ist. Diese beiden Stationen fügen sich der wohldurchdachten Ordnung der *aventiuren*-Kette genau ein; sie stehen jeweils vor den Hilfsversprechen und eröffnen gleichsam die Gruppen II und III. Es sind die beiden Ohnmachts-Zustände Iweins: in Gruppe II: Iweins Ohnmacht an der Quelle, in Gruppe III: Iwein wird von Laudine nicht erkannt. Die Deutung beider Zustände liegt auf der Hand: Iwein ist gegenüber Land und *vrouwe* machtlos und fremd. Zwischen beiden Zuständen vollzieht sich Iweins Weg zu Laudine noch einmal: Iweins Ohnmacht an der Quelle, dem Ort seines früheren Triumphs (Unmachtszustand II) führt zu Lunete, wie Iweins versagende Ritterlichkeit an der Quelle damals zu Lunete geführt hatte (mit Umkehrung der Gefangenschaftssituation); der Weg von Lunete führt zu Laudine, aber es ist ein Weg der Ohnmacht, nicht der Eroberung: Laudine erkennt Iwein nicht, sie bleiben sich fremd (Unmachtszustand III, vielleicht auch hier mit einem Umkehrungsmotiv: bei der ersten Begegnung wird Laudines Name nicht genannt, hier Iweins Name verschwiegen).

Sich einfügend in das Schema der *aventiuren* sind beide Unmachtszustände nur Variationen der großen 'Vorbild'-Unmacht,

[25] Wapnewski a. a. O. p. 66.

Iweins Wahnsinn, der sich zur Vorbild-Gruppe I fügt, so daß also jeweils jede Gruppe mit einem Unmachtszustand beginnt, zueinander ebenfalls im Verhältnis Thema (I) zu Durchführungen (II/III) stehend.

Weitere Details bestätigen diese Gliederung: Es scheint, als gebe der jeweils an der Spitze jeder Gruppe stehende Unmachtszustand den Hinweis auf die Art und das Thema der nun folgenden Durchführung, mindestens der jeweils ersten Befreiungstaten. Iweins Ohnmacht an der Quelle (II) muß ohne Zweifel gedeutet werden als Zeichen seiner Machtlosigkeit gegenüber Land und Herrschaft — die Quelle steht zeichenhaft für Herrschaft und Besitz, der Herr der Quelle ist auch Herr des Landes, und Smaragd und Rubin, die beiden Edelsteine, aus denen der Brunnenstein zusammengesetzt ist, haben unter anderm die Kräfte, Gut und Reichtum zu mehren [26]. Hier ist die einzige Begegnung mit der Quelle im ganzen ›Iwein‹, wo — äußerlich durchaus unlogisch —, der Gedanke, sie zu begießen, nicht einmal erwogen wird. Das angeschlagene Thema 'Land' steht nun aber in enger Verbindung zur Befreiungstat II1 (Harpin). Als Lohn nämlich für die Tötung des Riesen überantwortet der Burgherr Iwein *guot unde lîp beide in sîne gewalt* (v. 5097—98), also Herrschaft über Besitz und Leben. Obwohl es doch wenigstens ebenso nahe gelegen hätte, Iwein die Hand der eben befreiten Tochter anzubieten, ist davon keine Rede. (Chrestien hat überhaupt kein Lohnangebot). Iwein verzichtet.

Zum andernmal zeigt sich Iweins Unmacht gegenüber Laudine (III). Wieder läßt sich ganz die gleiche Beziehung des angeschlagenen Themas '*vrouwe*' zum Lohnangebot in der entsprechenden Befreiungstat III1 (Burg zum Schlimmen Abenteuer) feststellen: die dargebotene Hand der Tochter (wobei zwar der Landbesitz als Überredungsargument mitspielt: der Mann der Tochter wird ihn vielleicht später erben — bei Chrestien bekommt Yvain ihn unmittelbar angeboten! —. Vgl. Chrest. v. 5476 ff. und Hartm. v. 6605 ff. Neben der kuriosen Aufdringlichkeit des Tochtervaters

[26] S. Volmars ›Steinbuch‹, ed. Hans Lambel, Heilbronn 1877, v. 111 bis 114 und v. 647—50, auch Oskar Schade, Altdeutsches Wörterbuch, Halle 1872—82, Anhang p. 1411 und p. 1424.

aber bleibt das durchaus im Hintergrund). Wieder verzichtet Iwein.

Iweins Verfehlung bestand in der unrechtmäßigen Eroberung von Land und Frau. Auf beides verzichtet er als Bußleistung während der *aventiuren*-Fahrt. Und wieder sind die Lohnangebote und Verzichtleistungen vorbildhaft thematisch zusammengefaßt im Lohnangebot I1: Nach der Befreiung der Dame von Narison bietet sich Iwein beides, Hand und Land als Lohn; und beides wird verschmäht. (Dieses Lohnangebot ist bei Chrestien wesentlich undeutlicher, das Landmotiv steht im Hintergrund, die Heirat wird nur unter andern Möglichkeiten der Belohnung erwogen. Vgl. Chrestien v. 3313—35.)

Wapnewskis Schema wäre also zu erweitern:

I. UNMACHTSZUSTAND: Iweins Wahnsinn		Modellgruppe Thema: Land, *vrouwe*, Recht
1. Befreiung:	Dame von Narison *Lohnangebot: vrouwe* und Land	
2. Befreiung:	(Kampf für das Recht): der Löwe	
II. UNMACHTSZUSTAND: Iweins Ohnmacht an der Quelle HILFSVERSPRECHEN an Lunete		Durchführung Thema: Land, Recht (Bereich: Quelle)
1. Befreiung:	Tötung Harpins *Lohnangebot:* Land	
2. Befreiung:	(Kampf für das Recht): Lunete	
III. UNMACHTSZUSTAND: Laudine erkennt Iwein nicht HILFSVERSPRECHEN an die jüngere Gräfin vom Schwarzen Dorn		Durchführung Thema: *vrouwe*, Recht (Bereich: Artushof)
1. Befreiung:	Die 300 Geiseln *Lohnangebot: vrouwe*	
2. Befreiung:	(Kampf für das Recht): Kampf für die jüngere Gräfin vom Schwarzen Dorn	

Gegen alle Zweifel[27] stellt sich heraus: die *aventiuren*-Kette bleibt funktional und sinnvoll im Zusammenhang des Ganzen auch, wenn man Iweins eigentliche Verfehlung in den Ereignissen vor seiner Heirat sieht.

III

Wir haben die Frage nach der Bedeutung von *sælde und êre* nicht aus dem Auge verloren: es hat sich über die Tektonik der *aventiuren*-Kette ergeben, daß die *aventiuren*-Gruppe I zu II/III im Verhältnis von Disposition (oder Voraussetzung) zu Ergebnis steht. Das aber entspricht unmittelbar dem Verhältnis, das, wie sich herausstellte, die Beziehung von *sælde* zu *êre* definiert, und der Schluß ist nicht abwegig, das Verhältnis von *sælde* zu *êre* habe die Tektonik der *aventiuren*-Kette bestimmt — sei es, daß die *aventiuren*-Gruppe I mit der uneigennützigen Befreiung der Dame und des Löwen Iwein als *sælde*haften Mann erweist, der nun auch dauerhafte *êre* wird erringen können, sei es — und das hat die größere Wahrscheinlichkeit für sich —, daß das Verhältnis von Disposition *(sælde)* und Erfüllung *(êre)* ganz allgemein, ohne definitive Festlegung auf konkretes Handlungsgeschehen, zum Bauprinzip der *aventiuren*-Kette geworden ist. Den Sinn dieses Bauprinzips wird freilich erst ein Blick auf die gesamte Dichtung lehren.

Die bisherigen Folgerungen werden dadurch bestätigt, daß das tektonische Prinzip der Doppelung von Voraussetzung und Erfüllung, Vorläufigkeit und Endgültigkeit nicht nur die *aventiuren*-Kette bestimmt, sondern den gesamten ›Iwein‹. Das Prinzip der vor- und rückweisenden Anspielung verwendet Hartmann höchst kunstvoll und bewußt. Hierfür nur ein Beispiel:

Bekanntlich bringt bei Chrestien eine anonyme *dameisele* die Botschaft von Iweins Verfluchung an den Artushof (Chrest. v. 2705 ff.). Bei Hartmann ist es Lunete. Nun hatte Lunete Iwein gerettet aus Dankbarkeit dafür, daß er sie einst am Artushof gegrüßt hatte, im Gegensatz zu allen andern, die sie wegen ihrer *unhövescheit* (v. 1189) ihrer Grüße nicht für wert erachtet hatten.

[27] Ruh, a. a. O. p. 45 [hier S. 416].

Die Botin von Laudine nun bringt Grüße an alle Artusritter, mit Ausnahme Iweins. Indem Hartmann für die anonyme *dameisele* Lunete einsetzt, stellt er eine deutliche Beziehung zu der früheren Geschichte her und sagt so durch die Reziprozität ebenso klar wie durch Lunetes unmittelbare Worte, daß Iwein nicht in den Kreis der Artusritter gehört.

Niemals handelt es sich bei den Doppelmotiven um einfache Wiederholung. Alle nachweisbaren Doppelungen im Handlungsgeschehen stehen zueinander entweder im Verhältnis der Umkehrung oder dem von voraussetzungsloser Vorläufigkeit zu Voraussetzungen erfüllender Endgültigkeit: Iwein begießt zweimal den Brunnen, das erstemal als angemaßte, vergängliche *êre* erwerbende Tat, das zweitemal als verdiente, endgültige *êre* einbringende Handlung; Iwein kämpft zweimal gegen Artusritter, das erstemal einen unvollkommenen Sieg gegen den unterlegenen Keie erringend, das zweitemal als endgültige Bewährung gegen den ebenbürtigen Gawein; zweimal wird Iwein gezeigt am Artushof, das erstemal im vorläufigen und vergänglichen Scheinglück der Turnierzeit, das zweitemal als endgültig Ebenbürtiger im Gawein-Kampf. Zweimal überredet Lunete ihre Herrin, zweimal kündigt sie Iwein an *dâ si ir vrouwen eine vant* (v. 2201 und v. 8025), das erstemal zu vorläufiger, das zweitemal zu endgültiger Verbindung. Größte Deutlichkeit gibt Hartmann seiner Absicht in den beiden Iwein-Laudine-Szenen durch unverkennbar wiederholende Anspielungen:

dâ was diu burt unt tiu jugent	*Swâ man unde wîp*
schœne unde rîchheit.	*habent guot unde lîp,*
an swen got hât geleit	*schœne, sinne unde jugent,*
triuwe und andern guoten sin,	*ân ander untugent*
volle tugent als an in,	*werdent diu gesellen,*
und den eins guoten wîbes wert	*die kunnen unde wellen*
diu niuwan sînes willen gert,	*einander behalten,*
suln diu mit liebe lange leben,	*lât diu got alten*
den hât er vreuden vil gegeben.	*diu gwinnent manege süeze zît.*
daz was allez wænlich dâ.	*daz was hie allez wænlich sît.*
v. 2424—33 (fehlt bei Chrest.)	v. 8139—48 (fehlt bei Chrest.)

Es fällt auf, daß die erste Stelle einseitig vom Standpunkt des Mannes, Iweins angemaßter Position aus redet (v. 2429/30), während die zweite das Verhältnis von der Gegenseitigkeit her sieht (v. 8144/45). In den jeweils letzten Zeilen spielt Hartmann mit der Doppeldeutigkeit des Wortes *wænlich*: 'hoffentlich zu vermuten' und 'den Voraussetzungen nach wahrscheinlich'. (Für weitere Anspielungen vgl. die Vv. 2201 ff. mit 8025 ff. Für beide Stellen fehlen Entsprechungen bei Chrestien.)

Es ist kein Zufall, daß bei den angeführten Doppelungen jeweils die vorläufigen und unvollkommenen Taten in der Vorgeschichte bis zum Sturz Iweins liegen, während sie als endgültig und vollkommen nach der *aventiuren*-Gruppe I wiederholt werden. Von da aus enthüllt sich der Sinn des Aufbaus der *aventiuren*-Kette: im Verhältnis der Gruppen I zu II/III zeigt sich als Umkehrung und im Gegensatz zu Iweins Quellenabenteuer die rechte Ordnung von Disposition und Erfüllung, die eben die Ordnung von *sælde* und *êre* ist. Iwein geht also auf der *aventiuren*-Fahrt den grundsätzlich umgekehrten Weg wie zuvor. Beim Quellenabenteuer hatte er *êre* auf Grund von Unrecht und nicht durch *güete* erringen wollen, deshalb wurde er mit seiner Tat, die Usurpation und nicht Erwerb war, zum *unsælec man* und mußte scheitern. In der *aventiuren*-Fahrt nun geht er den Weg der rechten Ordnung, durch selbstlose Handlungen *rehte güete* zu zeigen, der nach der Aussage der Eingangsverse *sælde* folgt und mit dieser dauerhafte *êre*.

Man mag nach diesen Ergebnissen erwägen, ob das didaktische Element im ›Iwein‹ nicht von Hartmann noch stärker betont ist, als es sich durch die prinzipielle Schuld-Sühne-Thematik des Artus-Romans nach mittelalterlicher Auffassung von selbst ergibt. Angelpunkt der Dichtung ist nicht allein das Drama eines Ritters zwischen Schuld und Sühne, sondern in diesem Drama die Darstellung, wie erst *rehter güete sælde* folgt, die ihrerseits wieder die Voraussetzung für den Erwerb beständiger *êre* bildet, während ohne diese Voraussetzung alle Mühe *êre* zu erlangen und zu bewahren vergebens ist. *Sælde* und *êre* sind in der Tat „Grundgedanke" der Dichtung, sind Ausgangspunkt und Ziel und Exponenten der Handlung in Anlage und Ablauf.

Von diesem Gesichtspunkt her verlieren manche Ungereimtheiten und Seltsamkeiten des ›Iwein‹ an Gewicht: von der Forderung nach einem konsequenten Ablauf des Schuld-Sühne-Dramas ausgehend, hat man die unvermittelte Versöhnung Iweins mit Laudine wie auch den plötzlichen Entschluß zum zweiten Quellenguß als künstlerisch unbewältigt getadelt[28]; vom Gesichtspunkt der *sælde und êre* aus fügt sich der Schluß zwangloser, wenngleich nicht ganz selbstverständlich: er ist notwendige, gleichsam als erworbenes Geschenk des Himmels dargebotene Folge der *sælde,* die Iwein durch *rehte güete* auf der *aventiuren*-Fahrt erworben hat, und bedarf als solcher keiner psychologischen oder rechtlichen Motivierung.

IV

Die Untersuchung hat zur unmittelbaren Bedeutung des Wortes *sælde* nichts ergeben. Noch immer ist keine der Übersetzungsmöglichkeiten ausgeschlossen. Stimmen freilich unsere Folgerungen, dann bekommt der Begriff *sælde* für den ›Iwein‹ ein so großes Gewicht, daß man daraus, wie auch aus der Tatsache, daß *sælde* stets als göttliches Geschenk apostrophiert wird (v. 4855, 5531, 6412, 6864), die Berechtigung ableiten mag, *sælde und êre* zu übersetzen als „Ansehen vor Gott und den Menschen".

Es darf nun das Verhältnis beider Begriffe zueinander freilich nicht so aufgefaßt werden, als sei *êre* unvermeidliche, zeichenhafte Folge göttlicher Gnadenwahl und damit einfach ritterlich-verweltlichte Spielart der *sælde. Êre* als irdisches Wohlverhalten und daraus folgendes Wohlgefallen der Gesellschaft ist Abbild und Folge göttlichen Wohlgefallens, das aber seinerseits wiederum in der *sælde* überhaupt erst die Voraussetzungen für den Erwerb von *êre* schafft, indem *sælde* sowohl Ansehen vor Gott ist wie der daraus entspringende Segenszustand für den Menschen.

Ist diese Auffassung richtig und stimmt es, daß Didaxe Ziel und Hintergrund des ›Iwein‹ ist, so steht das Werk Hartmanns Legendendichtungen näher als es zunächst den Anschein hat; namentlich dem ›Armen Heinrich‹, in dem der Held auch dadurch belohnt wird, daß er *rîcher vil dan ê des guotes und der êren wird* (›A. H.‹ 1430—31). Man kann zur Vermutung verleitet werden, Hartmann

[28] So Sparnaay, a. a. O. p. 52 ff., und Wapnewski, a. a. O., p. 67 f.

habe im ›Iwein‹ gleichsam eine Anwendung der Gedanken der Legendenromane auf eine Artusdichtung versuchen wollen[29]. Es scheint eine solche Deutung zu bestätigen, daß der Wortschatz im Schlußabschnitt, sich der Bußterminologie bedienend, stark religiös gefärbt ist:

vrouwe, ich habe missetân:
zwâre daz riuwet mich.
ouch ist daz gewonlich
daz man dem sündigen man,
swie swâre er schulde ie gewan,
nach riuwen sünde vergebe,
und daz er in der buoze lebe
daz erz niemer mê getuo. v. 8102—09

Ist das eine Anspielung auf den ›Gregorius‹?

dâ sol der sündige man
ein sælic bilde nemen an,
swie vil er gesündet hât,
daz sîn doch wird guot rât,
ob er die riuwe begât
und rehte buoze bestât. ›Gregorius‹ v. 3983—88

Man mag sogar aus der Passage Anklänge an die Geschichte vom verlorenen Sohn heraushören im gleichlautenden Begrüßungsgeständnis der Wiederkehrenden (vgl. *vrouwe, ich habe missetan* v. 8102 mit *Dixitque ei filius: Pater, peccavi in caelum, et coram te,* Luc. 15, 21. Vgl. vielleicht auch die Passage mit Luc. 17, 4: *Et si septies in die peccaverit in te, et septies in die conversus fuerit ad te, dicens: Poenitet me, dimitte illi*). All das kann freilich nicht mehr als Vermutung sein.

Am Schluß der Folgerungen über die Bedeutung von *sælde und êre* stellt sich dem Interpreten eine nicht zu umgehende Frage: Wie weit sind die hier angestellten Überlegungen gültig auch für Chrestien? Hartmann hat ja die epische Substanz des ›Yvain‹ nicht

[29] Ähnliches scheint A. T. Hatto zu meinen, der freilich von ganz anderen Gesichtspunkten her argumentiert. Vgl. A. T. Hatto, 'der aventiure meine' in Hartmann's ›Iwein‹, in: Festschrift Norman p. 99.

verändert. Nun sind aber mehrere der hier angeführten Belege nuancierende Zusätze Hartmanns, die als solche sogar eine besondere Relevanz für die Interpretation zu haben scheinen. — Wenn aber Hartmann diese Zusätze für nötig hielt, muß er doch an Chrestiens Konzeption etwas haben ändern wollen. Wie nun vereinbart sich das mit der im ganzen doch Aufbau und Inhalt nicht ändernden Übernahme des Stoffes? Mit andern Worten: Widerlegt sich eine Interpretation nicht selbst, wenn sie den unverändert übernommenen Bau der Dichtung als bis in die Einzelheiten bestimmt durch einen nicht gleichermaßen übernommenen „Grundgedanken" ansieht?

Diese Frage läßt sich ohne einen minuziösen und immer noch nicht befriedigend gelieferten Vergleich von Chrestiens ›Yvain‹ mit Hartmanns ›Iwein‹ nicht sicher beantworten. Es kann kein Zweifel sein, daß vieles, was die Frage nach Iweins Verfehlung und ihre Beantwortung durch Indizien der Handlung wie der Tektonik angeht, in gleicher Weise wie für Hartmann auch für Chrestien zutrifft. Es ist ebensowenig zu bezweifeln, daß Chrestiens ›Yvain‹ die unbeschwerter erzählende Darstellung ist und daß also auch ihre Teile leichter gefügt sind. Die Frage nach der Moral der Geschichte ist bei Chrestien weniger intensiv als die Lust am gelegentlich das Komödienhafte streifenden Fabulieren, das weniger strenger Ordnung gehorcht und gehorchen darf. Gleichwohl ist auch in Chrestiens ›Yvain‹ die Frage nach usurpiertem und verdientem Ansehen als ethische Substanz enthalten. Diese als moralisches Programm zu formulieren, dem ›Iwein‹ voranzustellen und damit seine Handlung unter die strenge Ordnung des moralischen Gesetzes zu stellen, blieb Hartmanns Lehrhaftigkeit vorbehalten. Ohne die epische Substanz im großen verändern zu müssen, genügen für den deutschen Dichter Neu- und Umakzentuierungen, um die Dichtung ihrem Programm gemäß ordnend zu gliedern. ›Yvain‹ und ›Iwein‹ verhalten sich bei gleicher ethischer Substanz gleichsam zueinander wie Komödie und Lehrstück. Sparnaays Meinung [30], es sei sinnlos zu fragen, welche der verschiedenen Kunstformen 'besser' sei, trifft auch in diesem Falle zu.

[30] Sparnaay, a. a. O. p. 48.

Ausgaben: Iwein, eine Erzählung von Hartmann von Aue mit Anmerkungen von G. F. Benecke und K. Lachmann, 6. von Ludwig Wolff durchgesehene Ausgabe, Bln. 1962.

Chrétien de Troyes, Le Chevalier an Lion (Yvain), Publié par Mario Roques, Paris 1964.

Euphorion 61, 1967, S. 1—21.

DER SÆLDEN STRÂZE

Zum Motiv der Zwei Wege bei Hartmann von Aue

Von HINRICH SIEFKEN

I

Im Prolog des ›Gregorius‹ spricht Hartmann vom *wec der helle* (59), dem *gemeinlîchen wec* (81) als dem Gegensatz zu *der sælden strâze* (63/87).

79 *... diu vil bitter süeze*
twinget sîne vüeze
ûf den gemeinlîchen wec:
der enhât stein noch stec,
mos gebirge noch walt,
der enhât ze heiz noch ze kalt.
man vert in ânes lîbes nôt
und leitet ûf den êwigen tôt.
Sô ist der sælden strâze
in eteslîcher mâze
beide rûch unde enge.
die muoz man die lenge
wallen unde klimmen,
waten unde swimmen,
unz daz si hin leitet
dâ sie sich wol breitet
ûz disem ellende
an ein vil süezez ende[1].

Diese Vorstellung ist nach Matth. 7, 13 f., Luk. 13, 24 als Bild vom breiten und schmalen Weg bekannt. Sie hat sich in der mittelalterlichen Tradition mit Zügen verbunden, die ursprünglich dem

[1] Hs. K liest v. 81 *gemächlichern.*

Motiv 'Hercules in bivio' zugehörten [2]. Interessant ist, wie die Wege in dem Beispiel dargestellt werden. Die Charakteristika des rauhen Weges *ûz disem ellende* sind als negative Kennzeichen schon dem Weg *ûf den êwigen tôt* zugeordnet. Die *strâze rûch unde enge* geht durch *mos, gebirge, walt,* wo *stein* und *stec*, große Hitze und Kälte dazu beitragen, daß der Weg zum *süezen ende* sich erst nach lang dauerndem *wallen unde klimmen, waten unde swimmen* endlich *wol breitet.* Wir sehen Landschaft unter dem wechselnden Aspekt von *zwîvel, missetât* und *riuwe, buoze, bîhte.* Das gilt auch für das angeschlossene Exempel, das Gleichnis vom barmherzigen Samariter [3]. Der Weg von Jerusalem nach Jericho ist *der sælden strâze* (so ist *den selben wec* v. 97 wohl zu beziehen); der Weg, der traditionell als *bezeichenunge* für den Weg der sündigen Menschheit nach dem Fall gilt. *do in der tůvel do betroug daz er gotis gebot ober ging, do vůr er leider von Jherusalem, von den gotis genaden,*

[2] Vgl. dazu K. Zwierzina, Überlieferung u. kritik von Hartmanns ›Gregorius‹. In: ZfdA 37 (1893), S. 403—405. A. E. Schönbach, Über Hartmann von Aue. Drei Bücher Untersuchungen. Graz 1894, S. 119. — W. Michaelis, ὁδός. In: Theolog. Wörterbuch z. Neuen Testament, hrsg. v. G. Kittel, fortges. v. G. Friedrich. Bd. 5. Stuttgart 1954, S. 42—101. J. Schmid, 'Weg'. In: Lexikon f. Theologie u. Kirche. 2., völlig neu bearbeitete Aufl. hrsg. v. J. Höfer u. K. Rahner. Bd. 10. Freiburg 1965, Sp. 974—976. A. Kuschke, Die Menschenwege und der Weg Gottes im AT. In: Studia Theologica 5 (1952), S. 106—118. F. Nötscher, Gottes- und Menschenwege in der Bibel u. in Qumram. Bonn 1958 (= Bonner bibl. Beitr. Bd. 15). — C. Taylor, The two ways in Hermas and Xenophon. In: Journal of Philology 21 (1893), S. 243—258. J. Alpers, Hercules in bivio. Diss. Göttingen 1912. E. Panofsky, Hercules am Scheidewege und andere antike Bildstoffe in der neueren Kunst. Leipzig/Berlin 1930 (= Studien der Bibl. Warburg 18). O. Becker, Das Bild des Weges und verwandte Vorstellungen im frühgriechischen Denken. Berlin 1937 (= Hermes. Einzelschriften H. 4). H. Hommel, Per aspera ad astra. In: Würzburger Jbb. f. klass. Altertumswissenschaft 4 (1949/50), S. 157—165.

[3] Zur Exegese vgl. K. Zwierzina, ZfdA 37 (1893), S. 403—405, und A. E. Schönbach, Hartmann, S. 119—129. Die näherliegenden Belege finden sich in der dt. Predigtliteratur; vgl. Altdeutsche Predigten, hrsg. v. A. E. Schönbach, Bd. 1. Graz 1886, S. 124—128 (mit Beziehung auf Papst und Schlüsselgewalt!); Bd. 2. Graz 1888, S. 152—156.

und wart vorstozin uzim paradyse mit unser mûter, vrowin Evin, in ditz ellende. do vůr er zu Jhericho, quod interpretatur 'luna', her vůr in dise werlt. Allein, auf diesem Weg *quam der ware Samaritanus, unser herre Jesus Christus, uf daz er uns wider brehte zum ewigen libe*[4]. Der Weg durch die Sünde ist auch der Weg der sündig gewordenen Menschheit zum Heil. Das ist wesentlich für die Auslegung des Gleichnisses auf die Buße hin. (Berthold von Regensburg variiert das Zwei-Wege-Motiv. Der ebene, gerade Weg ist der Weg der Unschuld; der beschwerliche der der Buße[5]. Oder: der kurze, gerade Weg ist der steile Weg der Märtyrer, der heute versperrt ist. Dem Menschen steht nur der lange, gewundene *wec der erbarmherzigkeit* offen[6].) In der allegorischen Auslegung des Gleichnisses bei Hartmann wird der Weg nach Jericho zum Gegensatz des *gemeinlîchen wec* (81), auf dem auch andere Menschen reisen. *der sælden strâze* ist als Weg des Einzelnen zu Gott ein Weg abseits der Menschen. Ihm begegnen nicht Priester, Levit und Samariter, nur *diu gotes gnâde* (136) kann ihn dort finden.

Von dieser Bedeutungsgeographie scheint sich eine Beziehung zur Landschaftsgestaltung, oder besser: Naturdarstellung bei Gregorius' Weg in die Einsamkeit herzustellen.[7] Denn da wird gesagt:

er gerte in sînem muote
daz in got der guote
sande in eine wüeste
dâ er inne müeste
büezen unz an sînen tôt.

In dem Sinne antwortet Gregorius auch in V. 2955—2974 auf die Frage des Fischers (dabei entsprechen sich die Reime 2757—2760

[4] Altdt. Predigten, hrsg. v. A. E. Schönbach, Bd. 1, S. 125 f.

[5] Vollständige Ausgabe seiner Predigten mit Anmerkungen, v. F. Pfeiffer. Mit einem Vorwort v. K. Ruh. Bd. 1. Berlin 1965 (= Dt. Neudrucke. Reihe: Texte des Mittelalters.), S. 65—78.

[6] Ebd. Bd. 1, S. 170—181. Bd. 2 (hrsg. v. F. Pfeiffer u. J. Strobl). Berlin 1965, S. 154—164.

[7] Vgl. R. Gruenter, Landschaft. Bemerkungen z. Wort- u. Bedeutungsgeschichte. In: GRM 34 (1953), S. 114 f.: 'Landschaft' sei Fachwort der Malerei des 16./17. Jahrhunderts, dort verstanden als „individueller Kommentar eines Naturausschnitts" (S. 117).

und 2959—2962)[8]. Ziehen wir die verschiedenen Stellen zusammen: *mit dürftigen gewande* (2750) und barfuß (2767) macht sich Gregorius auf den Weg. Er meidet *die liute und die strâze / undz blôze gevilde* (2762 f.); in der *wilde* sind *diu wazzer bî dem stege* (2766), *walt unde bruoch* (2768) sein Weg. Wie erst später, bei der Suche nach Gregor, deutlich wird, ist dabei an ein Waldgebirge (3224) zu denken — in dem es auch Wölfe geben soll (2869). Dann findet er einen *stîc der was smal* (2771), der ihn h i n a b führt an einen See; später wird dieses Wegstück bezeichnet als *stîc âne huofslac* (3234), als *der grasige wec ungebert* (3237). Was der Intention nach Bußweg ist, berührt sich in der Darstellung des Weges mit Vorstellungen von *der sælden strâze*: ein ungebahnter, beschwerlicher Weg in die Einöde, wohl auch zunächst bergan (ein christliches per aspera ad astra?). Der schmale, zugewachsene Weg, der dann an den See hinabführt, bildet den Übergang zu einem neuen Motiv (die Legendenfigur bewährt sich in Erniedrigung unter Menschen niederen Standes). Eine neue Vorstellung mischt sich ein — wir sollten vom bivium her ein weiteres Hinauf erwarten. (Darf man es später in der Felseninsel finden?) Doch der Weg hinab hat noch die Bedeutung der Einöde. Dafür wird man kaum noch den bisherigen Topos verantwortlich machen können und auch keine weitere, literarische Überlieferung zu suchen brauchen. Ein einprägsam-bildhaftes Motiv wie der ungebahnte Weg kann wohl spontan neu entstehen, zumal wenn es eine Leitvorstellung (Einöde) zu illustrieren gilt. Man denke nur an die ›Harzreise im Winter‹ (Weimarer Ausgabe Bd. 2, S. 61 ff.), wo es heißt: *Leicht ist's folgen dem Wagen, / Den Fortuna führt, / Wie der gemächliche Troß / Auf gebesserten Wegen / Hinter des Fürsten Einzug. / / Aber abseits wer ist's? / In's Gebüsch verliert sich sein Pfad, / Hinter ihm schlagen / Die Sträuche zusammen, / Das Gras steht wieder auf, / Die Öde verschlingt ihn*[9].

[8] Hildegard Nobel, Schuld u. Sühne in Hartmanns ›Gregorius‹ u. in d. frühscholastischen Theologie. In: ZfdPh 76 (1957), weist S. 70 f. und Anm. 16 auf die auch theologisch fundierte Beziehung von Inzest und Exil hin.

[9] Herr Prof. W. Mohr machte mich freundlicherweise auf die Stelle aufmerksam.

Versucht man, die Szene als Analogie zum Zwei-Wege-Motiv zu verstehen, zeigt sich eine mögliche Beziehung zu der dort seit Hesiod geläufigen Topographie, daß der Weg zum ethisch Höheren metaphorisch-geographisch als beschwerlicher Weg nach oben dargestellt wird. Begegneten bei Xenophon die streitenden Frauen Arete und Kakia dem Helden an einem einsamen Ort und schilderten nur in ihren Reden ihre Wohnsitze und den Weg dorthin, so ist in der von Hesiod abhängigen Form die Szene so, daß die ungleichen Wege zu den Wohnsitzen der beiden Frauen auch szenisch gegenwärtig sind: der Held tritt an das bivium heran und entscheidet sich für rechts oder links [10]. Auch die rhetores kennen die Fabel in dieser Form, „cum non solum duas vias praebent, sed etiam duos colles, in quibus feminae sunt, ad quas viae ascendunt“ [11]. Bei den Kirchenvätern verbindet sich das antike Motiv mit dem christlichen der Zwei Wege. Einen schönen Beleg bietet Lactantius (›div. inst.‹ VI, 3 ff.), der die Bedeutungen des Bildes "apud gentiles" und "apud Christianos" gegenüberstellt und vergleicht [12]. Es liegt nahe zu fragen, ob bei Hartmann eine Tradition greifbar wird, die als 'der beschwerliche Weg zum Heil' bezeichnet werden kann. Man müßte dann annehmen, daß sich an der betrachteten Stelle dieser Bedeutungsgeographie andere Vorstellungen überlagern, die mit dem Motiv 'Fischer' zusammenhängen [13]. Als Übergang wäre der Grasweg anzusehen. Damit würde das Nebeneinander einer „idealtypischen Darstellung mit der konkreten Darstellung“ zu beobachten sein, auf das R. Gruenter in anderem Zusammenhang hingewiesen hat [14].

Machen wir die Gegenprobe und vergleichen eine Stelle aus Gottfrieds ›Tristan‹, die wesentliche Züge der Topographie zeigt, die wir glaubten als Bedeutungsgeographie in Anspruch nehmen zu

[10] Vgl. E. Panofsky, Hercules, S. 46—48.

[11] J. Alpers, Hercules, S. 38.

[12] Nach Alpers, Hercules, S. 70 f.

[13] Dieser Motivkomplex scheint, wie Orendel, Kchr. u. a. zeigen, traditionell zu sein in legendennahen Stoffen.

[14] R. Gruenter, Zum Problem der Landschaftsdarstellung im höfischen Versroman. In: Euphorion 56 (1962), S. 259.

dürfen. Tristan *der ellende* ist in Cornwall ausgesetzt worden. Er bittet Gott, ihn wieder zu Menschen zu führen.

2502 *dise groze wilde die vürht ich:*
swar ich min ougen wende,
da ist mir der werlde ein ende;
swa ich mich hin gekere,
dan sihe ich ie nimere
niwan ein toup gevilde
und wüeste unde wilde,
wilde velsen und wilden se.
disiu vorhte tuot mir we;
über daz allez so vürht ich,
wolve unde tier diu vrezzen mich,
swelhen enden ich gekere.

Er beschließt, einen der Berge und Felsen zu ersteigen, um zu sehen, *ob keiner slahte bu hie si / . . . / da ich liute vinde* (2527—29). Er findet so *waltstic, straze* und schließlich die *wallære*, die ihn nach Tintajel mitnehmen wollen.

2561 . . . *streich uf gein der wilde*
durch wald und durch gevilde.
ern hæte weder wec noch pfat,
wan alse er selbe getrat.
mit sinen vüezen wegeter,
mit sinen handen stegeter:
er reit sin arme und siniu bein.
über stoc und über stein
wider berc er allez clam,
unz er uf eine hœhe kam.
da vander von geschihte
einen waltstic ane slihte
mit gras verwahsen unde smal;
den kerte er anderhalp ze tal.
er trüege in eine rihte hin.
in kurzer wile brahte er in
uf eine schœne straze,
die was ze guoter maze
breit unde geriten hin unde her.

Wieviel konkreter ist die Darstellung, schon durch die Bindung an Perspektive und Planung des jungen Tristan! Trotz der Übereinstimmungen lehrt uns das Beispiel, nicht jeden zugewachsenen Pfad als *sælden strâze* zu verstehen. Die scheinbar typische Vorstellung könnte aus konkreter Anschauung spontan entstehen. (Es wäre zu fragen, ob nicht auch umgekehrt die wirklich gesehene Einzeldarstellung erst möglich wird, nachdem man die typische Landschaft durch Details ins Konkrete zu erweitern frei geworden ist.) Hier wird die Einöde gesehen als Bedrohung, als Hindernis auf dem Weg von den Menschen zu den Menschen (Motiv 'ausgesetzt in der Wildnis'). Darf man eine Erinnerung an den Assoziationsbereich der Landschaft der Heilswege darin sehen, daß Tristan — wenn auch schon auf der breiten Straße — den *wallæren* begegnet? Haben sie sich bei der Wandlung des Typischen ins Konkrete hierher verirrt, als Opfer der aufgegebenen Bedeutungsgeographie?

2640 *die selben gotes knehte*
die truogen an ir schenkelen
linhosen, die ob ir enkelen
wol einer hende erwunden,
nah an ir bein gebunden.
vüeze und enkele waren bloz
vür den tritt und vür den stoz.
ouch truogens über ir ruckebein,
dar an ir riuwic leben schein,
geistliche stende palmen.

Wir wollen nicht länger bei diesem interessanten Beispiel verweilen. Es erwies sich jedenfalls, daß was Gegenbeispiel zu sein schien, doch die Möglichkeit assoziativer Motivüberlagerung erwägenswert macht.

Kehren wir zum Ausgangspunkt zurück. Gregorius wählte den Weg der *buoze,* auf den Gott ihn führt. Damit klingt auch das Zwei-Wege-Motiv an. Wir hätten in diesem Teil der Handlung eine Zeitlang den Fall, daß Gregorius metaphorisch wie geographisch *der sælden strâze* geht[15]. Anders gesagt besitzt die Natur-

[15] Diese Kongruenz von wörtlich räumlicher und übertragener (religiöser) Bedeutung von 'Weg' kennt schon das AT. Vgl. A. Kuschke, Studia

darstellung die „spirituelle Transparenz des Seienden“, die F. Ohly als die eigentliche Perspektive des Mittelalters bezeichnet [16].

II

Die Bedeutungsstruktur des Zwei-Wege-Motivs wird in der großen Szenenfolge zwischen Gregorius und dem Abt verwendet, um die geistige Auseinandersetzung und Entscheidung als 'Gregorius am Scheidewege' zu gestalten. (Man ist versucht, eine noch engere Verbindung zum bivium-Topos herzustellen, denn der Motivkomplex kannte das Streitgespräch als Synkrisis zwischen den beiden allegorischen Figuren Arete und Kakia oder Virtus und Voluptas. Erst später wandelte sich die Motivik: statt auf dem Weg zu führen oder führen zu wollen, sitzen die Figuren am Ziel des Weges auf den Anhöhen [17]. Allein, diese engere Beziehung wird man nicht beweisen können. Das Streitgespräch hat immer etwas von der Entscheidungsstruktur, von dem Gegeneinander zweier Möglichkeiten.)

1436 *got hât vil wol ze dir getân:*
er hât von sînen minnen
an lîbe und an sinnen
dir vil vrîe wal gegeben,
daz dû nû selbe dîn leben
maht schephen unde kêren
ze schanden oder zêren.
nû muostû disen selben strît
in disen jâren, ze dirre zît
under disen beiden
nâch dîner kür scheiden,
swaz dû dir wilt erwerben
genesen oder verderben,
daz dû des nû beginnen solt.

Theologica 5 (1952), S. 114 f. Sie liegt wohl als Möglichkeit im Wesen des beliebten Weg-Bildes.

[16] F. Ohly, Vom geistigen Sinn des Wortes im Mittelalter. In: ZfdA 89 (1959), S. 11.

[17] Vgl. die Abbildungen 30, 36, 38 bei E. Panofsky, Hercules.

Als Möglichkeiten liegen vor Gregorius *laster, spot* (1453) oder *tugent, êre* (1452), *verderben* oder *genesen,* die Wendung *ze schanden oder zêren.* Sehen wir ab von der Frage, ob der Abt nur pro domo oder auch für den Erzähler spricht, von der Frage nach Gregors Schuld. Jedenfalls gibt Gregorius zu, der Rat des Abtes sei treffend für den, der ihn in freier Selbstentscheidung leben kann. Für sich lehnt er ihn ab. Soll darum seine Welt die der *vil bitter süeze* werden? Die Möglichkeit bleibt offen.[18]

1507 *ir habet daz süeziste leben*
daz got der werlde hât gegeben
swer imz ze rehte hât erkorn,
der ist sælic geborn.
...
1514 *ze ritterschefte stât mîn wân.*

Das Gegeneinander wird weiter konkretisiert; die Dialogpartner beginnen von ihren altruistischen oder stärker ichbezogenen Interessen her zu argumentieren. Der Abt warnt Gregorius (im Sinne der Zwei Wege-Motivik), er würde *verwürken sêle unde lîp* (1521) und *der helle verselt* (1525) werden. Für Gregorius ist ein rechter *gotes ritter* (1534) besser als *ein betrogen klôsterman* (1535). Trotz des doppelten, flehenden *bekêre dînen muot* (1516, 1673), das noch einmal das Entscheidungsmotiv beschwört (zurück auf den richtigen Weg), bleibt Gregorius bei seinem Entschluß. Auch die *tavel* ändert an der Richtung seines Wollens nichts mehr (vgl. V. 1800—5).

[18] Vgl. dazu W. Dittmann, Hartmanns ›Gregorius‹. Untersuchungen zur Überlieferung, zum Aufbau und Gehalt. Berlin 1966 (= Phil. Studien u. Quellen H. 32). Er referiert S. 197—205 die Forschung zum Schuldproblem. K. C. King, Zur Frage der Schuld in Hartmanns ›Gregorius‹, in: Euphorion 57 (1963), S. 59 [hier abgedruckt, S. 332], erwägt zur Stelle mit einleuchtenden Überlegungen, ob nicht die Unsicherheit, welche Gründe Hartmann hier für triftig halte, beabsichtigt sei. So urteilt jetzt auch Chr. Cormeau, Hartmanns von Aue ›Armer Heinrich‹ und ›Gregorius‹. Studien z. Interpretation mit d. Blick auf d. Theologie zur Zeit Hartmanns. München 1966, S. 114 (= Münchener Texte u. Untersuchungen zur Deutschen Lit. d. Mittelalters Bd. 15).

1697 *sîtz mir nû so geziuhet*
daz mich diu Sælde vliuhet
und ich niuwan ir gruoz
mit vrümikeit gedienen muoz,
dêswâr ich kan si wol erjagen
si enwelle sich mir mê versagen
dan si sich noch versagete
der si ze rehte jagete.
sus sol man si erloufen,
mit kumber sælde koufen.

Aus der neuen ritterlichen Sicht Gregors heißt *sælde erjagen* auch *guot bejagen* (1726), Ansehen und Macht erreichen. Dürfen wir aber mit Arnold *sælde* als fortuna verstehen [19]? Ich glaube, wir müssen bei der Ritterlegende Hartmanns [20], trotz der Zwei-Wege-Motivik, hier sehr vorsichtig abwägen; dürfen die Begriffe des Prologs nicht vorschnell auf die Handlung anwenden [21], zumal auch der ›Arme Heinrich‹ eine Vermittlung zwischen geistlichem und weltlichem Anspruch sucht. Gregorius scheint zu erreichen, was er vorhatte.

2165 *Der sælige Grêgôrjus*
der bejagete im alsus
des tages michel êre
und hete von grôzem sêre
erlœset sîner muoter lant
mit sîner ellenthaften hant.

Der Erzähler stimmt hier offenbar zu. Von ihm aus wird berichtet und geurteilt *(sælige, erlœset)* und sein Wissen *(sîner muoter*

[19] S. Hildegard Nobel, ZfdPh 76 (1957), S. 76. Regine Strümpell, Über Gebrauch und Bedeutung von sælde, sælic und Verwandtem bei mhd. Dichtern. Diss. Leipzig 1917, S. 91.

[20] Ich verwende den Ausdruck Hugo Kuhns. S. Parzival. Ein Versuch über Mythos, Glaube u. Dichtung im Mittelalter. In: Dichtung und Welt im Mittelalter. Stuttgart 1959, S. 151.

[21] W. Ohly reitet dies problematische Prinzip zu Tode in seiner Diss. Die heilsgeschichtliche Struktur der Epen Hartmanns von Aue. Berlin 1958. Vorsichtig und warnend äußern sich W. Dittmann, Gregorius, S. 197 f. und K. C. King, Euphorion 57 (1963), S. 61 [hier S. 335].

lant) warnt gleichzeitig vor möglichen Gefahren des Befreiungsschemas. Man wird nach den Arbeiten Dittmanns und Kings von einer einseitigen geistlichen Bewertung endlich abkommen. Auch J. Schwietering lehnt sie ab [22]. Doch „wenn man das Benehmen des Helden nach seiner Abreise im Lichte seiner Ritterlaufbahn betrachtet", wenn man zugibt, alles sei bewußt „nach dem üblichen Muster des höfischen Epos gestaltet" [23], so ist damit nicht ausgeschlossen, daß der Weg doch zur erschütternden Entdeckung des Inzestes führt [24].

Zu diesem Ergebnis führt uns gerade auch die mögliche Analogie zum bivium. Zieht man sie heran, zeigt sie deutlich die Dialektik des Gespräches. Formal gesehen: Die Unterredung zwischen Gregor und dem Abt findet an einem Scheideweg statt, der nicht real geographisch vorhanden ist, sondern nur als geistige Deutung in der Handlung steckt. Statt der Allegorie finden wir das Motiv nur als poetische Transparenz der Szene. — Ein zweiter Unterschied zum üblichen bivium-Motiv liegt darin, daß nicht mehr zwei Figuren reden, um die Entscheidung eines Dritten zu veranlassen — noch eine Figur sich für rechts oder links entscheidet. Vielmehr ist Gregorius gleichzeitig Objekt und Streiter in diesem Gespräch, also sowohl Herkules als die eine Partei. Und die Partei, deren Argumente er vertritt, ist gerade die, die das *mit kumber sælde koufen* (1706) empfiehlt, zur via aspera rät.

Grêgôrjus sprach: 'herre,
versuochetz niht sô verre.
wolde ich gemach vü êre,
sô volgete ich iuwer lêre
und lieze nider mînen muot:
wan mîn gemach wære hie guot.
jâ tuot ez manigem schaden
der der habe ist überladen:
der verlît sich durch gemach,

[22] J. Schwietering, Natur und art. In: ZfdA 91 (1961), S. 108—137.
[23] K. C. King, Euphorion 57 (1963), S. 51 [hier S. 321].
[24] Das ist formuliert im Sinne von King, Euphorion 57 (1963), S. 52 [hier S. 322].

daz dem armen nie geschach
der dâ rehte ist gemuot:
wan der urbort umbe guot
den lîp manigen enden.

Zieht man noch die Verse 1543 ff., 1569 ff. heran und vergleicht damit die Argumente des Abtes, so ergibt sich die erstaunliche Dialektik, daß der Abt, vom bivium her gesehen, zum falschen Weg rät — so wie die scheinbare Eudaimonia, die in Wahrheit Kakia ist, mit dem bequemen Leben lockt. Er verspricht Gregorius, dafür zu sorgen, daß er später in seine Stellung aufrücken könne (1468 ff.); er hofft, ihn mit den Gedanken an das warme Nest halten zu können.

1654 *er gedâhte: 'sît er nû ritter ist*
und er des guotes niene hât,
sô hœret er lîhte mînen rât
und belîbet noch durch guot gemach.'

Will man sehr weit gehen, so kann man in der Namensgleichheit von Abt und Held (vgl. v. 1135 f.) einen Anlaß finden, die Szene zu interpretieren als in Handlung übersetzte innere Entscheidung eines Gregorius zwischen den beiden Seelen in seiner Brust, zwischen den Lebensformen seines Standes gegenüber denen seiner bisherigen Erziehung. Jedenfalls stehen sich Abt und Gregorius auch gegenüber mit den Argumenten beschaulicher Bequemlichkeit und denen tätigen Lebens in der Welt. Und dann wird sich doch zeigen, daß Gregorius (wie Iwein) auf dem — vom Abt für falsch gehaltenen — richtigen Weg in die Irre geht, dieser sich als *wec der helle* zu erweisen scheint.

Man könnte das formale Vorbild für die Wandlung des Gesprächs zweier Parteien um die Entscheidung eines Dritten hin zu einem Gespräch zwischen zwei Personen in den Missionsgesprächen der Legenden sehen. Dort stehen sich die Argumente beider Parteien unversöhnt gegenüber; oft gibt ein Wunder dann den Ausschlag (z. B. in der Silvesterlegende). Erstaunlicherweise findet sich auch im ›Gregorius‹ etwas, das als solches nachträglich bestätigendes Wunder verstanden werden kann. Gregorius bittet bei der Ausfahrt,

1828 *daz in unser herre*
sande in etelîchez lant
dâ sîn vart wære bewant.
er gebôt den marnæren
daz si den winden wæren
nâch ir willen undertân
und daz schef liezen gân
swarz die winde lêrten
und anders niene kêrten.

Und wie Parzival, der *nach der gotes kür* (452, 9) sein Pferd gehen läßt und so zu Trevrizent findet, so wird Gregorius auch bei dieser Seefahrt wieder dank göttlicher Fügung an Land geworfen, *ûf sîner muoter lant.* Mit Gottes Hilfe findet er seine Mutter, sein Weg war richtig; aber das führt in eine neue Katastrophe. Er heiratet seine Mutter, ohne es zu wissen. Will man also die Legende als Typ ansetzen, der die Wandlung zum Gespräch zwischen zwei Personen formal beeinflußte, so ergäbe sich für die Interpretation erneut ein deutlicher Hinweis auf die unauflösliche Dialektik und Paradoxie des Geschehens. Darin geht Hartmann weit über die eindimensionale allegorische Parabel und über das theologische Vorbild hinaus. Zwar wird sich nicht schlüssig beweisen lassen, daß Hartmann die erwogenen formalen Parallelen gewollt hat; doch läßt sich gerade aus dem Unterschied zwischen der Dichtung und den analogen Formen der Didaxe die Dialektik der Handlung im ›Gregorius‹ verdeutlichen.

Ich will es bei der beobachteten Paradoxie lassen. Es bleibt zu fragen, ob in diesem Paradox nicht auch interpretatorisch wesentliches gesehen ist. Hugo Kuhn ist von anderer Seite zu der Frage gekommen. Mir scheint seine These von der ungewußten Schuld, die nicht als Sünde angerechnet wird, von dem hier versuchten Ansatz aus überzeugend[25]. Wichtig ist uns, daß offenbar eine Situation 'Gregorius am Scheidewege' gemeint ist, an die sich eine individuelle

[25] Hugo Kuhn, Parzival. In: Dichtung und Welt, S. 172, S. 272 Anm. 5. Vgl. jetzt auch Chr. Cormeau, ›A. H.‹ und ›Greg.‹, S. 143: „Die zerreißende Spannung zwischen subjektiver Unschuld und objektiver Sünde überspringt er (Greg.) dadurch, daß er in grausamer Buße die ungewollte Schuld auf sich nimmt."

Konkretisierung anschließt. Auch hier scheinen sich idealtypische und konkrete Darstellung zu verbinden, obwohl statt der Naturdarstellung die geistige Entscheidung diese Szenenfolge mit dem Zwei-Wege-Motiv verbindet.

III

Ich glaubte zeigen zu können, daß das Motiv der Zwei Wege eine Anzahl geographischer und szenischer Gestaltungen beeinflußt hat. Eine vollständige Sammlung aller derartiger Stellen ist nicht meine Absicht. Man sollte jedoch fragen, welche weiteren Züge des Motivkomplexes sich bei Hartmann noch finden lassen.

Da fallen die Stellen ins Auge, die Gregors äußere Erscheinung auf seinem Bußweg vergegenwärtigen — in der Szene mit dem Fischer, gegenüber den Boten aus Rom. Der Fischer wirft Gregor die Diskrepanz zwischen seinem Aussehen und seinem Bußvorhaben vor, schimpft ihn *trügenære* (2902).

2904 *du enhâst sô kranker spîse*
dich niht unz her begangen.
ez enschînet an dînen wangen
weder durst noch hungers nôt:
diu sint sô veiz und sô rôt.
ez engesach nie man noch wîp
deheinen wætlîchern lîp:
den hâstû niht gewunnen
von brôte noch von brunnen.
dû bist gemestet harte wol,
dîn schenkel sleht, dîn vüeze hol,
dîn zêhen gelîmet unde lanc,
dîn nagel lûter unde blanc.
dîn vüeze solden unden
breit sîn und zeschrunden
als einem wallenden man.
nu enkiuse ich dînen schenkeln an
deheinen val noch stôz:
si ensint niht lange gewesen blôz.
wie wol si des bewart sint
daz si vrost oder wint

iender habe gerüeret!
sleht und unzevüeret
ist dîn hâr und dîn lîch
eim gemasten vrâze gelîch.

Von dem Maßstab *wallender man* — also von der Vorstellung der häßlichen Tugend — her wird Gregors noch höfisch-ritterliche Schönheit beurteilt. Auch in der Art, wie das erzählt wird *(enhâst, enschînet, enkiuse, ensint)*, liegt diese Blickrichtung. Und doch ist der scheinbar gerechtfertigte Vorwurf falsch. Der Fischer ist nicht in der Lage, in Gregorius den *boten* Gottes (2852) zu sehen.

Die Szene 'Gregorius auf dem Felsen' ist dagegen in der entscheidenden Begegnung vom Ideal der höfischen Schönheit her gesehen. Das zunächst breit ausgemalte Idealbild wird aufgelöst: *den envunden si niender dâ: / er mohte wol wesen anderswâ* (3401 f.). Unter der Überschrift *einen dürftigen ûf der erde, / ze gote in hôhem werde* (3419 f.) beschreibt Hartmann dann in bewußter Betonung (vgl. *ê / nû*) den abstoßend häßlichen Heiligen Mann. F. P. Pickering hat zu zeigen versucht, daß Hartmann sich dabei wohl eines "'set piece' of Biblical interpretation" bedient oder erinnert, des Kontrastes zwischen Christus dem Auferstandenen und Christus dem Gekreuzigten[26]. Dabei bliebe immer noch die Übertragung der Vorstellung der Schönheit aus dem Christlichen in das höfische Ideal zu erläutern. Allein, ich würde in Pickerings These keinen Widerspruch zu der hier versuchten Motivverbindung sehen. Mit der assoziativen Überlagerung verwandter Vorstellungen wird man rechnen müssen. (Man denke an die Verbindung der Parabel vom Samariter und der vom guten Hirten im Prolog des ›Gregorius‹.)

Beide Stellen spielen die Gegensätze aus, wobei, jedenfalls im Denken des Fischers, Schönheit nicht weit weg ist von luxuria. Der Kontrast von Gegenwart und Vorblick, Gegenwart und Rückblick könnte Züge des bivium-Topos aufgenommen haben. Dabei muß dessen christlich-mittelalterliche Abwandlung in Betracht gezogen werden. Schon Mitte des zweiten Jahrhunderts n. Chr. wird, zuerst

[26] F. P. Pickering, On coming to terms with Curtius. In: GLL 11 (1958), S. 343.

bei den Kynikern, dann bei den Christen, die Tugend häßlich. Damit verschiebt sich der Gegensatz der Prodikos-Fabel dahin, „daß nicht das φυσικὸν κάλλος einem ἐπείσακτον κάλλος gegenübertrat, sondern daß, in sehr viel handgreiflicherem Gegensatz die häßliche Hülle der inneren Schönheit mit der schönen Hülle der inneren Häßlichkeit kontrastiert wurde"[27]. Darf man so weit gehen, in 'Gregorius auf dem Felsen' motivisch einen Nachklang der Tugend, die auf der schwierig zu erreichenden Anhöhe sitzt, zu sehen[28]? Man hat in Meer, Fels, Fisch und Schlüssel christliche Symbole sehen wollen — solche Bedeutungen mögen mitschwingen[29]. Wie die Verse 2481—85 zeigen, ist Hartmann die geistliche Metapher von den *vil tiefen ünden / tœtlîcher sünden* geläufig. Es scheint mir eher fraglich, ob die Symbole im Sinne eindeutig festlegender Ausdeutung interpretiert werden können, ob die mögliche Transparenz auf einen geistlichen Sinn im einzelnen ausdeutbar wird. Der Kontext scheint mir dem festlegenden Verständnis dieser Art nicht genügend Hilfe zu geben[30]. Hartmanns *bezeichenlîchez sprechen* ist wohl nicht mehr Zug für Zug auszulegen, ist nicht mehr nur bildhafte Verkleidung einer eindeutigen Lehrmeinung, sondern wird aus der dichterischen Welt her mehrdeutig, schillernd. Es ist nicht allegorischer Aufputz, sondern erreicht eine symbolische Transparenz der Handlung. Wir beschränken uns darauf, eine mög-

[27] E. Panofsky, Hercules, S. 52.

[28] Vgl. H. Sparnaay, Hartmann von Aue, Studien zu einer Biographie. Bd. 1. Halle (Saale) 1933, S. 166 ff. Er sieht in dem Motiv des ›Gregorius‹ eine Parallele zur griechischen Legende des hl. Martinian.

[29] Vgl. W. Dittmann, ›Gregorius‹, S. 238. P. Böckmann, Formgeschichte der deutschen Dichtung. Bd. 1. Von der Sinnbildsprache zur Ausdruckssprache. Hamburg 1949, S. 97 f. Hulda Henriette Braches, Jenseitsmotive u. ihre Verritterlichung in d. dt. Dichtung des Hochmittelalters. Van Gorcum 1961, S. 64 f. W. Ohly, Heilsgeschichte Struktur, S. 37.

[30] Vgl. F. Ohly, ZfdA 89 (1959), S. 7: „Welche Bedeutung das Ding jeweils hat, bestimmt sich nach der in Betracht gezogenen Eigenschaft des Dinges und nach dem Kontext, in dem das betreffende Wort erscheint. Die Wortbedeutung erschöpft sich im Bezug auf das eine Ding. Das Ding aber hat eine Bedeutungs w e l t, die von Gott bis zum Teufel reicht und potentiell in jedem mit einem Wort bezeichneten Dinge vorliegt."

liche Bedeutungsfunktion des Bildes Gregor auf dem Steine in den erwogenen größeren Zusammenhang zu stellen.

IV

Ein Zug ist bislang nicht erwähnt worden: die Richtungssymbolik bei der Wahl des Weges[31]. Sie läßt sich durch folgende Stelle aus dem ›Iwein‹ belegen.

259 *ez geschach mir, daz ist wâr,*
(es sint nû wol zehen jâr)
daz ich nâch âventiure reit,
gewâfent nâch gewonheit,
ze Breziljân in den walt.
dâ wârn die wege manecvalt.
dô kêrt ich nach der zeswen hant
ûf einen stîc den ich vant.
der wart vil rûch und enge:
durch dorne und durch gedrenge
sô vuor ich allen den tac,
daz ich vür wâr wol sprechen mac
Daz ich sô grôz arbeit
nie von ungeverte erleit.
und dô ez an den abent gienc,
einen stîc ich dô gevienc:
der truoc mich ûz der wilde,
und kom an ein gevilde.

Kalogreant berichtet, wie er jenen Weg fand, der für Iwein solche Bedeutung bekommen wird. Es ist der Weg nach rechts, der Merkmale des beschwerlichen Weges zur *sælde* hat. Hartmann schließt sich hier eng an Chrétien an (›Yvain‹ 175 ff.)[32]. W. Ohly glaubt, Hartmann kehre die Situation Chrétiens um, der scheinbare Heilsweg werde für Kalogreant wie Iwein doch zum Weg ins Verder-

[31] R. Gruenter, Euphorion 56 (1962), S. 255 Anm. 16, weist auf diesen Zug als ein von der Forschung „noch unbebautes Untersuchungsfeld" hin.

[32] Vgl. E. Auerbach, Mimesis. Dargestellte Wirklichkeit in der abendländischen Literatur. Bern/München ^{3}1964, S. 120—138, hier besonders S. 125 und 131.

ben[33]. Diese eindimensionale Deutung halte ich für verfehlt. Hartmann wie Chrétien verwenden die gleiche Vorstellung. In der Symbolik, in den deutlichen Kennzeichen ist der Weg zur Rechten via aspera. Es ist der Weg der *âventiure*. Dann führt *ein stîc* (274) *ûz der wilde* (275) und Kalogreant findet die Burg und den Gastgeber, der die Wege segnet, die seinen Gast zu ihm führten (375 f.)! Verstand Kalogreant seine Chance schon deshalb nicht, weil er hier in Gesellschaft der Dame eine Erfüllung ahnt? Mit dem nächsten Morgen bricht er wieder in die Wildnis auf (394—402) und muß erneut die Frage nach seinem Ziel beantworten. Die Antwort *âventiure* (525; vgl. 372) reicht hier nicht aus; sie muß erklärt werden. Die Definition, die der Ritter dem *ungehiuren* gibt, macht die Aventiure selbst schon fragwürdig.

ich heize ein rîtr und hân den sin
daz ich suochende rîte
einen man der mit mir strîte,
der gewâfent sî als ich.
daz prîset in, ersleht er mich:
gesige ich aber im an,
sô hât man mich vür einen man,
und wirde werder danne ich sî.

Hier ist einer der *nach ungemache strebet und niht gerne sanfte lebet* (vgl. 545 f.), doch schon ist alles schillernd und fragwürdig. Schließlich findet er seine *âventiure* und sie wird zur enthüllenden Blamage: sein Gegner sticht ihn vom Pferd, als wär es gar nichts (749—762!), nimmt ihm sein Roß; er selbst zieht die Rüstung aus und wandert zurück.

Und das Gegenbild? Der 'Erwählte' geht den gleichen Weg, besteht die Aventiure, tötet den Gegner und heiratet die Witwe. Ist das wirklich *der sælden strâze*, der Weg zum Heil? Ist Iweins Verhalten vielleicht für Hartmann schon Parodie? Der Ritter, der einen andern tödlich verwundet, um eines dritten Blamage wiedergutzumachen, den halbtoten Gegner verfolgt, weil nur ein toter oder gefangener Gegner (1062—74) den Spötter Keie wird zur

[33] W. Ohly, Heilsgeschichtliche Struktur, S. 141 f.

Ruhe bringen können — da stellt sich doch wieder die Frage: *âventiure? waz ist daz?* Auch wenn man annimmt, daß ursprünglich der ganze Komplex um die „Quellenherrin ... außerhalb moralischer Kategorien" steht[34], scheint mir für die Dichtung Hartmanns diese Überlegung durchaus zulässig. Darf man nicht zweifeln an dem Sinn dieser via aspera, die Menschen zu Figuren eines Kalküls macht? Dennoch liegt in der Symbolik des Weges Anspruch und Möglichkeit; sie wirkt nach der Katastrophe der scheinbaren Erfüllung deiktisch, ja sogar motivierend, sofern sie sich erst nach einer Läuterung des Helden erfüllen kann. Was wie eine automatische Folge des Zusammentreffens von rechtem Weg und richtigem Helden wirkte, hat ethischen Anspruch. Iwein verliert, was er errungen, um seiner neu würdig zu werden. Und damit entsteht für Hartmann auch hier die innere Dialektik, die am ›Gregorius‹ die Frage nach einer Schuld so komplex werden läßt.

Noch deutlicher scheint die Beziehung von Geographie und Sinn der Handlung an folgender Stelle des ›Erec‹ zu sein.

8521 *ich weste wol, der Sælden wec*
gienge in der werlde eteswâ
rehte enweste ich aber wâ,
wan daz ich in suochende reit
in grôzer ungewisheit,
unz daz ich in nû vunden hân.
got hat vil wol ze mir getân,
daz er mich hât gewîset her
...

Die Handschrift liest v. 8521 allerdings *der selbig wec.* (Vgl. ›Greg.‹ 97; dort nimmt *der selbe wec* das frühere *sælden strâze* auf.) Doch der Kontext bestätigt die Konjektur Bechs[35]. — Ein Pendant zur Stelle bietet Thomasin, ›Wälscher Gast‹ 5479: *der wec in allen landen ist, / der hin ze got vert zaller vrist. / der wec in allen landen lît, / der hin ze hell vert zaller zît.* — W. Ohly hat nicht versäumt,

[34] K. Ruh, Zur Interpretation von Hartmanns ›Iwein‹. In: Philologia Deutsch. Festschrift W. Henzen. Hrsg. v. W. Kohlschmidt u. P. Zinsli. Bern 1965, S. 47 [hier abgedruckt, S. 419].

[35] F. Bech, Zu Hartmanns ›Erek‹. In: Germania 7 (1862), S. 465 f.

von der Stelle auf die heilsgeschichtliche Struktur der Artusromane Hartmanns zu schließen[36]. Allein, die Stelle ist im Zusammenhang doch etwas komplexer, als man zu glauben geneigt scheint. Sie steht in der langen Heranführung an das *Joie-de-la-curt*-Abenteuer, das noch vor Erec liegt. Es ist Anti-Szene; Erec tritt als erlösender Held auf, durch ihn findet diese Welt erst wieder zu den normalen Wertungen. In dieser verkehrten Welt kehrt sich die Richtungssymbolik um: an der Wegscheide wählte man den besseren Weg, der links abführte[37].

7811 *nû truoc si der huofslac*
ûf einer schœnen heide
an eine wegescheide:
welh ze Britanje in daz lant
gienge, daz was in unerkant.
die rehten strâze si vermiten:
die baz gebûwen si riten.

Der Anti-Szenen-Charakter wird augenfälliger, wenn man die Episode des Erbarmens, ›Erec‹ 5287 ff., vergleicht: Erec reitet dort der um Hilfe rufenden Stimme nach *durch rûhen walt âne wec / unerbûwen strâze* (5313 f.). — Wer von den Zinnen der Burg Brandigan in den tosenden Fluß hinuntersieht,

7880 *den dûhte daz gevelle*
sam er sæhe in die helle:
der swindel in ze tal zôch,
sô daz er wider in vlôch.

Wir erinnern uns: der eine der Zwei Wege *leitet ûf den êwigen tôt.* Hat sich die Erinnerung an diesen Zug hier im Vergleich versteckt? — Eindeutig wird die Richtungssymbolik mit Guivreiz' Antwort auf Erecs Frage nach dem Namen der Burg.

[36] W. Ohly, Heilsgeschichtliche Struktur, S. 59 u. ö.

[37] H. Sparnaay, Hartmann Bd. 1, S. 99, hat das völlig mißverstanden, wenn er schreibt: „Unterwegs kommen sie an einen Scheideweg. Sie wählen natürlich die schlechte, wenig berittene Straße und kommen so nach Brandigan."

7899 *ich erkenne si: wir sîn verre*
geriten von unser strâze.
daz ez got verwâze!
iedoch sô manege zîte
sô ich disen wec rîte,
sô ist mir bœslîch geschehen:
ich han mich übele übersehen,
gezeiget zuo der winstern hant.

Auch das Flehen um Umkehr (7909/7931) bestätigt unsere Vermutung, das Zwei-Wege-Motiv wirke nach. Nur handelt es sich hier um eine verkehrte Welt, zu der gefunden zu haben für den erlösenden Helden *der Sælden wec* ist[38]. In dieser verkehrten Welt ist rechts und links vertauscht, wie sich in der Motivik der Zeitklage bei Thomasin, ›W. Gast‹ 8432 ff. belegen läßt: *die uns solden tragen daz lieht / vor, die gênt gerne bî der vinster. / diu zeswe hant ist worden winster. / diu lember sint ze wolven worden. / unser deheiner behelt sînen orden.*

Überblicken wir diese ›Erec‹-Stelle, so will uns scheinen, daß Hartmann bewußt die deiktische Funktion der Geographie dort in besonderer Verwirklichung verwendet, wo die „Reise Erecs und Enitens ... aus dem Realen" herausführt[39]. Es ist beachtenswert, daß Chrétien die von uns genannten Züge nicht kennt, daß — wie Scheunemann nahelegt[40] — das Erlösungsmotiv wenn nicht Hartmanns eigener Gedanke so doch ein Motiv ist, das er weiter ausgestaltet. So wird man in der verdrehten Richtungssymbolik einen deutlichen Hinweis sehen dürfen. Der charismatische Held dringt auf dem scheinbar falschen Weg ein in das Land, über dem ein Fluch zu liegen scheint. Später wird er über *ein engez phat: / daz enweste*

[38] Zur Geographie des Folgenden s. R. Gruenter, Das *wunnecliche tal.* In: Euphorion 55 (1961), S. 368—370. Es mischen sich zwei typische Schauplätze der Artusepik: das durch Aventiure gefundene Schloß und der mit der Wildnis konstrastierende Lustort.

[39] Hugo Kuhn, ›Erec‹. In: Dichtung und Welt, S. 145 [hier abgedruckt, S. 38].

[40] E. Scheunemann, Artushof u. Abenteuer. Zeichnung höfischen Daseins in Hartmanns ›Erec‹. Breslau 1937 (= Deutschkundliche Arbeiten. A. Allg. Reihe Bd. 8), S. 99—103.

der liute niht vil (8713 f.) in den Garten finden, der wie ein Paradies aussieht [41] und in dem gleichzeitig ein Pfahl auf seinen Kopf zu warten scheint (8768—74). Also nochmals eine verkehrte Welt: diesmal der richtige Weg des Auserwählten, der aber in eine Falle zu führen scheint. Die Diskrepanz hat auch hier Signalwirkung. Das Publikum soll aufmerksam werden, in welchem Verhältnis symbolische Landschaftsmomente und wirkliches Geschehen zueinander stehen. Aus diesem indirekten Kommentar des Erzählers entsteht Spannung, die nicht nur die Handlung motivierend und bewegend weitertreibt, sondern gleichzeitig auch eine dichterische Lösung des angedeuteten menschlichen Problems fordert.

Es bleibt nachzutragen, auf welche Tradition diese Richtungssymbolik zurückgeht. Sie ist antiker wie christlicher Überlieferung bekannt, die beide auch die Topik des bivium kennen. Bei Vergil (›Aen.‹ VI, 540 ff.) führt der Weg rechts zum Elysium, links zum Tartarus [42] — eine Tradition, die auch Veldeke, ›En.‹ 3553 ff. bekannt ist, und die auch bei Persius (›Sat.‹ III, 55; vgl. Scholion) und Maximinus (›Anthologia Latina‹, 652 Riese) belegt ist [43] — in letzterem Falle in besonders enger Verbindung mit der Zwei-Wege-Motivik in Form der Wege auf zwei Anhöhen.

Von Matth. 25, 36—46 ausgehend, der Trennung in Schafe zur Rechten und Böcke zur Linken, ist die Richtungssymbolik christliche Tradition. Man denke an die ikonographische Auslegung von Matth. 27, 38; Luk. 23, 32 f.; 23, 39—43: der Übeltäter, dem Christus das Paradies verheißt, gehört auf die rechte Seite Christi.

V

Ich habe aus verschiedenen Werken Hartmanns Belege gegeben, die sich über das Motiv der Zwei Wege scheinen verbinden zu

[41] Vgl. R. Gruenter, Euphorion 49 (1955), S. 124 f.; ders., Euphorion 55 (1961), S. 368—370.

[42] Ich danke den Beleg W. Michaelis, in: Theolog. Wörterbuch Bd. 5, S. 46.

[43] Nach E. Panofsky, Hercules, S. 64—68.

lassen. Mit welchem Recht und mit welchem Sinn geschieht diese Zusammenstellung?

Im Motivkomplex der Zwei Wege hat sich eine Anzahl voneinander ursprünglich unabhängiger Vorstellungen verbinden können und verbunden [44]: gerader und krummer, leichter und beschwerlicher, gebahnter und ungebahnter Weg, Weg des Lichts und der Finsternis, des Lebens und des Todes, des Heils und des Unheils, Weg des Erwählten und des Sünders. Weg der Buße und der Sünde; schmaler Weg und breiter Weg (schmale Pforte und breite Pforte) [45], Weg nach rechts und Weg nach links [46]. Mit der Konkretisierung als schwieriger Weg in Wald und Gebirge sind wir in enger Nachbarschaft des locus amoenus, des *wunneclichen tal,* des paradisus, die ebenfalls den schwierigen Zugang kennen [47]. Auch berührt sich manches mit *wilde* und *walt* in den Bedeutungen, die sie in der Artusepik gewinnen [48]. Hulda H. Braches weist darauf hin, daß der mühsame Weg auch Motiv der Jenseitsfahrt ist [49]. Die Wahrscheinlichkeit, daß in der Gestaltung diese verschiedenen Bedeutungsbereiche durcheinandergehen und sich miteinander verbinden, ist groß. Man sollte nicht versuchen, daraus ohne weiteres auf verschiedene, literarische Quellen des betrachteten Werkes zu schließen. Es handelt sich wohl um literarisches Allgemeingut; die Ansätze zu Motivassoziationen liegen im Stoff, die einzelnen Züge gehören oft einem typischen Motivschatz an und sind nicht als literarische Entlehnung

[44] Vgl. W. Michaelis, in: Theolog. Wörterbuch Bd. 5, S. 42—47. E. Panofsky, Hercules, S. 43—44. J. Alpers, Hercules, S. 2—9.

[45] Die Bildmischung Weg/Pforte findet sich nur bei Matth. 7, 13 f. Luk. 13, 24 kennt allein das Bild von der Pforte.

[46] Die biblischen Vorstellungen lassen sich mit Hilfe einer Konkordanz erschließen. Das Material bieten auch die in Anm. 2 genannten Arbeiten von A. Kuschke und F. Nötscher.

[47] Zu den genannten Topoi vgl. E. R. Curtius, Europäische Literatur und lateinisches Mittelalter. Bern/München [5]1965, S. 191—209. R. Gruenter, Der *paradisus* der Wiener Genesis. In: Euphorion 49 (1955), S. 121 bis 144. Ders., Das *wunnecliche tal.* In: Euphorion 55 (1961), S. 341—404.

[48] Dazu R. Gruenter, Euphorion 55 (1961), S. 372—374; E. R. Curtius, Europ. Lit., S. 206, 207 f.; E. Auerbach, Mimesis, S. 123 ff.

[49] H. H. Braches, Jenseitsmotive, S. 165 f.

festzulegen. R. Gruenter und F. P. Pickering haben in Auseinandersetzung mit Curtius darauf hingewiesen[50], und man hat eine Bestandsaufnahme der typischen christlichen Vorstellungen gefordert, um jenes "more or less serious over-shooting of the mark" zu verhindern, das entsteht, wenn "general knowledge is glossed by reference to learned authority"[51].

Es bleibt dennoch zu prüfen, auf welchem Wege Hartmann und seine Zeitgenossen Kenntnis haben konnten von dem hier erwogenen Motivzusammenhang des Zwei-Wege-Topos. Die Vermittlung geht, wie bei Panofsky und Alpers nachzulesen ist, über die Kirchenväter und es scheint, als sei zu Hartmanns Zeit die christliche Fortentwicklung des Motivs bereits Allgemeingut. Panofsky weist allerdings darauf hin, daß es in der klassischen Version, in der Herkules die Person am Scheideweg ist, vor der Mitte des 15. Jahrhunderts ikonographisch nicht zu belegen ist, auch in der Literatur erst um 1400 auftaucht, obwohl die Version als bekannt vorauszusetzen sei. Er erklärt das mit der Überlegung, sie sei „auf der einen Seite zu sehr 'Moralität'" gewesen, um in rein weltliche Zyklen aufgenommen zu werden, „auf der anderen Seite in ihrer Moralauffassung zu diesseitig", um sich der christlichen Tugendlehre ohne weiteres einfügen zu lassen[52]. Eine formale Beziehung zu christlich-mittelalterlichen Darstellungen verwandter Themen ist aber anzunehmen. Wir sind also wohl berechtigt, die anfangs versuchte Verbindung zwischen den verschiedenen Belegen herzustellen.

VI

Gibt uns die in der christlichen Tradition wesentlich geistliche Bedeutung des Motivkomplexes das Recht, weiterzuschließen auf eine 'heilsgeschichtliche Struktur' aller epischen Werke Hartmanns?

[50] R. Gruenter, Euphorion 55 (1961), S. 375. F. P. Pickering, GLL 11 (1957/58), S. 335—345. Vgl. auch Hugo Kuhn, Parzival. In: Dichtung und Welt, S. 172 f.

[51] F. P. Pickering, GLL 11 (1957/58), S. 338.

[52] E. Panofsky, Hercules, S. 155 f.

Ich glaube nicht[53]. Denn wir sind vom Text her gezwungen, das merkwürdige Schillern der Werke, über die scharfe Abgrenzung weltlich/geistlich hinweg, in Rechnung zu stellen[54]. Wenn Erec in Brandigan ausruft *ich weste wol, der Sælden wec / gienge in der werlde eteswâ* (8521 f.), dürfen wir das — trotz Berücksichtigung von v. 8527 f. *got hât wol ze mir getân / daz er mich hât gewîset her* — so verstehen wie die Worte über *der sælden strâze* im Prolog des ›Gregorius‹? Der Kontext bestimmt, in welchem Sektor des Bedeutungsbereiches von mhd. *sælde* die nhd. Übersetzung liegen muß, wobei allerdings dank des hermeneutischen Zirkels jede Übersetzung auch Interpretation ist. Die Schwierigkeit liegt hier im Begriff *sælde,* der den gleitenden Übergang aus dem weltlichen in den geistlichen Bedeutungsbereich und umgekehrt begünstigt[55]. Ist also Bechs Konjektur (›Erec‹ 8521) richtig, so bleibt doch noch die Bedeutungsspanne von salus, beatitudo, fortuna, bleibt der Unterschied zwischen dem Weg zum Heil der Seele und dem Weg, auf

[53] Vgl. hierzu die Erwägungen von Hugo Kuhn, Parzival. In: Dichtung und Welt, S. 166 f. Er entscheidet bei einem ähnlichen Problem: „der mythische Sinn der Motive erklärt nicht die Gestalt, nicht den Text dieser Werke. Der Sinn ihrer Ganzheit, ihrer Struktur, Komposition, läßt über ihre Bedeutung erst ganz entscheiden".

[54] Vgl. dazu u. a. G. Ehrismann, Geschichte d. dt. Lit. bis zum Ausgang des Mittelalters. Teil 2. Die mhd. Lit. II. Blütezeit. Erste Hälfte. München, 1954, S. 169 f. In jüngster Zeit hat u. a. H. B. Willson in einer Reihe von Aufsätzen versucht, eine geistliche Deutung durchzuführen. (S.: Sin and redemption in Hartmann's ›Erec‹. In: Germanic Review 33 (1958), S. 5 bis 14; Symbol and reality in ›Der Arme Heinrich‹. In: MLR 53 (1958), S. 526—536 [hier abgedruckt, S. 151 ff.]; Hartmann's ›Gregorius‹ and the parable of the good Samaritan. In: MLR 54 (1959), S. 194—203; Love and charity in Hartmann's ›Iwein‹. In: MLR 57 (1962), S. 216—227). Vorsichtig abwägend äußert sich K. C. King, Euphorion 57 (1963), S. 64 f. [hier abgedruckt, S. 339] dahingehend, „daß man sich zwischen 'kirchlich' und 'religiös' ... und 'weltlich' und 'höfisch' ... keine scharfe ... Grenze vorzustellen hat".

[55] Vgl. dazu Regine Strümpell, sælde. G. Ehrismann hat in seinem Aufsatz Die Grundlagen des ritterlichen Tugendsystems (in: ZfdA 56 (1919), S. 137—216) dem Begriff manche Überlegung gewidmet; vgl. S. 166—168, 182, 201 Anm. 1, 208 f.

dem der Ritter sich als Retter bewährt und seine menschliche Vollendung ihm zufällt. So kann sich unter e i n e r Bezeichnung doch die gemeinte Wertung verschieben — wie Pickering es für den ›Armen Heinrich‹ nahelegt (vgl. ›AH.‹ 406): "the story proper begins when Lord Henry is forsaken by Sælde. With reference to what has gone before, his Sælde is his Fortune; with forward reference it is his hope of Salvation—now lost, until he merits it." [56] Die scharfe Trennung der Gattungen und ihrer Aspekte wird damit in diesem Fall und an dieser Stelle fragwürdig; innerhalb eines Werkes können geistliche wie auch vorwiegend diesseitige Bedeutung wechseln.

Erst die Interpretation führt uns über die Feststellung formaler Motivparallelen hinaus. Die darin liegende Aufgabe scheint mir der Begriff "accommodation", den Pickering für solche Motivübertragungen vorgeschlagen hat, treffend zu charakterisieren. "In dealing with secular authors we may be able to use it, at least analogically, when we feel that parody and blasphemy are too condemnatory. 'Accommodation' is the conscious but reverent transference of sacred or sacrosanct words, similes, metaphors, symbols, or whole mosaics of quotation to a new context; or it may manifest itself as sustained allusion." [57] Wir greifen nochmals auf das Brandigan-Abenteuer zurück: wenn Erec am Scheideweg in der 'falschen' Richtung reitet, diesen Weg drohenden Unheils aber später geradezu als göttliches Geschenk empfindet (8527 ff.), so wird man in dieser Umkehrung einen indirekten Kommentar des Erzählers sehen dürfen. Erec wird damit zu dem Helden, der sich nun zu seiner Bestimmung, die ihm zufällt, selbst bestimmt. Innerhalb der ritterlichen Welt gewinnt er charismatische Züge. Gleichzeitig weist die Umkehrung, das Paradox vom falschen Weg als dem richtigen, hin auf die Abhängigkeit der dargestellten Welt von dem Helden, der wieder richtigstellt — und der Held bewährt sich. So wirkt die Übernahme und Anverwandlung des Zwei-Wege-Motivs kommentierend, weil seine Sinnstruktur mit übernommen wird; darüber hinaus aber auch, weil die ursprünglich geistliche Bedeutung des

[56] F. P. Pickering, GLL 11 (1957/58), S. 339.
[57] F. P. Pickering, GLL 11 (1957/58), S. 342.

Entscheidungsmotivs der höfisch-ritterlichen Handlung Transparenz, eine spirituelle Perspektive gibt (wie F. Ohly an der schon zitierten Stelle es genannt hat). So gerät die reine Übernahme eines traditionellen Vorbildes in die Nähe einer typologischen Einstellung, in der die „Gestaltformel ... nicht stoffliches Vorbild, sondern sinnbezogener Typus ist", so daß die klare Abgrenzung, die J. Schwietering zwischen diesen beiden Gestaltungsformen versucht hat, nicht in ganzer Schärfe aufrechterhalten werden könnte[58].

Was zu den Stellen aus dem ›Gregorius‹ gesagt wurde, braucht nicht wiederholt zu werden. Eine starre, symbolische Deutung scheint mir nicht durchführbar[59]. Doch sind Einzelfiguration und Sinnbild ineinander gesehen: Gregorius sucht seinen Weg in die Bedeutungslandschaft der *riuwe* und *buoze*, metaphorisch: sein Heil. Am Ziel, am Ende seines Weges finden wir ihn wie die häßliche Tugend — und als christusähnliche Figur[60] — auf dem schwer zu erreichenden Felsen, bevor er zurückkehrt in die Welt mit allen Zeichen der Erwählung.

VII

Es bleibt noch zu überlegen, ob sich von den bisherigen Erwägungen her nicht eine Beziehung zum Problem der Naturdarstellung in mhd. Dichtung herstellen läßt[61]. Wenn Hanna Schulz die „ganz

[58] J. Schwietering, Typologisches in mittelalterlicher Dichtung. In: Vom Werden des deutschen Geistes. Festgabe G. Ehrismann. Hrsg. v. P. Merker u. W. Stammler. Berlin/Leipzig 1925, S. 48 f.

[59] Es lohnt sich, vor voreiliger symbolischer Interpretation sich kritisch auseinanderzusetzen mit dem Aufsatz von M. W. Bloomfield, Symbolism in medieval literature. In: Modern Philology 56 (1958/59), S. 73—81.

[60] Vgl. dazu neben Pickering besonders H. B. Willson, MLR 54 (1959), S. 194—203, wo einseitig verdeutlichend Gregorius gesehen wird als Figur, die den Weg vom gefallenen Adam zum erlösenden Christus durchläuft. S. auch F. Tschirch, Gregorius der *heilære*. In: Festschrift J. Quint. Hrsg. v. H. Moser, R. Schützeichel u. K. Stackmann. Bonn 1964, S. 237—250.

[61] Die älteren Arbeiten geben dazu nicht viel her: Hanna Schulz, Die Landschaft im mhd. Epos. Diss. Freiburg i. Br./(Masch.) 1924. Jean Hamilton, Landschaftsverwertung im Bau höfischer Epen. Diss. Bonn

erstaunenswerte Stärke der Darstellung" der Natur im ›Gregorius‹ an den Stellen 2761 ff., 3221 ff., 3229 ff. bewundert [62], so sind das ja gerade die Stellen, die unter dem Einfluß der erwogenen Motivik als Bußlandschaft fungieren können. Wir kehren damit zurück zu dem von R. Gruenter behandelten Problem: „Stehen die epischen Schauplätze mittelalterlicher Dichtung in einem typischen Verhältnis zu bestimmten Vorgängen und bestimmten Personen [63]?" Wir stoßen mit dem Zwei-Wege-Motiv auf einen weiteren Beleg dafür, daß die mittelalterliche Naturdarstellung weithin noch angeregt ist von symbolischen Vorstellungsweisen [64]. Es ist zu prüfen, ob möglicherweise die Naturdarstellung nicht in noch größerem Maße einzelne Züge eines *bezeichenlîchen sprechen* enthält, die als Bedeutungszeichen fungieren und als Kristallisationskerne weiterer Darstellung individueller Art wirken konnten.

1932. J. Böheim, Das Landschaftsgefühl des ausgehenden Mittelalters. Berlin 1934.

[62] A. a. O., S. 25.

[63] R. Gruenter, Euphorion 55 (1961), S. 383.

[64] R. Gruenter, GRM 34 (1953), S. 116 spricht von der „frühmittelalterlichen Symbolnatur". Ähnlich Hugo Kuhn, Minnesangs Wende. Tübingen 1952 (= Hermaea NF. Bd. 1), S. 74.

H. Kuhn, Text und Theorie. Metzler, Stuttgart 1969, S. 182—190. Erstmals in: Festschrift für K. Ziegler. Stuttgart 1968.

MINNESANG ALS AUFFÜHRUNGSFORM

Von HUGO KUHN

Schon die vorletzte Stufe der Erforschung des Minnesangs, zusammengefaßt etwa in dem großartigen Lebenswerk von Carl von Kraus, hatte sich ganz von der biographisch-erlebnismäßigen Auffassung des Minnesangs im 19. Jahrhundert abgekehrt. Neben geistesgeschichtlichen Versuchen bestimmten schon da formale, literarkritische und formästhetische Gesichtspunkte das Bild des Minnesangs neu bis in die Textkritik hinein (hier fast allzusehr!). Die Melodien, in Deutschland leider so rar überliefert, ihre Erschließung und Auswertung nach Strukturen und Gattungen trugen schon damals neu dazu bei. Sogar die inhaltliche Seite des Minnesangs, kurz gesagt die Minne, wurde nun nicht mehr biographisch, sondern artistisch verstanden: Minne, das sind für Carl von Kraus bestimmte, artistisch durchgespielte 'Positionen' der Liebeserfahrung — wenn man mir den physiologischen Anklang verzeihen will —, die reflektierend diskutiert, gegen andere polemisch ausgespielt oder zyklisch verknüpft werden. Dabei behielt die Minne aber doch, wie noch einmal das Beispiel von Carl von Kraus zeigen kann, einen fatalen Ton von 'Erlebnislyrik' — fast einen noch fataleren! Denn wenn man z. B. Reimar den Alten biographisch verstand, konnte er immerhin als ein Beispiel der 'grande passion' und ihrer Literaturgeschichte vom alten Ägypten bis zu Stendhal und Tolstoj gelten. Bloß als Erlebnis-Fiktion verstanden, als Spiel um Liebes-Worte, und sei das Wort auch *biligen* — das ist doch ein gar zu trauriger Ersatz.

Die jüngste Phase der Minnesangforschung scheint, äußerlich gesehen, ganz im Rahmen der vorletzten zu bleiben. Neu scheinen nur Differenzierungen zu sein, die sogar oft mehr sichere Kenntnis abbauen als neue aufbauen: in der Statistik und Interpretation der metrischen und strophischen Strukturen (bis hin zu zahlensymbolischen Deutungen), in der Deutung von Rhythmus und Melodik der Melodien, im Verständnis der Rhetorik der Lied-Texte. Viel hat man dabei erst noch von der neuen Forschung zum Meistertum und -lied des 14. und 15. Jahrhunderts zu profitieren [1]. Tiefer gesehen ist jedoch die Basis der vorletzten Epoche bereits aufgegeben und ein neuer Ansatzpunkt für alle Aspekte des Minnesangs bereits in Sicht. Mein Versuch heute gilt einem Ansatz, der, wie ich meine, diese jetzt neu zum Gesamtbild drängenden formalen und artistischen Aspekte des Minnesangs auch mit seiner inhaltlichen Seite, dem Minneproblem, versöhnen könnte.

Dazu scheint mir eine Seite der Form des Minnesangs zu helfen, die bisher noch zu wenig beachtet wurde, die aber aufs engste mit seiner ursprünglichen Mündlichkeit zusammenhängt: daß die Strophen und Wortsequenzen der Minnelieder gelegentlich erst in der lebendigen Situation des Minnelieds, im Vorgang seiner 'Aufführung' durch den Sänger ihr Leben und ihren Sinn voll enthüllen. Ob nur als erste, einmalige Aufführung, als 'Eigentum' des Sängers oder auch bei Wiederholung durch andere — bis die Lieder endlich zu unserem Schrifttext erstarren — sei dahingestellt. Daß jedes Kunstwerk des Mittelalters weniger als fertige, simultane Gestalt gesehen werden darf, wie in der Neuzeit, sondern immer als sukzessive Entfaltung der Gestalt, wissen wir zumindest seit den Arbeiten des Kunsthistorikers Dagobert Frey. Wenn also auch die Liedgestalt im Mittelalter sukzessiv, d. h. als lebendiger Vorgang der melodischen und metrischen Liedform und der Gedankenführung verstanden werden muß, dann ist doch auch die Situation dieses sukzessiven Vorgangs, die Aufführung des Liedes, ein möglicher Gesichtspunkt für Form und Inhalt. Ich wähle nur ein Beispiel, ein

[1] Karl Stackmann, Der Spruchdichter Heinrich von Mügeln. Vorstudien zur Erkenntnis seiner Individualität, 1958 (Probleme der Dichtung 3); Johannes Kibelka, *Der ware meister.* Denkstile und Bauformen in der Dichtung Heinrichs von Mügeln, 1963 (Philol. Stud. u. Quellen 13); Christoph Petzsch, Das Lochamer-Liederbuch. Studien, 1967 (MTU 19); ders., Studien zum Meistergesang des Hans Folz, DVjs. 36 (1962), S. 190 bis 247; ders., Text- und Melodietypenveränderung bei Oswald von Wolkenstein, DVjs. 38 (1964), S. 491—512; ders., Text-Form-Korrespondenzen im mittelalterlichen Strophenlied, DVjs. 41 (1967), S. 27—60.

Beispiel freilich, das in Thematik und Form vielleicht das grundsätzlichste im deutschen Minnesang ist: das sogenannte Kreuzzugslied Hartmanns von Aue, Minnesangs Frühling 218, 5.

Das Lied hat die Forschung bisher schon ausnehmend interessiert, aber fast nur wegen des Ansatzes zur Datierung, den die Zeilen 218, 19/20 zu gewähren scheinen — und den die textkritischen Kontroversen ebenso eigensinnig verweigern [2]. Diese crux soll wohl mit zur Sprache kommen, aber sie braucht durchaus nicht im Vordergrund zu stehen. Auch auf Metrik und Strophenstruktur und

[2] Literatur zum Lied oder der daraus abgeleiteten Chronologie seit MFU: Ekkehard Blattmann, Die Lieder Hartmanns von Aue, 1968 (Philol. Stud. u. Quellen 44); Gerhard Eis, Stammt das Kreuzlied *Ich var mit iuwern hulden* von Hartmann von Aue? Euph. 46 (1952), S. 276—279; Siegfried Gutenbrunner, Hartmanns Ausfahrt im Zeichen des Evangelisten und des Täufers, ZfdPh. 78 (1959), S. 239—258; Günther Jungbluth, Das 3. Kreuzlied Hartmanns. Ein Baustein zu einem neuen Hartmannbild, Euph. 49 (1955), S. 145—162 [hier abgedruckt, S. 108 ff.]; Richard Kienast, Das Hartmann-Liederbuch C², 1963 (SB der Deutschen Ak. d. Wiss. zu Berlin); A. van der Lee, Noch einmal die Datierung von Hartmanns Werken, Leuv. Bijdr. 41 (1951), S. 110—116; Friedrich Neumann, Wann dichtete Hartmann von Aue?, in: Studien zur deutschen Philologie des Mittelalters. Festschrift für F. Panzer, 1950, S. 59—72; ders., Hartmann von Aue, in: Verf. Lex. 5 (1955), Sp. 322—331; ders., Rez. zu H. Sparnaay, Zur Sprache und Literatur des Mittelalters, AfdA 73 (1961/62), S. 70 f.; ders., [Hrsg.], Hartmann von Aue. Gregorius, ²1965 (Dt. Klass. d. Mitt. NF 2), S. 18 ff.; ders., Hartmann von Aue, in: NDB 7 (1966), S. 728—731; Hermann Schneider, Rez. zu von Kraus, MFU, AfdA 59 (1940), S. 74; Werner Schröder, Zur Chronologie der drei großen mhd. Epiker, DVjs. 31 (1957), S. 264—302; Hendricus Sparnaay, Nachträge zu Hartmann von Aue, Neophilol. 29 (1943), S. 107 ff.; ders., Zu Hartmanns Kreuzzugslyrik, DVjs. 26 (1952), S. 162—177, auch in: H. Sparnaay, Zur Sprache und Literatur des Mittelalters, 1961, S. 79—94; ders., Brauchen wir ein neues Hartmannbild?, DVjs. 39 (1965), S. 639 bis 649; Heinz Stolte, Hartmanns sogen. Witwenklage und sein drittes Kreuzlied, DVjs. 25 (1951), S. 184—198 [hier abgedruckt, S. 49 ff.]; Peter Wapnewski, Der Gregorius in Hartmanns Werk, ZfdPh 80 (1961), S. 231 ff.; ders., Hartmann von Aue, ³1967 (Slg. Metzler 17); Friedrich-W. Wentzlaff-Eggebert, Kreuzzugsdichtung des Mittelalters, 1960, S. 201 ff.

die — nicht bekannte — Melodie des Liedes will ich hier nicht eingehen. Sie sind, bloß formal gesehen, relativ leicht zu verstehen im Umkreis der 'französischen' Phase des deutschen Minnesangs. Ich möchte das Lied hier auch nicht durchinterpretieren und ziehe darum auch die Forschung zu jeder Stelle nicht ausdrücklich heran — sie ist berücksichtigt. Hier interessiert vor allem diese Aufführungsform des Liedes. Sie aber kann, wie ich meine, zu einem besseren Verständnis des Textes überhaupt verhelfen bis hin zum 'Kommaproblem' 218, 19.

Das Lied beginnt: *Ich var* ... Damit zitiert Hartmann einen durchs ganze Mittelalter wiederzufindenden Liedanfang, man möchte ihn zunächst einen Topos nennen: im Pilgerlied z. B.: *In gotes namen varen wir* ...[3], im Liebeslied des 15. Jahrhunderts *Ich var dahin wan es muß sein* ...[4]. Schon der Minnesang kennt ihn: Morungens Liedanfang *Ich wil eine reise. wünschet daz ich wol gevar* ..., MF 145, 33, läuft fast parallel mit Hartmann, und auch Walther 60, 34 *Ich wil nu teilen e ich var* ... baut auf der „Ich var"-Situation auf. Als Topos scheint mir aber das Eigentliche, das in all diesen Liedanfängen 'Zitierte', noch nicht genug erfaßt. Die Formel enthält mehr. Sie ist einer der im Mittelalter verbreiteten

[3] F. M. Böhme, Altdeutsches Liederbuch, Leipzig 1877 (Nachdruck 1966), Nr. 568. Dort u. a. Hinweis auf Tristan:

(11533) [Tristan, Isot] *Sie zwei* ....
und sungen eines unde zwir:
'in gotes namen varen wir' (Ranke)

— demnach schon vor dem frühen 13. Jh. bekannt; sowie Abdruck von 5 Überlieferungen (3 mit Melodie) aus dem 15. und 16. Jh. — Für diesen und die folgenden Nachweise danke ich Christoph Petzsch.

[4] Lochamer Liederbuch Nr. 8 (Faksimile von Konrad Ameln, 1925), gegen 1452 aufgezeichnet. Geistliche Kontrafaktur (schon?) vorher im cgm 4702, der nur noch einen 1444 entstandenen geistlichen Text enthält. Vgl. Christoph Petzsch, Der cgm 4702, zwei frühe Kontrafakturen zum Lochamer Liederbuch, ZfdA 92 (1963), S. 227—240. Jetzt auch in: Ch. Petzsch, Das Lochamer-Liederbuch. Im 15. Jh. formelhaft: *gesegn dich got ich far dahin,* auch Liedschluß 1568 bei Hans Sachs (1895), Bibl. d. Stuttg. Lit. Vereins 207, S. 393). Zum Nachleben der Formel vgl. noch: ZfdPh 26 (1894), S. 213.

Typen von Lied-Anfangs-Situationen. Ich nenne nur ein weiteres Beispiel: die Formel von der guten neuen Mär geht durchs ganze Mittelalter, von Walthers Preislied 56, 14: *Ir sult sprechen willekomen, der iu mære bringet daz bin ich* — bis zu Luthers *Vom Himmel hoch da komm ich her, ich bringe euch gute neue Mär*: ihre Situation ist sozusagen die Sänger-Rolle par excellence: der Sänger tritt auf als Bringer der „neuen Zeitung“, wie es dann im 16. Jahrhundert heißt.

Ich var: Das Scheiden ist sicher auch ein allgemein menschlicher Inhalt, aber er wird im Lied des Mittelalters konkreter und zugleich allgemeiner poetologisch aufgegriffen: als eine der typischen Sänger-Rollen, ein Sänger-Auftritt.

Die Fortsetzung im Liedanfang: . . . *mit iuwern hulden, herren unde mage,* spielt die „Ich var“-Rolle weiter mit einer allbekannten Entlassungsformel. Und die nächste Zeile: *liut unde lant diu müezen sælic sin* gibt der Situation noch eine Segensformel beim Abschied hinzu. Die beiden nächsten Zeilen aber: *ez ist unnot, daz iemen miner verte vrage, ich sage wol für war die reise min* — können buchstäblich nur verstanden werden als noch einmal raffinierteres Weiterspiel des Sängerauftritts. Warum denn braucht niemand nach dem Zweck und Ziel der *reise,* der Kriegsfahrt des Sängers zu fragen? Warum denn sagt er ihn so betont *wol für war* — um ihn sogleich eben nicht zu sagen, sondern hinüberzuspielen in ein Rätsel: *Mich vienc diu minne* (218, 9)? Antwort: Das Lied ist, wie sein Text beweist und die Forschung einhellig annimmt, eine religiöse Aufforderung zum Kreuzzug — ein wohlbekannter Typ auf Latein, Französisch und Deutsch, dem eben als Typ ein bestimmtes Vorverständnis des Publikums entgegenkam. Doch es geriert sich in Thematik und Wortsequenzen, von dieser rätselhaften Minnegefangenschaft (218, 9) an, ebenso eindeutig und einseitig als ‘weltliches’ Minnelied, genauer als Reflexion über ‘rechte Minne’ — auch dies ein Typ schon im Vorverständnis des Publikums. (Belege seit Veldeke, die leicht beizubringen wären, spare ich mir hier.) Diese Spannungen zwischen zwei Gattungstypen und die daraus entwickelte thematische Dialektik — sie erst bestimmt metrische Form, Wortwahl, Gedankenführung des ganzen Gebildes präzise.

Wie wird sie den Zuhörern deutlich? Nicht durch Liedform und Liedtext direkt. Sie gewinnt ihren Anspielungs- und Bedeutungsreichtum erst durch die Rückbeziehung der ausgesprochenen 'weltlichen' Minnethematik zur unausgesprochenen 'religiösen' Kreuzzugsthematik. Diese muß also schon in der Situation, im Auftritt des Sängers sichtbar sein und während des ganzen Vortrags ungesagt mitspielen. Das ist Sinn und Funktion der „Ich var"-Rolle; und sie muß, noch genauer, sich selbst als Abschied vor der Kreuzfahrt darstellen: warum nicht durch das Kreuz auf dem Gewand des Ausfahrenden, sichtbares Zeichen seiner religiösen Verpflichtung?

Ich mußte der Interpretation zum Teil vorgreifen, um Sinn und Funktion der „Ich var"-Formel gleich zu Anfang zu bedeuten. Sie ist, wie ich meine, eine 'Darstellung' der Kreuzzugsthematik, nicht im Text ausgesagt, sondern in der Formel und der sie begründenden Rolle, im Auftritt des Sängers 'angesagt' und so zu dialektischem Spiel mit den „Minnesängern" durchs ganze Lied gegenwärtig.

Diese breit durch vier Verse ausgespielte Situation verrätselt sich, wie gesagt, für den Zuschauer und Zuhörer überraschend im 5. Vers: *Mich vienc diu Minne und lie mich vri* (hs. *varn*) *uf mine sicherheit* (218, 9). Der Kreuzritter des Auftritts erklärt sich als — Minnegefangener!

Der Minnegefangene ist nicht eigentlich ein Topos des Minnesangs. Hartmann zitiert später in unserem Lied konventioneller den Minnediener (218, 16) und, überraschend, die Minnesinger selbst (218, 21). Im 14./15. Jahrhundert wird der Minnegefangene aber zum Bild-Topos im wörtlichen Sinn: in den Minnesklaven-Zyklen verschiedener Fresken und Bildteppiche [5] — hier genährt aus dem höfischen Epos und der Novellistik: Tristan z. B. und Wigalois, Salomo, Aristoteles mit Phyllis sind Minnesklaven. Auch Hartmann hat den Typ des Minnegefangenen aus der Epik ins Lied aufgenommen — was ja bei ihm nicht wundert: Freilassung *uf sicherheit* ist die in der höfischen Epik überaus häufige Situation des besiegten

[5] Friedrich Maurer, Der Topos von den 'Minnesklaven', DVjs. 27 (1953), S. 182—206, mit Beigabe einer Reproduktion des „Malterer-teppichs" aus dem Augustinermuseum in Freiburg/Br.

Aventiure-Gegners, der gegen die „Sicherheit" seines gegebenen Wortes verschont und als Zeugnis der Aventiure zu einer Minneherrin beordert wird, die dann weiter über ihn gebieten darf. Eben das geschieht in Hartmanns Lied gleich in der nächsten Zeile: *nu hat sie mir enboten bi ir liebe daz ich var.* Die Forschung ist darüber einig, daß damit das Aufgebot des Kreuzfahrerheeres gemeint ist: nach früherer Selbstverpflichtung der Teilnehmer, nach sichtbarem Anheften des Kreuzes ans Gewand, ergeht das Aufgebot später, jetzt erst *(nu).* Aber — als Aufgebot des Minnegefangenen? Und wer ist Hartmanns Herrin im Lied, *diu Minne,* was ist *ir liebe*?

Wörtlich genommen, wie die zweite und dritte Strophe den Text dialektisch ausspielen, ist es die Minne der Minnediener und Minnesänger, halb personifiziertes Abstraktum, halb konkret evozierte Geliebte (das macht dann die Pointe der Schlußzeile 218, 25 aus, und so ist sogar die Frage, ob „Minne" groß oder klein zu schreiben sei, kaum zu lösen). Im Umkreis aber der Kreuzzugsthematik, die, ungesagt, im Lied anwesend ist allein durch den Auftritt des Sängers, ist es die Gottesliebe: abstrakt die Liebe zu Gott, „der uns zuerst geliebt" (1. Joh. 4, 19; woraus sich dann die Dialektik der „gegenseitigen Liebe" in der dritten Strophe entwickelt: s. u.). Konkret aber, und anwesend im Kreuz auf dem Gewand, ist „die Minne" der Erlöser selbst in seinem Geburts- und Lebens- und Sterbe- und Auferstehungsland (vgl. dazu Walther 14,38), zu dessen Befreiung von den Heiden der Kreuzfahrer *uz miner zungen ... über mer* (218, 18) fahren muß. Die Absicht, durch dieses Spiel mit der doppelten Bedeutung von Lied-Wort und Lied-Auftritt zu irritieren, bekräftigt der Schluß der ersten Strophe: die Unabwendbarkeit der Kriegsfahrt *dar* — ins Heilige Land? — und die religiöse und sittliche Vertiefung von *triuwe* und *eit* wird bestätigt, ungesagt aber sichtbar, allein durch das Kreuzzeichen — die ausgesagte Minnesang- und Minneepos-Terminologie aber verlockt weiter zum Kurzschluß, bildet weiter das Rätsel.

Gerade diese sittliche und rechtliche Verpflichtung im Religiösen greift die zweite Strophe auf — im Text aber gerade wieder durch Apostrophierungen des Minnesangs.

Sich rüemen (218, 13) — das ist Minnesang von außen gesehen. So sieht ihn der Satiriker Heinrich von Melk (wohl erst gegen

1180[6]): *Swa sich diu ritterschaft gesamnet, da hebet sich ir wechselsage, wie manige der unt der behuret habe; ir laster mugen si nicht verswigen, ir ruom ist niwan von den wiben* (Erinnerung a. d. Tod 354 ff.) — Prahlerei von Soldaten über erotische Erfolge. Und so sieht auch im 13. Jahrhundert den Minnesang z. B. der 'Spielmann' „Gedrut“ (A) oder „Geltar“ (C): *ir sit ze veiz bi klagender not: wær ieman ernst der sich also nach minnen senet, der læg inner jares friste tot* (KLD 13, I 7 ff.) — Prahlerei mit Minneleiden.

Hartmann zitiert also hier den Minnesang 'grob' von außen gesehen (wie auch in seiner anderen, nicht religiös begründeten Minnesangkritik in dem Lied 216, 29), und er kritisiert ihn wie Gedrut-Geltar mit der biblischen Worte-Werke-Formel. Und zitiert dann gegen ihn, leise ironisch, s e i n e (Kreuzfahrt-)Minne-Formel aus der ersten Strophe: *Doch sæhe ich gerne daz si* (= die Minne) *ir eteslichen bæte* (vgl. *nu hat sie mir enboten bi ir liebe* 218, 10) *daz er ir diente als ich ir dienen sol.* Ein inhaltlicher Unterschied aber zwischen Kreuzfahrt-Minne und Minnesinger-Minne, zwischen Gottesliebe und Frauenliebe, zwischen himmlischer und irdischer Liebe wird — nicht gemacht. „Sie“, die gebietende Herrin Minne, setzt Hartmann hier als ein und dieselbe, ihr „Dienst“ sollte ebenso ein und derselbe sein. Und so, nur so, wird seine nun folgende Definition 'der' Minne schlagend: *ez ist geminnet, der sich dur die Minne ellenden muoz* (218, 17): der, und nur der übt Minne, der sich um der Minne willen (Abstraktum und Person, und auf ihr Gebot: Str. I) ins „Elend“, in die Fremde, die Entbehrung begeben muß; der *varn* muß im Sinn der Lied-Anfangs-Situation.

ellenden als gemeinsames Maß für himmlische wie irdische, für Gottes- wie Frauenliebe? Das ist natürlich einerseits, vom zeichenhaften Sänger-Auftritt her, die Kreuz-Fahrt, offenbar gesehen ohne alle weltlichen Erfolgs-Illusionen[7], nur als religiöse Minne-Verpflichtung. *ellenden* gehört aber vielleicht auch zur weltlichen „Ich var“-Formel. Das allbekannte Lied „Innsbruck ich muß dich lassen, ich fahr dahin mein Straßen ...“ schließt die erste Strophe: „wo

[6] Vgl. Erika Kimmich, Das Verhältnis des sogn. Heinrich von Melk zur mittellateinischen Dichtung, Diss. (masch.) Tübingen 1952.

[7] Dazu Carl von Kraus, MFU, S. 436.

ich im Elend bin“ [8]. Im Minnesang hat man noch wenig auf die Wortsequenz geachtet. Aber einige Beispiele, nur aus Walther von der Vogelweide, zeigen sie auch: 44, 15, auch im Umkreis des „Fremde“-Motivs: *ist daz ein minne d' andern suochen sol, so wirt sie* (die Dame in der Ferne) *vil dicke ellende mit gedanken als ich bin* (vgl. auch Walther 13, 5 und zur Worte-Werke-Formel Walther 14, 6/7).

Im Zeichen des Sänger-Kreuzritter-Auftritts ist klar: *ellenden* bedeutet die gefährliche Kriegsfahrt ins Heilige Land. Und so kann auch die nächste Zeile bekräftigen: *nu seht* (am Kreuzzeichen: Gebärde?) *wie si* (die Gottesminne) *mich uz miner zungen* (meiner Heimat, Sprache, meinem Sang) *ziuhet über mer.* Die Raffinesse und Hauptpointe des Liedes besteht aber darin, daß diese — an sich eindeutig und positiv religiöse und im Kreuzzeichen sichtbare — Verpflichtung mit dem Text des Liedes auch den Frauenminne-Dienern angelastet wird. Was heißt dann das — hier doch gerade auch für sie als „Werk“ geforderte — *ellenden,* in dem offenbar die Verpflichtung der einen Minne gipfelt? Doch wohl ‘Fern-Minne’ in jedem, wörtlichen wie übertragenen, Sinn des Minnesangs und seiner Minnedialektik von Hausen an bis zum späten 13. Jahrhundert, d. h. die Hohe Minne überhaupt. (Man könnte sogar Parallelen zum Dienst-Zeichen des Kreuzes im Frauendienst-Zeichen des Epos sehen, wie Ärmel, Schleier, Spiegel. Denn es läge wiederum nahe, daß Hartmann hier, wie bei der Minnegefangenschaft, mehr ans Vorverständnis des Epos als an das des Liedes appelliert — was auch für den einheitlichen Sinn der Dienstminne des Liedes und der Minne-Ehe des Epos spräche, eben als die eine Hohe Minne.) Dieser irdischen Fern-Minne aber folgen keine Taten — wieso und wohin auch, da ihre Dialektik im Minnelied lebt eben nur als, aussichtslose, Reflexion und sublimiertes *sich rüemen*?

Des Sängers, hier Hartmanns, Fernminne-T a t aber ist wörtlich die Fahrt ins „Elend“: ins Heilige Land. Das nur können die

[8] Von Heinrich Isaac (ca. 1450—1517) zweimal vierstimmig gesetzt:
a) vor 1500 (wahrscheinlich) ‘Kanonisches Tenorlied’.
b) berühmte homophone Fassung mit Cantus firmus in der Oberstimme Diskantlied) = Nr. 36 bei Georg Forster I, [1]1539, [5]1560 (1942) (Erbe deutscher Musik 20). Abdruck auch DTÖ XIV[1].

zwei letzten Zeilen der Strophe (218, 19 u. 20) — um nun auch sie ins Spiel zu bringen — bekräftigen. Sie können und dürfen nur sagen: nichts außer der Minnegefangenschaft der Gottesminne brächte mich ins „Elend“. Der Tod seines Herrn, in anderen Liedern bewegend genug beklagt (MF 206, 14; 210, 23 ff.) — also Hermann Pauls von Carl von Kraus auch in Lachmanns Text genommene Konjektur —, hat hier nichts zu suchen, würde sogar um sein Recht gebracht[9]. Aber auch — mit der Handschrift und vielen Interpreten — „Herrn Saladins“ (und all seines Heeres?) Tod ist für die Dialektik des Liedes ganz irrelevant. Ich greife die Konjektur Günther Jungbluths, leicht variiert, auf, die die crux radikal — und wie ich glaube, allein im Sinn des Lied-Vorgangs — beseitigt, und lese: *und lieze si* (die Minne) *mich, her Salatin und al sin her die enbræhten mich von Vranken niemer einen fuoz:* Und wenn sie, die Herrin Minne (die Kreuzfahrt-Minne, die allein mich als ihren Gefangenen zwingt, meine *sicherheit* einzulösen) mich freiließe, mich aus dem Gelöbnis (der gegenseitigen Verpflichtung) entließe, dann brächte mich auch Herr Saladin und sein ganzes Heer (d. h. auch alle ganz oder halb irdischen und ritterlichen Gründe) nicht einen Fuß aus Franken (zu dieser Ortsbestimmung s. Jungbluth): Saladin lebt also auch für mich noch, der Kreuzzug ist der von 1189 — aber jede weitere biographische Auswertung des Liedes ist schon durch den neuen artistischen Aspekt der Sänger-Rolle höchst fraglich geworden. (Auch an die Barbarossa-Rolle Jungbluths kann ich damit nicht mehr glauben.)

Was die zweite Strophe hergibt, ist viel entscheidender: eine Definition der Minne, die Hartmann hier ganz unbeirrt als eine und dieselbe hinstellt, unabhängig von der Partner-Figur, sei es Gott und Christus, sei es die irdische Minne-Dame. Gemeinsam und identisch ist ihm die Dienst-Verpflichtung. Die aber ist unbedingt! Bloße

[9] Für die Handschrift und den Kreuzzug von 1197/98 treten von den Anm. 2 Genannten ein: A. van der Lee, W. Schröder, H. Sparnaay, P. Wapnewski. Für H. Pauls Konjektur und 1189/90: E. Blattmann, G. Eis, R. Kienast, F. Neumann, H. Schneider (aber 1197), H. Stolte, F.-W. Wentzlaff-Eggebert. Für eine andere Konjektur und 1189/90: G. Jungbluth, S. Gutenbrunner.

Reflexion darüber — die alle Minnelieder ausfüllt — genügt ihm nicht, er kritisiert sie gleich anschließend in der dritten Strophe als *wan*. Was er fordert und nur in der Kreuzritter-Rolle demonstriert, sind Taten: allgemein gesprochen geleistete, nicht bloß reflektierte Fern-Minne. Das ist eine radikal religiöse und doch zugleich noch immanente Kritik am Minnesang. Es beweist uns, daß im Vorverständnis der Zunft und des Publikums auch die irdische, die Frauen-Minne nicht einfach Liebes-Erlebnisse meinte — daß auch sie ein *sich ellenden* meinen muß: „Sich verlieren um sich zu gewinnen." Damit sind weitere Perspektiven in die mittelalterliche Geisteswelt der höfischen Laien-Literatur eröffnet. Ich kann und will hier nicht darauf eingehen, verweise nur auf meine früheren Versuche, gerade auch zu Hartmanns Epik, in dieser Richtung [10].

Aus dieser Position — Definition der einen Minne als Fern-Minne, als Hohe Minne, und Kritik ihrer „falschen" Diener — greift Hartmann in der dritten Strophe die Zunft selbst an: *Ir minnesinger . . .!* Was ihren Sang fälscht, ist *der wan*. Das schwierige Wort meint hier wohl doch einfach, von der zweiten Strophe aus gesehen, die taten-losen Reflexionen des Minnesangs. Aber die Kritik wird jetzt neu begründet. Weiter absichtlich 'grob' im Ton setzt Hartmann seinen „richtigen" Sang — noch immer, ungesagt, nur im Kreuzzeichen sichtbar gegenwärtig —, für die eine und gleiche Minne entgegen: *ich wil mich rüemen, ich mac wol von minne singen . . .* (218, 23). Die unterscheidende Differenz aber bildet nun das Ziel des Dienstes, die Gegenseitigkeit des Liebens: *sit mich diu minne* (Liebe abstrakt und Geliebtes konkret) *hat und ich si han. daz ich da wil, seht* (am Kreuzzeichen) *daz wil alse gerne haben mich. so müezt ab ir verliesen under wilen wanes vil: ir ringent umbe liep daz iuwer niht enwil* (218, 24—27).

Was ist es mit dem Problem der gegenseitigen Liebe im Minnesang, von der Frühstufe an bis zu Walther und dann über Neidhart weiter? Auch das hat man bisher immer als Erlebnis-Problem

[10] Erec, in: Dichtung und Welt im Mittelalter, 1959, S. 133—150. Vgl. jetzt auch Christoph Cormeau, Hartmanns von Aue ›Armer Heinrich‹ und ›Gregorius‹. Studien zur Interpretation mit dem Blick auf die Theologie zur Zeit Hartmanns, 1966 (MTU 15).

gesehen. Grob reduziert heißt das: kriegt er sie oder kriegt er sie nicht? Hartmann liefert hier einmal einen genaueren Schlüssel. Er hatte (Strophe II) definiert: Hohe Minne ist Fern-Minne; heißt *sich ellenden*. Ihr Sinn liegt nicht allein in der 'grande passion': wo die eine, einzig geliebte Person Leben und Schicksal bestimmt, ob man sie nun 'kriegt' oder nicht, ob glücklich oder, literarisch die Regel, tragisch bis zum Ende der ›Anna Karenina‹. Hohe Minne ist jedoch oder will immer sein gegenseitige Liebe. Ihr Ziel ist nur die Vereinigung mit der Geliebten — aber mit ihr als absolutem Wert, als höchstem irdischen Heil, als summum bonum auf Erden, sogar vom Schöpfer so gewollt. So und nur so singen es auch alle Minnesänger der Hohen Minne.

In unserem Lied aber stellt Hartmann mit raffinierter Wörtlichkeit die religiöse Fern-Minne der Kreuzfahrt dieser rhetorischen Fern-Minne der Zunft entgegen. Sie werben *umbe liep daz iuwer nicht enwil*. Ihm scheitern sie an der irdischen Minne-Partnerin Frau, weil deren reale, nur sozial als Wert realisierbare Ferne eine transzendente Beantwortung der Liebe, Gegenliebe als irdisches Heil, ausschließt. Christus aber ist hier Partner einer Fern-Minne, den man einerseits nie 'hat', es sei denn nach dem Tod, der aber sogar „uns zuerst geliebt" hat (s. o.). An dem irdischen Heil der Minne, der ethischen Qualifizierung des Ritters durch die irdische Fern-Minne, die ja die „Minnesinger" unaufhörlich reflektieren, ist Hartmann hier offenbar verzweifelt, gescheitert. Das wundert nicht, wenn man all die Minne-Schuld-Fragen seines Minnesangs und seiner Epik bedenkt, die ihn als Dichter von den anderen unterscheiden. Aber es beweist uns auch, daß er, offenbar auch hier mit dem Vorverständnis des Publikums wie der Zunft rechnend, dem ganzen Minnesang, zumindest dem deutschen, ein Ziel zuschreiben kann, das nicht nur weit über die bloße Liebes-Kasuistik etwa des Andreas Capellanus und auch über die sogenannten höfischen Tugendkataloge hinausgeht, sondern sogar unio mit dem geliebten Partner fordert, fordern muß, aber nur als unio mit dem höchsten Gut, summum bonum, Frau oder Christus.

So faßt es die Schlußzeile des Liedes auch zusammen: *wan mügt ir armen minnen solhe minne als ich? minnen solhe minne* läßt noch einmal den Liebespartner schweben zwischen personifiziertem Abstraktum und zärtlicher Anrede an Kind, Mann, Frau, Christus, Gott. Die Armut der Frauen-Minnediener aber rührt nicht einfach daher, daß ihre Geliebte sie nicht erhört. Sie sind arm, weil all ihre Leiden der Fern-Minne doch nicht genug sind, um damit die Antwort des höchsten Partners erzwingen zu können — weil sie, kurz gesagt, nicht 'hoch' genug lieben können bis hinauf zur unio mit dem transzendenten realen Sein des Partners.

Mein Versuch ging, um zum Schluß zusammenzufassen, aus von der Beobachtung, daß hier, wie mir scheint, die Situation des Liedanfangs, die Rolle, der Auftritt des Sängers, als ungesagtes Formelement dialektisch gegen den ganzen Text mitspielt. Ich wollte dann zeigen, wie sich durch dieses formale Mittel die Thematik zur immanenten Kritik am Minnesang, obwohl von außen, nämlich hier religiös fundiert, zuspitzen konnte. Wenn ich mich schließlich zu — in dieser Kürze viel zu vagen — metaphysischen Andeutungen verführen ließ, so nur darum, um eben doch anzudeuten, wie weit nach meinem Eindruck das Minne-Thema, mittelalterlich gesehen, reichen kann: bis zu metaphysischen Fragen des Laientums, die mangels eines theoretischen Bewußtseins nur als 'Sprachspiele' feudaler Gesellschaftskunst durchgespielt werden konnten, Fragen einer religiösen Theodizee oder, wie hier, einer irdischen Transzendenz der so vitalen wie anthropologisch universellen 'Macht der Minne'.

Geschichte, Deutung, Kritik, Literaturwissenschaftliche Beiträge, dargebracht zum 65. Geburtstag Werner Kohlschmidts. Hrsg. von Maria Bindschedler u. Paul Zinsli. Francke, Bern 1969, S. 64—78. Auch in: Formen mittelalterlicher Erzählung. Atlantis, Zürich/Freiburg i. B. 1969.

IWEINS ERWACHEN

Von Max Wehrli

Von den Werken Hartmanns von Aue ist der ›Iwein‹ im Mittelalter weitaus das beliebteste gewesen und als das eigentliche Vermächtnis des Dichters empfunden worden. Die Germanisten haben jedoch das mittelalterliche Urteil lange Zeit nicht begriffen und sehen sich oft auch heute noch in einer gewissen Verlegenheit diesem Werk gegenüber. Die frühere Forschung, wie sie etwa bei Sparnaay [1] zusammenkommt, hat vor allem durch eine motiv- und stoffgeschichtliche Analyse versucht, dem rätselhaft-komplexen Gebilde auf den Leib zu rücken, und es gelang ihr mindestens, das großartige Ganze eines keltisch-französisch-deutschen Überlieferungszusammenhangs sichtbar zu machen. Spannungen und Schichtungen im Handlungsgefüge, auch Widersprüche der moralischen Ökonomie konnte man auf diese Weise genetisch erklären; so hat man zwischen dem überlieferten Erzählstoff und der kommentierenden Stellungnahme des jeweiligen Dichters, vor allem Hartmanns, zu unterscheiden versucht und die Diskrepanz sozusagen mit der Chrestienschen Formel von *matiere* und *san* entschuldigt [2]. Zweifellos verbietet es der weithin überpersönliche Charakter mittelalterlicher Dichtung, den einzelnen Bearbeiter eines Stoffes als vollverantwortlichen Schöpfer zu fassen; eine immanente Werkinterpretation nach den Axiomen moderner Stilkritik führt sich hier

[1] H. Sparnaay, Hartmann von Aue. Studien zu einer Biographie, Halle 1933/38.

[2] Wolfgang Dittmann, Dune hast niht war, Hartman, in: Festschrift Ulrich Pretzel, Berlin 1963, S. 150 ff.; dagegen Kurt Ruh in: Philologia Deutsch, Festschrift Walter Henzen, Bern 1965, S. 39 ff., sowie jetzt ders., Höfische Epik des deutschen Mittelalters, I. Von den Anfängen bis Hartmann von Aue, Berlin 1967.

bald ad absurdum. Dennoch mag man nicht gerne vorzeitig aufgeben und ins Alibi der Vorstufen und Mehrschichtigkeiten flüchten. Man sucht mit Recht die Gesichtspunkte der Interpretation zuerst zu verfeinern und zu korrigieren, im Verdacht, daß unsere neuzeitlichen Augen doch vielleicht für manche Kategorien eines mittelalterlichen Erzählers blind sein müssen. Anders gesagt: der Ausgleich zwischen Werkinterpretation und Literarhistorie bleibt immer neu zu leisten. Die jüngere Forschung hat den Prozeß um Hartmanns ›Iwein‹ mit neuer Intensität aufgenommen. So bedeutet es fast eine Anmaßung, nach den Arbeiten von Hugo Kuhn und Wapnewski, Walter Ohly und Dittmann, von Sacker, Willson, Hatto, Harris, Cramer, Cormeau, Ruh, Stockum, Endres und nicht zuletzt Erich Köhlers ein weiteres Scherflein beitragen zu wollen. Es sollen hier jedoch nur anhand einer zentralen Szene des ›Iwein‹ ein paar grundsätzliche Überlegungen zur Deutung dieses Werkes wie vielleicht des Artusromans überhaupt angestellt werden.

Iwein hat das Quellenabenteuer bestanden, die Königin Laudine gewonnen; er hat jedoch bald wieder Urlaub genommen und sich am festlichen Artushof einem ritterlichen Leben ergeben. Nun wird er plötzlich von Sehnsucht nach seiner Gattin ergriffen, er versinkt in Schweigen und „vergißt seiner selbst“ [3] — nicht anders als Parzival vor den drei Blutstropfen im Schnee. Noch schneller als dort ist auch die Botin zur Stelle, die ihn verflucht: er hat den versprochenen Termin der Rückkehr verpaßt. Gerade weil er im Grunde treu ist [4], werden Schande, Sehnsucht und Reue übermächtig: er verliert *sin selbes hulde* [5], läuft nackt in den Wald und führt hier ein fast völlig vertiertes Dasein. Schlafend wird er eines Tages von drei Frauen aufgefunden und durch eine Zaubersalbe geheilt. Iwein erwacht, richtet sich auf, blickt *sich selben* an, entsetzt sich vor seiner *griulichen lich: bistuz Iwein oder wer? han ich geslafen unze her?* — sein früheres Ritterleben erscheint ihm als ein bloßer Traum. Doch steht er am Anfang eines neuen Lebens, in welchem er

[3] Hartmann von Aue, Erec. Iwein, hrsg. von Hans Naumann und Hans Steinger, Leipzig 1933. Iwein, Vers 3091.

[4] sin groziu triuwe, Vers 3210.

[5] Vers 3221.

nun, als Ritter mit dem Löwen, sich selber als der erweisen wird, der er ist.

Die Szenenfolge ist zentral: Sie ist das Gelenk zwischen den zwei typischen Phasen des Chrestienschen Artusromans, zwischen dem raschen Aufstieg des Helden zum Glück, das sich als krisenhaft und unecht erweist, und einer zweiten, eigentlichen Abenteuerfahrt, in der es das Glück erst zu erwerben gilt, um es zu besitzen. Das Romangeschehen vorher und nachher ist auf diese Peripetie bezogen: Iweins Erwachen ist keine bloße Episode, es ist ein entscheidender Vorgang im Verlauf jenes — wie auch immer zu sehenden — *saelden wec*[6], den der Artusroman darstellt, ein wichtiges Element jener „heilsgeschichtlichen Struktur", die man mit Recht heute allenthalben im Artusroman entdeckt[7].

Die Szene ist — von Hartmann noch deutlicher als von Chrestien — durch symbolische Hinweise auf christlich-biblische Vorstellungen unterstrichen worden. Es ist nicht einfach eine Fee mit einer heilenden Zaubersalbe, die hier einzugreifen hat; wie Willson[8] und Hatto[9] überzeugend gezeigt haben, erinnern die drei Frauen mit ihrem Salbengefäß an die drei Marien der Osterszene. Eine von diesen ist Magdalena, die im Mittelalter mit der Sünderin gleichgesetzt wird, die an Jesus ihre Narde verschwendet hat. Und die Jungfrau, die den schlafenden Iwein an Haupt und Füßen salbt und dabei, entgegen dem Befehl ihrer Herrin, in ihrer Hingebung die ganze Salbe verbraucht, ist dadurch mit Magdalena in Analogie gesetzt. (Hartmann ist hier wiederum biblisch korrekter als Chrestien, bei welchem Haupt, Füße und der ganze Leib gesalbt werden[10].) Diese Jungfrau ist es auch, die den Helden zuerst erkennt, wie Magdalena den Gärtner. Iweins Erwachen erhält österlichen Sinn, und es ist nicht zu kühn, wenn nun Iwein, der Gesalbte, im

[6] ›Erec‹ Vers 8521 ff.

[7] Walter Ohly, Die heilsgeschichtliche Struktur der Epen Hartmanns von Aue, Diss. Berlin 1958.

[8] H. B. Willson, Love and Charity in Hartmann's ›Iwein‹, in MLR 57 (1962), S. 216 ff.

[9] A. T. Hatto, 'Der aventiure meine' in Hartmanns ›Iwein‹, in: Medieval German Studies (Festschrift Frederick Norman), London 1965, S. 94 ff.

[10] Hatto S. 97.

Folgenden als eine Erlösergestalt gesehen werden kann, nicht viel anders zunächst als Parzival oder andere Artusritter, die den Geboten des christlichen Ritterstandes nachleben. Iweins Helfer, sein anderes Ich und lebendiges Attribut ist der Löwe, und vieles deutet darauf hin, daß er unter anderm als Christussymbol gemeint ist [11]. Im übrigen sind Treue, Gerechtigkeit (Friedrich Ohly [12]) und vor allem Erbarmung die Tugenden Iweins, die im Löwen Gestalt gewinnen.

Ist es nun möglich, auch die vorangehenden Szenen auf eine solche Deutung zu beziehen? Iweins Erwachen erfolgt aus Schlaf, Tierheit, Irrsinn. Es bedürfte schon einer unbekümmerten Interpretationsfreude, um dazu biblische Analogien zu finden. Vorübergehende ganze oder partielle Vertierung eines Helden ist an sich ein verbreitetes Motiv; nach dem Buche Daniel wird Nebukadnezar von den Menschen ausgestoßen und wohnt grasfressend bei Vieh und wilden Tieren, um zu lernen, daß der Herr im Reich der Menschen herrscht; ihm wachsen Haare wie Adlerfedern und Nägel wie Vogelklauen [13]. Aber auch ein Heiliger kann zum Tier werden, so — in einzelnen Fassungen seiner Legende — Johannes Chrysostomus als Büßer [14], oder er wird unverändert zum Vertrauten und Hirten der wilden Tiere, wie der Held der persischen Liebeserzählung Nizamis von Leila und Madschnun [15] oder Christus während der Versuchung in der Wüste [16] oder auch Orpheus. Ganz im allgemeinen könnte man Iweins Schicksal, seine Erniedrigung zum tierhaften, mohrenschwarzen Wesen, zum bewußtseinslosen Waldtoren, der immerhin von einem Mann Gottes, einem Einsiedler,

[11] Julian Harris, The Rôle of the Lion in Chrétien de Troyes ›Yvain‹, in: PMLA 64 (1949), S. 1142 ff. und Hatto, a. a. O.

[12] Friedrich Ohly, Vom geistigen Sinn des Wortes im Mittelalter, in: ZfdA 89 (1958), S. 19.

[13] Daniel 4, 28 ff.

[14] Heinrich Zimmer, Abenteuer und Fahrten der Seele, Zürich 1961, S. 68 f.

[15] Nizami, Leila und Madschnun, übertragen von R. Gelpke (Manesse Bibliothek), Zürich 1963.

[16] Markus 1, 13.

betreut wird, als eine Art Passion oder Höllenfahrt ansprechen, die der Auferstehung vorangehen müssen. Dies um so mehr, als Iweins Katastrophe, wie vor allem Wapnewski[17] gezeigt hat, recht zwiespältig motiviert ist; sie steht im Widerspruch zur Tatsache, daß sich Iwein ausdrücklich kraft seiner *triuwe* soeben in Reue und Liebessehnsucht gefunden hat; und wenn man Iweins Sturz als Strafe auffaßt, so steht diese in keinem Verhältnis zur geringen, höchstens symptomatischen Schuld der Fristversäumnis. Iweins Waldleben scheint in einem allgemeineren und notwendigeren Sinne zu seinem Abenteuerweg zu gehören als nur wie eine moralische Station der Strafe und Buße; Hartmann hat wohl nicht zufällig, abweichend von Chrestien, die mohrenhafte Untermenschengestalt Iweins bezogen auf die Gestalt des Waldmenschen, die am Eingang des Brunnenabenteuers steht, und er hat in dieser eine Präfiguration gesehen. Es ist gewiß eine Art Höllenfahrt, ein Descensus, was Iwein durchzumachen hat, aber das würde weniger mit einer Nachfolge Christi zusammenhängen als mit den Fahrten ins Totenreich, in die Jenseitswelt überhaupt, für welche die Mythologie der Völker, und insbesondere die keltische, zahlreiche Beispiele liefert. Die neuere Psychologie hat diese Vorstellungen aufgenommen und die Hadesfahrt, die Reduktion auf die Quellen des Unbewußten, Kollektiven, auf den Zustand, wo die Seele „keine Faxen macht" (Thomas Mann), als ein notwendiges Stadium auf dem Weg der Individuation aufgefaßt, als Therapie für die Krankheit und Sünde des Bewußtseins. In diesem Sinn hat ja eben Thomas Mann, ruchlos genug, die Iweinepisode in den ›Gregorius‹ hinüberverpflanzt und den frommen Büßer auf dem Stein zum struppigen Vieh werden lassen, aus dem erst, wie es fast ganz zusammengeschrumpft ist, die Größe des allesverstehenden und lösenden Papstes hervorgehen kann. Wir stehen damit vor einer Reihe von Fragen, die sich etwa so zusammenfassen lassen: Wie weit trägt jene christliche Interpretation, wie stellen sich die märchenhaften oder mythischen Elemente dazu, und wie läßt sich insbesondere das Schicksal Iweins deuten?

[17] Peter Wapnewski, Hartmann von Aue (Sammlung Metzler), 3, Stuttgart 1967, S. 64 ff.

Suchen wir zunächst das Phänomen etwas zu sichern. Das *Erwachen des Menschen* aus Blindheit, Traum und Torheit ist ein Motiv aus einer umfassenden Thematik der Artusromane und der höfischen Dichtung überhaupt: *Selbstentfremdung*, Sich-selbst-zur-Frage-Werden, *Zu-sich-selber-Kommen*, Sich-selber-Suchen — man kann das ganze Werk Hartmanns in diesem Zeichen sehen. Hartmann hat hier deutlicher als Chrestien formuliert: Iwein *blihte sich selben an* [18] (ähnlich heißt es im ›Armen Heinrich‹: *nu sah er si an unde sich und gewan einen niuwen muot* [19]). Iwein *wart sin selbes gast, er verlos sin selbes hulde, er wart von sin selbes swert erslagen* [20]. Vor dem Auszug bekennt Iwein, er sei *in ungewizzenheit* [21]. Es geht hier um das Ipsum des Menschen und die Notwendigkeit, es zu erkennen und zu werden. Mit dem kostbaren Ausdruck *sin selbes hulde* umschreibt Hartmann dieses Treueverhältnis zu sich selbst, dieses Selbstsein. Motivisch meint ja nichts anderes der Auszug mancher Artushelden, die ihren Vater oder ihren Namen suchen (Parzival, Lanzelot, Gregorius, Wigalois). Der Ritter zieht aus, um zu erfahren, von *wannen ich si ode wer* [22], denn *ich enbin niht, der ich wande sin* [23]. Alle echten Erfüllungen des Artusritterdaseins deuten auf diese Selbstwerdung hin: das Wiederfinden der Geliebten, der letzte Kampf mit dem, der sich als Freund oder Verwandter entpuppt, der Antritt des Erbes in Königsherrschaft, im Gralsreich. Eigentlicher ist solche, ja auch bloß märchenhafte Thematik dann gestaltet, wenn sie als Vorgang innerer Erfahrung erscheint: Iweins Sich-Verdenken, im Gedanken an die Geliebte Versinken ist ein geläufiges Motiv der Minnelyrik, das nicht nur in Parzivals Blutstropfenszene ins Mystische gesteigert ist [24]. Bei Iwein

[18] Vers 3506.

[19] ›Armer Heinrich‹, Vers 1236 f.

[20] Vers 3224, vgl. dazu Minnesangs Frühling (Hartmann) 206, 9.

[21] Vers 859; vgl. ungewisheit ›Erec‹, Vers 8521 ff.

[22] ›Gregorius‹, hrsg. von Friedrich Neumann, Wiesbaden 1958, Vers 1805.

[23] ›Gregorius‹, Vers 1403.

[24] Erich Köhler, Ideal und Wirklichkeit in der höfischen Epik, Tübingen 1956, S. 176 f.; Eduard Wechssler, Kulturproblem des Minnesangs, I, Halle 1909, S. 242 ff.

erscheint es in seiner verwirrenden Ambivalenz: das Versinken erfolgt aus Reue und Treue und endet doch zunächst im Irrsinn, in der eigentlichen Krise der Identität. Parzival, Gregorius, der Arme Heinrich finden einen *niuwen muot* nicht zuletzt in der Selbstlosigkeit, der demütigen Selbstaufgabe. Das Erwachen, das Aufstehen ist wieder voller Assoziationen zum christlichen Bereich. Auch antike Helden können aus menschlicher Blindheit und Verblendung erwachen, doch ist es da eher ein Erwachen zum tragischen Schicksal als zur christlichen Freiheit des Gläubigen. Was zurückliegt, erscheint dem Wachenden als Traum. Iweins Wort: *ist mir getroumet min leben?*[25] kehrt wörtlich wieder in Walthers ›Elegie‹; vielleicht klingt die ganze Partie des ›Iwein‹ hier nach, im Moment des Aufbruchs zu einem neuen Leben des christlichen Ritters[26]. Auch Wirnt von Gravenberg hat wohl das Iweinmotiv aufgenommen: nach seinem Kampf mit dem Drachen liegt Wigalois nackt, bewußtlos, beraubt, nachts am Ufer eines Sees und glaubt sich, erwachend, selbst verloren zu haben: *allez min leben ist ein troum. Ich bin gesetzet an disen boum rehte als ich wilde si. Herre got, nu wis mir bi*[27]. Und nun beginnt erst sein großes Abenteuer.

Dies alles ist nicht selbstverständlich, es gehört vielmehr wesensmäßig und ausschließlich zur neuen Gattung des ritterlichen Romans und seinem Versuch, einen christlichen, aber weltlichen Heilsweg zu zeichnen. Im Gegensatz dazu sind die Helden des heroischen Epos nie etwas anderes als sie selbst, da herrscht die vollkommene Einheit von Wille und Schicksal, von äußerer und innerer Existenz — ohne jedes Sich-selber-Übersteigen, ohne jede Transzendenz, ohne heilsgeschichtliche Analogien und Typologien.

Das Leben als ein Weg zu sich selbst — das ist ein elementares christliches Thema, das im Aufbruch des 12. Jahrhunderts eine neue Aktualität und eine neue Problematik gewinnt. Sich selbst „ein Grund von Schwierigkeiten zu werden“ und darum sich selber

[25] Vers 3577.

[26] So Carl v. Kraus, Untersuchungen zu Walther von der Vogelweide, Berlin 1935, S. 467.

[27] Wigalois der Ritter mit dem Rade, hrsg. von J. M. N. Kapteyn, Bonn 1926, Vers 5808 ff.

erkennen zu müssen — diese Erfahrung steht am Anfang der christlichen Ära mit den großen religiösen Selbsterforschungen Augustins: *factus sum mihi terra difficultatis et nimii sudoris*[28]. Der Mensch befindet sich im Status der Uneigentlichkeit und damit der stetigen Suche, der Unruhe — weil er als Kreatur, als sündhafte Kreatur und im irdischen Dasein niemals sich selbst genug sein kann. Schon das alte delphische *Gnothi sauton* und ebenso das erste Ziel und Ergebnis christlicher Selbsterkenntnis betrifft die Einsicht in das Ungenügen und die Verlorenheit des rein menschlichen Ich an sich. Anderseits lehrt der platonische Ansatz den göttlichen Charakter eines mit den Ideen verbundenen Ichs oder Seelengrundes, und die Selbsterkenntnis gewinnt damit die Bedeutung eines eigentlichen Heilsweges, eines *saelden wec*. Die Suche des Selbst ist zutiefst mit der Suche Gottes verbunden. In dem berühmten zehnten Buch seiner ›Konfessionen‹ hat Augustin den Weg zu Gott als eine Fahrt in die Tiefe der Memoria, des Bewußtseins oder schließlich des Seelengrundes demonstriert, in jene Tiefe des Innern, der *praetoria memoriae*, da der Geist zu eng ist, um sich selbst zu fassen. Im 12. Jahrhundert haben Bernhard und die Viktoriner das Motiv aufgenommen. Bernhard wird von seinem Ordensbruder Geoffroy d'Auxerre als *sollicitus diiudicator et scrutator sui ipsius* bezeichnet[29]. Diese Selbsterkenntnis ist bei Bernhard als ein Geschehen auch der Selbstliebe gesehen, als ein Grad in der Stufenleiter der Liebe und damit als ein Teil der Gottesliebe. Man darf hinter Hartmanns Wendung *sin selbes hulde* bernhardinische Tradition vermuten.

[28] Conf. X, 16, 25. Vgl. dazu Georg Misch, Geschichte der Autobiographie[3], Bd. I, 2. — Über den Gedanken der christlichen Selbsterkenntnis im Mittelalter arbeitet zur Zeit Dr. Alois Haas; ich verdanke ihm zum Folgenden eine Reihe von Hinweisen. Soeben erscheint, grundlegend und weit über das Thema hinausgreifend, Alois M. Haas, Zur Frage der Selbsterkenntnis bei Meister Eckhart, Freiburger Zeitschrift für Philosophie und Theologie Bd. 15 (1968), S. 190 ff. [Alois M. Haas, Nim din selbes war. Studien zur Lehre von der Selbsterkenntnis bei Meister Eckhart, Johannes Tauler und Heinrich Sense, Freiburg/Schweiz 1971.]

[29] Sancti Bernhardi Opera (Editiones Cistercienses, Romae 1963), III, pag. 3.

Die Selbsterkenntnis bedeutet, das Bild Gottes in der menschlichen Seele zu finden — *la mise en relief de l'image* nennt es Robert Javelet[30]; womit auch gesagt ist, daß es sich bei diesem Vorgang niemals um die Verwirklichung einer Individualität im modernen Sinn handeln kann, vielmehr ist dieses Selbst die Idee des Menschen, der Menschheit als des Bildes Gottes, wenn auch durch und für den einzelnen Menschen. „Gott und die Seele verlange ich zu wissen, nichts weiter", sagen die ›Soliloquien‹[31]. Richard von St. Viktor präzisiert durch die Formeln: *per cognitionem sui ad cognitionem Dei* oder *noverim me, noverim te*[32] — und volkssprachlich heißt es nicht anders bei Freidank im Schlußgebet seiner ›Bescheidenheit‹: *Got herre, gib mir, daz ich dich / müeze erkennen unde mich*[33]. Schon die Bedeutungsentwicklung von *bescheidenheit* zeigt, wie eng dabei Selbsteinsicht und Demut miteinander verbunden sind. *Humilitas est virtus qua homo verissima sui cognitione ipse vilescit,* sagt Bernhard in seiner Schrift ›De gradibus humilitatis‹[34]. Die Demütigung ist bereits ein Zeichen der herannahenden Gnade[35]. Gerade Bernhard hat anhand von Hohelied I, 7 über Selbst- und Gotteserkenntnis gepredigt; er hat hier auch vom Hinausgehenmüssen der Menschen zu den Tieren gesprochen[36] und dabei Psalm 48, 13 zitiert: „Der Mensch erkannte es nicht, als er in Ehren stand; darum ward er den unvernünftigen Tieren gleich und ward ihnen ähnlich."

Man kann sich bei Iweins Abenteuerweg immer wieder an solche Vorstellungen erinnert fühlen; er bildet in manchem jenen Weg des Menschen zu sich selbst ab, den Gang in den unfaßlichen, tiefen Raum des Innern. Da ist die Ohnmacht, die Iwein erfahren muß,

[30] Robert Javelet, Psychologie des auteurs spirituels du XIIe siècle. Strasbourg 1959, S. 131.

[31] Zitiert nach G. Misch, a. a. O., S. 641.

[32] Richard von St. Viktor, vgl. Javelet, a. a. O., S. 131 ff.

[33] Freidank, hrsg. von H. E. Bezzenberger, Halle 1872, 180, 8.

[34] De gradibus 1, 2 (Opera III), S. 17.

[35] Vgl. E. Gilson, La théologie mystique de Saint-Bernard, Paris 1947, S. 95 f.

[36] In Cantica Nr. 34 und 35.

das Versagen seiner Maßstäbe, seine Demütigung: wir dürfen sie mit der christlichen Erfahrung der Sündhaftigkeit und Ohnmacht vor Gott in analogische Beziehung setzen. Innerhalb des geistlichen Wegs der Mystik ist es ja auch eine zweite Etappe, daß nach der ersten Freude und Süße der Mensch, wie dann etwa Tauler sagt, des Geistes beraubt wird und in Armut und Qual versinkt ... *In dem wege benimet im Got alles das er im ie gegab. Und al do wirt der mensche zuo im selber gelossen, das er von Gote alzemole nut enweis, und kumet in alsolich getrenge, das er nut enweis ... ob er einen got habe oder nut habe und ob er es si oder nut si ...*[37] Es ist ja nun auch der Weg der Demut, ja Selbstaufopferung für andere, welchen der wiedererweckte Held geht, ohne Namen, als der unbekannte Löwenritter, in *humilitas* und *caritas*, etwa im Sinne der Worte Bernhards als der Mann, „der geneigt ist mitzuleiden und bereit, zu helfen, der Geben für seliger hält als Nehmen, der gern verzeiht, der ungern zürnt ... Seele, die du endlich dir selbst so erstorben bist, daß du allen lebst: du bist die glückliche Besitzerin der ... köstlichsten Salbe.[38]" Man hat immer wieder bemerkt, daß Iweins Heldentum nicht mehr in unentwegter Tapferkeit und Kraft besteht, vielmehr daß er sich fast alle seine Erfolge schenken lassen muß, durch den Tarnring schon, dann durch den Löwen und überhaupt das gnädige Geschick[39]. Da ist er gewiß der Märchenheld, dem nun einmal nichts passieren kann. Aber seine spätere Erwählung ist mehr als das, sie ist von einer Gnade bewirkt, die mit dem ritterlichen Verdienst geheimnisvoll verschränkt ist, dieses Verdienst sozusagen vorweggenommen hat. — Schließlich gewinnt der Begriff der Treue, der Tugend, die Iwein offenbar vor allem zu lernen hat und deren eigentlicher Träger der Löwenritter ist, von hier aus eine neue Bedeutung: sie ist auch Treue und Huld zu sich

[37] Die Predigten Taulers, hrsg. von Ferdinand Vetter, Berlin 1910, S. 160 f.

[38] In Cantica Nr. 12, 1 (nach Die Schriften des Honigfließenden Lehrers Bernhard von Clairvaux, hrsg. von der Abtei Mehrerau, Wittlich o. J., Bd. 5).

[39] Hugo Kuhn, in: Annalen der deutschen Literatur, hrsg. von Heinz Otto Burger, Stuttgart 1952, S. 135.

selbst im Sinne der frommen, seelischen Erschlossenheit, wie sie vor allem die Aufgabe Parzivals wird.

Wir glauben also, es sei im Kern der Erzählung von Iwein, wie auch vermutlich von andern Artushelden, ein allgegenwärtiges Prinzip christlich-religiöser Ethik zu erkennen, ein Motiv, das in der weltlichen und geistlichen Wiedergeburt des 12. Jahrhunderts wie noch nie aktuell wurde. Ja, es ist mehr als ein bloßes Motiv. Bernhard sieht in der Selbsterfahrung ja keineswegs nur den Anfang eines geistlichen Weges, sondern auch sein Ziel: jede menschliche Erkenntnis ist letzten Endes Erkenntnis über und für den Menschen. „Wohin immer deine Betrachtung (consideratio) ausschweift, zu dir rufe du sie zurück mit der Frucht des Heils. *Tu primus, tu ultimus*[40]." Damit ist jede Erfahrung als Selbsterfahrung begriffen und schließlich auch nichts anderes umschrieben, als was der ritterliche Roman im Abenteuerweg seines Helden darstellt. Die neue Form des höfischen Romans ist ja gegenüber Heldendichtung oder Geschichtsdichtung gekennzeichnet durch diese Rückbezüglichkeit der Ereignisse auf den Helden. Der Artusroman insbesondere berührt uns ja noch heute als eigentlicher Augenaufschlag der Zeit, und in Iweins Erwachen sammelt sich für uns das Erwachen einer ganz neuen menschlichen Welt zu sich selbst.

Nun ist das alles schön und gut. Dennoch ist es eine recht großzügige Interpretation und trifft nur einen Teil der Wahrheit. Zuerst haben wir es ja, gerade im ›Iwein‹, mit einer bunten, märchenhaft-faszinierenden Unterhaltungskunst zu tun, in solchem Maße, daß schon gerade die Gewichtlosigkeit, die leere Märchenhaftigkeit als Leistung des Iweindichters bezeichnet worden ist[39]. Jene christlich-biblischen Reminiszenzen liegen keineswegs offen zutage und sind zudem nur ein Element des Ganzen. Iwein ist keineswegs eine Allegorie Christi; die drei Frauen sind zunächst und hauptsächlich einmal nichts anderes als eine von ihrem Liebhaber bedrängte Gräfin von Narison und ihre zwei Zofen, die durch den Wald reiten und zufällig auf den Schlafenden treffen; und die

[40] Bernhard, De consideratione 2, 3, 6, zitiert bei Wilhelm Hiss, Die Anthropologie Bernhards von Clairvaux, Berlin 1964, S. 35 (Opera III), S. 414.

Salbungsszene selbst gibt Anlaß zu allerlei Pikanterien, etwa in der Art, in der das Mädchen sich für den Ritter erwärmt und erbarmt und sich hinter einer Eiche verbirgt, bis der Erwachte seine *swarze lich* ins Ritterkleid versorgt hat. Der Waldtor entwickelt in der Art, in der er den frommen Einsiedler erschreckt, recht burleske Züge. Erst recht der Löwe. Ebenso gewiß wie einzelne christliche Anspielungen ist die Verwandtschaft mit des Androklus dankbarem Löwen, mit der Löwenhaut des Herakles und mit verschiedenen mittelalterlichen Löwen, die in der Erzählliteratur des 12. Jahrhunderts mit Schlangen kämpfen und ihrem Befreier folgen, als eine Art lebendigen Wappentiers oder weltlichen Tierhelfers oder als Gottesbote wie in der Legende. Vor allem die ausgesprochen komischen Szenen um den Löwen, sein Selbstmordversuch, der Schrekken, den er der Artusgesellschaft einjagt, die Schwierigkeiten, die er durch sein Eingreifen in einen commentmäßigen ritterlichen Zweikampf bereitet (man muß ihn einsperren) — all das hat mit christlicher oder auch nur moralischer Symbolik kaum mehr zu tun. Sparnaay sagt denn auch trocken, Chrestien habe den Löwen offenbar „ohne tieferen Grund“ in seine Erzählung aufgenommen [41], und man kann in der Tat auch ohne tieferen Grund seinen Spaß an ihm haben.

Wir stehen somit wieder vor der Frage, was denn diese christlichen Reminiszenzen überhaupt im Ganzen des Romans auszurichten haben. Wir müssen uns vor der Gefahr einer Überinterpretation hüten. Was soll die geistliche Überformung?

Man könnte beispielsweise versuchen, die fraglichen Elemente als absichtslos, rein aus der geistlichen Bildung des Verfassers zu erklären, aus einem um 1200 sozusagen unvermeidlichen Bild- und Vorstellungsarsenal. Dagegen spricht die geschilderte Grundproblematik des Artusromans und unter vielem andern auch die spätere Wendung Chrestiens zum expliziten religiösen Roman, von Hartmanns geistlichen Interessen ganz abgesehen. Aus denselben Gründen wäre auch eine umgekehrte Deutung: die Verwendung christlicher Elemente mit einem parodistischen Effekt, nicht angemessen. Gewiß: es bereitet Spaß, der verliebten Zofe einen Schuß Mag-

[41] Sparnaay, a. a. O., II, S. 38 f.

dalena mitzugeben, und es ist pikant, den Auftritt der drei Damen einen Moment lang mit dem Erscheinen der drei Marien im Osterspiel zu assoziieren. Chrestien, weniger Hartmann, kann man manches dieser Art zutrauen; zum grundsätzlichen Problem wird solche Technik allerdings hier kaum. Erst im ›Tristan‹-Roman ist es vielleicht das Schlüsselproblem, unter welchem Vorzeichen die geistlichen Analogien stehen und wo, für das Bewußtsein eines mittelalterlichen Lesers, eine harmlos-gläubige Analogie in eine parodistische oder blasphemische umschlägt. So möchten wir doch am grundsätzlichen Ernst der christlichen Motivik festhalten. Durch das Mittel einer gelegentlichen analogischen oder typologischen Zuordnung wird ein Geschehen, eine Figur, eine Idee auf einen biblischen Prototyp bezogen und damit zu besonderer Bedeutung und Würde erhoben. Es wäre eine Art symbolischer Signalisierung, die der Dichter in seiner Eigenschaft als Laientheologe in der ihm überkommenen und weithin aus sich selbst lebenden Erzählmasse anbringt, um der *matiere* den nötigen *san* mitzuteilen. So sieht es etwa Hatto. Der unterhaltende Erzähler und Nacherzähler braucht nicht die ganze Fülle der phantastischen Geschichte zu domestizieren, es genügt, wenn er zum Zweck der diskreten Belehrung ein paar symbolische Wegweiser anbringt; ein Artusroman ist keine Allegorie.

Nun steht aber, darüber hinaus, eines wohl fest. Eine epochale Schöpfung wie der Artusroman entsteht weder nur aus reinem Spieltrieb noch aus dem Bedürfnis, ein paar gängige christliche Lehren zu veranschaulichen und nach alter poetischer Theorie *delectando prodesse* zu wollen. Erst recht geht es dann auch nicht um höfische Sozialprobleme, etwa nur die höfische Kasuistik um Minne und Ehre, Minne und Ehe, Einzelmensch und Gesellschaft — dies alles mag vordergründig mitgemeint sein und gehört zum Material und den Voraussetzungen des Erzählers. Diese Artusmärchenkunst hat vielmehr eine eigene und elementare dichterische Faszination, und sie kann auch bis zu einem gewissen Grad ohne explizite Lehre auskommen. Dennoch ist die Bilderfolge, die sich da auftut, weder platt noch willkürlich, so schwierig es sein mag, sie im einzelnen zu entziffern. Man muß sich heute wohl immer wieder vor Augen führen, wie abenteuerlich und unerhört das ist, was da der Erzähler des 12. Jahrhunderts unternimmt. Nicht weniger, als was sein Held im Aufbruch zur Abenteuerfahrt tut, das tut er auch selbst: er wagt den Aufbruch und Ausbruch in eine lockend-bedrohliche neue Welt, die sich den bisherigen Maßstäben mindestens zunächst entzieht, ja deren Reiz es ist, daß sie sich ihnen entzieht. *Aventiure* — das ist sicher das Schlüsselwort, in seiner ganzen breiten Bedeutung vom Zufälligen bis zum Adventhaften, und immer im Sinn eines zu Bestehenden mit dem Ziel: *und wirde werder danne ich sî*[42].

Als Grundthema dürfen wir dabei den Weg zum Selbst festhalten. Denn der Weg der Selbst- und Gotteserkenntnis, wie ihn Augustin entwirft, ist auch im Religiösen ein Abenteuerweg, ist unabsehbar und wird sich nie für längere Zeit zu einem bloßen ethischen System verfestigen lassen. Das 12. Jahrhundert hat von neuem begriffen, daß es zum christlichen Leben gehört, unterwegs, auf der Suche, in Gefahr zu sein und daß sich der Christ selber dauernd in Frage stellt. Es ist ja das paradoxe Merkmal der abendländischen Romanerzählung, daß der Roman zwar im großen ganzen eine Schöpfung des christlichen Geistes ist, aber sich dauernd auch von seinem Ursprung wegbewegt und im neuen geistigen Abenteuer stets aufs Spiel setzen und suchen muß, was er an offenbarter Wahrheit bereits ererbt zu haben scheint. Die Horizonte ändern und erweitern sich, es ist immer ein neues sogenanntes Weltliches da, welches vom Geistlichen durchdrungen werden soll. Man pflegt das Ziel des Chrestienschen Artusromans gern als Synthese von Weltehre und Seelenheil zu kennzeichnen, und man kann sich dabei einer verbreiteten Formel bedienen. Der Ausdruck ist aber gefährlich, er tönt nach Kompromiß zwischen unvereinbaren Größen — und er legt heute wohl auch eine längst überholte aufklärerisch-dualistische Mittelalterauffassung nahe. Wir verstehen Chrestiens und Hartmanns Tendenz, zumal im ›Iwein‹, wohl korrekter, wenn wir sie als eine immer neu notwendige Erweiterung der christlichen Offenbarung, eine neue Einkörperung des christlichen Auftrags in der Welt erkennen, was allerdings ein gefährliches und abenteuerliches Unternehmen sein kann.

42 ›Iwein‹, Vers 537.

Doch zurück zur arturischen Bilderwelt. Aus unserem Ansatz ergeben sich zwei Überlegungen zur Deutung der Bildfolge im einzelnen. Wenn die Selbsterfahrung der Nerv der Erzählung ist und damit auch eine innere Welt als eigentliche Wirklichkeit gelten muß, dann wird sich inneres und äußeres Abenteuer nur schwer unterscheiden lassen. Die phantastische Artuslandschaft und ihre Figuren haben zwar ihre relative Schlüssigkeit in sich, aber sie sind doch zugleich immer wieder die Projektion innerer Vorgänge; einfacher gesagt: im Abenteuer begegnet der Held jeweils genau jenen Figuren und Ereignissen, die ihm entsprechen und somit als Zeichen seines jeweiligen inneren Zustandes aufgefaßt werden können. Die geliebte Dame ist der Inbegriff des eigenen unendlichen Wesens, der Löwe das Alter ego des Helden, im Kampf mit dem unerkannten Freund begegnet der Held einem Teil seiner selbst. Damit gerät der Interpret freilich auch in ein Ungefähr oder ein Sowohl-als-Auch — doch liegt dies in der Natur der Sache; das heißt, dies ist sachgemäßer als die Scheingenauigkeit, mit der ein einzelnes Motiv auf eine literarische Quelle oder ein systematisches Lehrgebäude zurückgeführt werden kann. Ja wir müssen sogar — und dies ist der zweite Gesichtspunkt — auch die Freiheit haben, über das Bewußtsein des Dichters hinwegzuinterpretieren, denn es ist sehr wohl möglich, daß sein Fabulieren einer Phantasielogik folgt, unterschwelligen Gesetzen gehorcht und eine elementare Symbolik verwendet, die rational kaum aufzuschlüsseln ist. Daß dennoch alles zusammen erst unter einer geistigen Führung und Überformung zum Kunstwerk und zur Aussage wird, wird später noch zu betonen sein.

Wenden wir uns nochmals zu Iweins Abenteuerweg, seinem Aufbruch zum großen Wagnis, der gefährlichen Begegnung mit einem Fremden und Unheimlichen, aus dem doch allein ein höheres Glück zu erwarten ist. Daß darauf alles ankommt, wird gleich zu Beginn mit einer biblischen Wendung signalisiert: der Weg geht rechts ab und ist eng und rauh [43]. Der Held kommt zur gastlichen Burg und

[43] Vgl. dazu Erich Auerbach, Mimesis, Bern 1946, Kapitel VI: „Der Auszug des höfischen Ritters“.

begegnet vor allem einer schönen Jungfrau: — *mîn juncfrouwe* nennt er sie etwas später [44] —: sie legt dem Ritter ein scharlachrotes Mäntelchen um und unterhält ihn auf einem wunderbar grünen Rasen. Doch das Fräulein hat damit seine Rolle bereits ausgespielt und ist dennoch kein stumpfes Motiv geblieben: daß hier eine hohe Einweihung und Verheißung erfolgt, ist klar. Wir brauchen weder die motivgeschichtliche Erklärung Sparnaays, es handle sich eigentlich um eine urtümliche Form der Gastfreundschaft, bei der die Tochter des Gastgebers sich dem Gast hingebe, noch die psychologische Deutung Heinrich Zimmers, es solle hier die Selbstbeherrschung des Helden gegen sinnliche Versuchung gezeigt werden [45].

Es folgt der riesenhafte Waldmensch, ein schwarzes Ungeheuer und doch ein Hirte; er weiß in seiner Dumpfheit nichts von *aventiure* und kennt als eine Art Cerberus doch den Weg zur Quelle, welcher die Abenteuerfahrt, ja der ganze Roman gilt. Man wird sich seiner erinnern, wenn Iwein selbst zu einem ähnlichen Untermenschen wird; Hartmann hat diese Beziehung verdeutlicht. Was die Wunderquelle am Fuß des herrlichen immergrünen Lindenbaums bedeutet, darüber ist kein Wort zu verlieren: ein elementares Bild des Ursprungs, der Offenheit, der Tiefe, des Lebenselements selbst; ihre Berührung läßt die Elemente toben und führt zum Kampf auf Tod und Leben; sie beherrschen heißt sich selbst besitzen. Die zu gewinnende Herrin der Quelle, Laudine, the Lady of the Fountain, scheint nur die Verkörperung dieses Quellwesens zu sein. Kalogreant scheitert beim Versuch, erst recht und in komischer Form Keii, der immerhin im Namen des Königs Artus zum Kampf antritt. Iwein selbst ist erfolgreich, gewinnt sogar die Herrin der Quelle, doch nimmt er nun offenbar seinen Bund mit Laudine zu leicht. Die Macht, mit der er sich eingelassen, zieht ihn ins Chaos. Der daraus erwachte Iwein kommt wieder zur Quelle, um hier vor Gram in Ohnmacht zu sinken; erst beim dritten Mal tut er wieder den Guß mit dem goldenen Becken, um nun Gatte der versöhnten Laudine zu werden und der Beschützer der eigenen Quelle. Doch es gilt ja auch umgekehrt: Laudine *braucht* einen Beschützer,

[44] Vers 793.

[45] H. Sparnaay, a. a. O., S. 39; H. Zimmer, a. a. O., S. 110 und 139.

männliches und weibliches Prinzip sind aufeinander angewiesen, Iwein soll keineswegs einer Undine zum Opfer fallen.

Das tönt alles banal, doch wäre es ein leichtes, das Geschehen in die Terminologie der Freudschen oder Jungschen Tiefenpsychologie zu übersetzen, von Animafiguren, kollektivem Unbewußtem, Archetypen, Individuationsweg und Kompensationsmechanismen zu reden. Doch ist dies wohl nicht angezeigt, da die Dichtung damit auf eine ganz bestimmte Sicht hin eingeengt würde. Festzuhalten gilt wiederum nur, daß wir in einem Bereich jenseits bloß moralischer und gesellschaftlicher Probleme sind. Das Verhalten Laudines, der schnellgetrösteten Witwe, hat Chrestien wie Hartmann zu schaffen gemacht; wenn sich Chrestien in angeblich „zynische" Betrachtungen über den Wankelmut der Weiber flüchtete und Hartmann umgekehrt ihre grenzenlose Güte ins Feld führt, so anerkennen damit doch beide, daß dem Fall mit braven moralischen Maßstäben nicht beizukommen ist. Die gelehrten Debatten über Schuld und Charakter, sowohl Iweins wie Laudines, sind letzten Endes gegenstandslos, weil diese Figuren keine individuellen Privatpersonen sind und weil es um elementare Mächte des Lebens und des Heils geht. Laudine, die angeblich wankelmütige und nachher starrsinnig unversöhnliche, und Iwein, der angeblich zuchtlose Totschläger, Iwein, der Unbedachte und Vergeßliche — sie zeigen sicher in einer äußeren Schicht das Bild sittlich richtigen oder falschen Verhaltens, worüber Dichter und Hörer lehrhafte Betrachtungen anstellen dürfen und sollen. Da aber solche Mängel und Verfehlungen merkwürdig okkasionell, hinterher und widerspruchsvoll gebucht werden, müssen wir sie doch wohl als bloße Indizien einer allgemeinen Unvollkommenheit des Menschlichen nehmen, zumal bei Laudine, die ja letzten Endes nur den Wesensgrund und das Wesensziel Iweins zu verkörpern hat und sich einer bloß moralischen Diskussion entzieht.

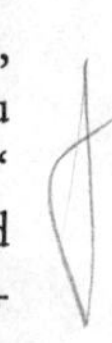

Die Tiefe des Innern entzieht sich dem rationalen Zugriff. Sie aber zu erfahren und zu integrieren, ist das eigentliche Abenteuer des Iweinromans. Man hat mit Recht festgestellt, daß im Reich der Laudine und ihrer Quelle, zu der selbst Artus vergeblich wallfahrte, eine Art Gegenreich zum Artushof erscheint und daß Chrestien hier also die letzte Instanz nicht mehr im Artusrittertum erkennt. Laudine besucht nie den Hof des Artus. Wie unter anderen Kurt Ruh betont hat, wird hier bereits der Übergang zu einer neuen, religiös gefaßten Konzeption vorbereitet: der Weg zur Welt des Grals und des Gralsrittertums [46].

Nun bleibt freilich noch ein offenes Problem: ob nämlich jene Tiefe des Innern, um die es beim Quellenabenteuer geht, wirklich dem christlichen Thema der Selbsterkenntnis und Selbsterfahrung unterstellt werden darf, oder ob es sich dabei um symbolische Einsichten handelt, die wir besser mit den Mitteln einer diesseitig-medizinischen Tiefenpsychologie formulieren. Denn an sich vollzieht sich hier ein Emanzipationsvorgang, eine Erweiterung des Daseins, die ebenso psychologisch wie theologisch verstehbar ist. Es geht in jedem Falle um das Zerbrechen oberflächlicher Tugendvorstellungen (insbesondere hier einer ritterlich-höfischen „Gesetzlichkeit"), es geht um die Einsicht in den Sinn, ja vielleicht die Notwendigkeit des Irrens und der Schuld auf dem Weg zum Heil, und um die Erfahrung, daß ein Letztes nur als Geschenk aus dem Ursprung möglich ist. Nach der geistesgeschichtlichen Lage und nach dem Willen des Dichters, der jene biblischen Wegmarken errichtet hat, müssen wir daran festhalten, daß er sein Abenteuer im Geist christlicher Frömmigkeit unternimmt. Und in diesem Sinn führt der Weg des abenteuersuchenden Ritters, mit Novalis zu reden, noch immer nur nach Hause.

Dennoch könnte die immanente Symbolik des Stoffs ihre eigene Sprache sprechen. Die Spannung zwischen der christlichen Problematik und der Märchenphantastik der *matière de Bretagne* bleibt, ja sie scheint geradezu Antrieb und Reiz des Artusromans zu sein. Wir wissen nicht genau, wie dieses bretonische Erzählgut, das ja bei Chrestien mit antiken und andern Reminiszenzen angereichert ist, eigentlich aussah. Und vor allem wissen wir nicht, welches der Ernst, der Wirklichkeitsgrad war, den diese Geschichten für ein keltisches Publikum besaßen. Die Motivforschung kann immerhin wohl nachweisen, daß es sich nicht nur um sagenhafte Überlieferung handelt, sondern vor allem auch um heidnisch-mythologische Vorstellungen von Tod und Wiedergeburt, Unterwelts- und Jen-

[46] K. Ruh, a. a. O. (Anm. 2).

seitsfahrten, über- oder untermenschlichen Wesen wie Feen, Riesen, Zauberer, Zwerge, in deren magischen Kräften der menschliche Held sich verstrickt. Noch bei Marie de France haben diese Dinge einen Rest von Numinosum oder doch Schwerblütigkeit; bei Chrestien und erst recht bei Hartmann, nach wiederholter künstlicher Verpflanzung in ganz anderes Bewußtsein und andere Sprache, sind diese Geschichten weithin „entwirklicht" (Lüthi) worden. Erst jetzt können wir auch von Märchenwelt sprechen, sofern wir unter Märchenwelt nicht eine konkrete Motivik, sondern einen Stil, eine Wirklichkeitsform verstehen, in welcher frei und spielerisch und in einem buchstäblichen Sinn abstrakt und phantastisch operiert wird. Aber unsere Artusromane sind keine Märchen, sondern eben Romane, die — unter anderem — mit Märchenmotivik und Märchenstil arbeiten. Ja man könnte sogar vermuten, daß das europäische Volksmärchen überhaupt zuerst als Mittel zum Zweck des Romans faßbar ist oder sich gar als Nebenprodukt des Romans entfaltet hat. Denn die Märchenhaftigkeit erlaubt den Aufbau beweglicher Modell- und Wunschwelten, mit denen der ritterliche Romandichter Aussagen wagt, für die er sonst keine Ausdrucksmittel hätte. Ganz abgesehen von dem Gewinn, daß die Phantastik der Märchenerzählung stets ein Alibi gegen moralisches und kirchliches Mißtrauen darstellt, etwa im Bereich höfischer Minne.

Damit ist die höfische Erzählung nun allerdings auch zu einem halsbrecherischen Unternehmen geworden. Christliche Laientheologie im Märchengewand, die Suche nach Lebensquellen und Selbsterneuerung in symbolischen Bildern, jenseits der kirchlich approbierten Vorstellungen — das macht das Erzählen selber zu einem abenteuerlichen Unternehmen. Doch da ist ein Letztes zu sagen. Zu allem, was bisher hier an ›Iwein‹-Interpretation versucht worden ist, bleibt ein umfassender Vorbehalt nachzutragen: das ist das entscheidende Gran von Unernst, von Humor, von Distanzierungsvermögen, von Experiment, von Spiel; erst dieses Element gibt dem Ganzen seinen Zauber und im Grunde seinen richtigen Sinn; erst in ihm löst sich das Problem der Mehrschichtigkeit und der Spannung zwischen den Schichten. Ariost und Wieland und selbst Cervantes haben den Artusroman richtiger verstanden als es die ingrimmige Forschung noch heute meistens tut. Sei es nun die Suche nach schlüssigen ideologischen Systemen oder die tiefenpsychologische Symbolforschung — sie sind beide an sich humorlos. Denn vielleicht ist der Weg des abenteuernden Ritters wichtiger als sein Ziel, das immer den Roman suspendieren und ein Übergang ins nur noch Märchenhafte sein wird; vielleicht ist auch das Abenteuer des Erzählens wichtiger als ein thesenhaftes Ergebnis des Erzählens [47]. Der humoristische Erzähler leistet ja mit seinem Öffnen von Horizonten, seinem Beziehen und Relativieren, seinen kühnen Assoziationen — man denke etwa an die Scherze um den doch so christlichen Löwen — nichts anderes, als was gerade wieder einer niemals am Ziel befindlichen christlichen Existenz entspricht. Gerade der Humor hat hier einen christlichen Aspekt. Der pedantische Ernst ebenso wie die geistlose Phantastik werden den Artusromanen gegebenenfalls zum Verhängnis: man könnte den sogenannten niederen Artusroman geradezu als einen humorlosen Artusroman, in diesem oder jenem Sinne, definieren. Was sich am deutlichsten vielleicht an Wolframs humoristischem Stil zeigen läßt, findet sich diskreter, aber nicht weniger gewinnend auch bei Hartmann, und beide finden ihren Meister in der Heiterkeit Chrestiens, die doch niemals ein Unernst ist. Zu Beginn des ›Iwein‹-Romans ist das Erzählen, die Erzählsituation selbst Gegenstand der Erzählung; in diesem Eröffnungsrahmen um die verunglückte Fahrt Kalogreants ist das Klima, die Tonart des ganzen Romans angegeben. Der Erzähler selbst vollzieht im Grunde die Aufgabe, die er an seinem Helden exemplifiziert: was sich im humoristisch-subjektiven Vortrag ereignet, im Spiel der Beziehungen, Andeutungen, Entwürfe, Kommentare und Scherze mit Wort, Bild und Reim, das ist ja nichts anderes als die Selbstverwirklichung oder doch das Erwachen des europäischen Romandichters selbst und zu sich selbst.

[47] Davon handelt nun der soeben erschienene Aufsatz von Xenja v. Ertzdorff, Spiel der Interpretation — der Erzähler in Hartmanns ›Iwein‹, in: Festgabe für Friedrich Maurer zum 70. Geburtstag, Düsseldorf 1968, S. 135 ff. Das „Spiel" des Erzählers verläuft zwischen „Distanz" und „Anteilnahme".

eignisse von außen betrachten. Die Möglichkeit einer solchen Grenzüberschreitung ist das Wesentliche dieses Erzählstils. Hartmann macht sie sich zunutze, um seinen Kommentar humoristisch zu tönen. Der panische Schrecken, den der vermeintliche Leichnam Erecs mit seinem Rächerschwert in der Limorsepisode verbreitet, ist bei Chrestien einzig und allein aus der Sicht der Leute, die davonlaufen, dargestellt: *tuit cuident que ce soit deables / qui leanz soit entr'ax venuz* (4832—4833). Hartmann dagegen gibt einen langen Kommentar, in dem er freimütig bekennt, daß auch er, in dieser Lage, das Weite gesucht hätte: *und waere ich gewesen bî, / ich hete gevlohen, swie küene ich sî* (6680—6681).

Der Unterschied zwischen der Perspektive der Personen und der Perspektive des Autors zeigt sich auch im Bereich der Bilder und spruchhaften Aussagen, die zur Verdeutlichung von Personen und Ereignissen beitragen. In Chrestiens Roman ist das Lob der einzigartigen Schönheit Enides den um König Artus versammelten Rittern in den Mund gelegt: *an ceste a asez plus biauté / qu'il n'a el soloil de clarté* (1781—1782). Im deutschen Roman nimmt der Autor selbst das Wort, und zwar für einen langen Vergleich Enides mit dem Mond, der den Glanz der Sterne erbleichen läßt (1766 bis 1783). Hartmann hat den Vergleich mit der Sonne in einem anderen Zusammenhang untergebracht. Im Unterschied zu Chrestien, der sich auf die einfache Feststellung der Tatsache beschränkt, stellt Hartmann einen Vergleich an zwischen der errötenden Enide und der von einer leichten Wolke verdunkelten Sonne. Bei Hartmann wird die Schönheit des Mädchens von ihrer schamhaften Regung beeinträchtigt, bei Chrestien wird sie von ihr erhöht (Hartmann: 1708—1725; Chrestien: 1707—1714). Vielleicht sind es diese sehr zahlreichen, auf den ersten Blick geringfügigen Unterschiede, die die gleichzeitige Lektüre der beiden Romane derart anziehend machen. Man sollte jedoch dabei nicht übersehen, daß es sich nicht um zwei sich ausschließende stilistische Verfahren handelt, sondern um eine Frage der Proportion. Im ganzen genommen ergeben sich Charakteristik und Wertung der beiden Erzählstile aus dem verschiedenen Anteil der hauptsächlichen Bauelemente des Romans schlechthin: Bericht, Beschreibung, Redearten, Überlegungen des Erzählers. Außerdem aber zählt all das, was sich in diesen Teilbereichen feststellen läßt, nur dann für die künstlerische Wertung der verglichenen Werke, wenn es in ihnen jeweils eine ganz bestimmte Funktion ausübt.

Man kennt seit langem die hervorragende Rolle der direkten Rede bei Chrestien und die Vorliebe Hartmanns für den Bericht (in engem Zusammenhang mit den Zwischenbemerkungen des Erzählers). Dank einer sehr bewußten Gestaltung des Berichts und besonders einer seiner Hauptformen, der Rückverweisung, ist es Hartmann gelungen, der Gestalt Erecs eine Dimension zu verleihen, die sie bei Chrestien nicht hat: die biographische.

3. Der Erec Hartmanns ist eine einheitliche Persönlichkeit, deren Züge eine Ganzheit bilden. Aber im Gegensatz zum Erec Chrestiens ist er keine fertige Persönlichkeit. Er ist ein Mensch im Werden, ein Held, dessen Entwicklung noch nicht abgeschlossen ist. Der deutsche Dichter will, daß wir etwas von seiner Jugend erfahren. Sie war von seiner Güte gegen alle Menschen gekennzeichnet, einer Güte, die mit allgemeiner Sympathie belohnt worden war (1273 bis 1277). Der deutsche Erec hat in seiner Jugend das Ringen und andere Sportarten gelernt, was ihm am Ende helfen wird, den Sieg über Maboagrain zu erringen (9281—9315).

Der Erec Hartmanns ist sehr gefühlvoll. Der Anblick der armselig gekleideten Enide flößt ihm Mitleid ein (342), während der Erec Chrestiens von ihrer Schönheit geblendet ist (448—449). In beiden Romanen zögert Erec nicht, der Freundin des von zwei Riesen geraubten Cadoc sofortige Hilfe zu bringen (Chrestien: 4330—4338; Hartmann: 5368—5371), aber Hartmann allein spricht von der Gefühlsbewegung des Helden (5337).

Mehrmals betont Hartmann, daß sein Held sehr jung ist. Der Sieg über Iders ist seine erste große Leistung (1260—1269). Das Turnier nach der Hochzeit ist das erste, an dem er teilnimmt (2248 bis 2253). Sein Verhalten nach dem Schimpf, den ihm, in Gegenwart der Königin, der Zwerg angetan hat, beweist, daß er sich seiner selbst noch nicht sicher ist. Die Überzeugung von seinem eigenen Wert ist erschüttert (104—128). Chrestiens Erec dagegen bewahrt seinen Stolz und seine Besonnenheit, die der Erzähler übrigens mit einer moralistischen Maxime erläutert (225—232). Es steht außer Zweifel, daß der französische Erec, vom Beginn des

Romans an, ein Musterbild heroischer Tapferkeit und aller ritterlichen Eigenschaften ist. Der Durst nach Ruhm und die Suche nach Abenteuern um ihrer selbst willen, wie sie Hartmann bei seinem Helden feststellt, sind dem Erec Chrestiens fremd. Der Erec Hartmanns ist sich übrigens dessen bewußt. Er ist aber auch imstande, über eine falsche egoistische Haltung Reue zu empfinden (6896 bis 6900, 7000—7023).

Es ist aber Hartmann nicht vollständig gelungen, sein Erecbild an die Stelle des von Chrestien gezeichneten zu setzen. Dieser erzählt, daß der Held, nachdem die Wunden, die er in seinen Kämpfen mit den Riesen und mit dem König Guivret erhalten hatte, geheilt sind, den Wunsch äußert, an den Artushof und von da in sein Land zurückzukehren (5217—5234). Hartmann führt uns an dieser Stelle einen Erec vor, der von der Sehnsucht nach Abenteuern und einem gefahrvollen Leben verzehrt wird (7237 bis 7263). Aber als er und Enide zu Pferde steigen und Enide in dem Sattel sitzt, den der deutsche Dichter soeben mit der bereits angedeuteten Überfülle von Einzelheiten beschrieben hat, ist keine Rede mehr von einer neuen Abenteuersuche, sondern, ganz wie bei Chrestien, nur von der Rückkehr an den Artushof (7788—7807). Die Verdoppelung der Motivierung ist unbestreitbar. Die zweite Motivierung ist nur eine „Schlacke", ein Nebenresultat der Hartmannschen Umarbeitung. Will man die wirklichen Leitgedanken des deutschen Dichters erfassen, so muß man dem romantischen Sehnen in der Seele Erecs nach Einsamkeit, nach dem Aufenthalt *in einem walde / . . . âne obedach, / eine âne allen gemach* (7245—7247, bei der ersten Motivierung) das Lob des gemeinschaftlichen Lebens gegenüberstellen, das er im Gespräch mit dem besiegten Maboagrain verkündet: *wan bî den liuten ist sô guot* (9438). Dieser großartige Vers verliert nichts von seiner Bedeutung als Glaubensbekenntnis des 'neuen' Erec, wenn dieser, im gleichen Kontext, betont, daß es für den Ritter notwendig sei, von Zeit zu Zeit sich zum heroischen Leben davonzumachen (9422—9431). Aber auch diese neue Phase ist in dem Augenblick überholt, als Erec am Ende des Romans in sein Reich gerufen wird, um die Nachfolge seines Vaters anzutreten. Jetzt muß er solche *unstaete* aufgeben (9973).

Was ist aus diesen Beobachtungen zu schließen? Die Mitte, nach der Hartmann seinen Roman ausgerichtet hat, ist die Gestalt Erecs. Seine Phantasie als Leser hatte diese Gestalt, die ganze Gestalt, umgeschaffen, denn die von Hartmann unternommene Bearbeitung ist nur verständlich, wenn man voraussetzt, daß der deutsche Erzähler ein Gesamtbild seines Gegenstandes hatte, bevor er sich an die Arbeit machte. Was an seinem Erec ganz neu sein sollte, war die biographische Dimension, von der bereits die Rede gewesen ist. Die Analogien, die sich anbieten, finden sich in der Historiographie und der Hagiographie des Mittelalters, wenn nicht sogar in der mystischen Vorstellung des *itinerarium mentis.*

Und der Roman Chrestiens? Er ist nicht der Roman eines zur Vollkommenheit berufenen Ritters, weil Chrestiens Erec bereits vollkommen ist. Chrestien hat den Roman eines Paares schreiben wollen, den Roman der ehelichen Liebe, einen Roman, der sich aus dem Zusammentreffen ganz bestimmter seelischer Umstände entwickelt. Den deutlichsten Beweis dafür liefert das Studium der beiden Eniden. Sie sind nicht weniger verschieden als die beiden Erecfiguren, aber sie sind es in umgekehrtem Sinne. Bei Hartmann ist Enide die vollkommene Gestalt. Bei Chrestien ist sie die Gestalt, deren Werden und deren Formung noch nicht abgeschlossen sind. Der erste Eindruck, den sie hervorruft, ist wahrhaftig der des jungen Mädchens im Märchen, das der in sie verliebte schöne Prinz zu sich emporhebt, um sie zur Königin zu machen. Erec „empfängt" (679) sie aus den Händen ihres Vaters, der sie ihm „gibt" (678). Der Reim am Ende des Abschnitts unterstreicht nachdrücklich die wortlose Freude des strahlenden jungen weiblichen Geschöpfs: *et bien savoit qu'il seroit rois / et ele meïsme enoree, / riche reïne coronee* (688—690). Diese Stelle, die Hartmann vollständig weggelassen hat, enthält das erste Beispiel jenes Spiels mit den Pronomina, das Chrestien benutzt, um sein zentrales Thema, die Gegenseitigkeit der Liebe, zu veranschaulichen. Diese beginnt mit zwei genau gleichzeitigen Gesten: Enides Erröten, Erecs Verblüffung (446—449). Das bereits erwähnte Mitleid des Hartmannschen Erec entspricht offenbar einer anderen Seelenlage.

Der entscheidende Text Chrestiens ist der Kommentar (1484 bis 1496) der Liebesszene, die er zwischen den Abschied von Laluth, wo die Eltern sich in rührender Weise von Enide verabschieden, und die Ankunft der Verlobten in Caradigan, wo König Artus Hof hält, eingefügt hat. Mit einer großen Fülle von Ausdrücken erklärt Chrestien, daß die kommende Hochzeit zwei Menschen verbinden wird, die *igal et per* (1484) sind. Geistig, moralisch und physisch ist Enide wahrhaft von gleichem Rang wie Erec. Bevor die große Krise den Willen Enides unter den Erecs beugt, will Chrestien ganz ausdrücklich die vollkommene Gleichheit der beiden Ehegatten feststellen. Hartmann beendet die Szene in anderer, aber für ihn typischer Weise: er spricht nicht von dem gleichen Rang der beiden schönen jungen Leute, sondern lediglich vom Einklang ihrer Herzen (1495—1497). Enides Blick ist schüchtern (1489). Es ist die gleiche Haltung *(bliuclîch)*, die bereits die erste Kundgabe ihrer Liebe kennzeichnet (1320). Enide offenbart sich übrigens spät, erst bei den Festlichkeiten in Tulmein nach Erecs Sieg über Iders. Unschwer erkennt man, daß Hartmanns Enide ebensowenig eine Kopie ist wie sein Erec. Das gilt für die ganze Sphäre der Erotik. Hartmann ersetzt den Bericht von der Hochzeitsnacht durch eine kurze Anspielung auf die Trauungszeremonie (Chrestien: 2017—2054; Hartmann: 2123—2125). Neu eingeführt hat er eine lange Darlegung über das ungeduldige Warten der Verlobten auf die eheliche Minne (1842—1886). Hartmanns Enide fehlt erotische Kühnheit. Ein von Chrestiens Enide zum Zweck der Täuschung gesprochenes sinnliches Wort (3390—3391), mit dem sie scheinbar auf das Begehren eines Grafen eingeht, ist im Munde der Hartmannschen Enide undenkbar.

Diese Szene gehört bereits zu einer Etappe des harten und schmerzvollen Abenteuerweges, auf dem die eheliche Gemeinschaft nicht mehr besteht, wo es der armen Enide sogar, als schwerste ihr von Erec auferlegte Strafe, verboten ist, das Wort an ihn zu richten. Aber eine gemeinsame Basis ist da: das Leiden. Sie entsteht im Laufe der gefahrvollen Fahrt, die sie gemeinsam erleben und deren Etappen gleichzeitig Etappen sind, die die Versöhnung des Paares vorbereiten. An dem Charakter und der Aufeinanderfolge der gemeinsamen Prüfungen hat Hartmann gar nichts geändert. Sieht man jedoch genauer hin, so bemerkt man zwei Unterschiede. Der erste betrifft die Haltung Enides. Für die Chrestiensche Enide ist die gemeinsame Abenteuerfahrt ein innerer Aufstieg. Die Hartmannsche Enide kann nicht emporsteigen. Schon bei ihrer Reaktion auf die erste Erec bedrohende Gefahr drückt sie ihren Willen zum Opfer aus (3168—3179), während die Enide Chrestiens die Reihe ihrer Überlegungen mit einer Klage über ihren Sturz, also mit einem „egoistischen" Gedanken beginnt (2778—2782; Herbert Drube, Hartmann und Chrestien, 1931, S. 95, hat diesen Unterschied sehr gut gesehen). Wenn sie, in der zweiten Episode, Erec auf die unmittelbar drohende Gefahr aufmerksam macht, so tut sie es auch, weil sie fürchtet, nach einer Niederlage ihres Gemahls auch selbst getötet zu werden (2967—2971). Die Hartmannsche Enide beklagt nicht den Verlust ihres Glücks, sondern fühlt sich von Dankbarkeit gegen den durchdrungen, der sie zur Würde einer Königin erhoben hat (3361—3366). Das nächste Mal geht sie noch weiter. Sie ist bereit zu sterben und ihren Platz an der Seite Erecs einer anderen Frau zu überlassen, wenn nur ihr *herre* mit dem Leben davonkommt (3985—3992). Die Beharrlichkeit, mit der Hartmann die Idee von der Bereitschaft Enides, sich für Erec zu opfern, wiederholt, ist bemerkenswert. Die folgende Episode liefert dafür ein neues Beispiel. Als der Zweikampf Erecs mit König Guivret, der klein wie ein Zwerg ist, aber über die Kräfte eines Riesen verfügt, auf seinem Höhepunkt ist, da richtet die angsterfüllte Frau das Wort unmittelbar an ihren Gemahl: *ouwê, lieber herre mîn, / solde ich ez vür iuch sîn* (4426—4427), worauf eine beruhigende Antwort von seiten Erecs erfolgt (4429—4431). Aber verlieren wir trotz allem das Verhalten der Chrestienschen Enide in diesen beiden letzten Szenen nicht aus den Augen. In der ersten spricht Chrestien lediglich von ihrem ... *cuer tandre / come bone dame et lëax* (3458—3459). In der zweiten aber (Enides Überlegungen gehen dem Zweikampf voraus) ordnet Enide ihr persönliches Schicksal ausdrücklich dem Erecs unter: *Mal eüree? Moi que chaut* (3735)? Das ist eine Haltung, die dem in der Seele der Hartmannschen Enide lebenden Willen, stellvertretendes Opfer für Erec zu sein, schon ganz nahekommt. Als zu Beginn der folgenden Episode, der letzten Erprobung des Paares, die Frau, die glaubt, daß ihr Gemahl den Folgen seiner Verletzungen erlegen ist, ihre verzweifelte Klage ausstößt, kann man keinen Unterschied mehr zwischen den Reaktionen der beiden Eniden feststellen (trotz der außerordentlichen Ausweitung des Monologs bei Hartmann). Beide rufen den Tod herbei und versuchen in ihrem wahnsinnigen Schmerz, ihrem Leben ein Ende zu machen (Chrestien: 4575—4635; Hartmann: 5739—6113).

In der Seele der Chrestienschen Enide gibt es also im langen Verlauf der Abenteuer eine aufsteigende Bewegung, während die Enide Hartmanns nur von dem einzigen Gefühl beherrscht wird, zum eigenen Tod, wenn er notwendig werden sollte, ja zu sagen, um Erec den Tod zu ersparen. Ihre Gedanken konzentrieren sich mehr auf das Überleben ihres Herrn und Gebieters Erec als auf das gemeinsame Überleben.

Ein weiterer Unterschied zwischen Chrestiens und Hartmanns Bericht von der Abenteuerfahrt hängt unmittelbar mit dem Problem des Paares zusammen. Es zeigt sich, daß Chrestien in seinem Bericht nicht auf jene thematische Verwendung der Pronomina verzichtet hat, die, wie bereits hervorgehoben, während des ganzen Romans die Gegenseitigkeit der Gefühle, die Gemeinsamkeit im Denken und Wollen Erecs und Enides symbolisieren. Obwohl Hartmann nichts Vergleichbares bietet, ist die Analyse der Chrestienschen Erzählung hier wichtig, um zu beweisen, daß der französische Roman in unvergleichbarer Weise ein Roman des Paares ist. Das Spiel mit den Pronomina ist dann besonders eindrucksvoll, wenn es mit grammatikalischen Mitteln zwei menschliche Wesen verbindet, zwischen denen weder ein Dialog der Körper noch der Worte mehr besteht.

Eine dieser pronominalen Stellen verknüpft durch ihre wörtliche Wiederholung die Streitszene mit der Abenteuerfolge: *cil dormi et cele veilla* (2475; 3093). In der zweiten Situation (es handelt sich um die Nacht nach Erecs Sieg über die fünf Raubritter) hätte im Gegenteil Erec gewollt, *qu'ele dorme, et il veillera* (3085), aber Enide hatte das abgelehnt. Hartmann hat diese erste Nachgiebigkeit Erecs unbeachtet gelassen, weil sie nicht zu dem Bild seines Helden paßte. Folglich hat er dann auch auf die zärtliche, fast mütterliche Geste Enides, die ihren todmüden Mann mit seinem Mantel zudeckt, verzichten müssen (3091—3092).

Folgende zwei Szenen, die, noch vor der Beendigung der Läuterungsfahrt, die innere Übereinstimmung der Gatten kennzeichnen, hat Hartmann gleichfalls übergangen. Enide hat als erste den zum sofortigen Angriff bereiten Guivret gehört. Trotz des ihr auferlegten Verbotes zu sprechen, unterrichtet sie Erec von der bevorstehenden Gefahr: *Ele li dit; il la menace* (3751). Aber Erec hat gar keine Lust, sie zu bestrafen, denn er sieht ein, *qu'ele l'ainme sor tote rien, / et il li tant que plus ne puet* (3754—3755). Vor dem Sieg Erecs über die Riesen, einem Kampf, bei dem Enide nicht anwesend war, ist die Furcht, der andere könnte nicht mehr da sein, gegenseitig: *qu'ele cuidoit tot antreset / qu'il l'eüst lessiee del tot. / Et il restoit an grant redot / qu'aucuns ne l'an eüst menee* (4546—4549).

Als sich schließlich die Gatten nach der Versöhnung zum ersten Male ihrer Liebe erfreuen, da läßt Chrestien die Pronomina in ein Wechselspiel treten: *Tant ont eü mal et enui, / il por li et ele por lui, / c'or ont feite lor penitance* (5203—5205). Die Stelle ist für die Auslegung des gesamten Romans von Bedeutung: da es doppelte Schuld, doppeltes Leiden, doppelte Wiedergutmachung gegeben hat, gibt es jetzt gemeinsames Glück, gemeinsame Freude, gemeinsamen Frieden.

Die These von der doppelten Schuld gilt nur für den Roman Chrestiens. Um sie zu beweisen, muß man einen genauen Vergleich zwischen den Streit- und Versöhnungsszenen in beiden Romanen anstellen. Hartmann hat die Streitepisode auf die Hälfte verkürzt (Hartmann: 2924—3105; Chrestien: 2430—2790). Noch auffallender ist die verschiedene Rolle der direkten Rede. Bei Chrestien nimmt sie die Hälfte, bei Hartmann den achten Teil der Verse ein. Der deutsche Dichter hat am allgemeinen Gang der Handlung nichts geändert, aber er hat Teilthemen und Teilmotive gestrichen und abgeändert und neue eingeführt.

Für Hartmann steht im Vordergrund die Tatsache der *recreantise*. Er malt eine ironische Pseudo-Idylle (2935—2953) und legt dabei besonderen Nachdruck auf die soziale Seite des Phänomens (2988—2992). Das Ziel, dem er zustrebt, entspricht genau der Physiognomie seines Erec: der Tadel des Hofes und sein allgemeiner Widerhall werden in Erec das Gefühl hervorrufen, seine Ehre verloren zu haben, d. h. das Gefühl der Schande. Die Haltung der beiden Eniden stimmt völlig überein. Sie fürchten, verstoßen zu werden, wenn sie Erec den allgemeinen Vorwurf wissen lassen (man kann den Vers 3012 bei Hartmann wie eine Vorwegnahme des Verses 2592 bei Chrestien interpretieren). Gleichzeitig schreiben sie sich selbst die Ursache der *recreantise* ihres Mannes zu (Chrestien: 2494 bis 2500; Hartmann: 3007—3008). Aber eine solche Schuld besteht in Wirklichkeit gar nicht. Was Hugo Kuhn über die Enide Hartmanns geschrieben hat, gilt ganz genauso für die Enide Chrestiens: „Eine ganz 'objektive' Schuld allerdings, die aus ihrem Dasein als Weib besteht" (a. a. O., S. 270[70] [hier S. 44, Anm. 70]). Es würde schlecht zur tiefen Güte der Hartmannschen Enide passen, wenn sie, gleich nach dem Geständnis der angeblichen Schuld, deren Absichtlichkeit verneinen würde. Chrestiens Enide tut es in einem Vers, der Aufmerksamkeit verdient: *nel volsisse por nul avoir* (2502). In jedem der beiden Romane gibt Enide schließlich dem Drängen des zornigen Ehemannes nach und öffnet ihm die Augen über seine wahre Lage. Aber nur bei Hartmann tut sie es aus Furcht, *von im ander dinge* (3046), d. h. der Untreue, beschuldigt zu werden. Was man auch immer darüber geschrieben haben mag, diese für Hartmanns Enide typische Überlegung hat keine Entsprechung im französischen Text. Sie ist aber andererseits auch ganz ohne Belang für die Motivierung der Handlung in dem deutschen Roman.

Die Art, wie Hartmann Enides Geständnis und die darauf folgenden Ereignisse wiedergegeben hat, beweist von neuem, daß für ihn der Reiz der Episode im Thema der *recreantise* und in der Rolle Erecs liegt. Denn aus welchem Grunde hätte er sonst die lange Erklärung Enides gestrichen, die endlich Mut faßt, sich dem Tadel der Leute anschließt und Erec ermahnt, sein Ansehen wiederherzustellen (Chrestien: 2536—2571)? Chrestien andererseits will um jeden Preis, daß sich (wie im ganzen Roman) die Rolle Erecs und Enides in vollkommenem Gleichgewicht halten. Das gelingt ihm auch, selbst in der Streitszene, indem er Enide zwei zusätzliche Monologe in den Mund legt (2585—2606 und 2778—2790), die Hartmann vollständig weggelassen hat, und indem er die Szene des öffentlichen Abschieds schafft, eine Szene nach der Beobachtung Jean Fourquets: "en fait assez peu vraisemblable" (Erec/Iwein, Extraits 1944, S. 65), die Chrestien aber von neuem erlaubt, Enide ins Licht zu rücken. Enide wird von Erec seinem Vater anempfohlen, für den Fall, daß er nicht heimkehren sollte.

Es steht infolgedessen außer Zweifel, daß Hartmann am Ende dieser Episode Enide an die zweite Stelle gerückt hat. Das ergibt sich mit logischer Konsequenz aus seiner gründlichen Umgestaltung des französischen Erec. Eine rasche Gegenüberstellung wird das veranschaulichen. Bei Chrestien gibt der *recreant* seinen Tadlern sofort recht: *Dame, fet il, droit an eüstes, / et cil qui m'an blasment ont droit* (2572—2573). Das auf den ersten Blick rätselhafte Wort des Hartmannschen Erec: *der [rede] ist genuoc getân* (3052) ist mehr als nur ein von seinem Verstand diktiertes Eingeständnis der Schuld. Es schließt das Gefühl in sich, ganz und gar und zwar auf der Stelle von der ritterlichen Lebenswelt ausgeschlossen zu sein (Ernst Scheunemann, a. a. O., S. 50—52, hat diesen Sturz Erecs gut gedeutet). Was nun in jedem der beiden Romane geschieht, ist folgerichtig: auf der einen Seite feierliche Abschiedsvorbereitungen und Abschied inmitten allgemeiner Trauer, auf der anderen Seite listige Verstellung und heimlicher Aufbruch eines Mannes, der sich, ganz zu Recht, mit Schande beladen fühlt (Chrestien: 2738—2748; Hartmann: 3061—3092).

So verschieden demnach die Haltung der beiden Erecgestalten auch sein mag, das Verhalten, zu dem sie die arme Enide zwingen, ist das gleiche. Es konkretisiert sich in folgenden vier Anordnungen: dem Befehl zum sofortigen Aufbruch, einem Aufbruch, der nach der schönen Formulierung Jean Frappiers ist: „à la fois une épreuve et la quête d'une preuve“ (Chrétien de Troyes, 1957, S. 100); dem Befehl, das schönste Kleid anzuziehen, was bedeutet, daß Enide ihren Mann als Zuschauerin begleiten soll (Chrestien: 2574—2579, 2661—2675; Hartmann: 3053—3057); dem Befehl, bei diesem gemeinsamen Ritt immer vorauszureiten, was das Vertrauen Erecs auf sich selbst beweist (Chrestien: 2770—2771; Hartmann: 3094—3097); der Verpflichtung Enides zum striktesten Stillschweigen angesichts aller ihr unterwegs auffallenden Tatsachen (Chrestien: 2764—2769; Hartmann: 3098—3102). Dieses Sprechverbot hat einen dreifachen Sinn. Indem Erec sich anmaßt, über alle bevorstehenden Gefahren mit der Kraft seines Armes allein zu triumphieren (das ihm auferlegte Dementi wird der Versöhnung den Weg bahnen), möchte er Enide seine Heldenhaftigkeit beweisen; indem er an die Stelle der einstigen Hingabe an die Sinne die völlige Aufhebung der ehelichen Gemeinschaft treten läßt, will er den Schimpf der *recreantise* abwaschen; indem er Enide verbietet, das Wort an ihn zu richten, will er sie für den Mißbrauch der Sprache bestrafen, dessen sie sich seiner Meinung nach in der Szene der Krise schuldig gemacht hat. Übrigens ist das bereits das Prinzip der Wiedervergeltung („contrapasso"), nach dem im ›Inferno‹ und im ›Purgatorio‹ Dantes das System der Strafen und der Bußen geregelt wird.

Diese drei Bedeutungen hängen sicherlich eng miteinander zusammen. Aber die dritte steht bei Chrestien weitaus im Vordergrund. Für ihn verdichtet sich der ganze Konflikt zwischen den beiden Ehegatten in einem einzigen Wort: *mar* (2503), das Enide am Ende ihres Selbstgesprächs im ehelichen Gemach auf Erec anwendet. Die Verschiedenheit, die man hier zwischen den beiden Romanen feststellt, gehört zu jenen Abweichungen Hartmanns von Chrestien, die besonders gut zeigen, wie der deutsche Dichter den Stoff des französischen Romans neu durchdacht und auf welch überlegte und planmäßige Weise er ihn umgeschaffen hat.

Bei Hartmann glaubt Enide, daß Erec schläft. Sie stößt einen tiefen Seufzer aus (3027). Ihrem Mund entringt sich eine kurze Klage, die nichts ist als ein verlängertes Ach!, das auf die gegen Erec und sie selbst ausgestoßenen Verwünschungen anspielt (3029 bis 3032). Das Geständnis, das Erec darauf seiner Frau entreißt, betrifft deren Klage und das vorwurfsvolle Reden der Leute. Beides wird mit dem Wort *diu rede* bezeichnet (Hartmann: 2999, 3034, 3041, 3051, 5956). Es handelt sich infolgedessen immer um die *recreantise.* Im Chrestienschen Roman verlaufen die Ereignisse folgendermaßen. Hier schläft Erec tatsächlich, aber nicht fest. Aus seinem Schlummer weckt ihn der Schlußausruf Enides: *Amis, con mar fus* (2503), den Jean Frappier so übersetzt: „Ami, quel dommage ce fut pour toi" (a. a. O., S. 86[1]). Nun ist das unheilvolle Wort heraus. Es wird den ganzen Ablauf der folgenden Ereignisse auslösen. Für diesen Ausruf gibt es nur eine einzige Bezeichnung: *la parole.* „La parole", in diesem speziellen und konkreten Sinne, gleicht einer Brücke, die über die Episode des verräterischen Grafen (3098) und die Klage Enides um den von ihr für tot gehaltenen

Erec (4590, 4607, 4609) hinweg, die Streitszene (2483, 2507, 2519, 2529) mit der Versöhnungsszene (4893) verbindet.

Für die Gleichung zwischen: *Con mar (i)fus* und *la parole* fehlt bei Hartmann jegliche Entsprechung. Das *wê (ouwê)* (schon im Mund der Tadler: 2996; dann im Mund Enides: 3029; schließlich 9mal von 5739 bis 6109 in ihrer langen Klage) hat immer den Charakter einer Interjektion und nie den eines Leitmotivs wie das Chrestiensche *mar* (das natürlich auch die Funktion einer Interjektion haben kann). Der Verzicht Hartmanns auf eine Gleichung dieser Art ist in der Gesamtkonzeption seines Romans verankert. Der Vergleich der beiden Versöhnungsszenen läßt daran keinen Zweifel. Der Hartmannsche Erec bittet Enide dafür um Vergebung, daß er ihr grundlos (*âne sache*, 6775) eine Erprobung auferlegt hat (6795—6799), und es wird ihm verziehen (6802—6803). Bei Chrestien ist es Erec, der Enide Vergebung gewährt, und zwar dafür, daß sie etwas Böses über ihn geäußert hat. Erec selbst setzt *mesdit* (4891) mit *forfet* und *parole* gleich (4893). So löst sich das Problem von Enides Schuld bei Chrestien. Enides lange Erklärung im ehelichen Gemach hatte in Erec die Überzeugung geweckt, daß es ihr an Vertrauen zu ihm fehle *(forfet)*. Diese Einstellung Enides gipfelte für ihn in „la parole“: *Amis, con mar fus*, die die Erotik der Gegenwart zur Reue über die jüngste Phase seines Lebens gewandelt hatte. Auch wenn man dieser Interpretation zustimmt (der einzig möglichen, um für Chrestien einen inneren Zusammenhang der Ereignisse zu sichern), so läßt sich nicht leugnen, daß Hartmann eine viel einfachere und viel klarere Motivation geschaffen hat. Andererseits darf aber nicht übersehen werden, daß der Gewinn an Klarheit von Hartmann nur erreicht worden ist dank der beträchtlichen Verkürzung einer für die Physiognomie des Chrestienschen Romans entscheidenden Dimension. Schaut man auf die Auslösung des Geschehens, so ist ›Erec et Enide‹ der Roman eines gesprochenen Wortes, eines „Wortes“, das nicht hätte gesprochen werden dürfen, so wie ›Li Contes del Graal‹ Chrestiens der Roman eines „Wortes“ ist, das hätte ausgesprochen werden müssen. Man braucht nur auf die Häufigkeit des Verbums *dire* zu schauen (19 Verwendungen bei der Darstellung des Streites zwischen den Gatten, d. h. in den 110 Versen von 2475—2584) und anderer Ausdrücke des gleichen Wortfeldes, um dieses Aspektes des französischen Romans innezuwerden. Es ist wahrscheinlich, daß die Vorliebe Chrestiens für die direkte Rede in engster Beziehung mit seiner Freude an der Thematik des Wortes steht. Gewiß, auch Hartmann versteht es, im geeigneten Augenblick aus der Verwendung der direkten Rede großen Nutzen zu ziehen. Aber nur der vergleichende Blick ergibt die rechte Einschätzung dieser Stellen. Er führt zu einer Entdeckung wie dieser. In der Versöhnungsszene sind Erecs Worte bei Chrestien in direkter Rede wiedergegeben, bei Hartmann in indirekter. Bei Chrestien spricht Enide, der *la parole* vergeben worden ist, kein einziges Wort und genießt die wiedergefundene Harmonie in stummer Freude, während Hartmanns Enide, die in ihren Selbstgesprächen während der Abenteuerfahrt soviel über den Tod meditiert hatte, nach einem in indirekter Rede berichteten Dialog Erec erklärt (und hier nun verwendet Hartmann die direkte Rede), daß die Beibehaltung der von Erec auferlegten Distanz ihr in Kürze das Leben gekostet hätte (Chrestien: 4879—4900; Hartmann: 6760—6813).

Ein weiteres Detail verstärkt noch den Unterschied zwischen den beiden Versöhnungsszenen. Hartmann legt den Nachdruck auf die menschliche Vollendung Enides (der zentrale Terminus ist: *rehtez wîp*, 6782), Chrestien auf Erecs Überzeugung, von Enide geliebt zu sein *parfitemant* (4887). Dieses Adverb bedeutet hier: mit einer uneingeschränkten Freimütigkeit und einem absoluten Glauben Enides an die ritterliche Tüchtigkeit ihres Mannes. Es hat gar nichts zu tun mit Liebe im troubadouresken Sinne des Wortes, ebensowenig übrigens wie folgender Satz Erecs: *Or voel estre d'or en avant, / ausi con j'estoie devant, / tot a vostre comandemant* (4888—4890). Der Chrestiensche Erec schließt dabei stillschweigend mit ein, was der von dem Willen zur Besserung (6800) durchdrungene Hartmannsche Erec ausspricht: daß ihre weitere „Gemeinsamkeit" nicht mehr nur wie früher „geschenkt", sondern „erworben" ist, erworben durch das gemeinsame Erleben der Leiden. Diese Formulierung Peter Wapnewskis (Hartmann von Aue, ²1964, S. 48) gilt also auch für den Roman Chrestiens. So zeigt die Analyse der beiden Versöhnungsszenen auf eine besonders beweiskräftige Art, was die dichterische Arbeit Hartmanns kennzeichnet: die Originalität des Bearbeiters in der Anverwandlung der Vorlage.

Um das gleiche Ergebnis (die Verlagerung des Interessenzentrums innerhalb einer und derselben Erzählmaterie) auch für die beiden Versionen der *Joie de la Curt* zu finden, muß man zuerst einmal ihren gemeinsamen Lehrgehalt herausarbeiten. Dieser schließt einen doppelten Sinn in sich, der sich in Wirklichkeit auf einen einzigen zurückführen läßt: den Gegensatz zwischen zwei Ausübungen der Ritterschaft und zwischen zwei Erfahrungen der Liebe. Auf der einen Seite handelt es sich um einen Maboagrain versklavenden Minnedienst, auferlegt von einer sich als Herrin gebärdenden Freundin, die mit Hilfe eines ihrem Minner abverlangten Schwures (es ist ein weiteres Beispiel für die Thematik des „Wortes") aus ihrem Ritter einen auf Tötung bedachten Zweikämpfer macht, um ihn egoistisch bei sich, in ihrem Liebesparadies (9542) zu halten. Auf der anderen Seite steht die in der Ehe realisierte Liebe, die, nach der Wiederherstellung der Eintracht, Erec befähigt, in seinem schwersten Kampf den Sieg davonzutragen und einem ganzen Königreich den Frieden wiederzugeben.

Chrestien hält die beiden Bedeutungen der Episode im Gleichgewicht. Zu diesem Zweck kommt er ausdrücklich auf das Thema der Ehe zurück. Er gestaltet das Zwiegespräch zwischen Erecs Gemahlin und Maboagrains Freundin zur richtigen Gegenüberstellung zweier Liebesgeschichten (6214—6271) aus. Drei Verse in indirekter Rede (9707—9709) sind der ganze Reflex, den diese Redeszene bei Hartmann gefunden hat. Dieser schickt seinerseits dem Bericht Maboagrains über seine Liebessklaverei (Chrestien: 5998—6064; Hartmann: 9445—9572) das soziale Bekenntnis seines Erec (9413 bis 9438) voraus, das bei Chrestien ohne jede Entsprechung ist. Was aber bei Hartmann endgültig den Ausschlag für Erec und die ritterliche Sinnerfüllung der Episode gibt, ist die Einführung der achtzig Witwen der Opfer Maboagrains (Hartmann: 8195—8196, 8221 bis 8358, 9782—9857). Diese nur von Hartmann erzählte Befreiungshandlung greift auf die folgende Szene über, die sich am Hof des Königs Artus abspielt. Den Höhepunkt dieser Szene (Chrestien: 6359—6451; Hartmann: 9858—9962) bildet bei Hartmann der Empfang, den der König den Witwen bereitet, bei Chrestien dagegen der Bericht von den Abenteuern, den Erec gibt. Chrestien vergißt dabei nicht, die Umarmung Erecs und Enides durch die Königin zu erwähnen (6408—6409), während Enide bei Hartmann überhaupt nicht erwähnt wird. Auch in der Hartmannschen Schlußepisode (9963—10082), die ja als Ganzes völlig von Chrestien abweicht, wird Enide nicht genannt, obwohl der Bericht von dem triumphalen Empfang in Karnant oder der Hinweis auf die Krönung Erecs eine gute Gelegenheit dazu gegeben hätten. Bei Chrestien jedoch lädt Erec Enidens Eltern zur Doppelkrönung nach Nantes ein. Als sie König Artus vorgestellt werden, hält dieser eine Lobrede auf Enides Schönheit (6556—6567). So bleibt Chrestien bis zum Schluß seines Romans seinem Vorhaben treu: dem erzählerischen Gleichgewicht seiner beiden Protagonisten.

4. Die vorausgehenden Bemerkungen, die lediglich den quantitativen, narrativen, psychologischen und thematischen Aspekt des Vergleichs betreffen, haben sich absichtlich auf solche Feststellungen beschränkt, die sich in unmittelbarer Weise aus den Texten selbst ergeben. Chrestien hat einen Roman mit zwei Helden geschrieben, der gleichzeitig der Roman eines ehelichen Paares ist. Das ist die große Erfindung, die dem Roman ›Erec et Enide‹ seine Anfangsstellung in der Geschichte des europäischen Romans sichert. Hartmann hat daraus den Roman eines Mannes gemacht, der dank der Selbstlosigkeit und dem Opfergeist seiner Frau der Vollendung nahekommt. Bei Chrestien ist alles von der Idee der Gegenseitigkeit, der Wechselseitigkeit, der Gleichheit beherrscht. Sie gipfelt in dem Gebrauch des Wortes *suer* als Anrede für die geliebte Frau (4882, 5784). Hartmann kennt diese Anrede nicht. Das Phänomen des Aufstiegs des Mannes, das Hartmann besonders angezogen hat, und das, wie Helmut de Boor (Die höfische Literatur, [6]1964, S. 67 bis 83) gezeigt hat, die Achse des ganzen erzählerischen Werkes Hartmanns ist, ist nicht weniger neu, wenn man es in die Gesamtentwicklung des Romans überhaupt hineinstellt.

Es ist begreiflich, daß die verschiedene Akzentuierung der beiden Personen des Paares bei Hartmann sich mit einem Zuwachs an „Ideologie" verbindet. Der deutsche Roman ist, in einem bewußteren und willentlicheren Sinne, ein „arthurischer" Roman (was Ernst Scheunemann in seinem oben zitierten grundlegenden Buch überzeugend nachgewiesen hat), obwohl die den beiden Romanen innewohnende Idee die gleiche ist: die Harmonisierung der Liebe in der

Ehe und der aktiven Rolle des höfischen Rittertums. Diese Gleichsetzung ist dadurch gewährleistet, daß Hartmann den zentralen Antrieb der Handlung, die *recreantise*, ungeschmälert übernommen hat. Aber in der Verkettung von Krise und Lösung hat Hartmann die Motivierung der Schuld geändert und so dem Motiv der „parole" den Charakter einer sekundären Thematik genommen, den ihr Chrestien gegeben hatte. Aber dieser Mangel wird bei Hartmann ausgeglichen durch die viel stärkere soziale Komponente im ritterlichen Handeln Erecs, die indessen nicht im Sinne einer religiösen Superstruktur verstanden werden darf.

Diese Ergebnisse müßten von einer vergleichenden Untersuchung des Stils und der Gesamtstimmung in beiden Werken ergänzt und kontrolliert werden. Man müßte das Wortfeld des Rittertums, der Höfischkeit und der Liebe in den beiden Romanen studieren, dazu die Nebenfiguren, aber auch die Metrik und die Syntax. Auf diesem Weg könnte man hoffen, zum Endziel des Vergleichs zu gelangen: der Einsicht in den verschiedenen Grad der Integration von *san* und *matiere*, um Chrestiens Formulierung im Prolog seines ›Lancelot‹ zu verwenden. Was bereits vorliegt, ist eine sehr sorgfältige Untersuchung der Komposition beider Romane (in dem bereits zitierten Aufsatz Hugo Kuhns).

Aber die literaturgeschichtliche Forschung beschränkt sich nicht auf die Analyse der Texte. Sie muß in einem letzten Schritt der Erkenntnis zu erklären versuchen, warum die Werke so geworden sind, wie sie sind. Im vorliegenden Falle würde das die Frage bedeuten, ob die Methode Erich Köhlers in seinem Buch: Ideal und Wirklichkeit in der höfischen Epik ([2]1970) auf den ›Erec‹ Hartmanns und auf seinen historischen, sozialen und kulturellen Kontext anwendbar ist, und ob die Suche nach einer allgemeinen Symbolik hinter der Handlung des Romans, wie sie Reto R. Bezzola in seinem Buch: Le sens de l'aventure et de l'amour (Chrétien de Troyes) (1947) unternommen hat, sich für den Roman Hartmanns als möglich erweist oder nicht.

Die Bearbeitung Hartmanns gehorcht einem inneren Gesetz und bildet ein zusammenhängendes Ganzes. Das gilt auch für jede Episode und jede Szene. Jean Fourquet (a. a. O., S. 25) hat das gut gesehen: „Devant chaque morceau, le poète a pris une décision d'ensemble, selon l'intérêt qu'il lui portait, les effets qu'il pensait en tirer".

Wenn im Prolog mit ... *li contes, / que devant rois et devant contes / depecier et corronpre suelent / cil qui de conter vivre vuelent* (19—22), wie es wahrscheinlich ist, Chrestiens Roman selbst gemeint ist (vgl. Philipp August Becker, Der gepaarte Achtsilber in der französischen Dichtung, 1934, S. 88—89), so besteht der Ruhm Hartmanns darin, daß er diesen Roman nicht *depecié* hat, sondern daß er ihn umgeschaffen hat zu einer neuen Synthese: so gilt, auch dank Hartmann von Aue, das Wort Chrestiens, daß diese *estoire / ... toz jorz mes iert an mimoire / tant con durra crestïantez* (23—25).

Gedenkschrift für William Foerste. Hrsg. von Dietrich Hofmann u. W. Sanders (= Niederdeutsche Studien 18). Böhlau, Köln 1970, S. 477—501.

BILDKOORDINATIONEN IM ›EREC‹ HARTMANNS VON AUE

Von Uwe Ruberg

Bildliches Sprechen im Epos führt, sei es durch Ersetzen von Worten (immutatio), sei es durch vergleichendes Heranhalten (adjectio), ein unerwartet Fremdes, doch dem Erwarteten bzw. Verglichenen zugleich Ähnliches in den darstellenden Kontext ein. Ein dem ersten Anschein nach unvermittelt gesetztes Bild kann für den zweiten Blick in einem bestimmten Zusammenhang, wenn nicht in verschiedenartigen Bezügen stehen. Diese Prämisse verdient Beachtung, wo für ein Werk die Funktion der sprachlichen Bildlichkeit — Schmuck, Akzentuierung, Kommentar, Aufschluß über nur Angedeutetes — differenzierend erfaßt werden soll. Mit der proprium-Ebene der Geschehensdarstellung kann ein sprachliches Bild außer durch den grammatischen Kontext auch bildinhaltlich durch eine Beziehung zu Handlungsgegenständen, -trägern oder -situationen verknüpft sein. Ihm mag zudem auf der Bildebene eine eigene Position als Glied einer geordneten Bildfolge zukommen. Dabei ist von nachgeordneter Relevanz, ob die an der Gesamtvorstellung beteiligten Bilder eng benachbart zusammenstehen (Gleichnis; durchgeführte Metapher [1]) oder fern über das Werk verteilt auftreten, wie dies M. Hardt für seine Definition von 'Bildreihen' [2] als charakteri-

[1] 'metaphora continua', s. H. Lausberg: Handbuch der literarischen Rhetorik, München 1960, § 895; H.-H. Lieb: Der Umfang des historischen Metaphernbegriffs, Diss. Köln 1964, S. 97 mit Anm. 1.

[2] M. Hardt: (Das Bild in der Dichtung.) Studien zu Funktionsweisen von Bildern und Bildreihen in der Literatur, München 1966 (zu Aischylos, Dante, Shakespeare, Flaubert); hier S. 15 f. — H. Heckhausen formuliert als These, ein wesentlicher Teil der Wirkung einer Metapher beruhe 'auf der Relation der aufeinanderfolgenden Metaphern im Text' (Die Meta-

stisch und konstitutiv ansieht. Ihm ist vorwaltendes, wenn auch nicht absolut herrschendes Reihenformans eine durch die Zugehörigkeit zu gleichen oder nah verwandten 'Sachbereichen' [3] ermöglichte inhaltliche Korrespondenz. Als modifizierende oder alternative Bildfolgen sind aber nicht nur aus 'mehr oder weniger vagen, oft zufälligen Anklängen von Bildern untereinander' 'sich beiläufig ergebende Bildrelationen' [4] denkbar, wie sie Hardt fernhalten will. Ebenfalls in der Folge ihres Auftretens im Text lassen sich vielmehr auch vom 'Bildempfänger' her organisierte Bildreihen herauslösen und auch ihrerseits als 'zurück- und vorausweisend', 'aufeinander abgestimmt' und progressiv fortführend verstehen, wenn man

pher. Bochumer Diskussion, Poetica 2, 1968, 100—130, hier S. 103). 'Aufeinander hin komponierte Bilder' stellt anhand der Kriterien 'inhaltlicher Kohärenz' und 'sprachlicher Responsionen' für Morungen O. Ludwig fest (Komposition und Bildstruktur. Zur poetischen Form der Lieder Heinrichs von Morungen, ZfdPh 87, 1968, Sonderheft S. 48—71, hier S. 52 ff.). Derartige Bildgruppierungen stehen innerhalb der deutschen Dichtung des Mittelalters, entgegen Ludwigs Annahme (S. 71), schwerlich singulär.

[3] Die prinzipiellen Vorbehalte H. Weinrichs (in seiner Rezension, ZfrPh 84, 1968, 110—115, hier S. 112) gegen dieses Reihenkonstitutiv, das 'die spontane Einheit eines Bildspenders und eines Bildempfängers' zerreiße, scheinen mir voll nur auf die Untersuchung von Metaphern im engen Sinn, nicht so entschieden auf similitudo und exemplum, die auch Weinrich unter 'sprachlichem Bild' subsumiert, zuzutreffen; voll überdies nur auf die Untersuchung von langue, nicht die von parole zumal eines Mittelalter-Textes, da hier in einer Metapher nicht nur die 'Koppelung zweier sprachlicher Sinnbezirke', sondern auch Dingbedeutungen der genannten 'Sachen' aktualisiert sein können (dazu jetzt W. Harms: Homo viator in bivio, Studien zur Bildlichkeit des Weges, München 1970, S. 11 bis 18, 152 ff. und 292 f.); auch kann gerade von Belang sein, ob und wie in einem bestimmten Werk der gleiche 'Bildspender' verschiedene 'Bildempfänger'-Stationen durchwandert. — Hardts Definition gerade entgegengesetzt ist der für Lyrikuntersuchungen benutzte Begriff 'Bildreihe' bei R. N. Maier: Das Bildreihengedicht, WW 3 (1952/3) 132—146, bes. S. 133: dichte Abfolge von Bildzeichen, die ohne 'Zusammenhalt des Wirklichen' lediglich in ideeller Verbindung stehen.

[4] Hardt, S. 17, Anm. 7; die folgenden Zitate S. 15.

fragt, ob die sprachlichen Bilder bestimmten Zentralbegriffen (Eigenschaften, Ideen) oder Personen der Handlung sinnvoll zugeordnet sind.

Auf die skizzierten Verfahren der Bildkoordination ist die Forschung zu Hartmanns ›Erec‹ bisher kaum aufmerksam geworden. Zuletzt hat A. van der Lee [5] die Bildsprache dieses Werks monographisch behandelt. Er ordnet das Material, offenbar ohne Vollständigkeit anzustreben, teils nach Herkunftsbereichen der Bilder, teils, freilich nur für die Vergleiche im engen Sinn, nach der sprachlichen Realisierung. Den ›Erec‹-Belegen wird Ähnliches aus älterer mhd. Epik verschiedener Gattungen angereiht, ohne daß damit für ein Wissen, ob und wie Hartmann in der Bildsprache des ›Erec‹ Anregungen aufgenommen und verwandelt hat, viel erreicht wäre, zumal auf Chrétiens ›Erec et Enide‹ der Blick fast nur mit einem pauschalen, zustimmenden Verweis auf die Studie O. Recks gelenkt wird. Sie ist unter den vergleichenden Arbeiten für unseren Gesichtspunkt die hilfreichste durch ihre enumerative Gegenüberstellung der wichtigsten Belege, kaum durch ihre Auswertung, wenn sie für Chrétien knappe Vergleiche ohne 'eine Spur künstlerischer Behandlung und Erweiterung', für Hartmann 'abgerundete und ausgeführte Kunstschöpfungen', die die 'Fülle, Unabhängigkeit und Originalität Hartmanns in der Verwendung dieses Schmucks beleuchten' [6], feststellt. Die Kriterien dieser Wertung sind schon durch einen Blick in die Poetiken der Zeit relativiert; Matthäus von Vendôme und Everhardus Alemannus, auch Gottfried von Vinsauf lassen exemplum, similitudo und metaphora nur unter eng begrenzten funktionalen Bedingungen zu und warnen vor ihrem häufigen Gebrauch als einem vitium [7].

Die weitere Literatur zum mhd. ›Erec‹ berücksichtigt Gesichtspunkte des bildlichen Sprechens nur partiell oder punktuell.

[5] Der Stil von Hartmanns Erec, verglichen mit dem der älteren Epik, Diss. Utrecht 1950.

[6] O. Reck: Das Verhältnis des Hartmannschen Erec zu seiner französischen Vorlage, Diss. Greifswald 1898, S. 31—35.

[7] s. E. Faral: Les Arts poétiques du XIIe et du XIIIe siècle, Paris 1924, S. 68 f.

R. Endres' 'Studien zum Stil von Hartmanns Erec' nehmen in das Kapitel 'Vergleiche'[8] nur den eng begrenzten, kaum bildhaltigen Ausschnitt der Wendungen wie *er tete sam die wîsen tuont* (10 085) auf, um mit der Besprechung aller hierher gehörigen Belege die opinio plurium, es gehe Hartmann um die Verbreitung eines höfisch geprägten, vollkommenen, vorbildgebenden Menschenbildes, auf die Probe zu stellen. Auswählend und meist ohne engeren oder weiteren Kontextbezug wird Hartmanns Bildsprache in Arbeiten, die Herkunft und Bedeutungshintergrund der Bilder erörtern oder fest (zuletzt zu fest) bestimmen möchten[9], und in Überblicksuntersuchungen zu Sprachstil- und Erzählproblemen der mhd. Früh- und Blütezeit[10] berührt.

Hartmann löst mit breiter durchgeführten Gleichnissen, die Chrétiens ›Erec et Enide‹ und auch Veldeke noch fehlen, die knappen Vergleiche der vorhöfischen Literatur ab. Dieser öfter konstatierte Befund[11] hätte einen ersten Hinweis auf bewußte Verfahren der Bildkoordination im ›Erec‹ geben können, wenn an der similitudo-Großform nicht nur die vielgenannte lehrhafte Art expliziter

[8] Diss. München 1961, S. 104—123; Resümee S. 123.

[9] M. Haupt in den Anmerkungen seiner ›Erec‹-Edition, Leipzig ²1871; A. E. Schönbach: Über Hartmann von Aue. Drei Bücher Untersuchungen, Graz 1894; W. Fechter: Lateinische Dichtkunst und deutsches Mittelalter, Berlin 1964; W. Ohly: Die heilsgeschichtliche Struktur der Epen Hartmanns von Aue, Diss. Berlin (FU) 1958, und, ohne Kenntnis des letzteren, P. W. Tax: Studien zum Symbolischen in Hartmanns ›Erec‹, ZfdPh 82 (1963) 29—44 und WW 13 (1963) 277—288 [hier abgedruckt S. 287 ff.]. — Der Aspekt der Bildtradition wird im folgenden nur beachtet, insoweit er das Erkennen von Bildkoordinationen fördert oder selbst aus erkannten Bildkoordinationen heraus neues Licht erhält.

[10] H. J. Bayer: Untersuchungen zum Sprachstil weltlicher Epen des deutschen Früh- und Hochmittelalters, Berlin 1962 (für die Bildsprache ohne ›Erec‹-Belege); U. Pörksen: Der Erzähler im mhd. Epos. Formen seines Hervortretens bei Lamprecht, Konrad, Hartmann, in Wolframs ›Willehalm‹ und in den 'Spielmannsepen', Diss. (masch.) Kiel 1968, S. 120 ff. [inzwischen gedruckt: Berlin 1971, S. 104 ff.].

[11] Reck, S. 32 f.; van der Lee, S. 31 f.; Bayer, S. 86; Pörksen, S. 127 [S. 110].

Deutung, sondern auch die Methode mehrgliedrig parallelisierender Bildverknüpfung gesehen worden wäre. Gleichnisse verdienen als Ausgangspunkt dieser Überlegungen um so eher Beachtung, als sich an ihnen gelegentlich wahrscheinlich machen läßt, daß sie nicht nur formal, sondern auch inhaltlich ganz Hartmann gehören. Das gilt besonders für das Glasgleichnis (5615—5627), weniger weil Chrétien [12] keinen erkennbaren Anhalt gibt, als weil es aus der Sprechsituation des deutschsprachigen Autors verständlich ist als ausfallende Belebung einer verblaßten Metapher. Eine Wendung wie *daz herze was getrüebet* (9662) ist offenbar fest in den 'eigentlichen' sprachlichen Benennungsbestand eingegangen, ohne daß der ehemalige Bildgehalt noch vollzogen würde; jedenfalls korrespondiert ihr als oppositum unbildliches *vreude* (9663). Als Hartmann die Freude der Dame charakterisiert, der Erec den entführten Cadoc zurückgewinnt, hält er bei dem nominalen *trüebe* (vgl. noch 6321) inne:

5615 *hie verkêrte sich dem wîbe*
ir herzen trüebe,

um sich von diesem Wort zu einer das Bild registrierenden und erklärenden Ausformung einladen zu lassen:

5617 *als ein glas, derz wol schüebe,*
daz von swarzer varwe
bestrichen wære begarwe:
sô diu varwe abe kæme,
sô würdez genæme
und lieht daz ê vinster was.
sus wart ir herze ein lûter glas,
der erren sorgen beschaben
unde wol ze liehte erhaben
mit unvalscher wünne —

[12] Diese Untersuchung hält enge Fühlung mit Chrétiens ›Erec et Enide‹, ohne daß im folgenden für abweichende Einzelheiten Hartmanns Selbständigkeit postuliert sein soll. Dazu gäben die mißliche Überlieferungslage und das Nebenquellenproblem keine Handhabe. Wenn sich ergibt, daß die bekannten Fassungen beider Werke zahlreiche ähnliche, darunter stringent übereinstimmende Bildelemente nach jeweils eigenen

Der detaillierte Vergleichsgang *(als ein glas . . .)* schließt am Ort der expliziten Deutung *(sus . . .)* mit einer neugewonnenen, dreigliedrig durchgeführten identifizierenden Herzmetapher *(ein lûter glas, der sorgen beschaben, ze liehte erhaben)*. Die Einzelzüge vereinigen sich weder auf eine Gesamtvorstellung 'Herz als Spiegel' noch 'Herz als Fenster', eher auf 'Herz als Lichtgefäß' (*ze liehte erhaben* 'zum Leuchten emporgehalten'?, vgl. ›Parz.‹ 236, 1—4), wenn sie nicht überhaupt nur allgemein das Material 'Glasscheibe oder -scherbe' meinen (*ze liehte erhaben* 'wieder zum reinen, diaphanen Glänzen gebracht').

Für eine der beiden zuletzt erwogenen Präzisionen entscheidet aus dem weiteren Kontext die Metapher *dâ erlasch ir herze von* (5606), die Licht oder Glanz impliziert. Für das augenscheinlich spontane Gleichnis ist somit zehn Verse zuvor eine Perspektive auf der Bildebene vorbereitend eingestellt. Dieser Bezug, erster Beleg für die bei Hartmann genutzten freieren Verfahren der Bildkoordination, gibt zudem für v. 5602 der Lesart der Ambraser Handschrift *waren in ir herzen schein* ihre Autorität zurück, insofern ihr *schein*, normalisiert *schîn*, das erste Glied der besprochenen Bildfolge enthalten, zumindest seine Spur bewahren wird: Die Zeile läßt sich ohne Eingriff in die Überlieferung verstehen als 'waren (zugleich zugegen) in ihrem leuchtenden Herzen' [13].

Prinzipien geordnet einsetzen, so zwingt allerdings, auch nach Durchprüfung der kymrischen und nordischen Versionen, gleichermaßen nichts zu der Annahme, die Hartmann bekannte Chrétien-Redaktion habe sich von den überlieferten Hss. nach Bildbestand und -gebrauch durchgreifend unterschieden. Mindestens behält die Gegenüberstellung den Sinn, werkimmanenten Beobachtungen den Blick auf den Hintergrund andersartiger Bildgestaltung bei gleichem Erzählstoff zu öffnen. — Chrétien wird im allgemeinen mit dem Text der kleinen Ausgabe W. Foersters (Halle/S. [3]1934) zitiert; Zitate nach der Edition M. Roques' (Paris 1963) sind durch R vor der Verszahl kenntlich gemacht. Hartmanns ›Erec‹ ist in der Ausgabe von Leitzmann/Wolff, Tübingen [3]1965, benutzt.

[13] Lachmann, der hier offenbar an *schîn wesen* in der geläufigen Bedeutung 'sich zeigen, offenbar sein' dachte und Anstoß nahm, konjizierte, wie nach ihm Haupt, Leitzmann und Wolff, *vuoren in ir herzen schrîn.* (Bech und Naumann bleiben bei der Handschrift). *sherzen schrîn* ist jedoch für

Die Probe, ob das Glas-Gleichnis mit seinen angegliederten Metaphern in eine übergeordnete, weitergreifende Bildreihe einbezogen ist, verläuft unter dem Aspekt der beiden Konstitutive 'bildspendender Bereich' (Glas, Leuchten) und 'bildempfangender Bereich' (Herz) negativ, liefert jedoch weiterführende Kriterien für die Organisation von Hartmanns Bildreihen. Innerhalb der *glas*-Vergleiche steht die Charakterisierung Keiins als *vor valsche ... lûter sam ein spiegelglas* (4642 f.) ebenfalls isoliert. Die beiden weiteren Vergleiche, beide in der Joie-de-la-Curt-Szene, mögen jedoch aufeinander abgestimmt sein: Die Marmorwände des Palas der 80 Witwen strahlen in sieben Farben rein *sam ein glas geworht mit schœnen witzen* (8219 f.), während Mabonagrins Dame, mitverantwortlich für die Freudenferne der Witwen und des gesamten Hofes, unter ihrem schwarz-weiß gestreiften Zelt ein dunkelschimmernder Samtumhang, *var als ein brûnez glas* (8943), beigegeben ist [14].

Hartmann, auch in den späteren Werken, nicht belegt; fehlt auch MF, begegnet dann bei Ulrich von Zatzikhoven, ›Lanz.‹ 4233. Zwar ist auch das attributive Adjektiv *schîn* spärlich belegbar (*ein schine vúr,* Rhein. Marienlob, ed. Bach, v. 71, vgl. 242, 2259; bei BMZ II, 2, Sp. 143 b, Belege aus dem Schweizer Minnesang, H. v. Stretlingen u. a.), würde jedoch syntaktisch keine Schwierigkeiten bereiten, da im ›Erec‹ Nachstellung des attributiven Adjektivs gerade im Reim auf *sîn* ganz gewöhnlich ist (8430 f., 9206 f., wie die Nachstellung des Possessivs; vgl. K. Zwierzina, Mhd. Studien, ZfdA 45, 1901, S. 253 f.). *waren* der Handschrift erscheint durch das aufnehmende Reimwort *sîn* (5603) ebenso gestützt wie durch ein perfektives Verb im temporalen Nebensatz (*gesach* für *ersach* der Hs.?).

[14] Chrétiens vier Glas-Vergleiche stehen in anderen Zusammenhängen. Die prägnanten unter ihnen kennzeichnen die Schönheit der beiden Hauptgestalten als einen reflektierenden Spiegel (440 f., 4639; dazu *hiaume — glace,* 2658 f.; *ceptre — verrine,* 6871 ff.). Diese wenigen sicheren Anhaltspunkte über Chrétiens Verwendung des Spiegelmotivs belassen J. Györys Behauptung, die Mauer aus Luft um den Baumgarten von Joie de la Curt sei ein Spiegel, der Mabonagrin als das frühere, nicht emanzipierte Ich Erecs reflektiere, im Bereich tiefenpsychologischer Spekulation ohne Kontrolle an Texten (Prolégomènes à une imagerie de Chrétien de Troyes, Cahiers de Civilisation méd. 10, 1967, 361—384, und 11, 1968, 29—39; hier S. 382).

Im Katalog der Herzmetaphern [15] stehen nur zwei Bilder koordiniert, die durch die Person Enites verbunden sind. In ihrer Klage um den vermeintlich toten Erec muß Enites *wan ich ein tôtez herze hân* (5790) nicht allgemeine Klagehyperbolik sein, wird vielmehr in der Konsequenz des früher, vor dem Tenebroc-(Tarebron-)Turnier vollzogenen Herzenstausches [16] gesagt sein:

2365 *ir herze vuorte er mit im dan,*
daz sîn beleip dem wîbe
versigelt in ir lîbe.

Erec *gar oder halp tôt* (5788) zu sehen, führt Enite unmittelbar zu dem Gedanken, damit sei auch ihr Herz tot, offenbar weil ihr Herz in der Brust des Toten schlug oder weil das Herz des Toten *versigelt in ir lîbe* war. [Über die 'Folgen' eines Herzenstausches reflektiert Hartmann im ›Iwein‹ (2990—3028) und wundert sich über Laudine, *daz in diu niht erkante diu doch sîn herze bî ir truoc* (5456 f.)].

Als Ergebnis und zugleich Arbeitshypothese sei festgehalten, daß szenisch geschlossene Einheiten und Persongebundenheit die Erscheinungs- und Wirkungsweise von Bildkoordinationen begünstigen. Der weitere Beweis läßt sich für den ersten Teilbereich, die szenische Gruppierung um eine Idee, am ergiebigsten anhand von Kampfszenen des ›Erec‹ führen.

Das Tenebroc-Turnier, das bei der Hochzeit Erecs und Enites vereinbart wurde, wird bei Hartmann durch den Bildkomplex 'Sturm im Wald' bestimmt. Vor der Hauptphase, die mit Erecs Wiedereintreten nach dem Ersetzen der ersten verstochenen Aus-

[15] Räumliche Vorstellungen: *grunt* (5804), *gevieret* (4636), Wohnen im Herzen, dessen Tradition F. Ohly: Cor amantis non angustum, Gedenkschrift für W. Foerste, Köln/Wien 1970, S. 454—476, nachgeht, (2217); Personifikationen: *râtgebe* (8984), die Rede bestimmend (6286), Verwalter der aus einer Minnebindung schöpfenden Kampfstärke (9199 f.) und, geschickt aus stichomythischem Dialog gewonnen, *guot vriunt* (9034 ff.); zum *adamas*-Vergleich s. u. S. 546.

[16] Bei Chrétien, einzeilig formuliert, die Vorstellung vom gegenseitigen Diebstahl der Herzen: *Li uns a l' autre son cuer anble* (1514).

rüstung beginnt, wird zunächst der kampfbewegte Turnierplatz im Überblick eingeführt:

2609 *nû enmohte sich gelîchen*
der schal von den scheften
niwan dâ von windes kreften
ein walt begunde vallen.

Der alles stürzende Sturm wird Erec sein. Mit dem dritten frischen Pferd und der dritten vorbereiteten Rüstung reitet er erneut ins dichteste Gedränge *rehte sam des windes dôz* (2684). Das Turnier ist entschieden, als Erec den letzten Gegner, der sich ihm stellt, so trifft, daß dessen Sattelgurte brechen *sam ez wære ein vûlez bast* (2799). Hier scheint, vom Bildzusammenhang gesteuert, bei *bast* die Bedeutung 'Baumrinde' zumindest mitgedacht zu sein. Es ist ebensowenig abstrakter, beliebig austauschbarer Minimalwert wie *escorce* beim einzigen vergleichbaren Vorkommen in Chrétiens ›Erec‹, zwar im ersten Guivretkampf, aber sachlich nahestehend:

3776 *Ne lor valurent deus escorces*
Li escu qui as cos lor pandent.
Li cuir ronpent et les es fandent —[17]

Damit ist Hartmanns Turnierszene durch ihre aufeinander bezogenen sprachlichen Bilder zu einer sich abhebenden Einheit verklammert, denn weder begegnet 'Sturm im Wald' als Bildspender anderweitig in diesem Werk, noch ist dieser Bildbereich innerhalb der Tenebroc-Szene von anderen überlagert oder gestört.

Der Sperberkampf Erecs gegen Yders ist durch eine vielgliedrig durchgeführte, dicht in die gesamte Darstellung verflochtene Finanz- und Würfelspielmetaphorik geprägt. Hartmann fand augenscheinlich bei Chrétien nur eine knapp andeutende Zeile vor:

952 *Ce qu' il li doit, bien le repaie*
(R 948 *se cil li preste, bien li paie*).

[17] Die dahinterstehende Vorstellung wird bei Chrétien deutlicher im ›Perceval‹ (ed. Roach 5672 f.): *Kex fiert si que sa lance brise   Et esmie come une escorce*; in mhd. Dichtung ›Ortnit‹ 206,4: *er schriet von im die*

Er nimmt das Bild 'Der kreditwürdige Kämpfer zahlt prompt zurück' auf:

864 *sît daz er im entlêch sîn guot,*
daz galt er als jener tuot
der dâ mêre entnemen wil,

verfolgt dann jedoch nicht, wie im ›Iwein‹ 7143—7227, auf der Bildebene die Darlehnssituation weiter, sondern geht auf die benachbarte Vorstellung 'Geldeinsatz im Würfelspiel' für das im Kampf zur Entscheidung Stehende (*lîp und êre,* 843) über. Die Durchführung dieser Metapher erstreckt sich wiederum über die Hauptphase des Kampfes, vom Beginn des Schwertkampfes zu Fuß bis zur Entscheidung. Die Schwertkämpfer *hâten gesat umbe den sige vil hôhez phant* (839 f.; vgl. 841 *geben* 'einsetzen'). *si beide spilten ein spil daz lîhte den man beroubet* ('arm macht, ruiniert'; 867 f.). Gelegentlich fallen die Würfel zu weit oder daneben (870 f.), was die Spieler nur um so mehr anspornt zum *verbinden* ('so zu würfeln, daß die Steine beim Brettspiel zu *bünden* zusammengestellt werden können' [18], 872; vgl. 940). Jedes *gebot* wird mit einem *widergelt* beantwortet (876 f.), bis beiden gegen Mittag *der gebote zeran* ('sie nichts mehr zu bieten hatten'; 884, vgl. 888). Nach einer Pause beginnen sie *ir altez spil* (916, vgl. 920), ohne daß sich herausstellt, wer *eins ougen wæger hæte* (926). Beim entscheidenden Umschwung verharrt die Kampfdarstellung für Yders' Seite auf der Bildebene:

942 *doch jener die besten würfe warf*
der kein zabelære bedarf,

während sie für Erec, den Überlegenen, vor allem durch die Restitution von *slege* für *würfe,* von der Bildebene zurückgeholt wird:

ringe reht als daz fûle bast (Deutsches Heldenbuch III, edd. A. Amelung/O. Jänicke).

[18] Nach M. Haupt, der in seiner Edition ([2]1871, hier S. 338 f.) auch die übrigen hier eingeführten termini technici des Würfelspiels *(vünfzehen, phantreht nemen, gebot legen, widergelt sagen)* ausführlich kommentiert.

944 *dô half disen daz ern nie*
ûz den slegen komen lie,
und gewan ez eine wîle
sô sêre mit der île —

In den beiden Schlußzeilen folgt dann dem auf der Bildebene erreichten Ergebnis, das wiederum aus Yders' Sicht formuliert ist, durch *und* gleichgeordnet verbunden das für die proprium-Ebene des Geschehens geltende Resultat:

948 *unz er doch daz spil verlôs*
und gelac vor im sigelôs.

Die durchgeführte Metapher kommt ohne die dem Gleichnis eigenen sprachlichen Mittel der expliziten Deutung (*als-*, *alsô-*, *sam-*, *sus-*, *gelîch-*, *wîs*-Konstruktionen) aus. Damit eigentlich gemeinter und bildlicher Vorgang nicht nur parallelisiert, sondern verschmolzen erscheinen, sind einige Züge aus den verschiedenen Bereichen direkt miteinander verbunden. Die Würfel fallen *ûf daz houbet* (869); ein Pfandhalter würde statt des ihm zustehenden Anteils an der Spielsumme (*phantreht*, 875) eine ellenlange Wunde davontragen, wenn er sich an die Kontrahenten wendete[19].

Chrétien hat in der Reizrede der beiden Gegner die Darlehensmetapher durch eine andere Finanzmetapher vorbereitet, wenn er Yders fordern läßt:

849 *'Se tu viaus avoir l'esprevier,*
Mout le t' estuet conparer chier.'

Erec erkundigt sich nach dem Preis: *'Conparer, vassaus? Et de quoi?'* und erhält zur Antwort: *'Conbatre t' an estuet a moi, Se tu ne le me claimmes quite.'* Hier mag der bei Hartmann konsta-

[19] Das einläßliche Durchsprechen und Freilegen der Bildbezüge vermag die Ansicht zu revidieren, durchgeführte Situationsmetaphern kennten erst Gottfried (Bayer, S. 90 f.) und Wolfram. Die Metaphern insgesamt werden im ›Erec‹ nach Zahl, sprachlicher Fertigkeit und Funktion leicht zugunsten der Vergleiche und Gleichnisse unterschätzt (van der Lee, S. 8, offenbar übernommen aus M. Heidingsfeld: Gottfried von Straßburg als Schüler Hartmanns von Aue, Diss. Rostock 1886, S. 22). Daß Hartmanns

tierte Bildwechsel von der 'Darlehenssumme' zur 'Spieleinsatzsumme' angelegt sein, wenn er nicht durch die eigene Art, in der Hartmann seine Kampfmetaphorik vorbereitet, motiviert ist. Die Bildfolge ist an ein im eigentlichen Wortsinn gemeintes Reizwort Yders' geknüpft: er werde nach seinem Sieg über den *jungelinc* Erec *dehein guot* ('kein Lösegeld', 719 f.) annehmen. Nach dem Kampf, dessen Einsatz durch diese Drohung erhöht ist (nicht nur *êre,* auch *lîp,* 843), nimmt Erec Yders' Stichwort auf:

971 *jâ næmet ir dehein guot*
an disem strîte vür mîn leben.
doch hât mir got sælde gegeben
daz sich diu rede verkêret hât:
sehet, nû getuon ich guoten rât
daz ich deheine miete
vür mînen lîp biete —

Das hochmütige Wort, in dem auch Yders' früheres verletzendes Verhalten getroffen ist, ist durch den Ausgang eines Kampfes ins Unrecht gesetzt, an dessen Gestaltung die in diesem Wort anklingenden Assoziationen metaphorisch dominant mitwirken.

Die Bildvorstellung 'Einsatzgeld im Würfelspiel' dieses ersten Kampfes kehrt mit nahen Entsprechungen in der Vorbereitung des letzten Kampfes wieder. Das Abenteuer Joie de la Curt ist in Erecs Augen ein *wunschspil,* in dem er *lützel wider vil mit einem wurfe wâgen mac* (8530 ff.). Die Überlegung, der zu Gebote stehende geringe eigene Einsatz (*mîne kranken êre,* 8556) falle nicht ins Gewicht, gemessen an der durch den hohen Einsatz des Gegenübers gegebenen eigenen Gewinnchance[20], wird zweimal insistierend wiederholt:

Metaphorik des Sperberkampfes bekannt blieb, entnimmt man ›Jüng. Titurel‹ 2189, 4 f. (ed. Wolf): *do leit ouch Erek sin gebot dar under, daz vil lihte gahens galt wol viere.*

[20] Nur unspezifisch Verwandtes ist bei Chrétien vorgegeben: Auf Mabonagrins Worte '*Vos conparroiz ancui mout chier Vostre folie!*' (5912 f.; vgl. 2213, 2819 mit Lesarten), entgegnet Erec '*Teus cuide avoir Le jeu joé, qui puis le pert*' (5924 f.).

8534 *gote lop, nû hân ichz vunden*
dâ ich wider tûsent phunden
wâge einen phenninc.

8563 *und merket wie ungelîche*
uns giltet daz selbe spil.
ez giltet im unnâch sô vil
zem zwelften teile als ez mir tuot.
er setzet wider valsche guot,
sîn golt wider êre
(hier 'minderes Erz').

Mabonagrins schmähende Anrede '*valschære*' (9027) wird aus dem Bildzusammenhang heraus als 'Falschspieler, Falschmünzer' zu verstehen sein.

In der die Bildlichkeit wieder stark anziehenden Hauptphase verbindet Hartmann, was zu bemerken lohnt, für den Mabonagrinkampf auf der Bildebene nicht Würfelspiel und Geldeinsatz, sondern (Würfel-[21])Spiel und Minne, und dies, indem er Zeile für Zeile den Bereich wechselt:

9106 *hie huop sich herzeminne*
nâch starkem gewinne.
si minneten sunder bette:
diu minne stuont ze wette,
sweder nider gelæge,
dem wart der tôt wæge.
mit scheften si sich kusten
durch schilte zuo den brusten —

Wenn gemäß dieser alternierenden Abfolge in der Zeile *diu minne stuont ze wette* die Spielmetapher *(ze wette stân)* dominiert, so kann ihr Subjekt *diu minne* ebensowohl metaphorisch für 'Kampf, Kampfpreis' [22], als auch im eigentlichen Sinne verstanden

[21] *wæge werden* 'das Übergewicht erlangen, drohen' erinnert an *eins ougen wæger* 'um ein Auge überlegen' (926).

[22] In dieser durchgeführten Metapher wird die Übertragungsrichtung der traditionellen, durch Ovid vermittelten Liebeskriegsmetaphorik, die

werden. Diese Doppeldeutigkeit, die dem Zuwachs an Bildbereichen mitgegeben worden ist, wird Signal sein, daß der Mabonagrin-Kampf dadurch über den Yders-Kampf hinausführt, daß in ihm die rechte, gültige Form der Minne der Einsatz ist.

Bei abnehmender Entfaltung der Spielmetapher ist der Zielkampf auch durch den zusätzlichen Bereich 'Berg' seiner Bildebene dem Eingangskampf gegenüber ausgezeichnet. Bergmetaphern und -vergleiche scheinen bei Chrétien keinen Anhalt zu haben. Nur im Zielabenteuer verwendet sie Hartmann, akzentuiert durch vierfache Variierung. Vor Brandigan möchte Erec von der aus Guivreiz' Bericht zunächst noch ganz ungreifbar sprechenden Gefahr, die Mabonagrin bedeute, kein Aufhebens machen: '*weder ist er berc oder berges genôz —?*' (8035). Die Begründung, warum Erec diesem Abenteuer nicht bereitwillig ausweicht, legt der Erzähler anerkennend in die Kennzeichnung seines Herzens. Es sei *vester dan der adamas* (8427), von dem es heiße:

8429 *unde würde der geleit*
zwischen zwein bergen stehelîn
(wie möhtez wunder grœzer sîn?),
die zemüele er kleine
ê man ez dem steine
iender möhte erkiesen an.

Kampfbilder für werbende oder abwehrende Minnekonstellationen setzt, umgekehrt. Hartmann selbst nutzt dieses Bildfeld auch in der geläufigeren Übertragungsrichtung (MF 206, 9; 207, 20; ›Klage‹ 1655 f., 1807 ff., ›Iw.‹ 1357—62, 1548—59). ›Erec‹ 3694 f. *vâhen an der minne stricke*, von Erika Kohler (Liebeskrieg, Stuttgart 1935, S. 88) zur Liebeskriegsmetaphorik gestellt, gehört jedoch zur Bildlichkeit der Jagd (Fallstrick, Schlinge), wie die Bildkoordination (*sînen vuoz verstôzen in* . . ., 3699 f.) beweist. — Zur Umkehrbarkeit von Metaphern und Bildfeldern H. Weinrich: Semantik der kühnen Metapher, DVjs. 37 (1963) 325—344, hier S. 343 f. D. Tschižewskij: Umkehrung der dichterischen Metaphern, Topoi und anderer Stilmittel, Die Welt der Slaven 6 (1961) 337—354, erfaßt sein Thema nur unscharf, u. a. weil er Erscheinungen subsumiert, die durch die Allegorese ad bonam und ad malam partem erklärt werden müßten (S. 339 ff.).

Für die Geschlossenheit der Bergbildlichkeit ist bemerkenswert genug, daß in den bisher namhaft gemachten möglichen Quellen [23] der Hartmannschen Darstellung der Diamanteigenschaften (vgl. noch 8437 f.) stets von zwei Ambossen *(incudes)* oder Amboß und Hammer als den angreifenden Druck- oder Schlagwerkzeugen gesprochen wird, die der Diamant zum Bersten bringe. Soll man mit einer doppelten Metapher 'stählerner Berg' für 'Amboß' für 'bedrohliche Abenteuergefahr' rechnen?

Im Reizdialog hält sich Erec an die zuvor gewählte Bildlichkeit. Sie erscheint, abgewandelt durch die Zweizahl des *adamas*-Vergleichs, erweitert in dem aus Horaz (›De arte poetica‹ 139) bekannten Gleichnis: Wie zwei große Berge, die ein ebenso großes Kind gebären wollten, nur eine Feldmaus hervorbrachten, so werde auch das großsprecherische Drohen Mabonagrins nur klägliche Wirkungen haben (9049—66). Die Bildgruppe wird, wiederum nahe der Kampfentscheidung, mit einer Feststellung des Erzählers geschlossen: *doch er wider in schine ein berc* (9237), unterliege schließlich Mabonagrin. Dieser Vergleich mit Erec wird durch Mabonagrins [24] Gestalt *vil nâch risen genôz* (9013; vgl. Chrétien 5900—05) nahegelegt sein, kennzeichnet aber zugleich wie die drei voraufgehenden Bergbilder den bedrohlichen Widerstand, die Höhe des Hindernisses, das Erec im Zielabenteuer zu überwinden hat.

Erecs Weg ist oft als neuer, durch jeweils höher stufende Abenteuer führender Aufstieg nach jähem Sturz gesehen und beschrieben worden, für Chrétiens Werk zuletzt von Pollmann [25], der ihm 'vertikale' Struktur zuspricht. Es wäre zu fragen, ob im Kriterienkatalog für 'horizontal' und 'vertikal', der sich als Instrument versteht, 'der Verbindung zwischen Formalem und Metaphysischem ein wenig auf die Spur zu kommen' [26], auch einer jeweilig bevor-

[23] In erster Linie Solin, s. A. E. Schönbach, S. 212 f., O. Schade: Altdt. Wörterbuch II², S. 1318 f.

[24] *berc* ist entgegen van der Lee, S. 19, nicht auf die 'Unerschütterlichkeit Erecs' zu beziehen.

[25] L. Pollmann: Das Epos in den romanischen Literaturen. Verlust und Wandlungen, Stuttgart 1966, S. 64—74.

[26] a. a. O., S. 11 f.

zugten Metaphorik eine Position gehören könnte. Hartmanns ›Erec‹ spricht dafür. Die beobachtete Bildsprache fügt den evidenten Korrespondenzen zwischen dem ersten und dem letzten Kampfabenteuer — jeweils stehen sich zwei Minnepaare gegenüber, jeweils führt der Weg anschließend direkt zum Artushof, Mabonagrins Dame entdeckt ihre Verwandtschaft mit Imain von Tulmein (9719 ff.) — eine weitere hinzu ('Geld', 'Würfelspiel') und deutet zugleich durch den Metaphernzuwachs ('Minne', 'Berg') darauf, daß Erec nach dem Bestehen des Zielabenteuers eine höhere Stufe des Selbstverständnisses und des Ritterlebens erreicht haben wird [27].

Ein Überblick über die Zuordnung der sprachlichen Bilder zu den Personen der Handlung (von Erzähler und Hörern sehe ich ab) lehrt, daß außer bei Erec und Enite nur bei geringerrangigen, episodengebundenen Nebenfiguren zu den in Rede stehenden Darstellungsmitteln gegriffen ist. Von den Maß und Richtung setzenden Gestalten Gawan, Guivreiz, Ginover und Artus [28] wird unbildlich gesprochen. Als einziges Glied des Hofes erhält Keiin sprachliche Bilder (4636, 4643, 4657, 4664, 4730), wie sie sonst Koralus (395, 426), Yders (864—949), dem Grafen [Galoain] (3694 ff.), Cadoc (5421) und seiner Dame (5348, 5602—25), den von Limors fliehenden Oringles-Leuten (6641 f., 6655, 6661), Mabonagrin (s. o.) und den 80 trauernden Witwen (8203 ff., 9807—11) zugeteilt sind. Diese Verteilungsgewichte sind mit einer der Metaphorik möglichen humorvollen Drastik [29] nur zu einem geringen Teil erklärt. Denn auch ein dem stilus gravis angemessenes Gleichnis wie das vom leuchtend rein geschabten Glas (s. o. S. 536 ff.) gehört Cadocs Dame,

[27] Daß die Aufwärtsbewegung in eine zunehmend beruhigte Dauer mündet, läßt sich an der Behandlung der erzählten Zeit ablesen: Die lückenlos ausgefüllte Tageskette bis zum zweiten Guivreizkampf wird durch zwei Wochen unerfüllter Ruhe auf Penefrec abgelöst (7236); dem Mabonagrinkampf folgen vierwöchiges Fest auf Brandigan (9772) und, nach zeitlich unbestimmtem Durchgang durch den Artushof (9969), sechswöchiges Krönungsfest in Karnant (10079).

[28] Anders Chrétien, 6673—85.

[29] Oringles' Leute flohen nicht auf die Burg, sondern aus ihr heraus *und sluffen ze loche sam diu mûs* (6655); dazu W. Ohly, S. 76.

nicht etwa Enite. Es läßt für die Frage nach dem 'Verteilungsschlüssel' mit seiner relativ großen Verselbständigung daran denken, daß die der similitudo abgeneigten Rhetoriker sie als ornatus dann gerechtfertigt sehen, wenn sie eine auftretende *materiae penuria* [30] anreichern hilft.

Enides Einführung gibt Chrétien Anlaß zu einer panegyrischen Beschreibung, die ihrer Anlage nach ganz den Mustern der artes poeticae entspricht. Dem Topos 'natura formatrix' schließt sich eine descriptio an, die von den Haaren aus systematisch Zug um Zug abwärts weitergeht [31] und dabei meist überbietende Vergleiche hinzuzieht: ihre goldstrahlenden Haare lassen die blonde Isolde ein Nichts werden (424 ff.), ihre Stirn übertrifft an weißem Glanz die Lilie (427 f.), das Weiß des Antlitzes ist von einem frischen Karminrot zum Leuchten gebracht (432), die Augen schimmern hell wie zwei Sterne (433 f.), auch Nase und Mund konnte Gott schöner nicht hervorbringen — in der Zusammenschau: in ihre strahlende Schönheit kann der Betrachtende wie in einen Spiegel blicken. Die Folge der sprachlichen Bilder hängt von der vorgezeichneten Folge der Körperteile ab; für sich gesehen, wirkt sie kumuliert *(Iseuz, flors de lis, anluminee, estoiles, mireor)*, allenfalls durch das gemeinsame Leuchten zusammengehalten.

Hartmann erwähnt bei der Einführung Enites an Einzelnem ihrer körperlichen Schönheit allein die weiße Farbe der durch die zerschlissene Kleidung schimmernden Haut — und tut dies insistierend, zuerst *wîz alsam ein swan* (330), dann, nach je einer Überbietungs- und Einschränkungsformel, mit einem zweiten Bild:

336 *ir lîp schein durch ir salwe wât*
alsam diu lilje, dâ si stât
under swarzen dornen wîz.

Aus dem Bildrepertoire, wie es bei Chrétien bereitliegt, wählt er hier nur 'lilienweiß', grenzt jedoch ein auf 'Lilie unter schwarzen

[30] Matthäus von Vendôme bei Faral, S. 181.

[31] Später, v. 1491—97, noch einmal aufgenommen; dazu zuletzt Valeria Bertolucci: Commento retorico all' Erec e al Cligès, Studi Mediolatini e Volgari 8 (1960) 9—51, hier S. 17 f.

Dornen'. Damit ist auf der Bildebene ein Spannungspol hinzugewonnen, der auch das Attribut 'ärmliche Kleidung' metaphorisiert und auf diese Weise als Bedeutungsträger apostrophiert. Zugleich erhält das präzisierte Bild eine speziellere Analogie-Komponente, da es nach den Auslegungen von Cant. 2, 1 f. in der Mariensymbolik als Zeichen von Schönheit und Sündenfreiheit verstanden wird [32].

Chrétien ordnet Enide bis zu ihrer bewunderten Ankunft als Erecs Vermählte in Carnant die folgende Kette von Bildern zu, die wiederum durch die Gemeinsamkeit des Strahlens zusammengeschlossen scheint: Im Sperberstreit behauptet Erec, mit Enide könne sich an Schönheit und geistigen Werten keine Mitbewerberin messen, so wenig wie sich mit der Sonne der Mond vergleichen dürfe (833 f.); beim Kleiden durch Ginover am Artushof leuchtet Enides goldgelbes Haar — so der Erzähler — heller als die Goldfäden ihres neuen Haarschmucks (1657 f.); die Artusrunde bestätigt einmütig, daß Enide als die Schönste weit und breit des Kusses würdig ist, da in ihr mehr Schönheit sei als in der Sonne Glanz (*clarté*, 1826); die Hochzeit erhält vom Erzähler einen neuen distanzierenden Bezug zum Tristanstoff: Hier wurde nicht *Yseuz* (2076; R 2022 liest *Enyde*) entzogen und *Brangiens* an ihre Stelle gegeben; beim Empfang in Carnant schließlich preist sie wiederum der Erzähler allen Damen, nicht nur denen ihrer neuen Umgebung, an strahlender Vollkommenheit überlegen wie der leuchtende Edelstein dem schwarzen Kiesel und die Rose dem Mohn (2409 ff.).

Hartmann variiert zunächst seine Initialbilder für den weißen Leib unter schmutzig-dunkler, abgetragener Kleidung, zweifach wiederum in Bekleidungszusammenhängen. Erec lehnt ab, Enite durch Imain höfisch kleiden zu lassen, weil er sich für das Sperber-

[32] s. A. Salzer: Die Sinnbilder und Beiworte Mariens in der deutschen Literatur und lat. Hymnenpoesie des Mittelalters, Programme Seitenstetten 1886—93, S. 162—170; P. Kesting: Maria — *frouwe*, München 1965, S. 12; vgl. Melker Marienlied, Str. 4 (dazu H. Kolb, in: Interpretationen mhd. Lyrik, hrsg. von G. Jungbluth, Bad Homburg v. d. H. 1969, S. 59 ff.). In mhd. weltlicher Dichtung erscheint das Bild, soweit ich sehe, zuerst hier bei Hartmann.

abenteuer auf seine Waffen und Enites Leibesschönheit verlassen will *und wære si nacket sam mîn hant unde swerzer dan ein brant* (652 f.). Zur Einkleidung durch Ginover bemerkt der Erzähler, der Rubin einer Agraffe, die man Enite anheftet, werde von ihr selbst noch überstrahlt (1562 ff.).

Die weiteren Vergleichsbilder richtet Hartmann so ein, daß der 'Bildspender' jeweils an einen Vorgänger anknüpft und auf einen Nachfolger vorausweist. Unmittelbar vor Enites Einführung in die versammelte Tafelrunde wird der Lilienvergleich aufgenommen und auf zunächst gleicher Sachebene erweitert:

1701 *als der rôsen varwe*
under wîze liljen güzze,
und daz zesamene vlüzze —

Die liebliche Röte, die sich von Natur dem Weiß ihrer Erscheinung verbindet, hatte Chrétien sogleich in die allererste Vorstellung Enides hineingenommen. Hartmann hat sie für den kairos ihrer Rezeption als höfische Dame zurückgehalten. Dem Vermischen von Lilien- und Rosenfarbe ist auf der Bildebene unmittelbar die reine Rosenfarbe angereiht, der ihr Mund gleiche (1704 f.) [33]. Unmittelbar danach — Enite tritt in die Türöffnung — spricht der Erzähler weiter von ihrer Röte, die, jetzt vor schüchterner Scham, mit dem Weiß des Erbleichens wechselt, führt aber ein neues, weitendes Vergleichsbild ein:

[33] Umfängliche Materialien zur Bildtradition '*lilia mixta rosis*' (im geistlichen Bereich für Reinheit und Martyrium) in lat. und mhd. Literatur bei W. Fechter, S. 50—61; mit seiner Klassifizierung 'formelhaft' für Hartmanns 'Verbindung von Lilien und Rosen' (S. 49) kann man sich jedoch nur unter Mißachtung des Kontexts begnügen. Individuelles Ergreifen eines Topos kann auch ohne 'neue Möglichkeiten des Ausdrucks' (S. 56) oder 'Ausformung des Bildhaften' (S. 57) gegeben sein, etwa durch die Koordination in einer Bildreihe; in der Folge *lilje, lilje+rôse, rôse* sind traditionell verbundene Elemente auseinandergelegt und weiträumig neu verbunden. Im Verfolg von Beobachtungen E. Scheunemanns bemerkte Fechter die rückweisende, nicht auch die vorbereitende Funktion des Lilien+Rosen-Vergleichs (S. 49).

1717 *als diu sunne in liehtem tage*
ir schîn vil volleclîchen hât,
und gâhes dâ vür gât[34]
ein wolken dünne und niht breit,
sô enist ir schîn niht sô bereit
als man in vor sach.
sus leit kurzen ungemach
diu juncvrouwe Ênîte —

Wenn man sich erinnert, daß bei Hartmann nur Tier-, Pflanzen- und Edelsteinbilder voraufgehen, gewahrt man mit Deutlichkeit, daß hier der Sprung von der Natur zum größeren Kosmos auf der Bildebene den Moment der Erhöhung Enites nachzeichnet, zumal wenn man weiter verfolgt, wie sich diese ansteigende Linie fortsetzt. Dem Bild aus der Verbindung von Atmosphärischem (Wolke) mit Gestirn (leicht verdunkelte Sonne) folgt ein reines Gestirn-Bild, jetzt der Nachtzeit. Enite, inzwischen auf den Platz an Artus' Seite gebeten, wird als die Schönste den Hirschabenteuer-Kuß empfangen, weil, wie in breitem Gleichnis ausgeführt wird, durch ihre Erscheinung die übrigen Damen in die Unscheinbarkeit zurücktreten, wie die glänzendsten Sterne in klarer Nacht verblassen müssen, wenn die Zeit des Mondes gekommen ist, *sô den mânen sîn zît in der naht her vür gît* (1774 f.)[35].

Hartmann läßt diese erste Enite-Reihe noch am Artushof, unmittelbar vor der Hochzeit, abschließend kulminieren:

1842 *vrouwe Ênîte ...*
diu dort als ein engel saz
mit schœne und ouch mit güete —

[34] Die ›Erex-Saga‹ akzentuiert ebenfalls den Moment des Errötens angesichts der versammelten Tafelrunde, indem sie nur hier Vergleiche einführt, sie allerdings beliebig kumuliert: Evidas Röte gleiche der mit der Lilie vermischten roten Rose, oder dem roten Blut in frischem Schnee, oder auch dem Strahlen der Sonne bei wolkenlosem Wetter (sic: *j heydrykiu vedre,* ed. Blaisdell, A, S. 23, 4). — Das kymrische sog. Mabinogi ›Gereint ab Erbin‹ erzählt von Enid ganz ohne Vergleiche und Metaphern.

[35] Zu Bildtradition und -hintergrund Schönbach, S. 209 f.; Fechter, S. 117 ff.

Dieses höchste[36] Bild, das die Körperschönheit vollends auf geistig-seelische Vollkommenheit hin transzendiert, wird in der Geschehensebene sichtbar festgelegt, damit aber auch dem Geschehen ausgesetzt. Für sein erstes Turnier, noch im Zusammenhang mit dem Hochzeitsfest, läßt Erec den ihm als Königssohn zustehenden Kronenhelm (vgl. 2568) mit einem weiteren Zeichen, einem aus der Krone hervorstrahlenden, aus Gold gefertigten Engel[37], versehen.

[36] In der ordo-Vorstellung vom gestuften Universum stehen die Engel, nach Hraban und Ps.-Melito etwa bei Bartholomaeus Anglicus, als am reichsten ausgezeichneter Schöpfungsteil am gottnächsten, an der Spitze einer Reihe Engel, Mensch (Seele/Körper), Gestirne, Elemente, Steine/Metalle, Pflanzen, Tiere. — *der engel güete* für Frauenart bei Hartmann auch ›AH‹ 466; vgl. ›Klage‹ 1464—69, ›Iw.‹ 1690; das Bild fehlt MF, wertet hoch etwa bei Walther, 57, 8; Winsb. 12, 8 ff.; Ulr. v. Lichtenstein, ›Frauendienst‹, S. 2, 21 ff.

[37] v. 2336 f. — Dieses Engelzimier, nicht jedoch den Kontext der Rüstungsszene, hielt J. Schwietering für eine willkürlich ändernde Modernisierung aus der Zeit nach 1250, da erst dann in Dichtungen und anderen waffenkundlichen Zeugnissen die Krone des Königshelms in Verbindung mit anderem Helmschmuck auftrete (Die Bedeutung des Zimiers bei Wolfram, Sievers-Fs., Halle 1925, S. 554—582, hier bes. 572—576). Mit Seyler argumentiert er hier, gegen seine Gewohnheit, zu sehr von 'fehlenden sachlichen Voraussetzungen' (S. 575), zu wenig vom Dichtungszusammenhang her. Zusätzlich zu der oben beschriebenen sinnvollen Stellung im Rahmen der Bildlichkeit des ›Erec‹ könnte für Authentizität des Helmzeichens sprechen, daß es vielleicht Gottfried vor Augen stand bei seiner Ausstattung von Tristans Helm: auch er wählt als Zimier Elemente seiner — andersgearteten — Minnemetaphorik, eine *viurine strale* (4943 ff., 6594 ff.). Daß Gottfried in diesen Rüstungsszenen von seinen Vorbildern Gegebenes aufnimmt, läßt er mit dem distanzierenden Bezug auf Vulkan (4932 ff.) erkennen, der bei Veldeke den Schmuck an Äneas' Helm gestaltete: *dâ stunt ein blûme obene von dorchslagenem golde, alsez Volcân wolde, dar inne ein rôter jachant* (ed. Ettmüller 160, 4—7). Schwietering (S. 570 f.) möchte für diesen Text die Vorstellung eines aus der Helmsilhouette plastisch heraustretenden Zimiers allenfalls als nachträglich (etwa von Wolfram) hineinprojiziert gelten lassen. Gegen diese Interpretation erhebt M. Zips Einspruch (Das Wappenwesen in der mhd. Epik bis 1250, Diss. masch. Wien 1966, S. 503, Anm. 1535); er klammert jedoch aus seinen Erörterungen 'das umstrittene Engelzimier Erecs' leider

Daß bei diesem Zimier an Enite gedacht ist, wird durch das dritte Wappenzeichen, eine *mouwe* [38], mit der Schilde und Banner ausgestattet sind, bestätigt.

Nach der *verligen*-Krisis gehen die sprachlichen Bilder für Enite bei Chrétien und Hartmann sehr stark auseinander. Chrétien schränkt sie auf wenige, zunächst drastische ein. So hält Enide sich, als sie die vermeintlich zerstörerische Auswirkung ihres aufdeckenden Seufzers absieht, selbstanklägerisch vor: *'Tant grate chievre que mal gist'* (2588; s. auch *Bien set par parole enivrer bricon*, 3418 f.). Der krönende Vergleich ist noch einmal ein Abheben von Isolde. Er hat seine Stelle nach ihrer Bewährung gegenüber Oringles und dem einsichtigen Wort Erecs: Zu Guivret fliegt die Nachricht von einer so schönen, so schmerzvoll um ihren Gatten trauernden Dame, daß Isolde, an ihr gemessen, nur ihre Dienerin sein könne (*s'ancele*, 4946; anders R 4908: *si oel sanbloient estancele*). Eine letzte, von Artus in der Schlußpartie genutzte Blumen- und Fruchtmetapher (6617—20) hat punktuell-konventionellen, kaum verknüpfenden Sinn.

Bei Hartmann ist nach dem Aufbruch zur Rehabilitierung die

aus (S. 506, Anm. 1541). Das Datum 1197/8, auf das mit Siegeln Balduins von Flandern und Richards Löwenherz die ältesten erhaltenen Zimierabbildungen führen, kann die Erecpassage nicht verdächtigen. P. E. Schramm (Herrschaftszeichen und Staatssymbolik, Bd. 3, S. 973 f. mit Anm.) rechnet für das Löwenherz-Zimier seit der Mitte des 12. Jh.s mit freieren Vorformen (Wappenkappe, Ginsterbusch beim Stammvater Gottfried von Anjou) (freundlicher Hinweis K. Haucks, Münster). Schon in Waces ›Roman de Brut‹, ca. 1155 verfaßt, trägt Artus einen Helm mit Goldreif und Drachenzimier: *Desus* (var.: *en som*) *ot purtrait un dragun* (ed. Arnold 9286). — [Nach der Erstveröffentlichung dieses Aufsatzes wurde mir die Untersuchung von G. Siebel (Harnisch und Helm in den epischen Dichtungen des 12. Jh.s bis zu Hartmanns ›Erec‹. Ein Beitrag zur Verwertbarkeit der Dichtung für die Realienforschung, Diss. Hamburg 1969) bekannt, der v. 2337 f. bis in den Wortlaut der Ambraser Hs. verteidigt (S. 186 f.)].

[38] v. 2285—2319. — *manche* ist bei Chrétien als Wappenzeichen vorgegeben (2140), wird jedoch nicht Erec zugesprochen. *mouwe* als vermutlich Erecs Wappenzeichen auch ›Lanzelet‹ 6305 (so auch Zips, S. 111).

Technik der aufeinander Beziehung nehmenden Vergleiche fortgesetzt. Sie vermag zwei Änderungen zu integrieren: Bildempfangend ist von nun an, wie schon im Engelvergleich angebahnt, nicht mehr die erscheinende Schönheit, sondern Innerseelisches, schließlich die Ganzheit der Person; und die stufenweise durchverfolgte Erhöhung wird übergeführt in einen tiefer ansetzenden Neubeginn. Während der kurzen Ruhe nach ihren Beschwernissen als Pferdeknecht gleicht Enite nicht mehr selbst einem Engel, sondern der Seele, die der Engel Michael schützend aus dem Höllenfeuer führt (3650—53)[39]. Angesichts der Ohnmacht Erecs von *alles leides galle* (5740) bestimmt, findet Enite in ihrer Selbsterniedrigung zu einem neuen Naturgleichnis, um ihre frühere Erhöhung und ihre gegenwärtige verzweifelte Lage zusammensehen zu können: So wenig das wohlmeinende Verpflanzen vom kargen Wegrand in einen gepflegten Baumgarten eine Linde zum Obstbaum werden läßt, so wenig werde ihre Erhebung über alle Damen der Welt sie aus ihrem zu Armut, Unglück und Schmerz vorbestimmten Leben herauslösen (6004—41)[40]. Für den Sinn der *arebeit* und *riuwe* Enites gibt nach der bestandenen Oringles-Versuchung ein Vergleich aus Erecs Sicht einen der wenigen expliziten Deutungshinweise. Ihre *triuwe* und *stæte* sind erprobt *als man daz golt sol liutern an der esse* (6785 f.); biblische und Biblisches aufnehmende Bildlichkeit kennt das Läutern

[39] Wenn damit der Engelvergleich vorsichtig zurechtgerückt und zurückgenommen sein sollte, bliebe als das am höchsten wertende Bild für Enite das Mondgleichnis in Gültigkeit. Es wird vielleicht durch das spätere zweimalige Erscheinen des Mondes in der Geschehensebene 'verifiziert'. Er leuchtet als das einzig Hilfreiche beim Karnanter Aufbruch, Ehre und Minnegemeinschaft wiederzugewinnen (3110), und beim zweiten Guivreiz-Kampf, in dem Enite das Verkennen der Freunde gut ausgehen läßt, das Erec und Guivreiz nicht vermieden hatten, obwohl der Mond frei aus den Wolken getreten war und ihnen *schœne naht* (6894 f.) bot (Chrétien: weil der Mond sich hinter einer braunen Wolke verbarg, 5000 ff.).

[40] Die Linde steht hier nicht, wie in der von A. T. Hatto (MLR 49, 1954, 193—210) verfolgten Tradition, für menschliche Nähe, Frieden, Liebesbegegnung, sondern kommt der Bedeutung *tilia dicitur mundi infecunditas* nahe (*foliorum amoenitas* ohne *dulcedo fructus* : *falsa delectatio* ohne *utilitas*, von Schönbach, S. 211 f., bei Alanus belegt).

des Edelmetalls im Feuerofen nach Prov. 17, 3 als Tätigkeit des *cordis probator*[41].

Der letzte Enitevergleich hängt sinnvoll mit dem zweiten geschenkten Pferd zusammen.

7791 *daz phert truoc dô den wec*
sô sanfte vrouwen Ênîten
daz ze deheinen zîten
eins hâres sanfter niht enlebet
der ûf dem ebenwâge swebet,
sô er den wint ze wunsche hât
und im sîn schef âne angest gât.

Das Vergleichen der sanften Pferdegangart mit dem Gleiten eines Schiffes, im Afrz. durch den Reim *soef* : *nef* begünstigt, ist bei Chrétien nur für das erste geschenkte Pferd knapp vorgegeben: *Ainz va plus eise et plus soef Que s'il estoit an une nef* (1401 f.). Hartmann übernimmt für den Gang des ersten Pferdes in gleicher Knappheit *schône sam ein schef* (1439), erweitert die Vergleichsführung jedoch für das zweite Pferd mit bestimmten Bildelementen offenbar dezidiert auf Enite hin. *sanfte tragen* des Pferdes öffnet sich auf *sanfte leben* des Getragenen, ein Hinweis, daß Enite die widerstreitenden Ansprüche ausgetragen und die ihr bestimmte Endstufe erreicht hat. Das Insistieren auf den Bildzügen der ruhigen, gesicherten Seefahrt *(ebenwâc, wunschwint, âne angest)* läßt an das Durchlittene zurückdenken und schlägt — wichtiger — zugleich eine Verbindung zum zentralen Erec-Vergleich, der Erecs aus dem zweiten Guivreiz-Kampf gewonnener Einsicht, einer Schlüsselstelle der Erec-Handlung, angeschlossen ist. Der im ruhig gleitenden Schiff nicht mehr bedrohten Enite korrespondiert Erec unter dem Bild des geretteten Schiffbrüchigen, den *got und sîn*

[41] s. Schönbach, S. 208. — P. W. Taxs Interpretation 'sie war von Anfang an *golt*, aber erst jetzt ist sie ganz geläutertes' (ZfdPh 82, 1963, S. 30) hat an den sprachlichen Bildern erst nach dem Mond- und Engelvergleich einen Anhalt. — Das Sattelkunstwerk ihres zweiten Pferdes wird 'zusammengehalten' (7544) von *dem besten golde daz ie werden solde geliutert an dem viure: valsch was im tiure* (7530—33). Schlußbild des Werkes: *deist goldes übergulde* (10133).

vrümekeit auf einem Brett des geborstenen Schiffes *ûz kumbers ünden an der genâden sant* gelangen lassen (7063—72). Diese einzige Übereinstimmung der Bildbereiche für Enite und Erec kennzeichnet, kaum zufällig, die Handlungsphase, in der sie ihre Minnegemeinschaft neu verstanden wiedergewinnen. Enite kann im Schlußabenteuer aus dem Blickzentrum heraustreten, da zuvor gerade die Gemeinsamkeit des Paares sinnfällig abschließend herausgestellt ist: durch das Zusammenwirken im Handeln, durch die gleiche Herkunft von Erecs Heilung und Enites zweitem Pferdegeschenk (beides vermitteln Guivreiz' Schwestern, Filledamur und Genteflur) und durch das Einmünden der Enite- in die Erec-Metaphorik.

Die naheliegende Möglichkeit, mit einer Enite-Erec-Metaphorik von beiden zugleich zu sprechen, verwirklicht Hartmann nur in der Phase des ersten Hoflebens, am Artushof und in Karnant. Das erste dieser Bilder ist dem Enites Erhöhung krönenden Engelvergleich nah nachgesetzt. Beide werden in ihrer Minnesehnsucht, die das gegenseitige Anblicken hervorruft, einem Habicht verglichen, dessen Hunger sich steigert, wenn er erspähte Nahrung nur ansehen darf (1861—69). Chrétien zog gleichsinnig den Durst eines gejagten Hirsches und den Hunger eines Sperbers heran (2081 bis 86). Damit kumuliert er nicht beliebig Metaphern, sondern stellt eine Beziehung zwischen Geschehens- und Bildebene her: *cers* und *espreviers* erinnern an die beiden voraufgehenden Abenteuer und lassen als deren legitime Konsequenz die Vermählung des Paares erkennen. Wenn Hartmann hier *espreviers* nicht wie zuvor mit *sparwære*, sondern mit *habech* aufnimmt, zögert er, so will es scheinen, der Vermählung diese Metaphern-Legitimation zu geben, vielleicht, weil er in ihren Vorzeichen die spätere übermäßige Eigenbezogenheit des *verligen* angelegt sieht. In dem mhd. Namen *habech* mag wie in den lat. Bezeichnungen *accipiter gentilis, capus*[42] Begehren und Rauben vernehmbar sein; Hartmann tadelt jedenfalls an einer Gruppe von Hochzeitsgästen ihre übertriebene

[42] *a capiendo nomen sumpsit* seit Isidor; *raptor, rapax* vor allem gegen auffliegende Vögel, was etwa bei Cyrill (s. Hieronymus Lauretus, Silva Allegoriarum, Köln [10]1681, Nachdruck München 1971; s. v. *accipiter*) und Petrus von Capua (J. B. Pitra, Spicilegium Solesmense II, Paris 1855, S. 495) auf die Versuchung aufwärts steigender Seelen gedeutet wird.

Habichtsbeize, die ein ganzes Jagdrevier *vil garwe beroubet* zurückläßt (2053), und läßt in der Rangfolge des Gästeaufzugs vor dieser Gruppe eine andere, *lobebære* (1967) einziehen, deren mitgeführte *sparwære* (1966) trotz geringeren Alters offenbar höher zu schätzen sind[43].

Die anschließenden Enite-Erec-Bilder werten zunächst neutral mit distanzierender Vorausdeutung (beider Liebe ist nicht mehr die eines *sunder kint* zu seiner schützenden Mutter, 1876—86 mit der einleuchtenden Konjektur von Kraus', ZfdA 44, 173, Anm. 1), dann noch zweimal positiv (Herzenstausch, 2362—67; *schœne ougenweide,* die beide Erecs Vater zur Freude darbieten, 2905 ff.). Erst die letzte gemeinsame Metapher *mit sînem wîbe er dô vlôch ze bette von den liuten* (2949 f.) läßt wieder deutliche Kritik des Erzählers durchblicken, die erst mit Erecs an Mabonagrin gerichteten Worten: '*wan bî den liuten ist sô guot*' (9438) ganz außer Kraft gesetzt ist.

Chrétien bietet auch für E r e c Sach- (Spiegel, 4639) und Naturbildlichkeit; so läßt er einen der beiden Riesen höhnen, Erec werde gegen sie, selbst wenn er sich vervierfache, soviel erreichen wie ein Lamm gegen zwei Wölfe (4434; ›Erex-Saga‹: Lamm gegen zwei Löwen, S. 46). Hartmann meidet für Erec diese Bildfelder. Im Riesenkampf läßt er den Erzähler Erec mit David vergleichen, dem vom gleichen Gott die Kraft zum Sieg über den *risen Gôlîâ* verliehen wurde (5561—65). Er setzt damit eine Gruppe alttestamentlicher bzw. historischer exempla fort, die er mit Chrétien teilt. Das Tenebroc-Turnier erbringt als Ergebnis, daß die Anwesenden an Erec zu vergleichen beginnen

2816 *sîn wîsheit Salomône,*
sîn schœne Absolône,
an sterke Samsônes genôz.
sîn milte dûhte si sô grôz,
diu gemâzete in niemen ander
wan dem milten Alexander.

[43] D. Dalby: Lexicon of the Mediæval German Hunt, Berlin 1965, S. 75. — Bildverbindung Engel/Dame mit Habicht/begehrendem *minnære* auch bei Hadamar, ›Jagd‹ (ed. Stejskal 175).

Die Chrétien-Handschriften geben an dritter Stelle nicht Samson, sondern *lion* 'Löwe' als erreichtes Muster der *fierté* an (2268). W. Foerster hat ohne Zögern nach Hartmanns Zeugnis auch für Chrétiens Text *Sanson* konjiziert, wozu er sich durch die geläufige attributive Verbindung *Samson cum leone* doppelt berechtigt glauben mochte. Sollte doch Hartmann der ändernde sein, so paßte das in seine Tendenz, Erec nicht an Natur, sondern an exemplarischen Gestalten zu messen. Dazu stimmt auch, daß Hartmann in der Brandigan-Szene einen weiteren personalen Vergleich übernimmt, obwohl dem Publikum die Namen der drei Helden der französischen Chansons de geste, die Erec an Furchtlosigkeit und Erfolg übertrifft, *Venegus (Fernaguz), Opinâus (Ospiniaus)* und *Libaut* (8506; verlesen aus Chrétiens *Tiebauz,* 5778), vor Wolframs ›Willehalm‹ ferngelegen haben werden. Ein Plus an exempla hat Chrétien, ähnlich wie in der Enite-Bildlichkeit, nur wiederum mit einem Tristan-Vergleich: Erecs Sieg im Sperberkampf habe mehr Freude ausgelöst als Tristans Sieg über Morolt (1247—50). Auffällig bleibt, daß *Tristram* in die Liste der *tavelrunder* aufgenommen ist (1650), wo er bei Chrétien fehlt.

Da die Mehrzahl der Erec betreffenden sprachlichen Bilder bereits in anderen Zusammenhängen besprochen wurde, kann für die Übersicht über ihre Folge im Text ein Katalog in Abbreviatur genügen. *blôz als ein wîp* (103) heißt es von ihm mit leichter Kritik nach der ungewappnet empfangenen Geißelschmach; er bittet *einem wol gezogenem manne gelîch* (299) Koralus um Herberge; als *geltære* und *zabelære* erscheint er im Sperberkampf; *als ein vol karger man* (2381), *alsam der Sælden schol* (2402; 'Schuldner, zu Dienst Verpflichteter') bereitet er sich auf das Tenebroc-Turnier vor. Er geht aus ihm hervor als selbst dem Vorbild Gawan für einen Tag überlegen (2749—62), als Salomo, Absalon, Samson und Alexander vergleichbar.

Das mißbilligende *als er nie würde der man* (2935) in der *verligen*-Krisis erinnert an den ersten Vergleich *blôz als ein wîp.* Die Erzählstrecke bis nach der unfreiwilligen Zwischeneinkehr am Hof bleibt ohne sprachliche Bilder für Erec. Anschließend kämpft er für Cadoc gegen die beiden Riesen wie David und gelangt nach der irrigen Einschätzung ritterlichen Lebens zur bereuenden Einsicht unter dem Bild des geretteten Schiffbrüchigen. Während er früher Herberge und Bleibe suchte, erscheint ihm jetzt das einladende Obdach in Penefrec *als er in einem walde wære âne obedach* (7245 bis 50). Vielleicht darf man in der Umwertung Herberge zu Herbergslosigkeit, die zu weiterer Abenteuersuche treibt, eine zusätzliche Beziehung zwischen Sperber- und Joie-de-la-Curt-Abenteuer sehen. Erec nimmt das Zielabenteuer nicht wie ein *wetersorgære* (8128), sondern *als ein unverzageter man* (8425) an, der selbst Venegus, Opinaus und Libaut übertrifft; er besteht den Kampf als *zabelære, minnære* und 'Bergüberwinder'.

Gegen Schluß wird Erec, mehr und mehr unbildlich, bestätigend am Idealen gemessen: *als ez dem erbarmherzen tuot* (9787); *er tete sam die wîsen tuont* (10 085; vgl. 8633); ihm wird *der êren crône* (9891) zugesprochen; er ist *Êrec der Êren holde* (9963) und entspricht damit auch dem Anspruch, der in seinem Namen verborgen mitgegeben war. Ich verstehe *holde* 'Dienstmann, dem für seine Leistung mit freundlicher Gewogenheit gelohnt wird' als Rangsteigerung gegenüber früherem *der Sælden schol* 'Schuldner'. Eine letzte Reihe ausweitender hyperbolischer laudatio-Wendungen mündet in den scheinbaren Versuch, Erecs durch das Rühmen verliehene Omnipräsenz bildhaft anschaulich zu halten:

waz von diu, schein der lîp nû dâ,
sô was sîn lop anderswâ.
alsô was sîn diu werlt vol:
man sprach et niemen dô sô wol.

Der Lobtopos 'Der ganze Erdkreis preist ihn' wird mit leichtem Spott in Frage gestellt (10 046—49), damit sich die Vorstellungskraft an und über ihre Grenzen weisen läßt.

Im Rückblick stellt sich heraus, daß Hartmanns Bilder für Enite aus dem engeren similitudo-Bereich, belebte und unbelebte Natur, Kosmos, schließlich allgemeines, historisch nicht fixiertes menschliches Leben, heranhaltend, seltener ersetzend eingefügt sind. Exempla, historisch oder literarisch vorgegebene Beispielhandlungen oder -figuren wie die für Chrétien charakteristischen Isolde-Bezüge, fehlen ganz. Das überrascht um so mehr, als Erec bei Hartmann wenn nicht ausschließlich an exempla, so doch an Personhaftem, zumindest Typhaftem gemessen wird. Die unterschiedlichen Bildhorizonte, vor denen Enite und Erec gesehen sind, fordern weitere Auswertung, sofern man voraussetzen darf, daß sie auf gesteckte Ziele und den Stand der Annäherung, auf Stufen der Einsicht, auf sich wandelnde Selbst- und Fremdeinschätzung hinweisen können. So läßt die Metaphorik Enites im Blick behalten, daß von ihr kaum aktives Verwirklichen von Entschlüssen erwartet werden darf, daß sie vielmehr durch die Ausstrahlung ihres in sich ruhenden Daseins (mit dem abschließenden Schiffahrtsvergleich kehrt die Hervorhebung ihrer Schönheit wieder, 7756—66, 8058, 8075, 8817) den Handelnden voranbringen wird, wie Erec im Zielabenteuer erkennt (8864—67). Die sprachlichen Bilder für Erec, die detaillierter ein Spektrum vorbildlicher Rittertugenden einbeziehen, verdeutlichen, daß er seinen Rang nur in maß- und einsichtsvollem, voranschreitendem Handeln erreichen kann. Eine 'von außen geholte probatio' (Lausberg, § 411), weisen die exempla auf seine Verpflichtung, sich dabei dem Anspruch der höfischen Gesellschaft zu stellen.

Einzeln für sich genommen, bieten Hartmanns sprachliche Bilder im ›Erec‹ wenig Außergewöhnliches, wie frühere Arbeiten, die Anschaulichkeit und Originalität suchten, schnell bemerkten. Sieht man sie jedoch in ihrem weiteren Kontext, so gruppieren sie sich durch sachimmanent oder rangmäßig fortgeführte Bildinhalte in Verbindung mit Personen, die einen Weg in der Zeit verfolgen, zu Bildkoordinationen, die innerhalb des Werkes das Beziehungsnetz, in dem etwa die Pferde, Erecs Wunde oder die Abenteuerkorrespondenzen ihre bekannte Knotenposition haben, dichter knüpfen helfen.

BIBLIOGRAPHIE

Die Bibliographie verzeichnet die wichtigen Titel aus dem Zeitraum, in dem die abgedruckten Beiträge erschienen sind, und darüber hinaus bis zur Drucklegung des Buches. Für vollständige bibliographische Information ist auf (17.) Sparnaay, (24.) Wapnewski und (29.) Klemt hinzuweisen.

Die in diesem Band abgedruckten Beiträge sind mit einem Sternchen (*) bezeichnet.

Textausgaben

1. Gesamtausgabe: hrsg. v. F. Bech, 3 Bde., 1867—69, Nachdruck [4]1934 (Dt. Klass. d. Mittelalters 4—6).
2. Lieder: Des Minnesangs Frühling, hrsg. v. K. Lachmann u. M. Haupt, 1857; neubearbeitet v. C. von Kraus, 1940, Nachdruck Stuttgart [34]1967.
3. Die Klage/Das Büchlein: hrsg. v. M. Haupt, 1842.
4. —: hrsg. v. H. Zutt, Berlin 1968.
5. —: hrsg. v. L. Wolff, München 1972 (Altdt. Texte in krit. Ausgaben 4).
6. Erec: hrsg. v. M. Haupt, 1839, [2]1871.
7. —: hrsg. v. A. Leitzmann, 1939; 5. Aufl. v. L. Wolff, Tübingen 1972 (ATB 39).
8. Gregorius: hrsg. v. H. Paul, 1882; 12. Aufl. v. L. Wolff, Tübingen 1973 (ATB 2).
9. —: hrsg. v. F. Neumann, Wiesbaden 1958, [2]1965 (Dt. Klass. d. Mittelalters NF 2).
10. Der arme Heinrich: hrsg. v. W. Wackernagel, 1835; 2. Aufl. v. W. Toischer, 1885; 3. Aufl. v. E. Stadler, 1911.
11. —: hrsg. v. E. Gierach, Heidelberg 1911, [2]1925.
12. —: hrsg. v. H. Paul, 1882; 14. Aufl. v. L. Wolff, Tübingen 1972 (ATB 3).

13. Der arme Heinrich: hrsg. v. F. Maurer, Berlin 1958 (Slg. Göschen).
14. —: hrsg. v. F. Neumann, Stuttgart 1959 (Reclams UB).
15. —: hrsg. v. H. de Boor, 1963 (Fischer Exempla class.).
16. Iwein: hrsg. v. K. Lachmann, 1827; 7. Aufl. v. L. Wolff, Berlin 1968.

b) Zu mehreren Werken, Biographisches, Bibliographie

17. H. Sparnaay, Hartmann von Aue. Studien zu einer Biographie, 2 Bde., Halle 1933—38 (mit Bibliographie der älteren Literatur).
18. F. Neumann, Wann dichtete Hartmann von Aue, in: Studien zur deutschen Philologie des Mittelalters. Festschrift f. F. Panzer, 1950, 59—72; auch in: F. Neumann, Kleinere Schriften zur deutschen Philologie des Mittelalters, Berlin 1969, 42—56.
19. F. Maurer, Leid. Studien zur Bedeutungs- und Problemgeschichte besonders in den großen Epen der staufischen Zeit, Bern-München 1951, ²1961.
* 20. H. Kuhn, Hartmann von Aue als Dichter, Deutschunterricht 5 Heft 2, 1953, 11—27; auch in: H. Kuhn, Text und Theorie, Stuttgart 1969, 167—181.
21. L. Wolff, Hartmann von Aue, Wirk. Wort 9, 1959, 12—24.
22. W. Ohly, Die heilsgeschichtliche Struktur der Epen Hartmanns von Aue, Diss. FU Berlin 1958.
* 23. S. Grosse, Beginn und Ende der erzählenden Dichtungen Hartmanns von Aue, Beitr. (Tüb.) 83, 1961—62, 137—156.
24. P. Wapnewski, Hartmann von Aue, Stuttgart 1962, ⁴1969 (Slg. Metzler) — mit jeweils ergänzter Bibliographie.
25. F. Neumann, Hartmann von Aue, in: Neue Deutsche Biographie Bd. 7, 1966, 728—731.
* 26. H. Siefken, *Der sælden strâze.* Zum Motiv der zwei Wege bei Hartmann von Aue, Euph. 61, 1967, 1—21.
27. K. Ruh, Höfische Epik des Mittelalters I. Von den Anfängen bis zu Hartmann von Aue, Berlin 1967 (Grundlagen der Germanistik 7).

28. H. J. Linke, Epische Strukturen in der Dichtung Hartmanns von Aue. Untersuchungen zur Formkritik, Werkstruktur und Vortragsgliederung, München 1968.

29. I. Klemt, Hartmann von Aue. Eine Zusammenstellung der über ihn und sein Werk von 1927 bis 1965 erschienenen Literatur, Köln 1968 (Bibliogr. Hefte 5).

30. M. Huby, L'adaptation des Romans courtois en Allemagne au XII et au XIII siècle, Paris 1968.

31. H. W. Eroms, *vreude* bei Hartmann von Aue, München 1970 (Med. aev. 20).

32. E. M. Carne, Die Frauengestalten bei Hartmann von Aue. Ihre Bedeutung im Aufbau und Gehalt der Epen, Marburg 1970 (Marburger Beitr. z. Germ. 31).

33. F. P. Knapp, Hartmann von Aue und die Tradition der platon. Anthropologie im Mittelalter, DVjs. 46, 1972, 213 bis 247.

c) *Zur Überlieferung und Textkritik*

34. H. J. Linke, Gegenwärtiger Bestand an Handschriften der Erzählungen Hartmanns von Aue, Beitr. (Tüb.) 86, 1964, 322—337.

35. H. Rosenfeld, Ein neu aufgefundenes Fragment von Hartmanns Armer Heinrich aus Benediktbeuern, ZfdA 98, 1969, 40—64.

36. L. Wolff, Das Benediktbeurer Fragment des Armen Heinrich, ZfdA 99, 1970, 178—186.

37. W. Röll, Zu den Benediktbeurer Bruchstücken des Armen Heinrich und zu seiner indirekten Überlieferung, ZfdA 99, 1970, 187—199.

38. G. Bonath, Überlegungen zum ursprünglichen Versbestand des Armen Heinrich, ZfdA 99, 1970, 200—208.

d) *Lyrik*

* 39. H. Stolte, Hartmanns sogenannte Witwenklage und sein 3. Kreuzlied, DVjs. 25, 1951, 184—198.

40. H. Sparnaay, Zu Hartmanns Kreuzzugslyrik, DVjs. 26, 1952, 162—177; auch in: H. Sparnaay, Zur Sprache und Literatur des Mittelalters, Groningen 1961, 79—94.

* 41. G. Jungbluth, Das 3. Kreuzlied Hartmanns. Ein Baustein zu einem neuen Hartmannbild, Euph. 49, 1955, 145—162.

42. R. Kienast, Das Hartmann-Liederbuch C², Berlin 1963 (SB d. Dt. Ak. d. Wiss. zu Berlin).

43. E. Blattmann, Die Lieder Hartmanns von Aue, Berlin 1965 (Philol. Stud. u. Quellen 44).

* 44. H. Kuhn, Minnesang als Aufführungsform, in: Festschrift f. K. Ziegler, Tübingen 1968, 1—12; auch in: H. Kuhn, Text und Theorie, Stuttgart 1969, 182—190.

45. H. Brackert, Hartmann von Aue: *Mich hât beswæret mînes herren tôt,* in: Interpretationen mittelhochdeutscher Lyrik, hrsg. v. G. Jungbluth, Bad Homburg 1969, 169—184.

46. P. Salmon, The underrated lyrics of Hartmann von Aue, Mod. Lang. Rev. 66, 1971, 810—825.

e) Die Klage / Das Büchlein

* 47. R. Wisniewski, Hartmanns Klage-Büchlein, Euph. 57, 1963, 341—369.

48. H. Zutt, Die formale Struktur von Hartmanns Klage, ZfdPh. 87, 1968, 359—372.

49. I. Glier, Artes amandi. Untersuchungen zu Geschichte, Überlieferung und Typologie der deutschen Minnereden, München 1971 (Münchener Texte u. Untersuchungen 34).

50. W. Gewehr, Hartmanns Klage-Büchlein als Gattungsproblem, ZfdPh. 91, 1972, 1—16.

f) Erec

51. E. Scheunemann, Artushof und Abenteuer, Breslau 1937.

* 52. H. Kuhn, Erec, in: Festschrift f. P. Kluckhohn u. H. Schneider, Tübingen 1948, 122—147; auch in: H. Kuhn, Dichtung und Welt im Mittelalter, Stuttgart 1959, 133—150.

53. H. B. Willson, Sin and redemption in Hartmanns Erec, Germ. Rev. 33, 1958, 5—14.
54. A. van der Lee, Der Stil von Hartmanns Erec verglichen mit dem der älteren Epik, Utrecht 1959.
* 55. P. W. Tax, Studien zum Symbolischen in Hartmanns Erec, Wirk. Wort 13, 1963, 277—288.
* 56. A. Hrubý, Die Problemstellung in Chrétiens und Hartmanns Erec, DVjs. 38, 1964, 337—360.
57. M. Huby, L'approfondissement psychologique dans Erec de Hartmann, Etudes Germ. 22, 1967, 13—26.
* 58. U. Ruberg, Bildkoordination im Erec Hartmanns von Aue, in: Gedenkschrift f. W. Foerste, Köln-Wien 1970, 477 bis 501.
* 59. W. Kellermann, L'adaptation du roman d'Erec et Enide de Chrestien de Troyes par Hartmann von Aue, in: Mélanges de langue et de littérature du Moyen Age et de la Renaissance, off. à J. Frappier, Genève 1970, 509—522.
60. H. P. Kramer, Erzählerbemerkungen und Erzählerkommentar in Chrétiens und Hartmanns Erec und Iwein, Göppingen 1971 (Göpp. Arbeiten z. Germ. 35).
61. P. Wiehl, Zur Komposition des Erec Hartmanns von Aue, Wirk. Wort 22, 1972, 89—107.
62. Th. Cramer, Soziale Motivation in der Schuld-Sühne-Problematik von Hartmanns Erec, Euph. 66, 1972, 97—112.

g) Gregorius

63. H. Sparnaay, Zur Entwicklung der Gregorsage, Neophilol. 5, 1920, 21—32.
* In verkürzter Fassung unter dem Titel: Das ritterliche Element der Gregorsage, in: H. Sparnaay, Zur Sprache und Literatur des Mittelalters, Groningen 1961, 239—246.
64. H. Sparnaay, Verschmelzung legendarischer und weltlicher Motive in der Poesie des Mittelalters, Groningen 1922.
65. G. Schieb, Schuld und Sühne in Hartmanns Gregorius, Beitr. 72, 1950, 51—64.

* 66. G. Zuntz, Ödipus und Gregorius. Tragödie und Legende, Antike und Abendland 4, 1954, 191—203.

67. H. Nobel, Schuld und Sühne in Hartmanns Gregorius und in der frühscholastischen Theologie, ZfdPh. 76, 1957, 42—79.

68. P. Wapnewski, Der Gregorius in Hartmanns Werk, ZfdPh. 80, 1961, 225—252.

* 69. A. Bennholdt-Thomsen, Die allegorischen *kleit* im Gregorius-Prolog, Euph. 56, 1962, 174—184.

* 70. K. C. King, Zur Frage der Schuld in Hartmanns Gregorius, Euph. 57, 1963, 44—66.

71. A. Wolf, Gregorius bei Hartmann von Aue und Thomas Mann, München 1964.

72. F. Tschirch, Gregorius *der heilære*. Eine Wort- und Bedeutungsstudie zu Hartmanns Büßer-Legende, in: Festschrift f. J. Quint, Bonn 1964, 237—250; auch in: F. Tschirch, Spiegelungen, Berlin 1966, 245—277.

* 73. H. Schottmann, Gregorius und Grégoire, ZfdA 94, 1965, 81—108.

74. W. Dittmann, Hartmanns Gregorius. Untersuchungen zur Überlieferung, zum Aufbau und Gehalt, Berlin 1966 (Philol. Stud. u. Quellen 32).

75. Ch. Cormeau, Hartmanns von Aue Armer Heinrich und Gregorius. Studien zur Interpretation mit dem Blick auf die Theologie zur Zeit Hartmanns, München 1966 (Münchener Texte und Untersuchungen 15).

76. N. Tonomura, Zur Schuldfrage im Gregorius Hartmanns von Aue, Wirk. Wort 18, 1968, 1—17.

77. H. Seigfried, Der Schuldbegriff im Gregorius und im Armen Heinrich Hartmanns von Aue, Euph. 65, 1971, 162—182.

78. K. D. Goebel, Hartmanns Gregorius-Allegorie, ZfdA 100, 1971, 213—226.

h) Der arme Heinrich

79. F. Beyerle, Der Arme Heinrich Hartmanns von Aue als Zeugnis mittelalterlichen Ständerechts, in: Kunst und Recht, Festgabe f. H. Fehr, Karlsruhe 1948, 28—46.

80. A. Schirokauer, Zur Interpretation des Armen Heinrich, ZfdA 83, 1951—52, 59—78.

81. B. Nagel, Der arme Heinrich Hartmanns von Aue. Eine Interpretation, Tübingen 1952.

82. W. Fechter, Über den Armen Heinrich Hartmanns von Aue, Euph. 49, 1955, 1—28.

83. F. Neumann, Der Arme Heinrich in Hartmanns Werk, ZfdPh. 75, 1956, 225—255; auch in: F. Neumann, Kleinere Schriften zur deutschen Literatur des Mittelalters, Berlin 1969, 57—84.

* 84. G. Eis, Salernitanisches und Unsalernitanisches im Armen Heinrich des Hartmann von Aue, Forschungen und Fortschritte 31, 1957, 77—81.

* 85. H. B. Willson, Symbol and reality in Der arme Heinrich, Mod. Lang. Rev. 53, 1958, 526—536.

86. J. Fourquet, Zum Aufbau des Armen Heinrich, Wirk. Wort 3. Sonderheft, 1961, 12—24.

87. F. Neumann, Lebensalter im Armen Heinrich Hartmanns von Aue, in: Festschrift f. L. Wolff, Neumünster 1962, 217—239; auch in: F. Neumann, Kleinere Schriften zur deutschen Literatur des Mittelalters, Berlin 1969, 85—104.

* 88. L. Seiffert, The maiden's heart. Legend and fairy-tale in Hartmanns Der arme Heinrich, DVjs. 37, 1963, 384—405.

89. T. Buck, Hartmann's *reine maget*, Germ. Life and Letters 18, 1965, 169—176.

(75. Ch. Cormeau, Hartmanns von Aue Armer Heinrich und Gregorius.)

90. R. Endres, Heinrichs *hôchvart*, Euph. 61, 1967, 267—294.

91. H. Swinburne, The miracle in Der arme Heinrich, Germ. Life and Letters 22, 1969, 205—209.

92. Th. Verweyen, Der arme Heinrich Hartmanns von Aue, München 1970.

93. K. Ruh, Hartmanns Armer Heinrich, in: Mediaevalia litteraria. Festschrift f. H. de Boor, München 1971, 315—329.

(77. H. Seigfried, Der Schuldbegriff im Gregorius und im Armen Heinrich Hartmanns von Aue.)

i) *Iwein*

94. H. Sacker, An interpretation of Hartmanns Iwein, Germ. Rev. 36, 1961, 5—26.

95. H. Sparnaay, Hartmanns Iwein, in: H. Sparnaay, Zur Sprache und Literatur des Mittelalters, Groningen 1961, 216—230.

96. Th. C. van Stockum, Hartmann von Ouwes Iwein. Sein Problem und seine Probleme, Amsterdam 1963.

97. W. Dittmann, *Dune hâst niht wâr, Hartmann!* Zum Begriff der *wârheit* in Hartmanns Iwein, in: Festschrift f. U. Pretzel, Berlin 1963, 150—161.

* 98. K. Ruh, Zur Interpretation von Hartmanns Iwein, in: Philologia Deutsch. Festschrift f. W. Henzen, Bern 1965, 39—51.

99. A. T. Hatto, Der Aventiure Meine in Hartmanns Iwein, in: Medieval German Studies, Festschrift f. F. Norman, London 1965, 84—93.

* 100. Th. Cramer, *Sælde* und *êre* in Hartmanns Iwein, Euph. 60, 1966, 30—47.

101. M. S. Batts, Hartmann's humanitas: a new look at Iwein, in: Germanic studies in honour of E. H. Sehrt, Coral Gables 1968, 37—51.

102. X. v. Ertzdorff, Spiel der Interpretation. Der Erzähler in Hartmanns Iwein, in Festg. f. F. Maurer, Düsseld. 1968, 135—157.

103. J. Erben, Zu Hartmanns Iwein, ZfdPh. 87, 1968, 344—359.

* 104. M. Wehrli, Iweins Erwachen, in: Geschichte, Deutung, Kritik. Festschrift f. W. Kohlschmidt, Bern 1969, 64—78; auch in: M. Wehrli, Formen mittelalterlicher Erzählung, Zürich 1969, 177—193.

(60. H. P. Kramer, Erzählerbemerkungen und Erzählerkommentar in Chrétiens und Hartmanns Erec und Iwein.)

105. G. Schweikle, Zum Iwein Hartmanns von Aue. Strukturale Korrespondenzen und Oppositionen, in: Probleme des Erzählens. Festschrift f. K. Hamburger, Stuttgart 1971, 1—21.

106. W. Mohr, Iweins Wahnsinn, ZfdA 100, 1971, 73—94.

107. A. Wolf, Erzählkunst und verborgener Schriftsinn. Zur Diskussion um Chrétiens Yvain und Hartmanns Iwein, Sprachkunst 2, 1971, 1—42.

BIOGRAPHIE DER AUTOREN

BENNHOLDT-THOMSEN, Anke: geb. 20. 6. 37 (Frankfurt/M.). Fachgebiete: Literaturtheorie, Psychoanalyse und Literaturwissenschaft, Geschichte der Germanistik, Sprachphilosophie. Seit 1965 Assistentin am Germanischen Seminar der FU Berlin, seit 1972 Dozentin.

CORMEAU, Christoph: geb. 3. 2. 38 (München). Fachgebiet: Deutsche Literatur des Mittelalters. Seit 1963 Assistent Univ. München.

CRAMER, Thomas: geb. 19. 3. 1938. Fachgebiet: Deutsche Literatur. Dozent Univ. Karlsruhe, jetzt Univ. Heidelberg.

EIS, Gerhard: geb. 9. 3. 1908 (Aussig). Fachgebiete: Deutsche Sprache u. Literatur, Geschichte d. Medizin, d. Veterinärmedizin u. d. Naturwissenschaft. 1935 Dozent Univ. Prag, 1943—45 ao. Prof. Preßburg, 1944—45 apl. Prof. Prag, 1947—53 Lehrbeauftragter Phil.-Theol. Hochschule Bamberg, 1949—50 Passau, 1950—55 TH München, 1955 ao. Prof. Heidelberg, 1957 o. Prof., 1967—68 Gastprof. Univ. Maryland.

GROSSE, Siegfried: geb. 22. 10. 1924 (Grimma). Fachgebiete: Deutsche Gegenwartssprache, deutsche Literatur d. Mittelalters. 1963 Privatdozent Freiburg, 1964 o. Prof. Univ. Bochum.

HRUBY, Antonín: geb. 1920 (Wien). Fachgebiete: Germanistik, Romanistik, Textkritik, Mittelhochdeutsche Literatur. 1945—48 Univ. Prag, 1950—52 Univ. Clermont, 1956—60 Lafayette College, seit 1961 Univ. Washington.

JUNGBLUTH, Günther: geb. 13. 11. 1912 (Köln). Fachgebiet: Deutsche Sprache u. Literatur. 1939—42 u. 1948—58 Univ. Lektor Kopenhagen, 1958 o. Prof. Kopenhagen, 1966 Univ. Bonn.

KELLERMANN, Wilhelm: geb. 19. 6. 1907 (Mühlhausen). Fachgebiet: Romanistik. 1934 Privatdozent Univ. Würzburg, 1940 ao. Prof. Göttingen, 1943 oö. Prof. Göttingen.

KING, Kenneth Charles: geb. 5. 9. 1911, gest. 1970. Fachgebiet: Germanistik. 1935—36 Lektor Univ. Basel, 1936—39 Lektor Univ.

Gießen, 1952 Lecturer u. Senior Lecturer Univ. Nottingham u. Manchester, 1959—65 Prof., 1965 Prof. King's College London.

Kuhn, Hugo: geb. 20. 7. 1909 (Thaleischweiler). Fachgebiet: Deutsche Literatur des Mittelalters. 1940 Dozent Univ. Tübingen, 1947 apl. Prof., 1954 oö. Prof. München, 1955 Mitglied d. Bayer. Akademie der Wissenschaften.

Ruberg, Uwe: geb. 1936 (Kiel). Fachgebiete: Germanistik, Romanistik; speziell: Methoden der Mediävistik, Metaphorik, Etymologisieren im Mittelalter, didaktische Literatur. 1964—71 Assistent am Germanistischen Institut Univ. Münster, 1971/72 Gastprofessur McGill Univ. Montreal/Kanada.

Ruh, Kurt: geb. 5. 5. 1914 (Neuhausen). Fachgebiet: Deutsche Sprache u. Literatur. 1954 Privatdozent Univ. Basel, 1958 Lehrauftrag München, 1960 o. Prof. Würzburg.

Schottmann, Hans: geb. 1932 (Breslau). Fachgebiete: Mittelalterliche deutsche und nordische Literatur. 1958—60 Lektor in Uppsala, 1960—70 Assistent u. Akademischer Rat in München, seit 1970 Prof. für Nordische Philologie in Münster.

Seiffert, Leslie: geb. 1934 (Sydney). Fachgebiete: Mittelalterliche deutsche Literatur, Linguistik. Seit 1959 Dozent Univ. Birmingham/England, seit 1969 Senior Lecturer in German.

Siefken, Hinrich: geb. 1939 (Köln). Fachgebiete: Alte und Neue Germanistik, Theorie und Praxis des Erzählens, Probleme des Ästhetizismus, Literatur der Gegenwart. 1962—65 Deutsches Seminar Tübingen, 1965—66 Lektor am University College of North Wales, Bangor, Caerns., 1966—67 Assistent am Deutschen Seminar Tübingen, seit 1967 Lecturer in German am Saint David's University College, Lampeter, Cards.

Sparnaay, Hendrik: geb. 24. 5. 1891 (Rotterdam), gest. 31. 3. 1965. Fachgebiet: Deutsche Sprache u. Literatur. 1924 Privatdozent Univ. Utrecht, 1941 o. Prof., 1949—61 Dir. Inst. f. vergl. Literaturwissenschaft Utrecht.

Stolte, Heinz: geb. 22. 3. 1914 (Großenbaum). Fachgebiete: Deutsche Sprach- u. Literaturwissenschaft, Didaktik d. Deutschunterrichts. 1941 Dozent Univ. Jena, 1946 ao. Prof., 1948 o. Prof., 1949 Humboldt-Univ. Berlin, 1950 Volksschullehrer

Hamburg, 1953 Stud.Rat, 1955 Lehrbeauftragter Univ. Hamburg, 1957 Dozent Päd. Inst. Hamburg.

Tax, Petrus W.: geb. 1931 (Nijmegen). Fachgebiete: Deutsche und lateinische Literatur des Mittelalters, Volkskunde, Paläographie, Niederländisch. 1959—62 Univ. Saarbrücken, 1962—68 Johns Hopkins Univ., Baltimore, seit 1968 Univ. of North Carolina, Chapel Hill/USA.

Wehrli, Max: geb. 17. 9. 1909. Fachgebiet: Deutsche Literatur. 1937 Privatdozent Univ. Zürich, 1947 ao. Prof., 1953 o. Prof. Zürich.

Willson, Harold Bernard: geb. 1919 (London). Fachgebiet: Deutsche Sprache und Literatur. 1940—45 Foreign Office, London, 1947—69 Dozent an der Univ. Leicester/England, 1969 Prof. Univ. Illinois/USA, seit 1970 Prof. für Deutsch und Chef des Deutsch-Seminars Univ. Leicester/England.

Wisniewski, Roswitha: geb. 23. 9. 1926 (Stolp). Fachgebiet: Deutsche Sprache u. Literatur. 1960 Privatdozent FU Berlin, 1965 apl. Prof. Berlin, 1966/67 o. Prof. Heidelberg.

Zuntz, Günther: geb. 28. 1. 1902. Fachgebiet: Klassische Philologie. 1935 Monumenta Mus. Byzantinae Kopenhagen, 1943—47 Librarian Mansfield Coll. Oxford, 1947 Senior Univ.Lect. Manchester, 1954 Reader, 1963 o. Prof. Manchester.